C. BUFNOIR
PROFESSEUR A LA FACULTÉ DE DROIT DE PARIS

PROPRIÉTÉ ET CONTRAT

Théorie des Modes d'acquisition des droits réels et des Sources des Obligations

LEÇONS RECUEILLIES ET PUBLIÉES PAR MM.

BARTIN
Professeur à la Faculté de Droit de Lyon.

PILLET
Professeur adjoint à la Faculté de Droit de Paris.

DESCHAMPS
Professeur adjoint à la Faculté de Droit de Paris.

SALEILLES
Professeur à la Faculté de Droit de Paris.

DESLANDRES
Professeur à la Faculté de Droit de Dijon.

TIMBAL
Professeur à la Faculté de Droit de Toulouse.

AVEC UNE INTRODUCTION DE

M. L. GUILLOUARD
PROFESSEUR DE DROIT CIVIL A L'UNIVERSITÉ DE CAEN

Ouvrage orné d'un portrait à l'eau forte gravé par LE RAT

PARIS
LIBRAIRIE NOUVELLE DE DROIT ET DE JURISPRUDENCE
ARTHUR ROUSSEAU
ÉDITEUR
14, rue Soufflot, et rue Toullier, 13

1900

PROPRIÉTÉ ET CONTRAT

C. BUFNOIR

PROFESSEUR A LA FACULTÉ DE DROIT DE PARIS

PROPRIÉTÉ ET CONTRAT

Théorie des Modes d'acquisition des droits réels et des Sources des Obligations

LEÇONS RECUEILLIES ET PUBLIÉES PAR MM.

BARTIN
Professeur à la Faculté de Droit de Lyon.

PILLET
Professeur adjoint à la Faculté de Droit de Paris.

DESCHAMPS
Professeur adjoint à la Faculté de Droit de Paris.

SALEILLES
Professeur à la Faculté de Droit de Paris.

DESLANDRES
Professeur à la Faculté de Droit de Dijon.

TIMBAL
Professeur à la Faculté de Droit de Toulouse.

AVEC UNE INTRODUCTION DE

M. L. GUILLOUARD

PROFESSEUR DE DROIT CIVIL A L'UNIVERSITÉ DE CAEN

Ouvrage orné d'un portrait à l'eau forte gravé par **LE RAT**

PARIS

LIBRAIRIE NOUVELLE DE DROIT ET DE JURISPRUDENCE

ARTHUR ROUSSEAU

ÉDITEUR

14, rue Soufflot, et rue Toullier, 13

1900

PRÉFACE

Au moment où venait de disparaître, par un coup si soudain, un maître tel que M. Bufnoir, la première pensée qui vint à l'esprit fut l'espoir que l'on trouvât dans ses notes un travail de rédaction assez complet, pour que l'on pût faire paraître sous son nom, et que l'on pût faire revivre, par conséquent, quelque chose de son enseignement. Cet enseignement, depuis plus de trente ans, avait, si l'on peut dire, renouvelé toutes les méthodes, suscité des vocations juridiques, et plus encore que des vocations, inspiré l'enthousiasme dans une matière qui, à l'apparence, n'en comporte guère. Quel était donc le secret d'une influence aussi considérable ? A quelles conditions s'était-elle exercée ? D'où venait cette maîtrise si universellement reconnue ? Il a semblé qu'il dût y avoir tout profit, dans l'intérêt de la science juridique et de son avenir, à reproduire, non pas ce qui pourrait être les solutions admises par le maître — car, en pareil cas, c'est ce qui importe le moins, — mais ses procédés de méthode et d'analyse.

Malheureusement, cet esprit d'une conscience si pénétrante, presque scrupuleux pour lui-même, toujours inquiet de la précision de la forme et de l'exactitude de l'idée, arrivait difficilement à fixer par avance, dans une rédaction définitive, le résultat de ses investigations scientifiques. Comme tous les esprits supérieurs et d'une haute personnalité, il réservait, jusqu'à la dernière heure, pour la spontanéité de la recherche faite sur place, et dans l'évocation d'un travail final, auquel son auditoire devait en quelque sorte collaborer lui-même, sinon l'enchaînement de ses idées, du moins la façon de les présenter, de les mettre en valeur, de les illustrer par des exemples ; et surtout par des rapprochements souvent inattendus, qui eussent paru, pour certains, rompre avec tous les cadres et toutes les classifications, mais qui, pour lui, pour ceux qui l'écoutaient surtout, étaient un trait de lumière, et comme l'argument décisif. C'est à cette analyse, à ce travail de la pensée, auquel se trouvaient initiés tous ceux qui suivaient son enseignement, qu'il a dû cette façon de s'emparer des esprits et de les discipliner à sa guise. En toutes choses, la fonction du maître n'est pas de donner des résultats, mais de montrer comment il les trouve et par quels procédés de recherches les autres, ceux qu'il pourra vraiment appeler ses disciples, aboutiront à la même sûreté d'invention scientifique. Que de fois ne l'a-t-on pas rencontré, à l'heure de son cours, remontant lentement la rue Soufflot, plongé dans quelque raisonnement qu'il poursuivait en lui-même, allant toujours plus à fond : c'est sa leçon qu'il élaborait ainsi dans son esprit. Comment donc l'aurions-nous retrouvée dans ses notes ?

Ce ne sont pas les siennes qui pouvaient la faire revivre ; tout au plus peut-être y avait-il à compter pour cela sur celles de ses auditeurs, celles qui auraient été prises, au cours de son exposé si clair, si précis, et toujours un peu lent par l'effet même des procédés qui viennent d'être décrits. C'est cette tentative dont un groupe de ses anciens élèves a pris l'initiative, pour ne pas dire a eu l'audace. Car, n'était-ce pas vouloir réaliser l'impossible ? Il y a dans l'enseignement oral, dans celui tout au moins qui crée des disciples, quelque chose de véritablement personnel et vivant, une communication d'esprit à esprit, une pénétration réciproque des intelligences, qui ne se retrouve plus dans ce qui reste de la phrase écrite. Tout ce qui prétendrait en être une reproduction plus ou moins fidèle, ne serait qu'un reflet décoloré, une ossature qui laissât à peine soupçonner le revêtement disparu. Ce qui rend la parole pénétrante, c'est quelque chose d'impondérable, comme une pensée qui se ferait visible à la pensée, un charme qui opère, une sympathie qui se communique : que reste-t-il de tout cela dans les lambeaux arrachés à la plume des auditeurs ? Fallait-il donc laisser là tout espoir et abandonner tout projet, avant même d'en avoir essayé la réalisation ?

Il a semblé que ce serait manquer à un double devoir, envers celui qui n'est plus, et envers la science qu'il a illustrée. Vis-à-vis de lui, il y avait, de la part de disciples envers leur maître, un hommage qui s'imposait. Devant l'impossibilité où l'on était de reconstruire son œuvre, au moins fallait-il tenter, par un premier essai, de faire revivre son souvenir. Et d'autre part, si décolorée, si affaiblie, que dût être la reproduction d'une partie, quelle qu'elle fût, de l'enseignement donné par un tel maître, c'était encore servir la science que de laisser entrevoir le secret de ses méthodes, la finesse de ses procédés, la technique même de ses disciplines. A défaut du charme inexprimable de la parole, de la correction et de l'élégance du langage, toutes choses qu'il a emportées avec lui et qu'une plume d'étudiant ne pouvait ni fixer ni reproduire, serait-il donc impossible de retrouver et de reconstituer la suite des raisonnements, le plan de l'exposé, l'enchaînement des recherches ?

Deux choses au moins se trouvaient fidèlement conservées, la répartition des développements et l'orientation des idées.

Rien de plus inégal, en effet, que la proportion donnée à chacune des matières et à chacune des questions traitées. Par système, tout ce qui est pure réglementation légale est écourté, à peine effleuré ; les livres suffisent. Comme il le disait si souvent lui-même, ce qu'il faut, vis-à-vis de l'étudiant, c'est déblayer le terrain. Mais aussi, une fois sorti de ce qu'il aurait pu appeler les inutilités et les encombrements de la route, une fois arrivé au point central, à ce qui touche aux principes, il s'attarde, il retourne le sujet, le creuse en tous sens ; en dehors de toutes classifications prétendues méthodiques, mais toujours artificielles, il s'attaque à l'idée, à ce qui est comme la synthèse de la matière ; et autour d'elle tout converge, développements théoriques, applications pratiques, questions d'espèces et hypothèses imaginaires et subtiles. Si insuffisante que soit l'ossature d'un cahier de notes, c'est un premier point qui se révèle et qui frappe.

Il en est un second non moins visible et non moins attachant, c'est l'orientation des idées : pas de divisions, à peine quelques grandes lignes, pas de déductions systématiques, pas d'ensemble construit ; ce sont là des procédés purement scolaires qui n'ont rien de scientifique. Mais dans toute matière il y a un principe dominant, une conception théorique, une idée maîtresse, à laquelle tout se ramène. En droit, cette idée se concentre dans une formule : c'est donc l'idée qu'il faut dégager, et la formule qu'il faut construire. Pas de constructions d'ensemble ; ce sont édifices en l'air. Mais des constructions d'idées et de principes ; puis, la formule trouvée, ou du moins essayée, — car il n'y a pas d'essayiste, pour prendre un mot d'actualité, plus accompli, — il la retourne en tous sens, la creuse toujours plus à fond, l'illustrant d'exemples et d'applications pratiques, pliant à la rigueur des disciplines scientifiques ce qui est question d'espèces et phénomènes accidentels. Cela encore, il n'est pas un cahier de notes qui ne le révèle.

Ce double profit ne suffirait-il pas à justifier, peut-être faudrait-il dire à excuser, l'essai qu'il s'agissait de tenter ?

Comme on ne pouvait songer, pour ce qui est de M. Bufnoir, et pour les raisons déjà exposées, à utiliser ses notes, il ne pouvait être question, ni d'un traité complet de droit civil, ni même d'un traité, au sens propre du mot, sur une matière spéciale. Un traité suppose un exposé intégral des questions, chacune d'elles avec un développement proportionnel à son importance ; cela suppose en outre que celles-ci soient présentées sous leur forme la plus actuelle, soit au point de vue de la jurisprudence, soit au point de vue de la doctrine. Si M. Bufnoir, comme il en avait eu parfois l'intention, avait publié lui-même le résumé de son enseignement, il est probable que c'eût été cette conception qu'il eût adoptée. Mais alors tout était à remanier et à créer à nouveau. Avec quelle maîtrise d'exposition, quelle science des proportions, quelle force doctrinale, il aurait su le faire, on peut facilement l'imaginer ! Mais lui seul pouvait le faire.

Le but qu'il fallait se proposer était bien plus modeste, mais aussi tout différent. Il s'agissait uniquement de fournir un exemple de ce qu'étaient ses leçons orales et, par suite, d'en essayer la reproduction, sous une forme aussi approchée qu'il fût possible. Il a fallu pour cela adopter un mode de publication aujourd'hui un peu abandonné, mais qui eut jadis une assez brillante fortune, celui de la leçon elle-même, s'adressant à l'auditeur, et conservant, avec la formule du langage direct, les inégalités mêmes de la parole à peu près improvisée, souvent aussi la brusquerie des transitions et les à-coup tout accidentels provenant des circonstances, de la disposition même de l'auditoire, et trop souvent aussi du temps qui fait défaut. A coup sûr, si M. Bufnoir eût choisi cette forme, il eût fait disparaître ces lacunes involontaires, rétabli les transitions et ramené à l'inimitable perfection, qui lui était propre, l'élégance toute littéraire, autant que juridique, du langage. Mais là encore, ce qu'il aurait fait lui-même, nul ne pouvait le faire que lui. Nous ne pouvons avoir la prétention de présenter les leçons de M. Bufnoir telles que M. Bufnoir les aurait livrées ; tout ce que nous pouvons oser, c'est de les donner sous une forme qui fasse revivre quelque chose de l'impression qu'elles avaient produites. Ce n'est pas l'écrivain que nous rêvons de présenter au public, c'est le professeur dont nous voulons évoquer les procédés. Et c'est bien différent. C'était d'ailleurs la seule tentative qui restât possible, la seule, puisqu'elle n'engage que la responsabilité de ceux qui l'affrontent, qui ne risque de compromettre ni le maître, ni son œuvre.

Après avoir montré comment nous avions conçu et compris le projet qu'il s'agissait d'entreprendre, disons en quelques mots comment nous l'avons réalisé, et avant tout quelles raisons ont dicté notre choix.

Peut-être, en effet, en se posant la question *a priori*, aurait-on donné la préférence à une série de leçons portant sur les privilèges et hypothèques. C'était une des matières que M. Bufnoir avait le plus particulièrement creusées ; et il avait, il y a quelques années à peine, fait porter sur ce point l'un des derniers cours spéciaux et approfondis, peut-être le dernier, qu'il ait fait. Mais un morceau de cette importance n'était pas de nature à être exposé à demi ; il devenait impossible d'en livrer un simple fragment. C'était une œuvre considérable à entreprendre. Elle eût demandé, vu nos procédés de travail, un très long délai. Et cependant, tout au moins à titre d'hommage et de souvenir, était-il opportun que cette publication ne se fît pas trop longtemps attendre. Peut-être aussi était-il prudent, pour une œuvre qui était à reconstituer presque en entier, de procéder par voie d'essais et de ne s'attaquer à une matière relativement considérable qu'après l'épreuve d'une première tentative. Une raison à peu près analogue nous empêchait de choisir dans son intégralité une matière complète présentée sous forme classique comme le serait celle des obligations. Et il y en a un second motif qui n'échappera à aucun de ceux qui enseignent le droit civil, c'est que les fins de cours sont toujours forcément sacrifiées, faute de temps ; et que, dans un sujet de ce genre, si nous l'eussions choisi, l'inégalité de la dernière partie ne se fût expliquée ni par un procédé de méthode, ni par une diversité d'importance doctrinale. Pour échapper à cette difficulté, il fallait, à tout prix, choisir quelques leçons de début, empiétant par conséquent sur des matières forcément un peu disparates, au moins à l'apparence, mais qui dussent cependant présenter pour le lecteur, et dans l'ensemble, une réelle unité.

Sous ce rapport, le début du cours de seconde année de licence, tel qu'il se présentait d'après l'ancien programme antérieur à 1895, pouvait facilement nous offrir à la fois la diversité qui s'imposait et l'unité qu'il fallait obtenir. Ce double élément nous a paru avoir été merveilleusement réalisé dans un cours donné par M. Bufnoir pendant l'année scolaire 1883-1884, dans lequel le maître avait débuté par l'étude des modes d'acquisition de la propriété, au moins à titre particulier, suivie de l'étude des obligations. Celle-ci commençait par l'exposé des sources de l'obligation, dont la principale est le contrat. Rien de plus divers à l'apparence ; mais aussi rien de plus facile à ramener à l'unité, aujourd'hui surtout, depuis que, par suite de l'innovation réalisée par l'art. 1138 du Code civil, les procédés de transmission de la propriété se confondent en quelque sorte avec l'acte juridique, et plus particulièrement avec la convention, mode générateur des obligations. Il y avait donc là les éléments d'un sujet parfaitement homogène comprenant la *Théorie des modes d'acquisition des droits tant réels que personnels.*

La reproduction de ce cours de 1883-1884, au moins dans sa première moitié, offrait encore plusieurs autres avantages que nous voudrions énumérer ici, et dont le plus important, au point de vue doctrinal, était de montrer déjà réalisé, au moins sur un fragment spécial, et à près de dix années par avance, le plan rationnel et véritablement scientifique, que M. Bufnoir sut faire admettre en 1895 dans la réforme des programmes de droit civil, en ce qui touche l'enseignement de licence. Mais aussi, pour ce qui est du but que nous nous proposions, il n'était pas inutile de choisir un cours qui remontât déjà à quelques années. C'est qu'il s'agissait d'affirmer autant que possible que nous n'entendions publier ni un Manuel, ni un Traité. Nous ne cherchions pas à présenter les solutions les plus neuves ; et encore moins voulions-nous fournir le dernier état de la jurisprudence. En publiant un cours professé il y a juste quinze ans, nous risquons sans doute de n'offrir au public que des solutions qui soient aujourd'hui dans le domaine commun ; mais que l'on se reporte à leur date, et l'on comprendra, pour beaucoup d'entre elles, quelle saveur de nouveauté, quelle hardiesse même, elles pouvaient présenter pour ceux à qui elles étaient exposées. Mais, il ne s'agit ni des résultats pratiques, ni de la jurisprudence, mais d'une méthode d'enseignement. En écartant ainsi toute préoccupation d'actualité, nous obtiendrons sans doute de concentrer toute l'attention sur la méthode elle-même ; c'était notre seul but. Enfin, il y avait cette coïncidence que cette même année 1884, plusieurs des élèves formés par M. Bufnoir, de ceux qui, sans doute, grâce à la vocation évoquée par lui, devaient devenir ses collègues, quelques-uns même au concours ouvert en l'année 1884, se trouvèrent suivre ce cours de seconde année, l'un des plus approfondis que le maître ait faits sur la matière, et le suivre, non plus en élèves qui débutent, mais en disciples habitués déjà à saisir toutes les nuances de la pensée et à les fixer, peut-être même à les reproduire, intégralement. Ce sont ceux-là mêmes qui ont eu la pieuse pensée de comparer et collationner leurs notes, et d'assurer par là une reconstitution, au moins approximative, d'un enseignement dont le souvenir ne s'est jamais effacé de leur esprit.

Quant aux procédés à suivre, nous venons de les indiquer d'un mot ; nons avons essayé, par une sorte de refonte opérée par rapport à plusieurs exemplaires du même cours, de parvenir à une reproduction à peu près authentique du texte initial. L'opération a pu être singulièrement facilitée par ce fait que l'un des manuscrits, tout au moins, se trouvait reproduire l'allure même du discours sous sa forme directe. Ce n'en est pas moins, nous devons le reconnaître, une reconstitution faite d'après des notes d'étudiants ; nous ne pouvons nous flatter, ni d'approcher de la forme même que le maître aurait donnée à cette publication s'il l'eût entreprise, ni de reproduire dans toute son exactitude, sa précision et son élégance, sa forme parlée. Tout ce qui subsistera d'incorrections ou de lacunes possibles, c'est aux éditeurs qu'il faudra l'imputer.

En principe, nous nous étions promis, pour mieux faire apparaître la méthode et ces procédés de déblaiement, si l'on peut ainsi dire, dont il a été parlé, de garder à chaque leçon sa physionomie intégrale, et de la reproduire avec toutes les lacunes et tous les renvois qu'elle contenait ; lacunes souvent définitives, ou questions renvoyées à d'autres matières. Nous l'avons fait chaque fois que le procédé était réellement voulu. C'est ce qui s'est présenté par exemple pour les tout premières leçons du début portant sur des points de détail, n'engageant aucune question de principe, et que, de parti pris, M. Bufnoir sacrifiait. Nous les avons reproduites sous leur forme sacrifiée, ou pour mieux dire volontairement écourtée ; et de même en a-t-il été pour certaines parties de la prescription.

Sur d'autres points, au contraire, il y avait un sacrifice involontaire, et purement accidentel, imposé par exemple par le défaut de temps. Il nous a semblé que M. Bufnoir, s'il eût entrepris la publication de son cours, n'eût jamais consenti à laisser subsister telles ou telles lacunes portant sur des points d'une certaine importance doctrinale. Nous avons fait, en nous inspirant soit de notes se référant à un cours similaire d'une autre année, soit de sa méthode, ce qu'il aurait fait lui-même ; quelquefois aussi, trouvions-nous dans d'autres parties du cours, celles que nous ne devions pas publier, les développements que nous cherchions. Il n'y avait plus, pour les mettre au point, qu'un travail de soudure qui ne risquait pas de compromettre l'unité essentielle de l'œuvre. Nous avons cru devoir procéder ainsi, non pas à des remaniements — le texte authentique a été respecté partout où nous en retrouvions la reproduction à peu près parfaite, — mais à certains compléments sur les points où le maître lui-même en avait laissé apercevoir la nécessité. Il ne s'agissait d'ailleurs que de plus intégralement pousser à fond sa propre méthode dans le sens indiqué par lui ; nous ne pouvions songer à introduire de toutes pièces, des développements complets sur des matières entièrement nouvelles qu'il n'eût pas effleurées.

Et maintenant, si ce n'est pas son œuvre absolument intégrale que nous reproduisons — il y avait à cela une impossibilité matérielle, n'ayant pu faire fonds ni sur ses notes à lui, ni sur une reproduction sténographique — au moins avons-nous pleine conscience d'avoir, dans la mesure même où la chose était possible, fait revivre l'impression de ses procédés, l'intelligence de ses méthodes, la pénétration de ses analyses. Il y manque ce qui a disparu avec lui, le charme incomparable de sa forme, la séduction de tout son être, le don pénétrant de sa voix elle-même. Ceux qui l'ont entendu sauront, en lisant ces pages, ressusciter tout ce passé. Peut-être croiront-ils l'entendre encore ; et leur souvenir ému se reportera vers le maître à qui ils doivent sans doute le meilleur de leur formation scientifique.

Ce sera le plus précieux hommage que nous puissions susciter en faveur de celui à qui nous offrons ce souvenir, au nom de tous ses anciens élèves, de tous ses amis et de ses admirateurs : nous n'avons pas eu d'autre but ; et c'est à nous seuls qu'il faudra s'en prendre s'il se trouve insuffisamment rempli.

Mais comme il s'agissait en somme moins d'une publication, même fragmentaire de l'œuvre de M. Bufnoir, que d'un hommage qui lui fût rendu, nous avons pensé qu'à celui provenant de ses anciens élèves devait se joindre celui qui lui viendrait de ses pairs, de ceux qui sont aujourd'hui les maîtres de l'enseignement du droit civil. Pour présenter au public l'œuvre que nous avions entreprise, nous nous sommes adressé au professeur éminent qui est le savant continuateur de l'œuvre de M. Demolombe, dont le nom et les travaux font autorité aujourd'hui parmi les hommes de pratique, comme parmi les hommes de doctrine. M. Guillouard a bien voulu répondre à notre appel. Nous lui devions ainsi notre plus vive reconnaissance. Nous voudrions pouvoir également dire ici bien haut celle que nous devons à tous ceux, maîtres et élèves, qui nous ont aidés de près ou de loin, par leurs encouragements, leurs conseils, la communication de leurs notes de cours. Il y aurait sous ce rapport bien des noms à citer; faute de pouvoir les nommer tous, mieux vaut n'en désigner aucun. Il y a des sympathies qui se sont offertes, des dévouements qui sont devenus agissants, et que nous risquerions de trop mal payer par cette simple révélation ; les amis qui nous sont venus ont formé une collectivité anonyme qui, en restant anonyme, nous a laissé une impression plus touchante encore. Au moins en est-il, parmi nos collègues des Facultés, qui nous ont offert une collaboration effective, nous aidant dans la correction des épreuves, dans la recherche surtout, là où le texte initial faisait défaut, d'une forme qui s'adaptât à l'ensemble et qui ne fît pas un contraste par trop sensible avec celle du maître lui-même. Nous aurions voulu leur en dire publiquement nos remerciements. Ils ont préféré ne pas se séparer de cette collectivité des amis qui nous ont encouragés et soutenus : qu'ils sachent au moins combien nous leur en restons reconnaissants !

Qu'il nous soit permis enfin d'exprimer à la famille de M. Bufnoir, à sa veuve et à son fils, les sentiments dont nous sommes restés pénétrés pour la confiance dont ils ont fait preuve à notre égard. Il s'agissait en somme de toucher à un patrimoine qui est le leur. C'était un soin pieux, et une tâche délicate, pour laquelle ils s'en sont remis à nous. Aussi, est-ce en nous inspirant, s'il nous est permis de le dire, de l'idéal qui est le leur, tout autant que de nos souvenirs de cœur, que nous avons essayé de remplir la mission dont nous avions pris l'initiative.

Puisse cette œuvre ainsi entreprise, et ainsi secondée, n'être pas trop indigne du maître à qui nous l'offrons et dont elle va porter le nom !

INTRODUCTION

Peu de jurisconsultes, au XIXe siècle, ont exercé une influence aussi considérable que M. Bufnoir sur l'enseignement de la science du droit et le développement des idées juridiques ; non par la plume, mais par la parole, dans cet admirable enseignement oral qui groupa tant d'élèves autour de sa chaire. Pendant trente années, de 1867 à 1898, il a été l'un des maîtres les plus écoutés de la Faculté de Paris, qui compte pourtant de si éminents professeurs :

« En 1897, écrit un de ses anciens élèves, au moment de « prendre part au concours d'agrégation, j'allai suivre les « cours des maîtres parisiens : impossible d'entrer dans le « grand amphithéâtre où M. Bufnoir devait monter en chaire ; « et les jeunes étudiants qui m'entouraient de prendre en « pitié mon ignorance provinciale : ne savait-on pas que, « pour trouver place au cours de M. Bufnoir, il fallait arriver « une demi-heure à l'avance (1) ? »

Aujourd'hui ses élèves peuplent la Magistrature, les Facultés, le Barreau, et il est remarquable de voir quelle impression durable a produit dans leurs esprits l'enseignement du maître. « Je suis l'élève de Bufnoir », disent-ils, avec l'orgueil du citoyen romain revendiquant la noblesse de son origine. Son interprétation des lois se fait jour dans les arrêts,

(1) F. Desserteaux, *M. Bufnoir* (*Revue Bourguignonne de l'enseignement supérieur*, 1898, n° 3, p. 216).

sa méthode d'enseignement se produit dans les chaires, ses arguments apparaissent à la barre de nos tribunaux ; de telle manière que nul enseignement n'aura été plus fécond que celui de ce maître qui pourtant n'a pas écrit, mais qui a su, par la puissance et l'originalité de son esprit, le charme et l'autorité de sa parole, tracer dans les intelligences des sillons aussi profonds que durables.

Pourquoi ce jurisconsulte éminent, cet écrivain à la forme irréprochable n'a-t-il pas laissé des ouvrages qui perpétuent l'éclat de son enseignement oral, et qui fixent, d'une manière définitive, l'habile et savante interprétation qu'il a su pendant tant d'années donner à nos lois ? On peut, je crois, en fournir une première raison : la préoccupation, si profonde chez lui, de son cours, le désir de le perfectionner sans cesse. Il en faut ajouter une autre : la multiplicité de ses travaux. Sa merveilleuse intelligence était ouverte à tous les horizons : législation comparée, organisation de l'enseignement supérieur, sciences économiques, révision du cadastre, modes de transmission de la propriété foncière, économie sociale, il a tout étudié, et étudié comme il le faisait, non pas superficiellement, mais d'une manière approfondie, ouvrant sur chacune des questions qu'il examinait des aperçus nouveaux. Dans les congrès auxquels il a pris part, dans les commissions sans nombre dont il a fait partie, sa présence était un événement, et sa parole faisait autorité ; et l'on est émerveillé, en lisant les comptes-rendus de ces séances, de la variété et de l'étendue de ses connaissances.

Mais je crois que ces raisons ne suffisent pas pour expliquer que M. Bufnoir n'ait rien écrit sur le droit civil, sa science de prédilection, celle pour laquelle il a tant travaillé et qu'il eût si bien traitée dans ses écrits, à en juger par les trop rares *Notes* que l'on trouve dans le recueil de Sirey ; le véritable motif est celui qui a arrêté aussi un grand maître de l'Ecole de Paris, M. Valette : le désir de la perfection, et la crainte de ne pas donner à la forme écrite de sa pensée un moule digne de la science qu'il prisait si haut.

Certes, une pareille modestie, chez un tel homme, est de nature à faire faire de graves réflexions à ceux qui se sont hasardés à écrire sur ces difficiles matières, sans avoir ni le talent ni la science de ce jurisconsulte éminent. Mais ce qui doit les rassurer, j'allais écrire *nous* rassurer, c'est l'indulgence affectueuse de M. Bufnoir pour ceux qui écrivaient ; et l'auteur de ces lignes ne peut oublier que c'est à propos de son *Traité du Louage*, apprécié avec tant de bienveillance à son cours par M. Bufnoir en 1885 ou 1886, qu'ont commencé ses rapports si pleins de charme avec le maître éminent qui unissait aux plus rares dons de l'intelligence les plus exquises qualités du cœur.

Il était profondément regrettable qu'un tel enseignement ne laissât pas de traces extérieures et permanentes, et d'anciens élèves de M. Bufnoir, devenus aujourd'hui des maîtres justement appréciés, ont voulu reconstituer au moins, à l'aide de leurs notes, une partie de son enseignement ; et ils ont choisi l'année 1883-1884, qu'il consacra à l'étude des modes d'acquisitions de la propriété, des droits réels et des droits personnels.

Ils m'ont fait le grand honneur de me demander quelques lignes à propos de cette œuvre ainsi reconstituée. J'y consens bien volontiers, parce que je m'associe ainsi à l'hommage qu'ils rendent d'abord au jurisconsulte éminent, au civiliste qui a tant fait pour mettre en lumière cette belle science du droit civil, qui m'est si chère ; et en outre à l'homme de bien que fut M. Bufnoir, à l'homme qui, au milieu des préoccupations ambitieuses qui dominent notre société troublée, n'a eu d'autre souci que l'amour de la science et le culte du droit et de la vérité. Puis je me joins par là à tous ceux qui, ayant connu M. Bufnoir et sachant le vide cruel fait par sa mort au milieu des siens, désirent témoigner à sa famille, à sa veuve, à son fils, leur profonde et respectueuse sympathie. Est-il un meilleur moyen d'honorer un homme comme lui et de sympathiser avec ceux qui le pleurent que d'essayer de le faire revivre par quelque côté ?

L'œuvre de M. Bufnoir, dans les cinquante-sept leçons de son cours de l'année 1883-1884, est très vaste, et comprend l'exposé des principes les plus intéressants et les plus féconds du droit civil : étude des modes d'acquisition et de transmission du droit de propriété et des droits réels, étude de la formation, de la transmission et de l'extinction des obligations en général, voilà quel est son programme. La lecture des huit cents pages dont ce volume se compose permet de se rendre compte des procédés scientifiques du maître, de l'originalité et de la valeur exceptionnelle de son enseignement, et de comprendre comment il a pu acquérir dans sa chaire une si grande célébrité.

Non pas certes que ces pages puissent donner au lecteur l'impression que les élèves de M. Bufnoir ont reçue de ses leçons et qu'ils ont gardée si profonde. Il y a dans l'enseignement oral, il y a dans la parole en général je ne sais quel charme intime, quelle puissance communicative, quelle force de persuasion que l'écriture, fût-elle une reproduction intégrale comme la sténographie, est impuissante à donner. A plus forte raison en est-il ainsi lorsque la reproduction est incomplète, qu'un cours est reconstitué sur des notes d'étudiants, ces étudiants fussent-ils, et c'est le cas, des intelligences d'élite, des esprits déjà mûrs, des élèves sur le point de devenir des maîtres : on verra dans cette reconstitution les idées du maître, leur enchaînement, la forme générale du cours, on n'aura pas le cours lui-même avec les séductions de sa forme et sa puissance de pénétration dans les intelligences. Cela est vrai surtout quand le maître est M. Bufnoir, dont l'intelligence si bien douée, toujours à la recherche de l'idée la plus sûre et de la forme la meilleure, travaillait jusqu'au dernier moment, et pendant le cours lui-même, à trouver une raison nouvelle de décider ou une forme plus saisissante pour une idée déjà connue.

Cependant, malgré tout ce qui manque et doit manquer dans ce cours, nous en avons assez, en le lisant, pour comprendre et pour admirer.

Sa méthode lui est toute personnelle. Après avoir nettement tracé les limites du sujet qu'il va étudier, il signale les difficultés de la matière, il montre les principes qu'elle met en jeu : il indique à l'aide de quels textes les solutions doivent être cherchées, il fait connaître avec une remarquable érudition l'origine historique de ces textes, et il signale les remaniements dont ils ont été l'objet dans les travaux préparatoires : il conclut ensuite et il établit quelle solution doit être adoptée dans notre législation positive, en mettant en relief ses avantages ou ses inconvénients. Puis, élargissant son sujet, il trace, au-delà des textes, à l'aide des grandes lois de l'expérience, de l'évolution des idées, des nécessités morales de l'époque, la voie dans laquelle il faut marcher et les améliorations dont notre législation est susceptible.

Ainsi il apprend à ses élèves non seulement à connaître, mais à comprendre les lois : il ne borne par leur horizon aux limites étroites de telle solution donnée par le législateur français, il leur indique l'origine, la marche et le développement de l'idée juridique à laquelle ce texte se rattache, et il montre où elle doit aboutir. On peut dire de son cours que ce n'est pas seulement *l'enseignement de la loi*, mais *l'enseignement de l'esprit de la loi.*

Doué d'une intelligence aussi mesurée qu'élevée, M. Bufnoir n'a aucun goût pour les solutions de logique à outrance, préférées de certains jurisconsultes doctrinaires pour lesquels les textes sont le dernier mot du droit, et la logique pure le seul moyen de les interpréter : il sait que la science du droit doit se plier aux exigences de la vie réelle, et la solution qu'il préconise est celle qui est le plus en harmonie avec les besoins et les tendances de la société au milieu de laquelle il enseigne.

Ce qui donne à son enseignement un caractère particulier, et ce qui devait être pour les auditeurs une attraction puissante, en même temps qu'un sûr moyen pour le maître de pénétrer dans leurs intelligences, c'est qu'il n'apporte pas à ses élèves de solutions toutes faites, pour les leur imposer par des affirmations dogmatiques. Il cherche en leur présence et pour ainsi dire avec eux la solution la meilleure et les moyens les plus décisifs pour l'appuyer, il les fait assister au travail de sa pensée, il les amène à chercher avec lui ; de telle sorte que, son exposé fini, lorsqu'il arrive à dégager, avec un art infini et une merveilleuse précision, la solution qu'il a choisie, il semble que c'est la seule à laquelle on pût arriver, et celle qu'ont eux-mêmes trouvée ses auditeurs qui ont cherché et pensé avec lui.

Il suffit, pour se bien pénétrer de cette méthode, de lire les pages que M. Bufnoir a consacrées à l'étude de la cause dans les contrats (1) ; il indique les divers sens du mot cause, il analyse le rôle de la cause dans la formation du contrat ; puis, après avoir dégagé ces divers éléments, il arrive à donner de

(1) Pages 526 et suiv.

la cause la définition la plus claire, en montrant en même temps, pour mieux mettre en lumière cette définition, en quoi la cause diffère du motif, trop souvent confondu avec elle :

... « La cause sera donc le but ou l'élément intentionnel « inhérent au contrat, impliqué par la nature du contrat, et « qui, par suite, a été connu ou devait être connu des deux « parties à la fois, et non purement personnel à celui des « deux contractants qui s'oblige. Le motif au contraire serait « l'intention que le débiteur aurait eue lorsqu'il a visé ce but « immédiat dont je viens de parler : ce n'est donc plus un but « impliqué par la nature du contrat, mais au contraire abso- « lument variable d'après les circonstances et d'après l'objectif « plus ou moins lointain visé par le débiteur, donc purement « personnel à celui qui s'oblige, et non forcément pris en « considération par l'autre partie ».

Malgré la précision de ce langage, le maître craint encore de n'avoir pas suffisamment gravé ces notions délicates dans l'esprit de ses auditeurs, et il applique à un certain nombre de contrats judicieusement choisis la définition qu'il vient de donner : comment après cela ses élèves auraient-ils pu ne pas comprendre la théorie de la cause ?

Ce jurisconsulte si érudit se garde bien de faire étalage de son érudition, et, comme il le dit à propos de l'article 2179 (1), « il recherche simplement dans les précédents la filiation des « idées ». En droit romain comme dans l'ancien droit français, il se borne à la citation précise qui éclairera la législation présente, en montrant comment elle se relie aux idées juridiques du passé.

Ses définitions sont des modèles de simplicité et de clarté. Voici, par exemple, celle qu'il donne de l'obligation civile :

(1) Page 347.

« L'obligation est un lien de droit en vertu duquel une « personne est tenue envers une autre d'un fait ou d'une « abstention. Au lieu de dire un lien de droit, si vous tenez « à éviter cette métaphore, dites une nécessité juridique. « Nous avons en présence, dans l'obligation, deux personnes, « l'une qui est le sujet actif, qui a le droit d'en exiger l'exé- « cution, le créancier ; l'autre, qui en est le sujet passif, le « débiteur. Le rapport de droit constitue, du côté actif, une « créance, et, de l'autre côté, une obligation dans le sens « propre du mot, une dette. Seulement le mot, dans le lan- « gage habituel, est plutôt réservé pour les obligations qui se « résolvent en une prestation pécuniaire, l'*æs alienum* des « Romains (1) ».

Mais toutes ces qualités de l'enseignement de M. Bufnoir, si grandes qu'elles soient, ne sont que des qualités accessoires par rapport à celles dont je vais parler, qui les domine toutes, qui a été la plus grande cause de son succès, et qui restera son titre le plus éclatant dans l'histoire de l'évolution du droit : je veux parler de sa méthode, du plan de son enseignement.

L'étude du Droit civil français a été dans notre siècle, et j'ajoute qu'il n'y a pas lieu de s'en étonner, l'objet de méthodes successives : d'abord la méthode exégétique ; puis la méthode dogmatique, mais aux allures encore timides, et ne rompant pas d'une manière complète avec les procédés de l'exégèse ; et enfin la méthode purement scientifique et rationnelle. C'est cette dernière méthode que M. Bufnoir a la gloire d'avoir inaugurée dans l'enseignement oral, comme MM. Aubry et Rau l'ont inaugurée, au point de vue de l'ouvrage, dans leur *Cours de droit civil*.

Après la promulgation de notre Code civil, les premiers

(1) Page 447.

commentateurs ont suivi et ne pouvaient suivre que la méthode exégétique. Aux coutumes et aux ordonnances royales qui formaient le Droit civil de notre ancienne France, au Droit romain qui avait conservé sa puissance dans certaines provinces, les législateurs de 1804, dans un but d'unité dont on ne peut méconnaître la grandeur, avaient substitué une codification, mais une codification hâtive, distribuée dans un ordre artificiel, provenant de sources très diverses, et destinée à régir une société de mœurs toutes différentes de la société ancienne, où avaient pris naissance les sources législatives auxquelles le Code était emprunté. Pour se reconnaître dans ce dédale, pour restituer à ces lois nouvelles, qui étaient, au moins pour les lois d'ordre purement civil, plus nouvelles de forme que de fond, il fallait apporter dans leur étude un soin méticuleux, marcher pas à pas, rechercher l'origine de chaque texte, étudier l'esprit dans lequel on avait entendu l'appliquer dans le passé, et le sens dans lequel il convenait de l'appliquer dans le présent.

C'est cette étude que l'école exégétique a faite, par un long et scrupuleux travail, avec une grande science et un véritable esprit d'analyse, et il serait injuste de ne pas rendre hommage à l'importance de ses travaux et aux services qu'elle a rendus dans l'étude de nos lois civiles. Comment, notamment, n'admirerait-on pas dans M. Troplong, le maître le plus justement célèbre de cette école, la profonde érudition, la largeur des vues, le charme des développements ?

Puis, après que l'exégèse proprement dite a fait son œuvre, une autre école apparaît, qui commence à se dégager du moule trop étroit dans lequel la science du droit demeure enserrée. C'est l'école dogmatique, qui va se rattacher encore à l'école exégétique, en ce qu'elle suit l'ordre des titres du Code, mais qui s'en sépare dans ce qui constitue surtout l'exégèse, la discussion successive des textes, article par article.

Le représentant le plus illustre de cette école, M. Demolombe, qui en a suivi les procédés dans son *Cours de Code civil* et dans son enseignement oral, se défend à bon droit d'appartenir à l'école exégétique, et il critique avec raison dans cette école l'absence de méthode et de généralisation :

« Si l'exégèse, dit-il, suivant le texte pas à pas, peut se « flatter de découvrir ainsi plus facilement la pensée du législateur, ne peut-on pas, en revanche, lui reprocher, sinon « d'empêcher absolument, du moins de faciliter très peu, par « ses allures saccadées et décousues, cet esprit de méthode et « de généralisation, cet ordre et cet arrangement systématique « qui constituent la science et qui en rendent l'initiation plus « puissante et plus efficace ? » (1).

L'école dogmatique accomplit, elle aussi, son œuvre, et, par une loi naturelle de l'évolution de la science, le moment est venu où l'enseignement du droit va pouvoir se dégager des derniers liens qui l'entourent. C'est alors qu'apparaît l'école purement rationnelle ou scientifique, qui, abandonnant non seulement l'ordre des textes, mais l'ordre des titres du Code civil, étudie nos lois civiles dans un cadre harmonieux, d'après le groupement rationnel des idées, et non d'après l'assemblage arbitraire et souvent malheureux des matières fait par les rédacteurs du Code civil.

C'est à M. Bufnoir que revient l'honneur d'avoir inauguré cet enseignement. L'entreprise était hardie : il fallait pour réussir, d'abord, cet auditoire d'esprits laborieux et distingués qu'une grande faculté comme celle de Paris peut donner à ses maîtres d'élite ; puis et surtout il fallait le maître, dans le vrai

(1) *Cours de Code civil*, I, Préface, p. 7.

sens du mot, l'initiateur, l'homme qui pouvait, dans l'autorité incontestée de son enseignement, construire un édifice nouveau, avec les matériaux dispersés qu'avaient préparés les travaux des diverses écoles de jurisconsultes depuis le commencement du siècle.

Telle a été la grande œuvre de M. Bufnoir, celle à laquelle son nom restera glorieusement attaché ; et son cours de l'année 1883-1884 est admirablement choisi pour montrer à la fois l'excellence de cette méthode, lorsqu'elle est pratiquée par un tel jurisconsulte, et ses heureux résultats. Pour traiter *des modes d'acquisition des droits réels et des droits personnels*, il réunit une série de dispositions éparses dans le Code civil pour ainsi dire du commencement à la fin, en y joignant la partie de la loi du 23 mars 1855 qui a trait à la transmission des droits réels ; puis avec ces matériaux, il fonde et il développe la théorie générale de l'acquisition des biens, droits de propriété, droits réels, droits de créance.

Voilà le trésor de science et de méthode que rappelle à ses élèves, et que découvre à ceux qui ne l'ont pas entendu la publication du cours de M. Bufnoir. Aussi tous ceux qui aiment le Droit ne sauraient-ils être trop reconnaissants envers ces jeunes maîtres qui, négligeant leurs travaux personnels, si appréciés par les jurisconsultes, ont consacré ce qui est le plus précieux pour l'homme d'étude, une partie de leur temps, à la tâche ingrate et difficile d'essayer de reconstituer l'enseignement de leur ancien professeur. Ce qu'ils ont fait, en publiant cette œuvre, inspire autant de respect pour la mémoire du maître qui a suscité ce dévouement à sa gloire que d'estime pour eux-mêmes, et en particulier pour le professeur sympathique et distingué, qui, uni à M. Bufnoir par les liens les plus étroits et aimé par lui comme un fils, a montré un dévouement filial pour faire revivre quelque chose de celui qu'il aimait aussi profondément qu'il en était aimé.

Non seulement un grand intérêt général s'attache à cette publication pour l'étude des méthodes de l'enseignement du Droit, mais elle offre par elle-même, pour les matières spéciales auxquelles elle se rapporte, des mérites qui suffiraient à en assurer le succès. Pour ceux qui veulent apprendre le Droit, ce cours donnera, sur la difficile théorie de l'acquisition des droits réels et des droits personnels, les idées les plus claires et les plus sûres ; pour ceux qui le savent et pour ceux qui l'enseignent, il éclairera d'un jour nouveau la route déjà parcourue et fournira des aperçus profonds et originaux.

Enfin, pour tous ceux qui sont attachés à l'étude du Droit, pour tous ceux qui ont connu M. Bufnoir et qui, par conséquent, l'ont aimé, car le connaître c'était l'aimer, ce cours rappellera le souvenir de l'un des grands jurisconsultes de la France au XIXe siècle, d'un homme de bien, *vir bonus dicendi ac docendi peritus*, prématurément enlevé à la tendresse de ses proches, à la respectueuse affection de ses élèves, à l'enseignement supérieur dont il était une des gloires, à la science du Droit à laquelle il a consacré sa brillante carrière, à l'estime et à l'admiration du monde savant.

L. GUILLOUARD.

PREMIÈRE LEÇON

INTRODUCTION. — PROGRAMME ET PLAN DE LA MATIÈRE. — MODES D'ACQUISITION DE LA PROPRIÉTÉ. — OCCUPATION.

Programme et plan de la matière — Introduction.

Nous abordons aujourd'hui le livre III du Code civil. Les parties de ce livre qui doivent nous occuper cette année sont d'abord les dispositions comprises sous la rubrique : *Dispositions générales* ; puis le titre premier : *Des Successions ab intestat;* le titre II : *Des Donations entre vifs et testamentaires;* ensuite les titres III et IV consacrés à la *Théorie générale des Obligations ;* enfin nous aurons à étudier le dernier titre du Code : *De la Prescription.*

La réunion de ces diverses matières forme un ensemble assez bien déterminé que l'on peut embrasser sous l'intitulé suivant : *Théorie générale de l'acquisition, de la transmission et de l'extinction des droits tant réels que personnels.* Je dis : *théorie générale*, parce que, dans d'autres parties du livre III, le législateur a fait des applications particulières des principes généraux contenus dans la théorie des contrats.

Si nous nous reportons en arrière, nous constatons que les matières dont je viens de vous donner l'indication sommaire comprennent ce que l'on pourrait appeler le complément de la théorie du patrimoine, prise comme théorie d'ensemble. Je mets à part le livre Ier, où il a été traité de l'état des personnes et des droits de famille en général. Ceci écarté, je vous rappelle que, dans le livre II, nous avons étudié la théorie des droits réels, au moins des droits réels principaux. Incidemment même, et par anticipation, je dirais volontiers prématurément, nous avons rencontré un certain nombre de dispositions se référant à l'acquisition et à l'extinction des droits réels autres que le droit de propriété. Je vous ai dit à ce propos que l'ensemble de ces dispositions devrait être détaché pour rentrer dans la théorie générale que nous abordons aujourd'hui. Et, ce qui résulte des observations qui précèdent c'est que, si nous laissons de côté les droits de famille, nous trouvons dans le Code civil une théorie générale du droit relatif au patrimoine, ce que nous pouvons appeler le droit des biens, théorie dont les éléments sont un peu dispersés dans différentes parties du Code, mais dont il est facile de faire un tout homogène. Je ne parle pas, sans doute, des applications de détail qu'en présentent chacune des institutions particulières tenant au patrimoine ; je ne prends que la théorie d'ensemble, en tant qu'elle comprend l'étude des droits principaux dont se compose le patrimoine, et des modes divers par lesquels ils s'acquièrent et se transmettent.

De cette théorie générale, nous connaissons déjà plusieurs éléments importants. C'est ainsi que nous avons exposé, l'année dernière, ce qui concerne le droit de propriété et les principaux droits réels pris en eux-mêmes. Il s'agira de savoir maintenant comment ces droits se constituent et comment ils se transmettent. Enfin, à côté du droit de propriété et des droits réels, il y aura à étudier ce qu'on appelle les droits de créance.

Tel est donc le programme qui s'offre à nous, pour achever cette théorie générale du droit des biens : nous aurons à étudier d'abord les droits de créance, c'est la théorie des obligations. Nous connaîtrons ainsi les droits divers dont se compose le patrimoine, droits réels d'une part, droits personnels ou droits de créance d'autre part. C'est l'étude des droits pris en eux-mêmes. Il ne restera plus alors qu'à étudier la façon dont ils s'acquièrent et se transmettent : Acquisition de la propriété et des droits réels ; création et transmission des obligations, et je dois ajouter aussi, ce qui ne se présente pas en matière de propriété, modes d'extinction des obligations. Tel est le plan que j'avais à vous indiquer dès le début.

A considérer l'intitulé même du livre III, l'objet de ce livre serait cependant bien plus restreint que je ne viens de le dire.

Des différentes manières dont on acquiert la propriété : telle est la rubrique officielle.

Je remarque d'abord rapidement que ce qui est dit d'ordinaire de la propriété s'applique très généralement à l'acquisition des droits réels autres que la propriété. Mais mon observation porte plus loin, car le livre III ne s'occupe pas seulement des droits réels.

C'est ainsi qu'immédiatement, nous rencontrons en tête du livre III, le titre Ier où il est traité des successions *ab intestat*. Or, c'est là un mode de transmission, et partant d'acquisition, de tous les droits compris dans le patrimoine d'une personne décédée, ou presque tous. Je fais cette réserve en faisant allusion aux droits viagers qui, loin de se transmettre par succession, s'éteignent quand la succession s'ouvre. Donc, par succession, on n'acquiert pas seulement lès droits réels, mais aussi les droits de créance qui pouvaient appartenir au défunt, et qui se trouvent transmis à l'héritier avec l'ensemble du patrimoine. De même la donation entre vifs ne sẽ réalise pas seulement au moyen d'une transmission de propriété ; elle peut se réaliser également au moyen de la création d'un droit de créance. Elle peut aussi avoir pour objet une créance déjà constituée, qui est transmise par le créancier à un cessionnaire. Quant aux donations testamentaires, je répèterai à leur sujet ce que j'ai dit des successions *ab intestat*. On peut faire mieux ; on peut par testament, comme par donation, donner naissance à un droit nouveau, par exemple on peut faire un legs qui constitue le légataire usufruitier.

Mais voici qui est plus singulier, étant donnée la rubrique du livre III, laquelle, vous vous le rappelez, ne fait allusion qu'aux modes d'acquérir la propriété : les titres III et IV sont consacrés à la théorie générale des obligations. Il s'agit là, par conséquent, non plus de la constitution ou de la transmission de la propriété, mais de la constitution des droits personnels ; non pas même de la constitution seulement, mais en outre de l'extinction de ces mêmes droits. Tout ceci ne semblait guère annoncé par l'intitulé du livre III.

J'ajouterai d'ailleurs que le titre III contient certaines règles qui par leur nature sont un peu en dehors du droit civil. Ce sont des dispositions relatives à la preuve et se référant aux faits desquels résulte, soit la création, soit l'extinction des droits ; il s'agit de déterminer les moyens par lesquels ces faits pourront être légalement établis. Ces dispositions appartiennent plutôt à la procédure qu'au droit civil proprement dit.

La rubrique du livre III est donc inexacte. Ce qui peut surprendre surtout, c'est qu'elle ne fasse aucune mention des obligations, alors que deux titres, dont l'un extrêmement étendu, sont consacrés à cette matière, sans compter que tous les titres qui suivent ne sont que des développements de la théorie des contrats. On en arrive à se demander comment on a accepté une rubrique si étroite, en présence de dispositions qui s'étendent tellement au delà. Sous l'empire de quelles préoccupations cela s'est-il fait ? Il est intéressant de le savoir.

Si vous vous reportez à l'énumération que l'art. 711 donne des modes d'acquérir la propriété, vous y verrez mentionné, en dernier lieu, que la propriété s'acquiert et se transmet par « l'effet des obligations ». C'est l'énonciation d'une règle du droit moderne, d'après laquelle, lorsqu'une personne a contracté l'obligation de transférer un droit de propriété ou de constituer un droit réel sur une chose déterminée, le contrat qui donne naissance à l'obligation opère également par lui-même la transmission, ou la constitution, du droit réel qui faisait l'objet de l'obligation. Il n'est plus nécessaire qu'après le contrat intervienne un acte spécial pour réaliser la transmission de la propriété. Ceci d'ailleurs n'est pas un effet de toute obligation ; parmi les obligations il en est un grand nombre qui n'ont nullement pour objet la transmission de la propriété ou la constitution d'un droit réel. Il s'agit donc ici d'un effet très important des contrats, mais qui n'apparaît pas comme le résultat normal et constant des contrats ou des obligations en général. Néanmoins qu'est-il arrivé ? C'est que le législateur, inscrivant dans le livre III ce principe nouveau que la propriété se transmet par l'effet des obligations, a compris l'effet des obligations dans l'art. 711, qui contient l'énumération des modes de transmission de la propriété ; et il a emprunté ensuite à cette énumération les rubriques mêmes des chapitres du livre III. C'est ainsi qu'à titre de mode de transmission de la propriété, les obligations se sont trouvées comprises, au moins par leur côté accessoire, dans le titre consacré à l'acquisition et à la transmission des droits réels.

Des modes d'acquisition de la propriété.

Plaçons-nous d'abord, comme entrée en matière, au point de vue qui a été celui des rédacteurs du Code civil, et préoccupons-nous par conséquent des modes d'acquisition de la propriété.

Et, avant tout, que faut-il entendre par modes d'acquérir en général ? Ce sont les faits auxquels la loi attache la vertu de donner naissance à un droit ou d'en opérer la transmission. En ce qui touche plus spécialement la propriété, on fait presque toujours une distinction entre le mode d'acquérir, c'est-à-dire le fait qui produit l'acquisition ou la transmission du droit et le titre ou cause juridique, qui est le point de départ, la raison d'être, du déplacement de propriété qui va se produire. C'est là une distinction qui appartient surtout aux commentateurs du droit romain.

Supposez en effet la vente, ou l'engagement, contracté par stipulation, de transférer au stipulant la propriété d'une chose déterminée. La vente, comme le contrat de stipulation, crée un droit de créance ; la transmission ne s'opèrera que postérieurement, par la tradition. Dans cette doctrine, la tradition sera le mode d'acquérir ; quant au contrat préexistant, vente ou stipulation, ce sera le *titulus adquirendi* : ce sera l'acte juridique qui précisera le but, et comme l'objectif direct, de la tradition, et qui par conséquent donnera à cette dernière l'effet propre de transférer la propriété ; car vous savez que tout transfert de possession n'entraîne pas toujours un transfert de propriété ; pour que celui-ci se produise, il faut qu'à l'acte matériel de la livraison se joigne l'intention même d'opérer cette transmission de propriété, et cette intention se manifeste le plus souvent par le *titulus adquirendi*.

Cette distinction est loin, même en droit romain, d'être aussi exacte qu'on le suppose ; mais enfin elle est exacte au moins en ce sens que l'acte qui opère la transmission se distingue de l'acte juridique en vertu duquel se réalise cette transmission. Le premier n'est que l'exécution de l'autre. D'ailleurs, je le répète, même là, il ne faut pas croire que cette distinction se retrouve toutes les fois qu'il y a transmission.

Mais, aujourd'hui, je ne vois pas qu'il y ait lieu de maintenir cette distinction. Chez nous, le mode d'acquérir ne se distingue pas du titre ; par exemple en matière de succession *ab intestat* les deux choses se confondent et il en est de même au cas de succession testamentaire. Enfin, si nous arrivons à ce que la loi appelle l'effet des obligations, c'est justement sur ce point que la distinction du droit romain semble avoir complètement disparu. En effet, chez nous, la convention, en même temps qu'elle donne naissance à l'obligation de transférer la propriété, en opère déjà la transmission, de sorte que cette distinction des commentateurs s'évanouit devant la règle nouvelle. En réalité, le titre de transfert et le mode de transmission se trouvent ne faire qu'un.

J'ajoute que, s'il s'agit d'une donation, il n'est pas douteux aujourd'hui, sous l'empire du Code civil, que la théorie des donations soit dominée par les règles ordinaires qui régissent les contrats. La donation rentre dans la catégorie des contrats. Sans doute c'est un contrat qui présente des caractères un peu spéciaux ; mais le principe n'en reste pas moins certain.

Je fais cependant une remarque à ce sujet. Dans notre droit, il est très vrai que la convention contenant obligation de transférer la propriété opère *ipso facto* cette transmission ; mais, pour qu'il en soit ainsi, il faut que l'objet dont il s'agit de transférer la propriété soit un corps certain. De sorte que, si l'obligation de donner s'applique, non à un corps certain mais à des quantités, à ce que l'on appelle des choses *in genere*, l'obligation ne réalise plus *ipso facto* ce transfert de propriété. Dans ce cas la transmission de propriété exigera l'intervention d'un acte postérieur, qui sera la tradition.

En se plaçant à ce point de vue, on peut penser que le législateur admet encore la tradition comme mode de transfert de la propriété, et qu'ainsi la distinction subsiste, telle que les anciens commentateurs la présentaient, en tant qu'il s'agirait par conséquent de différencier le mode de transfert de la cause juridique sur le fondement de laquelle se réalise l'aliénation. Je reconnais sans doute que, dans les hypothèses auxquelles je viens de faire allusion, on rencontre, en dehors de la convention elle-même, un fait qui lui est postérieur, et ce fait est une tradition matérielle. Mais précisément la question devrait se poser de savoir si cette tradition constituera vraiment, en pareil cas, un mode de transférer la propriété? On peut en douter, et peut-être pourrait-on dire que cette tradition intervient uniquement ici pour donner à l'objet du contrat la détermination qui lui manquait. Ce n'est plus un déplacement de possession opérant de lui-même le transfert de propriété : c'est un pur fait, lequel a pour but la détermination de l'objet.

Laissons maintenant de côté cette distinction, quelle qu'en soit la valeur, et attachons-nous à l'énumération des art. 711 et 712.

Nous avons dans l'art. 711, l'indication de trois modes d'acquisition, et cette liste doit être complétée par les dispositions de l'art. 712.

Cette énumération donne lieu à des observations critiques en sens divers. On peut dire qu'à un premier point de vue certains de ses termes constituent un double emploi, qu'à un second point de vue elle contient tel mode d'acquérir qui n'en est pas un, et qu'enfin elle est incomplète.

Je relève d'abord un double emploi. L'observation que je veux faire se réfère à la donation entre vifs. Celle-ci ne se distingue pas, comme mode d'acquisition, des conventions en général. L'effet qui lui est attribué par l'art. 711 n'est qu'une application du principe nouveau relatif à l'effet des obligations (art. 1138). Si la loi a parlé des donations d'une façon particulière, cela tient à ce que dans notre législation, soit au point de vue des formes, soit au point de vue des conditions de fond, la donation est soumise à des règles particulières qui sembleraient en faire un acte *sui generis*. Cette observation est particulièrement exacte si nous considérons la donation en tant que mode de transmission de la propriété. Il y a, en effet, un correctif très remarquable au principe de la transmission de la propriété par l'effet des obligations : c'est la règle que cette transmission, en matière immobilière tout au moins, ne peut être invoquée à l'encontre des tiers que lorsqu'il est intervenu une certaine formalité qui se réalise chez nous par la transcription. C'est un correctif apporté au principe, ce n'en est pas la négation ; la règle subsiste et le transfert se réalise par l'effet même du contrat, mais ce transfert reste à certains égards tout au moins, inefficace jusqu'à l'accomplissement de cette formalité. Or, cette restriction au principe existait dans le Code civil pour les donations seulement, et non pour les autres contrats. C'est ainsi que la vente d'immeubles était de plein droit et immédiatement opposable aux tiers, sauf la question de preuve.

Par conséquent, à ce point de vue là surtout, la donation constituait comme un mode distinct de transfert de propriété et on ne peut guère faire un reproche au législateur de lui avoir fait une place à part. La donation, en tant que mode de transfert de la propriété, ne se confondait pas, au moins à tous points de vue, avec la transmission normale, telle qu'elle résultait de l'effet des obligations en général. Aujourd'hui d'ailleurs l'assimilation entre les deux hypothèses a été à peu près faite, quoiqu'il paraisse bien qu'elle ne soit pas encore absolument complète, nous le verrons plus tard.

J'ai dit en outre que l'énumération des articles 711 et 712 embrasse tel fait qui est signalé comme un mode d'acquisition, et qui en réalité ne présente pas ce caractère. Je fais allusion à l'accession.

Parmi les cas dans lesquels le Code civil voit une acquisition par accession, il en est qui n'impliquent nullement une acquisition proprement dite. Ainsi aux termes de l'art. 547, les fruits, lors de leur séparation, sont acquis au propriétaire ; il n'y a pas là une acquisition nouvelle. Les fruits faisaient partie intégrante de l'arbre et comme tels appartenaient déjà au propriétaire.

Dans d'autres cas il est très exact de reconnaître qu'il y a au contraire acquisition réelle, c'est le cas par exemple pour ce que l'on appelle l'incorporation. Mais cette acquisition dérive-t-elle de l'accession, en ce sens que l'accession serait le fait d'où résulterait cette acquisition ? Nullement, l'accession est le fait que la loi prend en considération pour réaliser l'acquisition ; mais l'acquisition elle-même résulte uniquement, comme conséquence de ce fait, de la volonté de la loi ; c'est une acquisition *lege*.

J'envisage maintenant la prescription. Il y a des auteurs qui affirment que c'est à tort que le législateur la mentionne parmi les modes d'acquérir. D'après eux, elle se ramènerait à une présomption légale d'acquisition antérieure et régulière dont on ne peut pas rapporter la preuve.

Ce point de vue ne m'a jamais paru exact, étant donnés notre législation et ses précédents. Sans doute, parmi les motifs qui justifient la prescription, il y a celui-ci, qu'elle a pour but de protéger le véritable propriétaire, en tant que celui-ci est supposé ne pas pouvoir rapporter la preuve de son acquisition ; mais ce motif est loin d'être le seul que l'on puisse invoquer. En tout cas cette manière de voir est contredite par la tradition, et elle l'est aussi par les faits.

L'usucapion à Rome est bien l'acquisition de la propriété d'autrui par le fait de la possession prolongée ; et cela est si vrai qu'elle a son fondement et son point de départ dans un titre émanant *a non domino*. A plus forte raison en est-il encore de même chez nous pour la prescription de trente ans, laquelle n'implique à la base de la possession aucun titre d'acquisition. Enfin l'article 2219 appelle la prescription un mode d'acquérir. Il est donc parfaitement exact comme vous le voyez, de ranger la prescription parmi les modes d'acquisition.

Mais je constate qu'il y a lieu de compléter l'énumération des art. 711 et 712 en ajoutant au moins deux modes d'acquisition que ces textes ne mentionnent pas, à savoir l'occupation et l'effet direct, immédiat, de la loi.

Je consacrerai à l'étude de l'occupation ma leçon prochaine.

Toutefois, dès maintenant, je dois vous prévenir que je passerai très vite sur toutes ces matières, que j'appellerais volontiers préliminaires. Elles ne comportent la mise en œuvre d'aucun principe doctrinal véritablement important; et j'estime qu'avec le peu de temps dont nous disposons dans notre enseignement il y a comme une véritable nécessité de glisser très vite sur ce qui n'est que formalité et réglementation légale, pour arriver aux questions de principe, et leur appliquer les véritables méthodes d'analyse scientifique.

IIe LEÇON

OCCUPATION. — CHASSE. — PÊCHE. — ABEILLES. — TRÉSOR

Je vous ai indiqué les deux modes d'acquisition qu'il faut ajouter à l'énumération des art. 711 et 712 : les textes m'autorisaient à compléter ainsi cette énumération. Occupation.

Je parlerai d'abord de l'occupation. On peut la définir, l'acquisition de la propriété d'une chose par la seule prise de possession avec l'intention d'en devenir propriétaire. Pour qu'un tel mode d'acquérir puisse rencontrer son application, il faut supposer que la chose soit *res nullius* ; il faut concevoir une chose n'appartenant alors à personne.

Reste à savoir si, dans notre législation, il peut y avoir des choses qui n'appartiennent actuellement à personne. A première vue il semblerait qu'on dût répondre non. Nous avons ici même en effet l'art. 713, d'après lequel les biens qui n'ont pas de maître sont la propriété de l'État ; et l'art. 539, encore plus explicite, nous dit que tous les biens vacants et sans maître appartiennent au domaine public ; disons, en rectifiant la formule, au domaine de l'État.

Cela n'implique-t-il pas l'impossibilité de l'occupation, ce qui expliquerait par suite son omission dans les art. 711 et 712 ? C'eût été une omission calculée et voulue. Il est certain que la commission chargée d'élaborer le projet de code civil avait délibérément rejeté l'occupation comme mode d'acquisition dans notre état actuel de civilisation. Elle avait fait précéder l'art. 712 d'un premier alinéa ainsi conçu : « La loi civile ne reconnaît pas le droit d'acquérir par occupation » (cf. LOCRÉ, t. VIII, p. 58 et 59). Mais le Tribunat, lors de la communication officieuse qui fut faite du projet, fit remarquer que cette proposition était tout au moins excessive, en ce sens qu'il y avait certainement des choses auxquelles il ne pouvait être question d'étendre le domaine de l'État ; il donnait comme exemples celui de l'eau qu'on puise à la rivière, celui également des coquillages (V. FENET, t. II, p. 124 et t. V, p. 212).

Cette observation entraîna la suppression de l'alinéa, tel qu'il était proposé, et elle motiva en outre l'introduction, dans le texte du projet, de l'art. 714, tel qu'il est conçu aujourd'hui. Cette disposition concerne les choses qu'en droit romain on appelait choses communes. Elles sont communes, en ce sens que chacun peut en user ; mais, en même temps, ce sont des choses qui n'appartiennent à personne, en ce sens que personne ne peut se les approprier dans leur ensemble. C'est ce qu'on peut appeler des choses *nullius* au sens absolu du mot. Ces choses ne peuvent être au profit de personne l'objet d'une appropriation déterminée ; mais tout le monde a le droit d'en jouir : ainsi l'air et l'eau courante. Les eaux courantes, par exemple, prises dans leur ensemble, ne peuvent pas être l'objet d'une appropriation individuelle. Mais chacun devient propriétaire de l'eau qu'il a puisée.

D'un autre côté, il est certain que les art. 713 et 539 combinés repoussent toute possibilité de l'occupation en tant qu'il s'agit des immeubles, ou même des meubles formant l'objet d'une universalité, d'une succession par exemple.

Il reste comme domaine possible de l'occupation, en dehors de ce que je viens de dire sur l'art. 714, et sauf discussion, les objets suivants : les animaux qui vivent en état de liberté naturelle, les trésors qui peuvent se trouver enfouis dans le sol, du moment que l'on ne prouve pas qu'ils appartiennent à une personne déterminée, les choses mobilières, en tant qu'objets particuliers, qui ont été abandonnées par le propriétaire, enfin ce que l'on appelle les épaves : ce sont les objets rejetés par la mer et d'une façon générale les objets perdus.

Tels sont les divers objets au sujet desquels on peut se demander si ce ne sont pas là des choses *nullius* susceptibles d'appartenir au premier occupant. Elles ne seraient choses *nullius* qu'à un point de vue actuel et tout relatif, et non au sens absolu que nous avons vu en parlant des choses communes.

Parmi ces objets, il en est au sujet desquels les textes admettent plus ou moins directement la possibilité de l'occupation. C'est ainsi que le droit d'occupation est implicitement reconnu par l'article 715 en ce qui touche les animaux qui vivent à l'état complet de liberté naturelle.

Droit de chasse.

L'occupation prend alors le nom de chasse ou de pêche suivant l'objet et la forme de l'occupation.

La réglementation à laquelle l'art. 715 fait allusion, et à laquelle il renvoie par le fait, a pour objet principal d'empêcher, dans un intérêt public, la destruction trop rapide et trop complète du gibier ou du poisson. Ces lois spéciales sur la chasse et la pêche ne se bornent pas d'ailleurs à réglementer, au point de vue de la police, l'exercice des droits de chasse ou de pêche; elles déterminent en outre à qui ces droits appartiennent.

Pour la chasse, la législation en vigueur se trouve dans une loi du 3 mai 1844, remplaçant une loi des 28 et 30 avril 1790.

Cette loi, en premier lieu, règle la police de la chasse; mais, de plus, elle déclare que le droit de chasse appartient au propriétaire du sol. Elle ajoute, en dehors du propriétaire, le possesseur; et nous pouvons dire, toute personne qui a le droit de jouir de la chose comme le possesseur lui-même.

En accordant ce droit au propriétaire, notre droit actuel s'écarte, soit de l'ancien droit français, soit du droit romain (cf. *Ord. d'août 1669*, tit. 30 et Pothier, *Domaine de propriété*, nº 27 et suiv.).

Dans notre ancien droit, le droit de chasse était en principe attribué exclusivement au roi; cependant celui-ci en reconnaissait l'exercice au profit des Seigneurs haut-justiciers et de tous les propriétaires de fiefs : c'était un privilège réservé à certaines personnes déterminées. Le propriétaire ne l'avait pas en tant que propriétaire et devait même en cette simple qualité en subir l'exercice.

En droit romain c'était tout l'opposé : point de droit de chasse proprement dit. On appliquait simplement ici les règles de l'occupation, sans aucune réserve au profit du propriétaire ; seulement si une personne avait fait acte d'appréhension d'un gibier sur le terrain d'autrui, sans l'approbation du propriétaire et contre son gré, elle pouvait être poursuivie par l'action d'injure : c'était un délit privé.

L'ancien droit français, en faisant du droit de chasse le privilège de certaines personnes, et le droit actuel, en reconnaissant l'exercice de ce droit au profit du propriétaire, diffèrent ainsi du droit romain, en ce que la loi réprime et punit comme délit public la chasse, c'est-à-dire non seulement l'appréhension, mais même la poursuite du gibier, de la part de celui qui n'a pas ce droit.

Mais il faut bien comprendre que tout cela ne change rien aux principes fondamentaux du droit romain sur l'occupation. Ainsi, il s'en faut qu'on reconnaisse le propriétaire du fonds comme propriétaire du gibier vivant sur ce fonds. On ne saurait à propos de gibier parler de propriété au profit de qui que ce fût, en dehors du chasseur lui-même, bien entendu.

Cela est vrai, non seulement en ce sens que le propriétaire du fonds n'acquiert pas la propriété du gibier qui passerait sur son fonds, mais encore en ce sens que ce gibier appartient à celui qui l'a pris, l'aurait-il appréhendé même au mépris de la loi. Sans doute le chasseur, s'il a commis une infraction aux lois sur la chasse, pourra encourir les peines du délit, des dommages-intérêts au profit du propriétaire, ou parfois même la confiscation ; mais cette confiscation ne se produira pas au profit du propriétaire. C'est donc bien la preuve que le gibier avait été acquis par voie d'occupation.

Mais il ne suffit pas de constater ici l'application de ce mode particulier qui s'appelle l'occupation, il faut voir comment cette dernière va se réaliser.

Elle se ramène, d'une façon générale, à l'appréhension matérielle de la chose ; aussi depuis le droit romain discute-t-on sur le point de savoir si on ne devrait pas regarder comme suffisant, pour entraîner l'acquisition du gibier, le fait que celui-ci eût été blessé par le chasseur, de telle sorte que l'appréhension de ce gibier par une autre personne fût désormais improbable. Et ce que l'on veut dire par là c'est que le *criterium* auquel on s'attacherait pour considérer l'occupation comme réalisée serait le fait que le gibier eût été blessé de façon à ne plus pouvoir échapper, au moins selon toute vraisemblance, à l'appréhension matérielle par le chasseur ; et alors ce *criterium* de fait suffirait, en droit, pour lui en attribuer la propriété. Si donc un autre venait à s'emparer de l'animal avant le chasseur lui-même, cette prise de possession ne serait pas attributive de propriété. Pour réaliser cette occupation un peu fictive, il ne saurait être question d'une blessure quelconque, si légère fût-elle ; et d'autre part on n'exigerait pas forcément que la blessure fût mortelle. Il suffirait qu'elle fût de telle nature que l'animal fût déjà destiné, selon toutes les vraisemblances, à tomber entre les mains du chasseur ou à être atteint par ses chiens.

On se demande même s'il ne suffirait pas, pour en réaliser l'acquisition, que le gibier fût chassé et suivi à la trace par le chasseur. Là encore, et dans cette opinion tout à fait extrême, ce dernier fait, c'est-à-dire le seul fait de la poursuite, eût suffi pour mettre obstacle à l'appréhension utile du gibier par toute autre personne, et j'entends par là une appréhension conférant la propriété.

Le droit romain maintenait cependant à ce double point de vue, et dans toute leur rigueur, les principes de l'occupation entendue au sens d'une appréhension matérielle ; donc il ne suffisait pas que l'animal fût blessé. Je crois que c'est encore la solution qui s'impose aujourd'hui. Tout au plus pourrait-on corriger ce que cette solution aurait de trop rigoureux en disant que, si l'animal est mortellement blessé, de telle sorte qu'il y ait certitude qu'il ne puisse échapper à la poursuite de celui qui l'a blessé, cela devrait suffire pour que l'on pût considérer l'appréhension comme déjà réalisée : à partir de ce moment le gibier appartiendrait au chasseur, et l'on aurait satisfait ainsi à tous les principes qui dominent l'occupation (POTHIER, *Domaine de propriété*, nos 25 et 26). Ce ne serait pas assez d'une blessure donnant au chasseur toutes les chances de s'emparer de la pièce qu'il aurait ainsi touchée. Il faut que l'animal ne soit plus en état de reprendre sa liberté naturelle, donc qu'il soit touché à mort, et par suite que, en fait déjà, il soit la chose de celui qui l'a blessé. Ces principes sont consacrés par notre jurisprudence lorsqu'il s'agit du gibier poursuivi par les chiens. Il demeure *res nullius* tant qu'il n'a pas été mis dans une situation telle qu'il ne puisse échapper aux poursuites du chasseur (Cf. *Cass.*, *29 avril 1862*, D. 62, 1, 449 ; et *Cass., 17 déc. 1879*, D. 80, 1, 121).

Je n'avais à traiter ici que de la question d'attribution de la propriété. Mais l''application de nos lois sur la chasse donne naissance à des difficultés d'un tout autre ordre : c'est en ce qui touche le droit de chasse lui-même, ce qui est un point de vue tout différent de celui de l'acquisition du gibier.

J'ai donné la solution en gros, en ce sens que je vous ai indiqué le principe général ; ce principe, je vous le rappelle, il consiste en ce que le droit de chasse appartient au possesseur ; mais, pour ce qui est de l'application, il peut y avoir des controverses plus ou moins délicates. Ainsi la loi parle du possesseur ; cela comprend-il le fermier ? Faut-il admettre que, dans le silence du contrat, le fermier ait le droit de chasse ? La question a été débattue. La Cour de cassation a décidé que, dans le silence du bail, la loi ne reconnaît pas le droit du fermier. Entendue dans un sens aussi absolu, cette solution me paraît contestable. Ce qu'il faut dire, c'est qu'il y a plutôt là une question d'interprétation du contrat ; il faut rechercher si le bailleur a voulu donner au preneur le droit de jouir de la chose sous cette forme. Et je conviens en effet que la preuve sous ce rapport doit être faite par le preneur ; ce qui revient à dire qu'à défaut d'attribution expresse dans le contrat de bail, la présomption est à l'encontre de la cession du droit de chasse par le bailleur. C'est donc en ce sens et avec cette portée qu'il faut entendre, selon moi, la jurisprudence de la Cour de cassation.

Enfin, il y aurait bien d'autres questions à passer en revue, comme par exemple celle de savoir si le droit de chasse peut être accordé à titre de droit réel. Mais ce dernier point, qui présente d'ailleurs un très gros intérêt pratique et doctrinal, a déjà fait l'objet d'un double examen, au cours de nos études de première année. Car la question peut être posée sous deux formes différentes. Il s'agit de savoir d'abord si, en admettant que les parties puissent créer à leur volonté des droits réels non spécifiés par la loi, elles pourraient ainsi constituer le droit de chasse à titre de droit réel sur un fonds; et d'autre part on peut se demander si un droit de ce genre pourrait être établi, à titre de servitude sur un fonds et au profit d'un autre fonds : un droit de cette nature se trouverait-il satisfaire aux caractères généraux exigés par la loi pour qu'une faculté concédée au propriétaire d'un fonds pût être érigée en servitude réelle ? Ce sont là des questions que nous avons déjà étudiées; je ne pouvais que vous les rappeler, sans avoir à les reprendre à nouveau.

La pêche présente également des formes particulières d'occupation, celle-ci appliquée aux animaux qui vivent dans l'eau à l'état naturel. Bien entendu, il n'est pas question ici des poissons qui vivent dans les viviers ou les étangs. Il est vrai que la loi considère les poissons des étangs comme vivant à l'état naturel et comme n'appartenant pas individuellement au propriétaire de l'étang (art. 564), si bien qu'il n'y aurait pas de revendication possible du poisson qui passerait d'un étang dans un autre. Cependant, on ne peut pas, à vrai dire, en ce qui concerne les poissons qui vivent ainsi dans un étang, parler d'acquisition par voie d'occupation, parce que, si le propriétaire n'est pas propriétaire des poissons individuellement, il est propriétaire d'un étang peuplé de poissons et peut exclure tout mode quelconque d'occupation relativement aux poissons qui s'y trouvent. Cela revient à dire en somme qu'il peut interdire que l'on pêche dans son étang. Droit de pêche.

Cette hypothèse mise à part, il y a à distinguer la pêche en mer et la pêche dans les cours d'eau, donc pêche maritime et pêche fluviale. La pêche maritime, dans notre ancienne législation, était, en principe, demeurée libre comme elle l'était en droit romain, et il en est encore de même aujourd'hui. Tout le monde a le droit de se livrer à la pêche en mer. Il n'y a qu'à appliquer ici le principe élémentaire de l'acquisition par occupation. Notez seulement qu'il peut y avoir à tenir compte des règlements spéciaux qui seraient destinés principalement à empêcher la destruction du poisson sur les côtes.

Il reste, il est vrai, à déterminer exactement ce qu'il faut entendre par pêche maritime, et c'est un point à fixer en ce qui touche les fleuves et rivières affluant à la mer. Où se trouve en effet, en pareil cas, la limite de la pêche maritime qui est libre et de la pêche fluviale qui ne l'est pas ? (V. loi du 15 avril 1829 art. 3, et décret du 21 février 1852).

Il faut savoir aussi que la pêche en mer reçoit une signification plus large que la pêche fluviale, en ce sens qu'elle ne s'applique pas seulement aux poissons. Il faut également comprendre sous cette désignation la capture de certains objets dits du crû de la mer, tels que l'ambre, le corail et les herbes marines qui croissent dans la mer ou sur les rochers au bord de la mer.

Quant à la pêche dans les cours d'eau, il faut tout d'abord mettre à part la pêche dans les cours d'eau navigables ou flottables ; celle-ci est réservée à l'État, sauf le droit de pêche à la ligne flottante, lequel est accordé aux particuliers (art. 1er et 5 de la loi de 1829). Dans les autres cours d'eau, la même loi attribue le droit de pêche aux riverains ; et, entre deux propriétaires riverains opposés l'un à l'autre sur chaque côté de la rive, le droit de pêche appartient à chacun sur la moitié de la largeur du cours d'eau.

Les choses se passent d'ailleurs en cette matière comme pour la chasse, en ce sens que, sans l'autorisation de l'État ou de ses concessionnaires dans un cas, des riverains dans l'autre, la pêche constitue un délit ; mais il ne s'ensuit pas que le poisson soit la propriété de l'État ou des riverains. Même pêché en délit, le poisson, en droit pur, appartient au premier occupant. Cependant la loi de 1829 (art. 5) porte que, en cas de pêche sans autorisation, outre l'amende, les indemnités et la confiscation des engins, il y a lieu à la restitution du prix du poisson pêché en délit. Cette disposition semble impliquer que le poisson a été enlevé à son légitime propriétaire. Mais ce serait là une induction inexacte ; car la loi n'impose pas la restitution du poisson lui-même ; et on peut dire que la restitution du prix n'est qu'une forme de dommages-intérêts.

Telles sont les applications de l'occupation aux animaux qui vivent en état de liberté naturelle.

Je complète mes explications sur tous ces points en vous disant un mot des abeilles. C'est une question qui présente un grand intérêt pratique dans les campagnes. En tant qu'elles vivent dans des ruches où elles reviennent régulièrement, les abeilles sont propriété privée (*Institutes*, Livre II, titre I, § 14) au même titre que les animaux domestiques, et notamment que les animaux de basse-cour. Seulement les abeilles diffèrent des véritables animaux domestiques, en ce que ceux-ci, et spécialement les animaux de basse-cour, ne cesseraient pas d'appartenir au même propriétaire, alors qu'ils auraient perdu ce que les textes romains appelaient la *consuetudo revertendi* ; de telle sorte que le propriétaire pourrait revendiquer dans le poulailler du voisin l'animal domestique qui s'y serait réfugié. Pour les abeilles elles peuvent recouvrer leur liberté naturelle en abandonnant la ruche ; et c'est ce qui se produit d'une manière normale pour les essaims qui quittent la ruche maternelle. On se demandait déjà en droit romain quelle était la condition de cet essaim migrateur, et les Institutes nous disent qu'il appartenait au propriétaire de la ruche tant que celui-ci avait continué de le suivre dans sa migration, même sur un fonds voisin. Abeilles.

Cette question, chez nous, est tranchée dans des termes qui, à certains égards, sont assez obscurs, par la loi des 28 septembre-6 octobre 1791 (titre I, section III, art. 5). C'est la loi qui sert de base à ce que nous pouvons appeler notre Code rural : « Le propriétaire de l'essaim a le droit de le réclamer et de s'en ressaisir tant qu'il n'a pas cessé de le suivre. Autrement l'essaim appartient au propriétaire du fonds sur lequel il s'est fixé (1) ».

A prendre ce texte à la lettre, il s'en suit qu'à aucun moment cet essaim migrateur ne serait *res nullius*. Il appartient en effet, d'abord au propriétaire du fonds sur lequel les abeilles avaient établi leur première ruche, puis il devient, sans interruption, la propriété de celui sur le fonds duquel l'essaim vient se fixer. Mais cette interprétation littérale est généralement repoussée et l'on entend ce texte dans le sens de la loi romaine : L'essaim appartiendrait donc à l'ancien propriétaire tant qu'il le suit des yeux ; mais s'il perd sa trace, sa propriété disparaît, et il y a droit d'occupation pour le propriétaire du fonds nouveau. Ainsi, pour ce qui est de ce dernier, l'essaim ne lui appartient pas de plein droit, par une sorte de droit d'accession ; il n'est pas l'objet d'une attribution légale de propriété, il est seulement, devenu *res nullius* et le nouveau propriétaire peut s'en emparer et l'acquérir par droit d'occupation.

Trésor. J'ai indiqué comme nouvelle application possible de l'occupation le cas du trésor. Nous allons voir, en effet, que dans une certaine mesure, mais dans une certaine mesure seulement, la loi admet, en ce qui concerne le trésor, les règles de l'occupation. Toutefois, même dans cette mesure, nous verrons que ce ne sont pas les principes purs et simples de l'occupation qui s'appliquent ; c'est une occupation d'une nature particulière, l'invention. Celle-ci diffère de l'occupation proprement dite en ce que l'appréhension effective n'est pas exigée. Il n'y a pas besoin de prise de possession ; il suffit de la découverte du trésor.

L'art. 716 détermine dans un premier alinéa à qui appartient la propriété du trésor, et dans un second ce qu'il faut entendre par trésor.

Je prends d'abord la définition telle qu'elle est. Il est en

(1) Ce texte de la loi de 1791 a d'ailleurs été reproduit par l'art. 9 de la loi du 4 avril 1889 sur le *Code rural*.

effet plus logique de commencer par là. Le trésor, d'après le Code civil, est « toute chose cachée ou enfouie sur laquelle personne ne peut justifier de sa propriété et qui est découverte par le pur effet du hasard ». C'est cette dernière partie du texte qui n'est peut-être pas d'une application absolument générale. Ce qui, en effet, est essentiel dans la définition donnée par l'art. 716, c'est que le trésor est une chose enfouie ou cachée sur laquelle aucune personne déterminée ne peut justifier d'un droit de propriété. Quant à la seconde circonstance, elle n'exerce d'influence sur l'attribution du trésor que dans un cas spécial que nous aurons à préciser.

Cette définition de l'art. 716 vient d'ailleurs du droit romain. Elle se trouve au Code Théodosien (l. 2, au titre *de Thesauris*, voir aussi l. *unic.*, au Code de Justinien, X, 15. Et cependant la définition du Code Théodosien ajoutait une particularité, c'est que le trésor suppose un enfouissement remontant à un terme éloigné (*Condita ab ignotis dominis tempore vetustiore mobilia*). A mes yeux, ce n'est là qu'une observation de fait, et en réalité il n'y a que deux seuls éléments qui soient nécessaires : une chose cachée et l'impossibilité de déterminer à qui la chose appartient. Maintenant, si le dépôt est relativement récent, les juges pourront en conclure que le dépôt a été fait par le propriétaire du fonds dans lequel le trésor est découvert, sinon par lui, du moins par ses auteurs. Mais c'est là un pur fait.

Le trésor suppose enfin qu'il s'agit de choses mobilières. On l'a vu par la définition romaine. Si on trouvait une chose ayant le caractère immobilier, il n'y aurait plus trésor. Ainsi, une mosaïque qui eût servi de pavé à un temple antique et qui serait découverte dans un fonds, n'aurait pas le caractère d'un trésor, pouvant faire l'objet d'une attribution pour une part quelconque à l'inventeur. C'est un immeuble, c'est une partie du fonds.

Quant à l'attribution de propriété, l'art. 716, reproduisant la décision des Institutes de Justinien, décide que, si le trésor a été trouvé par un tiers dans le fonds d'autrui, ce trésor se partage entre l'inventeur et le propriétaire du fonds, et que, s'il a été trouvé par le propriétaire lui-même dans son fonds, il appartient en entier au propriétaire. Cette dernière attribution, à moins qu'on ne veuille entrer dans l'arbitraire et attribuer dans ce cas le trésor à l'État, ne saurait faire aucune difficulté, sauf à se demander à quel titre elle est faite.

Mais dans le cas où le trésor est trouvé par un autre que le propriétaire, la loi en partage l'attribution. Moitié par conséquent est attribuée à l'inventeur. Cette attribution, qui est faite pour partie à l'inventeur, montre bien que le trésor n'est pas un accessoire du fonds appartenant au propriétaire. C'est une chose *nullius*; nous supposons en effet que personne ne justifie de son droit de propriété sur ce trésor; et, c'est à défaut de cette justification, que la loi attribue une part à l'inventeur. Mais alors pourquoi ne pas donner le tout à celui-ci? Les avis diffèrent sur ce point. Certains auteurs croient que la loi a vu dans le trésor, au moins dans une certaine mesure, un accessoire du fonds, et que, si elle en attribue ainsi une part au propriétaire du fonds, c'est qu'elle a entendu donner satisfaction à une présomption assez plausible, suivant laquelle le trésor aurait été enfoui par le propriétaire ou ses auteurs, bien qu'on ne pût en faire la preuve. Je ne suis pas de cet avis; je crois qu'il y a là une acquisition *lege*. Le trésor est une valeur sur laquelle personne ne peut justifier de sa propriété. L'État aurait pu se l'attribuer, comme il pouvait l'attribuer à l'inventeur; on a cru plus équitable de donner la préférence à l'inventeur. Mais, d'autre part, comme il y a là un don de fortune, la loi a pensé qu'il était légitime de faire participer le propriétaire à ce bénéfice dû à une faveur du hasard, puisqu'en somme le fait de sa propriété entre pour une part, à côté du fait même de l'invention, parmi les causes auxquelles est due la découverte. Il y a là une répartition *ex æquo et bono*.

L'intérêt pratique de cette explication se présente en matière de communauté, lorsqu'on se demande à qui appartient le trésor trouvé dans le fonds propre de l'un des époux. En ce qui touche la part attribuée à l'inventeur, il n'y a point de difficulté; mais la part attribuée au propriétaire ne devrait-elle pas rester propre à l'époux qui est propriétaire du fonds ? Oui, dira-t-on, si c'est un accessoire du fonds. Au point de vue auquel je me place, il faut dire qu'il y a un pur don de fortune ; il y a acquisition d'une *res nullius*, et non un accessoire du fonds ; c'est donc un acquêt, qui doit revenir à la communauté.

Je vous ai fait remarquer que l'art. 716 donne comme caractère du trésor cette circonstance qu'il a été découvert par le pur effet du hasard. Cela doit s'entendre dans ce sens que, si une personne avait fait des fouilles sur le terrain d'autrui avec l'intention de rechercher un trésor, la découverte qu'elle en ferait ne constituerait pas par elle-même la découverte d'un trésor, et il n'y aurait pas d'attribution à son profit. On a voulu éviter par là l'invasion de la propriété privée par les chercheurs de trésors, surtout à la suite de temps troublés. C'est donc là une condition à prendre en considération pour l'attribution du trésor et non un des éléments de la définition même qui en est donnée par la loi. Il faut en conclure que, si c'est le propriétaire du fonds qui a fait des fouilles en vue de découvrir un trésor, et que ses recherches soient couronnées de succès, il y aura bien là un trésor au point de vue de la loi : et il appartiendra en totalité au propriétaire.

Ici encore il y aurait certaines questions de détail à envisager : que faut-il entendre par propriétaire et qui devons-nous assimiler au propriétaire ? Pour l'usufruitier il y a un texte (art. 598 *in fine*) ; mais que dire de l'emphythéote ? Je ne fais que poser la question et je la renvoie à l'étude particulière de l'emphythéose. Je n'ai voulu d'ailleurs sur tous ces points que m'en tenir aux principes essentiels, sans entrer dans les détails, lesquels n'ont aucune importance doctrinale.

IIIe LEÇON

« RES DERELICTÆ ». — ÉPAVES. — ACQUISITION « LEGE ». CLASSIFICATIONS DES MODES D'ACQUÉRIR

« Res Derelictæ ». Je vous avais signalé deux autres hypothèses que l'on pourrait *à priori* considérer comme rentrant parmi les cas d'acquisition par occupation. La première se présente lorsqu'il s'agit de choses qui auraient été abandonnées par le propriétaire. Le plus souvent ce seront des choses abandonnées sur la voie publique, de menus objets, sans valeur par eux-mêmes, mais qui peuvent cependant avoir pour certaines personnes une valeur quelconque qui soit de nature à en solliciter l'acquisition. La loi ne s'explique pas sur ces objets, et récemment un auteur, M. Laurent, a voulu leur appliquer le principe de l'art. 713 et les attribuer à l'État : c'est là une opinion qui ne me paraît pas devoir faire fortune (POTHIER, *Domaine de propriété*, N° 60).

Pratiquement, en effet, ces objets ont toujours été attribués au premier occupant. Sans doute, je le reconnais, nos textes ne consacrent pas explicitement l'acquisition par occupation, d'où l'on pourrait induire que, celle-ci n'existant pas légalement, nous ne sommes pas autorisés à en admettre ici l'application, à l'encontre de la loi, et au détriment du droit de l'État. Cependant vous n'avez pas oublié que, sur les observations du Tribunat, un texte qui éliminait expressément du Code civil l'acquisition par occupation a été supprimé ; si donc on n'a pas écarté ce mode d'acquisition au moins sous une forme légale et absolue, c'est qu'il a semblé aux rédacteurs du Code civil (LOCRÉ, t. X, p. 277, Nos 2, 3 et 4) qu'on devait en laisser la réglementation aux tribunaux et qu'on n'entendait pas en exclure l'application dans les hypothèses où elle avait toujours été admise.

Enfin nous avons à nous occuper de ce qu'on appelle les épaves. Nous avons un texte qui en fait mention, c'est l'art. 717 ; mais celui-ci, loin de rien résoudre par lui-même, se borne à renvoyer à des lois particulières ; et ces dernières n'ont pas prévu, tant s'en faut, toutes les hypothèses. Epaves.

Epave est une locution qui semble avoir été appliquée tout d'abord aux animaux égarés : *expavida*, c'était le mot latin. Mais l'expression a pris un sens bien plus général ; on l'applique à toute chose égarée ou perdue ; abusivement aussi, on l'applique aux objets du crû de la mer qui ont été rejetés sur le rivage, les varechs et goëmons, par exemple. Quand il s'agit de ces derniers objets, il n'y a pas de difficulté à dire que ce sont des choses *nullius*, sauf à rechercher au profit de qui l'attribution ultérieure doit en être faite.

Mais cette hypothèse mise à part, les épaves proprement dites ne sont pas des choses *nullius*. Ainsi les épaves d'un naufrage ne sont pas des choses qui n'appartiennent à personne. Ce sont des choses dont le propriétaire s'est trouvé dépouillé par accident, par fortune de mer, et sur lesquelles il pourrait justifier de son droit de propriété. Il peut donc se faire que le propriétaire se présente et qu'il revendique. De même pour les choses perdues, les épaves terrestres ; elles appartiennent à un propriétaire inconnu.

Ces observations nous montrent que nous ne sommes plus, en matière d'épaves, dans la théorie pure de l'occupation. Il y a un maître, mais il est inconnu. S'il ne se présente pas, il pourra bien se faire que l'acquisition se réalise au profit de l'inventeur ; mais le propriétaire peut se présenter et alors il y aura à rechercher, au point de vue de la réglementation légale de chacune des hypothèses à prévoir, s'il ne conviendra pas qu'il abandonne une partie de sa propriété à l'inventeur. En un mot, nous ne sommes plus dans le domaine exact de l'occupation.

J'ai déjà dit que l'art. 717 parlait de certaines choses qui ne rentrent à aucun degré dans la notion des épaves, telle que je vous l'ai donnée : par exemple les plantes et herbages qui croissent sur les rivages de la mer et que cite l'art. 717, ne sont certainement pas des épaves, au sens juridique du mot.

Cela dit, et pour revenir aux dispositions auxquelles il est fait allusion dans l'art. 717, il faut distinguer trois catégories d'épaves, savoir : les épaves maritimes, les épaves fluviales et les épaves terrestres.

Epaves maritimes, cela comprend d'abord, d'après les textes spéciaux, les diverses choses du crû de la mer, comme l'ambre, le corail et autres produits analogues. Il faut toutefois mettre à part les varechs et goëmons, d'une façon générale les plantes et herbes marines auxquelles on applique, nous allons le voir, des règlements spéciaux. Cette réserve faite, revenons à ce que l'on appelle les objets du crû de la mer. En ce qui touche cette première catégorie, il faut vous reporter à l'Ordonnance de la marine du mois d'août 1681 (Livre IV, titre IX, art. 29). Elle décide que, si ces objets sont trouvés sur le rivage où ils ont été rejetés, ils appartiendront pour un tiers à l'inventeur, les deux autres tiers se partageront entre le roi et l'amiral ; aujourd'hui ils reviennent à l'État. Mais si ces objets sont pêchés dans la mer, toujours d'après la même Ordonnance, on les traite comme *res nullius* et ils appartiennent à l'inventeur.

Les épaves maritimes comprennent ensuite les herbes marines. Cette matière avait été réglementée par d'importants décrets du 4 juillet 1853 sur la police de la pêche côtière dans les arrondissements maritimes de la Manche et de l'Océan. Voici quelles étaient sous ce rapport les distinctions admises. Si ces herbes ont été pêchées sur les rochers de la mer, c'est un cas de pêche, et elles appartiennent au premier occupant. Il en serait de même de celles que les flots auraient rejetées sur les grèves : elles sont à qui s'en empare : c'est ce que l'on appelle le varech-épave, ou le goëmon-épave. Enfin, pour ce qui est du varech croissant sur le rivage ou sur les rochers du rivage, les décrets de 1853 en font l'attribution aux habitants des communes dont le rivage dépend. Il ne s'agit plus dans ce cas d'épaves, ni d'acquisition par voie d'occupation : c'est une acquisition *lege*.

Cette matière a été reprise à nouveau en 1868 ; elle a fait

l'objet d'un décret du 8 février 1868 qui, tout en respectant la triple division précédemment établie, a introduit des facilités nouvelles, soit pour la récolte de ce que l'on appelle le goëmon-épave, soit pour l'utilisation au profit des communes de ce que l'on désigne sous le nom de goëmon de rive. Ce dernier est celui qui tient au sol et que l'on peut atteindre à marée basse. Il continue à appartenir aux habitants des communes riveraines. Mais le décret autorise les municipalités à en faire désormais deux coupes par an, et l'on abroge les règlements antérieurs qui défendaient de vendre ces goëmons aux personnes étrangères à la commune, ou de les transporter hors du territoire de la commune. Quant aux herbes qui, détachées par la mer, sont portées à la côte par le flot — c'est la définition donnée par le texte du goëmon-épave — elles peuvent être récoltées par le premier occupant, de jour comme de nuit, ce qui est une innovation du texte. Au contraire, la récolte du goëmon poussant en mer n'est permise que de jour.

Les épaves maritimes comprennent en dernier lieu les objets provenant de naufrage. C'est à l'Ordonnance de la marine qu'il faut également recourir pour ce qui les concerne ; vous y trouverez des distinctions nombreuses. A défaut par le propriétaire de se présenter dans un délai qui est fixé, la loi fait le partage entre l'État et le sauveteur ; dans certains cas elle donne tout à l'État, parfois tout au sauveteur; dans d'autres cas, elle donne une portion à l'État et une portion au sauveteur, et celle-ci lui est acquise alors même que le propriétaire se représenterait.

Passons aux épaves fluviales. On appelle ainsi les objets qui sont trouvés dans le lit ou sur le bord des fleuves ou rivières navigables ou flottables, et provenant de causes multiples, telle que l'inondation (*Édit de 1669 sur les Eaux et Forêts*, titre XXXI, art. 16 et 17). On accorde un mois au propriétaire pour les réclamer ; après quoi les objets sont vendus et le prix attribué à l'État, sauf restitution au cas de réclamation, s'il en est ainsi ordonné : « et avec connaissance de cause », dit le texte. Ceci veut dire que l'État, bien que le délai soit passé, peut encore restituer ce prix au propriétaire, mais en connaissance de cause, et vu les circonstances. C'est donc une restitution purement facultative.

Quant aux épaves terrestres, nous ne trouvons pas de disposition générale qui les concerne ; mais un certain nombre de dispositions particulières s'appliquent à des hypothèses spéciales. Ajoutons seulement qu'il faudra comprendre sous ce titre non seulement les objets perdus et trouvés sur un chemin, une voie publique, ou même dans une propriété privée, mais également ceux qui le seraient dans un cours d'eau, ou sur les bords d'un cours d'eau, dès qu'il ne s'agit plus de rivière navigable ou flottable.

Parmi les textes s'occupant d'épaves terrestres, je vous cite les ordonnances des 22 février 1829 et 9 juin 1831, relatives aux objets qui ont été délaissés dans les greffes, où ils avaient pu être transportés à l'occasion d'un procès ; qu'il s'agisse de procès civil ou criminel, peu importe. Il avait déjà été statué sur ces diverses hypothèses par une loi du 11 germinal an IV. Je vous signale également une ordonnance de 1821. Mais les ordonnances de 1829 et de 1831 ont changé toute la réglementation antérieure. Aux termes de ces dernières, ces objets sont vendus au profit du domaine, sous réserve du droit du propriétaire qui peut réclamer pendant trente ans ; cela revient à dire, pour ce qui est de la restitution du prix, qu'on applique la prescription ordinaire.

Un décret du 13 août 1810, statue sur les objets abandonnés dans les bureaux ou magasins des entreprises de roulage ou de messageries, ce qui s'appliquera aujourd'hui aux bureaux et magasins des entreprises de chemins de fer. Il dispose qu'après six mois, les objets ainsi abandonnés seront vendus par voie d'enchères à la diligence de la régie des domaines ; et dans ce cas (art. 5) l'État n'est tenu à restitution du prix que s'il y a eu réclamation dans les deux années qui suivent la vente.

Reste une loi du 21 janvier 1833 concernant les sommes déposées dans les bureaux de postes et non réclamées : elles sont acquises à l'État après un délai de huit ans. Ce délai, d'ailleurs, a été réduit à cinq ans par une loi du 15 juillet 1882.

Tout cela présente donc en somme une législation un peu incohérente, d'où il n'y a aucun principe général à tirer. Aussi, en dehors de ces réglementations particulières, et pour toutes autres hypothèses, se pose la question suivante : A qui appartiennent les objets perdus, quand le propriétaire ne se représente pas et pendant combien de temps peuvent-ils être réclamés par celui qui les a perdus ?

Si nous remontons aux précédents, nous voyons que, en ancien droit, les épaves terrestres faisaient partie des droits de justice ; donc elles étaient accordées aux Seigneurs hauts justiciers, soit en totalité, soit pour deux tiers, l'autre étant dans ce cas attribué à l'inventeur. Ce droit d'épave a été supprimé par la loi des 13-20 avril 1791, art. 7, qui d'ailleurs ne statue pas pour l'avenir. Cette loi, pour ce qui est du droit actuel, n'a donc pas entendu réglementer l'attribution des épaves terrestres. De là des divergences d'opinion. Certains auteurs ont voulu substituer l'État aux Seigneurs ; d'autres ont accordé ces épaves à l'État en vertu de l'art. 713.

Je crois qu'il faut ici repousser toute espèce de droit de l'État. Il ne peut se prétendre substitué aux Seigneurs hauts justiciers, car une disposition portant, comme celle de l'art. 717, que la matière sera réglée par des lois spéciales, revient à dire qu'il n'y a pas de législation préexistante. La loi de 1791 n'avait pas implicitement accordé à l'État les droits antérieurs compris dans la haute justice : voilà ce que laisse entendre clairement l'art. 717. La question n'avait pas été réglementée et elle demeurait réservée.

D'autre part ce ne sont pas là des *Res derelictæ;* ce sont des objets qui ont une valeur, et une valeur telle qu'on ne doit pas supposer que le propriétaire ait voulu en abandonner la propriété, ce qui écarte l'application de l'art. 713, lequel ne s'applique qu'aux bien vacants et sans maître.

Donc, quand une personne trouve un objet perdu et se met en possession de cet objet, à coup sûr elle n'en acquiert pas la propriété ; mais personne n'a qualité, en dehors du propriétaire, pour lui en contester la possession. L'inventeur a donc le droit de garder l'objet tant que le propriétaire ne se fait pas connaître, et tant qu'il n'a pas fait la preuve de sa propriété.

Mais dans quel délai le propriétaire doit-il se présenter pour pouvoir revendiquer utilement ? Certains auteurs ont voulu appliquer ici la prescription de trois ans de l'art. 2279, § 2. A première vue cette disposition semble en effet trancher la question. Ce ne serait pourtant qu'une interprétation très erronée de l'art. 2279 : l'hypothèse unique visée par le texte est celle dans laquelle l'objet perdu et trouvé aurait été transmis par l'inventeur à un tiers possesseur de bonne foi. En règle générale lorsqu'une personne de bonne foi reçoit *a non domino* un objet mobilier corporel, elle se trouve à l'abri de toute revendication de la part du propriétaire, c'est ce que dit le premier alinéa du texte ; puis, le deuxième fait exception à ce principe lorsqu'il s'agit d'un objet qui a été perdu ou volé. Le propriétaire, dans ces deux dernières hypothèses, a trois ans pour revendiquer sa chose entre les mains du possesseur de bonne foi, c'est-à-dire du tiers qui l'aurait reçue de bonne foi, soit du voleur, soit de l'inventeur, et encore sous réserve du cas prévu dans l'art. 2280. Il en résulte que le deuxième alinéa de l'art. 2279 ne vise absolument pas les relations du propriétaire avec l'inventeur lui-même, mais avec un tiers de bonne foi auquel l'inventeur aurait vendu l'objet.

Dans ces conditions, l'art. 2279 étant reconnu étranger à notre hypothèse, il n'y a plus qu'à appliquer la prescription de trente ans, lorsqu'on suppose le propriétaire agissant contre l'inventeur, et non plus contre le possesseur de bonne foi.

Au point de vue pratique, il existe, sur la question qui nous occupe, une décision du ministre des finances du 3 août 1825, qui contient une règle générale. Elle accorde à l'inventeur, lorsque le propriétaire ne se présente pas dans un certain délai, le droit de conserver l'objet trouvé dont il aurait fait le dépôt entre les mains de l'autorité publique : il peut conserver l'objet ou le prix ; on a voulu donner à l'inventeur l'espoir de conserver l'objet, afin de l'engager à en faire le dépôt. Voici d'ailleurs, d'après le texte lui-même, les raisons invoquées : « Considérant qu'en l'absence de dispositions spéciales sur la matière, l'on ne peut se déterminer que par des considérations morales ; considérant qu'il importe de laisser à l'inventeur l'cspoir de profiter un jour de ce qu'il a trouvé puisque cet espoir peut le décider à en faire le dépôt ». Ces considérants sont excellents au point de vue de l'équité et au point de vue pratique. Mais lorsque le ministre ajoute : « Considérant d'ailleurs qu'en fait de meubles la possession vaut titre », il y a là une erreur évidente. A l'égard de l'inventeur, nous le verrons sur l'art. 2279, la possession ne vaut pas titre. Quoi qu'il en soit, l'Administration reconnaît qu'elle n'a pas le droit de revendiquer l'objet entre les mains de l'inventeur. Elle engage seulement ce dernier à en faire le dépôt entre ses mains, et pour lui donner à cela un intérêt, elle lui promet un avantage qui n'est autre, à mon avis, qu'une violation de l'art. 2279.

Il existe également des ordonnances ou règlements de police, au moins à Paris, qui enjoignent à l'inventeur de faire le dépôt en certains lieux désignés, sauf restitution après un certain délai, si le propriétaire ne se présente pas et sous réserve des droits de celui-ci.

Ces règlements ont-ils un caractère obligatoire ? Je ne le crois pas. L'omission du dépôt par elle-même ne constituerait pas une contravention punissable. Mais, d'autre part, l'inventeur n'a pas le droit de dissimuler sa trouvaille de façon à déjouer les recherches du propriétaire. Ainsi, les tribunaux décident que le chiffonnier qui agit de façon à conserver le couvert d'argent qu'il a trouvé commet le délit de soustraction frauduleuse (Cass., 30 janvier 1862, D. 62, 1, 432). C'est qu'en effet il y a un propriétaire, mais inconnu, et le vol peut parfaitement être commis au préjudice d'un propriétaire inconnu.

De sorte que, outre la délicatesse, la prudence conseille de se conformer aux règlements de police qui ordonnent le dépôt, puisqu'en ne s'y conformant pas on risque parfois des peines correctionnelles. Il serait même à désirer que ces règlements fussent confirmés par une loi.

Telle est à mon sens, dans l'état actuel de la législation, la règle à appliquer. J'ai terminé ce que j'avais à vous dire de l'occupation. Je n'ai plus qu'à vous parler, et très brièvement, de l'acquisition par la volonté directe de la loi.

Acquisition « lege ».

Il n'en est pas parlé dans l'énumération des art. 711 et 712; il y a cependant des hypothèses où la loi intervient incontestablement pour opérer une attribution de la propriété.

C'est par exemple ce qui se produit au cas de construction sur le sol d'autrui (art. 554 et suiv.). Nous avons vu aussi le texte qui attribue aux communes riveraines de la mer la propriété du goëmon qui croît sur le rivage. Un autre cas de ce genre est celui de l'art. 716, d'après lequel moitié du trésor trouvé dans le fonds d'autrui doit revenir au propriétaire même du fonds. Les dispositions de l'ordonnance de 1681 qui attribuent soit la totalité, soit partie, des épaves maritimes à l'inventeur ou sauveteur constituent encore des acquisitions *lege*. Dans le Code civil, l'art. 563 nous présente une hypothèse à peu près analogue. C'est le texte qui déclare que le lit abandonné d'une rivière appartiendra au propriétaire voisin. On peut encore ranger dans la même catégorie la disposition de l'art. 549 qui attribue les fruits au possesseur de bonne foi. De même la disposition de l'art. 661 qui autorise l'acquisition forcée de la mitoyenneté. Ajoutez-y l'usufruit légal des père et mère : c'est un mode d'acquisition *lege* de l'usufruit. Enfin dans plusieurs hypothèses la loi impose à la propriété certaines servitudes : servitudes d'aqueduc par exemple et autres de ce genre. Ces derniers exemples nous montrent bien que, lorsqu'on parle d'acquisition *lege*, il faut entendre par là que ce mode d'acquisition peut s'appliquer, non pas seulement à la propriété, mais à tous les droits réels.

C'est ainsi qu'il faut compléter l'énumération des articles 711 et 712. Cette énumération étant ainsi mise au point, je dois vous dire quelques mots des classifications diverses que l'on peut appliquer aux modes d'acquérir la propriété.

Ces modes d'acquérir peuvent être en effet classés à divers points de vue.

Principales classifications des modes d'acquérir la propriété.

Comme première division, on peut les distinguer en modes originaires ou primitifs et modes dérivés.

Modes originaires ou primitifs, cette expression désigne les modes qui font acquérir la propriété sans qu'il y ait une transmission correspondante ; c'est ce qui se produit dans l'hypothèse de l'occupation. Une personne acquiert sans qu'une autre cesse d'être propriétaire. — Les modes dérivés, ce sont ceux qui impliquent transmission de la propriété d'une personne à une autre.

L'intérêt pratique de cette distinction se ramène à une observation de fait qui est la suivante : lorsqu'une chose est acquise par un mode originaire ou primitif, l'acquéreur acquiert forcément la chose libre de tous droits et de toutes charges provenant d'un propriétaire antérieur. Tout au contraire, lorsque la propriété est transmise, c'est-à-dire lorsqu'elle est acquise par un mode dérivé, l'acquéreur est l'ayant cause d'un ancien propriétaire et par suite il subit les charges provenant de ce propriétaire antérieur ; il en est ainsi sauf exception. C'est ainsi que certaines dérogations au principe proviennent de la règle que les meubles n'ont pas de suite par hypothèque. Mais, ceci mis à part, le principe que je viens de vous exposer s'applique même au cas d'acquisition de la propriété par la prescription. L'usucapion, disait le droit romain, fait acquérir la propriété de la chose *cum sua causa*. Seulement il est possible que celui qui a usucapé la propriété ait prescrit contre les charges ; cela est possible, mais il n'en est pas toujours ainsi. Et alors dans les cas où une double prescription parallèle se serait ainsi accomplie, les conséquences de notre principe se trouveraient un peu modifiées, mais non le principe lui-même.

Si nous nous attachons maintenant aux modes dérivés, deux autres distinctions se présentent.

On oppose les modes d'acquisition à titre universel aux modes d'acquisition à titre particulier. L'acquisition est dite à titre universel lorsqu'elle embrasse la totalité, ou une quote part, du patrimoine. Or la loi considère comme une portion du patrimoine, non pas seulement une portion aliquote de ce patrimoine, comme serait un tiers ou un quart de tous les biens, mais l'ensemble des biens mobiliers ou des biens immobiliers, ou même une quote part de cet ensemble (article 1010).

Dans notre législation d'ailleurs, il n'y a acquisition à titre universel que si l'acquisition se produit à la suite d'un décès, décès bien entendu du propriétaire antérieur, que ce soit par suite de succession *ab intestat*, ou en vertu d'une disposition testamentaire. Mais s'il s'agit des biens d'une personne vivante, la transmission, si étendue qu'elle soit, ne constitue jamais qu'un mode d'acquisition à titre particulier ; il en serait ainsi par exemple de la donation de tous les biens présents. L'idée de la loi est que, tant que la personne existe, on ne conçoit pas qu'elle transmette son patrimoine, c'est-à-dire l'ensemble abstrait de ses droits et obligations. Elle peut bien transmettre ce qui est compris dans ce patrimoine, donc les droits pris individuellement qui en font partie ; mais le patrimoine lui-même, cet ensemble de droits et d'obligations qui le constitue, ne peut être transmis qu'après décès, lorsque la personne a disparu ; tant qu'elle vit, le patrimoine est considéré surtout au point de vue de l'avenir, et des modifications incessantes qu'il comporte, sans jamais pouvoir être fixé ni immobilisé à un moment quelconque de son développement organique. Il n'en était pas ainsi en droit romain, où il y avait acquisition à titre universel *per adrogationem* ou encore *per venditionem bonorum*.

Voici d'ailleurs l''intérêt de la distinction que nous venons d'étudier. Toute acquisition à titre universel implique impérativement la transmission du passif dans la même proportion que la transmission de l'actif ; et, malgré toutes dispositions contraires qui peuvent avoir leur effet à certains égards, cette règle s'impose. Ainsi les légataires à titre universel sont, dans la proportion dans laquelle ils recueillent une partie de l'actif, tenus personnellement vis-à-vis des créanciers d'une partie des dettes de la succession. Le testateur pourrait bien dire sans doute en léguant tous ses meubles que le légataire ne serait pas tenu des dettes et que celles-ci devraient être payées intégralement par le ou les héritiers. Mais ce ne serait là qu'un nouveau legs ajouté au legs des meubles, lequel n'influerait en rien sur les droits des créanciers. Ceux-ci pourraient toujours poursuivre le légataire dans la proportion dans laquelle la loi le déclare tenu des dettes, sauf à ce dernier le droit de se faire restituer par l'héritier ce qu'il aurait ainsi payé aux créanciers.

Au contraire au cas de transmission à titre particulier, l'acquéreur est bien tenu de subir les droits réels établis sur la chose du chef de son auteur ; mais il ne succède à aucune de ses obligations. Et j'appliquerai cela même à la donation de tous les biens présents ; sauf interprétation en sens contraire de la volonté du donateur. D'ailleurs, au cas de transmission à titre particulier, même si les contractants ont voulu qu'une partie des dettes suivent l'actif, ce qui est souvent le cas s'il y a transmission d'une universalité juridique, comme un fonds de commerce par exemple, cette convention relative au transfert du passif ne suffit pas à elle seule à produire son effet et à réaliser la transmission même des dettes, comme elle se fait par l'effet propre de la loi, lorsqu'il y a succession à titre universel. Il y aura donc lieu de voir par quels procédés juridiques ces dettes, que les parties ont voulu faire passer d'un patrimoine dans un autre, pourront ainsi se trouver transférées au regard de ceux qui en sont les créanciers. Vous comprenez bien que ces derniers ne peuvent pas, par une simple convention passée entre le débiteur et un tiers, voir leur débiteur remplacé par un autre qu'ils n'auraient pas expressément accepté. De là des difficultés considérables qui s'élèvent à cet égard et qui ne se présentent jamais au cas d'acquisition à titre universel.

Ajoutons que cette distinction relative aux dettes correspond fort bien à la nature du droit de créance tant qu'il ne comporte aucune garantie réelle accessoire : les dettes, en effet, ne portent sur aucun bien en particulier. Elles grèvent la personne, comme on disait à Rome, beaucoup plus que les biens ; et le débiteur donnerait-il de son vivant tous ses biens que sa personnalité juridique subsiste, seule actuellement responsable vis-à-vis de ses créanciers. Or, lorsqu'il y a transmission à titre universel, sous couleur de patrimoine, c'est cette personnalité juridique qui se transmet au successeur à titre universel ; les créanciers héréditaires ne peuvent donc être déchus de leur droit de poursuite contre la personne tenue vis-à-vis d'eux.

D'ailleurs, en formulant, comme je viens de le faire, l'opposition établie par la loi entre la transmission à titre universel et la transmission à titre particulier, je laisse entièrement de côté une autre question qui paraît s'y rattacher, quoiqu'elle soit loin de s'y adapter d'une façon absolument exacte, et qui est celle-ci : le successeur à titre universel doit-il payer sa part proportionnelle des dettes *ultra vires*, c'est-à-dire, au besoin, sur son propre patrimoine, en supposant que le montant de ce qu'il doit payer dépasse ce qu'il a reçu, ou bien n'est-il tenu qu'*intra vires*, c'est-à-dire uniquement sur ce qu'il a recueilli, ou plutôt dans la mesure de ce qu'il a recueilli ? J'indique en effet une nuance entre le fait de payer sur les biens, ou avec les biens, de la succession, et le fait de payer dans la proportion de ces biens eux-mêmes. Dans ce dernier cas, ce qui se trouve fixé c'est le montant en valeur de ce que le successeur doit payer ; et, ce montant ainsi fixé, il peut être obligé de le payer sur ses propres biens, quoiqu'il ne paiera jamais au-delà de ce qu'il a recueilli. Dans le premier cas, au contraire, les poursuites des créanciers ne peuvent s'exercer que sur les biens mêmes qui proviennent de la succession, et le successeur n'est tenu de payer qu'avec les biens qu'il a recueillis. Il est tenu seulement *cum viribus*, et non pas *pro viribus, successionis*.

Ce sont là des questions toutes différentes qui donnent lieu à de nombreuses controverses suivant les cas. Prenons uniquement la question générale de savoir si le successeur doit payer au-delà de ce qu'il a recueilli, *ultra vires*, de telle sorte que si le passif dépasse l'actif, une fois la succession épuisée, il doive prendre sur son patrimoine pour payer.

Il y a une hypothèse pour laquelle cette question n'est pas douteuse : c'est celle de la délation d'une succession à des héritiers légitimes ; pour ce cas, l'art. 724 l'a tranchée formellement, et dans le sens de l'affirmative, dans le sens par conséquent de la responsabilité intégrale, même *ultra vires*. Mais une transmission à titre universel peut s'opérer au profit de successeurs irréguliers, de légataires, de donataires de biens à venir ; la même controverse s'étend et se reproduit pour toutes ces hypothèses, et elle est très délicate. En tout cas, il me suffit de vous avoir montré comment la question se fractionne, et comment elle se pose d'une façon distincte pour chaque hypothèse en particulier. Cela suffira pour que vous ne soyez plus exposés à l'identifier, en bloc et indistinctement, avec la classification pure et simple en modes de transmission à titre universel et modes à titre particulier.

On peut admettre une autre division des modes dérivés en se plaçant à un point de vue très différent ; il y aurait lieu de distinguer entre les modes à titre gratuit et ceux à titre onéreux. On acquiert à titre onéreux lorsqu'on fournit par voie de prestation, ou que l'on promet, l'équivalent de ce que l'on reçoit ; au contraire, on acquiert à titre gratuit quand on ne fournit aucun équivalent pour ce que l'on reçoit.

L'intérêt pratique de cette nouvelle distinction se manifeste à bien des points de vue. D'abord la loi a entouré l'acquisition à titre gratuit de formalités destinées à sauvegarder la liberté de celui qui transmet ou à protéger les intérêts de sa famille ; cela touche aux questions de forme. Mais de plus, quant au fond, il y a des limitations à la faculté de transmettre à titre gratuit, qui sont également fondées sur l'intérêt de la famille. Il y a enfin d'autres règles spéciales au point de vue de la capacité, et il faut entendre cela de la capacité requise soit pour disposer, soit pour recevoir. Un autre intérêt se présente en matière d'action paulienne. Les conditions et le fondement juridique de l'action paulienne ne sont pas les mêmes suivant que l'acte frauduleux était à titre gratuit ou à titre onéreux.

On a proposé une autre classification qui consisterait à distinguer, parmi les modes d'acquisition, les modes du droit des gens et ceux du droit civil. L'intérêt de cette classification se présenterait en ce qui concerne l'application de l'art. 11 du Code civil, tel que notre jurisprudence l'interprète.

C'est en se plaçant à ce point de vue qu'on s'est demandé si la prescription ne devait pas être considérée comme un mode d'acquérir du droit civil. Nous n'avons pour résoudre cette question aucune donnée bien précise. L'opinion qui a prévalu est que c'est là un mode du droit des gens. Mais la question se représente à propos de certains procédés d'acquisition, principalement en matière d'acquisition *lege*, ainsi par exemple en ce qui concerne l'hypothèque légale.

Ce sont là des questions qui rentrent plus spécialement aujourd'hui dans le domaine du droit international privé, et dont je n'ai pas à m'occuper. J'en ai d'ailleurs fini avec ce que j'aurais pu appeler les préliminaires de la matière ; et j'arrive ainsi au mode normal et vraiment pratique, en matière d'acquisition de propriété, ce que notre loi désigne sous cette expression : l'effet des obligations.

IVe LEÇON

ACQUISITION DE LA PROPRIÉTÉ PAR L'EFFET DES OBLIGATIONS, ART. 1138 : HISTOIRE, DROIT ROMAIN, ANCIEN DROIT. — EXPLICATION DE LA FORMULE. — APPLICATIONS. — TRANSFERT DE LA PROPRIÉTÉ A L'ÉGARD DES TIERS : GÉNÉRALITÉS, HISTORIQUE.

Acquisition de la propriété par l'effet des obligations (art. 1138).

Je commence à m'occuper aujourd'hui de ce mode d'acquisition que l'art. 711 caractérise en disant que la propriété se transmet par l'effet des obligations. Le développement de cette disposition se trouve aux articles 1138, 1139, 1140 et 1141 du Code civil. Ces articles posent, ou annoncent, les principes généraux de la matière. Il faut y rattacher les articles 938 à 941, lesquels sont également compris dans le programme que nous devons parcourir cette année. Ces textes font l'application du principe à la donation. Nous verrons aussi que cette théorie se complète aujourd'hui par la loi du 23 mars 1855. Dès cette année j'aurai à dégager le principe de cette loi importante et à déterminer dans quelle mesure exacte les dispositions qu'elle consacre ont apporté des innovations au Code civil, en ce qui touche la théorie de la transmission de la propriété par l'effet des obligations.

Je vous ai déjà indiqué comment il faut entendre cette règle que la propriété est transmise par l'effet des obligations.

La propriété se transmet, s'acquiert, par l'effet des obligations : cela signifie que, lorsqu'une personne s'est obligée à transférer la propriété, celle-ci est transférée par le fait même que l'obligation a été contractée (Art. 1138). Le créancier devient immédiatement propriétaire, sans qu'il soit besoin de faire intervenir aucun acte particulier, aucune formalité subséquente et postérieure. La volonté des parties opère par elle-même le déplacement, la transmission, de la propriété ; et cette règle est la même, que l'obligation de transférer la propriété provienne d'un contrat à titre onéreux, ou d'un contrat à titre gratuit. Enfin ce que je dis de la propriété est également vrai des autres droits réels. Si, au lieu du transport de propriété, il s'agit de la constitution d'un droit d'usufruit, d'une servitude réelle, l'effet est toujours le même ; le transfert ou la constitution du droit s'effectue par la seule volonté des parties. Et ceci ne veut pas dire seulement que la transmission de propriété se réalise désormais sans qu'il soit besoin d'aucune formalité matérielle, et par le seul fait d'un acte purement consensuel ; la formule moderne signifie que pour transférer la propriété, il ne faut pas deux actes, ni même deux contrats distincts, et que la convention qui fonde l'obligation au transfert a déjà suffi à réaliser ce transfert.

Telle que je viens de la formuler, notre règle est le contre-pied de la règle du droit romain. Celle-ci se trouve exprimée notamment à la loi 3 pr., Dig. 44.7.

L'effet, la substance, de l'obligation, dit le texte que je viens de citer, ne consiste pas dans le fait de l'acquisition elle-même ; et, si par exemple il s'agit d'une acquisition de servitude, en droit romain, l'obligation à elle seule ne réalisera jamais cette acquisition du droit ; l'effet de l'obligation, comme on disait à Rome, consistera seulement dans le fait d'obliger quelqu'un à nous constituer la servitude qui a été ainsi stipulée, ou, d'une façon plus générale, qui a été l'objet de la convention. C'est ce qui ressort d'un autre texte bien connu et souvent cité, la loi 20 au Code de Justinien (2, 3).

Notre ancien droit avait maintenu à cet égard, en théorie du moins, les principes du droit romain (POTHIER, *Vente* n° 318). Cependant, dès le milieu du XVIIe siècle, les auteurs qui s'occupaient du droit au point de vue rationnel, ou comme on disait alors, au point de vue philosophique, Grotius, par exemple, avaient soutenu qu'il n'y avait aucune raison pour ne pas admettre le transfert de la propriété par la seule vertu du consentement. En effet la propriété est indépendante de la possession, et on ne voit pas dès lors qu'il y ait la moindre raison pour en subordonner l'acquisition à celle de la possession.

Notre ancienne jurisprudence n'avait pas admis théoriquement cette conception philosophique, mais elle était arrivée en fait à un résultat qui n'en était guère éloigné, et qui revenait presque déjà à admettre la transmission réalisée par le seul effet de la convention. Il est intéressant de le constater, car c'est la préface indispensable de l'art 1138, lequel serait inintelligible, si on n'en cherchait pas la clef dans les errements de la pratique antérieure.

Déjà en droit romain, il n'est pas inutile de le rappeler, la tradition se faisait souvent sans qu'il y eût déplacement matériel de la possession. Il y a d'abord une hypothèse intéressante mentionnée au titre *de divisione rerum ;* je veux parler de l'hypothèse dans laquelle l'acquéreur se trouvait antérieurement en possession matérielle de la chose dont il s'agissait de lui transférer la propriété. Par exemple, il la détenait déjà comme emprunteur, comme dépositaire ; et alors, pour qu'il acquît la propriété, non pas sans tradition, mais sans tradition matérielle, il suffisait que, d'accord avec le propriétaire, il cessât de posséder au titre ancien pour posséder à un titre nouveau, qui le constituât possesseur au sens juridique du mot. La tradition se manifestait en pareil cas, ou plutôt se réalisait, par une modification dans l'*animus* des parties. Mais ce n'est pas tout ; la pratique romaine admettait aussi que l'aliénateur pouvait faire tradition de la chose en déclarant simplement qu'il la posséderait lui-même pour le compte de l'acquéreur. Il pouvait la conserver à titre d'emprunteur ou de locataire. Dans ce cas l'acquéreur devenait réellement possesseur, quoique n'ayant pas la détention effective ; il possédait *corpore alieno*. Et, ce qui pouvait se produire ainsi par suite d'une opération sincère, pouvait aussi se présenter par suite d'une déclaration purement fictive, par laquelle le précédent propriétaire était censé reconnaître purement et simplement qu'il posséderait pour le compte de l'aliénateur ; c'était le précaire. Ces pratiques diverses ont été désignées sous le nom de constitut possessoire.

Dans notre ancienne jurisprudence on alla encore plus droit au but, sans recourir à cette fiction d'un contrat ou d'une concession précaire, et cela au moyen d'une clause aux termes de laquelle l'aliénateur déclarait se dessaisir de la possession pour en investir l'acquéreur. C'est ce que nos anciens auteurs appelaient la clause de dessaisine-saisine. Et cette clause, voilà ce qu'il importe surtout de savoir, était devenue absolument de style dans les contrats qui avaient pour objet une transmission de propriété, si bien que, en se référant aux résultats pratiques, un de nos anciens auteurs a pu dire que dans la pratique du droit français, la vente transférait la propriété (ARGOU, *Institutes au droit français*, Edit. 1787, II, p. 238) ; et un peu plus loin (p. 243) Argou explique très bien comment il entend cela : « Comme, parmi nous, dit-il, on met toujours une clause dans les contrats de vente, par laquelle le vendeur se dépouille et se démet de la propriété et de la possession de la chose vendue, pour en saisir l'acquéreur, ce qu'on appelle tradition feinte, dès le moment que le contrat est parfait et accompli, tous les droits qui appartiennent au vendeur passent en la personne de l'acquéreur ; de sorte que, si le vendeur était propriétaire, l'acquéreur le devient également » ; et Pothier nous donne de son côté les mêmes renseignements (*Vente* n° 313). « Dans notre Coutume d'Orléans, dit-il, la simple clause de dessaisine-saisine qui s'insère dans les actes qui se passent devant notaires a le même effet que la précédente (celle de constitut possessoire) et équipolle à tradition, suivant l'art. 278 ».

Ici Pothier, bien qu'il s'agisse de la vente, emprunte le principe à un texte de la Coutume d'Orléans (art. 278) qui se référait aux donations. Seulement Pothier paraît exiger quelque chose de nouveau ; d'après lui, pour que les clauses de dessaisine-saisine pussent opérer transfert de propriété, il faudrait que l'acte qui constate la convention fût un acte notarié.

Il ne paraît pas cependant que c'eût été là une condition exigée *sine qua non ;* car, au n° 321 de son traité de la Vente, Pothier se contente d'exiger simplement que l'acte ait date certaine, ce qui n'engage pas une question de principe, mais uniquement une question de preuve à l'égard des tiers.

Telle était l'ancienne pratique à la veille de la Révolution. Le Code cependant est loin d'adopter une formule aussi nette que celle que je viens d'emprunter à Argou. Voyez l'art. 711, et surtout l'art. 1138, qui contient le développement du principe posé dans l'art. 711 ; il s'en faut d'ailleurs qu'il soit beaucoup plus clair que ce dernier texte. Cet article 1138 est placé dans un chapitre où il est traité de l'effet des obligations, et dans une section qui traite des effets de l'« obligation de donner ». Il y a ici une terminologie sur laquelle il faut se fixer tout d'abord. Obligation de donner, cela signifie une obligation qui a pour objet la translation de la propriété ou la constitution d'un droit réel. Peu importe que ceci résulte d'une convention à titre onéreux ou à titre gratuit : « Donner » c'est ici la traduction du mot *Dare*, qui est loin d'être synonyme de *donare*. L'obligation consiste *in dando, faciendo, prœstando*, nous dit précisément la loi que j'ai déjà citée au titre *de obligationibus et actionibus* (44,7).

Cela dit, nous voyons qu'aux termes de l'art. 1136, l'obligation de donner impose notamment celle de livrer la chose. Puis l'art. 1138 continue en disant que l'obligation de livrer est parfaite par le seul consentement des parties contractantes. Voilà une formule bien ambigüe en soi ; mais, sauf à l'expliquer plus tard, la pensée de la loi est très clairement exprimée dans la suite du texte, car la loi ajoute : « Elle rend le créancier propriétaire, encore que la tradition n'en ait point été faite ». L'idée, cette fois, apparaît nettement. Il n'y a point de doute sur la portée de la règle ; et si d'ailleurs quelque hésitation pouvait subsister, le sens de la loi se trouverait encore confirmé par l'art. 1583, qui fait l'application du principe au cas de vente et par l'art. 938, qui l'applique aux donations. Lisez l'art. 1583, il est aussi formel que possible : « La vente est parfaite entre les parties, dit-il, et la propriété est acquise de droit à l'acheteur à l'égard du vendeur, dès qu'on est convenu de la chose et du prix, quoique la chose n'ait pas encore été livrée ni le prix payé ». Et l'art. 938 reprend la même formule, presque dans des termes analogues à propos de la donation.

Aussi les interprètes sont-ils d'accord sur le fond des choses : le dissentiment qui a pu exister entre eux se réfère exclusivement à une question de forme, qui est de déterminer le sens des expressions que le législateur emploie pour arriver au résultat cherché. Qu'est-ce qu'il veut dire en déclarant que l'obligation de livrer est parfaite par le seul consentement? Pendant longtemps on en a donné cette explication que le texte, par opposition avec ce qui se passait en droit romain, voulait indiquer que l'obligation se formait *solo consensu* ; mais, cette règle qui ne faisait aucun doute dans notre ancien droit, était déjà vraie également en droit romain pour la vente. Ce ne serait donc qu'une répétition inutile, indépendante de la conséquence si inattendue qu'en tire l'alinéa suivant.

Puis, pourquoi avoir posé à propos de l'obligation de livrer et de ses effets une règle qui est générale et qui s'applique quel que soit l'objet de l'obligation ?

De plus, si tel est le sens de l'article, la rédaction n'en est guère plus satisfaisante ; ce n'est pas en effet à propos de l'obligation de livrer qu'il fallait déclarer qu'elle se forme *solo consensu*, c'est de l'obligation de donner qu'on aurait dû le dire, puisque c'est celle-ci qui engendre l'autre.

Voici quelle est maintenant l'interprétation couramment admise ; l'art. 1138 voudrait dire que l'obligation de livrer, entendez bien, il parle de l'obligation de livrer et non de celle de donner, serait parfaite, non pas en ce sens qu'il dût suffire du seul consentement pour la former, mais en ce sens qu'elle serait tenue pour accomplie en vertu du consentement qui a donné naissance à l'obligation. Autrement dit, l'obligation de donner engendre une première obligation qui est de livrer la chose et d'en faire la tradition matérielle. Or, cette tradition matérielle est censée faite, dès que les parties ont été d'accord pour créer l'obligation de donner. Cela ne veut pas dire à coup sûr que le débiteur sera dispensé de remettre la chose au créancier et d'en faire la délivrance matérielle. Cela ne vise que cette tradition le plus souvent fictive qui était considérée comme nécessaire en ancien droit pour que la propriété fût définitivement acquise et transférée. Cette tradition, indispensable au transfert de la propriété, est considérée comme faite. L'autre, qui ne concerne que le transfert de la possession, se fera plus tard.

Ceci est confirmé par l'art. 938 portant : « que la donation est parfaite par le seul consentement des parties et la propriété transférée sans qu'il soit besoin d'autre tradition ». Cela implique donc qu'il y a une première tradition que l'on tient pour accomplie ; et cette tradition, qui par suite se trouve sous-entendue, est celle que, depuis le droit romain jusqu'à l'époque moderne, on avait toujours considérée comme nécessaire pour que l'aliénation fût réalisée. L'ordre des idées que présentent les textes est donc celui-ci : La tradition, théoriquement, n'est en quelque sorte point supprimée ; celui qui a contracté l'obligation de donner doit livrer ; et il doit livrer en tant que cela est nécessaire pour faire acquérir la propriété. Seulement, cette livraison, en tant qu'elle est nécessaire à la transmission de la propriété, est réputée faite par le seul consentement. Ce qui revient à dire que le législateur, se référant à la pratique antérieure, sous-entend la clause de dessaisine-saisine ; ces clauses ne sont plus nécessaires ; elles se trouvent impliquées dans le fait générateur de l'obligation, donc dans la convention. La loi les présume toujours.

C'est l'idée que nous trouvons exprimée par Portalis, dans l'exposé des motifs : « Il s'opère par le contrat, dit-il, une sorte de tradition civile qui consomme le transport des droits » (Locré, t. XIV, p. 145 et 146).

M. Valette, dans un article de la *Revue du droit français et étranger* (1846, p. 781), a donc eu raison de dire que les rédacteurs du Code civil ne se sont nullement placés à un point de vue philosophique ; mais qu'ils se sont bornés à emprunter la pratique existante en supprimant une clause devenue de style.

Le résultat d'ailleurs est le même. Il y a toutefois, entre l'ancienne pratique et la règle du Code civil, une différence, peu importante assurément au point de vue des faits, et qui est celle-ci. Dans l'ancienne pratique, pour que la propriété pût se trouver transférée, il fallait que l'aliénateur fût en possession ; sinon il n'aurait guère pu, même par une clause de dessaisine-saisine, faire tradition à l'acheteur. Dans ce dernier cas, on était obligé d'emprunter un vieux procédé inspiré par certains exemples de la procédure romaine ; on cédait à l'acquéreur l'action en revendication contre le possesseur. Aujourd'hui, quoique le point de départ soit le même qu'autrefois, l'application de la loi n'en est pas moins générale et absolue. De sorte que, même si le vendeur n'était pas en possession, la prétendue tradition que sous-entend l'art. 1138 n'en serait pas moins censée faite, et la propriété transmise par le seul consentement, sans qu'il y eût à parler de cession d'action (cf. POTHIER. *Du domaine de la propriété*, n° 213 et *Traité du contrat de Vente*, n° 318).

La règle étant ainsi expliquée, il faut maintenant en limiter l'application.

Pour que le déplacement de la propriété par le seul effet de la convention se produise, diverses conditions doivent être remplies.

La première consiste en ce que l'aliénateur doit être lui-même propriétaire : *Nemo dat quod non habet.*

Il y a une deuxième condition qui est celle-ci : l'objet doit être un corps certain et déterminé. La propriété ne se conçoit pas sans une chose individualisée sur laquelle elle porte. S'il s'agit de quantités, il est impossible que la propriété soit transférée par le seul effet du consentement. Supposons la vente d'une certaine quantité de blé *in genere*; la propriété ne sera transférée que lorsqu'il y aura eu tradition, ou plus exactement détermination de l'objet auquel doit s'appliquer le droit de propriété de l'acquéreur. Il est vrai que la tradition en pareil cas est moins un mode de transfert qu'un procédé de spécialisation de l'objet lui-même.

Et je ne veux pas dire par là qu'une fois l'objet individualisé par la tradition, le transfert soit censé remonter au jour du contrat, comme ce serait le cas, s'il y avait alternative ou condition suspensive. La détermination de l'objet est un élément trop essentiel en matière d'acquisition pour que l'on puisse concevoir, même rétroactivement, que la propriété ait pu se déplacer sans qu'il y eût déjà un objet précis au sujet duquel ce déplacement se fût effectué. Il peut en être ainsi en matière de condition, parce qu'il s'agit d'une modalité accidentelle qui suppose déjà réunis tous les éléments nécessaires à la formation du contrat et à la réalisation du résultat juridique que l'on a en vue. Il en est de même en matière d'alternative, parce que, l'indétermination n'étant que relative, et n'existant que par rapport à un certain nombre de choses nettement précisées, celle qui sera choisie se trouvait déjà indiquée lors du contrat comme susceptible d'être l'objet du déplacement de propriété que la convention se proposait de réaliser. Mais là où l'indétermination est, en quelque sorte, absolue, comme c'est le cas si l'obligation de livrer porte sur des choses spécifiées uniquement par le genre dont elles font partie, on ne peut plus dire qu'au jour du contrat il y ait un objet susceptible de détermination individuelle sur lequel puisse porter le transfert de la propriété ; il faut donc forcément que celui-ci soit reculé jusqu'au moment où cette détermination de l'objet aura eu lieu, et c'est par la tradition qu'elle se fera. Seulement, j'estime ici qu'au moment où elle s'opère ce n'est pas la tradition qui est le mode générateur de l'acquisition ; et que ce mode reste encore le contrat antérieur, c'est-à-dire la volonté des parties, qui se maintient et qui produit ses effets, du jour où la tradition intervient pour lui donner son exécution.

C'est le contrat qui va produire le résultat juridique, voulu par les parties, le jour où l'élément qui lui manquait, c'est-à-dire un objet précis et individualisé, se trouve réalisé. Et la conséquence de cette manière de voir serait que tout autre procédé de détermination de l'objet suffirait tout aussi bien à effectuer l'aliénation, indépendamment de toute tradition ; comme serait par exemple la désignation de l'objet choisi par celui à qui le choix appartient, et c'est ici en général celui qui aliène. Si cette désignation était faite de façon à ce qu'on pût la considérer comme irrévocable, elle suffirait à la détermination de l'objet ; et le transfert se placerait à cette date avant même que la tradition fût effectuée. C'est ainsi qu'il est vrai de dire que, même dans ce cas, cette dernière n'est pas un mode de transfert de la propriété.

Il y avait là une condition d'application assez délicate en ce qui concerne le principe nouveau de l'art. 1138.

Ne faudrait-il pas ajouter en outre qu'il ne doit pas y avoir de terme stipulé pour la mise en possession ? Si je pose la question, ce n'est pas qu'elle soit douteuse ; ce qui me fait appeler votre attention sur ce point, c'est qu'il y a dans l'art. 1138 certaines expressions équivoques. « Elle rend le créancier propriétaire, dit-il, et met la chose à ses risques dès l'instant où elle a dû être livrée ». A première vue cela paraît signifier que le créancier devient propriétaire sans tradition du jour où celle-ci aurait dû lui être faite. Or, s'il y avait eu un terme, la tradition n'aurait dû être faite qu'à l'échéance.

Cependant, cette interprétation est inadmissible, parce que, selon la disposition de l'art. 1185, le terme n'a d'influence que sur l'exécution, et non pas sur la naissance du droit. L'art. 1138 ne peut donc pas vouloir dire que, lorsqu'il y a un terme, la transmission de propriété serait retardée jusqu'à l'arrivée du terme.

Il faut assurément donner aux expressions de l'art. 1138 un sens un peu détourné : « Dès l'instant où elle a dû être livrée », — remarquez que « elle » se rapporte à la chose — cela doit vouloir signifier : « dès l'instant où a pris naissance l'obligation de livrer ».

Rien de forcé, du reste, à donner cette explication ; et elle concorde avec la suite des idées. On songeait en effet, non pas à la délivrance de la possession, mais à cette tradition, généralement toute fictive, qui était nécessaire en ancien droit pour l'acquisition de la propriété. Or, on conçoit que, parlant de cette tradition toute spéciale, on la considérât comme étant due à partir du contrat, même s'il y avait un terme pour la livraison, c'est-à-dire pour le transfert effectif de possession. Donc cela voudrait dire qu'il y a transfert de la propriété au moment même où la tradition est due.

Il y a une autre explication, si toutefois c'en est réellement une autre, qui aboutit au même résultat, mais qui me paraît un peu plus subtile.

Ces mots se référeraient aussi à l'ancienne pratique. Le point de départ, comme vous le voyez, est le même. Ceci admis, ils feraient allusion à cette circonstance que, les anciennes clauses étant de style, il était de droit qu'elles devaient être consenties par l'aliénateur. C'était la pratique antérieure. Aujourd'hui elles sont sous-entendues. Donc la transmission aura lieu à l'instant où elle aurait dû se faire antérieurement par l'emploi de ces clauses de style. Cela voudrait dire : à l'instant où il y avait obligation pour l'aliénateur, en ancien droit, d'insérer la clause de dessaisine-saisine et par suite de réaliser le transfert de propriété. On voit que tout cela revient à peu près au même. Dans la première interprétation on ferait allusion au moment où naît l'obligation de faire tradition ; et dans la seconde on songe à celui où cette obligation de faire tradition s'est déjà réalisée par suite des clauses que vous savez ; mais dans les deux cas le moment est le même.

Je n'ai pas besoin d'ajouter, pour finir, que toutes ces conditions en impliquent une autre, qui les domine, c'est que l'art. 1138, étant écrit en vue de l'obligation de *dare*, son application suppose qu'il s'agit en effet d'une obligation de donner ; et, si la chose va de soi comme règle de principe, il peut y avoir certaines hésitations en fait pour distinguer nettement l'obligation de donner de l'obligation de faire, dans les cas surtout où cette dernière a pour objet une œuvre de fabrication matérielle ou de création artistique aboutissant à la production d'une chose ayant, par le fait de celui qui l'a façonnée, une individualité nouvelle et distincte, et dont la propriété doit être acquise au créancier. Ce serait le cas par exemple du peintre à qui l'on commande un tableau dont la propriété doive revenir à celui à qui il est dû : est-ce une obligation de faire ou une obligation de donner ? Et, si c'est une obligation de faire, à quel moment et par quel acte la propriété en sera-t-elle transmise au créancier ?

Même, si c'est une obligation de donner à laquelle s'applique l'art. 1138, la question ne sera pas sans soulever encore certaines difficultés, analogues, je le reconnais, à celles que je vous ai signalées à propos de la tradition d'une chose de genre. Car personne ne prétendra, par cela seul qu'il y a eu convention de donner, que le tableau soit déjà la propriété du créancier avant d'être complètement achevé ; et de cet achèvement définitif, l'artiste seul est juge. Sinon, ce serait sa liberté artistique qui serait compromise, si, alors que lui-même ne considère pas encore son œuvre comme parfaite et définitive, celui qui la lui a commandée pouvait, en se fondant sur son droit de propriété, l'obliger à la lui livrer. Mais il n'y aurait pas à cela seulement une contradiction à toutes les nécessités pratiques, il y aurait surtout une impossibilité juridique ; car, en cette matière, comme pour ce qui est des choses de genre, la propriété, même s'il s'agit d'obligation de donner, ne peut porter sur un objet que lorsque celui-ci a acquis son individualité propre et définitive au regard des parties. Or, il n'en est ainsi pour les œuvres de création artistique qu'au moment où celui qui les crée les déclare achevées. Et même pourrait-on soutenir que cette déclaration unilatérale de l'artiste ne suffirait pas encore pour individualiser l'objet, puisque sa détermination dépend d'une appréciation subjective, et par suite de l'approbation du créancier. La détermination de l'objet est, en pareille matière, une détermination conventionnelle, se réalisant par l'accord des parties ; l'artiste propose son œuvre, et celui à qui elle est destinée l'accepte.

Je ne veux pas dire d'ailleurs, que ce soit là, de la part du créancier, une réception équivalant à paiement, et que ce paiement soit, dans l'espèce, le mode juridique d'acquisition de la propriété ; je m'en tiens à l'idée de spécialisation et de détermination de l'objet ; on peut donc soutenir en pareil cas, en se fondant sur l'intention des contractants, que, pour qu'il y ait objet correspondant à l'œuvre visée par les parties, il faut une approbation du créancier. Si l'on interprétait autrement le contrat, il faudrait admettre qu'il y a réalisation de l'objet, et par suite acquisition immédiate de propriété, par le seul fait de la déclaration unilatérale de l'artiste, sauf à donner le droit au créancier de démontrer que l'œuvre ne répond pas à ce qui avait été convenu, et à l'autoriser par suite à la refuser et à abdiquer alors son droit de propriété. Tout cela me paraîtrait assez peu pratique. Voilà pourquoi j'interprète l'intention des contractants en ce sens que la détermination de l'objet dépend d'un accord ultérieur des parties. Mais une fois cet accord intervenu, l'objet se trouvant désormais créé et accepté, la propriété, s'il s'agit d'une obligation de donner, passerait immédiatement au créancier, sans attendre la tradition, et alors même que l'œuvre serait encore aux mains de l'artiste. Celui-ci, à partir de ce moment, n'aurait plus le droit de la détruire. Ce serait là l'intérêt pratique de toute cette analyse juridique. Il en serait de l'acceptation de l'œuvre artistique comme de la tradition en matière de choses *in genere*, ce serait un procédé d'individualisation de l'objet, lequel, une fois réalisé, aurait pour effet de faire acquérir la chose au créancier, par application de l'art. 1138.

Si au contraire il s'agissait d'obligation de faire, on ne pourrait plus attribuer au contrat antérieur l'effet de transmettre ou plutôt de faire acquérir la propriété, dès que l'objet se trouve avoir une existence reconnue par les parties; car ce n'est que pour l'obligation de donner que la convention qui crée l'obligation réalise en même temps la transmission du droit réel. Faudra-t-il admettre alors que ce serait la tradition cette fois qui agirait à la façon d'un véritable mode de transfert, analogue à ce qu'elle était en droit romain, et que ce serait elle qui transférerait la propriété ? Ce serait le paiement cette fois qui réaliserait l'acquisition. Je suis bien de cet avis en principe, ou plutôt en fait ; mais cette solution de fait demande à être complétée, au point de vue théorique, par toute une série d'observations délicates.

Là encore, en effet, je ne crois pas que la tradition, matérielle ou fictive, soit le procédé indispensable d'acquisition de la propriété et le mode générateur du droit ; car ce qui résulte de l'art. 1138, au moins comme principe général, de nature à s'appliquer en dehors même du domaine de l'obligation de *dare*, c'est que l'acquisition de la propriété n'a plus besoin aujourd'hui pour se réaliser d'aucune formalité matérielle, et que la convention des parties suffit à cet égard, comme elle est suffisante pour créer une obligation. Ce qu'il y a en plus dans l'obligation de donner, c'est que, dans cette dernière, le contrat qui fonde l'obligation réalise en même temps la transmission réelle; et ceci doit rester spécial à l'obligation de donner. Mais, ce qui est d'une application générale, c'est que, si le contrat d'où est née l'obligation n'a pas déjà opéré le transfert du droit, et qu'il faille un acte postérieur pour l'effectuer, cet acte subséquent pourra être une convention pure et simple, sans autre formalité matérielle et sans déplacement de possession, un contrat réel, suivant une expression qui commence à s'acclimater chez nous, translatif de droit, au lieu d'être créateur d'obligation. Si donc nous appliquons cette idée aux obligations de faire, il en résultera que si, l'œuvre achevée, les parties conviennent que la propriété doive en être acquise immédiatement à celui à qui elle est due, cette convention, sans attendre la tradition, et sans qu'il y ait à parler, comme à Rome, de *constitut possessoire*, produira son effet immédiat et réalisera l'acquisition du droit.

Cela paraît, s'il s'agit de création artistique, revenir à peu près au même résultat pratique que dans le système de l'obligation de donner; puisque l'accord sur l'acceptation de l'objet, au lieu d'être un procédé de détermination de celui-ci, équivaudra à une convention de transfert. J'en conviens facilement, sauf cependant une question de fait et d'intention : car il s'agira de savoir si cet accord constitue une simple approbation de l'objet, ou s'il implique, de la part de l'artiste principalement, volonté de s'en dessaisir, en droit, avant de l'avoir livré en fait. Et c'est une question d'interprétation et de présomption, tandis que, dans le système opposé, cette question d'intention ne pouvait même pas s'élever : dès qu'il y avait eu acceptation de l'objet, l'acquisition en était réalisée.

L'intérêt pratique étant ainsi nettement précisé entre les deux systèmes, il y aurait lieu maintenant de prendre parti sur l'application même de la distinction dont je viens d'étudier les conséquences juridiques : la création d'une œuvre artistique, lorsqu'elle a pour point de départ une convention qui s'y rattache, dérive-t-elle d'une obligation de donner, ou d'une obligation de faire ? Je crois préférable de renvoyer l'examen de la question à l'étude des obligations de faire ; je me contente de vous faire observer, sur l'art. 1138, que, lorsque la loi identifie la création du droit personnel et l'acquisition du droit réel, elle semble bien avoir en vue un droit réel portant déjà sur un objet qui existe actuellement et qu'il s'agit de transférer ; ou plutôt, là où il y a création directe et non plus transmission, il faut dire que la loi a en vue un droit réel qui devrait pouvoir, en fait comme en droit, se réaliser au jour même de l'obligation qui s'y réfère. Si l'objet n'existe pas, s'il s'agit d'une chose à créer, et par suite d'une propriété, non pas à transférer, mais à constituer sous sa forme initiale, on ne peut plus dire que la réalisation du droit pourrait se produire en même temps que l'obligation qui s'y rapporte ; et toute l'histoire de l'art. 1138 aboutit à cette conclusion que la solution qu'il consacre dérive d'une tradition feinte et sous-entendue qui aurait pu s'opérer dans l'acte même qui contient la convention. Quoi qu'il en soit de cette observation, et sans me demander pour le moment si cette objection est ou non irréfutable, j'ai voulu purement et simplement vous faire apercevoir la complication et les difficultés du sujet.

Telles sont les conditions d'application de la règle nouvelle de l'art. 1138.

Au point de vue où je me suis placé, tout se ramène à une convention sous-entendue. De là dérivent deux conséquences qui limitent la portée de la règle.

1° Rien ne s'oppose à ce que la convention reporte à une époque ultérieure le déplacement de la propriété. La vente est actuelle ; mais il est stipulé que l'acquéreur ne deviendra propriétaire qu'à telle époque déterminée qui pourra être celle de la mise en possession. C'est une clause assez peu pratique. Il y a cependant sur ce point une controverse relativement à la question des risques ; je devais vous en avertir.

2° Toute cette théorie du transfert de la propriété par l'effet des obligations suppose une obligation ayant sa source dans un contrat. C'est seulement en pareil cas, quand il s'agit d'une obligation de donner, qu'il y avait autrefois ces clauses de dessaisine-saisine devenues de style ; et c'est seulement dans ces mêmes hypothèses que le législateur doit les sous-entendre. Si donc il s'agissait d'une obligation de donner tirant son origine d'une autre source, nous ne pourrions plus appliquer notre règle.

Je fais cette remarque, non pas qu'à mes yeux elle puisse avoir grande application pratique, mais parce qu'il y a un cas particulier pour lequel il est bon de la faire, celui du paiement de l'indû. Lorsqu'une personne reçoit le paiement d'une dette qui n'existait pas en réalité, il se forme un quasi-contrat, c'est à dire une obligation de restituer naissant *quasi ex contractu.* Plaçons-nous dans cette hypothèse du paiement de l'indû, et supposons qu'une personne se croyant débitrice, alors que la dette n'existait pas, ait payé un corps certain. Voici par exemple un héritier à l'encontre duquel surgit un individu se prétendant créancier de la succession. L'héritier n'ayant peut-être pas les deniers nécessaires pour acquitter la prétendue dette, cède un bien, un corps certain. Par la suite, l'héritier, dans les papiers du défunt, trouve une quittance qui établit clairement que la dette était éteinte. La question s'élève alors de savoir si le paiement qu'il a fait a transféré la propriété.

En droit romain, le paiement de l'indû n'empêchait pas qu'il y eût transfert de propriété ; seulement le *solvens* était créancier de la chose indûment payée. L'opinion que je vous proposerai d'adopter aujourd'hui, c'est qu'il n'y aurait pas transmission de propriété, parce qu'il y a défaut de cause. J'en renvoie la discussion à l'art. 1380.

Mais dans une autre doctrine, conforme au droit romain, admettant que l'erreur sur la cause n'empêcherait pas ici le transfert de propriété, on a dû se poser la question subsidiaire suivante : l'*accipiens*, a-t-on dit, est devenu en même temps débiteur d'un corps certain ; n'aura-t-il pas cessé par le fait même d'être propriétaire, par application du principe que la propriété se transfère par l'effet des obligations ? De la sorte il cesserait d'être propriétaire au moment même où il le devient ; ce qui aurait en effet l'avantage de donner au *solvens* une action en revendication, au lieu de l'action purement personnelle qu'il avait en droit romain.

Il est vrai que, sauf une question de mots, on ne voit pas bien quelle différence il y aurait entre cette explication un peu compliquée et la conception, beaucoup plus simple, suivant laquelle le paiement, en pareil cas, n'est pas translatif de propriété. Peut-être, avec beaucoup de subtilité, pourrait-on, en admetant l'idée, au moins toute platonique, d'un transfert, accepter plus facilement, comme explication de l'art. 1380, que la revendication du *solvens* ne pourrait pas avoir effet contre les tiers, ceux à qui l'*accipiens*, par exemple, eût revendu l'immeuble. Mais ce serait encore bien délicat, car il dérive du principe de l'art. 1138 que, là où le propriétaire cesse d'être propriétaire, il cesse de l'être à l'égard de tout le monde, sauf application des règles de la transcription depuis la loi de 1855, s'il s'agit d'immeuble. Et en effet, c'est sur ce terrain, et sur ce terrain seulement, me semble-t-il, que la question pourrait se poser. Car, dans l'opinion que je développe en ce moment, il n'y aurait pas annulation rétroactive du transfert opéré au profit de l'*accipiens*, mais rétrocession en sens inverse.

Partant de là, il y a tout au moins une solution qui me paraît certaine, c'est que, si l'immeuble est entré, ne serait-ce qu'un instant de raison, dans le patrimoine de l'*accipiens*, il se trouvera frappé des hypothèques légales auxquelles ce patrimoine pourrait être affecté. Et le *solvens*, en reprenant l'immeuble, n'aurait pas le droit d'objecter que l'aliénation qu'il avait réalisée, et dont se prévaut le créancier hypothécaire, n'avait pas été transcrite ; car, à l'égard des parties, l'aliénation est valable par le seul consentement, et indépendamment de toute transcription. C'est un point que j'établirai sur la loi de 1855. L'aliénateur n'est pas qualifié pour dénier à l'encontre des ayants-cause de l'acquéreur, et faute de transcription, le transfert de propriété qu'il a consenti.

Mais ne faudrait-il pas aller plus loin ? C'est une hypothèque conventionnelle que l'*accipiens* aurait constituée, c'est une vente qu'il aurait passée ; et, dans ce dernier cas, l'acquéreur, je le suppose, aurait fait transcrire. A coup sûr, si l'article 1138 s'applique, cet *accipiens* n'a pu conférer, ni transmettre, aucun droit réel valable, et la transcription ne purge pas les vices du titre initial d'acquisition. Mais à l'égard de cet acquéreur le *solvens*, qui se trouve devenu à nouveau propriétaire par voie de rétrocession, n'est-il pas, lui aussi, un ayant-cause de l'*accipiens*; et le conflit ne va-t-il pas s'élever alors entre deux ayants-cause du même auteur? C'est exactement l'hypothèse visée, nous le verrons, par la loi de 1855. Sans doute, reste le titre initial de l'*accipiens*, celui dont se prévaut le sous-acquéreur, et il suffit qu'il eût produit ses effets, ne serait-ce qu'un instant de raison, pour que celui ci soit autorisé à l'invoquer, reste donc ce titre qui n'a pas été transcrit; mais vous savez déjà que le *solvens* ne peut pas opposer, quant à lui, ce défaut de transcription.

Telles sont les questions très délicates auxquelles cette conception donnerait lieu.

Nous retrouverons d'ailleurs quelques questions analogues en étudiant la loi de 1855, pour le cas où il y aurait eu vente résiliée d'un commun accord par les parties.

Quoi qu'il en soit, toutes ces difficultés et ces complications viendraient de ce que l'on eût admis les deux solutions suivantes: l'une que le paiement indû serait par lui-même translatif de propriété; et l'autre que, par le fait seul que l'*accipiens* aurait reçu l'indû et qu'il fût tenu, en vertu d'un quasi-contrat, à restitution, il y aurait déjà par le fait même transfert de propriété en sens inverse.

Or, ce que je prétends, c'est que même, si l'on admettait l'effet translatif du paiement, il n'y aurait pas lieu d'en limiter la portée en acceptant ici, sous forme de correctif ce que j'appellerais une application abusive de l'art. 1138. Car la véritable règle n'est pas que la propriété est transférée de droit dès qu'il existe une obligation de transférer la propriété, mais dès qu'on est convenu de transférer la propriété. Il ne suffit pas d'une obligation quelconque; il faut une obligation naissant de convention. Il n'y a pas dans la loi l'énoncé d'un principe philosophique absolu, mais la continuation et le perfectionnement d'une pratique ancienne; donc la règle se limite au domaine de cette pratique elle-même.

C'est le même raisonnement, vous le voyez, que celui que j'admettais déjà à propos des obligations de faire : ce qui est d'application générale dans l'art. 1138, c'est qu'un contrat, sans autre tradition, suffirait dans tous les cas à réaliser le transfert; mais ce qui est d'application étroite et spécialisée, c'est la confusion ou plutôt l'identification entre le contrat, que j'ai appelé réel, et la convention purement personnelle, simplement génératrice d'obligation : cette dernière ayant déjà réalisé la cession ou l'acquisition du droit réel qu'elle avait en vue. C'est là le système que nous ne sommes pas autorisés à étendre au-delà de son domaine strict d application, tel qu'il résulte des termes très précis de la loi ; et ce domaine se restreint aux conventions. N'allons pas au-delà.

Transfert de la propriété à l'égard des tiers.

La règle ainsi comprise, il se présente tout d'abord en législation une question d'une importance capitale. Le simple consentement suffit pour déplacer la propriété ; cela est fort bien dans les rapports de l'aliénateur et de l'acqüéreur ; mais faudra-t-il admettre que ce déplacement *solo consensu* se produit également à l'égard et au préjudice des tiers ? Lorsque la loi subordonne à certaines questions de forme le déplacement de la propriété, il y là une certaine publicité qui prévient les tiers. Notre règle nouvelle peut aboutir à ce fait qu'un acte purement occulte surprenne les tiers et leur cause préjudice. Cela doit-il être admis ?

Remarquez bien que, même en acceptant en législation que ce transport de propriété soit opposable aux tiers, il y a toujours lieu de réserver les questions de preuve. Par exemple, dans le système du Code civil, sauf le cas de donation, la propriété des immeubles se trouvait transférée *erga omnes* du jour du contrat; mais il en était ainsi sous réserve des questions de preuve. Pour invoquer son droit, il fallait que l'acquéreur fît la preuve de l'antériorité de son titre sur celui qu'on lui opposait. Par exemple Paul vend à Pierre, puis à Jacques. Nous disons : Paul n'a pu transférer à Jacques aucun droit; oui, cela est vrai, mais à la condition que, lorsque le débat s'élèvera entre Jacques et Pierre, celui-ci prouve l'antériorité de son titre. Il n'en résultait pas moins que Jacques était exposé à voir son titre annulé par un titre antérieur, prouvé, mais resté occulte. Il en était ainsi surtout lorsque les ventes avaient eu lieu par actes authentiques. La date des titres se trouvait alors légalement établie ; il y avait date certaine ; et cependant l'authenticité ne constitue pas un moyen de publicité à l'égard des tiers. La première vente avait pu être ignorée du second acheteur : il se trouvait victime d'un fait qu'il ne pouvait pas connaître, et cela sans aucune faute de sa part.

Cette théorie était donc dangereuse pour les tiers. Ce n'est pas la tradition du droit romain qui aurait pu à l'inverse constituer une garantie suffisante, étant donnée l'admission possible de ce que l'on appelait le constitut possessoire ; encore moins (POTHIER, *Vente* n° 321) pouvait-on songer, pour leur venir en aide, à faire revivre la clause de dessaine-saisine. Pothier nous apprend qu'au cas de transmission feinte résultant de cette clause, on se demandait déjà si elle était opposable au tiers de bonne foi qui eût traité postérieurement ; et il cite l'opinion d'un auteur qui ne voulait pas que cette clause fût opposable au tiers. Entre deux acquéreurs successifs on préfèrerait, non celui qui invoquerait la clause de dessaisine-saisine la plus ancienne, mais celui qui eût été mis en possession réelle ; parce que la possession réelle, c'est un mode de publicité tel quel. Ceci ne prévalut pas. Il n'en est pas moins curieux de remarquer que cette question avait déjà préoccupé nos anciens auteurs. Et cela prouve bien que la clause de dessaisine-saisine, par suite de son occultanéité, avait les mêmes inconvénients que le principe de notre art. 1138, puisque vers la fin de l'ancien droit on songeait à réagir contre les abus du système.

Vous verrez même, au cours des explications que j'aurai à vous donner, que dans certains cas l'ancien droit se trouvait réaliser une publicité tout à fait effective. Non qu'il le fit en vertu d'un système réellement voulu et introduit dans ce but; cela résultait de certains vestiges d'institutions anciennes à peu près tombées en désuétude, mais subsistant encore dans le ressort de quelques coutumes. Quoi qu'il en soit je termine sur cette idée qui a sa valeur, c'est que, en ce qui concerne la publicité, l'ancien droit était loin d'ignorer le fait; et encore moins en avait-il méconnu l'importance.

Vᵉ LEÇON

TRANSFERT DE LA PROPRIÉTÉ A L'ÉGARD DES TIERS. — EFFET DU TRANSFERT DE PROPRIÉTÉ A L'ÉGARD DES TIERS EN CE QUI CONCERNE LES MEUBLES, ART. 1141. FONDEMENT JURIDIQUE DE LA DISPOSITION DE L'ART. 1141 ; INTÉRÊTS PRATIQUES ET CONSÉQUENCES, DOMAINE D'APPLICATION. — EFFET DU TRANSFERT DE PROPRIÉTÉ A L'ÉGARD DES TIERS EN CE QUI CONCERNE LES IMMEUBLES, LOI DU 23 MARS 1855 : HISTORIQUE.

La question que nous nous posions, vous vous le rappelez, était de savoir si la transmission de propriété est parfaite à l'égard de tous par l'effet du consentement des parties, même à l'égard des tiers qui ont intérêt à la connaître.

Je laisse de côté, pour le moment du moins, les précédents historiques sur ce point ; je les ferai connaître au fur et à mesure de mes explications. Je constate que la question que j'aborde en ce moment s'est présentée de la manière la plus nette aux auteurs du Code. Elle avait été posée, et elle avait reçu une solution, dans le projet de l'an VIII. Dans ce projet, au titre des obligations, il y avait un art. 37, qui se trouve aujourd'hui reproduit par l'art. 1138. A la suite de cet article, en venaient deux autres, les art. 38 et 39, auxquels correspondent les art. 1140 et 1141 actuels du Code civil. Je dis « correspondent », parce que l'art. 1140 au moins est très loin de reproduire la disposition du projet.

L'art. 38, supposant particulièrement un contrat tendant à transférer la propriété d'un immeuble, décidait que la transmission de propriété, résultant du simple consentement des parties, était efficace *erga omnes* et avait un effet absolu, à une seule condition, à savoir que l'aliénation se trouvât constatée par un acte authentique : condition exigée, semble-t-il, au point de vue de la preuve. Comme conséquence de cette disposition, le texte du projet décidait que, du jour où la transmission de propriété avait été constatée par le contrat, les créanciers ne pouvaient plus opérer la saisie de l'immeuble ; nous parlons bien entendu des créanciers chirographaires. De même, si postérieurement l'aliénateur avait aliéné, ou tenté d'aliéner, l'immeuble à un second acheteur, cette tentative d'aliénation était inefficace, alors même, disait le texte, que ce second acquéreur eût été mis en possession réelle. Dans le conflit qui s'élevait, la préférence était accordée au premier acquéreur, pourvu que l'acquisition eût été constatée par acte authentique. Et cela eût été vrai des constitutions de servitudes ou d'hypothèques. Tel était le principe ; en tout cas tel était le système admis par le projet en ce qui concerne les immeubles.

Effet du transfert de propriété à l'égard des tiers en ce qui concerne les meubles, article 1141.

Quant aux meubles, l'art. 39 contient, ou plutôt contenait, une disposition qui, au premier abord, semble impliquer des idées toutes différentes. Cet article est devenu à peu près textuellement l'art. 1141. Et voici ce que nous lisons dans l'art. 1141 : « Si la chose est purement mobilière, celle des deux personnes qui en a été mise en possession réelle, est préférée etc. » On suppose donc un contrat contenant aliénation d'un objet mobilier ; si vous voulez, ce sera la vente d'un cheval déterminé. Cette vente ayant été consentie, et l'acheteur n'ayant pas encore été mis en possession, il peut arriver que le vendeur trouve un prix plus avantageux ; et, s'il est assez peu délicat pour ne pas tenir sa première promesse, admettons qu'il vende à nouveau le même cheval à un autre acheteur. Puis, il fait tradition à ce dernier du cheval vendu. Le conflit naît donc entre le premier acheteur qui invoque l'art. 1138, et qui déclare que la vente qui lui a été consentie lui a transféré la propriété, et le second acheteur, élevant la prétention de conserver le cheval dont il a été mis en possession. L'art. 1141 tranche le conflit en décidant que celui des deux acquéreurs, qui a été mis en possession réelle, sera préféré à celui dont le titre est cependant plus ancien, pourvu qu'il ait reçu la possession de bonne foi, c'est-à-dire ignorant la première vente.

Cette décision n'est pas du tout la même, vous le voyez, que celle qui se trouvait dans l'art. 38 pour le cas de vente d'immeubles ; dans cette dernière hypothèse, au contraire, on ne tenait pas compte de la tradition effective, mais de l'ordre chronologique des titres, comparés l'un à l'autre.

Cette décision de l'art. 1141 n'est-elle pas la négation, ou, tout au moins, une modification considérable, du principe que la propriété est transférée par le seul fait du consentement ? Que Pothier (*Vente*, n° 319), dans l'ancien droit, donnât la même décision que l'art. 1141, cela était tout simple, attendu que, dans les principes de l'ancien droit, le contrat, en l'absence des clauses de dessaisine-saisine, qui opéraient tradition, ne transférait à l'acheteur qu'un droit de créance.

Mais ce qui pour Pothier n'était que la conséquence des principes et l'application des lois romaines (L. QUOTIENS, 15 § 2 Cod. *de Rei Vindic*, 3, 32), s'explique beaucoup moins bien aujourd'hui, depuis la règle nouvelle de l'art. 1138. La première pensée qui vient à l'esprit, c'est de dire que cette règle peut être absolument vraie pour les immeubles ; mais que pour les meubles elle n'est pas exacte, ou tout au moins pas complètement exacte. On est porté à croire, en ce qui les concerne, au moins quand il ne s'agit pas des parties entre elles, mais des tiers, que c'est la tradition qui transfère la propriété.

Cependant, voici une première observation à faire. C'est que ce ne sont pas les tiers quelconques qui ont pu traiter avec l'aliénateur, postérieurement à l'aliénation, que l'article 1141 entend protéger, mais seulement les tiers de bonne foi, qui ont agi dans l'ignorance de l'aliénation précédente. Et ceci déjà nous suggère une remarque plus importante. On ne peut plus dire en effet d'une manière absolue que, en matière mobilière, l'art. 1141 subordonne à l'égard des tiers la réalisation du transfert à la tradition de la chose ; car si le deuxième acheteur avait traité avec le vendeur connaissant l'existence de la première vente, ce n'est pas lui, quoique mis en possession le premier, qui se trouverait avoir la préférence; le premier acheteur, qui cependant n'aurait pas reçu possession, aurait le droit de revendiquer contre lui. Cela étant, nous nous trouvons mis en garde contre l'explication que je donnais tout à l'heure.

Il est vrai toutefois que cette distinction nous la trouvons, à ce qu'il semble au moins, dans Pothier lui-même (*loc. cit.* n° 319). Raisonnant dans la doctrine du droit romain et de l'ancien droit, Pothier nous dit que, s'il y a eu tradition au profit d'un tiers de bonne foi, le premier acheteur ne pourra pas revendiquer. *A contrario,* Pothier aurait donc admis que, si le tiers eût été de mauvaise foi, le premier acheteur aurait eu la revendication? Au premier abord cette décision est de nature à surprendre. Comment donc l'admettre, puisque dans la théorie de Pothier, l'acheteur qui n'a pas reçu tradition, n'est qu'un créancier? C'est alors, dans tous les cas, que le second acheteur fût ou non de bonne foi, que Pothier aurait dû refuser la revendication à celui qui a acquis antérieurement. Comment expliquer par suite la solution, au moins implicite, qu'il nous donne et pourquoi ne parle-t-il que de l'acheteur de bonne foi ?

On peut en donner deux raisons. Tout d'abord il se place dans l'hypothèse normale, celle où le deuxième acheteur a ignoré la première vente. Puis, en second lieu, il sous-entend que, s'il avait été de mauvaise foi, le premier acheteur, quoique non propriétaire, aurait pu n'être pas dépourvu de tout moyen d'action contre lui. Et le moyen d'action qu'il aurait eu, ç'eût été, non pas la revendication (*loc. cit.* n° 320), mais l'action paulienne. Cela concorde avec les explications que Pothier, dans son *Traité des Obligations*, au n° 153, nous donne sur cette action et sur les conditions de son admissibilité. En réalité le premier acheteur, en ancien droit, était bien traité dans tous les cas comme un simple créancier ; seulement en présence d'une seconde vente faite de mauvaise foi, il avait, comme tout créancier, la possibilité, sous certaines conditions il est vrai, d'exercer l'action paulienne.

Et maintenant nous pouvons conclure : le premier acheteur en présence d'une deuxième vente frauduleuse de la part du vendeur, s'il est démontré que le deuxième acheteur a participé à cette fraude, pourra réclamer la révocation de cette seconde vente ; mais cette révocation ne sera prononcée que dans les conditions ordinaires de l'action paulienne. Cela suppose donc le vendeur insolvable et son insolvabilité provoquée par cette vente elle-même.

Est-ce là l'explication que nous devons donner aujourd'hui encore de l'art. 1141 ? C'est une opinion qui a été soutenue ; et on s'appuyait précisément sur la distinction reproduite par le Code civil entre le cas de bonne ou de mauvaise foi du second acquéreur. A mes yeux, ce n'est pas du tout ainsi que s'explique l'art. 1141. Pour comprendre l'art. 1141, il faut écarter toute idée de ce genre, susceptible de laisser croire qu'il apporterait une modification à l'art. 1138. Notamment ici il ne peut être question d'action paulienne ; car l'action paulienne supposerait encore pour son application d'autres conditions dont ne parle pas l'art. 1141, et que nous n'avons pas le droit de suppléer.

Si le second acheteur de mauvaise foi peut être évincé, c'est qu'il n'est pas devenu propriétaire ; c'est la conséquence de l'art. 1138, et non pas le résultat indirect de l'action paulienne, dont le texte aurait sous-entendu l'exercice. Quant à l'hypothèse où cet acheteur serait de bonne foi, si l'on ne peut plus dans ce cas revendiquer contre lui, bien que le premier acquéreur ait été rendu propriétaire par application de l'article 1138, l'explication en a été donnée par le législateur lui-même ; c'est la conséquence pure et simple de la maxime : « En fait de meubles, possession vaut titre » (art. 2279) ; ce qui veut dire que celui qui de bonne foi a reçu la possession d'un objet mobilier, en a acquis la propriété, quoiqu'il l'ait reçue *a non domino*.

Tel est le principe ; voyons maintenant comment les

choses se passent. Prenons la vente d'un cheval faite à Primus ; si le vendeur le revend et le livre à Secundus, qui ignore la première vente, il lui vend en réalité un cheval qui ne lui appartient plus ; et si Secundus peut s'opposer à la revendication de Primus, c'est qu'il invoque l'art. 2279. Cela a été dit à peu près dans ces termes par l'un des orateurs du Tribunat (cf. LOCRÉ, t. XII, p. 433). Nous pouvons conclure, d'après cela, que, en matière de meubles, d'après l'art. 1141, le principe que la propriété est transférée par l'effet du contrat reçoit son application absolue, sous réserve de sa combinaison avec l'art. 2279.

Les conséquences pratiques en sont les suivantes :

1° Il s'agit ici, il est vrai, d'une conception presque purement théorique. Le second acquéreur peut avoir quelques scrupules à invoquer le bénéfice de l'art. 2279. Je ne prétends pas, comme certains auteurs, que cette disposition consacre une sorte de prescription instantanée. — Je n'emploie pas cette manière de dire, notamment par ce motif qu'il n'est pas possible d'accoler ces deux mots, *prescription* et *instantanée*. — Il s'agit cependant d'un mode d'acquérir qui, par ses effets et conditions, est anologue à une prescription ; on peut donc lui appliquer la règle de toute prescription, que celui qui est en droit d'invoquer une prescription peut y renoncer, et que le juge ne peut suppléer son silence. J'en conclus que, s'il répugne au second acquéreur d'invoquer un moyen de droit qui blesse sa délicatesse, il pourra céder à la réclamation du premier acheteur, sauf son recours contre le vendeur. Si nous considérions au contraire l'art. 1141 comme une dérogation au principe de l'art. 1138, de telle sorte que la propriété fût acquise à l'acheteur qui le premier en reçoit livraison par la tradition elle-même, celui-ci ne pourrait renoncer à se prévaloir de sa propriété que par une abdication de propriété, constituant à vrai dire un nouveau transfert de sa part.

2° De ce qu'il s'agit en notre hypothèse de l'application combinée de la règle de l'art. 2279 et du principe de l'article 1138, une question nouvelle va s'élever en ce qui concerne les créanciers de l'aliénateur ; et voici en quels termes elle se pose : il peut arriver, avant la mise en possession, qu'un créancier de l'aliénateur pratique une saisie; cette saisie est-elle valable ? Oui, si nous devons dire qu'à l'égard des tiers l'acquisition des objets mobiliers n'est consommée que par la mise en possession. De même supposez l'aliénateur commerçant et tombé en faillite; le cheval vendu et non livré pourra-t-il être enlevé à la masse ? C'est la même question que celle indiquée à propos de la saisie. Car cette sorte de main-mise qui résulte de la faillite agit à peu près comme la saisie. Si donc à l'égard des tiers la propriété n'est transmise que par la tradition, il faudra dire que le cheval appartient à la masse. Or, l'art. 1141 n'autorise pas cette solution. Le cheval n'appartient plus au vendeur.

Il est vrai que sur le terrain même de l'art. 2279 la question que j'agite peut encore se discuter. Nous verrons quelle est l'origine de cette règle : « En fait de meubles, possession vaut titre » ; nous la trouverons dans la jurisprudence du Châtelet de Paris. Or, nous voyons cette jurisprudence expliquée dans Bourjon (*Droit commun de la France*, Liv. III, t. XXII, ch. V). Et Bourjon nous dit que cette maxime a d'abord pour effet de protéger celui qui a reçu tradition de bonne foi d'une chose qui n'appartenait pas au *tradens;* mais il en fait une autre application, à savoir que, à l'égard des tiers, l'aliénateur, demeuré en possession de fait, est toujours réputé propriétaire. Il en est ainsi à l'égard même des créanciers, de sorte que ceux-ci, c'est-à-dire les créanciers de l'aliénateur, peuvent encore valablement saisir le meuble entre les mains de leur débiteur (*Droit commun de la France,* Liv. VI, Titr. VIII, chap. III, sect. 1re).

En se fondant sur l'autorité de Bourjon on a soutenu que la maxime de l'art. 2279 pourrait être invoquée aujourd'hui encore par les créanciers saisissants ou par la masse au cas de faillite, lorsque le meuble vendu n'a pas encore été livré. Nous discuterons plus tard la question ; mais je n'admets pas cette portée étendue de la maxime de l'art. 2279. En conséquence, pour le point qui nous occupe, je déciderai que la revendication de l'acquéreur triomphera à l'encontre de la saisie et de la masse (Cf. Douai, 5 févr. 1848, Sir., 48, 2, 742; Dijon, 27 juin 1864, Sir., 64, 2, 183, et voyez COLMET DE SANTERRE, t. V, n° 57 *bis*, IV).

Telle est la solution de notre question pour ce qui est des meubles. Et en vous expliquant comment la question doit être comprise actuellement en ce qui concerne l'article 1141, c'est l'interprétation de l'article 39 du projet de l'an VIII que je vous ai donnée par le fait même, puisque l'un n'est que la reproduction de l'autre.

Mais ce que je viens de vous exposer, avec l'art. 1141, n'est vrai que lorsqu'il s'agit de meubles corporels ; quant aux meubles incorporels, il existe en ce qui touche la transmission de propriété qui s'y réfère des règles particulières, différentes de celles de l'art. 1141. La règle générale, et par suite le principe, demeure le même : la propriété est transférée par le seul consentement ; tel sera par exemple le cas où l'on aura transmis une universalité mobilière, succession mobilière ou fonds de commerce. Mais, sans entrer quant à présent dans des détails qui ne seraient pas à leur place, je dois vous dire que, pour certains droits mobiliers, des dispositions spéciales réglementent la façon dont la transmission devra en être opérée pour être efficace à l'égard des tiers : la disposition principale est celle de l'art. 1690. Il s'agit du transport d'un droit de créance.

L'art. 1690 décide, en reproduisant une règle traditionnelle, que la cession d'une créance par convention, bien que dans les rapports du cédant et du cessionnaire, elle soit parfaite par le seul effet du contrat, ne devient opposable aux tiers que lorsque le cessionnaire a fait signifier au débiteur le transport qui lui a été consenti, ou lorsque le débiteur a accepté le transport dans un acte authentique.

J'indique encore que lorsqu'il s'agit de droits dont la propriété se constate par une inscription sur des registres tenus *ad hoc*, c'est par un transfert sur ces registres que la transmission du droit s'opère. L'application la plus remarquable est celle qui est relative aux rentes sur l'Etat, au moins quand il s'agit de rentes qui sont nominatives. Cette sorte de créance se transmet au cessionnaire par le transfert qui est inscrit sur le grand livre de la dette publique (*Décret du 13 thermidor an XIII*). Et ce que je dis de ces rentes, s'applique également aux actions des compagnies industrielles ou sociétés de commerce, toujours lorsqu'elles sont nominatives (*Décret du 16 janvier 1808, art. 4*).

Dans toutes ces hypothèses, et d'autres encore peut-être un peu exceptionnelles, la loi organise pour la transmission des titres un système de publicité qui présente quelque analogie avec celui qui a prévalu à l'égard des immeubles.

Tous ces divers droits peuvent aussi être constatés par des titres au porteur ; cela n'est pas douteux. Je vous rappelle que l'on considère alors qu'il se produit par le fait même une sorte d'identification entre le droit lui-même et le papier matériel qui contient la constatation du droit ; la conséquenec qui en résulte est que le droit appartient au porteur du titre, et la propriété se transmet alors par la tradition. Les titres au porteur sont traités comme des objets corporels.

Notre question est donc maintenant résolue pour les meubles.

Effet du transfert de propriété à l'égard des tiers en ce qui concerne les immeubles — Loi du 23 mars 1855.

Revenons alors aux immeubles. Vous vous rappelez que l'art. 38 du projet n'établissait entre les parties et les tiers aucune différence au sujet de la transmission de propriété. On ne tenait pas compte du fait de la tradition : c'est l'antériorité du titre qui était décisive, et non la prise de possession ; et il en était ainsi à l'égard de tout le monde.

Cette doctrine, à supposer qu'elle dût prévaloir, aurait apporté, et, comme elle a prévalu, elle a apporté en fait, une modification très notable à la législation antérieurement en vigueur.

Cette législation avait en effet trouvé son expression dans une loi du 11 brumaire de l'an VII, laquelle organisait un régime hypothécaire fondé sur la publicité ; et c'est pourquoi elle avait donné à ce régime pour base essentielle la publicité des transmissions immobilières. En conséquence, elle prescrivait que, en cas d'aliénation de biens ou de droits susceptibles d'être hypothéqués, l'acte entre vifs, destiné à constater cette transmission, serait transcrit sur un registre tenu par le conservateur des hypothèques, registre public ; la loi procurait donc la publicité des transmissions.

Vous comprenez l'intérêt tout spécial de la publicité en cette matière ; il y va de la sécurité du crédit. Si les tiers, qui acceptent un gage hypothécaire, ne peuvent pas s'assurer et vérifier si celui qui offre le gage est encore propriétaire, le crédit est fort atteint. L'idée d'organiser une publicité pour ces transmissions n'était pas d'ailleurs absolument nouvelle.

Je vous ai dit que l'ancien droit avait maintenu les principes du droit romain. Mais je dois compléter ces renseignements en vous rappelant que, dans certaines coutumes, les transmissions de propriété immobilière étaient entourées de formalités qui aboutissaient à l'établissement d'un véritable régime de publicité. On les désignait sous le nom de coutumes de nantissement ; c'étaient les coutumes de Flandre, Artois, Hainaut, et quelques autres encore.

Celui qui acquérait la propriété devait se faire mettre solennellement en possession, s'il s'agissait d'un fief ou d'une censive, par le Seigneur; pour les alleux il y avait d'autres personnes désignées pour l'investiture : il fallait un investissement. L'origine de ces formalités remonte très haut, on peut en suivre la trace jusqu'à l'époque germanique. A l'époque féodale, la nécessité de cette investiture était une règle générale pour les fiefs ; mais plus tard, même pour les fiefs, cette formalité ne fut maintenue que dans ces coutumes de nantissement dont je vous ai parlé. Ces formalités étaient d'ailleurs constatées par un procès-verbal qui était conservé dans les greffes des justices.

Ces pratiques ne disparurent pas tout d'abord avec la révolution française. La loi de septembre 1790 art. 3 et 4, pour les coutumes où ces formalités existaient, ne les supprima pas ; elle se contenta de prescrire la transcription aux greffes des districts, au lieu de dire aux greffes des justices. Les tribunaux de districts se trouvaient ainsi substitués aux anciennes justices. Puis arriva la loi de brumaire qui réorganisa toute la matière.

Cette loi de brumaire an VII ne faisait, on vient de

le voir, qu'emprunter la formalité de la transcription aux pratiques anciennes, seulement elle en généralisait l'emploi, et d'autre part elle substituait à son tour aux registres des greffes judiciaires ceux des conservateurs des hypothèques.

Mais, en dehors de cette double question de forme et d'étendue d'application, il y avait une différence de principe fondamentale. Dans les coutumes de nantissement, à défaut des formalités prescrites, il n'y avait aucune transmission de propriété, même entre les parties ; jusqu'à l'accomplissement de cette formalité, le contrat, comme en droit romain, n'avait fait naître qu'un droit de créance (V. le *Répertoire* de MERLIN, au mot *Nantissement*). La loi de Brumaire partait d'une idée différente. Elle prenait pour point de départ l'idée que la propriété était transférée indépendamment de la transcription de l'acte, pourvu évidemment qu'on eût satisfait aux principes en vigueur alors. Mais cette transmission, quoique valable, n'était pas opposable aux tiers qui auraient contracté avec l'aliénateur, et qui eux-mêmes auraient accompli les formalités nécessaires pour faire valoir leur titre (article 26). La formule que je viens de vous citer en dernier lieu est empruntée presque intégralement au texte de l'art. 26 de la loi de Brumaire ; je vous demande d'en retenir les termes, car ils ont une réelle importance au point de vue de l'interprétation des textes qui régissent actuellement la matière.

Telle était la législation en vigueur, quand on arriva à discuter l'art. 38 du projet. Implicitement, il écartait la loi de Brumaire. Et il n'y a pas d'équivoque sur la pensée du rédacteur du texte ; car, au titre des hypothèques, le projet contenait un article 39, disposant qu'il ne pouvait plus être constitué d'hypothèque sur un immeuble par celui qui en avait consenti la vente (FENET, t. II. p. 219). C'est donc que le seul fait de la vente, sans tradition ni transcription, avait suffi à dessaisir le vendeur.

Mais la section de législation du Conseil d'Etat se trouva embarrassée pour donner une solution immédiate sur la question ; et à la place de l'art. 39 on inscrivit au titre des Obligations l'art. 1140 actuel, où il est dit qu'on recule la solution ; on la renvoie ; on ne statue pas quant à présent.

VIe LEÇON

LOI DU 23 MARS 1855, HISTORIQUE (SUITE). — ÉCONOMIE GÉNÉRALE DE LA LOI

Je reprends l'histoire du Code civil en ce qui touche la question de la publicité des transactions immobilières ; et je vous rappelle que cette question avait été résolue dans le sens de la non publicité par l'art. 38 du projet, au titre des obligations. Mais j'ai constaté que les rédacteurs du Code civil, lors des discussions qui s'élevèrent au sujet de cet art. 38, avaient cru devoir réserver la question et ne pas la résoudre immédiatement. De là, l'art. 1140 actuel. Au titre de la vente la question ne fut pas plus résolue qu'elle ne l'avait été au titre des obligations. On se contenta d'un simple renvoi ; c'est ainsi que l'art. 1583, statuant sur la question de transfert de la propriété, décide que la propriété est acquise de droit à l'acheteur à l'égard du vendeur, ce qui implique cette réserve qu'on ne veut pas décider dès maintenant si la convention aura effet absolu *erga omnes*.

Au titre des hypothèques, le législateur était enfin obligé de prendre parti. Il se trouvait en présence de deux projets tout à fait opposés : le système du projet de l'an VIII qui n'établissait aucune publicité, ni pour les transmissions immobilières, ni pour les constitutions d'hypothèques ; puis le système des pays de nantissement, développé et généralisé par la loi de l'an VII.

Ce dernier partait de cette idée que tous les droits réels qui peuvent affecter des immeubles doivent, pour obtenir leur effet, être rendus publics. Ainsi pour les constitutions d'hypothèques, la loi de l'an VII organisait un système de publicité par l'inscription sur les registres, et pour les transmissions de propriétés immobilières par une transcription de l'acte. Ce système ne réalisait pas d'une manière complète le régime de publicité, car celle-ci se limitait aux constitutions d'hypothèques d'une part, et aux transmissions de biens susceptibles d'hypothèques d'autre part.

Au sein de la section de législation au Conseil d'Etat, les opinions se trouvèrent divisées, et chacune des opinions fut l'objet d'un rapport devant l'assemblée générale du Conseil d'État; rapport présenté par Bigot Préameneu dans le sens du projet de l'an VIII et par Réal dans le sens de la loi de Brumaire (Fenet, T. XV, p. 223, p. 280).

Dans une première discussion le principe de la publicité dans son application aux hypothèques l'emporta, au moins comme principe; car, dans cet ordre d'idées déjà, il fut fait au régime de la loi de Brumaire des exceptions qui se retrouvent encore aujourd'hui. (Fenet, XV, p. 325 et 326).

D'après la décision ainsi arrêtée, la section formula un projet d'ensemble sur le régime hypothécaire, et elle y introduisit un article portant le numéro 91 qui reproduisait, en ce qui touche les transmissions de propriétés immobilières et les constitutions de droits réels susceptibles d'hypothèques, l'art. 26 de la loi de Brumaire. Cette règle était en harmonie avec le système qui avait prévalu en matière d'hypothèques; car il y a quelque chose de peu satisfaisant à déclarer qu'un créancier qui acquiert une hypothèque aura le moyen de savoir s'il n'y en a pas d'autres antérieures à la sienne, alors qu'il n'aura pas celui de s'assurer si le constituant est propriétaire.

Mais, à la séance du Conseil d'Etat du 10 Ventôse an XII, s'engagea sur cet article 91 une discussion qui devait être décisive; cette discussion ne paraît pas avoir été très précise, et la conclusion n'en apparaît pas clairement. (Fenet, XV. p. 386 à 391).

Voici tout au moins à peu près ce qui paraît s'en dégager. Tout d'abord les adversaires de la transcription firent remarquer qu'il y avait contradiction entre les deux dispositions du projet. L'art. 92 portait en effet que l'acquéreur ne reçoit la propriété que telle que l'avait le vendeur. Si donc celui-ci avait déjà aliéné, logiquement il ne devrait pouvoir transmettre aucun droit par la seconde aliénation. Et cependant l'art. 91 déclarait que, si le second acheteur transcrivait avant l'autre, il primait ce premier acquéreur. Il y avait là, disait-on, une véritable contradiction. Au fond ce n'était qu'une simple équivoque; et une équivoque qui ne pouvait que rendre la discussion confuse. Il en résulta qu'on renvoya les deux articles à la section de législation pour qu'elle présentât une nouvelle rédaction, en posant en principe que la transcription ne dût pas transférer la propriété à l'acheteur quand le vendeur ne serait pas propriétaire.

Mais en somme que voulait-on dire par là ? Entendait-on que le vendeur serait considéré comme n'étant déjà plus propriétaire en vertu d'une première aliénation même non transscrite, de telle sorte que la transcription d'une aliénation postérieure, opérée dans l'ignorance de la première, ne ferait acquérir aucun droit au second acheteur ? Si c'était là ce que l'on voulait dire, c'était bien en effet le rejet absolu du système de la loi de Brumaire ; car les acheteurs n'auraient plus rien à craindre du défaut de transcription. Quelle utilité auraient-ils pu avoir à assumer les frais de cette formalité ? La transcription eût subsisté, mais à titre purement facultatif, dépourvue de toute sanction légale. Voulait-on au contraire faire allusion à un vendeur non propriétaire par suite d'un défaut d'acquisition initiale, et non en vertu d'une aliénation antérieure émanant de lui ? Si c'est cela que l'on avait en vue, c'était une solution évidente, même avec le système de Brumaire, et par conséquent tout à fait en harmonie avec ce système lui-même ; il s'agissait d'une confusion à éviter. Mais était-elle vraiment à craindre ; et peut-on supposer que ce fût dans ce but uniquement qu'on eût ordonné le renvoi ? Il paraît bien, quoi qu'il en soit, qu'on ait voulu s'en remettre, pour la conciliation de toutes ces idées, à la section de législation.

Or, dans la nouvelle rédaction, on ne retrouve aucune disposition qui reproduise les articles du projet primitif. L'art. 91 est supprimé ; et à la place de l'art. 92 se retrouve un texte, qui est l'art. 2182 actuel, dans lequel on trouve bien la mention de la transcription, mais à un tout autre point de vue ; en tout cas il n'y est pas dit que celle-ci soit nécessaire pour l'efficacité des transmissions.

Quel était le sens du silence du Code à ce sujet ? Des controverses, aujourd'hui sans intérêt, se sont élevées sur ce point. C'est ainsi qu'on avait voulu soutenir que la règle de l'art. 26 de la loi de Brumaire était maintenue, d'autant plus qu'on ne trouvait pas de texte pour l'abolir, comme le faisait l'art. 38 du projet.

A l'appui de cette manière de voir, on invoquait un certain nombre de textes qui mentionnent encore la transcription et qui ne sont pas sans laisser quelque embarras, quand on se place dans le système qui admet que le Code n'exigerait pas la transcription.

C'est cependant ce second système qui prévalut et qui devait prévaloir. Cette opinion pouvait, je crois, invoquer en sa faveur la discussion à laquelle j'ai fait allusion, et à la suite de laquelle l'art. 91 fut renvoyé pour une rédaction différente. Je viens de vous montrer en effet que le renvoi à la section de législation avait été motivé par une contradiction que l'on prétendait faire disparaître, et dont la disparition, au sens où précisément on l'entendait, ne pouvait être effectuée que par le rejet, je ne dis pas de la transcription, mais des effets qui lui étaient attribués sous la loi de Brumaire.

La pensée des rédacteurs du Code fut affirmée en outre par une observation du Tribunat qui demanda une modification au texte de la rubrique du chapitre VIII du titre des hypothèques, et également une modification au texte de l'art. 2167. La rubrique du chapitre VIII portait primitivement : « Du mode de consolider les propriétés et de purger les hypothèques. » Consolider, cela faisait allusion à l'art. 91 ; et les mêmes formules se retrouvaient dans l'art. 2167. On fit remarquer que, la transcription disparue, il ne pourrait plus être question de consolider la propriété en vue de la sûreté du crédit hypothécaire.

La même pensée est affirmée enfin par le rapport de Grenier au Tribunat (FENET XV, p. 505). Ce caractère affirmatif est d'autant plus remarquable qu'il y a une rédaction modifiée qui est destinée à préciser encore la pensée du rapporteur.

Cette solution d'ailleurs fut pleinement consacrée par un avis du Conseil d'Etat de la plus haute importance. Celui-ci avait été mis en demeure de s'expliquer dans des circonstances que je n'ai pas du reste à mentionner ici. Sa réponse est formelle dans le sens du système que je viens de vous exposer. (*Avis du 11 Fructidor an XIII*). Vous trouverez cet avis, ainsi que l'exposé de la Régie qui l'avait provoqué, dans LOCRÉ, *Législation de la France*, t. XXIII, p. 31-50, et spécialement p. 49. Je n'ai pas à vous donner les termes mêmes de cette décision, mais il résulte de son contexte que l'acquéreur, lorsqu'il prouve par un acte ayant date certaine, qu'il a acquis l'immeuble par un contrat antérieur à la date d'une inscription d'hypothèque, est à l'abri de toute poursuite hypothécaire, sans qu'il y ait aucune distinction à faire suivant l'époque où l'hypothèque aurait été constituée (MERLIN, *Répertoire*, V° *Inscription hypothécaire*, § VIII *bis*, n° II. Voyez spécialement Edit. 1826, t. XV, p. 118). Ainsi donc, même s'il se fût agi d'une hypothèque consentie antérieurement à la vente, mais non encore inscrite au moment où l'acte de vente a acquis date certaine, l'inscription qui en eût été prise par la suite eût été inopposable à l'acquéreur. La vente, dès qu'elle a date certaine, arrête le cours des inscriptions hypothécaires, sans qu'il y ait lieu de distinguer si elles se réfèrent à des hypothèques constituées avant ou après l'aliénation.

Cette solution était extrêmement rigoureuse, dans la mesure tout au moins où l'on ne faisait aucune distinction au profit des hypothèques constituées avant l'aliénation. Cette distinction fut enfin admise par l'art. 834 du Code de procédure. Mais ce texte, en même temps qu'il apporte une légère atténuation à la règle du rejet de la transcription, en constitue la confirmation en quelque sorte officielle et législative.

C'est ainsi que le principe même de la règle que nous discutons fut enfin législativement approuvé et sanctionné par l'art. 834 du Code de Procédure. Et voici comment la question se présenta. La préoccupation de l'administration était d'engager autant que possible les acquéreurs à faire transcrire; il s'agissait d'ailleurs uniquement d'un intérêt fiscal. La transcription en effet étant désormais à peu près dénuée d'utilité, elle cessait d'être effectuée et le fisc y perdait les droits à payer de ce chef. Le gouvernement avait intérêt à ce qu'on décidât que la transcription serait nécessaire pour arrêter le cours des inscriptions du chef du précédent propriétaire. C'est cette interprétation que le Conseil d'Etat s'était refusé à accepter. Aussi voulut-on l'imposer par voie législative. Et alors, par l'art. 834 du Code de Procédure, on établit une sorte de transaction, destinée à donner satisfaction aux réclamations du fisc, mais qui laissait entièrement subsister le principe. On décida en effet que les hypothèques acquises avant la vente pourraient être valablement inscrites même après la transcription jusqu'à un délai fixé, un délai de quinzaine à partir de la transcription : ce qu'il importe de remarquer, c'est que ce sont uniquement les hypothèques constituées avant la vente qui peuvent ainsi être inscrites jusqu'à la transcription et pendant les quinze jours qui suivent.

Etait-ce la reproduction de la loi de Brumaire ? Nullement. L'art. 834 n'admet pas que l'aliénateur puisse valablement hypothéquer l'immeuble qu'il a déjà aliéné, bien que la transcription n'ait pas été effectuée. Il reste vrai que, du jour de l'aliénation consentie, l'aliénateur, n'étant plus propriétaire, ne peut plus consentir de droits réels ; seulement ce que l'art. 834 du Code de Procédure civile décide, c'est que les créanciers qui avaient un droit antérieur à l'aliénation pourraient encore, même après la transcription, inscrire leur hypothèque pendant un délai qui court du jour de la transcription ; cela afin de donner un intérêt aux acquéreurs d'immeubles de faire transcrire. La transcription aura donc désormais pour effet d'arrêter le cours des inscriptions en ce qui concerne les hypothèques qui auraient été constituées avant que la vente eût date certaine ; et dès lors dans cette mesure, et à ce point de vue, elle recouvrait une utilité suffisante pour que les acquéreurs ne fussent plus tentés d'omettre cette formalité. Le fisc allait y trouver son compte. C'est tout ce que l'on avait voulu. Mais ce n'en était pas moins la confirmation de la règle de l'art. 1138: à savoir celle du transfert ou de l'acquisition des droits réels à l'égard de tous par l'effet du seul consentement, sauf la question de preuve. L'hypothèque n'était valable et ne pouvait être valablement inscrite dans le délai fixé par l'art. 834, que si elle avait été constituée avant la vente de l'immeuble, vente réalisée par le seul consentement.

Par une contradiction assez singulière, une seule chose surnageait du système de Brumaire, c'était la publicité des hypothèques, sauf exception en ce qui concerne certaines hypothèques légales.

Il y avait là quelque chose d'un peu contradictoire. Il en résultait que, dans le système du Code civil, le créancier qui voulait prêter sur hypothèque avait bien le moyen de s'assurer, sauf exception, si l'immeuble qu'on lui offrait comme gage était hypothéqué, mais non si celui qui le lui offrait était propriétaire. De même celui qui voulait acquérir un immeuble pouvait bien savoir si l'immeuble était ou non grevé d'hypothèques, mais non s'il appartenait encore à celui qui le lui vendait. C'était un système boîteux. Cependant ce système général comportait une exception très remarquable. Cette exception avait été admise en matière de donations.

Elle résultait de l'art. 939 encore en vigueur aujourd'hui. Cet article, sous une sanction que nous verrons plus tard, prescrit que les actes portant donation de biens susceptibles d'hypothèques devront être transcrits. Comment se fait-il que les rédacteurs du Code aient, en matière de donations, maintenu le régime de publicité, tandis qu'ils l'abandonnaient pour les autres transmissions ?

Cela s'explique par les précédents. Dès le Bas-Empire on avait soumis les donations, au moins en tant qu'elles excédaient une certaine valeur, à une formalité connue sous le nom d'insinuation, ce qui signifie probablement la mention de l'acte sur un registre tenu par le magistrat. Cette formalité, qui semble avoir pris naissance au moment où les dispositions de la loi *Cincia* tombaient en désuétude, se retrouve dans notre ancien droit. Dans son dernier état, elle était réglementée par l'ordonnance de Février 1731 art. 19 et suivants.

Cette formalité avait pour résultat, je ne sais si je dois dire pour but, de donner à la donation, sinon une certaine publicité, du moins une certaine notoriété. Ce que l'on voulait rendre notoire, ce n'était pas précisément la transmission de propriété qui pouvait résulter de la donation, mais c'était la donation en elle-même, abstraction faite des biens donnés.

Dans le droit romain, la donation non insinuée était, pour ce qui excédait le chiffre fixé, nulle au regard du donateur lui-même ; et pour mieux assurer la sanction de la loi, toute personne intéressée pouvait se prévaloir de cette nullité ; il semble qu'en droit romain on avait voulu sauvegarder la liberté du donateur et même la moralité de la donation.

Dans notre ancien droit le point de vue changea un peu. A l'égard du donateur la donation est parfaite ; elle est définitive pour ce qui est de lui ; ce n'est plus le donateur qu'on se propose de défendre ; il ne s'agit pas de lui ménager le temps de la réflexion. On a en vue exclusivement l'intérêt des personnes intéressées à connaître l'existence de la donation ; et cela même en ce qui concerne les héritiers, puisqu'à leur égard tout aussi bien la donation est réputée non avenue, si elle n'a pas été insinuée dans un délai donné. On craignait que l'héritier ayant accepté la succession se trouvât victime d'une donation qu'il ne connaissait pas, soit parce que le bien n'aurait pas été livré, soit qu'il s'agît d'une somme à payer. Enfin, d'une façon générale, cette protection s'étendait à tous les ayants cause du donateur, même à ses créanciers chirographaires. (*Art. 27 de l'Ordonnance de 1731;* Cf. POTHIER, *Introduction à la coutume d'Orléans*, tit. XV, N°s 45 et 54).

Cette législation était encore en vigueur au moment où intervint la rédaction du Code civil, et à ce moment la publicité était assurée en vertu de l'ordonnance par l'insinuation, avec la sanction que nous avons vue. De plus, quand la donation avait pour objet des biens susceptibles d'être hypothéqués, il y avait alors, en vertu de la loi de Brumaire (art. 26), la nécessité de la transcription, en vue de la transmission de propriété, et avec la sanction spéciale de cette loi, consistant en ce que la donation non transcrite n'était pas opposable aux tiers.

Il y avait donc une double formalité qui pouvait paraître faire double emploi. Que firent les rédacteurs du Code civil ? (V. FENET t. II, p. 283). Dans le projet de l'an VIII, il y avait un art. 55, soumettant les actes portant donation à l'insinuation, mais, chose singulière, en tant seulement qu'il s'agissait de biens ou de droits susceptibles d'hypothèques, ou encore de sommes affectées sur des immeubles. Et sous quelle sanction ? Ce ne fut pas celle résultant de l'ordonnance, mais la sanction de l'art. 26 de la loi de Brumaire ; c'était l'insinuation maintenue, mais réduite à la sanction et à la portée de la loi de Brumaire.

A ce texte, la section du Conseil d'Etat substitua une autre rédaction, qui, se plaçant au même point de vue, remplaçait seulement l'insinuation par la transcription (*Séance du 12 Ventôse an XI*, LOCRÉ, t. XI, p. 209 et suiv.).

A la suite de cette modification, une discussion s'éleva entre les adversaires de la transcription, d'une part, qui demandaient que, en matière de donation, on n'appliquât pas un régime qui donnerait lieu à des débats ultérieurs et qu'on maintînt l'insinuation ; et, d'autre part, les partisans plus ou moins affichés de la transcription qui disaient : si l'on doit maintenir la transcription, il faut l'appliquer par avance aux donations ; et d'ailleurs, même si on doit la supprimer, il faut la maintenir pour les donations. De sorte que, disait-on, même si on l'accepte pour les donations, ce ne sera pas préjuger la question qui se posera plus tard en ce qui touche l'application généralisée de la transcription. Celle-ci se trouvait encore réservée.

Le résultat fut donc la publicité maintenue, pour donner satisfaction aux idées anciennes au sujet des donations, mais dans les limites et avec la portée qu'avait admises la loi de Brumaire en ce qui concerne la publicité.

Dès à présent, je me crois autorisé à dire que, entre le système ancien et le système actuel, il y a une différence essentielle de principes ; la publicité était prescrite autrefois pour l'efficacité de la donation, et elle est aujourd'hui prescrite pour la publicité de la transmission résultant de la donation. J'en tirerai une conséquence importante au point de vue des droits des héritiers. Cependant je ne voudrais pas dire que ce soit de tous points le principe de la loi de Brumaire qui ait été appliqué. Il suffit de lire l'art. 941 ; il indique quelles sont les personnes qui peuvent se prévaloir du défaut de transcription ; or, il est infiniment plus large que l'art. 26 de la loi de Brumaire. C'est là ce qui donne un intérêt actuel à l'étude spéciale de la transcription en matière d'actes à titre gratuit. Depuis le Code civil en effet le système de Brumaire a été repris et restauré, à peu près avec la portée et le fonctionnement qu'il avait eus sous la loi de l'an VII ; il est donc intéressant, puisque ce fonctionnement n'était plus exactement le même en matière de donations, de faire à ces dernières, en ce qui touche le régime de publicité qui s'y applique, une place tout à fait distincte.

Tel était le système du Code civil en matière de publicité ; ce régime ne tarda pas à susciter des réclamations nombreuses ; il exposait celui qui se présentait pour acheter un immeuble à traiter avec qui n'était plus propriétaire. Ce danger était surtout frappant pour le créancier à qui on offrait une hypothèque : il risquait d'accepter une garantie sur un immeuble précédemment aliéné. Quelle sécurité pouvait-il y avoir alors à prêter sur hypothèque ? Sous la pression de réclamations élevées dans la doctrine et dans la pratique des affaires, on procéda en 1841 à une vaste enquête sur les modifications qu'il y aurait à apporter à nos lois au point de vue du crédit hypothécaire. Et parmi les réformes indiquées comme désirables, la Cour de cassation et la plupart des Cours d'appel et des Facultés de droit, mirent en première ligne le rétablissement de la transcription en matière de transmission de biens susceptibles d'hypothèques.

En 1849 un projet de réforme hypothécaire fut formulé, et fit l'objet devant l'Assemblée législative de discussions intéressantes. Ce projet qui contenait un retour pur et simple à la loi de Brumaire ne put pas aboutir par suite des évènements de décembre 1851.

De la transcription en matière d'actes à titre onéreux.

Le gouvernement impérial reprit ce projet de réforme hypothécaire dans son ensemble ; mais, comme une refonte aussi complète de nos lois devait demander un temps considérable, le gouvernement détacha de l'ensemble du projet, et cela dans un but un peu spécial qui était l'organisation du Crédit Foncier, un certain nombre de dispositions : de là est sortie la loi du 23 mars 1855 qui contient des dispositions d'un autre ordre que celui sur lequel je m'explique en ce moment, mais dont l'objet principal est d'organiser la publicité des actes de transmission de propriété entre vifs, et d'une façon générale des actes contenant aliénation ou constitution de droits susceptibles d'hypothèques.

Si je prends d'abord la disposition principale de la loi de 1855, je remarque que cette loi, en revenant au système de Brumaire, donne au principe qui lui sert de base une portée plus large et plus logique. La loi de Brumaire voulait la transcription des actes contenant transmission par convention d'immeubles ou de droits susceptibles d'hypothèques. Cela comprenait, et aurait compris sous le Code civil, quels actes ? C'est la question qu'il convient tout d'abord de se poser. Or voici la réponse que donnent les textes ; c'est que cela eût compris uniquement les actes translatifs de la propriété des immeubles et les actes constitutifs ou translatifs d'un droit d'usufruit sur un immeuble (art. 2118). C'étaient en effet les seuls droits réels susceptibles d'hypothèques. C'était tout, mais ce n'était pas assez. Ainsi, pas de transcription d'un acte par lequel un propriétaire eût constitué un droit de servitude ; et cependant, celui qui achète un immeuble, et de même un créancier qui accepte une hypothèque, sont intéressés à savoir si l'immeuble qu'on veut leur vendre est libre, ou si sa valeur est amoindrie par la constitution de servitudes ou de droits d'usage ou d'habitation.

La loi de 1855 a été plus prévoyante. Dans son art. 1er, elle prescrit d'abord la transcription de tout acte entre vifs portant transmission de propriété ou constitution d'usufruit, ou encore renonciation à ces droits ; car il ne faut pas que l'usufruitier, après avoir renoncé à son droit, puisse l'hypothéquer.

Puis, la loi ajoute : « Les actes constitutifs de servitudes, droits d'usage ou d'habitation ». L'idée du législateur est que la publicité doit être donnée non seulement aux actes qui opèrent déplacement de la propriété, mais à tout acte qui modifie la propriété entre les mains du propriétaire, en tant que gage hypothécaire ; et cela par constitution entre vifs : c'est une question de crédit hypothécaire. C'est ainsi qu'il y a des actes qui, sans constituer des droits réels proprement dits, affectent la propriété de telle sorte qu'en tant que gage hypothécaire elle peut se trouver entamée. Il en est ainsi du bail, par exemple ; quoique ne constituant pas un droit réel, il est, en effet, opposable à l'acquéreur (art. 1743). La loi de 1855 a considéré qu'un bail pour une durée un peu prolongée aurait pour effet de rendre difficile l'aliénation du bien sur la poursuite du créancier hypothécaire. Aussi prescrit-elle la transcription des baux de 18 ans. La loi de 1855 a donc élargi très utilement l'application du principe de la loi de Brumaire. Cependant elle n'exige la transcription que pour les actes entre vifs ; s'il s'agit de droits de même nature transmis par acte de dernière volonté, par exemple par legs, la transcription ne s'y applique pas. Nous n'avons pas à nous demander ici quelle est l'explication de cette anomalie au moins apparente puisque nous traitons uniquement de l'effet des conventions. C'est une question que nous retrouverons plus tard.

Conception juridique et formule exacte du principe de la loi de 1855.

Nous venons de voir en quelque sorte l'histoire de la loi de 1855, et, très brièvement en outre, la portée du principe qu'elle a introduit dans nos lois, par conséquent son domaine d'application. Mais le point capital de la matière, au point de vue doctrinal, est d'analyser la conception juridique sur laquelle elle repose. Voici comment se présente le problème. Nous sommes partis de cette idée que la propriété, comme tous les droits qui sont laissés à la libre disposition de celui à qui ils appartiennent, se transmet par le seul effet de l'obligation. C'est en somme une conséquence logique du principe général de la liberté des conventions ; mais c'est aussi une nécessité de justice et d'équité, si l'on veut, en ce qui concerne un premier acquéreur, donner une sauvegarde à la bonne foi et faire respecter le pacte initial. Ce principe, la loi de 1855 ne l'abroge pas ; et cependant elle introduit une disposition nouvelle qui semble en être la contradiction, puisque, désormais, la convention n'est plus assurée de produire son effet ; il faut, pour que cet effet subsiste, du moins en tant qu'elle a pour objet une translation de propriété, une formalité nouvelle à laquelle la loi rattachera en quelque sorte l'efficacité de la convention elle-même. Il pourra arriver ainsi que, si deux aliénations se produisent successivement de la part du même auteur, la préférence se règle, non plus d'après la date des conventions, mais suivant la date des transcriptions opérées de ce chef. Tels sont les deux données contradictoires du problème : d'une part l'article 1138 qui subsiste, et d'autre part le système de la transcription qui vient en limiter, presque en détruire la portée, lorsqu'il s'agit d'immeubles. Comment donc concilier tous ces éléments contradictoires ? C'est ce que nous aurons à voir.

VIIe LEÇON

LOI DU 23 MARS 1855. — SENS EXACT DE LA FORMULE DE L'ART. 3. — TIERS AUXQUELS IL NE S'APPLIQUE PAS ET CONFLITS QU'IL N'A PAS POUR BUT DE RÉGLER. — TIERS AUXQUELS IL S'APPLIQUE. — CAS CONTROVERSÉS.

Je me préoccupe du principe de la loi de 1855 uniquement au point de vue des conventions translatives de propriété immobilière ou de droits réels immobiliers.

Ceci rappelé, nous avons à rechercher dans quelle mesure exacte les dispositions de cette loi sont venues limiter dans son application la règle nouvelle suivant laquelle la propriété est transférée par le seul effet du consentement. L'art. 1138 en effet n'est nullement abrogé par la loi de 1855, pas plus d'ailleurs que l'art. 711. C'est ce qui ressort de la discussion de la loi, comme de ses dispositions. Mais il n'est pas douteux que le principe de l'art. 1138 se trouve restreint en un certain sens dans son application : il s'agit de déterminer la mesure exacte de cette limitation. C'est le problème délicat dont je vous indiquais les termes et la portée à la fin de ma leçon dernière. Essayons de le résoudre.

Il faut nous reporter pour cela à l'art. 3 de la loi. C'est cet article qui contient la sanction de la règle, et cette sanction est ainsi indiquée : « Jusqu'à la transcription, les droits résultant des actes relatés aux articles précédents ne peuvent être opposés aux tiers qui ont acquis des droits sur l'immeuble et les ont conservés en se conformant aux lois. »

Ce que nous voyons par ce texte, c'est que, tant qu'il n'y a pas eu transcription des actes ci-indiqués, la transmission ou la constitution du droit est non avenue, inefficace, inopérante, en tant qu'on voudrait l'invoquer à l'égard des tiers indiqués à l'art. 3 ; et ces tiers, ce sont ceux qui ont des droits sur l'immeuble et qui les ont conservés en se conformant aux lois.

Voici donc une première solution certaine ; c'est que le transfert de propriété, tel qu'il résulte de la seule convention, n'est pas annulé ; il est simplement non avenu à l'égard de certaines personnes qui sont intéressées, pour ce qui est d'elles, à considérer l'aliénateur comme étant resté propriétaire, et comme ayant gardé, au moins vis-à-vis d'elles, le droit de disposer de la propriété.

Tiers auxquels l'article 3 est inapplicable et conflits qu'il n'a pas pour but de régler.

Ceci bien compris, indiquons la portée générale de cette disposition par des exemples. Supposez que Primus propriétaire ait aliéné son immeuble par convention entre vifs ; il l'a vendu à Secundus, peut-être même par acte authentique ; et Primus vend le même immeuble à une autre personne, Tertius. Si nous étions sous l'empire du Code civil, le conflit s'élevant entre Secundus et Tertius, auquel des deux devrions-nous donner la préférence ? Il n'y a, n'est-ce pas ? aucune difficulté ; c'est à celui dont l'acte est antérieur en date. Eh bien, depuis la loi de 1855, ceci change, ou peut changer ; en ce sens que, si Secundus, l'acheteur premier en date, n'a pas été suffisamment diligent et qu'il n'ait pas fait transcrire, tandis que Tertius plus diligent aura rempli cette formalité avant Secundus, c'est Tertius qui sera préféré. Son titre est postérieur en date, mais il l'a publié le premier ; dans ce conflit la préférence est déterminée, non plus par la date des titres, mais par celle des transcriptions.

Cela rentre dans l'ordre de considérations que j'ai fait valoir, à savoir que la loi a eu pour but de protéger les tiers qui pourraient traiter avec l'aliénateur dans l'ignorance d'une première aliénation déjà opérée.

Prenons un autre exemple. Primus a vendu un immeuble à Secundus ; cette aliénation faite, il constitue une hypothèque sur l'immeuble qu'il a déjà aliéné. Que serait-il advenu, sous l'empire du Code civil, dans le conflit qui va s'élever entre l'acquéreur et le créancier hypothécaire ? Avant la loi de

1855, nous aurions dû, pour cette hypothèse, admettre une solution analogue à celle que j'ai donnée pour le cas de conflit entre deux acquéreurs. La constitution d'hypothèque postérieure à l'aliénation aurait été non avenue, en supposant prouvée l'antériorité de la vente. En vain, le créancier aurait-il voulu établir qu'il ignorait la vente, on l'aurait écarté.

En ce qui touche le conflit d'un créancier hypothécaire avec un acquéreur, il y avait encore quelque chose de plus à signaler, c'est qu'une hypothèque, même constituée avant l'aliénation de l'immeuble, aurait été sans effet à l'encontre de l'acquéreur, si elle n'avait pas été inscrite, c'est-à-dire publiée avant l'aliénation. C'était du moins le système initial, celui du Code civil. C'est que, par une sorte de contradiction dans les principes, le Code, qui avait supprimé la publicité des translations immobilières, avait exigé cependant celle des constitutions d'hypothèques ; et, pour ce qui est des hypothèques, le Code civil, dans l'art. 2166, avait déduit de ce principe de publicité toutes les conséquences extrêmes qu'il dût comporter. L'hypothèque, par cela seul qu'elle était soumise à la publicité, était non avenue à l'égard des tiers tant qu'elle n'avait pas été inscrite ; ou plutôt, ce qui rend mieux la pensée de la loi, à l'égard des tiers, elle ne prenait date que du jour de l'inscription ; c'est à ce moment qu'elle était censée, pour ce qui est d'eux, avoir été constituée. L'acheteur était donc un de ces tiers à l'égard desquels s'appliquait le principe. Il fallait en conclure que, vis-à-vis de lui, l'hypothèque était censée avoir été consentie à la date de son inscription. Or il se trouvait qu'à cette date la vente avait eu lieu, le constituant avait cessé d'être propriétaire ; et cela à l'égard de tout le monde, à l'égard par conséquent du créancier hypothécaire, lequel ne pouvait pas opposer à l'acheteur un raisonnement analogue à celui dont lui-même allait être victime.

Voilà pourquoi, à l'égard de l'acheteur, la constitution d'hypothèque antérieure à la vente était non avenue ; et lorsqu'intervenait l'inscription, c'était, vis-à-vis de lui, une inscription tardive, dont il n'avait pas à tenir compte. Ainsi, non seulement l'acquéreur n'avait pas à subir l'effet d'une hypothèque consentie après son acquisition, mais il en était de même d'une hypothèque antérieure, si elle était inscrite après l'acquisition de l'immeuble.

En ce qui touche ce second point, le système du Code civil avait été modifié, nous l'avons vu, par l'art. 834 du Code de procédure. Celui-ci décidait, bien que l'acquéreur ne fût pas obligé de faire transcrire pour rendre son droit opposable aux tiers, que le créancier qui avait obtenu une hypothèque antérieurement à l'aliénation, pourrait encore la faire valablement inscrire, tant que la transcription n'aurait pas eu lieu et même pendant la quinzaine qui suivrait.

De tout cela, qu'est-il advenu et comment résoudre le conflit sous l'empire de la loi nouvelle ? La solution actuelle, c'est qu'il n'y a plus à tenir compte de la date des titres de constitution d'hypothèque ou d'aliénation et qu'il n'y a à considérer que celle des inscriptions et transcriptions. Ainsi, Primus a hypothéqué son immeuble après l'avoir aliéné ; l'hypothèque sera-t-elle valable ? Cela dépend ; elle le sera ou non, suivant que le créancier aura fait inscrire son hypothèque avant ou après transcription de la vente. Inscrite la première, elle sera opposable à l'acquéreur, lors même qu'elle eût été constituée après la vente. Mais *vice versâ*, le créancier, je le suppose, avait obtenu hypothèque avant la vente : aura-t-il nécessairement le droit d'invoquer son hypothèque contre l'acquéreur ? Nous ne pouvons pas donner de réponse absolue *ab initio* ; oui, il en sera ainsi, s'il fait inscrire avant la transcription ; non, si la vente est transcrite la première.

Dans le système du Code civil pur, pour que l'hypothèque fût opposable à l'acquéreur, il fallait non seulement qu'elle fût constituée, mais inscrite avant l'aliénation ; aujourd'hui il faut encore qu'elle soit inscrite, mais il suffit qu'elle le soit avant la transcription. Le créancier hypothécaire peut donc inscrire après la vente ; sous ce rapport sa situation a été améliorée. En d'autres termes on a donné au créancier hypothécaire le droit d'opposer à l'acheteur le même raisonnement que celui-ci, comme nous l'avons vu, était en droit de faire à son détriment sous l'empire du Code civil. Il pourra répondre, lui aussi, que, à son égard, l'aliénation ne date que de sa transcription. Si donc il inscrit le premier, son hypothèque est censée constituée, quant à lui, à un moment où il avait le droit de tenir le constituant pour propriétaire. Là où un ayant-cause du propriétaire est soumis, par rapport à d'autres ayants cause du même propriétaire, à l'obligation de publier le droit qu'il a acquis, il faut que, vis-à-vis de lui, ces mêmes ayants cause, par voie de réciprocité, aient à remplir une formalité analogue. Il faut égalité de situations et d'obligations, en ce qui concerne le système de publicité.

Nous venons de voir sous quel rapport la situation du créancier hypothécaire avait été améliorée par la loi de 1855; mais à un autre point de vue il y a perdu, ou plutôt sa situation est inférieure à celle qui lui était faite sous l'empire de l'art. 834 du Code de procédure, puisque, d'après cette disposition, il pouvait encore inscrire quinze jours après la transcription. Aujourd'hui, même pour une hypothèque constituée avant l'aliénation de l'immeuble, il ne peut valablement inscrire que jusqu'à la transcription de cette aliénation.

Telle est la règle, sauf pour ce qui est de quelques situations particulières, d'abord pour certaines hypothèques qui produisent leur effet sans inscription, puis pour certains créanciers qui ont une hypothèque privilégiée (art. 6 de la loi du 23 mars 1855).

C'est donc là, pour le principe au moins, un retour au système de la loi de Brumaire an VII. Mais remarquons bien que, si nous comparons la formule de l'art. 3 de la loi de 1855 avec celle de l'art. 26 de la loi de Brumaire, celle de l'art. 3, dans l'indication qu'elle donne des personnes à l'égard de qui, jusqu'à la transcription, la transmission de propriété est inopérante, nous paraîtra beaucoup plus large que l'autre.

Celle de Brumaire disait que, jusqu'à la transcription, la transmission de propriété, résultant de la vente, était inopposable aux tiers qui auraient contracté avec le vendeur, et qui auraient conservé leurs droits conformément aux lois.

Ce texte indiquait d'abord très clairement une chose encore vraie aujourd'hui, c'est que ces tiers qui pourront se prévaloir du défaut de transcription, et à l'égard desquels la transmission de propriété est inefficace, sont des ayants-cause de l'aliénateur. On parlait en effet de ceux qui ont contracté avec lui et acquis par là un droit de son chef. Le but de la loi est de protéger les tiers qui pourraient traiter avec l'aliénateur dans l'ignorance d'une transmission effectuée antérieurement.

Mais, en parlant de tiers qui ont contracté avec le vendeur, la formule de Brumaire était trop étroite. En effet, on peut acquérir sur un immeuble, du chef d'une personne qui eût été propriétaire, mais qui ne le soit plus, et qui se soit dessaisie de la propriété, des droits qui ne résultent pas d'un contrat. Ceci est particulièrement vrai en matière d'hypothèque.

Ainsi nos lois admettent l'hypothèque judiciaire, laquelle ne suppose pas du tout qu'on ait contracté avec celui contre qui on l'acquiert ; de même pour les hypothèques légales. Si on avait maintenu la formule un peu restrictive de la loi de Brumaire, on aurait pu soutenir que la loi ne protégerait pas les tiers n'ayant pas contracté avec l'aliénateur, en prenant le mot au sens étroit et rigoureux. Telle n'était pas la pensée du législateur. Voilà pourquoi, dans la loi nouvelle, il est question des tiers qui ont des droits sur l'immeuble. La loi ajoute que ces tiers doivent avoir conservé leurs droits ; ce qui veut dire qu'ils doivent leur avoir donné la publicité exigée suivant la nature du droit. C'est la consécration du principe d'égalité, et de réciprocité, en matière de publicité dont je vous parlais tout à l'heure.

Pour exprimer la situation qui résulte de l'art. 3 de la loi de 1855, on dit généralement que, dans le système nouveau, la convention continue à opérer de plein droit la transmission de propriété à l'égard des parties, mais qu'elle ne l'opère plus à l'égard des tiers.

Cette formule cependant peut être critiquée, même en tant que formule juridique ; et, d'autre part, elle pourrait conduire en pratique à des conséquences qui seraient désavouées par ceux-là mêmes qui l'emploient.

Théoriquement, tout d'abord, il y a quelque chose de contradictoire à parler d'un droit de propriété qui serait transmis, sans cependant exister *erga omnes*. Il est de l'essence d'un droit réel d'être forcément existant *erga omnes*, et opposable à tous, dès qu'il existe. Cette thèse avait été autrefois invoquée contre l'idée même de rétablir le principe de la loi de Brumaire (V. dans la *Revue de législation*, t. VI, ann, 1837, p. 437, un article de M. BONNIER; et de même une étude importante de M. BOISSONNADE, *Revue pratique*, t. XXX, p. 537). C'est parce qu'on avait ainsi traduit et exprimé le système de Brumaire qu'on avait pu le présenter comme constituant une véritable contradiction avec l'essence même du droit de propriété et des droits réels en général.

Je n'attache pas une très grande importance pour ma part à cette interprétation plus ou moins subtile de la formule, au point de vue du sens littéral qu'elle est susceptible de présenter. Le seul inconvénient théorique qui en résulte serait, comme on vient de le voir, de fournir une objection de doctrine contre l'idée même de publicité dans son application aux droits réels.

Ou plutôt, les adversaires de la formule que j'indique n'étant nullement hostiles à l'idée d'un régime de publicité, tout au contraire, la seule conséquence qui en résulterait serait donc de le déclarer inconciliable avec le maintien de la règle de l'art. 1138, au moins en matière d'immeubles; de sorte qu'au lieu de scinder les effets de l'aliénation suivant les personnes à qui on l'oppose, il faudrait dire que c'est à l'égard de tout le monde, et même à l'égard des parties, que la propriété a besoin de la transcription pour être valablement transférée. La transcription ne serait plus une formalité nécessaire pour donner à la transmission sa pleine efficacité. Ce serait un mode d'aliénation, à la façon de la tradition en droit romain.

Il va de soi, sans que j'aie besoin d'y insister, que cette façon, renouvelée du droit romain, d'interpréter le droit actuel depuis la loi de 1855, serait aussi inexacte que possible. Je ne connais guère que M. Valette qui, sur un point particulier et à propos d'une question relative à la faillite, ait admis, je ne dis pas une interprétation de ce genre — car sa formule en matière de transcription était loin d'être aussi nette — mais tout au moins une conception assez voisine, et tendant à laisser croire que le déplacement de propriété ne serait désormais complètement réalisé que par la transcription. Ce serait comme une sorte de transfert à deux degrés, ou plutôt en deux actes. Tout cela est absolument inadmissible comme interprétation de notre droit positif.

Mais, je crois, en outre, pour ce qui est de moi, qu'il serait tout à fait excessif, au point de vue purement législatif, d'en arriver à cette conséquence radicale et d'admettre que, même entre les parties, la convention n'a pas suffi à opérer le déplacement du droit. Il n'y a aucune nécessité pratique qui exige qu'il en soit ainsi ; et ce serait contraire à toutes les exigences de l'équité et de la bonne foi. Aussi convient-il de ne pas se laisser impressionner par ce qu'il y a de contradictoire, au moins à l'apparence, dans la formule que j'analyse.

Je dois d'ailleurs vous avertir dès maintenant, pour être tout à fait exact, que, parmi les adversaires de la formule que j'examine, la plupart, M. Boissonnade par exemple, loin de conclure des critiques qu'ils lui adressaient à la disparition du principe de l'art. 1138, de telle sorte qu'à l'égard de tous le transfert de propriété eût été reculé jusqu'à la transcription, avaient admis au contraire une interprétation qui donnait à la transcription une portée tout à fait restreinte, de façon à en dénaturer le caractère et à la sacrifier, si je puis ainsi dire, au maintien aussi intégral que possible du principe de l'art. 1138. Quoi qu'il en soit, toutes ces divergences vous montrent bien qu'il est dangereux au point de vue théorique d'employer une formule qui soit de nature à laisser croire que le transfert de propriété serait désormais scindé dans ses effets.

En tout cas, quelle que soit la formule qu'on emploie, il est tout à fait inexact de dire que la loi de 1855 se serait mise en contradiction avec ce qui est de l'essence du droit de propriété et qu'elle eût méconnu le caractère de droit absolu qui lui appartient en quelque sorte par définition.

Pour faire droit à cette critique, il suffit de remarquer que, dans l'état actuel, le principe est toujours que la propriété est transférée par l'effet du contrat, en tant que droit absolu et à l'égard de tout le monde; mais que cette transmission ne peut pas être invoquée à l'encontre de certaines personnes que la loi détermine. C'est ce qui se produisait déjà sous l'empire du Code civil par l'effet des règles sur la preuve. C'est ainsi qu'un acheteur pouvait être propriétaire à l'égard de son vendeur, mais ne pas l'être à l'égard des tiers par suite de l'impossibilité de prouver le transfert du droit par un acte ayant date certaine. Même quand il s'agit d'un droit absolu, ce droit a toujours quelque chose de relatif, en ce sens que la loi peut subordonner à certaines conditions la possibilité de le faire valoir. Tout droit, même absolu, ne peut produire ses effets que sous les conditions fixées par la loi. C'est ce qui se passe pour la propriété, droit absolu par essence. La loi en a réglé les effets, de telle sorte que vis-à-vis de certains tiers ce droit absolu ne peut être invoqué que moyennant certaines formalités à remplir. Vous pouvez ainsi vous rendre compte qu'à ce premier point de vue, tout théorique, la formule courante était dangereuse. On s'en est servi nous venons de le voir, pour déclarer le système de la loi de 1855 inconciliable avec le principe de l'art. 1138.

Mais la formule doit être modifiée, surtout parce que, sans cela, elle pourrait conduire à des conséquences pratiques inexactes. Je vais vous en donner la preuve dans un instant.

La véritable formule est donc celle-ci : c'est que la propriété est transférée par la convention; mais que cette translation de propriété est inefficace en tant qu'on voudrait l'invoquer à l'encontre de certains tiers indiqués dans l'art. 3.

Je dis à l'encontre de certains tiers, car il n'est pas impossible, à l'inverse, que les tiers soient admis à invoquer le transfert de propriété résultant de la simple convention. Je dirais donc tout au plus, si l'on tenait absolument à se rapprocher de la formule courante, que la propriété n'est transférée à l'encontre des tiers, et non plus à l'égard des tiers, que par la transcription ; mais ce ne serait pas encore absolument exact.

En prenant pour point de départ cette idée que la convention transfère la propriété, nous arrivons à cette première conséquence que, si l'immeuble aliéné se trouve possédé par un tiers, soit qu'il s'agisse d'un possesseur sans titre, soit qu'il s'agisse d'un possesseur qui tienne son titre *a non domino*, l'acquéreur a, indépendamment de toute transcription, le droit de revendiquer l'immeuble contre ce tiers possesseur.

Si ce possesseur est un *prædo*, cela n'est pas douteux ; mais il en serait encore ainsi même quand le tiers invoquerait un titre, si ce titre n'est pas prouvé être émané du *dominus*. En effet, si nous nous plaçons au point de vue du but de la loi qui a été de mettre les tiers à l'abri de l'ignorance où ils seraient d'une aliénation antérieure, cette espèce ne rentre pas sous le point de vue qui a été celui des auteurs de la loi. La loi de 1855 règle le conflit entre deux personnes qui tiennent leur titre du même auteur. On a voulu protéger ceux qui, après une première aliénation, traiteraient avec l'aliénateur dans l'ignorance de cette aliénation. Ce tiers possesseur, même ayant un titre *a non domino,* ne peut pas prétendre qu'il ait eu à souffrir de l'ignorance de l'aliénation qu'on invoque contre lui. Il est donc inexact de dire que la propriété n'est transmise à l'égard des tiers que par la transcription, ou même que la transmission de propriété ne leur devient opposable que par la transcription ; car dans ce cas nous avons un tiers auquel la vente, même non transcrite, est opposable.

L'acquéreur étant propriétaire du jour de l'aliénation, il est encore bien plus clair qu'il peut invoquer son droit contre les ayants-cause à titre universel de son auteur. Les héritiers ne pourraient pas se prévaloir du défaut de transcription pour prétendre que le bien est encore dans la succession. Là aucun doute n'est possible, même avec la formule que j'ai combattue, car les héritiers sont réputés avoir été parties au contrat : ce ne sont pas des tiers. Les tiers qui invoquent l'article 3 sont bien des ayants-cause, mais des ayants-cause à titre particulier. Et d'ailleurs il n'y a pas à distinguer si l'héritier est ou non bénéficiaire. Il est vrai que ce dernier ne confond pas ses biens avec ceux de la succession. Mais au point de vue auquel je me place, il ne peut faire valoir que les droits de la succession. La règle s'appliquerait aussi au légataire universel ou à titre universel.

Quant au légataire à titre particulier, il y a là matière à controverse, nous le verrons.

Un autre point important est celui-ci : L'acquéreur qui n'a pas encore fait transcrire son titre, peut avoir, lui-même, avant la transcription, conféré des droits sur l'immeuble. A cet égard je pose la règle suivante, que l'acquéreur, étant devenu propriétaire, a pu valablement, même avant toute transcription, constituer des droits sur l'immeuble et que ces droits ainsi constitués seront valables dans les rapports respectifs des tiers qui ont traité avec lui, et dans les rapports de ces tiers avec l'aliénateur lui-même.

Ainsi Primus s'est rendu acquéreur d'un immeuble ; avant d'avoir fait transcrire, il a constitué sur l'immeuble une hypothèque au profit de Secundus, et Secundus l'a fait inscrire

Je dis en premier lieu que cette hypothèque est valablement constituée et je vous dirai plus tard qu'elle est valablement constituée contre le vendeur. Mais Primus changeant d'avis fait transcrire son titre; et ceci fait, il constitue une autre hypothèque au profit de Tertius. Celui-ci pourra-t-il dire : Secundus a une hypothèque antérieure à la mienne, mais constituée à une époque où Primus n'avait pas une propriété opposable aux tiers ; c'est donc à mon égard une hypothèque constituée avant que Primus fût devenu propriétaire de l'immeuble ? Les tribunaux ont refusé d'admettre cette prétention. La vérité est que la propriété, même en dehors de toute transcription, est transférée par le contrat ; seulement elle ne peut pas être invoquée à l'encontre de certains tiers. Ces tiers quels sont-ils ? Ce sont ceux qui pourraient être trompés par la clandestinité d'un titre antérieur, émanant de celui avec qui ils traitent. Mais quant au titre de celui avec qui l'on traite, c'est lui qui sert de base aux droits invoqués par les ayants-cause de ce dernier. Ceux-ci, loin d'en dénier l'existence, l'invoquent comme fondement de leurs droits ; ils doivent donc l'accepter, tel qu'il est, dans les conditions où il est censé exister par rapport à leur auteur, donc indépendamment même de toute transcription.

En d'autres termes, la loi de 1855 vise uniquement le conflit qui s'élève entre ayants-cause de l'aliénateur ; elle reste étrangère à ceux qui tiennent leurs droits de l'acquéreur, tout au moins en ce qui concerne les conflits qui s'élèveraient entre eux par rapport au droit initial de leur auteur.

Enfin, le conflit peut se présenter encore dans les rapports du créancier hypothécaire avec le vendeur lui-même. Comment cela ? Il peut arriver que le vendeur et l'acheteur, la vente ayant été consentie, se mettent d'accord pour résilier le contrat ; il n'y avait pas eu de transcription ; mais le fait de la vente se trouve prouvé.

En droit romain, si une pareille résiliation s'était produite, avant qu'il y eût tradition et paiement du prix, le contrat se fût trouvé dissous par le *mutuus dissensus*, et les choses eussent été remises dans l'état antérieur ; l'acheteur n'aurait pas pu constituer d'hypothèque, n'ayant jamais été propriétaire.

Aujourd'hui, c'est bien différent. La propriété étant transférée par le contrat, toute résiliation constitue une rétrocession de l'acquéreur à l'aliénateur ; c'est comme si, en droit romain, on avait voulu résilier après la tradition.

Par conséquent, l'acquéreur a pu constituer sur le bien qui lui a été transmis des droits réels ; il a pu l'hypothéquer ; ou, ce qui est plus pratique, l'immeuble a pu être frappé d'une hypothèque légale du chef de l'acquéreur et du jour du contrat. C'est dans ces conditions que la résiliation se produit ; et dès lors l'aliénateur ne peut reprendre l'immeuble que grevé des droits qui ont pu l'atteindre du chef de l'acquéreur, et cela doit être admis alors même que l'aliénation n'eût pas été transcrite. L'acquéreur est devenu propriétaire ; il a pu conférer des droits valables ; et le vendeur, à qui on oppose ces droits, ne peut pas se prévaloir du défaut de transcription du contrat, car il n'est pas un tiers, il a été partie au contrat. C'est là une hypothèse à laquelle j'ai déjà fait allusion à propos de certaines difficultés qui pourraient s'élever, au moins dans un système que je n'ai pas admis, en matière de paiement de l'indû.

D'ailleurs, dans tous les cas, et cela ressort de tous les exemples que je viens de citer, il ne s'agit plus de tiers auxquels on oppose la transmission de propriété, mais de tiers qui l'invoquent, ce n'est plus la formule de l'art. 3. Et en effet, si les ayants-cause de l'acquéreur sont en un certain sens des tiers, remarquons une fois de plus que la loi ne dit pas que jusqu'à la transcription la propriété n'existe pas à l'égard des tiers, mais que jusque là elle n'est pas opposable à certains tiers déterminés ; et les ayants-cause de l'acquéreur ne sont pas au nombre de ces tiers que la loi a voulu protéger. C'est un point que j'ai déjà suffisamment mis en lumière.

Or, il est certain que le vendeur qui reprend l'immeuble par suite de rétrocession n'est pas autre chose qu'un ayant-cause de l'acquéreur, au même titre que les créanciers hypothécaires tenant leur hypothèque de ce même acquéreur ; et nous savons que si un conflit s'élève entre eux au sujet du titre initial de leur auteur, il n'y a pas à se préoccuper de savoir si ce dernier a été ou non transcrit.

Prenons un dernier exemple : Est-ce que le fisc, sous prétexte qu'il est un tiers, va voir ses droits dépendre de la transcription ? Nullement ; ce n'est pas un tiers contre qui on peut invoquer la transmission de propriété, mais qui s'en prévaut ; c'est toujours le même raisonnement. Et cela est si vrai que non seulement le fisc a droit à la perception du droit de mutation, mais il a droit, s'il intervient une résiliation de la vente, d'exiger un nouveau droit ; et peu importe que la vente eût été ou non transcrite, car cette résiliation est une rétrocession. Cependant par concession il n'est dû qu'un droit fixe, si la résiliation intervient dans les vingt-quatre heures *(Loi du 22 Frimaire an VII,* art. 68 § 1 art. 40 et *Loi du 28 avril 1816*, art. 44 n° 20).

Voilà des exemples incontestables qui nous permettent de préciser l'étendue exacte de la limitation apportée au principe de l'art. 1138. Dans la pensée de la loi de 1855, les tiers à qui la transmission de propriété n'est pas opposable sont les ayants-cause de l'aliénateur, et seulement dans un conflit de droits qui s'élèverait entre eux.

Toutefois, j'ai supposé une résiliation du contrat, et le vendeur voulant se refuser à reconnaître la transmission qui a eu lieu afin d'écarter les droits acquis aux ayants-cause de l'acquéreur, ceux par exemple qui avaient hypothèque générale sur l'immeuble.

Mais, voici ce que je tiens à ajouter ; c'est que ce même conflit pourrait aussi se produire indépendamment d'une résiliation du contrat. C'est, en effet, sur l'hypothèse que je vais présenter que la discussion s'est surtout élevée relativement à la formule exacte qu'il faut employer. L'acquéreur est un acheteur qui n'a pas fait transcrire ; puis, il a lui-même sous-aliéné et le sous-acquéreur a fait transcrire. Vous verrez par la suite que cette hypothèse, telle que je la présente, laisse de côté des questions accessoires assez graves ; mais elle aurait pu donner naissance à la question suivante : le sous-acquéreur peut-il invoquer la transmission de propriété à l'encontre du vendeur primitif ? Celui-ci pourrait-il répondre qu'il n'y a pas à tenir compte de cette sous-aliénation, attendu qu'à l'égard des tiers il n'a pas été dessaisi par une vente non suivie de transcription ? Il n'y a pas de question : il résulte des art. 6 et 7 de la loi, que, quoiqu'il n'y ait pas eu transcription de la première vente, l'acquéreur a pu valablement transférer la propriété à l'égard de son propre vendeur : celui-ci ne pourra donc pas prétendre revendiquer la propriété entre les mains du sous-acquéreur.

Il peut arriver en effet qu'il n'ait pas été payé ; et alors ce que j'appelais une revendication prendrait la forme d'une action en résolution. D'après la loi, le vendeur a cessé d'être propriétaire à l'égard des tiers qui tiennent leurs droits de l'acquéreur, même si ce dernier n'a pas fait transcrire. Dépouillé de la propriété, il a conservé un privilège sur le prix, et en principe aussi le droit de résolution ; et ces deux droits vont pouvoir atteindre le sous-acquéreur ; mais à une condition, qui est que ces deux droits aient été conservés par la publicité, telle qu'elle aurait pu résulter de la transcription. Vous verrez en effet sur l'article 2108 du Code civil que c'est par la transcription que se conserve le privilège du vendeur ; et l'art. 7 de la loi du 23 mars 1855 a décidé que là où le privilège serait perdu faute d'avoir été transcrit à temps l'action en résolution serait perdue par le fait même. Si donc la transcription n'a pas été faite, le vendeur est désormais dans l'impossibilité d'atteindre l'immeuble entre les mains du sous-acquéreur.

C'est donc bien la preuve que la propriété a été transmise en dehors de toute transcription de la première vente.

Il peut y avoir une autre hypothèse à mettre en relief ; celle où l'acheteur étant commerçant aurait fait faillite. Le vendeur se trouve en présence de la masse. Si la vente avait été transcrite avant la faillite, il n'y aurait pas de difficulté ; la transcription eût rendu la vente opposable à tous, et de plus elle aurait conservé le privilège du vendeur. Mais les art. 2146 du Code civil et 448 du Code de commerce ne permettent plus au vendeur, si la vente n'a pas été transcrite, d'accomplir valablement l'inscription à l'effet de conserver son privilège ; et alors on a voulu prétendre qu'il n'avait pas été dépouillé à l'égard de la masse, parce que précisément la transcription n'a pas encore été opérée.

On ne disait pas, remarquez-le bien, que le vendeur pouvait considérer la vente comme non avenue, puisqu'entre les parties le transfert de propriété est valable par le seul fait du consentement, mais que la transcription prise en soi était nécessaire pour consommer l'aliénation. C'est une doctrine à laquelle j'ai déjà fait allusion. Elle revient à dire que, là où la transcription est exigée d'après la loi de 1855, le transfert se réalise en quelque sorte par deux actes successifs et que le droit n'est véritablement déplacé que lorsque tous deux ont été accomplis. Jusque-là l'aliénateur retient encore quelque chose de sa propriété, puisqu'il pourrait la transmettre à un nouvel acquéreur qui, en faisant transcrire à temps, resterait le propriétaire définitif. J'ai absolument repoussé, vous vous le rappelez, cette conception. C'est M. Valette qui l'avait émise; et la conclusion que M. Valette en tirait, c'est que la transcription aurait pu encore être effectuée après la faillite, non pas pour conserver le privilège du vendeur, mais pour le faire naître. Car c'est la transcription qui consomme l'aliénation, et le privilège naît de l'aliénation elle-même. Sur ce dernier point, M. Valette avait en effet raison ; c'est quand la propriété est définitivement entrée dans le patrimoine de l'acheteur que sur l'immeuble ainsi transféré naît le privilège du vendeur. Aussi voulait-on prétendre qu'il ne s'agissait plus, si la transcription était opérée après le jugement déclaratif, d'une inscription tardive du privilège, inscription interdite par l'art. 448 du Code de commerce, mais de la naissance et de la constitution d'un privilège au cours même de la faillite, ce qui en soi n'est pas impossible. Un privilège qui serait né après le jugement déclaratif, et dans des conditions de nature à en faire admettre la validité, pourrait être valablement publié, sans que l'inscription qui en serait prise dût tomber sous le coup des nullités de l'art. 448. Telle était l'idée qu'on avait voulu mettre en avant.

Mais la solution qui a prévalu est que le vendeur, bien qu'il n'y ait pas eu de transcription, avait été parfaitement dépouillé de sa propriété. C'est toujours le point auquel il faut revenir; et je vous ai déjà mis en garde contre toutes ces conceptions un peu vagues, et en tout cas tout à fait artificielles, que l'on avait émises dans le but de concilier les solutions de la loi de 1855 avec le principe de l'art. 1138, et surtout avec ce que l'on considère avec raison comme étant l'essence même du droit de propriété, à savoir son caractère de droit absolu. Une de ces prétendues conciliations consistait à dire, en effet, que désormais pour les immeubles la propriété ne serait définitivement transférée que par la transcription ; et l'on en tirait au cas de faillite de l'acheteur, et en ce qui concerne la masse, la conséquence que je viens de vous exposer.

Cette conséquence, je la repousse, parce que le fondement sur lequel on l'appuie m'a semblé tout à fait inexact.

Il faut prendre pour point de départ ce fait que la vente

est réalisée et parfaite par le seul consentement et que par suite la transcription n'ajoute rien à l'aliénation en elle-même ; elle n'a en vue que les effets de cette aliénation, considérée comme acquise, et comme définitive, et encore s'agit-il de ses effets à l'égard de certaines personnes seulement. Par conséquent, dans l'hypothèse de la faillite de l'acheteur, la vente est parfaite, même à l'égard de la faillite, par le seul fait du consentement; et la transcription, qui est inutile à l'égard de la masse pour lui permettre d'invoquer la vente elle-même, ne vaudrait plus que comme mode de publicité en ce qui touche le privilège du vendeur ; par suite c'est une inscription tardive.

En résumé, ce que je voulais dire, c'est que cette question du conflit de l'aliénateur avec les ayants-cause de l'acquéreur peut se présenter même en supposant le contrat maintenu, et sans qu'il y ait à imaginer forcément une résiliation.

Seulement, dans toutes les hypothèses que je viens d'examiner, j'ai supposé que le conflit s'élevait entre le vendeur lui-même et les ayants-cause de l'acquéreur ; dans ces conditions le vendeur n'était pas admis à se prévaloir du défaut de transcription de la vente. Mais nous pouvons compliquer un peu la situation et mettre en regard de ces ayants-cause de l'acheteur, non plus le vendeur originaire, mais un de ses ayants-cause à lui, un tiers à qui, après une première vente opérée, il eût revendu l'immeuble. Bien entendu, si, en ce qui concerne cette seconde vente, il n'y a pas de transcription, ce second acheteur ne peut pas prétendre avoir acquis la propriété de l'immeuble. Son vendeur en était dessaisi par une vente valable et dont il doit subir les conséquences, sans pouvoir invoquer la loi de 1855, puisque lui-même n'a pas transcrit. Ce qu'il faut supposer, pour que la difficulté se produise, c'est qu'il y ait eu transcription à la fois du chef de ce second acheteur et du chef d'un ayant-cause du premier acquéreur, sans que la première vente ait été transcrite ; et c'est même cet ayant-cause du premier acquéreur qui a transcrit le premier.

Prenons un exemple : Primus vend à Secundus, qui ne

transcrit pas ; mais Secundus revend à Tertius qui fait transcrire ; à ce moment Primus, sachant que la première vente qu'il a consentie n'a pas été transcrite, et par suite, pouvant se présenter encore vis-à-vis des tiers comme propriétaire de l'immeuble, vend ce même immeuble à Quartus, lequel fait transcrire. Au moment où Quartus fait ainsi publier l'acte qui le concerne, la vente faite à Secundus était restée occulte, mais celle au contraire consentie par Secundus à Tertius avait été antérieurement transcrite. Telle est la situation.

Nous ne pouvons plus dire ici, à priori, en nous appuyant sur les exemples précédents, que la vente étant valable, indépendamment de toute transcription dans les rapports entre le vendeur et les ayants-cause de l'acheteur, ce vendeur ne pourra pas transmettre un droit qui ne lui appartient plus, et que par conséquent les ayants-cause de l'acheteur pourront opposer le droit qu'ils tiennent de leur auteur, aussi bien à celui à qui le vendeur originaire eût transmis à nouveau l'immeuble qu'à ce vendeur lui-même. Et nous ne pouvons plus le dire, parce que nous sommes en présence d'un de ces tiers, un ayant-cause du vendeur, que la loi de 1855 a voulu protéger, et que, par rapport à ces ayants-cause du vendeur, la loi ne nous permet plus, à priori tout au moins, de nous appuyer sur la règle *nemo dat quod non habet.*

La question se trouve donc portée sur un autre terrain ; il s'agit de savoir au contraire si ce n'est pas l'ayant-cause du vendeur originaire qui aurait qualité pour opposer au sous-acquéreur invoquant la transcription, le défaut de droit de son auteur, à lui. Celui de qui ce sous-acquéreur tient sa propriété n'aurait pas pu opposer son droit, faute de transcription, à un acheteur de son propre vendeur qui eût fait transcrire avant lui ; n'en serait-il pas de même de ceux à qui il transmettrait son droit sans avoir fait transcrire l'acte duquel il le tient ? Ce serait donc cette fois, la règle *nemo dat quod non habet* invoquée, non plus contre un second acheteur qui eût traité avec le vendeur originaire, après une première vente opérée par ce dernier, mais invoquée par lui contre les ayants-cause du premier acheteur, en vertu de la préférence que la loi de

1855 lui attribuait par rapport à ce premier acheteur qui n'a pas fait transcrire. J'estime toutefois que la question ainsi posée, c'est-à-dire placée sur le terrain des principes établis de droit commun, par l'art. 2182 en matière de transmission de propriété, va tout à fait à l'encontre de l'esprit de la loi de 1855, qui est de faire échec à l'application de la règle *nemo dat quod non habet* lorsque, dans les limites admises en 1855, il y a un intérêt de crédit engagé. Je ne crois pas que nous puissions invoquer le principe général de l'art. 2182, ni dans un sens ni dans l'autre.

Dégageons-nous de ce mécanisme des principes théoriques, pour ne tenir compte que du but de la loi de 1855 et des solutions positives qu'elle a eues en vue. Elle a voulu protéger les tiers qui traiteraient avec un vendeur dans la mesure où ils auraient pu être trompés par ce vendeur lui-même, et à condition toutefois que l'erreur dont ils sont victimes n'ait pu leur être révélée par aucun procédé de publicité légale. Or, supposons ce second acheteur en conflit avec le premier acquéreur qui n'a pas fait transcrire ; il se trouvait exactement dans les conditions prévues par l'article 3 de la loi de 1855. Il a été trompé par un acte provenant de son vendeur, acte resté occulte ; tant qu'il n'y a pas eu publicité préalable, il ne doit pas souffrir des actes de disposition qu'on lui opposerait. Ceci admis, en quoi sa situation sera-t-elle modifiée par le fait que ce premier acheteur aura revendu l'immeuble à un sous-acquéreur qui, lui, aura transcrit l'achat qui lui a été fait ? Celui qui va traiter avec le vendeur originaire est-il mis à même de connaître les transcriptions opérées sur un autre que son auteur à lui ? Absolument pas ; et cela tient à notre système tout personnel d'immatriculation, les transcriptions étant inscrites aux noms des vendeurs au lieu d'être portées à une case unique qui serait ouverte pour chaque parcelle, et où se concentreraient toutes les mutations relatives à l'immeuble. Ce système de transcription n'est pas le nôtre. Et alors pour reprendre notre exemple, comment la transcription opérée par Tertius à la case de Secundus pourrait-elle être connue de Quartus, lequel va traiter avec Primus, et qui traite avec lui précisément dans l'ignorance de Secundus et parce qu'il ignore, faute de transcription de la part de ce dernier, la vente qui lui a été consentie ?

Alors, dira-t-on, c'est imposer aux ayants-cause de Secundus un préjudice que l'on a voulu éviter à ceux de Primus ? N'est-ce pas contraire au but de la loi de 1855 ? et puisqu'il faut forcément sacrifier l'un des deux, pourquoi ne pas s'en tenir à l'antériorité des transcriptions, en considérant que celui qui transcrit le dernier a commis au moins une faute de négligence qui justifie la préférence donnée à son adversaire ? Remarquez, tout d'abord, que l'ayant-cause du vendeur, même s'il a transcrit le dernier, n'est pas forcément en faute, puisqu'il a pu arriver qu'il ait acheté l'immeuble alors que déjà la transcription avait été requise par un sous-acquéreur du premier acheteur. Mais je veux bien ne pas tenir compte de cette observation, pour revenir au raisonnement de principe que je vous exposais. En soi quelle en est la valeur ? Je crois, pour ma part, que raisonner de cette façon, ce serait très mal comprendre le but fort restreint poursuivi par la loi de 1855. Je vous signalerai plus tard, en Prusse, l'existence d'un système de crédit bien plus complet dans lequel les acheteurs se trouvent protégés contre toute aliénation antérieure restée occulte, et de quelque personne qu'elle provienne, même si elle émane d'un autre que du vendeur avec qui ils traitent.

Ce n'est pas le système français. Rappelez-vous la formule que je vous ai donnée. On a voulu protéger les acheteurs uniquement contre les actes qui auraient pu émaner du vendeur de qui ils tiennent leurs droits. Or, dans l'exemple que je vous ai cité, les ayants-cause du premier acheteur, de Secundus, réclament-ils contre un acte par lequel ce dernier les ait trompés sur la valeur de son droit à lui ? Nullement ; ils étaient au contraire parfaitement à même de constater quelle pouvait être l'efficacité du droit qu'on leur transmettait, car il s'agit du droit initial de leur auteur. Ils avaient le devoir de vérifier le titre d'acquisition de leur auteur et de s'assurer qu'il ait été transcrit. S'il ne l'a pas été, ils savent qu'ils se trouvent exposés à des surprises possibles de la part du vendeur originaire : il n'y a pas là une erreur irrémédiable ; et la loi de 1855, respectueuse du principe de l'art. 1138, n'a voulu faire échec à ce principe en faveur des tiers que là où il y aurait à leur détriment une erreur contre laquelle ils fussent désarmés. Il n'en est ainsi que lorsque le conflit s'élève entre deux ayants-cause du même auteur, l'un ignorant l'autre et n'ayant aucun moyen de le découvrir ; mais ce n'est plus le cas si le conflit provient d'un défaut de droit, ou d'un droit incomplet ou inefficace, de celui avec qui on traite ; car, en ce qui touche le titre d'acquisition de l'auteur initial, on peut toujours en vérifier la valeur, et par suite on doit en subir les vices. La loi de 1855, à tort ou à raison, n'est pas faite pour cette hypothèse.

Et maintenant nous pouvons conclure : ces tiers au préjudice de qui le contrat non transcrit ne peut pas être invoqué, il faut les chercher parmi les ayants-cause de l'aliénateur. La pensée de la loi de 1855 a été qu'il fallait protéger contre des aliénations occultes les personnes intéressées à savoir si la propriété n'avait pas été transmise précédemment.

La loi de Brumaire an VII était très nette sur ce point, et c'est pourquoi elle parlait de ceux qui avaient contracté avec le vendeur ; si dans la loi de 1855 on a élargi la formule primitive, ce n'est pas pour abandonner le principe, c'est pour indiquer que ces tiers, qui tiennent toujours leurs droits de l'aliénateur, peuvent les tenir de lui sans qu'il y ait eu contrat : ce sont des ayants-cause de l'aliénateur en un sens, mais ce sont des tiers relativement à la convention qu'on leur oppose.

Telle était la conclusion à laquelle je voulais aboutir ; il nous fallait en quelque sorte un principe directeur pour nous guider dans les controverses que suscitera l'application de la loi. Ce principe, j'ai essayé de vous le faire apercevoir.

VIIIe LEÇON

QUESTIONS CONTROVERSÉES AU SUJET DE L'APPLICATION DE L'ART. 3 DE LA LOI DU 23 MARS 1855 : DONATAIRE, LÉGATAIRE A TITRE PARTICULIER, CRÉANCIERS CHIROGRAPHAIRES.

Applications pratiques du principe de la loi.

Je vous rappelle la formule à laquelle nous étions arrivés en ce qui concerne la portée de l'art. 3 de la loi de 1855 : c'est que les tiers à qui la transmission de propriété non transcrite ne serait pas opposable ne peuvent être que des ayants-cause de l'aliénateur, et encore, vous ai-je dit, faut-il que la question se pose à propos d'un conflit qui s'élève entre eux, en tant qu'ayants-cause d'un même auteur.

Nous avons vu des applications incontestables du principe : mais pour certaines hypothèses il peut y avoir doute.

Ce sont ces questions douteuses qu'il me reste à examiner.

Voici trois cas que je vais passer en revue :

1° Lorsqu'il y a conflit entre un acquéreur à titre onéreux plus ancien et un donataire postérieur à l'aliénation, faut-il admettre que l'art. 3 est applicable, en ce sens que le donataire postérieur en date serait préféré à l'acheteur, s'il avait fait transcrire le premier ? Ce donataire qui a fait transcrire est-il au nombre des tiers qui ont le droit de se prévaloir du défaut de transcription ?

2° Un légataire particulier, en supposant que le testament qui contient son legs soit postérieur à l'aliénation, est-il un tiers qui puisse opposer le défaut de transcription de l'aliénation ?

3° Les créanciers chirographaires de l'aliénateur ont-ils le droit, en qualité de tiers, de faire déclarer inefficace à leur égard une aliénation non transcrite ?

En un mot le donataire, le légataire et les créanciers chirographaires ont-ils le droit de se prévaloir du défaut de transcription ?

En ce qui touche le donataire, je n'éprouve aucune hésitation. Tout d'abord le texte de la loi de 1855 nous permet bien de le décider ainsi. Le donataire est un tiers qui a acquis des droits sur l'immeuble ; il les a conservés conformément aux lois : donc il a le droit d'opposer le défaut de transcription. J'ai indiqué en outre que les tiers doivent être des ayants-cause de l'aliénateur ; la loi de Brumaire le disait, et si on a supprimé la formule de l'art. 26, c'est uniquement pour ne pas paraître exiger un contrat. Mais, même à ce point de vue, nous sommes dans les termes et l'esprit de la loi. Le donataire est un ayant-cause de l'aliénateur au même titre que l'acheteur dont le contrat était antérieur en date.

Quelles sont donc les objections ? La seule qui soit un peu sérieuse serait que la loi n'a pas eu pour but de protéger ceux qui ne peuvent pas être en perte ; dans l'hypothèse qui nous occupe, celui qui va perdre, c'est-à-dire l'acquéreur à titre onéreux, est menacé d'être sacrifié à celui dont le seul risque est de manquer un bénéfice.

La réponse est double : c'est d'abord que cette distinction n'est point dans la loi ; et c'est ensuite qu'il s'agit d'une loi destinée à fonder le crédit hypothécaire. Donc, on a voulu consolider les titres de ceux qui étaient susceptibles de constituer des hypothèques. En ce qui touche le donataire, s'occupe-t-on de le protéger ? Nullement ; ceux que l'on a en vue, ce sont les créanciers à qui il constituerait des hypothèques.

On a prétendu que cette aliénation serait nécessairement faite en fraude des droits de l'acheteur et que cet acheteur comme créancier aurait le droit d'intenter l'action paulienne pour faire tomber la donation, malgré la bonne foi du donataire. Il faudrait en conclure qu'il ne servirait à rien au donataire d'invoquer l'art. 3 de la loi de 1855. Je vous demande de ne pas m'arrêter pour le moment à cette objection ; nous la retrouverons sur l'art. 941. Donc, sous réserve de cette dernière objection, tenant à la prétendue inutilité du droit conféré au donataire, il ne peut y avoir aucune hésitation à admettre que celui-ci soit au nombre des tiers protégés par la loi et ayant qualité pour invoquer le défaut de transcription, même à l'encontre d'un précédent acheteur.

De cette question relative au donataire, nous devons en rapprocher une autre à peu près analogue qui se pose en ce qui concerne le légataire à titre particulier.

Le légataire à titre particulier d'un immeuble qui aurait été aliéné à titre onéreux par le testateur peut-il, pour faire valoir son legs, invoquer contre l'acquéreur le défaut de transcription de la vente ? Il importe avant tout de préciser les circonstances de fait dans lesquelles la discussion est possible. Tout d'abord il n'y a pas de question si la vente non transcrite est postérieure au testament dans lequel le legs a été fait. Primus lègue une maison, puis la vend à un tiers, et Primus décède avant qu'il y ait eu transcription. Ici le légataire n'a rien à réclamer ; car le legs qui lui avait été fait est révoqué par l'aliénation postérieure du bien légué (art. 1038 Code civil). Pour qu'il y ait question et débat possible, il faut supposer qu'il y ait eu aliénation antérieure au testament. Seulement, pour compléter l'exemple, la vente n'avait pas été rendue publique par une transcription. Il n'est pas douteux, même dans cette hypothèse, que le légataire ne serait pas admis à se prévaloir du défaut de transcription, par cela seul que la vente n'aurait pas été transcrite avant le testament ; car celui-ci ne confère aucun droit au légataire avant le décès. Donc pour que la question, finalement, s'élève, il faut supposer la vente antérieure au testament et non transcrite au décès du testateur ; c'est alors que le légataire voudrait faire prévaloir son droit à l'encontre de l'acquéreur.

Il semble que la question soit la même que pour le donataire et qu'on doive faire la même réponse ; d'autant que le but de la loi n'est pas de maintenir les aliénations dans l'intérêt de l'acquéreur pour lui-même, mais dans l'intérêt de son crédit, et par conséquent en vue du crédit général. Ceux qui vont traiter avec le légataire seront trompés.

Je crois cependant qu'il faut décider au contraire que le légataire particulier ne pourrait pas opposer le défaut de transcription ; nous sommes en présence d'une législation arbitraire, en ce sens qu'il ne s'agit pas ici de l'application de principes à proprement parler ; nous sommes en face de règles que le législateur établit *utilitatis causa*, d'après l'appréciation qu'il fait lui-même de l'utilité de la cause. Ceci admis, il reste à savoir si le légataire est compris parmi les tiers visés dans l'art. 3 ; or, celui-ci parle des tiers qui ont conservé leurs droits en se conformant aux lois ; et il faut en conclure que les tiers que l'on entend protéger ainsi par la publicité sont ceux dont les droits sont également soumis à la publicité. C'est toujours le même principe d'égalité, ou plutôt de réciprocité, en face de l'obligation de publicité.

S'il en est ainsi, il est bien certain que le légataire particulier n'est pas au nombre de ceux dont le droit est subordonné pour sa transmission à une mesure de publicité ; le legataire n'est donc pas compris dans les termes de la loi de 1855 ; il n'est pas au nombre des tiers de l'art. 3. Pour être de ces tiers, il faut non seulement être un ayant-cause de l'aliénateur ayant un droit sur l'immeuble, mais il faut de plus être soumis soi-même, sauf exception, à une mesure de publicité. C'est que le principe reste celui de l'article 1138, en ce sens que de droit commun, et en règle générale, l'aliénation, par le fait seul de la conclusion du contrat, est opposable à tout le monde ; son inopposabilité à l'égard de certaines personnes est l'exception ; et en dehors des termes de l'exception, il faut revenir au principe.

On ajoute quelquefois une autre raison ; on dit que le légataire ne peut pas prétendre à l'exécution de son legs tant que les créanciers ne sont pas désintéressés. L'acheteur est tout au moins créancier de l'immeuble à supposer qu'on ne l'en déclare pas propriétaire, et de toutes façons il est créancier de l'indemnité au cas d'éviction. Donc le legs, dans la solution que l'on propose, s'exécuterait aux dépens d'un créancier.

Ce procédé d'argumentation est dangereux ; car, pour en accepter l'application, il faut se placer dans certains cas déterminés : acceptation bénéficiaire, séparation des patrimoines. D'ailleurs, même en admettant le principe, la créance s'exécuterait sur les autres biens de la succession supposée suffisante. Ce qu'on pourrait dire seulement, c'est que l'exécution du legs en pareil cas, en tant qu'elle aurait lieu à l'encontre de l'acheteur, aurait pour effet de soumettre les héritiers à l'obligation de lui fournir indemnité. Et cependant, à leur égard et dans leurs rapports avec l'acheteur, l'immeuble était bien aliéné et ils pourraient dire au légataire : la transmission quant à nous était valable, le legs pour nous est le legs de la chose d'autrui, et le legs de la chose d'autrui ne peut pas créer d'obligation contre nous. Partant de là, on pourrait soutenir que le légataire, si on l'admettait à opposer le défaut de transcription dans ses rapports avec l'acheteur, ne le pourrait plus dans ses rapports avec les héritiers du vendeur ; et l'on se heurterait ainsi à cette contradiction d'un acte que le légataire aurait le droit de tenir pour non avenu à l'égard de certaines personnes, mais dont il devrait reconnaître, et subir l'existence par rapport à certaines autres. Ce serait un conflit difficile à résoudre ; cela explique, en dehors de l'argument de texte tiré de l'art. 3 et de son interprétation un peu littérale, que, en raison et au point de vue pratique, la loi ait voulu écarter ces difficultés.

J'arrive enfin aux créanciers chirographaires de l'aliénateur. Sont-ils ou peuvent-ils être en cette qualité des tiers ayant le droit de se prévaloir du défaut de transcription ? Ici tout le monde est d'accord sur le principe ; les créanciers chirographaires, en cette qualité, n'ont pas le droit de méconnaître l'aliénation faite par leur débiteur, sous prétexte qu'elle ne leur a pas été révélée. Ceci a été formellement exprimé ; et il a été dit et expliqué que la formule de l'art. 3 : « Les tiers qui ont des droits sur l'immeuble » avait été calculée pour écarter les créanciers chirographaires. Si l'on eût parlé, comme le faisait la loi de Brumaire, de tiers ayant contracté avec le vendeur, on aurait pu, par un abus de mots, soutenir à la rigueur que les créanciers chirographaires étaient compris dans cette formule. La loi parlant de tiers qui ont des droits sur l'immeuble, on ne peut entendre cette expression que de ceux qui ont un droit propre et indépendant sur la chose, c'est-à-dire un droit portant sur l'immeuble et soustrait au droit de disposition du propriétaire de l'immeuble ; et il ne peut en être ainsi que d'un droit spécialisé, portant sur l'immeuble en particulier, donc en principe d'un droit réel.

Seulement il faut arriver à l'application ; et on a été amené en certains cas sur le terrain pratique à proposer des brèches à la règle, de manière à en réduire singulièrement, sinon à en annihiler, les conséquences.

La règle ne signifierait rien si elle voulait dire simplement qu'un créancier chirographaire, un prêteur sans hypothèque par exemple, qui aurait contracté avec l'aliénateur dans l'intervalle qui sépare l'aliénation de la transcription, ne pourrait pas prétendre qu'il a un droit acquis à considérer, quant à lui, l'immeuble comme étant resté dans le patrimoine du débiteur. C'est qu'il est tenu de respecter les aliénations consenties par son débiteur, qu'elles soient antérieures ou postérieures à la naissance de la créance ; de sorte que, même si l'on eût rangé les créanciers chirographaires au nombre des tiers compris dans l'art. 3, il aurait fallu admettre encore la conséquence que je viens de vous indiquer. Ces créanciers chirographaires, même à les supposer protégés par l'art. 3, n'auraient pas pu méconnaître l'existence d'une aliénation non transcrite, tant que leur débiteur eût gardé le droit d'aliéner ses immeubles à l'encontre de ses créanciers, et toutes réserves faites au sujet de l'action paulienne. C'est qu'au moment même où les créanciers veulent contester la vente, pour défaut de transcription, leur débiteur pourrait encore aliéner valablement, sous réserve il est vrai de l'action paulienne ; il en résulte que la transcription pourra être valablement opérée, puisqu'à l'égard de ceux pour qui elle est requise elle a pour effet de faire considérer l'aliénation comme ayant lieu au jour même où la transcription en est faite. Donc, si la règle ne signifiait que cela, elle ne signifierait rien, puisque même les aliénations postérieures à la créance sont opposables aux créanciers chirographaires, que l'on exige ou non la transcription en ce qui les concerne.

Il faut alors supposer, pour que la question s'élève, que ce créancier a mis en jeu son droit de créancier de manière à se mettre à l'abri des actes postérieurs que pourrait consentir le débiteur. C'est lorsqu'il s'est placé dans une situation telle qu'il ne devrait plus subir les actes de disposition du débiteur, qu'il faut nous demander s'il devrait respecter les actes de ce dernier antérieurement faits, mais non révélés. Dans ce cas, il sera vrai de dire que le créancier, sans avoir un droit sur l'immeuble, a cependant qualité pour s'opposer à l'aliénation qui en serait faite ; et alors il s'agira de savoir si l'aliénation a été opérée avant qu'il se soit mis lui-même en situation de s'y opposer, auquel cas elle serait valable à son égard ; ou bien, si elle a été faite seulement depuis qu'il est en situation de la tenir pour non avenue, et dans ce cas il pourrait en effet n'en pas tenir compte. Toutes les fois qu'une question de date s'élève au sujet d'une aliénation, en ce qui concerne ce que l'on pourrait appeler la limite séparative entre deux périodes relatives à son efficacité, celle où elle était possible et celle où elle ne l'était plus, la question de transcription se trouve en jeu ; elle peut être posée.

Supposons donc que ce créancier pratique par exemple une saisie sur les fermages échus d'un immeuble qu'il considère comme appartenant à ce débiteur. De ce jour il s'est mis à l'abri de tout acte par lequel le débiteur disposerait des loyers ou fermages du même immeuble.

Il avait pu arriver que, dans cette hypothèse, l'immeuble eût été antérieurement aliéné ; mais j'ajoute qu'il n'y avait pas eu transcription ; et c'est après la saisie-arrêt que l'acquéreur se manifeste. Voilà donc une hypothèse où le créancier, sans avoir de droit réel sur l'immeuble, a acquis un droit propre à s'opposer aux actes de disposition de son débiteur, en tant qu'ils mettraient obstacle au droit qui lui appartient désormais par rapport aux loyers et fermages saisis. Pourra-t-il méconnaître ainsi une aliénation portant sur l'immeuble en se fondant sur le défaut de transcription ? La réponse est que le créancier chirographaire n'étant pas au nombre des tiers qui ont des droits sur l'immeuble, droits soumis à la publicité, il ne peut pas méconnaître l'aliénation antérieure, quoique non transcrite.

Je vous signale une autre hypothèse également intéressante. Le créancier qui prétendait opposer le défaut de transcription est un preneur à bail. Le preneur à bail, c'est un point qu'on ne discute plus, n'a pas de droit réel sur l'immeuble. Il est créancier du bailleur, celui-ci étant tenu de lui procurer la jouissance de l'immeuble. Néanmoins, par une exception remarquable, il a le droit d'invoquer son contrat contre les acquéreurs à titre particulier du bailleur, pourvu que son bail ait date certaine avant l'aliénation de l'immeuble (art. 1743). Nous sommes donc en présence d'un créancier dont le droit est à l'abri des actes ultérieurs du débiteur.

Par conséquent, pour ce créancier la question se pose et se résout facilement. Supposez que le preneur, ayant traité avec une personne qu'il croit propriétaire, veuille se mettre en possession de la chose, et qu'alors se présente un tiers prouvant qu'avant le bail il avait acheté l'immeuble. Le preneur à bail pourra-t-il invoquer contre l'acquéreur le défaut de transcription ? Il pourrait être tenté de dire : Vous aviez acheté avant mon bail, mais votre achat n'avait pas été publié ; je le méconnais. Là encore il n'est qu'un simple créancier et il n'a pas ce droit.

Je dois vous dire que je raisonne dans l'hypothèse où il ne s'agit pas d'un bail dont la durée excéderait dix-huit années. Dans ce dernier cas, au contraire, on se demande si le conflit ne devrait pas se trancher en faveur du locataire contre l'acquéreur qui n'a pas transcrit ; mais je réserve la question.

Voici d'autres hypothèses : Primus a vendu son immeuble. C'était un commerçant qui est tombé en faillite, et l'acheteur n'a pas fait transcrire avant la déclaration de faillite : il s'est produit par suite un dessaisissement du failli; ce qui signifie que, sans que la propriété de ses biens lui soit enlevée, c'est la masse qui, par l'intermédiaire des syndics, se trouve investie de l'administration (article 443 Cod. C^{ce}). Désormais les actes de disposition que le failli pourrait faire de ses biens ne sont plus opposables à la masse. Les créanciers sont donc dans cette situation, à laquelle j'ai déjà fait allusion, où ils sont à l'abri des actes postérieurs d'aliénation. Mais auront-ils le droit de méconnaître les aliénations déjà accomplies si l'acquéreur n'a pas fait transcrire avant la faillite? Ici encore je résous la question d'un mot : ces créanciers ne sont pas au nombre des tiers qui peuvent se prévaloir du défaut de transcription ; l'acquéreur pourrait faire transcrire utilement son titre à l'effet de faire distraire de la masse des biens du failli l'immeuble vendu.

Quand on a soutenu la doctrine contraire, on s'est laissé égarer surtout par un argument tiré de l'art. 448 du Code de Commerce, disposant que les inscriptions d'hypothèques qui seraient postérieures au jugement déclaratif de faillite sont inefficaces à l'égard de la masse ; et on a voulu faire une assimilation entre une inscription destinée à vivifier une constitution d'hypothèque et une transcription destinée à vivifier une aliénation. Il y a là une erreur de principe. L'inscription d'une hypothèque, dans les principes de notre régime de publicité, est nécessaire au créancier pour faire valoir son droit de préférence à l'égard de tous ceux contre qui il peut l'invoquer, donc aussi bien contre les créanciers chirographaires; au contraire, la transcription n'est pas nécessaire à l'encontre de ceux-ci.

Seulement, il y a encore ici un correctif : notre législation donne, ou paraît donner aux créanciers, une hypothèque sur les immeubles de la faillite, hypothèque qui doit être inscrite à la diligence des syndics (art. 490 C. Cce). Et alors on peut dire que, à la suite de la déclaration de faillite, les créanciers en masse peuvent devenir créanciers hypothécaires, et que, du jour où ils auront pris inscription, ils se présenteront véritablement comme des tiers ayant acquis un droit sur l'immeuble et l'ayant conservé par la publicité : ce correctif d'ailleurs est discuté.

Quoi qu'il en soit de cette dernière réserve relative à l'hypothèque de la masse, je vous rappelle, à propos de la question que je viens de traiter, la conception théorique que j'ai discutée, et repoussée, par rapport au principe même de la loi de 1855. On avait été tenté de dire que c'est la transcription qui réalise l'aliénation. S'il en était ainsi, elle ne pourrait pas se produire après la faillite du vendeur, celui-ci étant dessaisi. Nous avons vu que cette conception pouvait être présentée, et qu'elle pouvait aboutir à certaines conséquences importantes, lorsqu'il s'agissait de la faillite de l'acheteur ; lorsque celui-ci ne faisait transcrire qu'après avoir été déclaré en faillite. Et il s'agissait de savoir si par rapport au vendeur, et en vue des conflits qui pourraient s'élever entre le vendeur et les créanciers de l'acheteur, c'était cette transcription qui dût opérer définitivement l'aliénation. Or, il importait de vous montrer l'autre face de la question, c'est-à-dire la même conception prête à se faire jour dans l'hypothèse inverse, au cas de faillite du vendeur, et en vue des conflits qui pourraient naître entre les créanciers de ce vendeur et l'acheteur lui-même. Les premiers pourraient être tentés de prétendre que, quant à eux, c'est la transcription qui consomme l'aliénation, et que par suite au moment où cette aliénation s'achève par la transcription, le vendeur n'avait plus le droit d'aliéner. Cette prétention, présentée sous cette forme, serait inadmissible, parce que l'aliénation date de la vente et que la transcription n'est pas un mode de transfert, ni même un élément ou une condition de l'aliénation. Les créanciers, repoussés sur ce terrain, n'auraient donc d'autre ressource que de se présenter comme étant au nombre des tiers visés par l'art. 3, ce qui est un raisonnement tout différent. C'est ce raisonnement dont j'ai discuté la valeur. Il est, lui aussi, complètement inacceptable.

De la faillite, rapprochons le cas de saisie ; vous savez que ce sont deux hypothèses très voisines. Un créancier chirographaire n'étant pas payé, et ayant d'ailleurs un titre exécutoire, a pratiqué une saisie sur un bien qui est entre les mains du débiteur ; il se trouve que cet immeuble avait été auparavant aliéné par le débiteur. Puis, l'acquéreur se révèle et demande à faire tomber la saisie. Le créancier saisissant peut-il se prévaloir du défaut de transcription pour prétendre que la saisie doive produire son effet ?

Tant que nous restons dans les termes que je viens d'indiquer, la réponse doit être la même. La vente est valable même au regard du créancier saisissant, parce que la saisie n'opère pas une transformation de son droit; elle ne lui donne aucun droit réel sur l'immeuble, du moins en est-il ainsi, et sans contestation si l'acquéreur se présente dès le début de la saisie ; mais sa réclamation peut se produire plus tardivement. Or, la loi prescrit la transcription du procès-verbal de saisie et à partir de ce moment, le saisi ne peut plus aliéner. Du jour où la saisie a été transcrite, le saisissant est désormais à l'abri des actes de disposition de son débiteur (art. 686 Cod. proc. civ.): et alors naît la controverse qui est de savoir quelle est la valeur du droit acquis au saisissant à partir de la transcription. Ma pensée est qu'il reste un simple chirographaire (Cass., 31 août 1881, Sir. 82, 1, 248). Il est dans la même situation que ces créanciers chirographaires dont nous avons déjà parlé plusieurs fois qui, sans avoir acquis de droit réel sur l'immeuble, peuvent cependant, à certains points de vue particuliers tout au moins, contester l'aliénation qui en serait faite. Nous ne leur avons pas permis de se prévaloir du défaut de transcription ; et cela parce qu'ils n'en restaient pas moins de simples chirographaires non visés par la loi de 1855, et même formellement exclus par elle. Il doit en être ainsi du saisissant, même après transcription du procès-verbal de saisie, et bien que le débiteur saisi ne puisse plus aliéner à son détriment. Ce fait n'implique pas reconnaissance d'un droit réel au profit du saisissant, pas plus que le dessaisissement provenant de la faillite ne donne de droit réel, en dehors de l'hypothèque de la masse, aux créanciers chirographaires du failli.

La Cour de Cassation a cependant donné une réponse différente, quand le saisissant est un créancier hypothécaire ; mais je ne puis examiner ici la question dans toute son ampleur, c'est un point que je traiterai surtout à propos des hypothèques. Voyez sur ce point une note importante de M. Labbé sur un arrêt de la Chambre des requêtes du 25 juillet 1877 (Sir. 77, 1, 441).

Je voudrais seulement, sans entrer dans la discussion elle-même, vous faire apercevoir dans quels termes très exactement se pose le problème. Il semble bien en effet, à première vue, que l'intérêt pratique de la question échappe complètement. Le créancier hypothécaire, ayant une hypothèque que je suppose forcément inscrite avant la transcription de l'aliénation, suivra l'immeuble entre les mains du tiers détenteur et le saisira sur lui. A-t-il donc un intérêt à le saisir entre les mains de son débiteur initial ? Cet intérêt, que vous n'apercevez pas, faute de connaître le mécanisme du régime hypothécaire, peut être fort important.

C'est que le tiers détenteur peut vouloir dégrever son immeuble des hypothèques qui pèsent sur lui ; et la loi organise à cet effet une procédure particulière que l'on appelle la purge des hypothèques et par laquelle ce tiers, qui vient d'acheter un immeuble hypothéqué, peut se libérer en offrant son prix aux créanciers hypothécaires. Et alors, si ces derniers ne veulent pas s'en contenter, parce qu'il est insuffisant à les désintéresser tous, et parce qu'ils espèrent en provoquant une vente aux enchères obtenir un prix plus élevé, ils peuvent refuser le prix et imposer la vente, mais à une condition, à la condition de s'engager à prendre l'immeuble pour un dixième en plus du prix pour lequel il avait été vendu, et cela, même s'il n'y a pas de surenchérisseur. C'est ce que l'on appelle la surenchère du dixième. C'est donc un risque assez grave à courir ; et, ce risque, on l'impose aux créanciers hypothécaires, lorsqu'ils invoquent leur hypothèque à l'encontre du tiers détenteur. Lorsqu'ils saisissent l'immeuble au contraire entre les mains de leur débiteur ils n'ont plus rien à craindre de ce genre. Vous voyez donc l'intérêt considérable qu'ils auraient à prétendre que, quant à eux, l'immeuble n'est pas sorti du patrimoine de leur débiteur et que la vente est non avenue à leur égard, en tant que non transcrite. Cet intérêt d'ailleurs n'est pas le seul, puisque, lorsqu'ils poursuivent le tiers détenteur en vertu de leur hypothèque, celui-ci, en principe et sauf exception, peut échapper à la poursuite en délaissant l'immeuble. Pour échapper à ce double danger, les créanciers hypothécaires peuvent-ils donc prétendre que l'immeuble, qui a été vendu sans qu'il y ait eu transcription antérieure à la saisie opérée par eux, doit être considéré comme appartenant encore au débiteur ?

La difficulté vient de ce que, lorsqu'ils saisissent ainsi l'immeuble, ils ne se présentent pas comme créanciers hypothécaires et ne se prévalent pas de leur hypothèque : ils exercent un droit qui appartient à tout créancier, même aux simples chirographaires; et du moment qu'ils ne font pas entrer en ligne leur droit hypothécaire ils ne se présentent plus comme des tiers protégés par l'art. 3 de la loi de 1855. Pour qu'il en fût autrement, il faudrait que leur hypothèque fut contestée, en tant qu'on lui opposerait une aliénation antérieure, et qu'on la prétendrait constituée par qui n'était plus propriétaire; ce qui n'est pas le cas. Mais lorsque le créancier hypothécaire pratique une saisie contre son débiteur il ne se prévaut pas de son hypothèque. Il n'exerce en cela, ni le droit de préférence, ni le droit de suite, qui sont les deux éléments dont se compose le droit hypothécaire. C'est donc bien la preuve que son hypothèque n'est pas en jeu et, si l'on peut ainsi parler, qu'il ne la met pas en mouvement. En tant que saisissant, il se présente comme ferait un créancier chirographaire; et il doit être traité comme tel, sans avoir le droit d'opposer le défaut de transcription.

Tel n'a pas été l'avis de la Cour de Cassation, qui s'appuie uniquement sur ce fait que ce créancier saisissant n'en est pas moins un créancier hypothécaire, lequel rentre comme tel au nombre des tiers visés par l'art. 3 et pouvant se prévaloir du défaut de transcription, dès qu'il y a eu vente susceptible de leur nuire. Au fond, c'est résoudre la question par la question ; et j'estime que, présenté ainsi, le problème est mal posé. Je vais donc vous indiquer comment, à mon sens, si l'on veut analyser exactement la question, la difficulté s'élève; et c'est tout ce que j'ai la prétention de vous faire apercevoir en ce moment.

Il s'agit en effet de savoir si la transcription, en ce qui concerne les droits réels pour la protection desquels elle a été établie, a eu pour but d'en protéger non seulement l'existence, mais d'en faciliter également l'exercice. Et plus spécialement, lorsqu'il s'agit des créanciers hypothécaires, a-t-on voulu garantir à ces derniers uniquement la validité des hypothèques qui leur sont consenties par celui qui se présente comme propriétaire, alors qu'aucune aliénation émanant de lui n'est publiquement révélée aux tiers ? A-t-on voulu, en outre, même quand la validité de l'hypothèque n'est pas contestée, en faciliter l'exercice, ou plutôt permettre aux créanciers qui trouveraient intérêt, pour la réalisation de leur gage hypothécaire, à contester une vente ultérieure, d'opposer, à cet égard et dans ce but, le défaut de transcription de la vente ? C'est ainsi que la question se pose exactement. Il semble bien, pour tous les droits réels autres que l'hypothèque, que la loi de 1855 n'ait eu en vue que de protéger et de garantir l'existence même du droit contre le fait d'une aliénation antérieure restée occulte. Faut-il donc, en matière d'hypothèque, étendre la portée du système et lui faire produire des résultats bien autrement considérables ? Remarquez qu'à cela le crédit hypothécaire n'est plus intéressé ; car tout ce qu'exige le crédit, c'est que le créancier n'ait rien à craindre au moment où il accepte la garantie hypothécaire. Quant aux évènements ultérieurs qui puissent lui nuire, cela n'influera pas sur le crédit qu'il fera au débiteur ; donc le but visé par la loi de 1855 est ici hors de cause.

Ce serait alors dans les principes mêmes de la matière des hypothéques que l'on pourrait trouver peut-être des raisons spéciales pour justifier la solution de la Cour de Cassation. Ces raisons, je n'ai, ni à les rechercher, ni à les discuter, en ce moment : j'ai voulu seulement vous faire comprendre toute la complexité du problème, et vous montrer par quel point il se rattache exactement au domaine de la loi de 1855, et par quel point aussi il se réfère à un domaine qui lui est étranger. C'est ainsi que j'aurai à reprendre la question plus tard à propos de la théorie des hypothèques.

IXe LEÇON

LOI DU 23 MARS 1855 : DE LA MAUVAISE FOI CONSIDÉRÉE COMME FIN DE NON RECEVOIR A L'ÉGARD DU DROIT D'INVOQUER LE DÉFAUT DE TRANSCRIPTION, CONTROVERSE. — AUTRES FINS DE NON RECEVOIR A L'ÉGARD DU DROIT D'INVOQUER LE DÉFAUT DE TRANSCRIPTION. — DROIT COMPARÉ. — TRANSCRIPTION DES DONATIONS, HISTORIQUE. — CAS OÙ CETTE TRANSCRIPTION EST EXIGÉE.

Il me reste deux questions de principe à examiner.

La première est celle de savoir s'il y a lieu de prendre en considération la bonne ou la mauvaise foi des tiers qui invoquent contre l'acquéreur d'un immeuble le défaut de transcription de l'acte constatant son acquisition. De tout temps, quand on a en législation discuté la question de la publicité des actes translatifs de propriété immobilière, on s'est préoccupé de la nécessité de protéger les tiers de bonne foi. Cela constaté, faut-il en conclure que l'acquéreur, à qui un tiers vient opposer le défaut de transcription de son titre, pourrait se défendre en demandant à prouver que son adversaire était de mauvaise foi, c'est-à-dire avait connaissance de l'aliénation précédemment faite par l'auteur commun ?

Il faut d'abord mettre de côté une hypothèse non douteuse : celle où il y a eu collusion frauduleuse entre l'aliénateur et un second acquéreur. C'est une hypothèse qui s'est présentée dans les faits, et dans la pratique, depuis la loi de 1855. On a vu des tiers qui, après avoir eu connaissance d'une aliénation, venaient proposer à l'aliénateur un second achat avec l'intention de faire transcrire avant le premier acquéreur et de tenir en échec les droits de celui-ci (Cass., 8 déc. 1858, D. 59, 1, 185 et 14 mars 1859, S. 59, 1, 883).

La jurisprudence n'a pas hésité à maintenir les droits du premier acquéreur. Il y a là en effet un véritable délit civil, auquel a participé le tiers qui prétendrait se mettre à couvert sous la loi de 1855.

Le tiers qui aurait agi de la sorte est tenu de réparer le préjudice que son délit va causer ; et il ne peut avoir la prétention de causer lui-même le préjudice qu'il devrait réparer. C'est le cas d'appliquer l'adage : *Fraus omnia corrumpit.* Dans ce cas, la déchéance que je fais résulter pour le tiers de la fraude à laquelle il a coopéré, est toute personnelle ; je veux dire qu'il y a là comme une réplique de dol, et que cette exception peut être invoquée contre lui et ses ayants-cause à titre universel. Mais, si après avoir fait transcrire le premier, il transmet la chose à un acquéreur à titre particulier, celui-ci pourrait très bien se prévaloir du défaut de transcription de la première vente. Car les ayants-cause à titre particulier ne sont pas tenus à réparer le préjudice provenant du dol de leur auteur. Donc la solution que je donne ne va pas contre le but de la loi de 1855, qui est d'assurer la sécurité des tiers qui traitent avec un propriétaire présumé tel. Bien entendu, c'est un point que je vous rappelle, je suppose des ayants-cause de bonne foi du second acquéreur voulant se prévaloir de la transcription opérée par leur auteur ; il n'en serait plus de même, vous le savez, si ce dernier n'ayant pas fait transcrire, c'étaient ses ayants-cause à titre particulier qui fissent opérer la transcription, fût-elle antérieure à celle du premier acheteur trompé par le vendeur initial. Dans ce cas, c'est ce premier acquéreur qui l'emporterait de toutes façons.

Mais hors ce cas de collusion frauduleuse, je crois au contraire qu'il faut décider que l'acquéreur qui n'a pas transcrit n'est pas admis à écarter le tiers qui invoque ce défaut de transcription, en demandant à prouver que celui-ci avait connaissance par ailleurs de la première aliénation. Je suppose que, dans les faits, la chose puisse se réaliser et que, sans collusion frauduleuse, le tiers ait pu avoir connaissance de la première vente.

L'absence de collusion frauduleuse peut très bien se présenter lorsque l'aliénateur en consentant la seconde vente ignorait la première aliénation. Hypothèse invraisemblable, direz-vous. Voici cependant l'exemple qui me vient à l'esprit. Primus, quelques jours avant sa mort, a consenti une aliénation de l'immeuble, aliénation qui n'a pas été transcrite ; puis son héritier, lequel ignorait l'aliénation faite, revend l'immeuble, ou le frappe d'hypothèque. Le tiers a traité, je le suppose, sachant qu'il y avait eu aliénation précédemment faite. Allons même plus loin encore. Je crois qu'il peut y avoir absence de collusion frauduleuse encore que les deux parties aient agi ayant connaissance de la première vente. Ainsi le vendeur peut avoir cédé à une mauvaise tentation en hypothéquant l'immeuble qu'il avait vendu ; et le créancier a pu accepter, se croyant autorisé à le faire par suite du silence de celui qui lui propose l'hypothèque : il a pensé que celui-ci avait pu s'entendre à ce sujet avec l'acheteur Les deux parties connaissaient la première aliénation, et cependant il n'y a pas collusion frauduleuse, à mon sens tout au moins.

Lorsque la question se pose dans ces termes, la circonstance que le second acquéreur avait connu la vente ne rend pas le premier acheteur recevable à se prévaloir de la connaissance que son adversaire avait eue de la vente ellemême. Il n'y a plus collusion frauduleuse. Il n'y a pas délit civil. Le premier acquéreur, qui n'a pas transcrit, devra donc subir la préférence accordée à l'autre acheteur, celui qui, ayant transcrit lui-même, oppose le défaut de transcription de la première aliénation.

Cette doctrine est d'ailleurs généralement acceptée ; elle est fondée par analogie sur l'art. 1071. Il s'agit dans cet article de la transcription envisagée comme mesure de publicité à l'égard des substitutions. Par substitution, on entend une disposition faite au profit d'une personne, à la charge par elle de restituer à son décès les biens, qui lui sont ainsi donnés, à une autre personne désignée par le donateur. Un acte de ce genre n'est pas permis par nos lois en règle générale, mais seulement en certains cas exceptionnels, et au profit de certaines personnes déterminées.

Dans le langage de la loi et de la doctrine, on désigne le donataire direct et immédiat sous le nom de grevé ; il est en effet grevé de l'obligation de rendre les biens au profit d'autres bénéficiaires, que l'on nomme les appelés. En conséquence, il n'a pas une propriété irrévocable. Si ces appelés se trouvent exister au jour de son décès, la propriété du premier bénéficiaire s'évanouit, et les appelés recueillent les biens comme s'ils les tenaient du disposant, c'est-à-dire comme s'ils leur avaient toujours appartenu. Il en résulte que si le premier bénéficiaire avait constitué des droits sur ces biens, ceux-ci s'évanouiraient par le fait même.

Pour que cet état de choses ne fût pas un piège pour les personnes qui pourraient traiter avec le grevé, dans l'ignorance de la restriction mise à son droit de disposition, la loi a exigé la publicité de cette condition spéciale qui constitue une modalité de la donation. Pour les immeubles il faut la transcription de la substitution ; et faute de transcription, les tiers qui auraient traité avec le grevé pourront opposer à l'appelé le défaut de transcription et faire maintenir leurs droits. C'est alors que l'art. 1071 ajoute que les appelés ne pourraient être admis à prouver que ces tiers connaissaient d'autre part, et par d'autres moyens, l'existence du droit des appelés.

Je crois qu'on peut voir dans cette disposition spéciale l'application à un cas particulier d'une règle générale qui serait celle-ci : Lorsque la loi prescrit une mesure de publicité pour donner effet à un acte à l'égard de certaines personnes, cette formalité ne peut pas être suppléée par la connaissance que ces personnes pourraient avoir de l'acte par d'autres moyens. Et cela est surtout vrai quand la publicité est exigée en vue d'un intérêt d'ordre public ; c'est précisément le cas ici ; il s'agit du crédit public.

Cette solution est admise sans contestation en matière d'hypothèques. Entre créanciers hypothécaires (art. 2134) le rang de préférence se détermine par la date des inscriptions ; on n'a jamais eu la pensée de dire qu'un créancier ayant hypothèque antérieure, pût opposer à un second créancier qui eût inscrit le premier, la connaissance que celui-ci aurait pu avoir de l'existence de l'hypothèque précédente.

Il est vrai sans doute que la loi a eu en vue seulement l'intérêt des tiers de bonne foi ; mais, pour arriver à cette protection des tiers de bonne foi, on a établi un système général qui doit protéger tous ceux qui ont, en traitant avec l'aliénateur, trouvé la formalité non remplie. Est-ce donc le seul cas d'une institution établie pour la protection de la bonne foi, et qui, précisément, pour que son but soit rempli, doive profiter exceptionnellement, je ne dis pas à la fraude à proprement parler, mais à une sorte d'indélicatesse réprouvée par la morale, mais que la loi se trouve incapable d'atteindre ?

D'ailleurs, on ne peut parler de mauvaise foi de la part d'une personne qui invoque le bénéfice d'une disposition légale, déclarant inexistant, quant à elle, le droit qui ne s'est pas révélé par la formalité établie par la loi elle-même.

Cette opinion a été combattue avec beaucoup d'habileté, je le reconnais, par M. Boissonnade (*Revue pratique*, t. XXX, p. 537). En sens contraire voyez au tome XXXI, p. 244, de la même revue un important article de M. Garsonnet.

Le point de départ de la thèse de M. Boissonnade est cette idée que la loi de 1855 n'a pas pu, contre la nature des choses, créer un droit de propriété qui n'existerait pas *erga omnes* ; c'est une chose contradictoire.

Vous reconnaissez là une conception que nous avons déjà plusieurs fois rencontrée. Je vous ai dit que la conséquence logique qui paraissait s'imposer, étant donné le point de départ, eût été la suppression du principe de l'article 1138, là où s'applique la loi de 1855. La transcription eût été envisagée comme un mode de transfert analogue à ceux du droit romain, en ce sens que jusqu'à la transcription, la propriété pour tout le monde eût été maintenue au profit du vendeur, tandis qu'une fois la propriété acquise elle eût passé à l'acheteur, et cela *erga omnes*. C'était à peu près le système de nos anciennes coutumes de nantissement. Ce n'est cependant pas cette conclusion logique qu'accepte M. Boissonnade. C'est même une conséquence tout opposée qu'il tente de faire prévaloir. Au lieu d'absorber le principe de l'article 1138 dans le système de la transcription, c'est la transcription elle-même dont il dénature le sens et la portée, pour empêcher qu'il soit porté une atteinte trop considérable à la règle de l'article 1138. C'est le principe de l'art. 1138 qui va dominer et défigurer le système de la transcription. Voici, en effet, quel est son raisonnement.

Il part de cette idée, en effet incontestable, que la convention transfère la propriété. C'est la règle nouvelle, absolument générale et formelle, établie par la loi. Seulement, le principe admis, si l'acquéreur négligent ne fait pas connaître aux tiers l'existence de son droit, il cause à ces tiers un préjudice dont la réparation lui incombe ; sous forme de réparation on ne lui permet plus de se prévaloir de son titre à leur encontre ; tel serait le système. La déchéance résultant du défaut de transcription ne s'expliquerait plus par l'efficacité du titre, mais par l'idée d'une obligation de responsabilité à la charge de l'acheteur qui a contribué à tromper les tiers. Mais, s'il en est ainsi, encore faut-il que les tiers aient été effectivement trompés. Comment donc faire la preuve de ce fait ? C'est alors que le système se complète par une seconde idée se référant à la question de preuve. Il se justifierait par ce fait que, lorsque le premier acquéreur n'a pas fait transcrire, il y a présomption que les tiers n'ont pas connu son droit. C'est là une présomption légale ; elle n'admet pas la preuve contraire en général, mais l'article 1352 fait une restriction et permet la preuve par l'aveu et le serment. La conclusion serait donc celle-ci : l'acquéreur qui n'a pas transcrit ne peut pas faire la preuve de la mauvaise foi des tiers qui auraient acquis la chose ultérieurement, du moins ne peut-il pas la faire par tous moyens de preuve ; mais il pourrait l'établir par l'aveu et le serment.

De sorte que la transcription ne se présenterait que comme

un moyen destiné à renverser une présomption légale résultant du défaut de publicité du titre. Elle substituerait une présomption à une autre. Et, quant aux effets résultant du défaut de transcription, ils auraient le caractère d'un mode de réparation à l'encontre d'une faute commise par celui qui n'a pas transcrit. On voit en effet que tout se ramène à une question de faute présumée, avec réparation adéquate ; c'est la conception qui porte le minimum d'atteinte, au moins théoriquement, au principe de l'art. 1138.

Sans doute l'idée première de M. Boissonnade est exacte ; la propriété a été transférée *erga omnes;* mais ce droit est réputé non avenu, quand il n'y a pas eu publicité, tout au moins à l'égard de certains tiers mentionnés à l'art. 3. A leur égard le droit de propriété reste inefficace, et l'art. 3 ne fait aucune distinction, selon la bonne ou la mauvaise foi de celui qui oppose le défaut de transcription ; il n'est question ni de préjudice ni de réparation. Il n'y a qu'une règle de crédit ; ce n'est pas une question de preuve, mais une question d'inefficacité du droit non publié (Cf. Cass., 5 juil. 1882, D. 83, 1, 350). Faire de la transcription une simple preuve légale, d'où résulterait, lorsqu'elle fait défaut, une présomption en sens inverse, et cela uniquement en vue d'un mode de réparation à l'égard des tiers, c'est dénaturer complètement le but et la portée de la loi de 1855. D'après elle, l'aliénation non transcrite est un acte non avenu à l'égard de certaines personnes, non pas en vertu d'une présomption admise par la loi, mais parce que la loi a voulu qu'il en fût ainsi et parce que le crédit l'exige. On n'a donc pas le droit, en se fondant sur une idée de présomption, d'admettre certaines exceptions au principe. Ce serait restreindre arbitrairement la portée de la loi et aller contre son but.

Cette doctrine est conforme à celle qui avait prévalu dans l'ancien droit à propos de l'insinuation des donations. Le donataire n'aurait pas pu prétendre que les personnes intéressées à se prévaloir du défaut d'insinuation avaient connu par ailleurs la donation.

La loi belge du 16 décembre 1851, qui, s'inspirant des travaux législatifs français de 1850 et 1851, a réformé avant nous le système du Code civil sur le régime hypothécaire, a établi la même mesure de publicité. Comme sanction elle déclare que, jusqu'à la transcription, les actes d'aliénation sont inopposables aux tiers qui eussent contracté sans fraude. Il semblerait dès lors qu'on dût écarter les tiers qui auraient traité avec l'aliénateur connaissant la première vente ; et cependant en Belgique on paraît avoir compris le trouble que causerait la possibilité de cette preuve, et on a interprété ce mot en ce sens que la loi avait voulu purement et simplement écarter la collusion frauduleuse.

Le deuxième point que je vous ai annoncé est celui de savoir si le tiers qui invoque le défaut de transcription pourrait être écarté par quelque fin de non recevoir, en dehors de celle qui vient d'être examinée.

Nous verrons sur l'art. 941, en matière de donation, que celui qui était tenu de faire transcrire dans l'intérêt de l'acquéreur ne pourrait pas se prévaloir contre l'acquéreur lui-même de ce défaut de transcription. C'est un tuteur par exemple qui, en présence d'une donation faite au pupille, devait requérir la transcription de l'acte ; c'est là une des hypothèses sur lesquelles statue l'art. 941. Cette fin de non recevoir s'appliquerait également, cela va de soi, s'il s'agissait d'une acquisition à titre onéreux. Le texte suppose que ce tuteur, dont je parle à titre d'exemple, se trouverait être au nombre des personnes qui auraient le droit d'invoquer le défaut de transcription, transcription qu'elles n'ont pas faite. Ainsi ce tuteur devient créancier hypothécaire du vendeur ; ce pourrait être une hypothèque judiciaire, et il veut la faire inscrire sur l'immeuble vendu ou donné au pupille, prétendant, pour la faire valoir, invoquer le défaut de transcription. L'art. 941 déclare que ce tuteur ne pourrait pas élever cette prétention, car c'est lui qui est en faute et il doit réparation au pupille ; donc il ne peut infliger au pupille le préjudice dont il devrait l'indemniser.

En règle générale, toute personne qui était tenue légalement de faire opérer la transcription ne peut pas opposer ce défaut de transcription, pour faire valoir ses droits comme tiers sur l'immeuble aliéné. Ceci s'appliquerait également au mari administrateur des propres de sa femme, et de même aux administrateurs des établissements publics.

Mais je considère que cette fin de non-recevoir qui serait ainsi invoquée contre ces administrateurs leur serait personnelle ; elle ne serait opposable qu'à leurs ayants-cause à titre universel. Ainsi, le tuteur qui a omis de transcrire est devenu propriétaire ; il a fait transcrire pour son compte ; puis il a constitué des droits au profit de tiers qui sont ainsi ses ayants-cause à titre particulier. Ces tiers ne seront pas évincés par la fin de non-recevoir invocable contre leur auteur. La solution que je vous donne est incontestable dans le cas de la loi de 1855, mais elle soulèverait au contraire de grandes difficultés en matière de donation. C'est un point sur lequel je reviendrai peut-être à propos de la transcription des actes à titre gratuit ; et encore ne suis-je pas très sûr d'avoir le temps de le traiter en détail. Tout cela est d'assez peu d'importance.

Un dernier mot encore pour en avoir terminé avec la loi de 1855. Supposons que l'acquéreur d'un immeuble en vertu d'une convention entre vifs se soit mis en règle au point de vue de la publicité ; il a fait transcrire ; quel est l'effet exact de cette transcription ? L'effet est déterminé par ce que nous avons dit du défaut de transcription. La transmission faite, l'acquéreur sera à l'abri des droits précédemment conférés par l'aliénateur. C'est en ce sens que l'on disait sous l'empire de la loi de Brumaire que la transcription consolidait la propriété. Mais il faut se garder de croire que la transcription mette la propriété à l'abri de toute contestation ; il ne faut pas oublier le principe de l'art. 2182, principe absolument certain du reste, mais dont la formule législative est sortie de cette obscure discussion à laquelle le projet donna lieu devant le Conseil d'Etat, et que je vous ai fait connaître. On crut bon, à la suite de cet échange d'observations, d'inscrire dans un texte, devenu l'art. 2182, la règle, en soi évidente, que le vendeur ne transmet que les droits qui lui appartiennent. Si donc l'on a traité avec quelqu'un qui n'était pas propriétaire, ou dont le droit était exposé à révocation ou annulation, la transcription ne met pas l'acquéreur à l'abri de ces causes d'éviction.

Si c'était le contrat même qui a investi l'acquéreur de la propriété qui fût entaché de nullité, la transcription ne pourrait nullement couvrir cette nullité. Et cela tient à ce que le mode d'aliénation se confondant désormais avec le contrat lui-même qui devait servir de cause à l'aliénation, il subit le contre-coup de toutes les nullités dont ce contrat pourrait être atteint; ces nullités, la transcription ne les efface pas. Elle ne les couvrirait pas, non seulement à l'égard, pour prendre cet exemple, de celui qui a été victime du dol ou de l'erreur, et entre les parties; mais elle ne les couvrirait pas davantage à l'égard des tiers, c'est-à-dire des sous-acquéreurs qui auraient intérêt à invoquer le droit de leur auteur et la transcription opérée par lui.

La transcription ne met donc les tiers à l'abri des clauses d'éviction qu'en un sens, en ce sens qu'elle les protège contre les autres ayants-cause de leur auteur. Il ne s'agit que d'une consolidation très relative, certains ont dit très insuffisante, de la propriété.

Je voudrais attirer, à ce propos, votre attention sur les législations étrangères qui ont admis des principes différents des nôtres, et principalement sur les lois prussiennes actuellement en vigueur (1). Je vous engage, en ce qui les concerne, à lire l'importante notice de M. Gide, en tête de la traduction qu'il a donnée des lois de 1872 dans l'*Annuaire de la Société de législation comparée* (*Annuaire de 1873*). Vous y verrez un système d'immatriculation dans des registres publics, appelés Livres fonciers, qui diffère du nôtre, soit en fait, soit en droit.

En fait, en ce sens que l'inscription n'est pas toujours personnelle, mais le plus souvent réelle; elle se fait alors au feuillet, non pas du propriétaire, mais au feuillet de l'immeuble; de

(1) Le système des lois prussiennes de 1872 a été remplacé, et en partie reproduit d'ailleurs, par la règlementation admise en cette matière par le nouveau Code civil allemand.

sorte qu'en se reportant à ce feuillet on trouve mention, et mention forcée, de toutes les mutations dont l'immeuble a été l'objet, et non pas seulement de celles qui proviennent du propriétaire avec lequel a traité l'acheteur. Peut-être devrais-je ici encore entrer dans quelques détails pour vous montrer comment, là où les registres sont tenus par feuillets personnels, il existe un système de références qui permet néanmoins de suivre toute la série de mutations dont l'immeuble a été l'objet, et de reconstituer toute la chaîne. Mais tout cela m'entraînerait trop loin ; il me suffit de vous avoir indiqué comment ce fonctionnement pratique aboutit à une publicité aussi complète que possible, puisque dans tous les cas elle permet de constater toutes les transmissions successives de chaque parcelle portée au cadastre. De cette façon, par conséquent et dans un système de ce genre, il est plusieurs solutions que j'ai dû accepter comme s'imposant chez nous, et dans lesquelles la transcription laisse certains acquéreurs sans protection suffisante, qui se trouvent forcément écartées, et cela pour le plus grand avantage du crédit.

Mais, abstraction faite du mode de constitution et de tenue des registres, ce système repose en outre sur une conception juridique très différente de celle admise chez nous ; et sur ce point on peut se demander si on n'a pas sacrifié à l'excès, au profit des exigences du crédit, quelques-uns des principes les plus essentiels, ceux qui touchent à la validité des contrats et par suite aux bases même de l'équité juridique. C'est qu'on admet, au moins d'une façon générale, — et je n'entre dans aucun détail, je ne fais qu'indiquer l'idée, — que l'inscription portée au registre au nom de l'acquéreur fait preuve de la légitimité du droit de cet acquéreur au regard et dans l'intérêt des tiers de bonne foi, de telle sorte qu'on ne puisse pas contester à leur préjudice la validité de son acquisition et l'annuler avec effet rétroactif. On ne veut pas qu'une annulation rétroactive puisse porter atteinte aux droits conférés aux tiers sur la foi du livre foncier.

C'est un simple aperçu de principe que je vous indique là ; je vous ai déjà laissé entrevoir les réserves que je serais tenté de faire sur le système lui-même pris dans ses conséquences extrêmes. Peut-être, si l'on en acceptait une adaptation plus modérée, pourrait-on le concilier avec les principes qui restent à la base de nos lois en matière de transactions immobilières. Mais je ne puis entrer dans aucun détail à ce sujet ; j'ai voulu simplement attirer votre attention sur une des questions les plus complexes qui se posent en ce moment en législation.

J'ai maintenant exposé dans ses termes généraux la théorie de la transcription appliquée aux actes translatifs à titre onéreux. Il me reste à l'étudier par rapport aux donations. Transcription des donations.

Je vous ai dit que dans le Code civil la transcription des actes portant donation avait été maintenue à titre exceptionnel, quoique le système de Brumaire eût disparu. Ceci est aujourd'hui admis par tous. On pourrait croire que le principe de Brumaire ayant été rétabli en 1855, il n'y eût plus à voir dans les dispositions relatives aux donations qu'une application particulière d'un système actuellement généralisé. Ainsi a fait la loi belge de 1851.

Mais les auteurs de notre loi n'ont pas suivi cet exemple ; ils ont formellement déclaré qu'ils entendaient réserver les règles du Code civil sur la transcription des donations (art. 11 de la loi du 23 mars 1855).

Ce texte fait allusion à deux ordres d'idées : les règles du Code civil sur la transcription des donations en général, et celles qui concernent la transcription des substitutions. Celles-ci pouvant être des dispositions testamentaires, l'application de la transcription à ces actes est quelque chose de tout à fait particulier, que je laisse en dehors de mes explications.

De ce que la loi nouvelle maintient les règles du Code civil sur la transcription des donations, cela implique ou semble impliquer *a priori*, que la réglementation admise par le Code civil, en ce qui touche la transcription des donations, peut n'être pas de tous points conforme à celle établie par la loi nouvelle pour les actes à titre onéreux. S'il y a des différences, elles subsistent ; voilà tout ce que veut dire le législlateur. La question sera de savoir quelles peuvent être ces différences.

Pour se rendre compte des textes du Code civil en cette matière, il faut prendre pour point de départ ce fait que le Code a maintenu pour les donations une publicité spéciale qu'il ne conservait pas comme règle générale ; et en admettant ce système transactionnel, les auteurs du Code ont été influencés, en tant qu'idée directrice, par les souvenirs de l'insinuation. C'est sous cette influence qu'ils se sont déterminés à maintenir en matière de donation une publicité abandonnée pour l'ensemble des aliénations de droits immobiliers. Et cependant, sous l'inspiration de ces souvenirs, ils ont emprunté, non pas aux anciennes ordonnances, mais à la loi de Brumaire, le procédé de publicité et la détermination des cas dans lesquels la publicité serait exigée.

Le système du Code civil ne nous donnera donc l'application pure et simple, ni de l'ancien système sur l'insinuation, ni de celui de la loi de Brumaire. Ce sera une combinaison, sorte de moyen terme, un mélange de l'un et de l'autre ; à chacun on a fait des emprunts ; et le Code civil s'est trouvé aboutir ainsi à quelque chose de spécial, qui n'est ni l'insinuation ancienne, ni la transcription de Brumaire.

Pour mieux marquer les emprunts que le Code a pu faire aux systèmes précédents, il nous faut premièrement comparer les deux formalités qui au moment du Code civil étaient appliquées cumulativement.

On aperçoit une idée commune : celle de publicité. Mais l'insinuation avait en vue la publicité de la donation comme donation ; la transcription avait en vue la publicité de la donation comme acte opérant transmission des biens susceptibles d'hypothèques. Il en résultait que l'insinuation s'appliquait sans distinguer la nature des biens donnés, meubles et immeubles. Il y avait toutefois des exceptions ; certaines donations étaient dispensées d'insinuation (*art. 21 et suiv. de l'Ordonnance de 1731);* mais cela tenait à d'autres considérations. Au contraire, la transcription n'était exigée qu'au cas de donations de biens ou droits susceptibles d'hypothèques.

L'Ordonnance de 1731, en ce qui concerne l'insinuation, avait accordé pour remplir la formalité un certain délai : quatre ou six mois, suivant que les personnes intéressées étaient ou non sur le territoire du royaume. Voici quel était le sens de ce délai ; l'Ordonnance lui avait attribué ce résultat que, si l'insinuation était opérée dans le délai fixé, elle avait un effet rétroactif, elle donnait effet à la donation du jour où elle s'était produite ; si elle n'intervenait qu'après le délai, elle n'était pas inefficace, mais la donation ne prenait date que du jour où l'insinuation avait eu lieu. Dans le système de Brumaire, aucune rétroactivité n'était donnée à la transcription, aucun délai n'était donné pour l'accomplir.

Enfin il y avait une troisième différence notable ; elle consistait en ce que les effets du défaut d'insinuation n'étaient pas les mêmes que ceux du défaut de transcription (*art. 20, Ordonnance de 1731*). L'insinuation était prescrite à peine de nullité de la donation, avec cette réserve cependant que cette nullité n'était pas opposable par tous les intéressés ; ainsi elle ne l'était pas par le donateur ; mais, chose remarquable, elle l'était par ses héritiers. Au contraire dans le système de Brumaire ce n'est pas la nullité de l'acte qui ressort du défaut de transcription ; ce que l'on décide, c'est que, dans un intérêt de crédit, la donation ne pourra pas être opposée, en tant qu'acte translatif, aux tiers ayant acquis des droits sur l'immeuble.

C'est sur ce point que la difficulté va s'élever dans le Code civil. Lequel des deux systèmes le Code civil a-t-il préférablement admis ?

Après ces préliminaires historiques, arrivons à nos textes. L'art. 939 détermine dans quels cas la transcription de l'acte de donation est exigée par la loi. L'article 941 indique la sanction du défaut d'accomplissement de cette formalité ; l'art. 940 indique quelles sont les personnes tenues de faire opérer la transcription ; et l'art. 942 les fins de non recevoir qui peuvent être opposées à qui invoque le défaut de transcription.

Domaine d'application de la transcription en matière de donations.

Nous aurons à étudier principalement les deux points suivants : dans quels cas la loi exige-t-elle la transcription ? et quel est l'effet du défaut de transcription ?

L'art. 939, répondant à la première question, emprunte le système de la loi de Brumaire ; et il en est de même quant au procédé de publicité. Quant aux biens en effet pour lesquels la transcription est exigée, l'art. 939 reproduit la même formule que celle de la loi de Brumaire : ce sont les biens susceptibles d'hypothèques. De même enfin pour ce qui est du lieu où doit se faire la transcription ; c'est au bureau des hypothèques comme dans la loi de Brumaire. Telle est l'économie générale du système ; il nous restera, pour en bien comprendre l'application, quelques questions de détail à passer en revue.

Xe LEÇON

TRANSCRIPTION DES DONATIONS : BIENS AUXQUELS ELLE S'APPLIQUE. — QUESTION RELATIVE AUX SERVITUDES. SANCTION DU DÉFAUT DE TRANSCRIPTION. — HISTORIQUE ET COMPARAISON AVEC LE SYSTÈME DE LA LOI DU 23 MARS 1855. — CAS CONTROVERSÉS : CONFLIT ENTRE DEUX DONATAIRES ; DROIT DES CRÉANCIERS CHIROGRAPHAIRES.

Je vous ai expliqué comment et pourquoi, à côté des règles générales sur la transcription, nous avons à nous occuper de la transcription des actes portant donation entre-vifs. Arrivant au texte de la loi, j'ai constaté que c'est au système de la loi du 11 Brumaire an VII que ce texte a emprunté, d'abord la nature même de la formalité, ensuite la détermination des cas dans lesquels cette publicité devait être effectuée pour procurer à la donation toute son efficacité. Il résulte très clairement des art. 939 à 941 que le régime actuel, à la différence du système admis en matière d'insinuation, n'est plus applicable aux donations d'objets mobiliers. La transcription n'est même pas exigée par l'art. 939 pour tous les immeubles. Elle ne l'est que pour les donations de biens susceptibles d'hypothèques ; or, aux termes de l'art. 2118, les seuls biens immeubles susceptibles d'hypothèques sont les immeubles par nature ou par destination et l'usufruit de ces mêmes immeubles. Tous autres biens, quoique immeubles, ne peuvent pas être grevés d'hypothèques. La transcription, d'après l'art. 939, sera donc exigée pour les actes de donations immobilières, soit en propriété, soit en usufruit.

A contrario, la transcription ne serait pas exigée pour les actes portant donation entre vifs de droits de servitudes foncières, ou de droits d'usage et d'habitation.

On a cependant contesté que la pensée des auteurs du Code civil, ou même des auteurs de la loi de Brumaire, eût été de mettre en dehors des actes devant être transcrits les transmissions ou constitutions de droits de servitudes ou d'usage et d'habitation. On disait que c'était un manque de logique ; car, si ces droits ne sont pas en soi susceptibles d'être hypothéqués, ils peuvent diminuer la valeur de l'immeuble, en tant que gage hypothécaire. Alors on a essayé de montrer qu'il était possible de plier au texte de l'art. 939 les donations relatives aux droits que j'ai mentionnés. On a fait remarquer qu'une servitude de passage par exemple, si elle n'est pas susceptible d'être hypothéquée en soi, comme droit distinct, est susceptible de l'être en tant qu'elle est l'accessoire du fonds auquel elle est due. Celui qui hypothèque le fonds dominant, hypothèque du même coup la servitude qui en augmente la valeur. Si on se place au point de vue de celui qui constitue la servitude, ne peut-on pas dire qu'il détache de la valeur de son immeuble une portion de cette valeur et que celle-ci pouvait être hypothéquée en tant qu'elle était comprise dans la pleine propriété? Ceci serait également applicable aux droits d'usage ou d'habitation.

Ces raisonnements n'ont pas prévalu ; la transcription, dans le système du Code civil, est une mesure exceptionnelle ; les textes qui l'établissent doivent donc être interprétés restrictivement. Il s'agit d'appliquer une déchéance au donataire ; et par suite, dans le doute, il faut trancher la question dans le sens de l'exclusion de la formalité. Y a-t-il même doute? Je ne crois pas. Le sens naturel des mots employés par la loi s'entend de biens qui, tels qu'ils sont établis, et tels qu'ils sont constitués, pourraient être hypothéqués ; et la loi de Brumaire était encore plus précise ; elle parlait d'actes translatifs de droits susceptibles d'hypothèques. C'étaient les droits en eux-mêmes, par leur nature, qui devaient pouvoir être hypothéqués. Il ne pouvait plus y avoir d'équivoque. Si donc l'art 939 a entendu reproduire la loi de Brumaire, la solution doit être encore la même aujourd'hui. D'autre part, si l'art. 939 devait comprendre tous les droits réels immobiliers, on ne verrait pas pourquoi il n'eût pas dit : toutes les donations d'immeubles. Donc la transcription n'est pas prescrite pour ces sortes de donations.

En est-il encore de même aujourd'hui ? Depuis la loi de 1855, la nécessité de la transcription n'a-t-elle pas été étendue virtuellement aux actes portant donation des droits de servitude, d'usage et d'habitation ? L'art. 2, en effet, de la loi de 1855 soumet à la transcription les actes constitutifs de ces droits, et l'art. 1er y soumet les actes translatifs des droits de servitude. C'est là une formule absolument générale ; ne faudrait-il pas en conclure que les donations de droits de cette nature doivent être transcrites ? Tout cela irait de soi, si la loi de 1855, dans son art. 11, ne déclarait en termes formels qu'il n'est point dérogé aux dispositions du Code civil relatives à la transcription des actes portant donation. Cette réserve n'implique-t-elle pas qu'on maintient aussi la dispense de transcription pour le cas où le Code civil n'exigeait pas cette dernière ? S'il fallait donner à l'art. 11 cette portée, la lacune, volontaire cette fois, que le législateur de 1855 aurait laissée dans son œuvre serait inexplicable. Comment ! Il a senti la nécessité d'organiser un régime de publicité pour tous les actes qui affectent la propriété immobilière de manière à en diminuer la valeur au point de vue du crédit hypothécaire, et il aurait réservé à titre d'exception le cas où les constitutions de droits de servitude, d'usage ou d'habitation, résulteraient d'un acte de donation ? Ceci doit déjà nous mettre en garde contre cette interprétation de l'art. 11.

Quant à moi, il ne me paraît pas que l'art. 11 nous condamne à admettre une décision aussi contraire à la logique législative. En mettant même à part la question qui nous occupe, l'art. 11 a une signification très utile et tout à fait conforme à l'esprit de la loi de 1855.

Il y a en effet une explication très satisfaisante à donner de cette réserve admise par l'art. 11, et qui est celle-ci : c'est que les dispositions du Code qui prescrivent la transcription pour les donations ont une sanction beaucoup plus large et plus énergique que les dispositions similaires de la loi de Brumaire reproduites par le législateur de 1855 ; et alors l'art. 11 a au moins voulu dire que, si la sanction établie par la loi de 1855 au regard des actes à titre onéreux, était moins complète et moins généralisée que celle applicable aux donations, il ne fallait pas que cette dernière pût être restreinte par l'application du système différent adopté par la loi nouvelle. Cette interprétation est dans l'esprit général de la loi de 1855, qui n'est pas d'affaiblir, mais de renforcer, le système de publicité du Code civil. Là où le Code civil a organisé une publicité spéciale, le législateur de 1855 ne veut pas toucher à cette réglementation préexistante. Voilà ce que signifie l'art. 11.

Cette observation est déjà suffisante pour décider que l'art. 11, ayant une portée satisfaisante avec l'interprétation que je viens de vous exposer, il ne faut pas l'entendre en un sens qui serait contraire à l'esprit de la loi de 1855.

Mais pour donner satisfaction à ceux qui exigeraient un raisonnement plus rigoureux, il est facile de se fonder sur les termes même de l'art. 11. Que dit-il au bout du compte ? Qu'il n'est point dérogé aux dispositions du Code civil relativement aux actes portant donation.

Il n'y est point dérogé : Mais, pour ce qui est des donations de servitude, le Code civil n'en parlait pas ; quelles étaient donc, en ce qui les concerne, ces dispositions visées par l'art. 11, et auxquelles il n'est pas dérogé ? Il s'agissait forcément de dispositions purement négatives, consistant en ce que, les constitutions à titre gratuit de servitudes n'étant pas soumises à la transcription, elles restaient sous l'empire du droit commun, relativement à l'effet des actes de transmission à l'égard des tiers. Aujourd'hui nous dirons de même : les actes qui nous occupent ne sont pas soumis à la transcription en tant que donations, mais soumis à la règle du droit commun ; seulement, la règle du droit commun a changé. Sous l'empire du Code civil, le droit commun, c'était l'absence de transcription ; aujourd'hui c'est au contraire la nécessité de faire transcrire. Sous le régime actuel les actes translatifs ou constitutifs même de servitudes sont soumis à la transcription ; et pour eux c'est précisément là le droit commun. Il en résulte que ces actes, bien que donations, puisqu'ils restent sous l'empire du droit commun, seront soumis à la transcription d'après les règles de la loi de 1855, et non d'après celle de la transcription en matière de donation. Ainsi quand il s'agira de savoir qui peut opposer le défaut de transcription de pareilles donations, nous n'aurons pas à consulter le Code civil, mais la loi de 1855. Vous voyez donc que de cette façon le texte, la lettre même, de l'art. 11 de la loi de 1855, se trouvent parfaitement respectés.

J'ai ainsi déterminé quelles sont les donations pour lesquelles la loi exige la publicité par voie de transcription. J'ai mis à part les donations pour lesquelles celle-ci doit s'accomplir d'après la loi de 1855.

L'art. 940 s'occupe des personnes qui peuvent être obligées à faire opérer la transcription pour le compte du véritable intéressé ; cela suppose que celui-ci est un incapable. Pour les mineurs et interdits, la transcription devra être faite à la diligence du tuteur. Il semble bien aussi que le curateur du mineur émancipé soit compris au nombre des personnes visées par l'art. 940 ; pour la femme mariée, l'obligation incombe au mari. Ici cependant il y aurait peut-être des distinctions à faire ; ainsi supposons qu'il s'agisse d'un bien dont le mari ne doit pas avoir l'administration, et qu'ensuite ce dernier n'ait pas autorisé l'acceptation de la donation, il est bien impossible de le rendre responsable du défaut de transcription. Cette liste n'exclut pas toute autre personne qui voudrait dans l'intérêt des incapables faire opérer la transcription ; il faut appliquer ici par voie d'analogie les art. 2139 et 2140 qui sont relatifs aux personnes ayant qualité pour requérir l'inscription d'hypothèque.

Quand il s'agit des personnes qui sont obligées de requérir la transcription, cette obligation est sanctionnée par une responsabilité pécuniaire pour le cas où l'inobservation de la formalité prescrite causerait un préjudice à l'incapable. Notez, en effet, l'art. 942 qui, reproduisant sur ce point le système des anciennes ordonnances, indique que le défaut de transcription peut être invoqué contre les personnes frappées d'incapacité. La garantie de ces dernières est donc la responsabilité de ceux qui n'ont pas requis la transcription ; ce n'est pas le droit de se prévaloir à l'égard des tiers de la donation même non transcrite.

Sanction du défaut de transcription.

Arrivons maintenant à la sanction des dispositions du Code civil relatives à la transcription des donations. C'est là vraiment la partie délicate de notre sujet; les difficultés qui s'élèvent en cette matière sur l'interprétation du Code civil n'ont rien perdu de leur intérêt depuis la loi de 1855, car c'est précisément dans cet ordre d'idées que l'art. 11 a entendu réserver l'application complète des règles du Code civil, en tant qu'elles sont spéciales aux donations. Le texte à consulter est l'art. 941.

Négligeons d'abord les exceptions, et prenons la disposition principale qui contient la règle. Le texte, au lieu d'énumérer par le détail ceux qui pourront opposer le défaut de transcription de la donation, procède par formule générale ; et celle qu'il adopte est précisément la formule finale de l'art. 27 de l'Ordonnance de 1731. Il nous dit que pourra opposer ce défaut de transcription « toute personne ayant intérêt ». On voit combien cette expression est différente de celle de l'art. 3 de la loi de 1855. Notre article est visiblement plus large. Il ne s'agit plus de réserver le droit d'invoquer le défaut de transcription à certains tiers se trouvant dans des conditions déterminées. Le texte dit : « toute personne ayant intérêt », sauf les exceptions; et parmi les personnes exceptées, on indique le donateur. Il s'en suit que le droit d'opposer le défaut de transcription appartient en principe à toute personne ayant intérêt à se prévaloir de ce que la donation n'a pas été transcrite.

Dans l'énumération des tiers ainsi protégés par l'art. 941 en matière de donation, nous devrons comprendre en premier lieu tous ceux que vise l'art. 3 de la loi de 1855. Ainsi, l'acheteur d'un immeuble aura le droit d'invoquer le défaut de transcription, si, avant que cette dernière ait été opérée, il a fait lui-même transcrire son acte de vente. De même un créancier à qui le donateur aurait conféré une hypothèque sur l'immeuble donné, ou plus généralement le créancier qui aurait acquis une hypothèque même après la donation, s'il eût pris inscription avant la transcription de la donation ; il aura le droit dans ce cas d'opposer le défaut de transcription.

Sur le même pied je place encore un second donataire du même immeuble. Vous vous rappelez que j'ai déjà donné cette solution en décidant qu'un donataire pouvait opposer le défaut de transcription même d'un acte translatif à titre onéreux; j'ai annoncé alors que je compléterais plus tard mon raisonnement. Relativement à l'acquéreur à titre onéreux, j'ai tiré ma démonstration de l'art. 3 de la loi de 1855 ; le donataire est un tiers ayant acquis des droits sur l'immeuble. Seulement je dois revenir sur cette démonstration, au moins relativement à un point que j'avais renvoyé à la matière que j'étudie en ce moment. Ceux en effet qui n'admettent pas qu'un donataire, même ayant transcrit, puisse opposer le défaut de transcription à un acquéreur à titre onéreux, antérieur à lui, et qui donnent la même solution lorsqu'il s'agit d'un acquéreur à titre gratuit invoquent certains arguments nouveaux.

Supposons le conflit s'élevant entre deux donataires successifs. Je donne la préférence à celui qui le premier a fait transcrire, quelle que soit la date des titres.

Cette solution trouve un appui très ferme dans l'art. 941 ; le second donataire est une personne ayant intérêt. Il semblerait déjà que cela dût suffire. Mais ce qui confirme pour notre cas particulier cette manière de voir, c'est que l'art. 941 reproduit en principe, et sauf exception, les règles admises en matière d'insinuation par l'Ordonnance de 1731. L'art. 27 de cette Ordonnance mentionnait expressément les donataires postérieurs au nombre des personnes qui pouvaient opposer le défaut de transcription de la donation. La démonstration semble donc achevée ; elle résulte de la lettre du texte et de son histoire. Il est vrai que la valeur de cet argument dépend de la relation qu'il y aura à établir entre l'art. 941 et le système de l'insinuation. On a allégué en outre que l'intérêt auquel la loi fait allusion doit être l'intérêt d'une personne exposée à subir une perte ; mais j'ai déjà répondu à cette objection à propos de l'art. 3 de la loi de 1855.

J'ai hâte d'arriver à l'argument nouveau dont j'avais réservé l'explication en vue de la controverse que je vous expose. Qu'importe, a-t-on dit, que le second donataire puisse invoquer le défaut de transcription ? Il n'aura rien à y gagner ; car la seconde donation est un acte accompli en fraude du premier donataire, et par suite elle sera toujours fatalement révoquée. Vous reconnaissez, sous cet expédient, l'allusion déjà faite à plusieurs reprises à l'action paulienne ; et lorsque cette dernière est dirigée contre un acte à titre gratuit, on sait qu'il n'y a pas à établir que le tiers bénéficiaire de l'acte ait été complice de la fraude : même de bonne foi, il sera évincé. Quel intérêt aurait-il par suite à opposer le défaut de transcription en vue de faire valoir sa propre donation, si cette donation doit être considérée comme inefficace à l'égard du premier donataire ? Mais on a répondu à cet argument en faisant remarquer qu'il n'est pas du tout sûr que dans tous les cas le second donataire soit exposé à l'action paulienne. Sans parler du cas où ce serait un héritier du donateur qui eût fait la donation, et qui par conséquent fût de bonne foi, ce qui exclurait l'action paulienne, il y a d'autres cas où l'on peut soutenir que, même s'il s'agit de donation, il faut exiger la complicité du donataire ; ainsi les constitutions de dot. Il y a plus ; l'action paulienne suppose chez l'auteur de l'acte fraudatoire, insolvabilité au sens de l'action paulienne ; et s'il n'y a pas insolvabilité en ce sens très spécial, le premier donataire se retournera contre le donateur, mais n'aura pas de recours contre le second donataire.

Il résulte de là que, dans beaucoup de cas, le droitdu second donataire sera à l'abri de l'action révocatoire et que par conséquent le droit qu'il a d'opposer le défaut de transcription ne sera pas fatalement tenu en échec par la perspective de l'action paulienne.

On a encore invoqué un argument de texte très spécial. Il se tire de l'art. 1072. Il s'agit de la transcription d'une donation contenant charge de rendre, et l'art. 1072 décide que le défaut de transcription de cet acte ne pourra pas être opposé aux appelés par les donataires tenant leur droit de l'auteur de la disposition, ou par ses légataires et héritiers.

Voilà donc un acte qui peut être une donation ; il est soumis à la transcription, et s'il n'a pas été transcrit, le défaut de transcription ne peut pas être opposé par un second donataire. N'en résulte-t-il pas qu'un second donataire ne puisse jamais opposer le défaut de transcription d'une donation ? Sans doute, l'art. 1072 parle du conflit qui s'élèverait entre ce donataire et les appelés ; mais ne devrait-on pas l'interpréter en ce sens que c'est l'acte dans son ensemble, et en tant que donation, qui se trouverait échapper à tout recours de la part d'un second donataire, même s'il n'a pas été transcrit ? En d'autres termes, c'est la donation faite au grevé qui, à l'égard d'un second donataire, se trouverait valoir et être parfaite, même sans qu'il y ait eu transcription. Et, en effet, certains auteurs ont voulu donner cette portée à l'art. 1072.

Je réponds à cette objection que l'art. 1072 est la reproduction de l'art. 34 de l'Ordonnance d'août 1747 sur les substitutions ; et cependant, dans notre ancien droit, l'Ordonnance de 1731 sur les donations admettait le donataire en second ordre à invoquer le défaut d'insinuation de la donation. Puisque ces deux dispositions coexistaient autrefois sans se détruire ni se contredire, il ne peut pas y avoir davantage contradiction entre l'art. 941 et l'art. 1072. Je renvoie d'ailleurs l'explication de l'art. 1072 en ses lieu et place ; j'ai voulu seulement vous montrer, par l'histoire même des précédents, que ces deux dispositions n'étaient pas forcément inconciliables. Je devais insister sur ce conflit ; car, s'il était vrai qu'un second donataire ne pût opposer le défaut de transcription contre un premier donataire, *a fortiori*, ne le pourrait-il pas contre un acquéreur à titre onéreux ; et cette dernière solution je ne l'ai pas admise.

Jusque-là nous sommes restés dans le cercle de l'art. 3 de la loi de 1855, en ce sens que nous n'avons passé en revue que des personnes qui seraient au nombre des tiers visés par l'art. 30. Mais la formule de l'art. 941, dans les termes du texte tout au moins, est beaucoup plus large. Et de là est née la question suivante : ne faut-il pas reconnaître à certaines personnes ayant intérêt le droit de se prévaloir du défaut de transcription, alors que ces personnes ne sont pas de celles qui ne pourraient pas s'en prévaloir s'il s'agissait d'actes à titre onéreux ?

Sur ce point, et comme tendance générale, nous trouvons deux opinions en sens inverse. D'après l'une, l'art. 941 reproduirait uniquement le système de Brumaire, aujourd'hui par conséquent celui de la loi de 1855. D'après l'autre, il ne serait que la reproduction exacte du régime de l'Ordonnance sur l'insinuation ; il faudrait en accepter encore toutes les solutions.

Comme point de départ, je crois que cette dernière opinion est beaucoup plus près de la vérité ; il faut poser en règle que l'art. 941 s'inspire du système de l'insinuation bien plus que de celui de Brumaire. Mais je ne pousse pas jusqu'au bout les conséquences de cette idée ; je crois qu'il s'est glissé entre les deux systèmes, celui de l'insinuation et celui de la loi de Brumaire, une différence de principe qui ne nous permet plus d'aller aussi loin que dans le système de l'insinuation, tel qu'il ressort de l'ordonnance de 1731.

Pour comprendre la difficulté de principe, il faut examiner la question dans ses applications pratiques. Il y a sur ce point trois catégories de personnes au sujet desquelles des doutes se sont élevés : 1° Les créanciers chirographaires ; 2° les héritiers ou successeurs à titre universel ; 3° un légataire à titre particulier du donateur.

Nous avons décidé, en matière d'actes à titre onéreux, que, ni les créanciers, ni certainement les héritiers, ni enfin, quoi que ce soit plus discutable, les légataires à titre particulier, n'étaient en droit d'opposer le défaut de transcription.

Il faut reprendre ces questions à l'égard des donations.

Pour les créanciers chirographaires je pense que, lorsqu'il s'agit d'une donation, ils ont le droit de se prévaloir du défaut de transcription et c'est en effet l'opinion généralement admise. On ne peut nier d'abord qu'ils soient compris dans les termes de l'art. 941 ; ils ont intérêt à se prévaloir du défaut de transcription. Mais c'est ici que l'un des deux systèmes généraux auxquels j'ai fait allusion, objecte que l'art. 941 doit s'expliquer par référence à la loi du 11 Brumaire an VII et que par conséquent : « personnes qui ont intérêt » cela doit s'entendre uniquement de personnes qui ont acquis des droits sur l'immeuble. Cette affirmation n'a plus guère de partisans qui la soutiennent encore aujourd'hui. Elle pouvait invoquer en sa faveur un fait qui soit de nature à frapper au premier abord. C'est qu'en définitive, lorsque les auteurs du Code ont eu à pourvoir à la publicité des donations, ils n'ont pas transporté dans leur système la formalité de l'insinuation, mais celle de la transcription ; logiquement ils ont dû lui emprunter sa sanction. Ce n'est pas ma manière de voir.

Et je fais ici le rapprochement que j'ai déjà indiqué entre l'art. 941 et l'art. 27 de l'Ordonnance de 1731. Celui-ci était ainsi conçu : « Le défaut d'insinuation pourra être opposé par tels, tels, etc. — et généralement par tous ceux qui y auront intérêt ». — Voilà justement le système de l'art. 941 : c'est la même formule. Il a supprimé l'énumération donnée par l'art. 27 de l'Ordonnance comme inutile, mais il s'est approprié la formule générale qui la résume et qu'il faut entendre, en principe tout au moins, avec la portée qu'elle avait en ancien droit. Il en résulte une première conséquence certaine ; c'est que le texte, pris au moins dans sa lettre, est emprunté, non pas à la loi de Brumaire, mais à l'Ordonnance sur l'insinuation. Ceci étant, ne devons-nous pas expliquer l'art. 941 par l'Ordonnance à moins que quelque principe nouveau n'y mette obstacle ? C'est la solution qui me paraît se dégager très nettement de tous ces précédents historiques ; et par suite, il faudra reconnaître aussi que la sanction aura été empruntée à l'Ordonnance elle-même ; et j'entends cela, non pas du caractère même de la sanction, puisque sous ce rapport les effets du défaut de transcription, en soi, seront ce qu'ils étaient sous la loi de l'an VII, mais de son étendue et de sa portée, en ce qui concerne par conséquent les personnes que l'on a voulu protéger. Pour savoir quelles seront ces dernières, ce n'est pas à la loi de Brumaire qu'il faudra se reporter, mais à l'Ordonnance de 1731. Voilà le principe, sauf peut-être une exception, que j'aurai à vous indiquer prochainement. Si le principe est admis, nous constatons que les créanciers étaient compris dans l'énumération de l'art. 27 de l'Ordonnance.

Enfin, si cette solution avait besoin qu'on lui donne une base encore plus solide, j'en trouverais la preuve, cette fois très certaine, dans les travaux de la commission de l'an VIII (FENET, T. II, p. 284). Le texte du projet (art. 55) inscrivait comme sanction exactement le système de la loi de Brumaire ; il y avait le mot d'insinuation, mais au fond c'était le système de la transcription. Or la section de législation proposa de substituer la transcription à l'insinuation ; voilà la modification qui s'est opérée. Le projet de la section de législation ne contenait rien sur la sanction ; elle paraissait s'en référer à la loi de Brumaire. Mais dans la rédaction dernière on trouve un nouvel article (art. 51) qui, loin de reproduire la sanction de la loi de Brumaire proposée par l'ancien art. 55, formule la règle posée par l'art. 941 actuel. Qu'est-ce à dire ? C'est que, ayant été entendu qu'on n'appliquait pas la transcription comme règle générale mais comme formalité spéciale, on revenait alors au système de l'insinuation. Et cela s'explique très bien, comme je viens de vous le laisser entendre, par la décision que l'on venait de prendre de rejeter la transcription en matière d'aliénation à titre onéreux. Tant qu'on avait cru qu'elle avait chance d'être admise, on avait vu une raison d'uniformité, en soi très légitime, à appliquer le même système à tous les actes de transmission d'immeubles, qu'ils soient à titre gratuit ou à titre onéreux. Mais, du moment que l'on venait de restreindre le système aux donations, il n'y avait plus de motifs pour emprunter le système un peu étroit de la loi de Brumaire ; on revenait alors et très logiquement aux traditions admises antérieurement en matière de donations. Il y a là une suite de raisonnements qui se laisse très facilement apercevoir.

Nous pouvons donc, comme conclusion générale, admettre, que les créanciers chirographaires du donateur seront au nombre des personnes visées par l'art. 941, comme ayant le droit d'opposer le défaut de transcription de la donation.

XIe LEÇON

TRANSCRIPTION DES DONATIONS : DROIT DES CRÉANCIERS D'OPPOSER LE DÉFAUT DE TRANSCRIPTION. — QUESTION RELATIVE AUX HÉRITIERS. — CONTROVERSE EN CE QUI TOUCHE LES LÉGATAIRES A TITRE PARTICULIER. — FINS DE NON RECEVOIR AU DROIT D'OPPOSER LE DÉFAUT DE TRANSCRIPTION. — PRESCRIPTION ACQUISITIVE : HISTOIRE, GÉNÉRALITÉS.

Nous avons dit que, contrairement à la solution admise par la loi de 1855, en ce qui touche les actes à titre onéreux, les créanciers d'un donateur pouvaient opposer le défaut de transcription de la donation, à supposer qu'il s'agisse d'immeuble ; l'idée est certaine ; montrons-en quelques applications.

Supposons par exemple la donation d'un immeuble faite par Primus à Secundus qui n'a pas transcrit ; et un créancier de Primus pratique une saisie des loyers et fermages de l'immeuble donné. Le donataire prétend que, antérieurement à la saisie, il est devenu propriétaire de l'immeuble à lui donné ; la saisie l'emporte et prévaut contre cette prétention. Le saisissant invoquera l'art. 941 ; il en a le droit.

Voici une autre conséquence, que j'emprunte toujours aux espèces sur lesquelles j'ai examiné la question, ou plutôt une question analogue, à propos de la loi de 1855. Le donateur, après coup, a donné l'immeuble à bail ; le preneur se trouve en présence du donataire qui, bien que n'ayant pas transcrit, lui oppose sa donation ; le preneur a le droit d'invoquer le défaut de transcription pour faire valoir son bail, que nous supposons inférieur à dix-huit ans. Dans ce dernier cas la question se poserait, en effet, de savoir si la loi de 1855, qui soumet les baux de plus de dix-huit ans à transcription, ne serait pas venue modifier la solution que l'on aurait dû donner à cet égard sous le régime du Code civil ; et la difficulté, qui d'ailleurs est assez complexe et dans les détails de laquelle je ne veux pas entrer, se rattacherait encore, par un côté tout au moins, à l'interprétation de l'art. 11 de la loi de 1855. La question qui se poserait, à ce point de vue spécial, serait très voisine de celle que j'ai examinée à propos des donations de servitudes.

Autre exemple : Le donateur était un commerçant ; et avant que le donataire eût fait transcrire, le donateur a été déclaré en faillite ; la masse de la faillite, masse chirographaire, a le droit de se prévaloir du défaut de transcription pour faire maintenir l'immeuble dans l'actif de la faillite. Il faut reconnaître ce droit à la masse indépendamment de toute inscription d'hypothèque prise par le syndic : il suffit pour l'application de l'art. 941 qu'il s'agisse de personnes ayant intérêt. Toutes ces solutions sont juste l'opposé de celles que vous ai données pour les mêmes hypothèses en ce qui concerne l'application de la loi de 1855.

Enfin, supposons qu'un créancier chirographaire pratique une saisie sur l'immeuble qui avait fait précédemment l'objet d'une donation non transcrite ; ce créancier saisissant pourra-t-il maintenir sa saisie à l'encontre de la donation ? Oui certainement, si notre créancier non seulement a fait pratiquer la saisie avant la transcription de l'acte de donation, mais si en outre il a fait transcrire lui-même la saisie. Mais il y a des auteurs qui vont plus loin et qui pensent que le créancier saisissant a le droit de faire valoir sa saisie contre les prétentions du donataire par cela seul que celle-ci a été pratiquée avant que la donation fût transcrite.

C'est une opinion qui ne me paraît pas exacte. En effet, la saisie d'un immeuble par elle seule ne met pas obstacle à la faculté du propriétaire de l'immeuble saisi de l'aliéner ; ce n'est qu'à partir de la transcription de la saisie que les actes de disposition que pourrait pratiquer le saisi sont nuls à l'égard du saisissant. Si donc le lendemain de la saisie l'aliénation peut encore être faite, sauf le cas de fraude, comment la saisie mettrait-elle obstacle à la régularisation d'une aliénation antérieurement faite ? Pour que le créancier puisse invoquer l'art. 941, il ne suffit pas qu'il soit intéressé au sens de l'art. 941 ; il ne suffit même pas qu'il ait mis son droit en mouvement, il faut qu'il se soit mis dans une situation telle qu'il eût le droit de s'opposer aux actes de disposition de son débiteur, à ceux tout au moins qui pourraient nuire au sien.

De ce droit des créanciers, tel que je viens de vous l'exposer, on a voulu tirer cette autre conséquence que l'acquéreur à titre onéreux d'un immeuble pourrait opposer le défaut de transcription de la donation, alors même que lui-même n'eût pas fait transcrire. En effet, dit-on, cet acquéreur à titre onéreux, n'ayant pas fait la transcription de l'acte, ne peut pas, en tant qu'il serait devenu propriétaire, opposer son droit au donataire ; mais il est au moins créancier du donateur, et s'il ne peut pas invoquer son droit d'acquéreur, il peut invoquer son titre de créancier.

Assurément on ne veut pas dire que, par cela seul que Primus a acheté l'immeuble auparavant donné, il a le droit de faire prévaloir son titre à l'encontre du donataire qui n'aurait pas transcrit ; ce serait insoutenable ; l'acheteur est bien un créancier, mais pour invoquer le défaut de transcription, il faut qu'il puisse se trouver dans une situation où le vendeur, son débiteur, ne soit plus en état de faire échec à son droit, ce qui n'arrivera que par la transcription de son titre.

Si donc nous devons supposer que ni le donataire ni l'acquéreur à titre onéreux n'ont fait transcrire, cela devient bien peu pratique. En tout cas, si un procès s'élève, l'un des deux au moins se hâtera d'aller faire transcrire ; il semble donc oiseux de discuter cette question.

Remarquons d'ailleurs que la question qui se pose entre un donateur et un acquéreur à titre onéreux dont aucun n'a fait transcrire pourrait s'élever également entre deux acquéreurs à titre onéreux dont aucun n'eût transcrit.

La question serait alors celle-ci : Quand deux acquéreurs à

titre onéreux n'ont pas transcrit, qu'elle est la règle ? Assurément, et il n'y a pas de doute possible, c'est celle de l'ancienneté des titres. Il faut décider de même dans le conflit entre acquéreur à titre onéreux et donataire.

Il va de soi *à fortiori*, si les créanciers même chirographaires sont admis à opposer le défaut de transcription de la donation, qu'un créancier hypothécaire saisissant aurait le même droit, puisque, comme tel, il agit en tant que chirographaire, et sans même avoir besoin de se prévaloir de son hypothèque. Il saisirait alors le bien donné sur son débiteur, et non sur le tiers détenteur: et nous avons vu, à propos de la loi de 1855, l'intérêt qu'il y trouverait.

La position que j'ai prise au sujet de la question relative aux créanciers chirographaires ne va-t-elle pas m'imposer en quelque sorte une solution analogue au regard des héritiers ?

Les successeurs à titre universel du donateur peuvent-ils opposer au donataire le défaut de transcription de la donation ? Le raisonnement que nous avons fait en ce qui touche les créanciers devrait aboutir en effet à une réponse affirmative. J'ai démontré que le système de l'art. 941 se rattache à celui de l'insinuation. J'ai admis que le texte du Code civil est sur ce point la reproduction de l'art. 27 de l'Ordonnance de 1731, en ce sens qu'il lui emprunte sa formule générale. Il est vrai que cet article 27 mentionnait formellement les héritiers, ce que ne fait pas l'art. 941. Mais celui-ci n'avait pas à faire l'énumération des tiers admis à opposer le défaut de transcription, il n'avait qu'à reproduire le principe ; cela comprend tout. Il faut ajouter que l'art. 941 admet certaines exceptions au droit qui appartient en général à tout intéressé d'invoquer la sanction établie par la loi en matière de transcription des donations ; or parmi ces exceptions, nous n'en rencontrons aucune visant les héritiers ; et c'est là une liste limitative. Les héritiers sont donc dans la règle, étant personnes intéressées. D'ailleurs, cette omission paraît bien être intentionnelle ; car le texte primitif, en ce qui concerne les exceptions dont je viens de parler, était formulé de façon à comprendre les ayants-cause du donateur, ce qui a été restreint aux ayants-cause de ceux qui devaient faire opérer la transcription (Locré, t. XI, p. 345).

On dit encore : le but de l'Ordonnance était de protéger surtout les héritiers du donateur contre le danger pour eux d'accepter une succession qu'ils croyaient opulente, dans l'ignorance où ils auraient pu être de l'existence d'une donation antérieure. Ainsi supposez la donation d'un immeuble dont le donateur se serait réservé l'usufruit ; voilà une disposition trompeuse, qui empêchera les héritiers de se rendre un compte exact du montant de l'actif héréditaire. Ils pourront se méprendre sur la valeur de la succession et négliger d'accepter sous bénéfice d'inventaire. L'Ordonnance s'était préoccupée des héritiers à ce point de vue. Le Code civil n'a-t-il pas fait de même ? Certainement, dit-on ; et la preuve en est dans l'art. 783, qui permet à l'héritier acceptant de se faire relever de son acceptation quand il découvre un testament diminuant la succession de plus de moitié. On protège donc l'héritier contre la découverte d'une donation testamentaire, et non contre la découverte de donations entre vifs. En vain l'héritier alléguerait-il qu'il a ignoré la donation et que celle-ci lui enlève plus de la moitié de la succession, on ne l'admet pas à rescision. N'est-ce pas la preuve qu'il n'a pas à redouter la révélation d'une donation inconnue ? C'est donc qu'aucune donation non transcrite ne pourra lui être opposée ; et, si elle est transcrite, il a dû la connaître. Il faudrait en conclure que forcément le Code civil admettait comme point de départ, et comme allant de soi, le droit pour les héritiers d'opposer le défaut de transcription en matière de donation.

En dépit de toutes ces raisons, ce n'est cependant pas cette solution que je vous proposerai d'adopter. Tout d'abord, comme observation générale, je dis que les héritiers n'ont pas, en principe, d'autres droits que ceux de leur auteur ; à moins d'une exception formelle, ou à moins que le contraire ne soit prouvé. C'est là une règle fondamentale. Ceci posé, nous avons un texte, et c'est l'art. 941 lui-même, qui enlève au donateur le droit de se prévaloir du défaut de transcription. Ce droit qu'il n'a pas, comment le transmettrait-il à ses héritiers ? En d'autres termes, la disposition qui exclut le donateur du droit d'opposer le défaut de publicité doit avoir pour effet, à moins d'exception formelle, d'exclure également ses héritiers.

L'art. 941, comme je viens de vous le rappeler, fait une exception absolument expresse à l'encontre du donateur ; il faudrait donc prouver que cette exception ne s'applique pas aux héritiers, et qu'en parlant du donateur on n'a pas voulu comprendre ces derniers. Sans doute, l'Ordonnance de 1731 mentionnait aussi le donateur comme étant déchu du droit d'invoquer la nullité résultant du défaut d'insinuation, et nous n'en tirons pas cette conséquence qu'il en eût été de même pour ses héritiers. Mais il y a, pour s'opposer à cette conclusion, une raison excellente que vous connaissez bien. En même temps que l'Ordonnance plaçait le donateur parmi les personnes à qui s'appliquait l'exception, elle énumérait les héritiers parmi celles pouvant invoquer la règle. Il y avait une dérogation formelle au principe que les déchéances, comme les droits, sont transmissibles aux héritiers. Cette dérogation, nous ne la trouvons plus dans l'art. 941 du Code civil.

Il est exact sans doute que dans la rédaction du projet on avait ajouté que, non seulement le donateur, mais aussi ses ayants-cause, auraient été exceptés du droit d'invoquer le défaut de transcription ; et cette dernière mention, celle relative aux ayants-cause, a été supprimée. On en conclut que ceux-ci ne sont plus dans l'exception mais dans la règle, comme sous l'empire de l'Ordonnance. Je réponds que, si on eût maintenu cette rédaction, on aurait enlevé du même coup toute sanction efficace au droit qui est accordé par la loi de se prévaloir du défaut de transcription ; l'expression en effet était trop générale, puisqu'elle eût compris même les ayants-cause à titre particulier, les acheteurs, les créanciers et autres. Il fallait bien la supprimer.

Le seul argument puissant est que l'art. 941 reproduit, comme je l'ai admis, le système de l'Ordonnance.

Ce que je dois démontrer, c'est donc que, tout en reproduisant ce système, le Code, en ce point, a rompu avec l'idée traditionnelle que la transcription est exigée dans l'intérêt, non seulement des tiers et créanciers, mais dans l'intérêt également des héritiers. La preuve de ce changement de conception ressort, à n'en pas douter, de ce fait que la loi actuelle ne prescrit plus la publicité de toutes les donations, comme la loi ancienne : les donations mobilières, même de sommes à payer au décès, ne sont plus soumises à la publicité. Si on avait eu en vue les héritiers, n'aurait-il pas fallu les protéger contre une donation de meubles aussi bien que contre une donation d'immeubles ?

Cette observation répond déjà par avance à l'objection tirée de l'art. 783. S'il s'agit de donations mobilières, la loi ne protège pas l'héritier contre la révélation de cette donation ; et cependant s'il s'agissait d'un legs purement mobilier, l'art. 783 serait applicable. La loi a donc admis une différence sous ce rapport entre le legs et la donation ; elle accepte qu'à l'égard de certaines donations, même restées occultes, les héritiers soient désarmés. Et par conséquent l'article 783 ne peut plus rien prouver.

Maintenant, quand on va au fond des choses, on voit qu'il s'est produit, d'une manière peut-être inconsciente, un changement radical dans le système de publicité relatif aux donations. Sous le régime de l'ordonnance, l'insinuation était prescrite à peine de nullité. Aujourd'hui, la loi exige la transcription pour certaines donations seulement ; comme sanction elle ne prononce pas la nullité ; l'effet du défaut de transcription est de produire uniquement l'inefficacité de l'acte comme transmission de droit susceptible d'hypothèque. Ce qui est annulé, c'est la transmission du droit à l'égard de certaines personnes ; et alors, si c'est là tout l'effet de la transcription, l'héritier aurait beau dire au donataire qu'à son égard la donation n'est pas transcrite et que la transmission est inefficace, le donataire vis-à-vis de l'héritier pourrait toujours demander l'exécution de cette transmission ; alors, à quoi lui servirait-il d'avoir méconnu, quant à lui, l'existence du transfert de propriété, tel qu'il avait été réalisé par la donation ?

Il y a de ce changement de conception un signe bien manifeste qui nous fournit une raison de plus à ajouter à toutes celles que je viens de vous énumérer. L'ordonnance ne permettait pas d'opposer aux héritiers la clause obligeant le donateur ou ses héritiers à faire transcrire. Dans le système de l'ordonnance, les héritiers pouvaient alléguer la nullité de la donation non transcrite, alors même que le donateur aurait pris l'engagement d'en faire la transcription. C'était une clause accessoire de la donation, nulle comme la donation elle-même pour défaut d'insinuation. Aujourd'hui, une pareille clause obligerait les héritiers ; ils ne pourraient certainement pas opposer le défaut de transcription ; c'est donc que le système a changé. Et, alors, ce qu'ils ne pourraient faire au cas de convention, il ne doivent pas pouvoir le faire, même quand il n'y a pas eu engagement spécial à cet effet de la part du donateur. C'est qu'en effet il n'y a pas besoin de convention pour que les héritiers succèdent à la situation juridique de leur auteur. Si donc celui-ci était irrecevable à opposer le défaut de transcription, il doit en être de même de ses héritiers.

Dans l'ancien droit il ne faut pas oublier que le donataire avait un délai pour faire opérer l'insinuation, et pourvu que celle-ci ait eu lieu dans le délai, la donation était consolidée rétroactivement. De sorte que la donation étant faite, le donataire, même à l'égard des héritiers, avait le droit de faire valoir la donation en transcrivant dans le délai prescrit. Dans le Code civil ce délai n'existe plus ; si on admettait les héritiers à opposer le défaut de transcription, il pourrait arriver que, la donation étant faite aujourd'hui et le donateur mourant le lendemain, les héritiers opposent le défaut de transcription, avant toute diligence possible de la part du donataire ; de la sorte, les héritiers pourraient donc de toutes façons méconnaître la donation, sans que le donataire ait la moindre possibilité de s'y opposer. Voilà qui change singulièrement les choses. La donation même parfaite serait à la merci d'un accident.

A propos de la loi de 1855, j'ai décidé que les légataires n'étaient pas au nombre des tiers admis à se prévaloir du défaut de transcription d'un acte à titre onéreux antérieur au testament ; que déciderions-nous si cet acte était à titre gratuit ?

Cette fois, nous ne pouvons plus écarter les légataires par le même raisonnement que celui admis sous l'empire de la loi de 1855, puisque le droit dont nous parlons, d'après l'art. 941, est reconnu à tout intéressé. Nous ne trouvons plus de texte analogue à l'art. 3 de la loi de 1855, ne visant que les tiers qui aient eux-mêmes un droit soumis à la publicité.

Cependant, après bien des hésitations, je ne crois pas pouvoir admettre les légataires à opposer le défaut de transcription. Ce n'est pas que j'invoque, pour trancher la question, le motif, que l'on donne parfois, qu'un légataire ne peut faire prévaloir son droit au préjudice d'un créancier. Je ne puis insister sur ce point ; il faudrait pour vous faire apercevoir la portée exacte de cet argument beaucoup de développements et de distinctions, dans lesquels je ne puis m'engager.

Pourquoi donc, en un mot, ne plus reproduire encore ici le système de l'Ordonnance ? C'est que sur un point important le système a changé. Dans le droit actuel, la donation n'est plus annulée ; elle demeure efficace dans les rapports entre le donataire et les héritiers du donateur. La prétention du légataire est de soutenir qu'on a pu le rendre propriétaire malgré la donation antérieure ; mais avant de savoir si ce legs a pu être translatif de propriété, il faut savoir s'il est valable. Or le legs de la chose d'autrui n'est pas valable. Dans notre hypothèse la chose est aliénée au regard du testateur et de ses héritiers ; il faudrait donc savoir si le testateur a voulu imposer aux héritiers l'obligation de fournir au légataire une chose qui, à leur égard, est sortie du patrimoine. Cette interprétation étant peu vraisemblable, au moins s'il y a doute, il faut ici encore sacrifier le légataire.

Fins de non recevoir au droit d'opposer le défaut de transcription.

Nous savons ainsi sous quelle sanction spéciale la loi exige en certains cas la transcription des actes entre vifs. Y a-t-il des fins de non recevoir opposables aux personnes intéressées qui invoqueraient le défaut de transcription ? Nous supposons évidemment une personne qui, d'après le droit commun, aurait qualité pour l'opposer.

L'art. 941 indique qu'il ne peut être opposé par les personnes qui étaient chargées de faire opérer la transcription. Ainsi le tuteur, alors même qu'il se trouverait avoir acquis un intérêt à se prévaloir du défaut de transcription, par exemple parce qu'il est devenu créancier hypothécaire, ne peut pas opposer ce défaut de transcription ; c'est qu'il serait obligé à réparer le préjudice, s'il le causait lui-même.

Mais l'art. 941 va plus loin ; il décide que le défaut de transcription ne pourra pas être invoqué, non seulement par celui qui était chargé de la transcription, mais même par ses ayants-cause. Pour les ayants-cause à titre universel, c'est parfait. Ils ne peuvent avoir d'autres droits que ceux de leur auteur. Mais s'il s'agit d'un ayant-cause à titre particulier, c'est une tout autre question. Par exemple le tuteur qui avait acquis l'immeuble donné l'a revendu ; le second acquéreur ne pourra-t-il pas invoquer son titre contre le donataire ? Il le pourrait dans l'hypothèse de la loi de 1855. L'exception que le donataire pouvait opposer au tuteur était toute personnelle.

Si, au contraire, on se place sur le terrain de l'art. 941, on peut soutenir que le texte est général et absolu ; il en était ainsi en ancien droit ; l'art. 941 n'a-t-il pas voulu reproduire le système antérieur ? C'est là un des points les plus obscurs du Code civil ; c'est une controverse d'ailleurs à laquelle les principes sont peu intéressés ; je me refuse à l'aborder, et vous renvoie sur ce point à l'ouvrage capital de M. Demolombe.

Nous savons maintenant ce que signifie le principe que la propriété s'acquiert par l'effet des conventions, et comment il s'applique. J'aborde un autre mode d'acquérir la propriété, mode indiqué dans l'art. 712, la prescription. Prescription.

Pour ce qui est de la réglementation légale de cette institution, il faut nous reporter au titre dernier et vingtième du Code civil. Je dois vous dire tout de suite que, sous cette dénomination de prescription, le Code, dans ce titre XX, a réuni et presque confondu deux institutions complètement distinctes dans leur nature et leurs effets, la prescription dite à l'effet d'acquérir, et la prescription à l'effet de se libérer, ou prescription extinctive des droits, des actions et des obligations. C'est la première qui va nous occuper en ce moment, car c'est elle seule qui soit un mode d'acquérir la propriété.

La prescription acquisitive correspond, avec une certaine extension, à ce qu'on appelait à Rome l'usucapion. C'est un mode d'acquérir la propriété, comme dit l'art. 2219, et aussi d'acquérir d'autres droits réels, en tant qu'ils se prêtent aux conditions de la prescription. Celle-ci a pour fondement essentiel la possession, que la loi maintient à titre définitif, lorsqu'elle a duré pendant le temps requis pour prescrire et qu'elle a réuni les caractères exigés.

Si l'on s'en tenait aux motifs donnés, tant par les jurisconsultes romains que plus tard, bien plus tard, par les canonistes, et même par les jurisconsultes modernes, pour la justification de cette institution, il y aurait tout lieu de croire qu'elle fût d'invention relativement récente. On parle de la sécurité des droits, de la stabilité de la propriété; et pour assurer à la propriété un titre qui soit en quelque sorte visible, et le plus sûr de tous, celui qui se fonde sur la durée de la possession, on commence par lui infliger l'atteinte la plus considérable qu'elle puisse recevoir, la consécration du vol et de l'usurpation. Pour en arriver à cette découverte que la violation de la propriété au profit du voleur ou de l'usurpateur puisse devenir une nécessité sociale, quels raffinements de civilisation cela ne suppose-t-il pas ? Et ne devrions-nous pas nous attendre à voir la prescription naître à un stade très éloigné des conceptions et des mœurs primitives ? C'est tout le contraire que nous présente l'histoire.

Peut-être ne serait-ce pas s'avancer beaucoup que de prétendre qu'elle se place aux origines de la propriété, et que très vraisemblablement elle a dû précéder l'admission des modes de transmission entre vifs, au moins en matière d'immeubles. C'est qu'en effet, sous sa forme initiale, la prescription n'est guère qu'une occupation régularisée et légalisée ; et, si l'occupation est historiquement le mode originaire d'appréhension du sol, et le titre le plus simple et encore le plus solide, que les premiers hommes, lorsqu'ils passèrent de l'état nomade à l'état stable, eussent trouvé pour légitimer la possession des parcelles de terre qu'ils s'étaient attribuées, n'est-il pas tout naturel que la prescription nous apparaisse comme la condition nécessaire de toute occupation légale, c'est-à-dire de l'occupation sortant de la phase primaire de la lutte brutale, et de la pure conquête de la force, pour entrer dans celle du droit ? Une occupation qui a duré, et qui s'est affirmée autrement que par une prise de possession, par le travail de la terre et la fécondation du sol, est un fait qui, de sa nature, est déjà constitutif de droit ; c'est par là que l'idée de droit a dû se révéler ; et qui sait si l'idée de propriété ne serait pas sortie historiquement du fait de l'occupation prolongée, c'est-à-dire de la prescription elle-même, alors que les jurisconsultes et les philosophes, — car c'est une matière où les philosophes se sont donné carrière — nous présentent la prescription comme une institution bien postérieure, inventée pour la protection de la propriété ?

N'est-ce pas ce qui ressort de toute l'histoire, il y a quelques temps on aurait dit la préhistoire, de l'usucapion romaine ? Tout d'abord la brièveté du délai, même pour les immeubles ; puis la fonction essentielle, et certainement primitive, que nous connaissons d'elle et consistant à transformer une possession privilégiée, ou si l'on préfère une propriété inférieure, celle des *res mancipi* simplement transmises par tradition, en *dominium ex jure quiritium* ; que serait-ce si nous devions étendre à l'usucapion primitive ce qui est dit de l'*usucapio pro herede* qu'elle n'exigeait ni juste titre, ni bonne foi ? Et d'ailleurs, en ce qui touche le juste titre, ce qui est bien le point le plus embarrassant de toute cette évolution, n'avons-nous pas le titre *pro suo*, qui semble nous faire souvenir de l'époque où l'on n'en avait pas d'autre que le fait d'une occupation régulière et conforme aux lois ?

Je vous livre ces quelques aperçus pour ce qu'ils valent ; et vous dis quelques mots maintenant de l'histoire de cette institution, au moins de son histoire prise à partir du moment où nous avons des documents certains qui nous permettent de la reconstituer.

Prescription : Histoire.

A Rome, on constate la mention de l'usucapion dans la loi des XII tables. A l'origine, c'était un mode d'acquérir du droit civil. Mais à côté et parallèlement, par l'action du préteur, s'était introduite ce qu'on appelait la *præscriptio longi temporis*, au bénéfice de laquelle étaient admis les pérégrins, et dont la protection s'étendait aux fonds provinciaux comme aux fonds italiques. Les délais dans cette *præscriptio* étaient beaucoup plus longs que dans l'usucapion. A proprement parler, la *possessio longi temporis* n'était pas un mode d'acquérir ; son effet propre et direct se bornait à donner à celui qui avait le droit de s'en prévaloir un moyen de défense pour tenir en échec le propriétaire, et je prends ce mot dans un sens large, puisqu'il peut être question de fonds provinciaux. Ce moyen de défense participait de la nature des exceptions ; par suite d'une particularité de forme dans la rédaction de la formule, ce moyen était appelé une *præscriptio*. On le distinguait des autres *præscriptiones*, en lui donnant le nom de *præscriptio longi temporis*. Il résulte de là que celui qui avait possédé *per longum tempus*, sans être dans les conditions de l'usucapion, n'était pas devenu propriétaire, quoique pouvant repousser la revendication du propriétaire ; si donc par exemple la chose fût revenue aux mains du propriétaire, celui qui avait prescrit n'avait pas d'action en revendication contre le propriétaire. C'eût été du moins la théorie pure (L. 8, pr. *in fine*, Cod. 7, 39). Mais Justinien nous montre bien que, même à l'époque classique, grâce au mécanisme du système nouveau, tel qu'il avait été établi, le possesseur n'était pas dépourvu de toute action pour recouvrer la chose même entre les mains du propriétaire.

Si on va au fond des choses sans s'arrêter à l'étiquette, il y avait donc à Rome, côte à côte, deux modes d'acquérir la propriété par la possession. Dans le droit de Justinien, nous trouvons ces deux institutions fondues en une seule, ou plutôt c'est la *possessio longi temporis* qui est généralisée d'une façon définitive (*L. unic.* Cod. *De usuc. transform.* 7.31).

Sous ce régime nouveau, le nom de prescription désigne désormais l'acquisition par la possession prolongée quand il s'agit des immeubles. Pour les meubles on semble avoir plutôt conservé le nom d'usucapion. Mais ce que nous appelons aujourd'hui la prescription extinctive procédait d'un tout autre ordre d'idées ; et c'est le point par lequel j'aurai à reprendre cet historique.

XIIe LEÇON

PRESCRIPTION : ORIGINE ET HISTORIQUE ; UTILITÉ ET JUSTIFICATION. — RENONCIATIONS A PRESCRIPTION. — GÉNÉRALITÉS. — PLAN DE LA MATIÈRE.

La prescription extinctive a une origine très différente de celle de la prescription à l'effet d'acquérir. Dans le droit romain nous ne voyons pas qu'il soit admis, du moins d'une manière générale, qu'un droit puisse s'éteindre par le fait du temps, faute par conséquent d'avoir été exercé. Ceci est vrai, même pour ce qui est du résultat et du fonctionnement de l'usucapion. Le droit de l'ancien propriétaire disparaissait par l'effet de l'acquisition réalisée par celui au profit de qui l'usucapion s'était accomplie. Il n'y avait pas extinction du droit de propriété. A cela cependant, il y avait exception par suite de la règle qui admettait l'extinction des servitudes par le non usage. Ce n'est là aujourd'hui qu'une application de l'idée que les droits, sinon tous, au moins la plupart, peuvent s'éteindre par le non usage, c'est-à-dire en somme par voie de prescription. Mais à Rome cette règle, en ce qui concerne les servitudes, avait un tout autre caractère. Car la prescription laisse le droit intact ; elle se borne à tenir en échec l'action du titulaire du droit : or l'extinction des servitudes, même à Rome porte sur le droit en lui-même. Comment expliquer ce système ? et comment le rattacher peut-être à l'usucapion ? Je n'ai pas à vous l'exposer ici. Seulement au point de vue rationnel on comprend que les charges réelles, qui constituent une gêne pour la propriété, disparaissent quand le défaut d'exercice prolongé semble démontrer qu'elles n'ont pas d'utilité pour celui qui pourrait s'en prévaloir. A côté de cela, le préteur, pour un grand nombre des actions qu'il avait créées, avait décidé qu'elles n'auraient qu'une durée limitée, une durée d'une année utile. Le droit civil offrait lui-même quelques exemples de ces actions qui s'éteignaient *tempore*, l'action d'injures par exemple. Dans ce cas, ce n'est pas précisément le droit qu'on atteint directement, mais l'action ; par le fait, le résultat se produisant de plein droit, les conséquences restaient les mêmes.

En dehors de ces hypothèses, la règle qui se maintint fut que les actions étaient perpétuelles ; et cette règle, ou tout au moins la qualification que l'on en tirait pour les actions en général, persista même après que l'on eut reconnu la prescription extinctive. Mais au Bas-Empire, par une constitution de Théodose le Jeune de 524, s'introduisit le principe nouveau que les actions, sauf un petit nombre d'exceptions, seraient limitées au délai de trente ans (Voyez au *Code de Justinien*, L. 3 *de Prescrip. trig. vel quad.*, 7, 39). Cette constitution créa ce qu'on a appelé la *Prescriptio longissimi temporis*, par opposition à la prescription que nous connaissons, laquelle s'accomplissait par dix ou vingt ans. La nouvelle prescription était une prescription extinctive au sens exact du mot ; elle pouvait être opposée même à l'action en revendication, lorsqu'on ne se trouvait pas dans les conditions voulues pour invoquer la *possessio longi temporis*. Pour avoir droit à cette dernière, il fallait que le possesseur eût possédé pendant le temps fixé en vertu d'un juste titre et qu'il eût possédé de bonne foi. Lorsque ces conditions manquaient, le possesseur ne pouvait pas acquérir la propriété ; mais il pouvait alors, après trente ans, repousser la revendication du propriétaire par la *præscriptio longissimi temporis*.

Seulement, en ce cas, s'il eût perdu la possession, il n'aurait pas eu d'action pour reprendre la chose. Justinien modifia cette situation au moins en partie (L. 8, § 1, *Cod.*, 7, 39). Celui qui a possédé pendant trente ans, même sans titre, pourvu qu'il ait été de bonne foi en prenant possession, pourra désormais, non seulement repousser l'action du propriétaire, mais se prévaloir lui-même d'une action pour revendiquer. La possession de trente ans devient donc une possession acquisitive.

Cette évolution du droit romain nous présente ce phénomène très curieux, et qu'il faut signaler avec soin, au moins pour la période transitoire pendant laquelle il se produisit, d'un propriétaire qui a perdu son droit, ou plutôt l'action destinée à le faire valoir, sans que personne ne fût devenu propriétaire à sa place. L'ancien *dominus* n'a plus la revendication, et le possesseur, que nous n'avons pas le droit de qualifier lui-même de propriétaire, n'avait pas acquis d'action réelle pour recouvrer la chose s'il venait à en perdre la possession. Tel avait été l'état de choses avant Justinien.

Chez nous, au contraire, il n'y a pas, j'espère du moins vous le démontrer, de prescription extinctive en matière de propriété, il n'y a pas de prescription extinctive de l'action en revendication. Mais cette prescription qui n'existe pas pour la propriété, notre loi l'a maintenue pour les autres droits et actions. Elle forme donc une institution très distincte de la prescription acquisitive.

Prescription : Utilité et justification.

Ces deux prescriptions ont tout d'abord un fondement commun qui est la nécessité sociale de ne pas laisser porter atteinte après un long espace de temps à des situations établies. On considère que, si des situations que l'on a laissé subsister sans être troublées pendant longtemps, pouvaient recevoir une atteinte, il y aurait à cela un grand inconvénient au point de vue de l'ordre social. On peut à cette considération, qui est déjà décisive par elle-même, joindre une autre idée que l'on considère souvent comme essentielle, et à laquelle j'assignerai un rang plutôt secondaire en cette matière ; elle se ramènerait à dire qu'il y a présomption de la légitimité d'un droit, lorsque celui-ci n'a pas été troublé depuis longtemps ; et de même présomption de l'extinction d'un droit lorsqu'il n'a pas été réclamé. La prescription se présente ainsi comme un moyen de consolider un droit pour lequel on n'aurait plus de moyen de preuve. Enfin, si parfois la prescription peut aboutir à violer et à déplacer un droit, celui qui en souffrira ne peut s'en plaindre, en raison de sa négligence au moins légalement présumée.

Ces motifs tendent, non pas à expliquer l'existence de la prescription qui se justifie par le grand intérêt social que j'ai signalé, et par l'histoire telle que je vous l'ai exposée, mais à montrer comment elle a pu être admise dans la loi sans blesser la justice ou l'équité. Et vous voyez par là ce que j'ai voulu dire en parlant du rang plutôt un peu secondaire que j'attribuais à cet ordre de considérations.

Des renonciations à prescription

De là résulte une première conséquence dont parle l'art. 2220-1° ; elle consiste en ce qu'on ne peut d'avance renoncer à la prescription (art. 2220-1°). La loi interdit donc et frappe d'inefficacité toute convention par laquelle une personne renoncerait par avance au bénéfice de la prescription. Le motif est qu'on ne peut déroger aux lois qui intéressent l'ordre public. En ce qui touche la prescription extinctive des obligations, il y a une raison bien évidente qui s'oppose à ces sortes de renonciations, c'est que, si elles eussent été permises, on aurait ainsi frappé d'inefficacité la loi qui établit la prescription : la clause de renonciation à la prescription serait devenue de style.

Cependant, dans l'application pratique, il n'est pas impossible que, par quelque détour, on arrive dans un certain sens à se mettre d'avance, quand il s'agit de la prescription acquisitive, dans l'impossibilité de prescrire. Et voici comment: une des conditions de la prescription est, nous le verrons, que la possession existe sans être précaire et sans être exercée à titre de tolérance ; or, il dépend toujours de l'une des parties d'imprimer à la possession l'un de ces deux caractères. Supposons certaines servitudes qui puissent être acquises par prescription, la servitude d'aqueduc, par exemple ; rien n'empêche que, lors de l'établissement d'un aqueduc de dérivation, il soit déclaré que celui-ci avait été établi à titre de tolérance ; il y a là une situation qui a été créée par les parties, et à raison de laquelle la prescription est impossible. Mais ce n'est pas là une renonciation au droit de prescrire ; car, il est possible de modifier cette situation primitive et de se placer *in causa usucapiendi*, au moyen de l'interversion de titre. Ce que l'on ne pourrait pas faire dans les hypothèses dont je viens de parler, ce serait de renoncer à la faculté d'intervertir le titre.

Mais l'art. 2220 qui pose la règle ajoute qu'on peut au contraire renoncer à une prescription acquise, c'est-à-dire que celui qui aurait actuellement le droit d'invoquer la prescription, peut renoncer à la faculté de l'invoquer ; en effet, il n'y a plus là qu'une question d'intérêt privé et particulier. Quand il s'agit surtout de la prescription extinctive des obligations, il y avait à tenir compte des scrupules de délicatesse qui peuvent empêcher le prescrivant de s'en prévaloir.

On peut aussi renoncer à une prescription en cours. Voyez l'art. 2248, aux termes duquel la prescription est interrompue par la reconnaissance faite par le prescrivant du droit du propriétaire. Cela veut dire que le prescrivant renonce à se prévaloir du temps déjà écoulé.

Mais, pour une prescription qui serait accomplie, il faut bien remarquer quel est le caractère exact de l'acte par lequel celui qui a prescrit abdique le droit de s'en prévaloir. Il ne faut pas considérer cette renonciation comme une rétrocession que ferait à l'ancien propriétaire le possesseur devenu lui-même propriétaire par prescription. La pensée de la loi est que celui qui renonce refuse de s'approprier le bénéfice de la prescription, mais qu'il n'y a pas de rétrocession. Dans le droit moderne je ne connais qu'un contradicteur de cette proposition. En ancien droit nous trouvons l'idée contraire émise par un auteur considérable en cette matière (DUNOD, *Prescription*, I, chap. 14, p. 111). « Il semble, dit Dunod, qu'il faudrait un titre nouveau et une nouvelle tradition pour transférer le domaine à un autre après qu'il aurait été acquis par une prescription consommée ».

Cette conception cependant n'a pas été admise chez nous, car la prescription ne s'impose pas ; le juge ne peut l'invoquer d'office. Elle constitue un moyen d'acquérir ou de se libérer, mais subordonné dans son efficacité définitive à la volonté de celui qui en a le bénéfice ; le renonçant refuse de s'approprier la chose, il ne faut pas dire qu'il se la soit d'abord appropriée pour la retransférer ensuite à autrui.

De cette idée découlent plusieurs conséquences. La première est qu'il s'agit là d'un acte unilatéral qui n'exige nullement le consentement de celui en faveur de qui on renonce à la prescription ; et il n'est pas indifférent, en matière d'actes juridiques, en dehors même de la question de savoir si une volonté suffit ou s'il faut le concours de deux volontés, de constater qu'un acte s'accomplit par déclaration purement unilatérale. Il y a certaines règles relatives à la formation des actes juridiques, en ce qui concerne par exemple les vices qui peuvent atteindre la volonté de l'auteur de l'acte, tel que le dol par exemple, dont la réglementation peut n'être pas la même suivant que l'acte émane d'une seule volonté ou d'un accord de volontés.

Une deuxième conséquence consiste en ce que les actes de renonciation à la prescription acquisitive d'un immeuble ne sont pas soumis à la transcription ; même non transcrits, ils peuvent être opposables à ceux qui dans la suite traiteraient de l'acquisition d'un droit avec celui au profit de qui la prescription s'était réalisée. Il en serait autrement s'il s'agissait d'une rétrocession de propriété. Il est vrai que l'art. 1er de la loi du 23 mars 1855, n° 2, prescrit la transcription des actes portant renonciation à des droits susceptibles d'hypothèques. Et peut-être, en raisonnant littéralement d'après le texte, serait-on tenté de dire qu'il y a ici un acte soumis à transcription. La réponse à cette objection est qu'il y a une distinction à faire entre les renonciations translatives et les renonciations simplement abdicatives d'un droit. L'art. 1er doit s'entendre des renonciations qui opèrent déplacement de propriété, donc qui constituent une rétrocession, et non des renonciations simplement abdicatives, lesquelles doivent être opposables aux ayants-cause de celui qui les fait, sans que la transcription soit nécessaire.

Si la renonciation à une prescription acquise ne constitue pas une rétrocession, encore moins doit-elle être considérée comme une libéralité. On pourrait vouloir dire que celui qui renonce à la prescription déjà acquise fait une libéralité à celui contre qui il avait prescrit. Ce serait faux ; la renonciation, c'est la reconnaissance du droit d'autrui, et la satisfaction donnée à un scrupule de délicatesse et de conscience. Ceci était important à préciser ; car, s'il en était autrement, il y aurait à soumettre cet acte aux conditions de capacité, et de même aux limites apportées au droit de disposition, et posées par la loi en matière de donations.

En ce qui touche les formes qui seraient applicables, il n'y a pas de question ; l'article 2221 indique en effet que cette renonciation peut être tacite. Il nous montre en outre ce qui constitue la renonciation tacite. S'il s'agit par exemple d'une prescription acquisitive, supposez que le possesseur, en connaissance de cause, prenne à bail l'immeuble dont il aurait pu se dire propriétaire en vertu de la prescription, il y aura renonciation à prescription. A propos de la prescription extinctive on peut supposer que celui qui a prescrit continue à payer les intérêts.

J'ai admis que la renonciation à la prescription accomplie ne constitue pas une aliénation ; on pourrait être tenté d'en conclure que la capacité d'aliéner n'est pas requise de la part de celui qui renonce à invoquer la prescription. Ce serait rigoureusement logique. Mais la loi n'a pas ratifié cette déduction un peu extrême ; elle pose en principe que celui qui ne peut aliéner ne peut renoncer à la prescription (art. 2222). L'assimilation est faite dans le Code civil lui-même ; aussi a-t-elle fourni, et c'était assez légitime, un argument à ceux qui pensent qu'il y a là une véritable rétrocession. Pour nous qui repoussons l'idée de rétrocession, comment l'expliquer ? Il nous suffira de remarquer que, s'il n'y a point là une aliénation, à proprement parler, il y a un acte qui, au point de vue de ses conséquences, équivaut à une aliénation. Au point de vue pratique n'est-ce pas la même chose ? Il résulte de cette assimilation que, si celui au profit de qui la prescription est acquise est un mineur, il n'y aurait aucun moyen de lui permettre au moins directement de renoncer à la prescription accomplie à son profit. L'autorisation du conseil de famille ni même celle du tribunal ne suffiraient pas; car, en mettant à part le cas d'échange, la loi prescrit l'aliénation aux enchères des biens des mineurs.

J'ai supposé que l'on pouvait renoncer à la prescription, alors qu'elle était déjà acquise, mais avant qu'on l'eût invoquée. Si elle avait été invoquée il n'y aurait plus alors que rétrocession véritable ou constitution d'une obligation à la place de celle qui était éteinte. Et alors on peut se poser la question de savoir si une renonciation de ce genre ne constitue pas une véritable libéralité. Cette question se relie à une autre qui est de savoir si la prescription laisse subsister une obligation naturelle. Je la renvoie à l'explication de l'art. 1234.

Pour terminer ce que j'ai à vous dire des caractères généraux de la prescription, j'ai à vous expliquer encore les art. 2223 et 2224. Nous y voyons tout d'abord que le juge ne peut pas d'office suppléer le moyen résultant de la prescription. Cette règle est en parfaite harmonie avec ce que j'ai dit de la nature juridique et des effets de la prescription; son efficacité est subordonnée à la volonté de celui qui veut s'en prévaloir. Prescription : Généralités.

Quant à l'origine historique de cette disposition, elle se rattache au caractère d'exception, qui était celui de la prescription originaire. L'*exceptio* devait être insérée dans la formule; et ce souvenir a pu être pour quelque chose dans la tradition qui s'est maintenue à ce sujet.

Dans notre droit, on ne peut pas nier que la prescription ne soit véritablement, sinon une exception, du moins ce qu'on appelle une défense; autrefois on qualifiait la prescription d'exception péremptoire. Ce langage n'est plus absolument technique aujourd'hui; car les exceptions péremptoires sont des défenses par lesquelles on nie le bien fondé de la demande. Par conséquent, d'après le droit commun, le juge devrait être autorisé à déclarer la demande non recevable. Car, dans notre droit, ce ne sont que les exceptions proprement dites que le juge ne peut suppléer, et encore cela n'est plus vrai pour celles qui sont d'ordre public. Cependant sous l'empire des précédents que je viens de rappeler, on n'admet pas que le juge puisse suppléer d'office le moyen tiré de la prescription. Le maintien de cette tradition, bien qu'il s'agisse désormais d'un moyen de défense, et non d'une exception au sens technique du mot, se justifie d'ailleurs aisément. La question de savoir si la prescription est acquise soulève de nombreuses questions de fait qu'il aurait été dangereux de permettre au juge de trancher en l'absence de débat contradictoire entre les parties. Un autre motif dont, avec raison, on a tenu grand compte, est que l'invocation de la prescription intéresse des scrupules de conscience ; et c'est encore pour donner satisfaction à ces sentiments que le législateur a maintenu la règle traditionnelle.

Mais l'art. 2224 ajoute que celui qui a le droit d'invoquer la prescription n'a pas besoin de le faire au début du procès, à moins que dans la procédure il ne se soit produit quelque fait impliquant renonciation à la prescription. Cependant la prescription ne pourrait être invoquée pour la première fois devant la Cour de cassation, car si elle n'a pas été invoquée devant le juge, on ne peut pas prétendre que ce juge a violé la loi.

La règle que le juge ne peut pas suppléer le moyen tiré de la prescription me paraîtrait applicable, même dans le cas où celui qui aurait droit d'invoquer la prescription serait un mineur ou un interdit. Quant au ministère public, comme, en pareil cas, l'affaire doit lui être communiquée, on peut se demander s'il n'aurait pas qualité pour suppléer le moyen tiré de la prescription ? Je serais, pour ce qui est de moi, très disposé à l'admettre, car le ministère public est implicitement investi du droit de faire valoir les moyens qu'il croit de l'intérêt des mineurs. Si la prescription n'a pas été invoquée dans l'intérêt du mineur, la loi ne peut pas laisser celui-ci sans protection. Vous comprenez bien qu'il faut aviser à un procédé légal pour parer au résultat qui pourrait se produire par suite du silence gardé par l'incapable ou par ses représentants. Sinon, on arriverait à permettre aux mineurs de renoncer indirectement à la prescription acquise : il suffirait pour cela que les représentants du mineur eussent omis d'invoquer la prescription ; le juge ne pouvant le faire de son chef, si le ministère public ne le peut pas davantage, cela aboutirait à une renonciation indirecte, laquelle est interdite au mineur ou à ses représentants agissant seuls (art. 2222). Il est vrai que la loi en pareille hypothèse ouvrirait au mineur la voie de la requête civile (art. 481 C. Proc. civ.). Cet article, disant que les mineurs seront reçus à se pourvoir s'ils n'ont pas été défendus, ou s'ils ne l'ont pas été valablement, comprend le cas où l'on aura omis d'invoquer des moyens décisifs, et la prescription est un moyen de ce genre. Or, si l'omission de la prescription doit fournir ouverture à la requête civile, il me paraît difficile de ne pas permettre au ministère public de prévenir ce résultat en invoquant lui-même la prescription au nom du mineur.

La règle de l'art. 2223 ne s'applique pas à la prescription en matière criminelle. Le juge a le droit de suppléer, au profit du prévenu ou de l'accusé, le moyen tiré de la prescription. Il y a donc là une distinction très importante à établir à ce sujet entre la prescription en matière civile et la prescription en matière criminelle ; et la raison de cette différence est qu'on peut bien renoncer à la prescription pour un simple sacrifice pécuniaire ; mais qu'on ne peut pas par sa propre volonté se soumettre à l'application d'une peine en dehors des conditions de la loi pénale.

Il y aurait encore, à propos de la renonciation à prescription, d'autres questions qui se posent sur l'art. 2225. Je ne veux pas les aborder à cette place. Il s'agit de savoir si la renonciation qui aurait été faite par l'ayant-droit pourrait être opposable aux personnes qui auraient eu intérêt à ce que la prescription fût invoquée. Ainsi par exemple, les créanciers de celui qui a prescrit voudraient se prévaloir de la prescription acquise au profit de leur débiteur : celui-ci renonce à la prescription. Cette renonciation sera-t-elle opposable aux créanciers, et leur enlèvera-t-elle le droit d'invoquer la prescription du chef de leur débiteur ? Il y a là des questions très délicates que je ne pourrais approfondir qu'après avoir pénétré plus avant dans l'étude de la matière. Nous les retrouverons à propos des effets de la prescription,

Telles étaient les idées générales à mettre en relief. Et je me restreins maintenant à l'examen de la prescription à l'effet d'acquérir ; j'en répartirai l'étude en quatre sections.

Section 1re. — Combien y a-t-il de prescriptions à l'effet d'acquérir et à quels biens peuvent-elles s'appliquer ?

Section 2e. — Des conditions requises pour la prescription acquisitive en général, et, s'il y a lieu, des conditions requises pour les prescriptions spéciales.

Section 3e . — Des règles relatives au temps requis pour l'accomplissement de la prescription.

Section 4e. — Des effets de la prescription accomplie.

XIIIᵉ LEÇON

DES DIVERSES PRESCRIPTIONS A L'EFFET D'ACQUÉRIR. — QUESTION DE LA PRESCRIPTION EXTINCTIVE DE L'ACTION EN REVENDICATION. — DES CHOSES SUSCEPTIBLES DE PRESCRIPTION.

Je voudrais, avant d'aborder le programme que je vous exposais à la fin de ma dernière leçon, revenir sur une formule que je vous ai donnée à propos des renonciations à prescription. J'ai admis qu'elles ne seraient pas sujettes à transcription ; et, comme cette solution se concilie mal, au moins à l'apparence, avec le texte de l'art. 1er n° 2 de la loi de 1855, je vous ai indiqué la distinction qu'il y avait à faire entre les renonciations qui seraient purement abdicatives, et celles qui seraient translatives de droit. Je crois cependant, même en ce qui concerne le point particulier qui nous occupe, qu'il serait plus exact de présenter sous des termes un peu différents la conception qu'a eue en vue la loi de 1855. Ce qu'il faut dire, c'est que l'art. 1er n° 2 de la loi de 1855 suppose un acte juridique ayant pour objet de se dépouiller d'un droit acquis, et n'ayant pas pour but de reconnaître le droit d'autrui. Vous saisissez facilement la nuance qui sépare les deux formules.

Cela dit, j'aborde ma première partie. Combien y a-t-il de prescriptions à l'effet d'acquérir, et à quels biens ou à quels droits sont-elles applicables ? Des diverses prescriptions à l'effet d'acquérir.

Notre code a suivi d'assez près sous ce rapport les errements du droit romain. Cependant ce n'est pas directement dans les textes et dans les règles spéciales du droit romain que les législateurs français sont allés puiser leurs dispositions. Ce sont, en général, les principes admis par la coutume de Paris qui ont inspiré les rédacteurs du Code civil ; et j'ajoute, en un point fort important, la jurisprudence du Châtelet de Paris.

Vous vous rappelez quel était le système du droit romain à son dernier état. Il y avait tout d'abord la prescription de dix à vingt ans qui s'appliquait aux immeubles et supposait chez le possesseur juste titre et bonne foi. En second lieu nous avons rencontré l'usucapion des meubles, exigeant les mêmes conditions, sauf en ce qui concerne la durée. Enfin, en vertu de la constitution de Justinien (L. 8, pr. Cod. *de Præscr. trij. vel quadr. ann.* 7, 39), le possesseur pouvait invoquer la possession de trente ans, même pour acquérir le *dominium*. Du moins en était-il ainsi lorsqu'il était de bonne foi ; à défaut de bonne foi, cette prescription ne lui permettait que de repousser la revendication du propriétaire. Cette législation n'était pas en tous points suivie dans les pays de droit écrit ; et c'est chose singulière que ce soient les pays de coutumes qui aient conservé plus intégralement le système romain. Dans les pays de droit écrit, on n'admettait que la prescription de trente ans. On considérait que les règles de la prescription de dix à vingt ans étaient d'une application pratique à peu près nulle en raison d'une condition supplémentaire imposée par la novelle 119 (*Nov. 119* Ch. VII — V[r] *Autenth.* sous la loi 1ere Cod. 7. 33, *de Præscrip. long. temp.*), condition consistant dans la nécessité de la bonne foi, non seulement chez le prescrivant, mais même chez son auteur ; et l'on regardait ce dernier comme n'étant pas de bonne foi, non seulement lorsqu'il avait aliéné à l'insu du propriétaire, mais même dans le cas où il aurait disposé du bien alors que le *verus dominus* ignorait son droit. Ces conditions paraissaient tellement difficiles à réaliser que l'on en était presque arrivé à déclarer cette prescription impossible, même pour les cas exceptionnels où les exigences de la Novelle eussent été réalisées. Les coutumes avaient emprunté au droit romain, la plupart tout au moins, la prescription de dix à vingt ans, comme prescription de faveur, et celle de trente ans pour la prescription à défaut de titre et de bonne foi (art. *113, 114, 118 Cout. Paris*).

Ce que je viens de vous dire de la prescription de trente ans n'est cependant pas tout à fait exact ; ce qui est vrai, c'est qu'on ne demandait pas au possesseur la preuve de la bonne foi quand il invoquait une prescription trentenaire, même n'eût-il pas de titre (POTHIER, *Prescription* n° 173) ; la bonne foi était présumée, mais on pouvait faire la preuve contraire. Ces sortes de scrupules s'expliquent fort bien par l'histoire. On restait profondément imbu de cette idée du droit canonique que dépouiller quelqu'un de son droit lorsqu'on est de mauvaise foi, et quel que soit le délai écoulé, était une solution contraire à la justice et que la loi ne devait pas admettre.

La Coutume d'Orléans (art. 260 et 261) n'acceptait d'ailleurs que la prescription de trente ans.

En matière de meubles on avait maintenu l'usucapion telle qu'elle était réglée sous Justinien. La Coutume de Paris, bien que ne contenant pas à cet égard une disposition très précise, était interprétée en ce sens qu'elle repoussait la prescription de trois ans pour les meubles et n'admettait que celle de trente ans. C'était là l'objet d'une grande controverse dans les coutumes muettes en ce qui touche les meubles. (POTHIER, *Prescript.* n°s 201, 202). Mais nous verrons qu'on avait fini par arriver à une doctrine consacrée par la jurisprudence du Châtelet, qui, en supprimant la revendication des meubles dirigée contre les tiers possesseurs de bonne foi, ne laissait plus de place à la prescription de trois ans. Celui qui aurait pu à Rome, en raison de sa bonne foi, invoquer la prescription triennale était en effet protégé désormais d'une façon absolue contre la revendication ; il n'y avait donc plus de place que pour la prescription de trente ans, laquelle, en matière mobilière, subsistait dans les hypothèses où la prescription de trois ans, d'après le droit antérieur, n'aurait pas été applicable.

Enfin il y avait aussi la prescription de quarante ans ;

c'était une extension favorable au propriétaire, et cela au profit de certaines personnes déterminées. Je dois mentionner même une prescription centenaire ou immémoriale dont parle POTHIER (n° 278, *Prescript.*). Cette prescription avait son application relativement à certains droits que l'on considérait comme soustraits par leur nature même à la prescription, fût-elle trentenaire, notamment en matière féodale. On appliquait cette prescription immémoriale par la raison, disait Dumoulin, qu'elle ne constitue pas tant une prescription qu'un titre.

C'est à la coutume de Paris que le Code a surtout emprunté ses dispositions.

Nous trouvons donc : 1° Comme règle générale la prescription de trente ans (Art. 2262) — 2° celle de dix ou vingt ans, qui se présente et s'accomplit à peu près dans les conditions exigées, soit à Rome, soit dans la coutume de Paris. Il n'est plus question au contraire de la prescription des meubles par trois ans en tant que prescription à l'effet d'acquérir. Nous ne trouvons pas non plus d'application de l'ancienne prescription dite immémoriale; nous avons au contraire un texte qui la prohibe formellement (art. 691) dans l'hypothèse, peut-être unique, où l'on aurait pu avoir idée de la maintenir sous l'empire du Code civil. De sorte qu'en résumé aujourd'hui nous n'avons plus que deux prescriptions à l'effet d'acquérir; une prescription de droit commun par trente ans et une prescription favorisée, laquelle s'accomplit par dix ou vingt ans.

Certains auteurs ajoutent, comme explication de l'art. 2279, une prescription qu'ils appellent instantanée en matière de meubles. C'est un point de vue qui ne me paraît pas exact; j'y reviendrai sur l'art. 2279.

J'ai dit en premier lieu que le Code civil admet la prescription de trente ans comme prescription acquisitive. Cependant le texte de l'art. 2262, pris dans son sens littéral, ne semblerait pas conduire à cette conclusion; et à l'origine des doutes se sont élevés sur ce caractère que j'attribue à la prescription trentenaire. L'art. 2262 déclare que toutes les actions tant réelles que personnelles sont prescrites par trente ans. N'en résulte-t-il pas qu'il s'agit ici d'une prescription purement extinctive? Pour les actions personnelles il n'y a pas de doute : dès lors la règle n'est-elle pas la même pour les actions réelles? Si cette conclusion était exacte, vous voyez que cela nous ramènerait, en ce qui touche la prescription trentenaire, dans son application à la propriété, à la législation de Théodose II. Nous reviendrions en arrière, bien au-delà du droit de Justinien lui-même; puisque celui-ci, pour le cas au moins où il y avait bonne foi, avait admis que la prescription de trente ans rendait le possesseur propriétaire. Ce serait faire revivre cette situation anormale d'un propriétaire qui a perdu son action en revendication sans qu'un autre l'eût acquise.

Telle n'a pas été la pensée des rédacteurs du Code. Leur formule est ambiguë, mais leur pensée n'en reste pas moins certaine. Si l'art. 2262, à le prendre dans ses termes, laisse à cet égard quelques doutes, nous avons d'autres textes qui sous ce rapport les font entièrement disparaître. D'abord les art. 711 et 2219 indiquent que la prescription est un moyen d'acquérir la propriété, et cela sans distinguer entre la prescription de dix ans et celle de trente ans. En ce qui touche la propriété proprement dite, il y a aussi l'art. 2180 qui traite de l'extinction des hypothèques, et, au § 4e, de leur extinction par prescription. Il déclare que lorsque l'immeuble hypothéqué se trouve entre les mains d'un tiers détenteur, celui-ci pourra prescrire l'hypothèque elle-même par le temps réglé pour la prescription de la propriété, et cette référence vise sans aucun doute même la prescription de trente ans, puisque l'article ajoute une indication particulière pour le cas de la prescription décennale. C'est donc bien la preuve que l'art. 2180 considère comme acquis que la possession de trente ans puisse conférer la propriété elle-même. Comme application à une matière spéciale, nous avons enfin l'art. 690 qui traite de la prescription des servitudes; celles-ci s'acquièrent par la prescription de trente ans; cette prescription n'a donc pas seulement pour effet d'éteindre l'action négatoire du propriétaire, mais de constituer le droit lui-même.

Ce qui doit contribuer surtout à faire disparaître tous les doutes, ce sont les précédents ; j'ai dit tout à l'heure que si l'on n'admettait qu'une extinction par trente ans de la revendication, sans accepter qu'il y eût une prescription trentenaire acquisitive de la propriété, ce serait revenir à l'état des choses existant à l'époque de Théodose II ; et cependant toute l'ancienne jurisprudence avait admis que la prescription de trente ans conférât le droit de propriété.

Comment donc expliquer cette formule ambiguë de l'art. 2262? C'est que, en premier lieu, les rédacteurs de l'art. 2262 paraissent avoir été préoccupés de comprendre sous une même formule les applications des deux prescriptions, libératoire et acquisitive. C'est ensuite que nous trouvons couramment dans nos anciens auteurs cette forme de langage : « L'action en revendication se prescrit par trente ans » comme synonyme de cette idée que « la propriété s'acquiert par la possession de trente ans » (MERLIN, *V° Prescription*, sect. II § 19).

L'auteur du répertoire écrivant avant le Code civil va même jusqu'à employer cette expression à l'occasion de la prescription par dix à vingt ans, et ici le caractère acquisitif ne peut être nié. Ce qui est plus topique encore est une citation que fait Merlin empruntée au jurisconsulte Julien, auteur d'un Commentaire sur les Statuts de Provence. Ce dernier explique que, dans la jurisprudence du Parlement d'Aix, on ne connaît pas la prescription de dix à vingt ans ; et il invoque l'autorité d'un autre jurisconsulte qui, voulant parler de l'acquisition de la propriété, dit que la revendication ne se prescrit que par trente ans.

Question de la prescription de l'action en revendication.

Sur ce point du reste je ne crois pas qu'il y ait aujourd'hui de divergences. Tout le monde admet que par prescription de trente ans on puisse acquérir la propriété. Mais, à une époque récente, on a voulu tirer du texte de l'art. 2262 cette conséquence que le Code civil dans tous les cas instituait une prescription extinctive de l'action en revendication, sans nier toutefois qu'il y eût une prescription acquisitive de la propriété par trente ans. Il y aurait donc, à la fois, possibilité de prescrire la propriété par la possession, — ce serait le côté positif de la question, celui du possesseur de l'immeuble, — et d'autre part possibilité de perdre l'action en revendication par le fait de ne l'avoir pas exercée dans un délai de trente ans ; ce serait le côté négatif de la question, celui de l'ancien propriétaire, ainsi déchu de son droit, sans qu'il y ait à se demander si un autre l'eût acquis à sa place. On a donc prétendu qu'il en serait de la revendication comme de toutes les actions, qu'elle pourrait s'éteindre par prescription ; et en effet comment faire une réserve à cet égard au point de vue du texte ? L'art. 2262 applique la prescription extinctive à toutes les actions sans aucune distinction. La revendication s'y trouve comprise. Il y aurait par suite une prescription extinctive de l'action en revendication.

Voici quelle en serait l'utilité. Il s'est présenté telle hypothèse dans laquelle un immeuble était resté pendant trente ans en fait, ou pendant plus de trente ans, entre les mains d'un tiers n'ayant pas qualité pour exercer une possession à titre de propriétaire, donc n'ayant pas qualité pour prescrire la propriété.

Il existe par exemple des associations qui ne jouissent pas de la personnalité civile et qui cependant en fait s'efforcent de se constituer un patrimoine. Ces associations reçoivent de nombreuses libéralités, en vue le plus souvent de fondations à réaliser. Tous ces actes de disposition ainsi accomplis en leur faveur sont, au point de vue du droit, dépourvus d'effet. Supposez qu'après une possession qui a duré plus de trente ans, un héritier de l'ancien propriétaire, de celui par conséquent qui a fait la libéralité, vienne revendiquer; si on lui oppose la prescription, il répondra que la possession a été exercée en fait par qui ne pouvait pas devenir propriétaire. Il en conclura qu'il n'a pas pu s'accomplir de prescription à l'effet de faire acquérir la propriété. Sur ce premier point tout le monde est d'accord : je puis dire « était d'accord » ; car je fais allusion, non pas à une espèce imaginaire, mais à une hypothèse qui s'est présentée devant les tribunaux, qui a même fait quelque bruit dans la presse, et au sujet de laquelle beaucoup de points ont été soulevés et discutés. Voilà pourquoi je puis dire que sur cette première solution, il n'y avait eu aucun doute. L'association qui avait possédé l'immeuble, c'était une congrégation non reconnue, n'avait pas pu en acquérir la propriété par prescription.

Peut-être sur le fondement théorique de cette solution aurait-on pu fournir quelques explications divergentes. Ainsi, je vous disais tout à l'heure que cette congrégation ne pouvant pas, légalement, aspirer à la propriété, n'avait pas possédé à titre de propriétaire. Il y aurait donc là, en vertu de la loi elle-même, inexistence de l'*animus domini*. De même que celui qui reconnaît la propriété d'autrui s'interdit par là d'aspirer à la propriété pour lui-même, et c'est le cas de la précarité, de même celui que la loi déclare incapable de devenir propriétaire ne pourrait avoir, aux yeux de la loi, aucun *animus* de propriétaire. Et nous avons, en effet, des décisions romaines tout à fait analogues, en tant qu'il s'agit par exemple de choses qui ne soient pas susceptibles de *dominium*, ou de possesseurs qui soient incapables d'avoir un patrimoine personnel. Je ne suis pas très sûr cependant que cette doctrine s'impose à nous en droit français. La possession est un fait pour la constatation duquel par conséquent l'existence de fait d'une association pourrait paraître suffisante ; il est vrai qu'il y aurait lieu de se demander si une association qui n'a qu'une existence de fait peut avoir une volonté, un *animus* dont la loi ait à tenir compte ; et ce serait toute la conception juridique des personnes morales, et tout le gros problème de la personnalité qui se poserait ici. Je me contente de ces lueurs à peine esquissées. A cela, direz-vous, quelle importance pratique, puisque les associations de fait ne peuvent avoir, ni action qu'elles aient qualité pour exercer, ni droit dont elles soient titulaires ? Quelle importance ? Sans doute, on n'en voit guère au premier abord. Cependant, en cherchant bien, en matière d'accession de possessions par exemple, peut-être verrions-nous un intérêt sérieux à cette divergence de doctrines. Mais passons. Ce qui est certain, c'est qu'une association qui ne peut pas avoir de patrimoine, et qui est légalement inca pable d'être propriétaire, ne peut acquérir par prescription un droit de propriété. Donc, en admettant même que la possession soit aux mains d'une association de fait, une possession juridique, elle ne pourrait aboutir à une acquisition de la propriété par prescription.

Alors on a eu l'idée, du côté des défenseurs de la congrégation qui avait reçu l'immeuble, de dire que l'action en revendication était éteinte (Cass., 5 Mai 1879. D. 80. 1. 145). M. Robinet de Cléry, qui avait donné ses conclusions dans l'affaire à laquelle je fais allusion, considérait que la revendication ne pouvait plus être invoquée contre le propriétaire apparent. La Cour de Cassation a statué par d'autres moyens; elle s'est placée, sans doute sur le terrain de la prescription, mais en prenant la question par un point de vue différent de celui que j'examine en ce moment. Avant de parler de prescription de la propriété, elle a cru devoir envisager la question par rapport à l'acte même par lequel l'immeuble avait été transmis ; il s'agissait d'en poursuivre la nullité, et cette fois l'action en nullité, déclarait la Cour de cassation, était prescrite; elle rentrait bien dans la formule de l'art. 2262. C'est une question en effet que nous retrouverons à propos de l'étude des obligations. Quoi qu'il en soit, la Cour de cassation n'a pas tranché la question même qui nous occupe. Mais ce difficile problème a été repris par le jurisconsulte éminent qui a annoté l'arrêt. Ayant admis le principe de l'extinction de la revendication, le savant annotateur a voulu en tirer une conséquence différente de celle en vue de laquelle la thèse avait été proposée. Cette déduction serait celle-ci, que, la revendication étant perdue, cela revenait à dire que la propriété était éteinte et qu'il y avait là par suite un bien vacant et sans maître, donc acquis à l'Etat. Sous cette forme, la thèse a obtenu quelque succès ; et c'est ainsi qu'elle fut portée devant la Chambre des députés lors de la discussion du budget au mois de décembre 1881.

Je ne veux pas examiner quelle était la valeur juridique de ce résultat, assez inattendu d'ailleurs, déduit du principe initial. Je me contenterai de vous rappeler qu'en soi, et historiquement, l'idée d'une propriété qui subsistât sans avoir une action directe destinée à en garantir l'efficacité n'est pas chose absolument contradictoire, et complètement nouvelle. Nous en avons trouvé des exemples en droit romain ; et ce n'était pas là pure question de mots, puisque, si le possesseur qui eût détenu l'immeuble en eût perdu la possession, et que le précédent l'eût recouvrée à son tour, celui-ci se serait trouvé en mesure de faire valoir sa propriété, laquelle n'avait jamais été perdue. En tout cas, l'action en revendication n'eût été éteinte que d'une façon toute relative à l'égard d'une personne déterminée, et non pas d'une manière absolue. Contre tout autre possesseur elle aurait pu être exercée ; et l'on voit par là que l'on peut très bien comprendre qu'il y eût extinction de la revendication, au moins sous cette forme toute relative, et maintien du droit de propriété. Je ne veux pas dire que cette thèse doive encore être défendue chez nous. C'est un simple rapprochement que j'ai voulu faire ; et je reviens au principe.

Ce principe était-il juste ? Existe-t-il dans notre droit une prescription extinctive de l'action en revendication, et en même temps de la propriété, au regard du revendiquant ; car je crois bien, au fond, en dépit du souvenir historique que j'ai cru devoir vous rappeler, qu'aujourd'hui c'est tout un ? Il ne me semble pas douteux que cette théorie soit contraire au Code civil et à toutes les traditions de notre droit français. Pour ce qui est de ces dernières, cette solution, je veux dire l'absence de toute prescription libératoire de la revendication, est certaine ; jamais en ancien droit il n'a été question que la propriété puisse s'éteindre. Reste à savoir si le Code a voulu innover. J'insiste d'abord sur cette conséquence qu'on a cru pouvoir en tirer, et d'après laquelle le résultat de la prescription pourrait être de rendre les biens vacants et sans maître ; c'est l'idée la plus étrange que l'on puisse admettre. La prescription a été inventée pour consolider les situations acquises, et elle ferait des biens qui n'auraient pas de propriétaire ! Aussi toutes les traditions sont-elles contraires à cette manière de voir. Sans doute à Rome il y avait une prescription extinctive de la revendication, mais elle laissait au moins la chose entre les mains du possesseur et n'aboutissait pas à le dépouiller au profit du fisc.

Ces observations présentées, la tradition constante a toujours été que le droit de propriété ne se perd pas par le non usage. Dans toutes les législations on a établi une différence profonde entre la propriété et les charges réelles. Pour ces dernières leur disparition était un résultat que l'on pouvait considérer comme étant en quelque sorte d'intérêt général. Il n'y aurait au contraire aucun intérêt à dépouiller le propriétaire, tant qu'il ne s'est pas constitué de droit contraire fondé sur la possession prolongée. Pothier (*Prescript.* n° 267) explique très bien qu'il en soit ainsi : la propriété, montre-t-il, peut être acquise par prescription, elle ne peut pas être perdue par non usage.

L'art. 2262 est-il contraire à cette doctrine ? Il faudrait, pour l'admettre, qu'il contînt une innovation ; or, pour être convaincu du contraire, il suffit de lire Merlin (*Sect.* 15, §§ 3 et 19, N° 1). L'art. 2262, comme cela résulte de tous ces rapprochements, emploie une formule qui n'est pas exacte, mais dont le sens est parfaitement déterminé par le langage antérieurement accepté. Les travaux préparatoires ne laissent aucun doute sérieux sur l'intention des rédacteurs du Code civil à cet égard.

Pour les rédacteurs du Code, dire que la propriété s'acquiert par prescription de trente ans ou que la revendication s'éteint par trente ans, c'était exprimer exactement la même idée. Pour eux, les deux formules étaient synonymes. Et d'ailleurs Bigot-Préameneu (LOCRÉ, t. XVI, p. 576) oppose très nettement la prescription acquisitive fondée sur un état de fait positif, à savoir la possession, à la prescription extinctive des obligations, fondée sur un état de fait négatif, sur l'inaction. On n'a donc pas à reprocher aux auteurs de la loi une innovation aussi singulière.

Mais cette doctrine est en outre inconciliable avec un certain nombre de dispositions du Code civil, on peut dire avec l'ensemble des dispositions relatives à la prescription ; je fais allusion principalement aux textes qui s'occupent des effets de ce que le Code appelle la détention précaire. Les détenteurs précaires, ce sont ceux qui possèdent au nom d'autrui. Le Code décide que ces détenteurs ne peuvent pas prescrire; la prescription est également interdite aux héritiers de ces détenteurs précaires. Ces héritiers ne peuvent arriver à la prescription par aucun laps de temps; ils continuent dans les mêmes termes la détention de leur auteur. En quel sens ne peuvent-ils pas prescrire? En ce sens qu'ils ne peuvent se prétendre devenus propriétaires; mais si la revendication, et implicitement le droit de propriété, s'éteignent pour n'avoir pas été invoqués pendant trente ans, bien que la possession soit incapable de conduire à la prescription, ces héritiers de l'usufruitier ou de tout autre détenteur précaire vont donc pouvoir repousser la revendication, soit à leur profit, soit au profit de l'Etat dans une certaine doctrine. On arriverait ainsi juste à un résultat absolument opposé à celui qui a été voulu par le Code. C'est impossible. Le Code civil a voulu que la propriété ne se perdît pas par le non usage, mais qu'elle pût s'acquérir par la possession prolongée. Concluons en disant qu'il n'y a pas de prescription extinctive de la revendication, parce que cela équivaut à une prescription extinctive de la propriété, laquelle est certainement contraire à toutes nos conceptions actuelles en matière de régime foncier.

Nous venons de voir qu'il existe dans le Code deux sortes de prescriptions acquisitives : la prescription trentenaire et la prescription de dix à vingt ans. Demandons-nous quelles sont les applications de cette double prescription? Et pour répondre à cette nouvelle question, je vais procéder tout d'abord par élimination. L'application de la prescription étant la règle, il suffira par conséquent d'examiner quelles sont les choses qui ne sont pas susceptibles de prescription.

Des choses susceptibles de prescription.

Il y a une première règle à mentionner à cet égard, celle de l'art. 2226. Ce texte indique quelles sont les choses imprescriptibles, du moins celles qui sont les plus importantes de cette catégorie. Il s'agit des choses qui ne sont pas dans le commerce. L'application la plus simple que nous ayons à faire du principe de l'art. 2226 se réfère aux choses du domaine public. Elles sont inaliénables et imprescriptibles (art. 538). Ce que j'ajoute, en rapprochant l'art. 2227 de l'art. 2226, c'est qu'il ne faut pas confondre les biens du domaine privé de l'Etat avec ceux du domaine public. Toutes les lois qui, depuis le commencement de l'époque révolutionnaire, ont organisé le domaine de l'Etat, ont admis l'imprescriptibilité du domaine public de l'Etat et la prescriptibilité — car je crois bien que l'expression existe également — du domaine privé. (*Loi du 22 novembre-1er décembre 1790*). Cette législation constituait une innovation en ce que, depuis l'édit de 1566, les biens du domaine de la Couronne, qui comprenaient même ce que nous appelons aujourd'hui le domaine privé de l'Etat, étaient imprescriptibles. Il y a cependant une certaine classe de biens de l'Etat relativement auxquels la question de prescriptibilité a été agitée. Il s'agit de ce qu'on appelle les grandes masses de forêts. Ce sont les parties de bois de l'Etat qui atteignent une contenance de 150 hectares. La loi de 1790 (art. 12) les avait exceptées de la vente des biens nationaux, telle qu'elle était autorisée par cette loi. Ne faut-il pas considérer que, à raison de leur importance, au point de vue de la richesse domaniale de l'Etat, cette loi maintenait l'inaliénabilité des grandes masses de forêts et qu'en conséquence, d'après le principe même de la loi (art. 36 *a contrario*), l'imprescriptibilité se trouvait également maintenue ?

Ce serait là une première question d'interprétation à poser sur l'art. 12 de la loi de 1790 ; mais cette première question, à supposer qu'elle doive être résolue par l'affirmative, en entraîne une autre, sur l'interprétation, cette fois, de l'art. 2227 : ce dernier n'a-t-il pas entendu écarter la conséquence qu'on avait voulu tirer de l'art. 12 de la loi de 1790 ? Et n'est-ce pas ce qui résulte du fait seul que l'art. 2227 soumet l'Etat, en ce qui concerne son domaine privé, aux principes du droit commun en matière de prescription ? La question s'était posée dans ces termes devant la Cour de cassation qui, par un important arrêt du 17 juillet 1850 (S., 50, 1, 658), avait maintenu l'interprétation antérieure. L'opinion de la Cour était donc que l'art. 2227 n'avait visé que les biens qui, en vertu du droit actuellement existant, et des lois actuellement applicables, seraient aliénables et prescriptibles, voulant par là en effet les soumettre aux principes généraux du droit commun en matière de prescription, mais qu'il n'avait pas entendu abroger par le fait même les lois particulières qui auraient établi l'imprescriptibilité pour certains biens appartenant au domaine privé de l'Etat.

Toutefois, on s'aperçut un peu plus tard que pour trancher la question il fallait faire entrer en compte un nouvel élément de décision, autre que l'art. 2227 du Code civil. C'était une loi du 25 mars 1817, laquelle, organisant la caisse d'amortissement, lui avait donné ces masses de forêts pour dotation. Or, d'après un décret du 7 février 1809, les biens ainsi affectés en dotation à cette caisse ne font plus partie du domaine public de l'Etat, et cela se comprend. (Voir SERRIGNY *Revue critique*, Tome II. p. 296). La Cour de cassation en a tout au moins jugé ainsi et, en 1854, elle décidait que ces grandes masses de forêts étaient rentrées dans le droit commun (Cass., 27 juin 1854, S. 55, 1, 497).

Ce que je dis du domaine de l'Etat, l'art. 2227 le dit également des biens des communes, et il en est de même de ceux qui peuvent appartenir à d'autres personnes morales publiques.

Je viens de parler de la prescription destinée à faire acquérir la propriété ; il faut appliquer les mêmes solutions en ce qui concerne l'acquisition de droits réels susceptibles de grever la propriété. On ne pourrait pas par prescription acquérir de servitudes, à supposer qu'il s'agisse de celles auxquelles la prescription s'applique, sur un immeuble du domaine public.

Parmi les biens non susceptibles d'être acquis par la prescription, on range très fréquemment le fonds dotal, lorsqu'il n'a pas été déclaré aliénable, sous le régime dotal (Art 1561).

Je crois qu'il serait plus exact de ne pas s'exprimer ainsi ; je considère qu'il y a plutôt ici comme le bénéfice d'une suspension de prescription accordé à la femme mariée sous le régime dotal pour sa dot. On doit y voir quelque chose d'analogue à ce qui est admis pour les biens des mineurs et interdits; or ces biens ne sont pas imprescriptibles, mais la prescription ne peut pas courir au détriment de leur propriétaire. (Art. 2255 et cf. art. 2252).

En dehors des exceptions que j'ai signalées, la prescription acquisitive s'applique à l'acquisition de propriété de tout immeuble. Peut-elle également s'appliquer à l'acquisition des démembrements de la propriété ? Pour l'usufruit, il n'y a pas de doute.

Quant aux servitudes réelles, je vous rappelle la distinction des art. 690 et 691. Une servitude qui n'est pas à la fois continue et apparente ne peut pas être acquise par prescription, et ceci devrait s'entendre également de la prescription de dix ou vingt ans, à supposer qu'elle fût applicable aux servitudes. Il n'y a guère qu'un auteur qui l'ait nié. Il y a cependant, en dehors de tout autre procédé de raisonnement, un texte qui semble bien trancher la question. C'est l'art. 695 relatif au titre récognitif en matière de servitudes. Il le considère, pour les servitudes qui ne peuvent s'acquérir par prescription, comme ayant en quelque sorte pour effet et pour utilité, sinon de remplacer la prescription, tout au moins d'y suppléer. Je n'ai pas à entrer dans aucun détail à cet égard. Mais ce que je constate, c'est que l'art. 695 admet qu'il y a des servitudes qui en elles-mêmes ne sont pas susceptibles de prescription, et ce sont celles visées par l'art. 690. Sur ce point, il n'y a aucun doute possible. Or, ces servitudes auxquelles la prescription ne s'applique pas, l'art. 695 suppose forcément qu'elles échappent à toute espèce de prescription, à celle de dix ans, comme à celle de trente. Car, si une prescription quelconque leur était applicable, tout ce que l'art. 695 dit du titre récognitif deviendrait par là même absolument inexact. Cette allusion à l'imprescriptibilité vise donc la prescription décennale comme celle de trente ans. La question, comme vous le voyez, en dehors de toutes les autres raisons que l'on pourrait invoquer, et il y en a bien d'autres, est par là même implicitement résolue par la loi. C'est un point d'ailleurs sur lequel je vais avoir à revenir prochainement.

XIVe LEÇON

DES CHOSES SUSCEPTIBLES DE PRESCRIPTION. — APPLICATION DE LA PRESCRIPTION AUX SERVITUDES — AUX MEUBLES — AUX RENTES — AUX DROITS INCORPORELS — EN MATIÈRE D'HÉRÉDITÉ. — DES CONDITIONS DE LA PRESCRIPTION ACQUISITIVE. — POSSESSION : CONCEPTION JURIDIQUE ; NATURE DE LA POSSESSION.

De l'application de la prescription aux servitudes

Nous avons vu que les servitudes qui ne sont point à la fois continues et apparentes ne sont pas susceptibles d'être acquises par prescription. Le motif de cette disposition, motif sur lequel je n'ai pas à revenir cette année, est que la possession semble en pareil cas manquer de certains caractères qui sont indispensables pour que la possession puisse conduire à la prescription ; et, entre autres, la possession est présumée, lorsqu'il s'agit de ces sortes de servitudes, être exercée à titre de tolérance, ce qui, nous le verrons, est un vice analogue, ou à peu près, à la précarité, et s'opposant à toute prescription.

Donc, jusqu'ici, les règles que nous avons examinées sont communes à la fois à la prescription trentenaire et à la prescription décennale. Nous avons à voir maintenant si, à d'autres points de vue, chacune de ces prescriptions n'a pas ses règles propres.

Et tout d'abord constatons qu'il est des droits qui peuvent être acquis par la prescription de trente ans et qui échappent cependant à celle de dix ou vingt ans.

C'est ce qui arrive tout d'abord, d'après l'art. 690, pour les servitudes qui sont à la fois continues et apparentes. Elles peuvent s'acquérir par la possession de trente ans, dit l'art. 690;

et l'on s'est demandé alors si la prescription décennale ne leur serait pas applicable. Ne confondez pas cette question avec celle à laquelle je faisais allusion à la fin de ma leçon dernière, laquelle supposait précisément résolue, ou à peu près, celle que j'aborde en ce moment. Il s'agissait de savoir si la prescription de dix ans ne s'appliquerait pas aux servitudes qui de leur nature échappent à la prescription trentenaire, et cela vise les servitudes discontinues. Mais vous comprenez bien que cette question implique déjà que la prescription décennale serait admise parallèlement à celle de trente ans en ce qui concerne les servitudes susceptibles de prescription, c'est-à-dire celles qui sont à la fois continues et apparentes. J'arrive donc à ce nouveau problème.

La prescription décennale implique juste titre et bonne foi. Voici par conséquent dans quelles circonstances précises la question pourra s'élever : on peut supposer une personne qui ait traité pour l'acquisition d'une servitude continue et apparente, ce sera si l'on veut une servitude de vue ou d'acqueduc, avec le possesseur du fonds sur lequel la servitude devait être établie ; mais ce possesseur n'était point le véritable propriétaire. Cette personne a juste titre et bonne foi ; elle pourrait invoquer la prescription de dix ou vingt ans s'il s'agissait de l'acquisition de la propriété. Pourra-t-elle l'invoquer pour l'acquisition d'une servitude, s'agissant d'une servitude à la fois continue et apparente ?

Si, au lieu d'une servitude réelle, nous parlions d'usufruit, il n'y aurait aucune hésitation. Il peut s'acquérir par la prescription de dix ou vingt ans : l'usufruit est, en effet, un droit immobilier, lorsqu'il porte sur un immeuble ; et la prescription décennale s'applique à tout ce qui est qualifié d'immeuble (art. 2265). Mais pour ce qui est des servitudes réelles, je suis tout à fait de l'avis contraire.

Sans doute, et à première vue, l'art. 2265 n'estpas favorable à cette solution. Car, la servitude n'excluant pas par sa nature la prescription, on pourrait dire, comme on le dit pour l'usufruit, que, d'après l'art. 2265, celui qui acquiert de bonne foi et par juste titre un immeuble en prescrit la propriété par dix ou vingt ans, et que, par suite, la servitude étant un immeuble par l'objet même auquel elle s'applique (art. 526), elle pourra être acquise par prescription décennale. Mais la raison de décider se trouve dans l'art. 690. Il déclare que les servitudes s'acquièrent par titre, ou bien, et ceci n'est spécial qu'à certaines servitudes, par la possession de trente ans ; il ne dit pas par la prescription d'une façon générale. Il détermine donc par le fait même quelle est la prescription qui sera applicable aux servitudes. Il consacre ainsi une dérogation au principe général de l'art. 2265 ; et c'est précisément là une de ces dérogations que réserve l'art. 2264, lorsqu'il dit : « Les règles de la prescription sur d'autres objets que ceux mentionnés dans le présent titre sont expliquées dans les titres qui leur sont propres. »

En résumé, la loi est muette sur l'application à l'usufruit de la prescription en tant que mode d'acquisition du droit; et voilà pourquoi nous soumettons l'usufruit au droit commun des prescriptions : nous lui appliquons à la fois le principe de l'art. 2262 et celui de l'art. 2265. Mais pour les servitudes réelles, il y a un texte qui traite de la matière, c'est l'art. 690. Il se suffit à lui-même ; il établit un système spécial et absolument exceptionnel ; nous n'avons pas le droit de le compléter par les règles de droit commun du titre de la prescription.

On a cependant invoqué les précédents. D'après la coutume de Paris et celle d'Orléans, le principe général était celui-ci : « Nulle servitude sans titre », ou encore « servitude ne s'acquiert par longue possession sans titre », ce qui devait s'entendre en ce sens que les servitudes, en tant qu'elles pouvaient être acquises par prescription, ne pouvaient l'être qu'autant que la possession eût été fondée sur un titre. Quelle était la durée de cette prescription ? Cela dépendait des règles admises par telle ou telle coutume, quant à la possession fondée sur un titre et à la prescription qui s'y référait. C'était trente ans dans la coutume d'Orléans, dix ou vingt ans dans celle de Paris. Ainsi donc, dans le système de la coutume de Paris qui admettait la prescription par dix ou vingt ans, pourvu que la possession fût fondée sur un titre, il n'était pas douteux que les servitudes, sous certaines conditions, pouvaient être susceptibles de la prescription de dix ou vingt ans. Ceci rappelé, qu'a fait le Code civil ? Il a abrogé la règle ancienne, en ce sens qu'il a admis (art. 690) que désormais les servitudes continues et apparentes pourraient s'acquérir par possession, même sans titre ; et dans ce cas il faut alors une possession trentenaire. Mais tel est le but unique de l'art. 690. Il laisse de côté la prescription fondée sur un titre ; de celle-là il ne parle pas et n'avait pas à parler. Et en tout cas il n'avait pas à fixer le laps de temps de cette possession fondée sur titre ; il laisse cette dernière soumise à l'application des règles générales, donc à l'application de l'art. 2265. Telle est l'objection et la forme sous laquelle on l'a présentée.

Ce raisonnement a assurément une grande valeur ; je ne le crois cependant pas décisif. Car, il n'est pas douteux que la loi, dans les art. 690 et suivants, en présence tout particulièrement des controverses anciennes et des difficultés du sujet, ait voulu régler d'une manière complète tout ce qui touche à l'acquisition des servitudes réelles. Et la comparaison avec la façon dont elle procède à propos de l'usufruit impose en effet cette interprétation. Il n'y a là, pour ce dernier, qu'une formule vague et générale : « L'usufruit est établi par la loi ou par la volonté de l'homme » (art. 579), ce qui implique forcément qu'on renvoie au droit commun. Nous avons, au contraire, en matière de servitudes réelles, comme un petit traité détaillé sur l'acquisition des servitudes, c'est-à-dire un ensemble de dispositions qui se présente comme se suffisant parfaitement à lui-même et qui, à l'apparence tout au moins, n'a nul besoin d'être complété par aucune autre disposition d'ordre plus général. Or ce qui constitue ici l'apparence nous révèle le fond des choses et la véritable pensée de la loi ; nous devons en conclure que la réalité intrinsèque doit rester conforme à l'apparence extérieure et formelle des dispositions de la loi sur ce sujet.

Cela est si vrai, que le système du Code civil est fondé sur une distinction inconnue dans l'ancien droit, la distinction des servitudes continues et apparentes d'une part, et des servitudes d'autre part qui ne sont pas à la fois continues et apparentes, et la loi en poursuit dans le détail toutes les applications. Or, si l'on n'admet pas la solution que je vous propose, il faudra dire que la prescription décennale sera applicable aux servitudes discontinues, pouvu qu'elles ne soient pas clandestines. Et, en effet, un auteur considérable l'a soutenu ; mais son opinion est demeurée isolée. C'est la question à laquelle j'ai déjà fait allusion ; je vous ai dit que j'aurais à y revenir, et ce que je prétends, en effet. c'est que si la prescription décennale est admissible en matière de servitudes d'une façon générale, il faudra en accepter l'application pour les servitudes discontinues. Ce serait d'une logique absolue, et voici pourquoi ; c'est que le rejet de la prescription de trente ans, en ce qui concerne les servitudes discontinues, ne s'explique que par une présomption légale d'exercice à titre de tolérance. Cette présomption reste-t-elle possible lorsque l'exercice de la servitude se fonde sur un titre qui, en lui-même, a le caractère d'un titre constitutif, et qui, en effet, eût fait acquérir le droit, si on avait traité avec le vrai propriétaire? Il en résulterait donc, si la prescription décennale, d'une façon générale, n'est pas prohibée en matière de servitudes, qu'il faudrait l'étendre à celles qui sont discontinues. Et par suite, pour ces servitudes au sujet desquelles la loi a voulu établir des garanties plus considérables que pour les autres au profit du propriétaire du fonds servant, c'est la prescription la plus courte qui serait applicable, et non la plus longue !

Enfin, il y a une raison qui explique pourquoi le législateur, en cette matière, n'a pas admis la prescription décennale. Il s'agit là d'une prescription un peu dérogatoire ; ce n'est pas la prescription de droit commun. Elle est admise par conséquent dans des hypothèses toute de faveur et exceptionnelles ; or, le législateur ne pouvait appliquer cette prescription spéciale à l'acquisition des servitudes. C'est que l'exercice d'une servitude réelle, même continue et apparente, ne porte pas une atteinte aussi considérable à la propriété que celle résultant de toute autre charge imposée sur un immeuble, serait-ce même un usufruit, disons d'une façon générale que celle résultant d'une servitude personnelle, qui absorbe la totalité de la jouissance. Cette possession d'une servitude réelle peut donc échapper, pendant un temps même assez long, à l'attention du propriétaire. Qu'il soit absent par exemple et qu'il ait affermé son immeuble, il peut très bien rester un temps relativement considérable sans être informé de l'exercice de la servitude. On comprend que la loi, dans tous les cas, et même pour les hypothèses les plus favorables, ait toujours exigé, pour l'acquisition de la servitude, un temps très long, trente ans.

La question que nous venons d'examiner ne doit pas être confondue avec celle de savoir si la prescription décennale ne doit pas recevoir son application quand il s'agit, non plus de l'acquisition, mais de l'extinction des servitudes ou autre démembrement de la propriété. La loi a répondu affirmativement pour ce qui est du droit réel d'hypothèque (art. 2180). L'acquéreur d'un immeuble grevé d'une hypothèque peut, s'il est de bonne foi, acquérir la prescription de l'hypothèque par dix ou vingt ans. Quelle serait la nature de cette prescription ? Ce n'est pas ici le lieu de l'examiner. Je voulais constater seulement qu'on s'est demandé s'il ne fallait pas admettre, quant aux autres droits réels, et en particulier pour ce qui est des servitudes, la règle de l'art. 2180. L'acquéreur d'un fonds grevé de servitude pourrait-il acquérir par prescription la franchise de son fonds ? La question est délicate ; car l'art. 706 ne parle que de l'extinction des servitudes par non usage. Mais la difficulté, historiquement, se rattache à la question de savoir quels sont les effets de la prescription à l'effet d'acquérir, et par suite dans quelle situation l'immeuble acquis par prescription entre dans le patrimoine du possesseur. C'est donc à propos de cette question plus générale qu'il convient de renvoyer l'examen de cette difficulté particulière.

En ce qui touche les meubles, je considère, pour ce qui est de moi, qu'il n'est pas douteux que la prescription trentenaire leur soit applicable. Ainsi, l'inventeur d'un objet perdu en pourrait très bien acquérir la propriété par trente ans. Quant

Application de la prescription aux meubles.

à la prescription décennale au contraire, elle ne s'applique pas aux meubles. L'art. 2265 ne parle expressément que des immeubles. Quelle en est la raison ? Est-ce que l'on serait plus sévère pour l'acquisition des meubles par prescription que lorsqu'il s'agit d'appliquer la prescription aux immeubles ? Ce serait inadmissible. Mais l'explication est très simple : c'est que, dans tous les cas où la prescription de dix ou vingt ans pourrait être invoquée en matière d'immeubles, l'acquisition des meubles est immédiate ; ils sont acquis par le fait seul de la possession sans condition de délai (art. 2279).

Application de la prescription aux rentes.

Nos anciennes coutumes consacrant la prescription acquisitive mentionnaient expressément son application aux rentes. Dans la coutume de Paris les rentes pouvaient être acquises tantôt par trente ans, tantôt par dix ou vingt ans (POTHIER, Prescription, Nos 16 et 162, *Cout. de Paris*, art. 113 et 118).

Cette solution s'appliquait parfaitement aux rentes foncières, puisqu'elles étaient considérées comme un droit réel retenu dans l'immeuble. Mais Pothier (*Eod. loc.*, N° 162) affirme qu'il en était de même des rentes constituées, et celles-ci, tout au moins à l'époque de Pothier, étaient des droits de créance, d'ailleurs qualifiés immeubles. S'en suivrait-il que nous pourrions admettre aujourd'hui l'acquisition d'un droit de créance, et spécialement d'une rente, par voie de prescription ? Il faudrait supposer pour cela la perception pendant un certain temps des intérêts ou arrérages. Il n'y a aucun doute quant à la prescription décennale. Elle ne s'applique qu'aux immeubles (art. 2265) ; et aujourd'hui toutes les créances ayant pour objet des prestations mobilières sont des droits mobiliers, même les rentes.

Mais j'en dirai autant de la prescription trentenaire. Il n'y a pas à rechercher ici si l'on peut posséder une créance (art. 1240). Constatons simplement que, même en admettant que les droits personnels puissent être susceptibles de possession, aucun texte ne nous indique qu'ils puissent être acquis par prescription. Nous avons des textes qui nous présentent la prescription comme mode d'acquérir la propriété ; nous n'en avons aucun qui nous en parle comme d'un mode d'acquérir les droits de créance. En matière d'obligation, la loi ne connaît que la prescription extinctive. L'art. 2262 ne trouve donc pas ici son application ; car, il n'y a pas, dans l'espèce, d'action à éteindre. Il s'agirait, au contraire, d'action à faire naître. D'ailleurs en pareil cas la prescription ne présentait plus son utilité ordinaire ; car la loi permet au créditrentier d'exiger un titre nouveau au bout de vingt-huit ans à partir de la date du titre ancien (art. 2263).

Application de la prescription en matière d'hérédité.

Reste à nous demander si en matière d'hérédité la prescription peut trouver son application.

Ce qui importe dans cette hypothèse, c'est avant tout de bien poser les termes du problème. L'art. 789 déclare prescrite par trente ans la faculté pour le successible d'accepter ou de répudier : c'est là un des textes les plus obscurs du Code civil. Mais, quelque sens qu'on doive lui donner, ce texte n'a aucun trait à la question de savoir si la prescription est applicable à une hérédité, ou pour mieux dire si une hérédité est ou non susceptible d'être acquise par prescription. Il s'agit uniquement dans l'art. 789 de la prescription d'une faculté ; et c'est une exception à un principe général d'après lequel les facultés ne se prescrivent pas. En résumé, l'art. 789 prononce la déchéance d'une faculté, et cette faculté existe indépendamment du point de savoir si l'hérédité dont il s'agit a été ou non possédée par un tiers. On vise, en d'autres termes, la prescription, non d'un droit ni d'une action, mais celle d'une faculté ; et c'est là, comme je viens de le dire, une dérogation au principe posé par l'art. 2232 que nous étudierons prochainement.

Supposons maintenant qu'une succession étant ouverte au profit d'une personne, un tiers soit entré en possession de l'hérédité : ce possesseur va-t-il pouvoir invoquer la prescription ? Se produira-t-il à son profit une prescription d'une nature quelconque ?

Ce qui paraît d'abord bien certain, c'est qu'il ne peut être question de la prescription décennale ; car elle n'est, d'après l'art. 2265, applicable qu'à un immeuble, c'est-à-dire à une chose déterminée considérée en tant qu'objet particulier ; et en outre il n'y a pas juste titre. Peut-être, il est vrai, en serait-il autrement si le possesseur vendait l'hérédité à un tiers ; ce dernier aurait acquis *a non herede,* croyant acquérir de l'héritier véritable. Cet acquéreur ne pourrait-il pas invoquer son titre d'acquisition, comme titre *pro herede*? C'est une toute autre difficulté que je renvoie à l'examen de l'art. 2265. Je n'envisage en ce moment que la prescription trentenaire; et nous avons alors à nous demander si le possesseur pourra par une possession de trente ans acquérir l'hérédité.

Un premier point à mettre hors de cause est que le possesseur d'une hérédité peut invoquer contre le véritable héritier la prescription de trente ans en tant que prescription extinctive de l'action désignée sous le nom de pétition d'hérédité. Cette action se prescrit par trente ans aux termes de l'art. 2262 ; et nous avons une hypothèse dans laquelle le texte même de la loi consacre l'existence de cette prescription. Il s'agit du cas où le successible appelé à une succession est absent. La succession est alors dévolue à ceux qui la recueilleraient si l'absent était mort, ou qui la partageraient avec lui s'il vivait actuellement (art. 136). Voilà certainement des personnes qui vont recueillir une succession alors qu'il y a doute sur la question de savoir s'il n'existe pas d'héritier plus proche, puisque les ayants-droit n'ont pas eu à prouver son décès. Si l'absent revient, il a l'action en pétition d'hérédité ; et cette action, dit l'art. 137, ne s'éteint que par le laps de temps de la prescription.

Ceci constaté, on peut dire que pratiquement tout est à peu près tranché ; et cependant il reste une question théorique qui a bien son importance. Il s'agit de savoir si, par suite de cette prescription, le possesseur de l'hérédité a véritablement acquis les droits de l'héritier ; et, par conséquent, si cette prescription extinctive de l'action en pétition d'hérédité aura été acquisitive, je ne dirai pas des immeubles, cela est certain, mais des autres droits héréditaires, rentes ou créances par exemple. Je crois, sous ce rapport, qu'il y aurait des distinctions à faire.

Si la prescription a pour conséquence d'empêcher toute discussion sur le titre héréditaire du possesseur, comme par exemple dans le cas des art. 136 et 137, l'acquisition du titre d'héritier se produit ; mais on ne peut pas dire que ce soit l'effet de la prescription : il y a eu attribution de la qualité d'héritier sous réserve d'une condition résolutoire qui ne peut plus s'accomplir ; et il en serait de même si quelqu'un avait possédé l'hérédité en vertu d'un testament annulé. La prescription extinctive de l'action en restitution équivaut à la consolidation du titre héréditaire au profit de celui qui a été mis en possession de l'hérédité.

Mais si, au contraire, il s'agit d'un individu qui n'aurait aucun titre héréditaire, je ne puis pas admettre qu'il acquière ce titre par voie de prescription. La loi seule fait les héritiers ; le titre héréditaire se trouve dans la loi et nous n'avons aucun texte qui nous permette de croire qu'il puisse être conféré par voie de prescription.

Nous arrivons ainsi à la section II de notre matière : *Des conditions de la prescription acquisitive.* Des conditions de la prescription.

Il y a tout d'abord une condition générale commune à toute prescription acquisitive, c'est le fait d'une possession présentant les caractères déterminés par la loi.

Beaucoup d'auteurs ajoutent même que c'est là un caractère distinctif de la prescription acquisitive, en ce sens que, suivant eux, la prescription extinctive ne comporterait jamais la nécessité de la possession. Cette affirmation est absolument téméraire ; car il est des cas où la prescription libératoire suppose certainement la possession. Tout d'abord, historiquement, dans la législation de Théodose, la *præscriptio longissimi temporis,* extinctive de la *rei vindicatio*, supposait la possession. Même encore sous Justinien, la prescription extinctive de la *rei vindicatio*, pour le cas du moins de mauvaise foi, exigeait aussi la possession. Et d'une façon générale, on peut dire que la prescription extinctive de l'action en revendication, là où on l'admet, exigera toujours nécessairement la possession ; de même, la prescription extinctive de l'action en pétition d'héridité, comme nous venons de le voir, suppose aussi la possession. Contentons-nous donc de dire que la possession est une condition de la prescription acquisitive, et par suite des deux sortes de prescriptions acquisitives, celle de trente et celle de dix ou vingt ans, sans ajouter qu'il y ait là un caractère distinctif de la prescription acquisitive et qui n'appartienne qu'à elle.

Le Code a consacré dans notre titre à la nature de la possession, et aux qualités qu'elle doit présenter pour conduire à la prescription, un certain nombre de dispositions, qui sont les seules que contienne notre législation relativement à la possession.

Possession. Disons d'abord quelques mots de la nature et de la conception juridique de la possession.

L'art. 2228 définit la possession « la détention ou la jouissance d'une chose ou d'un droit que nous tenons ou que nous exerçons par nous-même ou par un autre qui la tient en notre nom. » Voici les idées simples contenues dans cette formule un peu complexe : d'abord, elle distingue deux sortes de possession ; l'une que l'on qualifie possession des choses corporelles, l'autre que les jurisconsultes romains appelaient quasi-possession, et qui est la possession d'un droit exercé sur une chose. Disons donc que la possession est la détention que l'on a par soi-même ou par autrui, avec l'intention de se comporter comme propriétaire.

Cette dernière indication, qui consiste à ajouter à l'élément matériel, la détention, un élément intentionnel, l'*animus sibi habendi*, ne se trouve pas dans le texte ; d'après celui-ci il semblerait que la possession consistât uniquement dans la détention physique, et purement matérielle, de la chose possédée. En dépit de ce silence au moins apparent des textes, il n'y a pas à douter que ce second élément soit indispensable pour qu'il y ait possession ; et je ne dis pas seulement possession à l'effet de prescrire, je dis possession juridique, susceptible de produire un effet de droit quelconque.

Ce qui explique le silence de la loi, c'est qu'appliquant ensuite la notion de possession à l'hypothèse de simples détenteurs sans *animus domini* (art. 2236 et 2238), elle parle de personnes possédant pour autrui. Elle a donc voulu, dans sa définition de la possession, faire allusion même à cette sorte de possession. Seulement, il n'y en a pas moins, dans cette façon de s'exprimer, une confusion grave, puisque l'art. 2228 a eu pour but de définir ce que l'on appelle la possession juridique, tandis que la possession pour autrui, celle des prétendus possesseurs dont il est question aux art. 2236 et 2238, n'est plus une possession juridique. Et en effet les personnes dont il est parlé aux art. 2236 et 2238 ne sont pas des possesseurs au sens véritable du mot. La doctrine les appelle de simples détenteurs; et, s'il y a un détenteur sans *animus*, c'est donc qu'il y a une autre personne possédant par son intermédiaire.

Au surplus, l'art. 2228 le suppose implicitement. Si nous possédons par un autre qui tient la chose en notre nom, c'est que celui-ci ne possède pas; il faut en conclure que la possession n'exige pas seulement la détention, mais qu'elle implique, en outre, l'*animus sibi habendi*. C'est ainsi que la distinction entre possession et détention se trouve en quelque sorte déjà contenue dans l'art. 2228.

En résumé, ce que la loi exige, c'est une situation de fait dans laquelle on exerce, ou dans laquelle on est en état d'exercer, sur une chose, les droits d'un propriétaire.

Les Romains avaient limité la notion de la possession au domaine des choses proprement dites, l'idée de possession évoquant celle d'une sorte d'appréhension effective, qui ne peut s'appliquer qu'à une chose corporelle. Cependant la notion de possession fut ensuite admise sous le nom de quasi-possession pour les droits autres que le droit de propriété; s'il s'agissait, d'un droit portant sur une chose, il suffisait pour qu'une personne en eût la possession qu'elle l'exerçât et qu'elle se comportât comme si le droit lui appartenait; seulement les jurisconsultes romains, par un scrupule de précision, appelèrent cette possession une quasi-possession. C'est ainsi qu'il y eut une quasi-possession de l'usufruit ou des servitudes réelles. On a fait dans le Code civil un pas de plus, et on a qualifié de possession la jouissance d'un droit exercé sur une chose, assimilant ainsi complètement l'exercice d'un droit incorporel, autre que la propriété, et l'exercice de fait de la propriété elle-même. De là la définition de l'art. 2228, classant sous le nom de possession, soit la détention d'une chose, soit la jouissance d'un droit que l'on exerce, ou que l'on est en état d'exercer sur une chose.

Qu'il s'agisse de l'une ou de l'autre de ces possessions, il est reconnu aujourd'hui que la possession comprend deux éléments, le *corpus* et l'*animus*, le fait et l'intention. Le fait, c'est la détention dans un cas, l'exercice du droit dans l'autre; l'intention, c'est, dans un cas comme dans l'autre, l'*animus sibi habendi*, donc l'intention d'exercer le droit comme si on en était le titulaire. L'un de ces éléments, l'*animus*, se réalise naturellement chez le possesseur ; quant au second, le *corpus*, il peut exister chez autrui : car on peut posséder *corpore alieno*, l'art. 2228 le suppose.

En ce qui touche cette condition du fait matériel, il y aurait une sorte de rectification à apporter à ce que nous venons de dire. Sans doute, il est absolument vrai que, pour acquérir la possession, à titre en quelque sorte originaire, il faut le *corpus* en même temps que l'*animus* ; mais, lorsqu'il s'agit d'une transmission de possession, on comprend très bien au contraire que la possession puisse se trouver transmise, sans qu'il y ait aucun fait matériel d'appréhension. Cela peut se présenter, par exemple, au cas de vente d'un immeuble : sera-t-il nécessaire, pour que l'acheteur puisse être considéré comme mis en possession, qu'il ait fait quelque acte matériel ou symbolique d'appréhension ? Non ; la transmission de possession résultera de ce fait que le propriétaire antérieur se considère comme dessaisi, en admettant que désormais l'acquéreur soit placé en situation d'exercer les droits d'un propriétaire sur cet immeuble. Ce fait sera suffisant pour qu'il y ait transmission de la possession.

XVe LEÇON

QUALITÉS DE LA POSSESSION : POSSESSION CONTINUE. — NON INTERROMPUE. — PAISIBLE. — PUBLIQUE : CLANDESTINITÉ. — POSSESSION A TITRE DE PROPRIÉTAIRE : PRÉCARITÉ.

Des qualités de la possession.

Je dois étudier maintenant les qualités exigées dans la possession pour qu'elle puisse servir de fondement à la prescription acquisitive. Je ne vous présenterai guère à cet égard qu'une analyse très succincte.

Lorsque la possession ne réunit pas les conditions que nous allons rencontrer, on dit qu'elle se trouve entachée d'un vice qui la rend incapable de conduire à la prescription. Ces vices sont de deux sortes; ou bien ils sont absolus, c'est-à-dire constituant un obstacle à la prescription à l'égard de toute personne; ou bien ils sont simplement relatifs, donc mettant obstacle à la prescription seulement en tant qu'elle serait opposée à une personne déterminée. Cette observation était nécessaire à faire dès le début; et j'arrive au texte.

Il faut, dit le texte, une possession continue et non interrompue, paisible, publique, non équivoque et à titre de propriétaire. Ces qualités sont énumérées par l'art. 2229.

Discontinuité.

Tout d'abord, la possession doit être continue, et nous traduisons *a contrario* qu'une possession qui est non continue est vicieuse; la discontinuité est un vice qui affecte la possession en elle-même; aussi verrons-nous qu'elle constitue un vice absolu. Mais avant d'aborder ce point, qui touche à la question de sanction, définissons exactement ce qu'il faut entendre par cette première qualité exigée par l'art. 2229.

La possession continue est celle qui se manifeste par l'exercice normal et régulier du droit qui est possédé. Il faut bien comprendre, en effet, que la possession peut être continue, bien qu'il y ait des intermittences dans l'accomplissement des faits qui la constituent ; elle ne cesse pas d'être continue lorsque le possesseur, sans faire des actes constants de possession, use néanmoins de la chose comme le ferait un propriétaire diligent ; pour qu'il y ait discontinuité, il faut qu'il y ait eu dans les actes de possession des lacunes que ne comporterait pas l'exercice régulier du droit. Entendre autrement la continuité, ce serait nier la possibilité de toute possession continue, donc nier la possibilité de la prescription elle-même.

Cette notion de la continuité de la possession nous montre que l'impossibilité d'acquérir par prescription les servitudes discontinues ne s'explique pas par l'impossibilité d'une possession continue appliquée à ces servitudes. Celles-ci, en effet, sont susceptibles d'une possession parfaitement continue ; et la possession qu'on aura exercée par rapport à une servitude de ce genre aura en effet ce caractère, si les actes d'exercice de la servitude se sont reproduits régulièrement, toutes les fois que cela aura été nécessaire pour l'exercice du droit.

Je vous ai déjà dit que le vice résultant du défaut de continuité avait un caractère absolu et empêchait la possession de pouvoir conduire à la prescription à l'égard de qui que ce soit. C'est qu'en effet une possession discontinue n'est plus un exercice normal du droit ; elle ne révèle plus le droit auquel elle se réfère. Dans ces conditions ce n'est plus une possession véritable.

Interruption. La loi parle ensuite d'une possession non interrompue. De quels faits dérive l'interruption ? Et quelle différence présente-t-elle avec la discontinuité ?

Il y a d'abord un cas d'interruption qui n'est pas douteux ; celui de l'article 2243. Il y a interruption naturelle de la prescription, c'est-à-dire résultant de l'interruption même de la possession, lorsque le possesseur est privé pendant plus d'un an de la jouissance de la chose, soit par l'ancien propriétaire, soit même par un tiers. On suppose que, par suite de la négligence du possesseur, le propriétaire ou un tiers s'est mis en possession de la chose ; le seul fait de la mise en possession par un tiers, ne constitue pas à lui seul un fait d'interruption ; il faut qu'elle se soit prolongée pendant plus d'un an. Cette exigence tient aux principes de notre droit sur les actions possessoires. D'une part, il n'admet la possession comme fondement d'une action possessoire qu'autant qu'elle a duré plus d'un an ; et d'autre part, l'ancien possesseur peut pendant une année intenter l'action possessoire à l'effet de recouvrer la possession. S'il l'intente, et qu'il ait gain de cause, le tiers interrupteur est réputé n'avoir jamais eu la possession (art. 23 du Code de procédure).

Ainsi s'explique la règle de l'art. 2243, qui n'admet pas que l'interruption de fait constitue dès qu'elle existe une interruption de droit immédiate. Mais, dès que le possesseur a été privé de la jouissance de la chose pendant plus d'un an, la possession a été interrompue. Alors même qu'ayant intenté l'action pétitoire contre l'interrupteur il aurait obtenu gain de cause et se serait fait restituer la chose, il n'y aurait pas à tenir compte, pour la prescription qu'il voudrait opposer au véritable propriétaire, de la possession qu'il a eue avant cette dépossession momentanée.

Mais n'y a-t-il que ce cas d'interruption ? Il y a des interprètes qui pensent que l'interruption de la possession ne peut se produire que dans les conditions déterminées par l'art. 2243.

Cependant il y a une autre hypothèse dans laquelle on ne peut nier qu'il y ait interruption. Supposez que le possesseur se voyant en butte aux réclamations du propriétaire, et en reconnaissant la légitimité, prenne à bail, et conserve ainsi à titre de preneur à bail, l'immeuble qu'il possédait auparavant en son propre nom et pour lui ; dans ce cas il y aurait interruption, et ce serait un cas d'interruption naturelle et non d'interruption civile, car il y aurait quelque chose de plus que la reconnaissance du droit du propriétaire ; il y aurait retour de la possession aux mains de celui-ci.

Dans cette hypothèse, il est vrai, nous rencontrons une particularité déjà impliquée dans l'article 2243 : il y a intervention d'un tiers acquérant la possession au préjudice de l'ancien possesseur. Est-ce donc une condition indispensable de l'interruption ? Beaucoup d'auteurs en effet mettent entre la discontinuité et l'interruption proprement dite cette différence que la première serait l'interruption par le fait même du possesseur, tandis que l'autre exigerait le fait d'un tiers. La question devait presque forcément se poser, car à première vue les deux choses paraissent se confondre. Lorsqu'il y a discontinuité, la possession cesse d'exister, parce qu'il n'y a plus exercice normal du droit ; il n'y a plus qu'un exercice intermittent qui, loin de constituer la situation de fait correspondant au droit que l'on prétend avoir, inspirerait plutôt des défiances sur son existence ou sa légitimité. Bref, ce n'est plus une possession. C'est là, en effet, ce qui rend la confusion possible. Seulement ce n'est plus une possession qui ait été troublée ou ravie par le fait d'un tiers ; c'est le prétendu possesseur qui est lui-même l'auteur du vice qu'on lui oppose. C'est lui qui n'arrive pas à se constituer une véritable possession ou qui, l'ayant eue, cesse de l'exercer dans des conditions suffisantes pour lui maintenir son caractère de possession juridique. Tel serait donc le principe de la distinction entre discontinuité et interruption.

Je suis d'avis au contraire qu'il peut y avoir une véritable interruption de possession sans qu'il soit besoin de l'intervention d'un tiers ; et par suite il faudra chercher ailleurs la différence entre les deux vices de la possession que nous comparons en ce moment.

Tout d'abord, à un point de vue au moins théorique, il est certain qu'il peut y avoir perte de la possession par le fait seul du possesseur et sans même qu'on ait à attendre un délai d'un an. Rien ne s'oppose à ce que le possesseur abdique la possession. S'il s'agissait de meubles, il pourrait arriver que par sa volonté il perdît la possession, sans qu'elle fût acquise à un autre : il en était ainsi à Rome, quand la chose mobilière se trouvait échapper à la *custodia* du possesseur, sauf exception pour l'esclave (L. 3 § 13 Dig. *De acq. Poss.* 41, 2): pour celui qui a perdu un objet mobilier, sans qu'il puisse savoir où il l'a perdu, comme il se trouve en fait dans l'impossibilité d'exercer ses pouvoirs de propriétaire, il en a perdu la possession. Et dans toutes ces hypothèses, on doit reconnaître que, même en droit, et au point de vue de la prescription, l'interruption est immédiate, sans qu'il y ait à attendre un an pour qu'elle soit définitivement acquise. C'est que le délai d'un an de l'art. 2243 ne s'explique et ne se comprend que là où l'on peut intenter l'action possessoire; et il faut pour cela que la chose soit aux mains d'un tiers qui la détienne à la connaissance de l'ancien possesseur. Il faut savoir à qui réclamer la chose à laquelle on prétend avoir droit pour pouvoir agir en restitution et en recouvrement de la possession. D'autre part il n'y a pas d'action possessoire relativement aux objets mobiliers; il ne saurait être question en aucune façon de leur étendre le délai d'un an de l'article 2243. Dans la plupart des cas, d'ailleurs, l'application de l'art. 2279 rend toutes ces distinctions, en fait, complètement inutiles. Mais ce que je veux dire, c'est que, même pour ce qui est des immeubles, si, comme je vais vous l'indiquer, on supposait une abdication de possession plutôt qu'une dépossession par un tiers, on pourrait soutenir que, en droit, l'interruption est immédiate. Je vous en donnerai d'ailleurs une raison décisive dans un instant. Tout ce que je veux retenir de ces premières observations, c'est qu'il peut y avoir interruption, et interruption susceptible de valoir comme perte de la possession au point de vue de la prescription, sans qu'il y ait intervention d'un tiers. Il y a abdication de possession. Théoriquement, cette abdication est possible, je viens de vous le montrer. En fait, et en pratique, est-elle vraisemblable ?

Nous venons de voir qu'en matière de meubles, rien n'était plus usuel. Les cas de ce que je pourrais appeler une perte unilatérale de possession se rencontrent très fréquemment. Il peut y avoir perte de la possession, perte qui peut être momentanée, sans l'intervention ou le fait d'un tiers; et alors il y a interruption de la prescription.

Mais ce que je prétends, c'est que même pour les immeubles, on peut encore supposer que le possesseur, momentanément au moins, ait entendu cesser de posséder; et il a cessé de posséder avec l'intention d'abdiquer sa condition et ses avantages de possesseur ; si cela se présentait, et pratiquement cela pourrait se présenter, dans les pays par exemple, comme les pays neufs, où la terre a très peu de valeur, il y aurait interruption. Je vous ai même laissé entendre que peut-être n'y aurait-il pas à appliquer en pareil cas le délai d'un an de l'art. 2243 et que l'interruption serait immédiate. Il y en a une raison décisive à laquelle j'ai déjà fait allusion ; c'est que, du moment qu'il y a abdication de la possession, il y a perte de l'*animus domini*. Ce n'est pas là seulement un changement de volonté resté purement interne et intentionnel; il s'est manifesté par un fait extérieur, matériel et visible, l'abandon de la détention et du pouvoir de fait que l'on avait sur la chose. C'est une perte d'*animus* dont le droit est amené à tenir compte, parce qu'elle est sortie de la sphère purement psychologique pour entrer dans le domaine juridique. Et alors, s'il y a disparition de l'*animus*, il y a perte immédiate de la possession. Vous voyez que même en matière immobilière il peut y avoir interruption autrement que par le fait d'un tiers, exactement comme s'il s'agissait de discontinuité. Il nous faut donc chercher un autre critérium que celui que l'on propose entre les deux vices que nous étudions.

La différence avec la discontinuité est alors que l'interruption, lorsqu'elle provient de la seule volonté du possesseur, suppose qu'il y a eu perte véritable et réelle de la possession ; la discontinuité suppose l'irrégularité dans les faits de la possession, et n'implique pas la perte proprement dite de la possession.

Il faut donc rectifier maintenant la formule que je vous donnais tout à l'heure, en me plaçant au point de vue de l'opinion que j'avais à vous exposer, et d'après laquelle je vous présentais la discontinuité comme une perte de la possession. Oui, cela est vrai si on s'en tient au résultat juridique ; la discontinuité, là où elle est constatée, aboutit à la négation de la possession en droit. Mais, avant de savoir si le résultat juridique doit se produire, il faut se placer au point de vue des faits, et rechercher dans la réalité même des faits le critérium et le signe distinctif de la discontinuité. Or, au point de vue des faits, celui qui a une possession anormale et intermittente, continue à détenir, puisqu'il continue à réaliser des faits d'exercice du droit. Non seulement il n'a pas, psychologiquement, abdiqué l'*animus*, mais au point de vue extérieur et visible, il garde contact avec la chose : il n'a pas perdu la possession matérielle, la possession de fait. Voilà quelle est la vraie différence entre les deux situations. Ou encore, pour être plus précis, voici une façon que je crois meilleure de vous présenter l'opposition à établir entre ces deux vices de la possession : dans l'interruption, il y a disparition à la fois des deux éléments constitutifs de la possession, abdication de l'*animus*, et perte de la détention, perte au moins unilatérale, vous ai-je dit ; et à supposer qu'il n'y ait pas abdication d'*animus* à proprement parler, il y a tout au moins opposition d'*animus* de la part d'un tiers, c'est le cas où l'interruption provient du fait d'un tiers. Dans la discontinuité, l'*animus* subsiste en soi, c'est l'élément matériel qui reste équivoque et anormal et qui ne peut plus valoir comme *corpus* possessoire. Je pourrais dire, en escomptant les explications que j'aurai à vous donner plus tard sur la possession équivoque, que c'est l'équivoque se présentant, non plus à l'*initium possessionis*, mais au cours de la possession.

L'art. 2243 nous montre d'ailleurs que l'interruption constitue un vice absolu, en ce sens que l'interruption peut être invoquée même par une personne qui n'en a pas été l'auteur. L'art. 2243 nous en fournit la preuve, puisque le propriétaire pourra invoquer cette interruption même produite par un tiers. Cela est également vrai du vice de discontinuité. C'est un point sur lequel j'ai déjà insisté, et vous venez de voir comment cette solution se concilie avec le principe de distinction que je vous ai exposé entre la discontinuité et l'interruption ; c'est que l'*animus*, en matière de discontinuité a beau subsister en soi, et en tant qu'intention à l'état interne, si le *corpus* qui se manifeste est insuffisant à le faire valoir et à valoir lui-même comme possession juridique, il n'y a pas possession. La possession, si l'on veut, n'est pas perdue ; elle n'arrive pas à se constituer au rang d'une possession juridique, ce qui au fond revient au même.

Les deux vices que nous venons d'étudier ne réagissent pas forcément sur l'avenir de la possession. L'interruption rend inutile la possession accomplie jusqu'à l'interruption, sans empêcher que la possession qui recommence puisse servir de fondement à la prescription. De même pour une possession qui cesserait d'être discontinue.

Lorsque la question de prescription est soulevée, il peut s'élever une difficulté relative à la preuve, sur le point de savoir si la possession a été ou non continue, ou interrompue. Qui donc devra faire cette preuve ? Cette question est résolue par l'art. 2234, au moins dans une certaine hypothèse.

On disait autrefois : « En matière de possession *probatis extremis media præsumuntur.* » Le possesseur doit donc faire preuve de la possession actuelle et établir que celle-ci existait déjà à une certaine époque regardée comme point de départ de la prescription. Ceci prouvé, c'est à l'adversaire d'établir que la possession a été interrompue ou discontinue. Autrefois on disait même : « *Olim possessor*, *hodie possessor* », cela voulait dire qu'il suffisait de prouver une possession ancienne pour faire présumer la possession actuelle. L'art. 2234 repousse cette exagération. D'après l'ancien adage, dès qu'on eût prouvé l'existence de la possession à une époque antérieure c'eût été à l'adversaire de faire la preuve que la possession avait disparu. C'était au moins singulier ; on conçoit la règle : « *Probatis extremis media præsumuntur* », parce que la preuve de la possession à tous les moments de son existence serait à peu près impossible. Mais au contraire, lorsqu'il s'agit de la possession actuelle, rien de plus simple à prouver ; c'est un fait, et un fait qui se passe en quelque sorte sous les yeux du public ; si la preuve en est facile, pourquoi donc en dispenser celui qui l'invoque ?

Violence. L'art. 2229 signale une autre qualité requise de la possession, elle doit être paisible, et le vice corrélatif, résultant du défaut de cette qualité, constitue la violence. On n'est pas complètement d'accord sur la signification à donner ici à cette troisième qualité de la possession.

Possession paisible, cela signifie à mon sens que la possession, pour pouvoir fonder la prescription, ne doit pas avoir été acquise, ni maintenue par la violence. Cette interprétation n'est pas douteuse en soi, et elle résulte de l'art. 2233. Il est donc certain qu'une possession acquise par violence, tant qu'elle est maintenue par violence, ne peut servir de fondement à la prescription. Mais notre législation est moins rigoureuse que n'était le droit romain; la remarque en a été faite dans les travaux préparatoires. A Rome, en effet, le vice de violence était considéré comme affectant, non pas à proprement parler la possession, mais la chose elle-même, au point de vue de l'usucapion. C'était un vice perpétuel qui s'appliquait aux meubles volés ou aux immeubles acquis par violence. Les choses volées ne pouvaient être usucapées par personne tant qu'elles n'avaient pas fait retour au propriétaire.

Cette législation rigoureuse a été formellement écartée chez nous ; la violence est un vice qui affecte la possession, et un vice qui peut se trouver purgé dès que les actes de violence ont cessé. L'art. 2233 le dit expressément.

Mais est-ce seulement cette origine dépourvue de violence qu'exige l'art. 2229 ? Pothier, entendait par l'expression de « possession paisible » une « possession qui n'était pas interrompue civilement » *(Coutume de Paris art. 113).* La coutume de Paris en effet parlait de prescription au profit de qui avait possédé franchement et sans « inquiétation », c'est-à-dire sans avoir été interpellé par le propriétaire. (POTHIER, *Introduct. au tit. XIV de la Coutume d'Orléans, n° 26*, et *note n° 3 sur l'art. 261 Coutume d'Orléans*). Dans notre droit toutes ces solutions restent incontestables : la possession peut être interrompue en dehors de l'interruption naturelle : Il peut y avoir interruption civile par voie d'interpellation judiciaire ; et à ce point de vue la doctrine de Pothier reste absolument exacte. Mais ce n'est pas là encore le sens du mot paisible dans l'art. 2229 ; sinon il y aurait double emploi, puisque cette nouvelle qualité se confondrait avec la condition de non interruption, en tant qu'il s'agit tout au moins de l'interruption civile.

L'expression se réfère donc d'abord à l'hypothèse de l'art. 2233. La possession non paisible est celle qui a été acquise par violence, mais on doit décider en outre que la possession ne sera pas paisible, si, bien qu'elle n'ait pas été acquise par violence, elle n'a pu se maintenir qu'au prix de luttes et de contestations réitérées. De sorte que l'art. 2229 exige en réalité deux choses, l'origine paisible de la possession, mais aussi son maintien normal et régulier, en dehors de toute perpétuité de luttes et de conflits.

Celui qui possède peut se trouver inquiété par des incursions et des entreprises qui ne lui ont pas laissé la paix dans sa possession ; en pareil cas il n'y a pas eu occupation violente, et il n'y a pas eu davantage interpellation judiciaire, mais il n'y en a pas moins possession non paisible ; les termes de l'art. 2233 semblent bien permettre cette extension, et au point de vue rationnel, il serait tout à fait excessif de tenir compte d'une possession que l'on invoquerait contre celui qui a constamment protesté par ses actes contre cette possession elle-même. Remarquez en effet que l'art. 2233 ne parle pas de possession acquise par violence, il dit que les actes de violence ne peuvent fonder une possession utile ; à quelque moment qu'ils se produisent, et même si la possession a été acquise paisiblement, ils viennent en modifier les caractères et la vicier dans son exercice.

Clandestinité. En quatrième lieu, la possession doit être publique. A la possession publique, on oppose la possession clandestine ; c'est la possession qui se dissimule de manière à demeurer inconnue à celui à qui on veut l'opposer. La Coutume de Melun (art. 170) disait qu'il y a publicité quand aucun a joui au vu et au su de tous ceux qui l'ont voulu voir et savoir.

Il y a, en ce qui touche l'idée que nous devons nous faire de cette condition nouvelle, un exemple classique de Pothier. Un propriétaire, voulant agrandir sa cave, a fait des fouilles sous la maison du voisin ; celles-ci n'ont pu se révéler au propriétaire de la maison, c'est-à-dire à celui sur les droits duquel tous ces travaux se trouvaient empiéter ; il y a donc possession clandestine. Ce vice de clandestinité peut cesser, comme nous l'avons vu pour le vice de violence. La possession d'abord clandestine peut en effet se manifester ensuite et se révéler par un exercice public.

Les deux vices dont je viens de parler ne sont point des vices absolus, mais purement relatifs. Déjà à Rome, en ce qui concerne les interdits possessoires, ces vices n'étaient pris en considération qu'autant que les faits de violence ou de clandestinité s'étaient produits à l'égard de l'adversaire. Juridiquement d'ailleurs, et au point de vue rationnel, la différence que nous admettons sur ce point avec les vices de discontinuité et d'interruption se justifie fort bien ; car il n'y a plus perte ou absence de possession ; il n'y a plus, comme dans la discontinuité, un élément de fait qui soit en contradiction avec la définition même de la possession. Si celle-ci est l'exercice extérieur du droit, il faut que cet exercice corresponde à ce qu'il serait chez le titulaire du droit ; sinon ce n'est plus la possession. Un propriétaire au contraire pourrait très normalement posséder sans révéler au public l'exercice de son droit, ou à l'inverse tout en ayant à repousser des troubles et des attaques venant d'autrui. Il n'y a rien là qui détruise l'idée de possession. Mais il y a cependant en pareil cas des circonstances de fait qui atténuent la portée absolue de la présomption de propriété ; au moins en tant qu'elle serait opposée à certaines personnes. En face de celui qui conteste mon droit et qui m'attaque violemment, ma situation de fait se trouve ébranlée ; et il en est de même à l'égard de celui vis-à-vis de qui je dissimule ma possession.

L'art. 2229 indique enfin que la possession ne doit pas avoir été équivoque et doit avoir été exercée à titre de propriétaire. On a songé à la possession à l'effet d'acquérir la propriété en formulant cette dernière qualité de la possession ; mais si l'on voulait acquérir une servitude ou un usufruit, on dirait que la possession devrait avoir été exercée comme manifestation du droit qne l'on prétend sur la chose.

Précarité. La loi a voulu résumer dans cette brève formule, ce qui est développé au chapitre III : que celui qui entend posséder à l'effet de prescrire doit posséder pour lui-même et non pour autrui. L'art. 2236 dit en effet que ceux qui possèdent pour autrui ne peuvent jamais prescrire par quelque laps de temps que ce soit, et il cite à titre d'exemples le fermier, le dépositaire, l'usufruitier ; c'est de ces personnes ainsi comprises dans l'énumération de l'art. 2236 que l'on dit qu'elles ont une possession entachée du vice de précarité.

L'idée de la loi, d'après son langage, c'est que les personnes dont parle l'art. 2236 sont des possesseurs précaires ; et d'autre part l'art. 2236 les qualifie de possesseurs pour autrui. C'est donc que posséder à titre de propriétaire, pour l'art. 2229, revient à avoir une possession qui ne soit pas entachée du vice de précarité. Et voilà en effet l'interprétation, sauf développement, de cette qualité nouvelle exigée par l'art. 2229.

Mais que faut-il entendre par précarité ? Il importe sur ce point de se dégager complètement de la terminologie romaine. A Rome, le précaire était un acte juridique d'une nature spéciale, une convention qui avait pour objet de concéder à titre gracieux et révocable la possession d'une chose à une personne (Voir au Digeste le titre *de precario* (L. 43. Tit. 26. Dig.). Le précariste était un véritable possesseur ; sans doute il ne pouvait pas usucaper, mais il avait une possession qu'il pouvait invoquer, en tant que possession, contre tous autres que le concédant.

Aujourd'hui nous ne connaissons plus ces concessions gracieuses de la possession elle-même ; ou du moins la loi les ignore. Ce que la loi appelle possesseurs précaires, ce sont de simples détenteurs qui, suivant l'art. 2236, possèdent, non pas pour eux-mêmes, mais pour le compte d'autrui. La précarité du Code civil n'est pas un vice de la possession, c'est l'absence de la possession elle-même. Il y a là, non plus un obstacle relatif aux effets de la possession, mais un obstacle absolu. A Rome, on comprend que l'on ait pu en faire un vice relatif dans l'interdit *de precario*, aujourd'hui c'est la négation même de la possession.

Toute cette théorie de la précarité est donc l'application pure et simple de la conception traditionnelle admise en matière de possession. Celle-ci étant, non seulement en vue de la prescription, mais par définition, et pour être une possession valable, un exercice de fait d'un droit que l'on prétend avoir, elle implique un élément intentionnel, qui est l'*animus sibi habendi*. Seulement, puisque tout en cette matière se ramène à des questions de fait, à quelque chose qui soit extérieur et visible, la preuve de l'*animus*, et surtout la preuve du défaut d'*animus*, ne peut pas dépendre de recherches intentionnelles et subjectives ; elle doit ressortir des faits eux-mêmes. Pour la preuve de l'*animus*, la loi, nous le verrons, a établi une présomption légale. Et de même, c'est aussi par voie de présomption que s'établit le défaut d'*animus*. Il ne s'agit pas d'une preuve actuelle portant sur l'intention vraie de celui qui possède, mais d'une preuve qui est en quelque sorte faite par avance, et une fois pour toutes, par le titre juridique qui est à la base de la possession et qui lui sert de cause initiale. La seule question à vérifier est de savoir si le titre implique par lui-même que celui qui entre en possession prétend à la propriété, ou reconnaît au contraire la propriété d'un autre. Là où le titre emporte reconnaissance du droit d'autrui, il y a, de par la loi, défaut d'*animus* : c'est la précarité. Cette dernière est donc la reconnaissance juridique, telle qu'elle émane du titre même d'entrée en possession, du défaut d'*animus rem sibi habendi*.

Il y a cependant, en ce qui touche l'usufruit, une distinction à faire. La possession de l'usufruitier est précaire ; ou, plus exactement, celui-ci n'est qu'un simple détenteur, si l'on envisage sa possession de fait au point de vue de l'acquisition de la propriété. Mais, d'un autre côté, l'usufruitier a la possession de son droit d'usufruit ; et à ce point de vue, il a une possession protégée par les actions possessoires même contre le propriétaire. L'usufruitier n'est donc un détenteur précaire que par rapport à la propriété, et non par rapport à l'exercice du droit d'usufruit. Il pourrait donc très bien prétendre acquérir le droit d'usufruit par voie de prescription. D'ailleurs, dans tous les cas de précarité, s'il y avait place à une prescription, cette dernière s'accomplirait pour celui au nom duquel la possession est exercée par le détenteur précaire. Ainsi je possède un immeuble qui ne m'appartient pas ; je le donne à bail ; je possède par l'intermédiaire du fermier, et par lui je pourrai acquérir par prescription. Il y avait là une remarque à vous présenter en passant. Revenons maintenant à l'idée que j'ai mise en avant et qui est comme la conception fondamentale de la loi : la précarité est inhérente au titre de possession ; voilà pourquoi l'art. 2236, lorsqu'il veut nous citer des exemples de détenteurs précaires, s'attache aux titres juridiques, dont la plupart sont des titres contractuels, qui caractérisent, au point de vue du droit, la situation de ces détenteurs. Vous lirez le texte, et vous constaterez facilement l'exactitude de cette observation.

Disons toutefois que l'énumération des détenteurs précaires, dans l'article 2236, n'est pas complète. Il faut alors chercher une règle générale pour déterminer à qui appartiendra cette qualification ; et cette règle générale est celle que je vous ai déjà donnée par avance, en vous expliquant le rapport qui existe entre la précarité et la théorie de l'*animus*. On peut en effet poser la règle en ces termes : le possesseur précaire, au sens du droit moderne, est celui qui possède en vertu d'un titre qui explique sa possession, c'est-à-dire qui explique pourquoi il est, et pourquoi on le laisse, en possession, quoiqu'il ne soit pas propriétaire.

Il n'y a aucune difficulté, d'après cela, à donner la qualification de détenteur précaire à l'emphytéote, à l'antichrésiste, au gagiste, à tous les administrateurs conventionnels ou légaux des biens d'autrui. Ils détiennent la chose en vertu d'un titre qui proteste contre l'idée d'une possession à titre de propriétaire ; c'est à ces possesseurs qu'on pourrait répondre avec l'ancien droit : *Titulus tuus clamat contra te.*

Dans la plupart des cas il y a peu d'hésitation. Reste cependant une hypothèse à examiner.

L'aliénateur, par exemple le vendeur, qui est resté en possession de la chose vendue, est-il un détenteur précaire, ou possède-t-il à titre de propriétaire, à l'effet de prescrire contre l'acheteur? On comprend que l'obligation de délivrance du vendeur s'éteigne par la prescription de trente ans. Mais l'obligation et l'action personnelle étant éteintes, l'acheteur ne conserve-t-il pas l'action en revendication? Oui, si le vendeur est un détenteur précaire qui n'a pu prescrire.

Comme règle générale, je ne pense pas qu'on puisse dire que le vendeur soit un détenteur précaire possédant au nom d'autrui. Il est vrai qu'en même temps qu'il possède, il est tenu de l'obligation de livrer; mais celle-ci peut exister en bien d'autres hypothèses qui n'excluent pas la prescription. Ainsi, celui qui a reçu le paiement de l'indû, pour ne citer que cet exemple, est tenu de restituer, mais il prescrit. Remarquez bien que je ne dis pas qu'il prescrit en vertu d'un juste titre qui justifie l'application de la prescription décennale. Je dis simplement qu'il possède pour lui, *proprio nomine*, donc qu'il a une possession susceptible de conduire à la prescription. Nous ne pouvons pas dire en effet qu'il ne possède qu'au nom de celui à qui il doit restitution. De même le vendeur ne possède pas en vertu d'un titre qui explique en vertu de quoi on le laisse en possession.

On a dit, dans le système du droit actuel, que, si l'acheteur devient propriétaire en vertu du contrat, c'est par suite d'une sorte de clause sous-entendue qui lui transfère la possession. Ceci pourrait être quelque peu plausible si la clause sous-entendue était ce qu'on appelait autrefois le constitut possessoire. Le vendeur à Rome pouvait transférer la possession par une sorte de tradition qui n'avait rien de réel, de sorte qu'il pouvait garder la chose en se constituant possesseur pour autrui; la tradition qu'il avait faite résultait précisément de ce qu'il avait pris la qualité de détenteur *alieno nomine*.

Aujourd'hui il n'y a pas de constitut possessoire sous-entendu; mais ce qui est sous-entendu, d'après l'art. 1138, c'est une simple transmission de possession. Et d'ailleurs s'il y a quelque chose de sous-entendu, de fictif, ce que l'on sous-entend ainsi ne se rapporte pas à une clause réelle qui existe dans l'intention des parties. Il y a là un procédé d'explication que l'on emploie pour faire comprendre ce que l'art. 1138 a voulu dire, et pour justifier les termes dont il se sert. Mais la règle au fond est que la propriété est transférée par l'effet du contrat ; et le vendeur qui conserve la possession, possède *proprio nomine*.

Cependant, il y a une hypothèse un peu plus délicate, celle d'une vente sans terme pour l'exécution. Il n'y a de terme ni de part, ni d'autre ; et l'acheteur n'ayant point payé son prix, le vendeur a conservé la possession. Les choses étant ainsi, voici le point sur lequel j'appelle votre attention. Le vendeur qui n'a point été payé n'a pas livré, parce que la loi lui accorde un droit de rétention (art. 1612). C'est là une sorte de gage. Il gardait la chose, mais *pignoris loco*, disaient les textes romains ; et alors on peut soutenir que le vendeur détient la chose en qualité de créancier gagiste *sui generis*. Je soumets cette hypothèse à vos réflexions, et j'arrive à la question de preuve.

Il peut y avoir contestation en effet sur le point de savoir si la possession a eu lieu à titre précaire, ou de propriétaire ; à qui donc reviendra la preuve ? Nous avons ici des solutions formelles dans la loi (art. 2230 et 2231). On est présumé posséder pour soi ; et lorsqu'il est établi qu'on a possédé pour autrui, on est toujours présumé posséder au même titre, si le contraire n'est prouvé. Ce sont les présomptions légales auxquelles j'ai déjà fait allusion, elles sont d'une importance pratique considérable.

Cela veut-il dire que la possession entachée de précarité doive forcément rester une possession précaire, tant qu'elle sera aux mains de celui qui l'exerce ? N'y a-t-il aucun moyen de purger le vice de précarité ? Il ne pouvait pas se faire qu'il en fût ainsi. Sans doute le détenteur précaire ne peut pas, par un simple changement d'*animus* qui serait purement intentionnel, effacer le caractère de sa possession, telle qu'elle dérive de son titre initial. Mais, de même que l'*animus* au moment de la mise en possession ne dépend pas d'une preuve subjective, mais se révèle par la nature du titre juridique, de même il peut y avoir changement d'*animus* au cours de la possession, lorsque celui-ci résulte d'un fait qui le manifeste à l'extérieur et qui constitue ainsi une interversion juridique du titre primitif.

Voyons donc quels sont les événements qui vont pouvoir convertir cette possession pour autrui en possession *animo domini*.

Interversion de titre.

Il faut pour cela une interversion de titre ; et par conséquent, ce que nous avons à étudier à cet égard, ce sont les règles suivant lesquelles cette interversion pourra se produire. On aurait pu croire tout d'abord que le possesseur venant à disparaître, et ses héritiers commençant une possession nouvelle en leur personne, le vice de précarité eût disparu. Pourquoi donc, en effet, faire peser sur ces derniers une présomption légale de défaut d'*animus*? Tel n'est pas cependant le système de la loi. C'est même tout le contraire que décide le Code civil ; et la première règle dont nous ayons à nous occuper est précisément celle de l'art. 2237, d'après laquelle la possession précaire se transmet avec cette qualité aux héritiers du possesseur. L'héritier ne peut pas commencer une possession *suo nomine*, par cela seul que le possesseur précaire est décédé.

Si donc il faut entendre par interversion, au sens technique du mot, toute modification de droit qui puisse s'opérer dans la détention précaire, de manière à la rendre utile pour la prescription, il faut en conclure que le décès du possesseur précaire n'opère aucune interversion dans sa possession. On dit quelquefois aussi que la précarité n'est pas purgée par le décès du détenteur précaire.

Puis il y a une seconde règle, indépendante du fait du décès ; et c'est même, comme principe, celle qui domine toute la matière. Elle a trouvé son expression dans l'art. 2240, d'après lequel, et je vous cite le texte, on ne peut pas prescrire contre son titre, en ce sens que l'on ne peut point se changer à soi-même la cause et le principe de sa possession. Cela signifie que celui qui possède comme détenteur précaire ne peut pas, par un simple changement d'intention, substituer une possession *animo domini* à sa possession précaire.

Telles sont les deux dispositions légales qui dominent toute cette importante théorie. J'en renvoie l'étude à ma leçon prochaine.

XVIe LEÇON

PRÉCARITÉ : INTERVERSION DE TITRE. — ACTES DE TOLÉRANCE ET DE PURE FACULTÉ. — ACTES DE TOLÉRANCE : APPLICATION A LA PRESCRIPTION DES SERVITUDES.

Nous nous demandions comment ce que la loi appelle le vice de précarité peut cesser de telle façon que la possession devienne utile à qui veut prescrire. La possession, vous ai-je dit, conserve ce caractère jusqu'à la preuve d'une interversion, preuve qui doit être faite par celui qui invoque la possession : tel est le principe.

La théorie, que j'aborde en ce moment, de l'interversion de titre est dominée par deux règles légales, dont l'une pose en principe qu'on ne peut pas de sa seule volonté intervertir son titre, et dont l'autre déclare, comme si c'était une conséquence de la première, que la possession précaire passe aux héritiers avec le caractère qu'elle avait chez leur auteur : c'est la règle de l'art. 2237. Etudions ce premier point.

Le décès du simple détenteur ne permet pas à ses héritiers, ou successeurs à titre universel, de commencer *ipso facto* une possession utile à l'effet de prescrire. Telle est la règle.

Elle se justifie très bien, lorsque l'héritier succède à la condition juridique qui constituait la précarité dans la possession de son auteur. Par exemple, s'il s'agit de l'héritier du fermier, cet héritier succède aux obligations et à la condition du défunt ; il succède donc à sa qualité de preneur à bail, et par conséquent la possession du défunt lui arrive entachée du même vice de précarité. Rappelez-vous, en effet, le principe fondamental que je vous ai exposé en ce qui touche la théorie de l'*animus* : la loi ne s'en remet pas sur ce point à des preuves subjectives ; elle s'attache au titre initial de la possession. Or, ce titre, lorsqu'il est constitutif de précarité, passe avec les mêmes caractères aux héritiers. Il y a pour eux sans doute un *initium possessionis* qui leur est personnel, si l'on s'attache au fait de la transmission matérielle ; mais en droit, la possession qui leur est transmise prend son point de départ juridique, elle a sa cause, dans le titre qui lui avait servi de fondement chez le possesseur défunt. En droit, l'*initium possessionis* remonte au titre en vertu duquel le défunt avait reçu la détention. Et ainsi disparaît l'anomalie apparente que je vous signalais précédemment à propos des héritiers.

Mais supposons, au contraire, que l'état de droit, la condition juridique, qui entraînait le vice de précarité dans la possession ne soit point transmissible aux héritiers. Dans ce cas, lorsque la qualité juridique d'où dérivait le vice de précarité cesse par la mort du possesseur précaire, alors on peut trouver que la disposition de l'art. 2237 est excessive ; et même on a pu contester qu'elle dût s'appliquer en cette hypothèse. Par exemple le détenteur était un usufruitier ; il meurt ; l'usufruit est éteint. Dans ce cas-là ne pourrait-on pas dire que, par la force des choses, le bien qui était grevé d'usufruit aux mains du défunt se trouve maintenant entre les mains des héritiers à un titre qui ne peut plus être celui d'usufruitier, et que par conséquent la possession qui commence en eux n'est plus une possession pour autrui, mais une possession *pro suo* ? S'il en était ainsi, cette possession ne serait plus entachée du vice de précarité. Cette question, pour ce qui est des héritiers de l'usufruitier avait été soulevée dans notre ancienne jurisprudence et résolue contre les héritiers, donc tranchée en ce sens que ceux-ci prenaient la possession telle qu'elle était chez leur auteur quoiqu'ils n'aient pas succédé à son titre. Lors de la rédaction du Code civil, l'attention du législateur a été encore appelée sur ce point. Le projet de la commission du gouvernement art. 19, celui qui correspond à l'art. 2237, tranchait expressément la question ; il disait : « Les héritiers de ceux........... etc., — même ceux de l'usufruitier ».

Le texte ainsi formulé fut l'objet d'une observation de la part du tribunal de Rennes. Les héritiers de l'usufruitier, disait-on, ne peuvent pas à la vérité se servir de la possession de leur auteur pour prescrire la propriété de l'immeuble dont il avait l'usufruit ; mais l'usufruit étant éteint, il y a interversion et ils commencent une possession *pro suo* (*Fenet*, V. p. 403). Voilà ce que disait le tribunal de Rennes. A-t-on voulu faire droit à cette observation ? On pourrait être tenté de le croire, puisque ces expressions « même ceux de l'usufruitier » ne se retrouvent pas dans l'art. 2237. Mais à leur défaut subsiste toujours la règle générale, laquelle est formulée de façon à n'admettre aucune exception. Les héritiers de ceux qui tenaient la chose à l'un des titres précédents, dit le texte actuel, ne peuvent pas prescrire. Et parmi les titres précédents se trouve celui de l'usufruitier ; cela est absolu et tout à fait formel. Aussi, à défaut d'autre explication sur la pensée des auteurs du Code, ne pouvons-nous apporter aucune restriction à la règle, d'autant plus que cette interprétation est conforme à la jurisprudence ancienne, laquelle n'était que la reproduction des principes du droit romain (L. 11 *Dig. De div. temp. præscrip.* 44. 3). L'héritier ne peut pas invoquer sa bonne foi, ou sa qualité personnelle, pour modifier sa possession, telle qu'il la reçoit de son auteur, et la loi romaine à laquelle je fais allusion donne pour exemple le cas où l'auteur possédait *precario*. Quoique les relations nées du précaire ne subsistent plus après le décès du concédant, la possession reste chez l'héritier à titre précaire.

Or, ce sont là des idées qui ont été acceptées et maintenues. La possession passe aux successeurs à titre universel, telle qu'elle existait entre les mains du possesseur lui-même. L'héritier *succedit in virtutes et vitia possessionis auctoris defuncti.*

Dirons-nous d'ailleurs que cette solution ne puisse absolument pas se justifier en raison ? Si vous avez bien compris l'idée qui domine toute cette théorie de l'*animus*, peut-être apercevrez-vous facilement le motif de cette décision. La loi veut écarter toutes recherches de fait sur l'intention du détenteur : elle veut que son intention ressorte d'un titre juridique.

Ceci posé, il est parfaitement vrai que l'héritier de l'usufruitier ne succède pas en droit au titre de son auteur ; mais ne peut-on pas admettre que l'*animus* qui dérivait de ce titre corresponde à l'*animus* personnel de l'héritier qui garde la possession des choses sur lesquelles portait l'usufruit ? Le défunt les possédait pour un autre, avec l'intention de les restituer ; pourquoi supposer *a priori* que l'héritier les conserve dans une autre intention ? Pour démontrer le contraire, il faudrait se livrer à des recherches que le système de la loi a précisément pour but d'interdire. Il faudrait examiner si l'héritier avait connaissance ou non de l'usufruit ; et, à supposer qu'il le connût, s'il a eu l'intention de restituer ou de garder pour lui. Ce sont précisément de ces preuves subjectives que, de parti pris, la loi a voulu écarter. Lorsqu'il y a un titre antérieur qui révèle l'*animus* du détenteur, et qui soit, comme c'est ici l'hypothèse, exclusif de tout *animus domini*, la loi s'en tient à ce titre, non pas pour admettre que la qualité juridique qu'il implique passe forcément aux héritiers, mais pour présumer que l'intention juridique qu'il imputait au détenteur initial subsiste chez ses héritiers. Dans une théorie qui prend pour base l'*animus domini* et qui, d'autre part, admet comme correctif, que cet *animus* ne saurait être l'objet d'aucune preuve subjective, mais qu'il s'identifie avec l'intention juridique révélée par le *titulus possessionis*, il devenait logique, et conforme à tous les besoins de la pratique, de poser une règle générale, aussi formelle que celle de l'art. 2237, et de l'admettre sans restrictions ni réserves.

La règle dont je viens de vous donner la justification, tant historique que rationnelle, conduit à une autre conséquence implicitement comprise dans l'art. 2231. Lorsque le détenteur précaire cesse d'avoir la qualité qui à l'origine donnait à sa possession le caractère de possession pour autrui, sa possession continue entre ses mains au même titre qu'antérieurement. Cette solution est en harmonie avec la disposition relative aux héritiers.

Ainsi les administrateurs pour autrui, le tuteur par exemple, en tant qu'il détient les biens du pupille, est un détenteur précaire ; mais il arrive que le mineur est devenu majeur et que par là cesse la qualité qui imprime à la possession du tuteur son titre précaire : si le tuteur demeure en fait investi des biens qu'il administrait, la possession reste entachée du vice de précarité. A première vue, cette solution peut paraître excessive. Elle se justifie par les mêmes raisons théoriques que celles qui expliquent le défaut d'interversion de titre chez les héritiers, même lorsque la qualité juridique constitutive du vice de précarité chez leur auteur a disparu avec lui. Ce qui est vrai dans la personne des héritiers est vrai *a fortiori* dans la personne de l'auteur, c'est-à-dire du détenteur initial.

Toute cette suite d'observations nous conduit à écarter une doctrine de Dunod, que je vous signale. Dunod, comme je tiens à vous le rappeler, nous a laissé, entr'autres traités des plus précieux, un ouvrage sur la Prescription, qui est bien la seule étude doctrinale que, pour ce qui est de l'ancien droit, nous ayons sur cette matière. Et ce qui en fait la valeur ce n'est pas tant la finesse d'analyse du théoricien que l'expérience du praticien. C'était un juriste élevé à la meilleure école ; il était de cette province de Franche-Comté, de la comté de Bourgogne comme l'on disait alors, où les institutions rurales avaient gardé un caractère traditionnel des plus curieux ; toutes les questions de main-mortes, de servitudes usagères, d'affouages, et, dans un autre ordre d'idées de communautés rurales, avaient dans cette région une importance de premier ordre ; et vous comprenez combien fréquentes en toutes ces matières étaient les difficultés relatives à l'application de la prescription. Dunod sur tous ces points avait une compétence qu'aucun de nos vieux auteurs n'a eue à ce point. Toutes ses œuvres sont pour nous d'une autorité capitale. Aussi, ai-je voulu, sous forme de parenthèse, insister sur l'homme et son œuvre ; et, cette parenthèse fermée, je reviens à la question qu'il avait soulevée sur le point qui nous occupe. Il se posait la question à l'occasion du créancier gagiste. Jusqu'au paiement de la dette, celui-ci possède à un titre qui explique à quel titre on le laisse en possession. Mais supposons que la dette ait été payée, et que cependant le débiteur n'ait point demandé la restitution du gage ; ce peut être l'héritier du débiteur qui a payé la dette, et il ignorait qu'il y eût un gage : Dunod (page 92 du *Traité des Prescriptions*, cf. cependant p. 35) avait voulu admettre que le créancier gagiste commençait à prescrire. Je crois que c'était déjà une erreur en ancien droit ; ce serait une erreur aussi en droit moderne ; et je vous en ai par avance donné la raison, je n'ai pas à y revenir.

La conclusion qui ressort de toutes ces observations est donc que la possession précaire, lorsqu'elle a commencé à ce titre, ne perd pas son caractère de précarité, par cela seul qu'ont disparu les rapports juridiques qui constituaient ce vice de précarité. Pourtant on s'est demandé s'il n'y avait pas pour le tuteur une distinction à faire pour le cas où il a rendu son compte de tutelle. Certes il n'y aurait rien de déraisonnable à le décider ainsi en législation. Mais au point de vue des textes, cela ne peut pas constituer l'interversion de possession ; et enfin dans cette hypothèse encore nous restons dominés par ce système de présomption légale qui est l'idée caractéristique de notre théorie possessoire française, et auquel nous ne pouvons faire brèche pour aucun cas particulier.

Si d'ailleurs nous nous plaçons au point de vue des textes, nous voyons que l'article 2238 détermine exactement à quelles conditions la possession se trouve intervertie ; or, vous y chercheriez en vain quelque chose qui pût vous autoriser à voir une interversion, au sens légal du mot, dans le fait pour le tuteur d'avoir rendu son compte de tutelle.

Le détenteur précaire ne pourrait pas non plus prétendre commencer une prescription utile pour prescrire par l'allégation qu'il s'est opéré dans sa pensée, dans son intention seule par conséquent, une modification d'*animus*, en ce qu'il aurait pris par devers lui, et même manifesté ouvertement, la résolution de posséder désormais *pro suo* (Art. 2240). On ne peut prescrire contre son titre : *Nemo causam possessionis mutare potest*. C'est la seconde règle que nous ayons à étudier. J'ai déjà paru dire que celle de l'article 2237 n'en serait qu'une conséquence assez logique. Ce qui est plus exact, c'est que toutes deux dérivent d'un même principe initial, qui est celui d'une présomption légale de défaut d'*animus domini*, impliquée dans le titre même en vertu duquel la possession s'exerce.

A Rome, cette règle qu'on ne pouvait pas se changer soi-même la cause de sa possession avait son application ou l'une de ses applications principales dans l'hypothèse de la possession *pro hœrede* (L. 33 § 1 *De Usucap.* 41. 3 et L. 2 § 1, *Pro hœred.* 41. 5). Celui qui avait commencé à posséder sans titre ne pouvait pas « *sola destinatione animi* », lorsque le propriétaire venait à décéder, se constituer une possession *pro hœrede,* ce qui lui eût permis, vous le savez, de posséder dans des conditions particulièrement favorables.

Cette idée retrouve son application en droit moderne dans des circonstances un peu différentes. C'est à l'occasion du détenteur *alieno nomine* que la règle est ici posée : celui qui détient pour autrui ne peut pas commencer *sola animi destinatione* à se constituer une possession utile à la prescription. Ainsi voilà un preneur à bail qui, profitant de ce que l'héritier ignore le bail, cesse de payer les fermages ; et, je le suppose, à part lui, il prend cette résolution de posséder désormais à titre de propriétaire ; son vice de précarité n'est pas purgé (Art. 2240). On ne peut pas prescrire contre son titre. Tel est le sens de la règle.

Mais allons un peu plus au fond de la question et précisons davantage : car l'art. 2241 nous montre qu'à d'autres égards on peut très bien prescrire contre son titre ; toute prescription extinctive est une prescription contre son titre. On peut prescrire contre son titre (art. 2241) lorsque l'on prescrit la libération de l'obligation que l'on a contractée. D'autre part, j'ajouterai que la règle qu'on ne peut prescrire contre son titre ne s'oppose pas à ce qu'on prescrive au delà de son titre, dans le cas où l'on a un titre. Ainsi un acheteur qui a acquis une parcelle *a non domino* a étendu sa possession au delà des parcelles indiquées dans son titre ; il peut très bien prescrire ces parcelles de terre ; il y a là deux sortes de prescriptions : la prescription de dix à vingt ans qui pourra s'appliquer aux parcelles comprises dans les confins indiqués au titre, et pour les autres une prescription de trente ans.

Dans toutes ces hypothèses, notre règle ne s'applique pas. Pour en délimiter exactement la portée, il faut la ramener à la formule très précise que je vous en ai donnée. Elle signifie uniquement que le détenteur ne peut pas de sa seule volonté, et par son seul fait, écarter la présomption légale qui dérive de son titre ; et nous avons vu la justification théorique de cette décision, je n'ai plus à y revenir. Je me contente de vous faire observer qu'au point de vue pratique, il était inacceptable qu'un détenteur précaire, tenant sa chose du propriétaire, pût être admis à faire preuve d'un changement d'*animus*, à seule fin de prétendre qu'il aurait pu prescrire. Ce serait l'insécurité absolue de toutes les relations juridiques. Il n'y a plus un propriétaire qui, dans ces conditions, eût consenti à donner ses immeubles à bail.

Le principe posé, il faut maintenant passer aux exceptions. Car il y a des exceptions. Il n'y a pas d'interversion possible du seul fait du détenteur précaire ; et cependant il y a des cas d'interversion admis par la loi. Quels sont-ils ? C'est la question à laquelle j'arrive.

Il y a d'abord l'interversion *alieno nomine* : c'est l'interversion se produisant au profit d'un tiers : ce qui arrive par exemple lorsque celui qui possédait a transmis le bien à titre particulier ; le tiers acquéreur a un titre qui lui est personnel et il peut prescrire. Il y a donc une grande différence à établir entre celui qui succède à titre particulier au détenteur précaire et celui qui lui succède à titre universel. Ce dernier succède au vice de précarité ; l'autre au contraire commence à prescrire *proprio nomine*. Ce que je dis là est écrit dans l'art. 2239.

Ainsi l'usufruitier a vendu l'immeuble dont il était simplement usufruitier : l'acquéreur pourra très bien commencer à prescrire ; il possède en son propre nom. Cela serait vrai même d'un légataire, pourvu que ce fût un légataire à titre particulier ; les vices de la possession de son auteur ne rejaillissent point sur la sienne.

Mais si nous disons que le successeur à titre particulier peut, lui, commencer à prescrire en ce sens que la possession qu'il reçoit n'est pas une possession à titre précaire comme l'était celle de son auteur, il est bien entendu qu'il faut que sa possession satisfasse aux conditions générales de toute possession, et par suite qu'elle ne soit pas clandestine. Ainsi le fermier a vendu une parcelle détachée des terres données à bail; or, je suppose qu'il ait conservé la parcelle vendue en qualité de fermier de son acquéreur; il reste preneur à bail de celui au profit de qui il a consenti l'aliénation. Au regard du bailleur, l'acquéreur de la parcelle n'a qu'une possession clandestine. Il faut bien se garder, en effet, quand on parle de possession clandestine, de ne songer qu'à l'hypothèse de la cave dont parle Pothier, creusée au- dessous de la maison du voisin. Je tenais à faire cette observation en passant.

Quant à la solution, d'ailleurs très certaine que je vous donne, avec l'art. 2239, elle est en parfaite harmonie avec le système général que je vous ai exposé. Le successeur à titre particulier prend la chose à un titre nouveau; ce ne peut être à aucun point de vue le titre juridique de son auteur qui puisse se maintenir relativement à la possession que ce dernier lui a transmise. On ne peut même pas dire, dans aucun cas, que, si la qualité juridique de son auteur ne passe pas à l'ayant-cause à titre particulier, la présomption légale qui en dérivait, quant au défaut d'*animus*, pourrait s'étendre de l'un à l'autre. Nous le disions des héritiers de l'usufruitier. Ici, ce serait impossible. Car les héritiers de l'usufruitier n'avaient aucun titre nouveau susceptible de protester contre la présomption dérivant du titre de leur auteur. Au contraire, l'acheteur a un titre personnel, qui implique l'*animus domini*, et qui est exclusif de toute présomption contraire.

Je viens de parler de l'interversion se produisant *alieno nomine*; mais l''interversion peut aussi se produire au profit du détenteur lui-même.

L'art. 2238 auquel nous arrivons nous dit que cette interversion peut résulter de deux faits différents.

Le premier se trouve réalisé lorsque le titre est interverti par une cause venant d'un tiers. On entend par là que le détenteur précaire ait traité avec un tiers qui ne soit pas le propriétaire; il traite de l'acquisition du bien qu'il détenait à titre précaire. Ainsi l'usufruitier achète l'immeuble dont il avait l'usufruit; mais il l'achète de quelqu'un qui n'est pas le propriétaire ; cela peut se faire de bonne foi, même de part et d'autre. Il s'agit par exemple d'un héritier apparent, possesseur de bonne foi de l'hérédité. L'usufruitier ayant acheté ou reçu en donation, ou à titre de legs, le bien sur lequel portait son usufruit, il se produit une interversion de titre.

J'ai supposé que le détenteur précaire avait agi de bonne foi, ce qui est surtout possible pour l'usufruitier; mais je n'entends pas dire par là que ce soit une condition indispensable au point de vue des principes ; la seule condition essentielle c'est que l'interversion venant d'un tiers soit sérieuse, et non simulée. On peut très facilement comprendre que, même avec mauvaise foi de la part du détenteur, il y ait un acte sérieux. Supposons en effet que ce dernier sache très bien à quoi s'en tenir ; mais il se trouve en face d'un tiers qui se présente comme propriétaire et qui croit l'être. Le détenteur actuel, bien qu'il soit de mauvaise foi, fait un acte qui est parfaitement sérieux de part et d'autre. C'est une vente, qui portera sans doute sur la chose d'autrui, mais qui, en tant que vente, est un acte sérieusement voulu et consenti par les parties.

Pour que cette interversion par l'effet d'une cause venant d'un tiers soit efficace, ne faut-il pas au moins que le titre nouveau ait été notifié au propriétaire ? Nous ne devons pas hésiter à répondre non. Ce serait ajouter à la loi ; nous verrons même que cette notification pourrait suffire à elle seule à constituer la seconde cause d'interversion. Dans cette hypothèse encore, lorsqu'il s'agit de l'interversion dont je viens de parler, il faut que la possession ne soit pas clandestine chez l'ancien détenteur, à l'égard du *verus dominus* : ainsi le fermier qui a traité avec un *non dominus*, a continué à payer son fermage au vrai propriétaire, et cela afin de lui cacher l'achat qu'il a fait. La possession reste clandestine à l'égard du propriétaire.

L'autre cause d'interversion, toujours en admettant qu'elle se produise chez le détenteur, résulte de la contradiction qui serait opposée au droit du propriétaire. Par exemple, le fermier, en présence d'une demande de fermages, répond qu'il refuse de payer, attendu qu'il entend établir que c'est lui qui est propriétaire. « La terre que vous m'avez louée, dit-il, vous l'aviez usurpée; et d'après les titres que je découvre, c'est à moi qu'elle appartient, comme héritier de tel, tel, etc ». Il y a là interversion. Si son allégation est fondée, il n'y a pas de question, il prouve sa propriété ; si elle ne l'est pas, il commence à prescrire.

Mais il n'y aurait pas contradiction suffisante dans le seul fait du refus de paiement ; il faut de plus une contradiction sérieuse aux droits du propriétaire.

En dehors de ces deux interversions, la possession reste précaire : et il n'y a point de prescription au profit du détenteur précaire ; tout au moins il n'y a pas de prescription à l'effet d'acquérir la propriété. Mais à côté de cette dernière il y a place pour une autre prescription qui, celle-ci, peut très bien s'accomplir ; c'est la prescription des obligations dérivant du titre.

Ainsi pour le tuteur, sa possession reste précaire ; cela veut dire qu'il demeure toujours en butte à l'action en revendication ; mais quant aux obligations relatives à ce bien, elles se prescrivent par la prescription même qui se trouve applicable à l'action en compte de tutelle ; ainsi en serait-il des dommages-intérêts pour détérioration de l'immeuble. Il en serait de même encore pour le dépositaire ; il a détruit méchamment l'objet ; l'action qu'on a pour lui demander réparation est éteinte ; il n'y aurait de possible que la revendication, et, comme l'objet a péri, il n'y a plus de revendication.

D'après l'art. 2229, il y a une autre qualité exigée de la possession et dont je n'ai pas parlé. Il faut que la possession soit non équivoque. Je réserve pour le moment l'étude de cette condition spéciale, laquelle est susceptible de se référer à toutes les qualités requises pour la prescription ; et je passe à l'art. 2232 qui est ainsi conçu : Les actes de pure faculté

Actes de pure faculté et de simple tolérance.

et ceux de simple tolérance ne peuvent fonder ni possession, ni prescription.

Ce texte, en tant qu'il s'agit de la prescription acquisitive, vise plus particulièrement l'acquisition des servitudes, ou, si vous aimez mieux, l'établissement par prescription de restrictions au droit de propriété. Je ne veux pas dire que la condition indiquée dans cet article soit la seule dont il faille tenir compte en ce qui concerne l'acquisition des servitudes par prescription ; il faut ici encore se référer aux autres qualités exigées par l'art. 2229 pour que la possession puisse conduire à la prescription. La vérité est que le caractère prévu, au moins par voie d'opposition, par l'art. 2232, pour ce qui est des servitudes, correspond à cette condition contenue dans l'art. 2229 et consistant en ce que la possession doit être exercée à titre de propriétaire ; mais elle ne correspond qu'à celle-là seulement. Sans doute on ne peut en pareil cas exiger une possession à titre de propriétaire, puisqu'il s'agit de servitude, mais il faut une possession qui soit exercée à titre de droit de servitude ; c'est-à-dire par quelqu'un qui prétende exercer et invoquer un droit ; et il n'en est plus ainsi lorsque la possession se fonde sur des actes de pure faculté ou de simple tolérance.

Voyons d'abord ce qui a trait aux actes de tolérance ; ils correspondent à peu près au précaire au sens romain du mot. Il s'agit d'une possession exercée en vertu d'une concession révocable *ad nutum*. Une possession analogue pourrait-elle se présenter en ce qui concerne la propriété ? En théorie, ce ne serait pas impossible : seulement dans ce cas, si la possession, et par suite si la concession s'applique à toute l'utilité que la chose puisse présenter, la possession rentrera la plupart du temps dans l'une des hypothèses de l'art. 2236 ; elle dérivera d'un titre constitutif de précarité ; ce pourrait être par exemple un contrat analogue à ce qu'est le commodat pour les meubles. Ainsi je vous prête un immeuble pour un étalage.

Cette différence de terminologie, pour ce qui est de la propriété, pourrait en effet s'expliquer en tant qu'elle viserait une législation, comme c'était le cas à Rome, qui ne sanctionnerait pas, à titre de contrats reconnus par le droit, toutes les conventions relatives à la jouissance d'un immeuble. C'est ainsi que le *precarium* ne devint un contrat véritable qu'à l'époque du Bas Empire. En droit strict, dans une théorie possessoire qui s'en tient en matière d'*animus*, à la révélation en quelque sorte des titres juridiques, le *precarium* n'eût pas été un titre dont il fallût tenir compte; à supposer d'ailleurs qu'il n'y ait pas eu, en matière de *precarium*, des règles spéciales, très difficilement compatibles avec la théorie de l'*animus domini*. Mais si nous faisons abstraction de ces règles particulières, si nous supposons que le *precarium* eût été traité à Rome conformément aux présomptions juridiques qu'il impliquait, en tant par conséquent qu'il eût été exclusif de tout *animus domini*, il aurait pu sembler qu'en droit strict il n'y eût pas à en tenir compte ; parce que ce n'était pas un titre juridique admis par le droit civil. Aussi comprendrait-on dans une législation de ce genre une double terminologie : l'une visant les titres juridiques exclusifs de l'*animus domini,* ce qui correspondrait à ce que nous appelons aujourd'hui la précarité, et l'autre visant les pactes, non sanctionnés par le droit en tant que titres juridiques proprement dits, et qui fussent également exclusifs de tout *animus* de ce genre : cela ferait allusion aux conventions ayant pour but une concession faite à simple titre de tolérance. Mais une distinction de ce genre serait inintelligible aujourd'hui : toute convention est valable par elle-même. Une concession analogue à l'ancien *precarium* romain serait un titre juridique de même nature que les titres mentionnés par l'art. 2236 sous la dénomination de titres précaires. Aussi peut-on dire que les actes de tolérance, en tant qu'ils s'appliqueraient à l'ensemble des facultés comprises dans la propriété, ne se distinguent plus, en principe, et sauf peut-être une réserve que j'aurai à faire plus tard, de la précarité ; ce sont des actes de possession fondés sur un titre précaire.

Il faut donc reconnaître qu'en pratique l'espèce visée par l'article 2232 se présentera surtout quand la concession portera sur un acte qui constituerait l'exercice d'une servitude, s'il pouvait y avoir acquisition de servitude relativement à cet acte ; cette concession pourra même résulter d'une convention.

La loi elle-même a fait une application très remarquable de cette règle que les actes de tolérance ne peuvent fonder une possession utile à l'effet de prescrire ; et il faut ajouter qu'ils ne peuvent même donner lieu à une action possessoire. Cette application légale du principe de l'art. 2232 se trouve consacrée par l'art. 691, lequel prohibe l'acquisition par prescription des servitudes discontinues. Vous savez qu'on a quelquefois voulu expliquer cette interdiction par l'incompatibilité qui existerait entre la nature même de ces sortes de servitudes et la possibilité d'exercer à leur sujet une possession continue au sens de l'article 2229. Mais nous avons vu que cette explication reposait sur une très grave erreur, puisqu'il peut très bien se faire que l'on ait une possession normale et non intermittente, parfaitement continue par conséquent, d'une servitude qualifiée par la loi de discontinue. Il faut chercher une autre raison à cette exigence des articles 690 et 691. Et cette raison, ce sont les précédents historiques qui nous la font apercevoir ; on n'admettait qu'à grand'peine en ancien droit l'acquisition par prescription de ces servitudes de fait, dont en général on a volontiers l'habitude de tolérer l'exercice entre voisins. On en arrivait même à présumer que certaines servitudes devaient être exercées à ce titre, c'est-à-dire à titre de simple tolérance. C'est cette présomption que le Code civil a voulu règlementer ; car il fallait lui trouver un criterium d'application. Et ce criterium, on a cru devoir le formuler de la façon la plus simple et la moins sujette aux contestations ; ce serait la discontinuité. Toute servitude discontinue est présumée exercée à titre de tolérance.

La loi a donc établi cette prohibition dans le but de ne pas rendre trop difficiles les relations entre voisins ; et pour cela elle présume, et d'une présomption absolue, que l'exercice d'une semblable servitude résulte toujours d'une concession bienveillante et non définitive.

S'il s'agissait d'une servitude continue, il faudrait une preuve pour démontrer qu'il n'y a eu qu'une simple tolérance ; s'agissant de servitude discontinue cette preuve est faite. Ainsi Primus ouvre des fenêtres d'aspect dans le mur de sa maison, très près du fonds voisin ; il possèdera en fait une servitude qui, étant continue et apparente, pourra être acquise par prescription. Mais on pourrait concevoir qu'il fît avec le voisin la convention suivante : celui-ci déclarerait qu'il tolère l'ouverture des fenêtres à condition que le voisin se reconnaisse comme étant à sa discrétion ; c'est le précaire romain.

Pour une servitude continue de ce genre, et s'il est prouvé qu'elle n'est exercée qu'à titre de tolérance, celui qui l'exerce pourrait intervertir son titre dans les termes de l'article 2238. Ce point n'est pas douteux : il faut appliquer à la possession exercée à titre de tolérance ce que la loi admet pour la possession exercée à titre précaire.

En est-il de même quand on possède en fait une servitude discontinue, en la supposant apparente ? Cette servitude que la loi présume exercée à titre de simple tolérance, peut-elle commencer à être exercée *proprio nomine*, quand il y a eu interversion ? Je me contente de vous signaler la question aujourd'hui, me proposant d'y revenir.

XVIIe LEÇON

ACTES DE TOLÉRANCE ET DE PURE FACULTÉ

Je vous ai donné de très brèves explications sur ce qu'il faut entendre par actes de simple tolérance. Cette expression se réfère à des actes de possession qui ont quelque analogie avec ce qu'était le *precarium* du droit romain. Il faut voir là, comme vous savez, une sorte de permission ou de concession gracieuse et bienveillante, avec faculté de révocation. Dans notre droit ces sortes de concession se présentent surtout, vous ai-je dit, à l'occasion des servitudes. Pour celles qui ne sont pas continues, il y a présomption légale qu'elles s'exercent à titre de tolérance ; donc l'exercice qu'on en a ne peut jamais conduire à la prescription. Et nous avons vu également qu'il en serait ainsi même de la prescription fondée sur un titre, c'est la prescription décennale. Ici, il est vrai, la présomption de tolérance paraît bien invraisemblable ; et il faut expliquer l'imprescriptibilité par une sorte de disposition impérative de la loi, en dehors de toute application des principes généraux. La loi, pour la sécurité des propriétaires, a déclaré imprescriptible toute servitude discontinue, même exercée en vertu d'un juste titre d'acquisition, et cela à raison du peu d'importance, au moins supposé, de l'empiètement qu'implique une servitude de ce genre, et qui justifie la négligence ou l'indifférence du propriétaire. On n'a pas voulu obliger les propriétaires à être toujours en état de défensive ; car ce serait l'état de guerre entre voisins.

Il faut dire également que l'exercice d'une servitude discontinue ne pourrait pas davantage, sauf certaines réserves, donner lieu aux actions possessoires. Mais l'exercice d'une servitude à titre de tolérance peut être établi autrement que par cette présomption légale de l'art. 691. Je vous l'ai montré pour ce qui est des servitudes continues et apparentes. Je n'ai pas voulu dire d'ailleurs que, en dehors d'une convention proprement dite, les juges ne pourraient pas reconnaître, par suite de tels ou tels faits, que l'exercice de la servitude est à titre de tolérance. En réalité la conception qui résulte de toutes ces observations, c'est que la concession à titre de tolérance est à peu près identique à ce qu'était le *precarium* romain ; mais d'autre part une concession précaire au sens romain se ramène, j'ai essayé de vous le montrer, à l'idée de précarité actuelle.

Dirons-nous cependant, à raison de l'identité de nature qui existe entre l'idée de tolérance et celle de précarité, que tous les caractères attribués au vice de précarité vont se retrouver en matière de tolérance ? Ce ne serait pas tout à fait exact. Le droit actuel s'en est tenu surtout, en matière de tolérance, à l'origine historique d'après laquelle les actes de ce genre se rattachaient au *precarium* romain ; et vous savez que le *precarium* était loin d'entraîner à Rome toutes les conséquences attachées aujourd'hui au vice de précarité.

Il y a entr'autres une conséquence importante à tirer de l'analogie avec le précaire romain. Je viens de vous rappeler que notre règle correspond à celle qui dans l'art. 2229 exclut la prescription au profit d'un détenteur précaire. Il semblerait donc qu'on dût en conclure que ce vice est, comme la précarité, un vice absolu. Or c'est ici au contraire qu'il y a lieu de remonter aux origines historiques. Et en effet entre les deux règles que nous signalons, celle qui exclut la prescription au cas de précarité et celle qui l'exclut au cas de simple tolérance, il y a, malgré le rapprochement qui s'impose, une différence de principe qui est celle-ci : le détenteur précaire n'est qu'un simple détenteur ; donc en réalité il n'a aucune possession. Le véritable possesseur est celui au nom de qui il détient ; c'est pourquoi le vice de la possession est ici un vice absolu, et non pas relatif, comme l'était le précaire romain. Par conséquent, c'est à l'égard de tous que le détenteur n'a aucune possession dont il puisse se prévaloir. Quand la possession au contraire n'est qu'à titre de tolérance, il n'y a pas à proprement parler absence de possession. Ce défaut de possession existe, il est vrai,à l'égard de celui qui a concédé par bienveillance l'exercice de ces actes de bon voisinage. Mais à l'égard de tout autre, à supposer qu'il ne s'agisse pas d'un droit présumé incompatible avec toute idée de possession juridique, comme c'est le cas des servitudes discontinues, il peut y avoir une possession utile. Telle était l'observation très importante qu'il fallait faire à cet égard.

Mais il ne suffit pas d'avoir indiqué la différence, il faut essayer de la justifier ; et cela n'est pas sans quelque intérêt pratique, puisque nous avons vu qu'en matière de propriété il pourrait y avoir encore concession à titre de tolérance. J'ai essayé de vous montrer qu'une concession de ce genre constituerait un titre précaire au sens de l'art. 2236. Faut-il donc admettre que la concession à titre de tolérance, en tant qu'elle s'applique à la propriété, se distinguerait de la concession analogue n'ayant pour objet qu'une servitude ? La première constituerait un vice absolu, comme la précarité, et la seconde un vice simplement relatif ? Ou bien, poursuivant l'analogie dans tous les cas, que la tolérance s'applique à l'ensemble de la propriété ou à l'un de ses démembrements, admettrons-nous qu'il n'y aura jamais là qu'un vice opposable seulement au propriétaire ? Ce serait conforme à la tradition historique; et nous aurions ainsi, même en matière de propriété, un précaire, analogue à l'ancien *precarium*, et distinct des titres juridiques proprement dits, constitutifs de précarité. Précarité et tolérance ne seraient plus synonymes ; ou plutôt il y aurait tolérance et tolérance, celle qui s'identifierait avec la précarité et celle qui s'en distinguerait. Vous voyez bien l'intérêt de la question.

Nous ne pouvons guère la traiter en bloc ; et c'est d'abord dans son application aux servitudes que nous devons l'envisager, pour remonter de là à ce qui concerne la propriété.

Or, pour ce qui est des servitudes, il faut observer en fait que cette convention de tolérance sera presque toujours une convention tacite, un laisser-faire, beaucoup plus que le résultat d'un pacte ferme, conclu entre les parties. De sorte que ce titre juridique qui est à la base de la précarité et qui pour tout le monde implique exclusion de l'*animus domini*, n'existe en réalité, et pour ce qui est des apparences et de l'extérieur, — mais en matière de possession tout ne repose t-il pas sur l'extérieur ? — que dans les relations entre celui qui exerce la servitude et celui qui la subit. Pour toute autre personne, le titre faisant défaut, et j'entends par là le titre ferme, constituant une convention faisant preuve de l'*animus* du détenteur, il y a exercice d'un droit, empiètement sur le fonds d'autrui. Le défaut d'*animus* ne résulte plus du titre d'entrée en possession : c'est à ceux qui objectent ce défaut d'*animus* à en faire la preuve. Il ne ressort plus des caractères extérieurs et visibles de la possession elle-même ; voilà tout ce que l'on veut dire lorsqu'on déclare que le vice de tolérance est purement relatif.

Il y en a une autre raison tirée du caractère essentiellement révocable de la servitude exercée à titre de tolérance : c'est que les relations entre les parties ne sont pas fixées d'une façon ferme pour un temps déterminé, auquel s'étendent toutes les présomptions subjectives impliquées dans le contrat. Que l'on prenne un bail fait pour neuf ans ; il est certain que jusqu'à l'échéance toutes les inductions tirées du contrat, en ce qui concerne l'*animus* du preneur à bail, sont fixées une fois pour toutes. Dans une concession incessamment révocable, il est admis dès le début que tout changement d'intention peut incessamment survenir de la part des parties : l'intention du concédant peut changer et produire ses effets *ad nutum* ; il faut bien admettre la réciprocité. Je ne dis pas la réciprocité à l'encontre et au détriment du concédant ; car, vis-à-vis de lui, le concessionnaire ne peut se prévaloir d'un changement d'*animus* ; mais vis-à-vis des tiers, pour qui le titre ne constitue pas une garantie de fixité des intentions initiales, la théorie d'une présomption d'*animus*, ou de défaut d'*animus* impliquée, ou incarnée, dans le titre, ne peut plus se soutenir. Et ceci explique que, même s'il s'agissait d'une convention de tolérance, convention essentiellement révocable, la première raison que je vous exposais ne s'appliquant plus, il faudrait encore maintenir l'idée de relativité du vice de tolérance.

Aussi sommes-nous en mesure maintenant d'apercevoir ce qui se passerait si une concession de ce genre s'appliquait à la propriété : s'il s'agissait d'une convention ferme, impliquant, comme le commodat auquel j'ai déjà fait allusion à ce propos, une jouissance concédée en vue d'une utilité particulière que le concessionnaire aurait en vue et ne pouvant pas lui être retirée avant que le bénéfice sur lequel il comptait lui eût été procuré, il est certain que nous serions en présence d'un titre juridique analogue à tous ceux dont il est parlé dans l'art. 2236 : il y aurait précarité avec tous ses caractères et toutes ses conséquences. Mais si, véritablement, c'était bien une concession en précaire, analogue à celles du droit romain, révocable *ad nutum,* je crois qu'il faudrait ici encore distinguer tolérance de précarité, et admettre, quant aux caractères du vice qui en résulterait, une solution analogue à celle qui s'impose en matière de servitudes.

Nous venons de voir un point par lequel l'idée de tolérance se sépare de la précarité ; nous allons en voir un autre par où elle s'en rapproche. C'est ainsi que le vice de tolérance, comme lorsqu'il s'agit du vice de précarité pour la propriété, peut disparaître par voie d'interversion, aux termes de l'article 2238 ; c'est un point que j'ai déjà établi. Seulement j'ai ajouté ceci : On peut se demander si cette possibilité d'une interversion serait encore applicable s'il s'agissait d'une servitude discontinue, c'est-à-dire au cas où, par présomption légale, la possession a le caractère de tolérance.

C'est la question de savoir si les servitudes discontinues, en principe imprescriptibles, deviennent prescriptibles lorsque celui qui les exerce invoque un titre *a non domino* venant d'un tiers, ou encore la résistance qu'il a opposée au droit du propriétaire du fonds dominant. En raison, cela paraîtrait tout à fait satisfaisant : ce passage que j'exerce, par exemple, je l'ai acquis par convention de qui se prétend propriétaire, ou bien le propriétaire du fonds dominant a voulu faire fermer la porte qui donne ouverture au passage, et j'ai résisté. Peut-on encore dire qu'il s'agit de simple tolérance? Je ne veux pas discuter la question à fond ; mais, dans l'état de nos textes (art. 691 et 695), je crois que la négative s'impose absolument. Il y a place cependant en pareil cas pour une question délicate et discutée, dont je voulais au moins vous donner l'énoncé.

Je tiens enfin à vous faire apercevoir le rapport très étroit qui relie cette solution à celle que j'ai admise en matière de prescription décennale. Celle-ci implique une possession fondée sur un titre, donc exclusive de l'idée de tolérance, non seulement par voie d'interversion, mais par sa cause d'acquisition initiale : il n'y a jamais eu exercice à titre de tolérance. La conception qui sert de point de départ à l'art. 690 se trouve écartée et nous serions en dehors du domaine du texte. Ce raisonnement, conforme à la logique pure, n'a cependant pas prévalu. C'est un point sur lequel j'ai déjà insisté. Dans l'état de nos textes, ce système était, en effet, inadmissible. Il faut donc reconnaître que les servitudes dont parle l'art. 691 ne peuvent pas être acquises par prescription, ni par dix ni par trente ans, même quand elles n'ont jamais été exercées à titre de tolérance ; ne semble-t-il pas alors qu'il y ait un *à fortiori* pour le cas où la disparition du caractère de tolérance ne se produirait qu'après coup, par le fait d'une interversion de titre? Et voilà pourquoi j'ai tenu, comme je l'ai fait antérieurement, à pénétrer plus avant dans la pensée et le but de la loi. Ce n'est pas seulement une imprescriptibilité pour défaut de possession régulière que la loi a consacrée dans l'art. 690, mais une imprescriptibilité pour inaptitude du droit lui-même à la prescription : inaptitude légale, dans l'intérêt de la propriété. Ce rapprochement était important à établir, en dehors de tout exposé proprement dit de la controverse.

J'ai achevé ce qui concerne les actes de tolérance dont parle l'art. 2232 ; et j'aborde à présent la partie véritablement difficile et obscure de notre formule. Et par là, je fais allusion, moins peut-être aux incertitudes qui pourraient s'élever relativement aux applications qui en seraient faites, qu'à celles portant sur l'explication doctrinale que nous devons en donner.

Des pures facultés.

Que faut-il entendre par une pure faculté et en particulier par acte de pure faculté ?

Il est bien difficile d'en donner une définition *a priori*. Le code a emprunté simplement ici le langage de nos anciens auteurs, comme s'il s'agissait d'une chose toute simple ; or nos anciens auteurs nous présentent bien des exemples très précis qu'ils rattachent à la règle, mais leur langage manque de netteté, quand il s'agit de fournir une définition.

Je commence par distinguer deux règles de droit dans lesquelles intervient l'idée de pure faculté dans ses rapports avec la prescription.

1° La première est la règle de l'art. 2232, suivant laquelle ces actes ne peuvent fonder ni possession ni prescription. C'est une règle de prescription acquisitive. On vise l'hypothèse d'un individu qui voudrait invoquer comme fondement d'une prescription l'exercice d'actes de pure faculté.

2° L'autre règle est que les pures facultés sont imprescriptibles : ceci est une règle de prescription extinctive, signifiant que les droits qu'on peut appeler de pure faculté ne s'éteignent pas par le non usage.

Cette seconde règle n'appartient plus au sujet que je vous expose en ce moment ; néanmoins je dois l'expliquer pour la clarté de l'art. 2232.

Il y a, en effet, entre ces deux règles que je viens de vous exposer un rapprochement qui s'impose, si nous voulons préciser le sens de ce que l'on appelle une faculté ; c'est même après avoir cherché le sens de la seconde règle que je pourrai aborder l'explication théorique de ce mot « pure faculté. »

Voyons tout d'abord la portée pratique de la règle. A ce point de vue, on peut, je crois, donner de ces actes de pure faculté la notion pratique suivante : ce seraient ceux qui se limitent à l'exercice du droit appartenant à la personne qui les accomplit, sans que cette dernière empiétât par conséquent sur le droit d'autrui. Des actes de ce genre ne peuvent donc appeler, ni légitimer, aucune contradiction.

Supposez un fonds dans lequel prend naissance une source ; le propriétaire en utilise les eaux. Il a capté la source ; il en reçoit les eaux et s'en sert pour ses besoins ou son agrément, et cet état de choses s'est prolongé pendant tout le temps que vous voudrez. Puis un voisin, qui a peut-être observé l'origine de la source, pratique des fouilles et capte ainsi la source à son profit. Le propriétaire du fonds dans lequel la source jaillissait depuis si longtemps va-t-il pouvoir invoquer la prescription pour contraindre son voisin à détruire ses travaux et l'obliger à lui restituer l'eau ? Non. Le propriétaire n'avait accompli là que des actes de pure faculté. En agissant ainsi, il restait dans les limites de son droit incontesté de propriété, sans exercer aucune possession qui dépassât les limites de ce droit de propriété et qui fût un empiètement sur le droit d'autrui. Ces actes étaient indifférents au voisin qui ne pouvait d'aucune façon y contredire.

Second exemple : toujours dans l'hypothèse d'une source. Le propriétaire du terrain dans lequel elle jaillit laisse les eaux découler sur le fonds inférieur. Le propriétaire du fonds inférieur est tenu de les recevoir ; généralement il en sera très heureux ; il a utilisé ces eaux, et pendant trente, quarante ans, les choses sont restées en cet état; peut-être a-t-il fait pour cette utilisation des travaux apparents. Aura-t-il acquis par là un droit qui viendrait limiter le droit du propriétaire du fonds dans lequel jaillit la source ? Non, d'après nos principes. La possession limitée à des actes de pure faculté se trouve rentrer dans l'étendue du droit de propriété lui-même ; ce propriétaire n'a pas empiété sur le droit d'autrui. L'art. 642 admet bien sans doute qu'il pourrait avoir acquis par prescription le droit à l'usage de l'eau, mais à quelles conditions ? A condition qu'il ait fait des travaux empiétant sur le fonds supérieur où jaillit la source.

Moyennant cela, sa possession ne sera plus une possession

ramenée à des actes de pure faculté. Les actes qu'il aura faits ne sont pas de ceux qu'il dépend de lui d'accomplir sans protestation du voisin ; ils constituent une usurpation.

Toutefois il y a quelque doute ici sur un point, en ce que l'art. 642 indique seulement que ces travaux doivent être apparents, au lieu du mot extérieurs du texte primitif ; aussi a-t-on pu croire qu'il suffirait que ces travaux fussent apparents, et qu'il ne serait pas nécessaire qu'ils fussent établis sur le fonds supérieur lui-même. (cf. *Cass.* 8 févr. 1858, D. 58. 1. 168). Vous savez, je vous l'ai dit l'année dernière, que la Cour de cassation a maintenu le principe qu'il ne suffisait pas que ces travaux fussent apparents ; ils doivent avoir été pratiqués sur le fonds d'autrui (1).

Autre exemple : Primus propriétaire d'une maison à la limite du fonds voisin a pratiqué des jours de souffrance, et vous savez très bien ce que cela veut dire ; il a donc usé ainsi de la faculté que lui donne l'art. 676, et le voisin aurait vainement essayé de l'en empêcher. Primus a exercé un droit écrit dans la loi. A un certain moment le voisin qui, lui, voudrait adosser une construction à celle de Primus, acquiert comme il en a aussi le droit, et ce qui entre parenthèses est également une faculté qui ne s'éteint pas par le non usage, la mitoyenneté du mur (art. 661) ; et alors il invoque l'art. 675 aux termes duquel aucun des voisins ne peut pratiquer de jours dans le mur mitoyen. Il va donc en bâtissant masquer les jours de Primus. Celui-ci peut-il invoquer la prescription pour faire maintenir ces jours ?

Il y a bien eu quelques débats et quelque hésitation à ce sujet. Je n'hésite pas pour ma part à refuser ce droit. Car en possédant ces jours de souffrance, Primus n'a fait qu'exercer un acte de pure faculté ; il a eu une possession se limitant à l'exercice de son droit de propriété ; c'était une possession que le voisin n'avait aucune qualité pour contredire.

Enfin voici un cours d'eau non navigable ni flottable qui

(1) Ce point est aujourd'hui tranché par la loi elle-même (loi du 8 avril 1898, art. 642 nouveau).

traverse ou qui borde la propriété de Primus. Celui-ci utilise l'eau pour l'irrigation de son fonds riverain, usant ainsi de la faculté que lui confère l'art. 644. En amont de la propriété, un autre riverain au contraire n'a pas profité du même avantage et cet état de choses dure depuis plus de trente ans. Primus bénéficie ainsi de l'inaction du voisin pour utiliser l'eau et en prendre une plus grosse part. Le propriétaire d'amont veut ensuite exercer la même faculté, laquelle non plus ne se perd pas par le non usage. Cette prétention va troubler Primus qui ne pourra plus recevoir le même volume d'eau. Primus pourra-t-il objecter qu'ayant usé de son droit de façon à s'assurer un volume d'eau déterminé, il aurait désormais qualité pour s'opposer à ce que son voisin nuise à l'état de choses actuel ?

Primus, en utilisant l'eau à défaut du voisin, a usé de son droit ; il a fait des actes de pure faculté, actes qui se sont limités et restreints dans la mesure même de son droit, et le voisin n'avait ni intérêt ni droit pour s'y opposer. Il n'y a pas de prescription, parce qu'il n'y a pas là une possession constituant un empiètement sur le droit d'autrui.

Je vous fais remarquer seulement qu'il peut y avoir difficulté au sujet des actions possessoires. Il s'agit de savoir si Primus, en présence de l'acte nouveau du voisin, ne pourrait pas intenter l'action possessoire pour se faire maintenir dans l'exercice actuel jusqu'à ce que le voisin au pétitoire, sans qu'on pût lui opposer la prescription, eût fait régler le volume d'eau. Sur ce point il y a eu dissentiment entre les deux chambres civiles de la Cour de Cassation *(Cass. Req. 17 févr.* 1858. *D. 58*. 1. 298 et Cass. civ. 20 mars 1860. D. 60. 1. 165).

Pour moi je n'hésiterais pas au point de vue des principes. L'art. 2232 dit en effet que les actes de pure faculté ne peuvent fonder ni possession ni prescription ; s'il n'y a pas de possession au sens juridique du mot, il ne peut donc pas y avoir d'action possessoire. Reste il est vrai l'interprétation de la loi de 1838 sur la compétence des juges de paix, leur donnant compétence pour les entreprises en matière de cours d'eau. C'est une question d'interprétation de texte que je ne veux pas aborder. J'ai voulu m'en tenir aux principes.

Je vous citerai encore un dernier exemple : Une commune a des biens communaux, c'est-à-dire abandonnés à la jouissance des habitants. Supposons un communal situé dans une partie reculée ; et il n'y a quant à présent dans le voisinage qu'une seule habitation. Les habitants de cette chaumière usent de ce terrain et l'emploient à la pâture de leurs bestiaux. Voici donc un habitant de la commune qui, seul, pendant quarante ans a profité de ce terrain vague. Puis, un groupe d'habitations arrive plus tard à se constituer près de ce communal, et les propriétaires nouveaux envoient leurs animaux paître sur ce même terrain. Celui qui jusque-là en avait usé seul, à l'exclusion des autres, pourra-t-il réclamer en disant que depuis trente ou quarante ans il jouit seul du terrain pour le pâturage de son bétail ? Evidemment non. Il a usé de son droit d'habitant de la commune ; mais il ne l'a pas dépassé ; donc il n'a rien acquis de plus que les autres.

Cette idée que je vous donne des actes de pure faculté est l'indication d'un critérium pratique pour les reconnaître, en ce qui touche l'application de l'art. 2232 ; mais elle nous donne aussi la raison de droit de la règle. C'est que, en pareilles hypothèses, ces actes ne constituent aucune possession à l'encontre du droit d'autrui.

Voyons maintenant cette autre règle nécessaire pour l'explication de l'art. 2232 : les pures facultés sont imprescriptibles.

En énonçant cette proposition, on établit une opposition entre les facultés que n'atteint pas la prescription extinctive et les droits proprement dits qui s'éteignent par prescription. Comment faire la distinction ? Toute faculté n'est-elle pas un droit ou la conséquence d'un droit, c'est-à-dire une prérogative qui implique l'existence d'un droit et qui en dérive ? Et, en sens inverse, est-ce que tout droit ne se ramène pas aussi à une faculté ? Une servitude de passage est un droit qui s'éteint par prescription, et pourtant il se ramène à la faculté de passer. De même, j'ai un droit de créance. A quoi donc aboutira-t-il, sinon à la faculté de contraindre le débiteur à exécuter son obligation ? Alors où est la distinction ?

Il y a une idée qui vient tout d'abord à l'esprit, c'est que les facultés sont des droits qui auraient un caractère facultatif, en ce sens que celui qui les a demeure libre d'en user à son heure ou de n'en pas user, et cela sans les compromettre, c'est-à-dire sans que l'inaction où l'on s'est tenu vis-à-vis d'elles soit de nature à les compromettre. Cette notion est exacte, mais elle ne nous fournit pas un critérium de distinction. Avant de chercher la solution, il y a une remarque qui s'impose. Cette règle, en effet, d'après laquelle seraient imprescriptibles les facultés qui ne constituent pas un droit de créance à proprement parler, et qui ne sont pas sanctionnées par une action au sens propre du mot, tout le monde l'admet, et cependant elle n'est écrite nulle part. Nous avons bien l'art. 2232 ; mais il s'applique à la prescription acquisitive. Comment donc se fait-il que tout le monde admette la règle, alors qu'il n'y a pas de texte pour l'établir ?

Voici ce que l'on peut dire : La prescription extinctive n'est pas une règle générale ; elle a au contraire le caractère d'une règle exceptionnelle. La loi détermine limitativement les droits réels qui s'éteignent par le non usage ; ce qui nous autorise déjà à dire qu'en matière de droits réels, ceux qui ne sont pas mentionnés comme susceptibles de disparaître par le fait de l'inaction de celui à qui ils appartiennent, ne s'éteignent pas par le non usage. Pour les droits de créance, au contraire, l'extinction par prescription est une règle générale. L'art. 1234 dit que les droits de créance s'éteignent par la prescription. Et à côté de cela nous avons l'art. 2262 qui nous dit que les actions s'éteignent par la prescription. Donc nous pouvons affirmer que tout droit qui ne tombera pas sous l'un de ces textes ne s'éteindra pas par prescription.

Nos anciens auteurs procédaient autrement. Ils commençaient par affirmer l'imprescriptibilité de tel ou tel droit, et ensuite, *a posteriori*, ils donnaient comme explication de cette imprescriptibilité ce motif que c'étaient des actes de pure faculté.

Dans l'état de nos textes, nous serions fondés à retourner la règle en disant que, les pures facultés, ce sont les droits qui ne tombent pas sous l'application des textes établissant la prescription extinctive.

Mais j'ajoute que tous ces droits qui, virtuellement, se trouvent placés en dehors de l'application de la prescription extinctive, se ramènent cependant à une notion générale, unique et intéressante à dégager, laquelle est précisément l'idée de pure faculté. Il s'agit donc de savoir ce en quoi l'idée et le procédé de nos anciens auteurs se trouvaient exacts.

Aussi quand nous aurons constaté des actes que l'absence de nos textes devrait nous conduire à soustraire à la prescription extinctive, nous serons amenés par le fait même à dégager le motif de cette exclusion pour chaque hypothèse en particulier, ce qui nous permettra d'en extraire la règle générale.

Voyons, pour débuter, dans quel ordre d'idées nous allons trouver, je n'ose pas dire un de ces droits, mais, d'une façon vague, un de ces rapports de droit que, nous appellerons ensuite de pures facultés. Nous pouvons mentionner d'abord tous les droits qui ne sont que la manifestation et l'exercice de la liberté d'action que tout homme tient de la nature, et que la loi garantit.

Cette liberté demeure entière, intacte même, dans les domaines où elle ne serait pas exercée, tant qu'elle n'a pas été limitée par la création d'une obligation formée légalement; dans ce cas, en effet, il y aurait un droit qui s'opposerait à elle pour la restreindre.

Je ne fais allusion bien entendu qu'aux cas où cette liberté naturelle engage quelque intérêt pécuniaire.

Prenons une des applications de la liberté individuelle, ce que l'on appelle par exemple la liberté industrielle, et qui n'est autre que la liberté relative à l'exercice d'une industrie. Voici une personne qui, dans une localité, exerce seule une industrie lucrative. Une autre personne s'avise d'installer la même industrie dans un rayon voisin et de faire concurrence à la première; et cette personne demeure depuis quarante ans dans le pays. Est-ce que le premier industriel pourra lui dire : Il y a prescription de l'usage que vous voulez faire de votre liberté ? Evidemment non ; ceci est élémentaire.

Prenons une autre application qui va vous paraître encore plus bizarre. Mais il faut débuter par ces exemples pleins d'évidence pour arriver à des hypothèses plus délicates. La liberté pour l'individu de se procurer, de la manière qui paraît la plus avantageuse, la satisfaction des besoins qu'il tient de sa nature et de son éducation constitue aussi une faculté. J'ai le droit de m'adresser à tel fournisseur, à tel médecin, à tel notaire, qu'il me plaît de choisir. Si, depuis plus de trente ans, je suis resté le client fidèle de telle personne, est-ce que j'aurai perdu le droit de m'adresser à d'autres ? En ancien droit, nous rencontrons des cas où la question se posait sur le terrain pratique. On se demandait si celui qui, pendant trente ans, avait porté son blé à moudre dans tel moulin, son pain dans tel four, son raisin à tel pressoir, ou plutôt au pressoir, four ou moulin, de tel seigneur, n'avait pas perdu le droit de s'adresser à d'autres. C'est que, sous le nom de banalités, il y avait là une sorte de monopole au profit des seigneurs. Eux seuls pouvaient avoir un four ou un moulin publics ; de là, pour ceux qui n'avaient chez eux ni four ni moulin, l'obligation de porter leur blé au moulin, ou leur pain au four, d'un seigneur voisin. C'était un droit en ce sens qu'il y avait là un monopole au profit des seigneurs. Mais il n'y avait pas, pour chaque seigneur en particulier, un droit exclusif à s'assurer le choix des individus résidant sur son fief. Ceux-ci avaient la faculté de s'adresser à qui ils voulaient, même au seigneur voisin. Mais le fait d'avoir choisi tel four ou tel moulin, ne constituait-il pas, une fois le délai de prescription accompli, un droit au profit du seigneur dont on avait utilisé le four ou le moulin ? Et l'on se demandait alors si l'abdication de cette liberté, en tant qu'elle aurait pu s'exercer au profit d'un autre seigneur, n'eût pas constitué un droit que le seigneur du four ou du moulin auquel on se serait adressé aurait acquis par prescription (Voyez : *Prescription* Dunod, ch. 12, p. 86). Cependant Dunod enseignait la négative, par la raison que ce droit dérivait de la liberté naturelle, laquelle ne tombe pas sous le coup de la prescription.

Abordant maintenant un ordre d'idées qui touche de plus près à la pratique, nous rangerons dès lors parmi les droits que n'atteint pas la prescription extinctive, toutes les facultés qui constituent l'exercice du droit de propriété sur la chose qui en est l'objet. Tous les actes que le propriétaire a le droit de faire en vertu de son droit de propriété, ne peuvent se perdre par cela seul que le propriétaire ne les exerce pas. Cette formule signifie d'abord que la propriété ne se perd pas par non usage, nous le savons déjà, et ceci ne dérive pas de l'art. 2232. Mais la formule que je vous ai donnée s'appliquera aussi aux facultés élémentaires qui constituent le droit de propriété. Elles échappent comme le droit lui-même à l'extinction par le non usage. En voici quelques exemples. Le propriétaire d'un fonds a le droit de pratiquer des fouilles, d'extraire les valeurs exploitables, d'élever des constructions, de pratiquer des jours dans ses constructions, de faire des plantations, etc... Il a le droit de pêche dans les cours d'eau ni navigables ni flottables qui bordent son fonds, le droit d'user des eaux de la source qui jaillit dans son fonds, etc., etc... Tous ces droits constituent l'ensemble des profits que donne le droit de propriété. Eh bien, ce sont là des droits qui échappent à la prescription, en ce sens qu'alors même qu'on n'aurait pas usé de ces droits pendant longtemps et que l'usage qu'on voudrait en faire pourrait porter atteinte à des intérêts voisins qui se sont constitués en raison précisément de ce non usage et de cette abstention du propriétaire, ces droits ne seraient pas éteints.

Ainsi je n'ai pas construit sur mon fonds, et le voisin qui a construit sur la limite du sien jouit, par suite, d'une vue très étendue ; si je veux bâtir et lui enlever son horizon, pourra-t-il m'opposer que j'ai perdu ce droit par non usage ? Evidemment non. Ce que je dis des constructions, je peux le dire des plantations ; la vue dont jouissait le voisin ne sera pas un obstacle à ce que je plante des arbres ; ou, si mes arbres lui sont utiles ou agréables, je n'ai pas perdu le droit de les arracher. Les fouilles peuvent avoir pour résultat de détourner une source qui jaillissait chez le voisin. Celui-là pourra-t-il dire que si, lui, n'a pas prescrit, le voisin au moins est déchu du droit de faire ces fouilles ?

Tous ces droits ne se perdent donc pas *non utendo*. Mais,

dans certains cas, par suite de l'acquisition par exemple d'une servitude continue et apparente au profit du voisin, ils pourront se trouver limités ou détruits suivant les circonstances.

Ainsi, pour le droit de pêche, il existe par moitié pour les deux riverains ; celui qui n'a pas pêché pendant trente ans n'a pas perdu son droit. Par cela seul que l'un aurait pêché pendant trente ans sur toute la rivière, il n'aurait acquis aucun droit à l'encontre du voisin d'en face.

Les droits dont j'ai ainsi affirmé l'imprescriptibilité ont un caractère commun ; ils constituent un rapport de fait plutôt qu'un rapport juridique à proprement parler. Ils ne sont pas par eux-mêmes un rapport juridique indépendant ; et cela peut s'entendre également en ce sens que, pour leur mise en mouvement, ils n'impliquent l'exercice d'aucune action contre autrui. Je plante, je fouille, je bâtis, je pêche ; je n'ai pour cela aucune action à exercer contre autrui. C'est ce que Dunod exprimait en disant que la pure faculté consiste en fait, parce qu'elle ne suppose pas un droit, ni une action propre et particulière qui préexiste. (Voir Dunod, *Prescription*, p. 89).

Justement ces droits n'échappent à la prescription que parce que, d'après les termes de la loi, la prescription n'atteint les droits que par l'intermédiaire des actions, sauf les droits qui sont déclarés s'éteindre par le non usage ; précisément ces droits ne donnent lieu à aucune action. Donc nous n'avons aucun texte pour les soumettre à la prescription extinctive. Mais cela ne suffit pas encore pour qu'on puisse en tirer une définition, parce qu'il y a un grand nombre de droits qui se traduisent par l'exercice d'une action et qui sont aussi des droits de pure faculté que la prescription n'atteint pas. Nous aurons donc à entrer encore plus avant dans l'examen de la question.

XVIIIe LEÇON

ACTES DE PURE FACULTÉ (suite).

Je vous ai fait connaître la signification pratique, et ce que je considère comme le critérium de la notion d'actes de pure faculté au sens de l'art. 2232. Je vous ai aussi donné les principales applications de ce qu'il faut entendre par là en vue d'une autre règle importante, et qu'il ne faut pas confondre avec la première, celle que les rapports juridiques constituant de pures facultés ne s'éteignent pas par prescription.

Puis, constatant les résultats déjà obtenus, j'indiquais que les facultés que nous avions rencontrées, comme application de la règle, rentraient dans une notion déjà exprimée en ancien droit, en ce sens qu'ils consistent *in facto potius quam in jure*, ou en d'autres termes que ces droits n'impliquent pas la mise en mouvement d'une action. Ce qui ne veut pas dire que ces droits ne puissent être l'objet d'une action qui les sanctionne. Mais cette action n'apparaît pas *ab initio ;* elle n'apparaîtra que s'il est fait obstacle à l'exercice de ces droits ; on a voulu tirer de là une définition, en disant que ce sont des droits qui ne supposent pas une action préexistant à la violation du droit. On a dit encore : ce sont les droits dont on use en vertu de la liberté naturelle, ou par rapport à l'objet soumis à la propriété de celui qui les exerce. Tout ceci est exact en un sens, en ce sens que les droits rentrant sous cette notion ne s'éteindront pas par prescription. Ils ne s'éteindront pas par le non usage, puisqu'il n' y a pas de texte qui l'admette ; et, comme ils ne donnent lieu à aucune action, ils ne s'éteindront pas davantage par la prescription extinctive des actions. Mais tout ceci est encore trop étroit, car ces formules ne renferment pas tous les droits non susceptibles de s'éteindre par prescription.

En effet, nous allons voir soustraites à la prescription des facultés qui impliquent *ab initio* l'existence d'une action pour leur mise en mouvement, et qui impliquent même une entreprise sur la propriété d'autrui.

Par exemple, le droit accordé par l'art. 661 à tout propriétaire joignant un mur de rendre ce mur mitoyen est un droit imprescriptible. Il est même remarquable que l'art. 661 emploie le mot faculté pour le qualifier. Personne ne doute que ce droit persiste en quelque sorte à perpétuité ; et, alors même que le mur existerait depuis des siècles, le voisin a conservé le droit d'acquérir la mitoyenneté. Voici encore, établi par l'art. 646, le droit de contraindre au bornage ; je ne dirai pas que ce droit implique une entreprise sur la propriété d'autrui ; mais il implique *ab initio* l'existence d'une action. Je mentionne aussi le droit de demander le partage tant que dure l'indivision. Ce droit pourra tomber par l'effet d'une prescription acquisitive, mais il ne peut s'éteindre par prescription (art. 815 et 816).

Des lois spéciales, dans des hypothèses très diverses, permettent à un propriétaire de contraindre, moyennant indemnité, le voisin à subir une véritable servitude d'aqueduc (*Loi du 29 avril et du 1er mai 1843*). La loi que je viens de vous citer permet à un propriétaire ayant des eaux à sa disposition d'en imposer, moyennant indemnité, le passage sur le fonds voisin pour les conduire sur son terrain, lorsqu'il veut s'en servir pour l'irrigation du fonds qui lui appartient. Cette même loi permet à tout propriétaire dont le terrain est envahi par les eaux, et qui ne joint pas, soit un fossé, soit un chemin public, d'obtenir sur le fonds intermédiaire un passage pour assainir sa propriété (Loi du 29 avril et du 1er mai 1843, art. 3). La loi du 10 juin 1854 sur le drainage permet d'imposer une servitude du même genre pour l'écoulement des eaux à la suite du drainage.

Dans tous ces cas, il y a donc, moyennant indemnité, droit pour le propriétaire d'obtenir une véritable servitude d'aqueduc sur le fonds voisin. C'est un droit qui implique en lui-même une véritable entreprise sur la propriété d'autrui. A quelque époque qu'on demande à se prévaloir de ces divers droits, la prescription ne serait pas opposable. Je dirai la même chose du droit de demander un passage pour le fonds enclavé. Il est vrai qu'il est assez peu pratique d'admettre que l'on puisse parler de prescription, parce qu'il faudrait supposer plus de trente ans écoulés sans qu'on eût demandé le passage : ce serait donc un fonds qui fût resté inexploité.

Pour expliquer, au point de vue des textes, l'absence de prescription dans toutes ces hypothèses, il semble que nous ne puissions plus dire que l'art. 2262 soit inapplicable, car en pareils cas il y a une action. Je vous montrerai cependant comment nous pouvons échapper à l'art. 2262.

Quant à présent, je fais une simple remarque, c'est que tous ces droits, que je vous ai présentés comme ne tombant pas sous le coup d'une prescription extinctive, constituent le droit commun de la propriété. Toutes les servitudes que la loi appelle servitudes légales, en réalité, ne sont pas de véritables servitudes ; elles constituent le règlement établi par la loi en ce qui concerne les rapports entre propriétés voisines ; ces prétendues servitudes sont comprises dans les limitations légales de la propriété ; ce ne sont pas des restrictions au droit commun de la propriété. Elles constituent ce droit commun lui-même. Une servitude implique une faculté que l'on enlève à la propriété telle qu'elle est normalement et juridiquement constituée. C'est quelque chose qui déroge au droit commun de la propriété. Lorsqu'il s'agit des servitudes légales, ce ne sont plus des facultés que l'on retranche de la propriété, ce sont des facultés que l'on considère comme ne faisant pas partie du contenu de la propriété, tel qu'il est réglementé par la loi. Comme je le disais il n'y a qu'un instant, elles rentrent dans le droit commun de la propriété, telle qu'elle est réglementée par le droit positif d'un pays. Si vous avez bien compris ce que j'ai voulu dire par là, vous ne trouverez plus rien de choquant à ce que, s'agissant de droits qui font partie intégrante de la propriété, ils participent du privilège qui est la caractéristique de ce droit lui-même ; ils ne se perdront pas par le non usage.

Je dis, par exemple, que le droit d'acquérir une servitude d'aqueduc dans les circonstances déterminées par la loi n'est pas en soi une servitude sur le fonds d'autrui. Toutefois prenons garde ; ce qui n'est pas une servitude, c'est le droit en soi, *in abstracto*. Mais le droit ayant été invoqué, quand la servitude est établie, c'est bien vraiment alors une véritable servitude, et la conséquence qui en dérive, c'est qu'elle pourra s'éteindre *non utendo*. Seulement, la servitude éteinte, et éteinte très raisonnablement, parce qu'on a le droit de supposer dès lors qu'elle était inutile, le droit d'exiger à nouveau son rétablissement, moyennant nouvelle indemnité, n'est pas perdu.

Telle est l'idée qu'il s'agissait de bien dégager. Dans tous ces cas, il s'agit en réalité de droits qui sont compris dans les éléments, ou plutôt dans ce que l'on appelle le contenu, de la propriété. Nous arrivons ainsi à cette conception que les facultés sont les droits, les prérogatives, si vous préférez, qui sont la conséquence de l'exercice de la liberté naturelle, telle qu'elle est garantie par la loi, ou qui constituent l'exercice normal du droit de propriété.

Cette formule ne serait cependant peut-être pas encore assez compréhensive. Elle comprend tout ce que nous avons dit jusqu'ici ; mais il y a des facultés qui peut-être n'y rentreraient pas. Il faut l'élargir en disant que les facultés sont les droits qui dérivent directement de la loi ; tandis que les droits, opposés aux pures facultés, sont ceux qui dérivent de la volonté de l'homme par dérogation au droit commun. Cette idée, c'était bien celle qu'énonçait déjà Dunod : « Les droits de pure faculté, disait-il, ce sont ceux qui constituent l'exercice d'une liberté purement naturelle de ses biens et de ses actions, suivant le droit de l'Etat dont on est membre ».

Pour éclairer cette formule, je vous dirai qu'en se plaçant à ce point de vue, la doctrine oppose, en ce qui concerne la prescriptibilité, les facultés naturelles ou légales, aux facultés simplement conventionnelles. Ce qui revient à dire que tout droit est une faculté. L'idée de faculté domine, et elle comprend l'idée de droit ; seulement une faculté peut avoir son origine, ou dans l'exercice de la liberté naturelle, ou encore dans une disposition de la loi formant le droit commun ; ou bien elle peut tenir son origine d'un fait de l'homme formant dérogation au droit commun. Toutes ces idées étaient déjà indiquées par Pothier (POTHIER *Introduction à la coutume d'Orléans* titre 14 n° 39). Pothier disait que certains droits sont imprescriptibles ; tels sont ceux qui sont de pure faculté, quand ils proviennent de la liberté naturelle, ou de quelque disposition du droit public. Mais la faculté qui procède d'un contrat peut être, elle au contraire, prescriptible ou imprescriptible, suivant certaines distinctions à établir.

Vous voyez bien par là l'opposition à établir entre une faculté, simple émanation ou exercice de la liberté, ou encore de la propriété, en tant que celle-ci n'est qu'une manifestation de la liberté envisagée dans son application aux choses, ou plutôt aux biens proprement dits, et le droit qui, sous un rapport et par un côté tout au moins, sera toujours pour quelqu'un une restriction de la liberté et une dérogation au droit commun. C'est donc à cette idée en somme que tout se ramène. En réalité tout revient à établir ainsi une opposition entre ces deux catégories de facultés ; d'une part, les facultés dérivant de la loi, dans la mesure où celle-ci détermine les droits attachés à une situation juridique donnée, et les facultés conventionnelles ou testamentaires, les unes imprescriptibles et les autres prescriptibles. Les premières constituent le droit commun de la liberté, c'est-à-dire son exercice légal, disons son exercice réglementé par la loi ; les autres sont des modifications apportées par la volonté de l'homme, s'exerçant au moyen des procédés admis par la loi, à ce droit commun de la liberté.

Prenons maintenant de nouveaux exemples empruntés à Pothier. Pothier signalait la faculté qui peut appartenir au débitrentier de se libérer par voie de rachat. S'agissait-il des cas où cette faculté était accordée par la loi même ? elle était alors imprescriptible. Ainsi pour la rente foncière, quand elle était établie sur une propriété bâtie (*Coutume d'Orléans*, art. 70). Au contraire, s'il s'agissait de rente qui, d'après les dispositions de la loi, n'eût pas été rachetable, dont le rachat par conséquent devait avoir son fondement dans les stipulations du contrat, cette faculté de rachat devenait prescriptible.

Aujourd'hui nous n'avons plus ces distinctions à faire à propos des rentes, toutes étant rachetables (art. 530 et 1911 c. civ.). Elle sont rachetables, en ce sens qu'au bout d'un temps quelconque, le débiteur peut toujours demander à se libérer par le remboursement du capital. Cela rentre, non plus dans le droit commun de la propriété, et c'est pourquoi ma première formule était trop étroite, mais dans ce que l'on pourrait appeler le droit commun des obligations. Mais qu'il s'agisse de propriété ou d'obligations, il y a toujours une réglementation commune admise par la loi, et qui constitue l'exercice normal de la liberté. D'un côté, c'est la liberté dans son contact et sa main mise sur les choses ; de l'autre c'est la liberté envisagée au point de vue des restrictions que le contrat ou la loi ont pu faire peser sur elle. Il y a un minimum qui ne peut être atteint par le droit des obligations. Et là où l'individu invoque ce minimum légal à l'encontre d'une prétendue obligation qui viendrait en restreindre l'étendue, il use d'une faculté naturelle, et par suite d'une faculté imprescriptible.

Rappelez-vous encore ce que je vous ai dit de l'exercice du droit de jouissance sur les biens communaux ; il y a là un droit, ou plutôt une faculté, qui ne s'éteint pas, quelque temps qui se soit écoulé sans que l'habitant en ait profité. C'est une prérogative dérivant directement de la loi ; elle rentre dans le droit commun applicable à la petite collectivité qui constitue la commune ; ou plutôt c'est le droit commun de la propriété communale : sorte de propriété affectée à l'usage commun et qui, envisagée comme telle, ne peut pas ne pas être soumise à la jouissance de tous sans distinction ; une prérogative de ce genre n'est donc pas prescriptible.

Nous avons vu des applications pratiques de notre formule générale ; cherchons maintenant à en pénétrer la notion rationnelle. En d'autres termes pourquoi donc ces facultés sont-elles imprescriptibles ? Quel en est le motif général ? Il y a d'abord à cela une raison décisive ; c'est que, lorsqu'un droit rentre dans ce que j'ai appelé le droit commun, alors même que ce droit impliquerait l'exercice d'une action, on ne peut jamais dire que cette action soit prescrite, parce que le titre en vertu duquel elle existe est un titre qui se renouvelle en quelque sorte chaque jour, par cela seul qu'il est écrit dans la loi. Et vous apercevez maintenant le moyen d'échapper à l'art. 2262.

Ainsi prenons la servitude d'aqueduc ; la loi qui établit ce droit constitue un titre qui se renouvelle chaque jour par la persistance de la loi, tant qu'elle n'est pas abrogée. L'action se renouvelle en même temps, et par le fait même ; elle renaît toujours. Il n'y a jamais un moment où l'on puisse dire que le droit d'imposer à son voisin une servitude d'aqueduc soit éteint, parce qu'on aurait négligé de l'exercer ; car, à supposer que l'on pût prétendre que ce droit fût éteint, il renaîtrait en quelque sorte à l'instant par le fait même de la loi qui lui sert de fondement et qui l'établit ; or, cette loi subsiste et constitue un titre qui, lui, ne s'éteint jamais. Il en est tout autrement pour les droits qui ont leur fondement dans la volonté de l'homme. Le titre qui les établit ne se renouvelle pas ; il a agi une fois pour toutes ; et si on ne s'en est pas servi pour exercer l'action, on ne le retrouve plus ; il est éteint. On peut dire de ces droits imprescriptibles, c'est-à-dire des facultés légales, ce que disaient les Romains de l'usufruit, pour en expliquer certaines particularités : *quotidie datur et constituitur !*

Voilà pourquoi ces droits ne tombent pas sous le coup de la prescription extinctive. La distinction que j'ai faite entre les facultés légales et les facultés conventionnelles ne doit pas cependant être appliquée sans quelques réserves.

Pothier déjà les faisait pressentir. Il peut arriver qu'un droit établi, ou réservé, dans une convention soit cependant imprescriptible, en ce sens qu'il ne s'éteindra pas par le non usage. Cela peut se produire d'abord dans une hypothèse sur laquelle tout le monde est d'accord. Il peut se faire, en effet, que, par convention, on se soit réservé l'exercice d'une faculté légale ; celle-ci ne change pas de caractère pour cela. Ce prétendu droit né de la convention n'est encore qu'une faculté existant de droit commun, et imprescriptible comme telle. Ainsi le vendeur d'un terrain voisin d'une maison qui lui appartient se réserve le droit de surélever sa maison. Est-ce là une faculté prescriptible ? Nullement. La convention qui réserve cette faculté n'est que la réserve du droit commun. La stipulation résultant du contrat n'établit pas un droit nouveau au profit du vendeur ; elle explique seulement que le vendeur n'entend pas grever sa propriété d'une servitude *non altius tollendi*. De même, si le propriétaire d'un terrain dans lequel se trouve située une source concède au propriétaire d'un terrain inférieur l'usage des eaux, ou encore si celui qui vend une terre se réserve de pratiquer des fouilles sur la parcelle voisine qui reste sa propriété, ceci veut dire seulement qu'il n'a pas entendu se priver sur son fonds, en le grevant d'une servitude, des facultés légales qui lui appartiennent.

Tant que le contrat se borne à nier l'existence d'une servitude, et que par suite il se contente de réserver le droit commun de la propriété, il n'y a pas de prescription possible (Cass., 2 juillet 1862, D., 63, 1, 26).

Les facultés conventionnelles, ajoute la jurisprudence, sont également imprescriptibles, lorsqu'elles sont de l'essence du contrat ; elles ne le sont plus, lorsqu'elles sont accidentelles. Ceci était déjà chez Pothier. En ancien droit, Pothier en donnait l'exemple suivant : si, dans une vente, le vendeur stipule la faculté de réméré, il y a là une clause accidentelle ; elle est en dehors du droit commun ; donc elle serait prescriptible. Au contraire, si, dans une rente constituée, on se réserve la faculté de rachat, cette dernière étant de l'essence du contrat, elle reste imprescriptible. Si tel est le sens de la distinction, celle-ci n'ajoute rien à la règle précédente, car elle revient à dire que les facultés, même stipulées dans un contrat, sont imprescriptibles, lorsqu'elles ne sont que la réserve d'une faculté légale.

Si l'on veut ajouter quelque chose de nouveau à la formule que je vous avais donnée, il faut dire ceci, que, dans un contrat, toute faculté réservée au débiteur et qui n'est qu'une modification, une restriction, apportée à l'étendue de son obligation, doit être tenue pour imprescriptible, en ce sens que tant que l'obligation existe, il a le droit de se prévaloir de la restriction qui en délimite le contenu. Ainsi, il a contracté une obligation, mais en stipulant une *facultas solutionis* : en empruntant une somme de 20,000 fr., il a stipulé qu'il pourrait se libérer en cédant des terrains, ou plutôt tels terrains situés à tel endroit. Si l'obligation principale se trouve maintenue, cette obligation ne peut subsister que dans la mesure dans laquelle le débiteur s'était obligé. C'est l'application de cette idée que, l'obligation étant subsistante, le débiteur n'est jamais tenu qu'à ce à quoi il s'est obligé. Ce serait, si l'on peut s'exprimer ainsi, comme le droit commun du débiteur par rapport à telle obligation en particulier.

J'ajoute un autre exemple : Voici une servitude de passage constituée par contrat ; elle a été motivée par ce fait qu'il y a un cours d'eau qui ne permet pas au propriétaire d'aborder son fonds, autrement qu'en traversant le fonds du voisin, Seulement, ce dernier, c'est-à-dire celui qui a constitué la servitude, s'est réservé la faculté de la supprimer en établissant un pont sur le cours d'eau. Le passage s'est exercé, la servitude a été maintenue, et on a passé pendant trente ans ; est-ce qu'on peut encore la supprimer en établissant un pont ? Je le crois pour ma part ; la faculté d'établir un pont n'a pas disparu par voie de prescription. C'est qu'il y a là, quoique ce soit une clause accidentelle du contrat, une limitation mise à l'obligation contractée par celui qui a accepté l'établissement de la servitude, et à l'inverse comme une modalité du droit appartenant au titulaire de la servitude. Donc, tant que subsiste le droit de ce dernier, doit subsister également la faculté corrélative de celui qui le subit, c'est-à-dire l'atténuation inhérente à ce droit lui-même. Cela rentre toujours dans l'idée de contenu du droit ; le contenu du droit reste le même tant que le droit existe. Mais je reconnais que tout ceci est très délicat ; car, dans l'espèce dont je viens de parler, on se rapproche de la faculté de rachat ou de réméré que visait Pothier ; seulement le réméré est l'extinction même du contrat. Dans les hypothèses que je vous ai citées, il s'agit d'un mode différent d'exécuter l'obligation, et c'est ce qui justifie les distinctions que je vous propose.

Il ne reste plus maintenant que quelques observations complémentaires pour coordonner toute cette théorie.

Celle-ci tout d'abord; c'est que la notion à laquelle je suis arrivé, pour caractériser les pures facultés ne tombant pas sous le coup de la prescription extinctive, s'applique également aux actes de pure faculté que l'art. 2232 n'admet pas comme fondement de la prescription acquisitive. Je vous en avais déjà donné le critérium pratique; mais vous voyez maintenant que ces actes sont aussi de ceux qui sont l'exercice d'une faculté légale; étant donnée l'existence du droit de propriété, ces actes sont compris dans les facultés légales que le droit implique.

En second lieu, à propos de ces actes, il faut bien entendre qu'ils ne peuvent fonder ni possession, ni prescription, en tant qu'il s'agit d'un véritable empiètement sur la propriété d'autrui. Mais, si nous les envisageons comme possession du fonds lui-même sur lequel ils s'exercent, ils peuvent fonder une possession parfaitement caractérisée et conduire à la prescription de ce fonds.

Vous pourrez voir enfin, quoique les deux théories que je vous ai exposées soient distinctes, et c'est là ma troisième observation, que, dans bien des cas, il y a une corrélation évidente entre les actes de pure faculté pris à l'un et à l'autre point de vue. Dans bien des cas, si un acte de pure faculté ne peut fonder une prescription à l'effet d'acquérir, c'est que la plupart du temps, il en résulterait de l'autre côté l'extinction *non utendo* d'une pure faculté. Ainsi le propriétaire inférieur use des eaux du fonds supérieur; il a eu beau s'en servir en établissant des travaux extérieurs, il n'a pu enlever au propriétaire supérieur le droit de faire des fouilles dans son fonds; car, s'il en était autrement, celui-ci aurait perdu l'exercice d'une pure faculté.

Voici, pour finir, un quatrième point à vous faire observer.

La distinction que nous faisons entre les facultés légales ou naturelles, et les droits proprement dits qui sont constitués par le fait de l'homme en dérogation de la propriété, donne un intérêt pratique considérable à la question de savoir si tel ou tel droit sur un fonds constitue la concession d'une portion de la propriété ou l'acquisition d'une servitude *in alieno solo*. Si le droit que j'ai acquis constitue un droit de propriété partielle, l'exercice de ce droit de propriété partielle ne sera que l'exercice d'une pure faculté, donc ne s'éteindra pas par non usage, mais seulement par prescription acquisitive au profit d'autrui. Au contraire si c'est une servitude, il s'éteint par non usage.

Je vous signale à ce sujet une hypothèse intéressante. Une commune a sur un fonds un droit consistant en ce qu'elle peut s'approprier tous les arbres d'une certaine essence qui y croissent; pour le surplus la propriété du fonds ne lui appartient pas. Ce droit de superficie limité doit-il s'analyser comme un droit d'usage *sui generis ?* Alors il s'éteindra *non utendo*. S'il s'agit d'une véritable participation au droit de propriété, pas d'extinction possible. (Cass., 5 novembre 1866, D. 67, 1. 32). La Cour de cassation, au sujet de l'espèce que je viens de vous citer, a décidé que, dans les circonstances de la cause, il y avait un droit de superficie, donc un droit établi sur des dispositions directes de la loi, formant le droit commun de la propriété. Voici un autre exemple. Je suppose le droit concédé à une personne de faire des fouilles dans un fonds, et cela à l'effet de s'approprier certains matériaux. La Cour de cassation a considéré que c'était un droit dérivant de convention, et que ce n'était pas le droit commun de la propriété ; donc il s'éteindra par prescription. (Cass. 30 mars 1870, D. 70. 1.345).

Remarquez aussi que le principe d'après lequel les facultés légales ne s'éteignent pas *non utendo* fournit l'explication juridique la meilleure que l'on puisse donner de la règle qui interdit l'acquisition par prescription des servitudes non apparentes. D'ordinaire on dit qu'elles ne sont pas susceptibles de possession publique.

Cela est vrai en général, et peut-être est-ce décisif quand il s'agit d'une servitude non apparente positive. Je prends l'exemple d'une servitude d'aqueduc s'exerçant par un aqueduc souterrain. Ici la servitude est continue ; mais elle ne se prescrira pas, parce qu'elle est clandestine. Il y a cependant à cet égard, et d'une façon générale, une réserve qu'il convient d'apporter au principe que je viens d'admettre. C'est qu'en effet ce qui constitue l'apparence en matière de servitude ne correspond pas forcément à ce qui serait l'apparence en ce qui touche la possession. La loi se montre plus exigeante pour la première que pour la seconde. Ainsi rappelez-vous que les servitudes apparentes, d'après l'art. 689, doivent s'annoncer par des ouvrages extérieurs. En conclurez-vous qu'une servitude qui ne comporterait aucun ouvrage de ce genre, un droit de passage, par exemple, qui n'impliquât aucun ouvrage extérieur, aucun aménagement en vue de son exercice, et qui serait par conséquent d'après la loi, une servitude non apparente, ne pourrait pas être susceptible d'une possession publique au sens de l'art. 2229 ? Évidemment non. Il est vrai que dans ce cas il s'agit d'une servitude discontinue. Et son imprescriptibilité s'explique déjà autrement ; il y a présomption de tolérance. Tout ce que j'ai voulu dire par là, et c'est la réserve sur laquelle je tenais à appeler votre attention, c'est que, tout au moins s'il s'agit de servitude s'exerçant par le fait de l'homme, on peut très bien en concevoir un exercice parfaitement public, alors que la servitude ne serait pas apparente au sens de la loi. Mais comme il s'agit alors de servitudes discontinues, cette observation reste purement théorique, au moins au point de vue qui nous occupe : la prescription en est interdite pour une autre cause. Pour qu'il y ait intérêt à se fonder, en vue d'écarter la prescription, sur le caractère de non apparence de la servitude, il faut déjà supposer que celle-ci soit continue. Et alors je reconnais facilement qu'à supposer une servitude continue, mais non apparente, si elle est positive, cela impliquera en fait à peu près forcément l'occultanéité de la possession qui s'y rapporte. La discordance, que je signalais tout à l'heure, ne risque plus de se reproduire.

Mais le plus souvent les servitudes non apparentes, qui sont cependant continues, sont négatives ; par exemple servitude *altius non tollendi, non œdificandi ;* elles ne sont pas prescriptibles, cela va de soi ; mais quelle en est exactement la raison ? Sans doute il n'y a pas possession publique ; mais, avant tout, il n'y a pas de possession du tout. En effet un propriétaire s'abstient de bâtir ou de surélever ; ce qu'il en fait peut être très agréable pour le voisin ; en résulte-t-il que celui-ci ait la possession d'une servitude ? Nullement ; il n'y a là aucune possession ; tout ce que l'on peut dire, c'est que le propriétaire use d'une pure faculté, laquelle ne pourrait s'éteindre. Je préfère, lorsqu'il s'agit de servitudes continues, mais non apparentes, cette explication à celle qui invoque, comme pour les servitudes discontinues, l'idée d'une présomption de tolérance. C'est que cette dernière, parfaitement admissible là où la possession est publique, devient tout à fait invraisemblable, lorsque le propriétaire du fonds servant est censé ne s'être pas aperçu de l'empiètement du voisin, et lorsqu'il n'avait pu se rendre compte du droit que ce dernier était en voie d'acquérir contre lui.

Seulement, s'il s'agit là de pures facultés, la question se pose de savoir si on ne pourrait pas arriver à une véritable possession par une contradiction que l'on opposerait au propriétaire contre lequel on voudrait prescrire cette servitude. Ici encore je répondrai par la négative, comme je l'ai fait pour l'interversion de titre, en ce qui concerne la présomption de tolérance par rapport aux servitudes discontinues. C'est qu'il s'agit avant tout d'une question de texte, et l'art. 691 est formel. La servitude qui n'est pas à la fois continue et apparente est imprescriptible en soi.

Et d'ailleurs, même à défaut de texte, il y aurait, au point de vue des principes, une distinction à faire entre les deux idées et les deux hypothèses rapprochées par l'art. 2232 ; et je veux dire par là que, même si nous n'avions pas l'art. 691, là où une servitude, ou tout au moins l'exercice de fait qui en a l'apparence, pourrait être considéré comme une simple faculté, il ne pourrait jamais être question d'en admettre la prescription, tandis que, là où il s'agit de tolérance, cette imprescriptibilité pourrait être beaucoup moins absolue, au moins par la suite et pour l'avenir. Mais je me rends compte que j'aborde là une conception un peu subtile : j'espère cependant qu'elle vous paraîtra suffisamment claire après toutes les explications que je vous ai déjà données.

Prenons en effet l'idée de tolérance ; elle n'implique pas que le droit, ou la faculté constitutive du droit, à laquelle elle se réfère, soit imprescriptible en soi. Ce qui rend la prescription impossible, c'est le défaut d'un élément considéré comme essentiel pour qu'il y ait possession juridique, l'*animus domini*. L'obstacle vient de la possession, qui est incomplète ; il ne vient pas du droit auquel elle s'applique. Lorsqu'il s'agit de facultés imprescriptibles, l'obstacle vient du rapport juridique auquel on voudrait appliquer l'idée de possession. Non seulement l'idée, mais le fait, de la possession ne sont pas inconciliables avec la notion de faculté. Nous en avons vu de nombreux exemples ; c'est le cas, pour ne vous rappeler que celui-ci, de l'habitant de la commune qui utilise à son profit exclusif le terrain vague qui l'avoisine ; et peut-être même sa possession, surtout s'il s'agit d'usurpation, a-t-elle tous les caractères d'une possession *animo domini*. L'obstacle ne vient donc pas de la possession ; il vient du rapport juridique auquel la possession s'applique, et qui en lui-même est imprescriptible, parce que c'est une faculté légale, au lieu d'être un droit proprement dit. Donc, lorsqu'on parle d'interversion de titre, il faudrait voir dans quelle mesure, et sous quelles conditions, cette interversion pourrait transformer en un droit véritable ce qui n'était avant qu'une simple faculté. Que cette transformation soit possible en matière de tolérance, rien de mieux ; c'est le titre initial, en tant qu'il était exclusif de l'*animus domini*, qui disparaît pour faire place à un autre. Tout cela s'explique très bien. Mais lorsqu'il s'agit de faire d'une simple faculté un droit au sens technique du mot, l'interversion suffit-elle ; ou plutôt à quelles conditions pourrait-elle suffire et pourrait-elle opérer cette transformation ?

Je songe en ce moment, par exemple, à l'un des procédés

admis par l'art. 2238 pour que l'interversion se produise, l'interversion provenant d'un tiers. Croyez-vous que, si celui qui exerce une faculté légale au détriment d'autrui traite avec un tiers pour l'acquisition de cette faculté à titre de droit, cela suffira à modifier la nature du rapport juridique et à le rendre prescriptible ? Je continue à raisonner sur l'exemple que j'avais pris. L'habitant qui utilise le terrain voisin de sa ferme a pu croire que c'était une parcelle n'appartenant pas à la commune, et ayant fait partie d'une appropriation privée. Un tiers même se présente comme en étant le propriétaire, et l'individu dont je parlais traite avec lui de l'acquisition d'un droit d'usage exclusif, je suppose. Il est vrai que si c'était une servitude discontinue, elle serait imprescriptible ; mais vous savez que certains auteurs acceptent que ces sortes de servitudes pourraient devenir prescriptibles lorsqu'elles reposent sur un titre, et ce serait le cas dans notre hypothèse. En tout cas, je ne parle pas de servitude de pâture proprement dite, mais d'un droit d'usage au sens le plus complet du mot, ayant pour résultat de constituer en quelque sorte une jouissance exclusive au profit de l'un des habitants, sans que les autres puissent encore retirer aucun profit du terrain ainsi approprié. Ce qui était antérieurement l'usurpation d'une faculté de sa nature imprescriptible va-t-il donc devenir un droit, usage ou servitude proprement dite, qui, sauf exception légale, comme serait celle écrite dans l'art. 690, serait prescriptible de sa nature ?

Remarquez que, s'il s'agissait d'une prescription de la propriété, si le possesseur qui se prévaut de son titre eût acheté le terrain au lieu d'avoir acquis ce qu'il croit être une servitude ou un droit d'usage, l'affirmative ne serait pas douteuse. La propriété chez celui qui la possède peut s'éteindre lorsqu'elle est acquise par un tiers au moyen de la prescription. Mais dans l'hypothèse que j'ai choisie, la propriété communale n'est pas en cause et elle subsiste ; du moment qu'elle n'est pas supprimée, elle doit subsister avec tous les caractères et les éléments qui en forment le contenu, et dont le principal est l'impossibilité d'une jouissance séparée au profit d'un habitant à l'exclusion des autres. Sans doute la propriété communale peut être grevée de servitudes, et j'entends cela de celle qui ne fait pas partie du domaine public de la commune; mais alors elle est soustraite à l'usage commun des habitants. Celle qui est affectée à cet usage ne peut devenir l'objet d'une servitude qui supprime cet usage collectif que si son affectation a été modifiée ; tant qu'elle est affectée à l'usage collectif, elle ne peut subir de jouissance exclusive, constituant un monopole au profit d'un seul. Tel est le droit commun de la propriété communale dans son affectation à l'usage commun des habitants. Or, ce que je vous ai enseigné, c'est que, de même que la propriété ne s'éteint pas par le non usage, de même les facultés essentielles qui en forment le contenu ne peuvent s'éteindre par prescription tant que la propriété subsiste; sinon, il resterait une propriété qui ne serait plus la propriété. Et cela est vrai de la propriété commune, ou si vous voulez de la propriété collective dans son affectation à l'usage commun, comme de la propriété individuelle. Si donc cette faculté est imprescriptible sous forme de prescription extinctive, il s'en suit qu'elle ne peut faire l'objet d'une prescription acquisitive inverse qui la supprimerait sous prétexte de faire acquérir à autrui, à titre de droit, l'exercice exclusif du fait qui en constitue l'élément matériel.

Cela veut-il dire que jamais une faculté légale ne saurait être transformée en un rapport constitutif de droit par voie d'interversion de titre ? Ce n'est pas ce que je veux dire. Je cherche à quelles conditions cela pourrait se faire ; et je n'ai encore entrevu que des impossibilités et des solutions négatives. Mais prenons l'autre cause d'interversion de titre, celle dont j'avais supposé l'application à une servitude négative, continue et non apparente. C'est le propriétaire qui veut bâtir, et son voisin s'y oppose ; assurément ce propriétaire n'a pas perdu par voie d'inaction prolongée le droit d'élever des constructions sur son terrain, et son adversaire n'a pas pu, par le fait même, acquérir une servitude qui puisse y mettre obstacle. Le propriétaire a usé d'une faculté imprescriptible. Cependant le droit commun de la propriété ne s'oppose pas en pareil cas à ce que le propriétaire, tout en restant propriétaire, aliéne son droit de ne pas bâtir dans telles ou telles conditions. S'il en est ainsi, la contradiction que lui oppose son voisin n'implique pas que ce propriétaire aurait perdu par non usage la faculté qui lui appartiendrait; elle implique qu'il l'aurait aliénée ou que le voisin l'aurait acquise à titre de droit pesant sur la propriété. Il en résulte que cette contradiction ferait apparaître la prétention du voisin comme portant sur l'acquisition à titre de droit d'une faculté qui, tout en faisant partie de la propriété, peut cependant en être détachée pour constituer un droit au profit d'un tiers; il y aurait une interversion de titre qui, en soi, serait susceptible d'opérer la transformation qui nous occupe.

Si donc nous cherchons sous ce rapport un critérium d'application, et comme l'énoncé d'une formule générale, nous dirons qu'une faculté légale peut être de nature à être invoquée comme faculté inverse à titre de droit lorsqu'il n'est pas contraire à l'essence du droit auquel elle se rattache, ni contraire à la loi, qu'elle puisse être détachée du contenu du rapport juridique dont elle fait partie pour devenir un droit exclusif au profit d'un tiers. Cette transformation n'était pas possible pour la propriété commune, tant qu'elle reste propriété commune; il eût fallu pour que cette possibilité se réalisât, une aliénation, de la part de la commune, valant par le fait même désaffectation à l'usage commun. Rien ne s'y oppose, au contraire, pour ce qui est de la propriété individuelle, en tant qu'il s'agit de facultés qui, d'après la loi, peuvent être concédées à titre de droit empiétant sur la propriété.

Vous voyez ainsi, et je reviens à mon point de départ, que sous certaines conditions et dans certains cas, il n'est pas impossible que la théorie de l'interversion de titre s'applique même aux simples facultés. Il n'était donc pas inutile de dire, comme je vous l'ai fait observer, que, en ce qui touche les servitudes déclarées imprescriptibles en tant que simples facultés, l'imprescriptibilité est imposée par la loi, sans distinction. C'est une question de texte : les art. 690 et 691 s'opposent à ce que l'interversion de titre rende admissible la prescription de trente ans.

XIXe LEÇON

POSSESSION ÉQUIVOQUE. — THÉORIE DE L'ACCESSION DES POSSESSIONS

Il me reste à étudier une dernière qualité mentionnée dans l'art. 2229. Il y est dit que la possession ne doit pas être équivoque ; l'expression elle-même, pourrait-on dire, est équivoque. La plupart des auteurs considèrent que ce n'est pas une qualité spéciale de la possession, mais un caractère exigé de chacune des qualités requises pour la possession. Cela voudrait dire, par exemple, qu'il ne doit pas y avoir d'équivoque sur le point de savoir si l'on possède à titre de propriétaire, si la possession est continue ou non, et ainsi des autres qualités qu'exige l'art. 2229. Alors je réponds : c'est donc une question de preuve ! et, s'il en était ainsi, cela ne saurait s'appliquer à tous les caractères exigés pour la possession. Prenons la règle de l'art. 2230, d'après laquelle, en principe, il y a présomption qu'on possède pour soi ; si vous prétendez que ce caractère de ma possession est équivoque, en ce sens qu'on ne sait au juste si je possède pour moi ou pour autrui, est-ce que je devrai faire la preuve que ma possession est réellement une possession *animo domini* ? Evidemment non, j'ai une présomption qui me protège ; de même en ce qui touche la continuité et la non interruption de la possession. Etant prouvé qu'elle existe actuellement et qu'elle a existé à un certain moment donné, peut-on prétendre que dans l'intervalle la permanence est équivoque ? Ici encore ce serait inadmissible pour une raison semblable ; ou du moins ce serait inadmissible à un certain point de vue, sur lequel je reviendrai tout à l'heure, et par conséquent sauf une réserve

De la possession équivoque.

que j'aurai à vous présenter. Mais cette observation étant faite, je conviens que là où la loi établit une présomption formelle, il ne suffit pas d'en contester le bien fondé, pour que l'application s'en trouve écartée. Il ne suffit pas de traiter d'équivoque l'impression d'ensemble qui se dégage des circonstances de la cause, il faut avoir fait la preuve contraire.

Ce caractère ne pourrait donc s'appliquer qu'aux qualités dont le possesseur doit lui-même établir la preuve. Alors, tout se ramène encore à une question de preuve ; et on ne voit pas bien au juste ce que l'on veut dire par là. Car cela semblerait signifier que la possession ne devra être admise comme possession juridique, et utile en vue de la prescription, que là où la preuve en sera parfaitement établie. Mais n'en est-il pas de même de tous les faits dont l'une des parties doit administrer la preuve ? En principe, il ne suffit pas d'un à peu près. En fait, il est vrai, le juge est toujours libre de fonder sa conviction sur de simples présomptions. Et alors l'art. 2229 n'aurait eu d'autre but que de tracer au juge une ligne de conduite, en lui recommandant de n'admettre la preuve que lorsqu'elle serait certaine ; tout cela paraît bien peu probable.

Aussi, croirais-je qu'il y a bien là encore une qualité de plus exigée pour la possession elle-même, non pas pour la preuve des qualités de la possession, mais pour le fait même de la possession. Il faut que les faits qui la constituent soient bien, sans équivoque, des faits de possession, c'est-à-dire des faits qui constituent l'exercice apparent, et sans hésitation possible, du droit de propriété.

Voici un exemple qui s'est présenté dans la pratique. Un propriétaire a grevé son fonds d'une servitude de passage ; puis, plus tard, il construit sur le terrain où la servitude devait s'exercer, et à la limite d'un fonds voisin ; le titulaire de la servitude utilise son droit de passage de l'autre côté de la construction, sur le fonds voisin. Et il y a trente ans qu'il en est ainsi. Plus tard, le propriétaire de ce fonds demande le bornage ; et son voisin, celui qui a construit, prétend avoir acquis par prescription la partie de terrain sur laquelle s'est exercé le droit de passage. « Sans doute, dit-il, je n'ai pas possédé cette parcelle de terrain par les manifestations ordinaires du droit de propriété, en labourant, ensemençant, ou par tout autre fait de ce genre ; mais ma possession s'est manifestée par le droit de passage que j'ai concédé sur le terrain d'autrui ». On a jugé que ce fait, étant équivoque, ne suffisait pas à constituer un fait de possession et qu'il n'y avait pas eu, par suite de cela, acquisition par prescription. Cela me paraît bien jugé.

La possession doit être une manifestation extérieure et visible du droit que l'on prétend acquérir. Il faut que le droit qu'il s'agit de prescrire se révèle aux tiers par l'exercice même qui en est réalisé ; et cela se comprend, puisque la prescription est la consolidation, à l'état de droit, d'un état de fait révélateur du droit. Si la révélation est équivoque, s'il n'y a pas un droit nettement indiqué auquel la possession puisse s'adapter, et que la prescription doive consacrer, s'il faut s'en remettre à des appréciations intentionnelles des parties, on est en dehors du domaine propre pour lequel la prescription est faite. Son but juridique et sa fonction sociale sont hors de cause ; elle ne s'applique plus.

A côté de cette première application faite par la jurisprudence de l'idée que je vous expose, en voici une autre qui vient également d'elle, et se rapportant à un point de vue un peu différent. Il s'agit du principe de l'art. 816, d'après lequel le partage d'une succession commune peut se trouver écarté, lorsqu'il y a eu possession du tout au profit d'un seul des héritiers, à l'exclusion des autres, et que cette possession a été suffisante ; ce qui veut dire qu'elle ait duré assez longtemps pour pouvoir conduire à la prescription. Or presque toujours les tribunaux considèrent que le fait par un copropriétaire d'avoir possédé le tout à lui seul rend la possession équivoque.

Je vous ai laissé entendre qu'entre cette hypothèse et celle que j'étudiais antérieurement, il pourrait y avoir une nuance à établir. C'est qu'en effet, il me paraît difficile d'admettre que l'équivoque en pareil cas porte sur le fait matériel et, pour prendre l'expression classique, sur ce que l'on appelle le *corpus*, en matière possessoire. Dans l'hypothèse précédente, c'était assurément le point de vue qui se trouvait avoir inspiré la décision que je vous rapportais. Les faits de possession n'étaient pas des faits suffisamment caractéristiques de l'exercice de la propriété. Cela se référait au *corpus* possessoire; et alors en exigeant qu'il ne fût pas équivoque, on ne faisait pas allusion à proprement parler à une question de preuve, mais aux caractères que le fait devait avoir pour être admis comme fait de possession. C'est très différent ; et c'est en cela que j'ai été autorisé à voir dans cette condition nouvelle une caractéristique même de la possession, et non une exigence légale quant à la preuve.

Mais, dans l'application nouvelle que la jusriprudence fait de cette idée à propos de l'art. 816, il ne me semble pas que le côté matériel et visible de la possession soit en cause. Ce copropriétaire a utilisé l'intégrité de la chose, ou l'universalité des biens, s'il s'agit d'une succession, à la façon d'un propriétaire exclusif ; et nul, à le voir agir, ne pourrait, à moins de remonter à l'origine de sa possession, concevoir des doutes sur sa qualité de propriétaire. Chez le possesseur de l'exemple précédent, qui prétendait posséder parce qu'il avait concédé un droit de passage s'exerçant sur le terrain d'autrui, cette qualité de propriétaire ne se révélait pas par des faits suffisamment caractérisés. Mais chez le cohéritier qui possède à titre exclusif, et qui exerce toutes les facultés que confère la propriété, pour incriminer sa possession et la qualifier d'équivoque, il faut remonter à son titre, et se demander si ce ne serait pas comme mandataire des autres, et par une sorte de laisser faire qui l'eût constitué administrateur pour autrui, que s'explique l'attitude qu'il a prise et la jouissance qu'il exerce.

De sorte qu'après avoir parlé d'équivoque portant sur le côté matériel de la possession, nous trouverions un caractère analogue portant sur ce qui, dans la possession, constitue l'élément intentionnel, je veux dire l'*animus possidendi*. Il faudrait que cet *animus* lui-même ne laissât pas prise à l'équivoque.

Est-ce que nous ne risquons pas alors de contredire ce qui nous avait paru tout à l'heure devoir constituer un principe essentiel en matière de preuve ? L'*animus domini* n'est-il pas présumé en vertu de l'art. 2230 ? Et n'avons-nous pas dit que cette présomption suffisait à tout, tant que l'adversaire n'avait pas établi la preuve contraire ? Alors, qu'est-ce donc que ce fait d'équivoque qui, par définition même, n'est pas une preuve, et qui va cependant renverser la présomption légale ? C'est ici que j'aborde l'explication définitive que j'avais réservée tout à l'heure, et la restriction que je vous annonçais par avance.

Et notez bien que ce que je vais vous dire là a une importance pratique considérable. C'est que cette question de possession équivoque, qui paraît presque, lorsqu'il s'agit de la prescription des immeubles, dénuée d'intérêt et de valeur réelle, à ce point que j'ai dû vous signaler à peine quelques rares exemples qui en éclairent l'application dans le domaine des faits, trouve au contraire, dans une matière voisine, celle de la possession des meubles, et sur le terrain de l'art. 2279, une sphère d'utilisation considérable ; et les monuments de jurisprudence, qui viennent alors, je ne sais si je dois dire élucider ou obscurcir la question, sont extrêmement nombreux. Or, si on va au fond des choses, c'est principalement, dans la plupart des cas, et en cette matière, une question de titre et d'*animus* qui est en jeu. Tout cela devient alors d'une importance capitale. En effet, je vous enseignerai sur l'art. 2279 que, pour appliquer la règle qu'il édicte, il n'est pas nécessaire qu'il y ait juste titre, mais qu'il faut absence de précarité ; de sorte que l'équivoque sur le titre pourra, dans une certaine mesure, apporter un correctif à la règle qui n'exige pas de juste titre proprement dit. Mais alors se dresse, ici comme ailleurs, la présomption de l'art. 2230 qui semblerait devoir écarter toute possibilité d'équivoque sur le fait de la précarité. Tel est l'intérêt capital qu'il y a, sur ce point, à bien poser les principes. Et par là je reviens à la contradiction apparente que je vous signalais, et qu'il importe de résoudre.

Il s'agit donc de savoir exactement quelle est la portée de

la présomption de l'art. 2230 et dans quelle mesure la preuve va se trouver faite. Or, si vous avez suffisamment pénétré toute la théorie classique en ce qui concerne l'*animus possidendi*, l'explication dans laquelle je vais avoir à entrer sera par là même singulièrement facilitée.

L'art. 2230 a, en effet, une première signification absolument certaine, c'est que le possesseur n'a pas à établir l'*animus* actuel inhérent à sa possession. Non seulement cet *animus* est présumé, mais la preuve contraire, en tant qu'elle porterait sur l'intention vraie du possesseur au cours de la possession, est elle-même interdite ; c'est ce qui ressort des art. 2231 et 2240, d'après lesquels il ne peut pas y avoir, à la volonté de celui qui possède, changement d'*animus* au cours de la possession. La combinaison de ces deux textes nous conduit à cette affirmation que j'ai déjà si souvent répétée, sans vous en avoir donné la preuve par les textes, que l'*animus* est fixé une fois pour toutes, et qu'il se place à l'entrée de la possession. Voilà donc un premier sens, très absolu, dérivant de la présomption de l'art. 2230. Il consiste en ceci : lorsque la question ne se pose pas par rapport à l'*animus* initial du possesseur, tant que le titre qui sert de cause à la possession est inconnu, non seulement on présume l'*animus domini*, mais on ne pourrait pas faire la preuve d'un *animus* contraire, en tant qu'elle se déduirait d'un état de choses actuel qui ne correspondrait pas forcément à la situation juridique manifestée par l'*initium possessionis*.

Faisons un pas de plus. L'art. 2230 signifie encore autre chose ; c'est que, puisque tout revient à rechercher la cause de la possession et à faire la preuve du titre qui l'explique, cette preuve n'incombe pas au possesseur. Celui-ci est présumé posséder en vertu d'un titre exclusif de précarité, mais cette fois, il ne s'agit plus d'une présomption irréfragable. La preuve contraire est forcément admise. Ce que l'art. 2230 veut dire, c'est que ce n'est pas au possesseur à faire la preuve de la cause en vertu de laquelle il possède ; cette cause est présumée impliquer l'*animus domini*. Cette présomption a, par suite, un second sens, déjà moins absolu que le premier, lequel revient à dire que, tant que le titre initial de la possession reste inconnu, le possesseur n'a rien à prouver : la loi établit en sa faveur une présomption de non précarité.

Reste la troisième étape de cette analyse juridique. La preuve porte sur l'*initium possessionis* ; cette preuve incombe au revendiquant, nous venons de le dire. Comment va-t-il pouvoir faire cette preuve et qu'aura-t-il à prouver ? C'est ici que les choses deviennent vraiment délicates. Un premier point certain c'est que, en tant qu'il voudrait établir l'existence d'un titre précaire, la présomption de l'art. 2230 subsiste ; elle subsiste en ce sens que c'est à lui qu'il appartient de faire cette preuve complète, et de la faire par les moyens et procédés seuls admis par la loi. Il faudrait donc, s'agissant non pas d'un fait, mais d'un titre juridique, qu'il s'appuyât sur une preuve écrite ; et le seul fait de mettre en avant certaines circonstances de nature à jeter le doute, disons avec la loi à jeter l'équivoque, sur la nature du titre, ne suffirait pas pour faire admettre la précarité. Et c'est en cela que j'ai établi tout à l'heure que la condition relative au caractère équivoque de la possession ne touchait pas à la question de preuve de la précarité, et qu'il n'y avait pas là un moyen d'infirmer la présomption légale, en tant qu'elle porte sur la précarité. Mais entendez bien ; je dis : en tant qu'elle porte sur la précarité.

L'art. 2230, en effet, ne parle que de la précarité ; et c'est uniquement en tant qu'il s'agit de la précarité que les solutions dont je viens de vous donner l'énoncé s'imposent. Vous devrez donc les appliquer à la lettre tant qu'il s'agirait d'en tirer des conséquences qui se déduisent directement de l'idée de précarité et qui en supposent le fait établi. Il en serait ainsi bien entendu si l'on voulait exiger l'exécution du titre précaire que l'on allègue ; ceci va de soi, et ne touche guère à notre sujet, car il s'agit d'une question d'obligation, et non de prescription. Je dis plus, je dis que, même sur le terrain de la prescription, cela serait encore vrai tant qu'il s'agirait de solutions qui impliquent forcément la preuve d'un titre précaire ; ainsi par exemple en matière d'interversion de titre. C'est la précarité seule qui ne peut disparaître que par le procédé légal et exclusif de l'interversion ; lorsqu'il s'agit d'autres qualités, ou plutôt d'autres vices, relatifs à la possession, ils ont leur réglementation propre ; il peut y avoir, en ce qui les concerne, et au profit du possesseur, d'autres fins de non recevoir, et d'autres moyens peut-être de les faire disparaître, très différents de l'interversion proprement dite. Si ce caractère d'équivoque vise la preuve de la précarité, il en résultera qu'une fois ce caractère admis, la présomption de l'art. 2230 est renversée, la preuve de la précarité est faite, et sa disparition ne peut se produire que d'après les règles admises en matière d'interversion de titre. Si, au contraire, il y a là une qualité, ou plutôt un vice distinct, ayant ses règles propres, nous ne sommes plus liés à ce point de vue par l'application des art. 2238 et 2239. Autre conséquence de la même idée : la précarité, lorsqu'elle est prouvée, constitue un vice absolu ; or, tant que la présomption de l'art. 2230 subsiste, elle n'est pas prouvée. Le caractère de possession équivoque, dans la théorie que je vous enseigne, n'est pas une preuve de précarité ; il n'y a donc pas de raison, au moins *a priori*, pour que nous en fassions un vice absolu ; et peut-être ressortira-t-il très logiquement des principes dont je poursuis l'analyse, que ce ne serait là qu'un vice relatif, comme la clandestinité. Je n'affirme rien encore ; je me contente de vous montrer comment je puis très bien admettre que l'équivoque soit un vice distinct dont les conséquences s'appliquent, et se réalisent, tout en laissant subsister la présomption de l'art. 2230, et sans qu'elle soit infirmée par là.

Donc la précarité n'est pas prouvée. Mais où la loi a-t-elle donc posé en principe qu'entre la preuve certaine du défaut d'*animus* et la preuve certaine de son existence, il n'y ait pas place pour une situation intermédiaire ? Répondre par une simple négation et n'admettre que ces deux solutions extrêmes, c'est résoudre la question par la question ; car il s'agit de savoir si cette exigence d'une possession non équivoque n'est pas précisément la réponse de la loi à la question que je viens de poser.

En somme, de quoi s'agit-il ? De remonter à la prise de

possession pour juger de l'attitude juridique du possesseur à ce point initial, et en déduire l'*animus* légal, si je puis ainsi parler, qui va caractériser et qualifier sa possession. Il faut donc qu'à ce moment il se soit posé en propriétaire, qu'il ait agi en propriétaire. Lorsqu'il y a un titre juridique par lequel il reconnaît la propriété d'autrui, il y a preuve, et preuve légale, qu'il contredit lui-même à l'idée de propriété. Il y a là une attitude juridique qui ne pourrait être infirmée par aucune attitude de fait contraire. C'est la preuve d'une possession qui soit juste l'opposé de ce que serait une possession *animo domini*. Mais cette preuve contraire n'est pas faite. On ne rapporte pas la preuve d'un titre juridique exclusif de l'*animus domini*; donc on ne peut pas dire forcément, et *à priori*, qu'il y ait possession pour autrui. Mais cela veut-il dire, à l'inverse, que l'on doive admettre sans autre preuve qu'il y a possession juridique? qu'il y a un *animus* conforme à ce qui serait l'exercice normal du droit de propriété ? Absolument pas. Cela devient une question de fait. Il s'agit de savoir si, au point de vue des faits, il y a eu prise de possession conforme aux usages en matière de propriété, et de nature à révéler le propriétaire, ou plutôt, ce qui sera plus exact, de nature à ne pas rendre suspecte sa qualité de propriétaire. C'est une question à résoudre pour chaque cas en particulier, et à résoudre distinctement, suivant qu'il s'agirait de meuble ou d'immeuble, et suivant que dans l'usage, pour un cas de cette espèce, il eût été dans les habitudes d'un propriétaire de se ménager un titre écrit ou non ; et je fais allusion par là à la différence entre les transactions mobilières et les autres.

Il y a tout au moins une hypothèse dans laquelle la situation des parties va se trouver considérablement modifiée au point de vue de la preuve. C'est lorsque le revendiquant a démontré que c'est de lui que le possesseur tenait la chose. Vous savez bien qu'il n'y a pas dans ce fait de l'existence d'un rapport d'auteur à ayant cause — et je prends l'expression au sens large du mot, au sens, peut-être un peu inexact, d'une simple succession de fait entre les deux possesseurs, — un obstacle de principe à la prescription ; et j'en tire la preuve de la possibilité même d'une interversion de titre à propos de précarité. La précarité vise avant tout l'hypothèse dans laquelle le possesseur tient la chose de celui qui l'a revendiquée contre lui; ce qui n'empêche pas que dans certains cas, lorsqu'il y a eu interversion, il puisse prescrire contre lui. Si j'insiste, c'est que, pour une hypothèse tout au moins, hypothèse sur laquelle je reviendrai, on a voulu, en pareil cas, écarter toutes les règles de la loi en matière de possession juridique, c'est en ce qui concerne l'application de l'art. 2279. Lorsque le revendiquant aurait prouvé que son adversaire tenait de lui la chose qu'il possède, ce ne serait pas seulement la règle de l'art. 2279 qu'il faudrait mettre à l'écart, mais la présomption de l'art. 2230. La présomption se retournerait contre le possesseur ; il y aurait renversement des rôles quant à la preuve, le possesseur serait présumé un détenteur précaire, ayant reçu la chose en dépôt, par exemple, au lieu de l'avoir achetée ou de l'avoir reçue à titre de don. Bref, ce serait à lui à démontrer l'existence d'un titre de propriété; et cela dans une matière où les acquéreurs ne se ménagent jamais de preuve écrite de leurs actes d'acquisition. Je repousserai toutes ces exagérations. L'art. 2230 subsiste, même quand le revendiquant ou son héritier ont établi au préalable que le possesseur tenait la chose du possesseur immédiat auquel il a succédé, et cela encore qu'il s'agisse de meubles. La précarité n'est ni prouvée, ni présumée. La présomption de l'art. 2230 subsiste ; mais elle reçoit un correctif, et ce correctif provient du système de la loi en matière de possession équivoque. Tout cela est donc d'une importance pratique capitale.

Ceci posé, ce que je déclare maintenant, c'est que, lorsque la question s'élève dans les rapports entre le possesseur et celui de qui il tient la chose, il n'est pas possible, au point de vue de la caractéristique de la possession, — nos anciens auteurs auraient pu dire d'une façon très pittoresque, mais fort exacte, au point de vue de sa coloration, — que l'attitude du possesseur à son entrée en possession n'entre pas en considération, en tant qu'elle soit de nature à révéler l'*animus* avec lequel il prend possession, ou tout au moins à fournir une indication utile à cet égard. Il s'agit par exemple, comme c'est le cas si fréquent en matière de valeurs mobilières, de quelqu'un qui cohabitait avec l'ancien possesseur ; ce dernier vient à mourir et les valeurs qu'il possédait se retrouvent aux mains de la personne qui vivait à ses côtés ; à quel titre celle-ci les possède-t-elle ? Son attitude ne laisse-t-elle pas supposer un dépôt ? où trouver la preuve d'un don manuel ? Bref, il y a telles circonstances de fait qui jettent le doute, disons l'équivoque, sur l'*animus* légal, je ne dis pas sur l'intention de fait, avec lequel cette personne est entrée en possession. Par suite, il peut arriver que ces circonstances du début, loin de révéler le propriétaire qui s'affirme, manifestent le détenteur un peu honteux qui se cache. Ce n'est pas la précarité forcément démontrée ; l'art. 2230 subsiste, et avec lui l'art. 2279, nous le verrons. Mais il y a possession équivoque. Ce sera le cas encore de l'héritier ou du copropriétaire dont j'ai parlé, accaparant la jouissance intégrale à un titre qui reste douteux, et qui, loin de laisser apparaître le propriétaire exclusif, a toutes les allures d'un mandataire que l'on a laissé faire et qui, en principe, devait administrer pour les autres.

Comme vous le voyez, la question d'équivoque se distingue absolument de tout ce qui serait relatif à la preuve directe de la précarité ; le vice de précarité n'est pas établi. De là les conséquences, au moins négatives, que je vous ai signalées. Mais il y a un vice différent, tout à fait spécial et distinct de la précarité, ayant par suite ses effets propres : c'est l'équivoque. Ce vice peut porter à la fois, je vous en ai donné la preuve, sur l'élément matériel et sur l'élément intentionnel de la possession. Il faut, sous ce double rapport, que les actes par lesquels se révèle la possession, et par lesquels elle se révèle dans les deux éléments qui la constituent, soient une affirmation par les faits de la propriété.

Seulement, je serais bien tenté à un autre point de vue de distinguer suivant que ce caractère équivoque porte sur l'élément corporel ou sur l'élément intentionnel ; dans le premier cas il y a un fait qui a une valeur absolue, et qui est le même pour tous. Dans le second, il y a une attitude prise surtout par rapport à celui dont on tient la chose, et qui n'a de valeur qu'à son égard; à ce dernier point de vue le vice résultant du caractère équivoque de l'*animus possidendi* serait donc purement relatif.

Enfin, vous comprenez, d'après la conception que je viens de vous présenter, que l'équivoque, puisque c'est un vice qui se place forcément à l'*initium possessionis*, puisse cesser par la suite. Mais entendons-nous bien. Ce vice révèle un *animus* qui, envisagé du point de départ de la possession, n'a pas la valeur d'un *animus* suffisant, en tant qu'affirmation de propriété; forcément ce caractère affectera la possession pendant toute sa durée, sauf le cas d'interversion de titre : l'interversion qui suffirait à écarter la précarité suffira *a fortiori* à faire cesser l'équivoque. Mais il faut dire en outre qu'il y aura, ou qu'il pourra y avoir en pareil cas, d'autres procédés de disparition qui ne seraient plus des faits d'interversion proprement dits. Il s'agirait de circonstances postérieures à l'*initium possessionis* et venant révéler cette attitude qui a manqué au début. Seulement, il faut à cela une condition, il faut, je ne dis pas que ces circonstances rétroagissent, mais qu'elles soient de nature à dissiper l'équivoque, non seulement pour le présent mais pour le passé, et à détruire ce qu'il y a eu de suspect dans les allures du début. C'est de toute évidence puisque, en matière d'*animus*, les caractères de la possession tels qu'ils existaient à l'*initium* subsistent par la suite. Il ne s'agit donc pas d'un fait qui fasse disparaître ces caractères pour l'avenir; il faut qu'il les efface pour le passé.

Mais ici encore, ce que je dis de cette sorte de rétroactivité indispensable lorsqu'il s'agit de l'équivoque portant sur l'*animus* du début, ne s'appliquerait plus de celle qui porterait sur le fait matériel, le *corpus*. En matière de *corpus*, il n'y a plus de règle analogue à celle que nous étudions et portant qu'une possession qui n'aurait pas à son point de départ les allures d'une manifestation suffisante du droit de propriété ne puisse se transformer à l'avenir en une possession de fait ayant tous les caractères extérieurs de l'exercice de la propriété. C'est une pure question de fait. Seulement la prescription ne commencerait qu'au moment où l'élément corporel de la possession eût été valablement et régulièrement réalisé.

Accession des possession

Nous avons énuméré les qualités que doit présenter la possession pour qu'elle puisse conduire à la prescription. Mais nous savons, d'autre part, que cette possession, pour qu'il y ait prescription, doit avoir eu une certaine durée. Et nous étudierons plus tard ce qui a trait au calcul même de ce délai. Mais il y a, avant tout, et comme complément de toute la théorie qui précède, une première question qui se pose, et qui est de savoir quelle est la possession qui pourra être utilisée, invoquée, pour la prescription. Celle du possesseur actuel bien entendu. Mais si ce possesseur a succédé à la possession d'autrui, ne pourra-t-il pas s'en prévaloir ? Tel est le nouveau problème qu'il nous faut aborder.

En d'autres termes, faut-il dire que le possesseur qui invoque la prescription devra avoir possédé par lui-même tout le temps requis par la loi ? Non, il n'en est pas forcément ainsi. Le Code civil a emprunté au droit romain la règle qui permet au possesseur de se prévaloir de la possession qu'ont eue ses auteurs. C'est la théorie de l'accession des possessions ; elle n'est pas absolument spéciale à la matière de la prescription. Les règles que nous exposons reçoivent leur application toutes les fois que la loi subordonne les effets qu'elle attache à la possession à la condition d'une certaine durée ; il en sera ainsi, par exemple, en ce qui concerne les actions possessoires.

Le texte de la loi sur cette matière est l'art. 2235. D'après cette disposition, les règles relatives au droit pour le possesseur d'additionner à la durée de sa possession le temps de possession de son auteur s'appliqueraient sans distinction, soit que celui qui invoque cette possession ait succédé à son auteur à titre universel, soit qu'il lui ait succédé à titre particulier. Il y a cependant une différence fondamentale à établir entre ces deux hypothèses.

C'est là, en effet, une distinction traditionnelle appliquée en droit romain et en ancien droit (Pothier, *Prescription*, N° 112). Et cette distinction se trouve implicitement consacrée par les textes même du Code civil. Si nous remontons tout d'abord au droit romain, c'est aux Institutes qu'il faut nous attacher. Nous rencontrerons là les passages en quelque sorte fondamentaux (Instit. §§ 12 et 13 du Liv. II, tit. VI), qui doivent encore nous guider aujourd'hui dans toute cette théorie.

Le § 12 traite de l'hypothèse relative au successeur à titre universel ; il dit que, s'il s'agit d'un successeur à titre universel, la possession qu'avait eue le défunt se continue au profit de l'héritier ou du *bonorum possessor*. Par rapport à l'acheteur ayant reçu la possession de son vendeur, le texte dit au contraire : « *Tempora conjunguntur* ; il ne dit plus que la possession continue, mais qu'il y a addition des délais de possession. A l'égard d'un successeur à titre universel, il n'y a pas lieu précisément à adjonction de possession ; c'est une seule et même possession qui est censée s'être continuée : « *Quasi juncta descendit ad heredem* ». C'est donc une seule et même possession qui est censée s'être continuée, quoiqu'elle ait été exercée par l'intermédiaire de personnes physiques différentes (Cf. L. 30 pr. Dig. 4, 6). Au contraire, quand il s'agit de successeur à titre particulier, il y a eu autant de possessions distinctes que de possesseurs; mais, la loi admet que ces deux possessions distinctes peuvent, si le possesseur y trouve avantage, être réunies l'une à l'autre pour parfaire la durée nécessaire à la prescription.

A première vue, ce sont là surtout des mots et des formules. Voyons dans la réalité comment, et par quelles solutions pratiques, la différence se traduit. Supposons tout d'abord un héritier qui ait trouvé dans la succession un bien que le défunt possédait à titre précaire; cet héritier, nous le savons déjà, prendra la possession de son auteur telle qu'elle était, malgré l'ignorance où il peut être de la qualité de détenteur précaire qu'avait son auteur : « *Heres succedit in virtutes et vitia possessionis auctoris defuncti* ». C'est ce que nous avons déjà vu sur l'art. 2237. Prenons un autre exemple qui aurait pu sans doute trouver son application correspondante en droit romain, et pour lequel je me place exclusivement au point de vue du droit français : le défunt était possesseur *proprio nomine*; seulement il avait acquis la possession de la chose d'autrui de mauvaise foi, d'où la conséquence que le défunt, eût-il un titre, comme il ne pouvait invoquer une possession de dix ou vingt ans, a transmis à l'héritier une possession également incapable de conduire à la prescription de dix ou vingt ans.

Supposons au contraire une vente faite par le possesseur d'une chose qui ne lui appartient pas. Le nouveau possesseur commence une possession propre, distincte, indépendante de celle à laquelle il succède ; il pourra joindre la possession de son auteur à la sienne propre, s'il y a intérêt ; mais il n'y est pas obligé. Par exemple, c'est, si vous le voulez, un possesseur précaire, fermier ou usufruitier, qui vend l'immeuble qu'il tenait à bail ou dont il avait l'usufruit : dans ce cas, l'acquéreur commençant une possession nouvelle, distincte, peut prescrire, il ne continue pas la possession précaire de celui avec qui il a traité. Seulement il ne sera pas question pour lui de joindre la possession de son auteur à la sienne, car elle n'était pas utile pour la prescription. Au contraire, si c'est un posesseur qui avait un titre et qui a vendu, le nouveau possesseur, s'il est de bonne foi, aura le droit, pour invoquer la prescription de dix ans, de se prévaloir de la possession de son auteur. Que le nouveau possesseur puisse prescrire par dix ans, c'est un point certain ; et je vous en ai déjà donné l'explication à propros de la précarité. Il n'est plus dans la situation de l'héritier ; il commence une prescription nouvelle. Or, ce qu'il faut ajouter, c'est que, non seulement il prescrit par dix ans, mais que, en outre, pour calculer la durée de sa possession, il pourra tenir compte de la possession de son auteur. C'est que ce dernier, lui aussi, avait une possession de nature à conduire à la prescription décennale.

La différence fondamentale que j'établis entre ces deux espèces de possesseurs n'est pas faite par nos textes sous forme générale, elle n'est pas établie à la façon d'un principe théorique ; mais nous la trouvons indiquée pour le point capital, c'est-à-dire pour le cas où le possesseur qui a possédé le premier était détenteur précaire (art. 2237 et 2239). La seule constatation de cette différence dans son application principale suffit à prouver qu'on n'a pas répudié les traditions constantes du droit romain et de l'ancien droit. C'est par là qu'il faut corriger l'art. 2235 dans ce qu'il a de trop absolu. Il signifie sans doute que l'on a toujours le droit d'invoquer la possession de son auteur; mais il faut ajouter que ce droit existe sous des conditions qui peuvent être différentes suivant les cas, et conformément à la distinction traditionnelle.

J'insiste d'ailleurs sur un point qui a son importance. Il ne faudrait pas croire, quoi que j'aie pu vous laisser pressentir à ce sujet, — cela semblerait résulter en effet du simple rapprochement des textes que je vous ai cités, — que la règle de l'accession des possessions et son application aux successeurs à titre universel, soit exactement la même, au moins par son fondement juridique, que celle de l'art. 2237 relative à la transmissibilité du vice de précarité. Rappelez-vous, en effet, les seules raisons, en quelque sorte de principe et de doctrine, par lesquelles j'ai expliqué cette dernière disposition : c'est le résultat, vous ai-je dit, d'une conception juridique d'après laquelle la preuve de l'*animus*, ou du défaut d'*animus*, doit ressortir du titre même d'entrée en possession ; voilà pourquoi, la succession ne constituant pas un titre nouveau, il faut remonter au contrat originaire passé avec le défunt. Or, nous venons de voir que cette identité de caractère admise en ce qui touche la possession des héritiers s'appliquerait, non seulement à la précarité en tant qu'elle dérive du titre initial, mais à la mauvaise foi elle-même, à la supposer imputable au défunt, alors que l'héritier serait de bonne foi : celui-ci, en dépit de sa bonne foi, ne peut pas prescrire par dix ans. Cette fois, nous ne pouvons plus donner la même explication que pour le vice de précarité ; celui-ci se révèle par le titre. Le titre en quelque sorte passe à l'héritier, ou tout au moins domine et caractérise la possession qu'il reçoit du défunt. La question de bonne ou de mauvaise foi, au contraire, est indépendante du titre. C'est une question de fait. La mauvaise foi ne s'incarne pas dans un rapport de droit qui, par lui-même, soit transmissible aux héritiers. C'est un fait personnel, un fait d'intention, qu'il faut constater et apprécier chez chacun individuellement. Si l'on s'en tenait uniquement au fondement juridique de l'art. 2237, ne devrait-on pas dire alors, si l'héritier est de bonne foi, qu'il pourra commencer une prescription nouvelle, en utilisant le juste titre de son auteur? Quel est donc le motif qui s'y oppose? Il est très voisin, comme vous allez le voir, de celui qui sert de fondement à l'art. 2237; il ne se confond cependant pas avec lui. C'est que, si la bonne foi ne se prouve pas par le titre, elle doit être toutefois concomitante du titre lui-même, et se placer à l'*initium possessionis*. C'est un point que j'établirai au sujet de la prescription de dix ou vingt ans. Cette prescription exige la bonne foi, non pas à un moment quelconque, mais au moment où il y a prise de possession en vertu d'un juste titre. Or, pour ce qui est de l'héritier, le juste titre qu'il pourrait invoquer existe, non pas chez lui, mais par rapport au défunt. C'est donc au moment où se constitue ce juste titre que la bonne foi aurait dû se rencontrer, chez celui précisément au profit de qui le titre venait de prendre existence.

Nous pouvons résumer toutes ces idées en disant que, lorsqu'il y a eu succession, le titre d'entrée en possession ne se trouve pas chez l'héritier, mais chez le défunt, et que, par suite, pour tous les caractères de la possession qui se révèlent par le titre, ou qui dépendent du moment où le titre est intervenu, c'est à ce moment qu'il faut remonter pour apprécier leurs conditions d'existence, de telle sorte que ces caractères resteront imprimés à la possession tant qu'elle continuera au même titre, et par suite même lorsqu'elle aura passé à l'héritier. Telle est l'explication rationnelle de la règle romaine acceptée par le droit français.

Jusqu'alors nous avons envisagé la distinction traditionnelle dans son application la plus simple et la plus normale. Mais le droit romain en avait tiré encore une autre conséquence.

Il admettait en outre que, si un possesseur ayant titre et bonne foi venait à décéder, et que son héritier trouvant un objet possédé par le défunt, et le trouvant dans l'hérédité, s'en emparât de mauvaise foi, l'héritier n'en continuait pas moins d'usucaper dans les mêmes conditions que son auteur (*Instit.* § 12. II. 6.). Il n'y a point de doute qu'en droit français la solution ne demeure la même ; l'héritier continuera à prescrire comme le défunt aurait prescrit lui-même, donc par dix ou vingt ans, si le défunt avait juste titre et bonne foi. Jusque là c'est encore l'application de l'idée juridique dont je viens de vous donner la formule. En matière de prescription décennale les questions de bonne ou de mauvaise foi, s'apprécient au jour du titre initial et de l'entrée en possession.

Mais modifions maintenant l'hypothèse, et voyons ce qui se passerait s'il s'agissait de succession à titre particulier. A Rome on décidait alors que, si un possesseur de bonne foi avait vendu à quelqu'un qui fût de mauvaise foi, l'acheteur n'ayant pas bonne foi à l'*initium* de sa possession propre, ne pouvait pas usucaper ; il fallait que le successeur à titre particulier eût commencé lui-même une possession utile pour usucaper (L. 25, § 17 *Dig. Pro Emptor.* 41.4). Vous voyez d'où vient le défaut de concordance, au moins apparent. Sans doute, il y a chez l'acheteur, successeur à titre particulier, je ne dis pas interversion de titre au sens technique du mot, mais introduction d'un titre nouveau sur lequel repose sa possession personnelle ; mais qu'importe ce fait, semble-t-il, si on lui permet d'invoquer la possession de son auteur et de s'en servir, là où il y a intérêt ? Il ne prétend pas faire fonds sur une possession qui ait commencé chez lui, mais sur celle au contraire qu'avait son auteur ; ne peut-on pas dire, pour ce qui est des conditions d'entrée en possession, que c'est à propos de la possession de son auteur, et non pour ce qui est de la sienne, qu'il faut les envisager et les apprécier ? Si donc il invoque la possession qu'avait son auteur, il se fonde alors sur une possession ayant à l'origine juste titre et bonne foi, c'est-à-dire pouvant conduire à la prescription décennale ; pourquoi ne continuerait-il pas cette même prescription de dix ou vingt ans ? Et c'est bien en effet ainsi que la question se pose encore aujourd'hui. La solution est loin d'être certaine. Cette question, du reste, ne se rattache pas exclusivement à la thèse que je développe ; il ne suffit pas de dire qu'en pareil cas il n'y a pas continuation de possession, mais addition de deux possessions distinctes ; la raison de douter vient surtout de la règle de l'art. 2269, d'après laquelle il suffit qu'il y ait bonne foi au début de la possession. C'est un point, par conséquent, dont je dois renvoyer l'examen ; et je vous démontrerai sur cet art. 2269 qu'il n'y a pas lieu sur ce point de s'écarter des règles de la tradition romaine. Aujourd'hui, la question ne sera plus sans doute de savoir si cet acheteur de mauvaise foi pourra ou non usucaper, mais s'il pourra invoquer ou non la prescription de dix ou vingt ans : je vous le montrais déjà tout à l'heure par les termes mêmes sous lesquels j'ai posé le problème.

Telles sont les idées générales que j'avais à poser au début, et la distinction fondamentale dont je devais établir le principe. La distinction ainsi faite, il n'y a plus qu'à examiner l'application de la règle à nos deux points de vue.

1° Prenons d'abord les successeurs universels ou à titre universel. Ceci comprend les héritiers légitimes proprement dits, les successeurs à titre irrégulier, tous ceux enfin qui succèdent à titre universel par suite d'une disposition de l'homme, légataires ou donataires universels ou à titre universel.

Dans tous ces cas il s'opère ce que nous avons appelé une continuation de la possession. Il ne faudrait pas se faire illusion d'après une différence qui peut résulter, conformément à la loi, entre ces divers successeurs. Ainsi il en est qui ont la saisine, les héritiers proprement dits par exemple, et il faut y joindre les légataires universels, lorsqu'ils ne sont pas en concurrence avec des réservataires. Les autres n'ont pas la saisine, et il y a une doctrine qui explique la saisine en la ramenant à cette idée que c'est la transmission de plein droit de la possession : c'est une des définitions que l'on donne de la saisine. Je la crois inexacte ; je ne crois pas que la différence entre les héritiers saisis et les autres soit que les uns acquièrent la possession de plein droit et les autres non. Mais, au point de vue qui nous occupe il importe assez peu ; alors même qu'on admettrait cette définition, notre règle serait applicable sans distinction. En voici la preuve bien certaine : la règle de la *continuatio possessionis* existait en droit romain ; et cependant on n'y connaissait pas la saisine. De plus, le droit romain avait établi cette règle que l'héritier, même ayant fait adition, acquérait bien par là tous les droits du défunt (L. 23 pr., Dig. 41, 2) ; mais que, pour ce qui est de la possession, elle n'existait à son profit que lorsqu'il en avait réalisé l'acquisition par un fait d'appréhension personnelle. Vous voyez ainsi la conclusion qui s'en dégage. Alors même que la saisine dût jouer un rôle dans l'acquisition de la possession, cela ne ferait pas obstacle à l'application de la règle romaine d'après laquelle, en matière de succession, dès qu'il y a eu une *apprehensio facti* par l'héritier, la possession, non seulement remonte au jour de l'ouverture de la succession, mais se rejoint à celle du défunt, pour ne faire qu'un avec elle. Cette règle romaine est indépendante de la saisine, elle s'appliquera encore aujourd'hui, qu'il y ait ou non saisine héréditaire ; et cela alors même qu'on attribuerait à la saisine l'effet d'investir l'héritier de la possession elle-même, en dehors de toute appréhension matérielle de sa part.

2° Je passe aux successeurs à titre particulier ; ce sont tous les ayants-cause qui ne succèdent qu'à un objet ou à une catégorie d'objets déterminés. Mais ne conviendrait-il pas au sujet de la question même que nous traitons, d'étendre quelque peu cette idée de la succession à titre particulier ? Ne peut-on pas admettre que cette succession pourrait se produire, quoiqu'il n'y ait pas entre les deux possesseurs relation à proprement parler d'auteur à ayant-cause et qu'il n'y ait pas de transmission de droit.

Voici l'exemple auquel je fais surtout allusion : une personne a transmis à une autre la propriété sous condition résolutoire ; puis, après que l'acquéreur a été mis en possession, il se produit une résolution ; lorsque je dis qu'il y a eu transmission de la propriété, c'est une façon de parler puisque nous supposons que l'aliénateur n'est qu'un simple possesseur. Le vendeur, au moment où il a passé la vente, était en voie de prescrire, l'acheteur a été mis en possession, et il y a ensuite résolution pour non paiement du prix. La question qui se pose est celle-ci : la possession qu'a eue l'acheteur pourra-t-elle être utile au vendeur qui a repris l'immeuble ? S'il n'avait pas vendu l'immeuble, ou que l'ayant vendu il n'eût pas livré, il n'y aurait point de difficulté ; la prescription aurait pu s'accomplir ; mais il y a eu en fait cessation de la possession. Peut-il donc invoquer la possession de l'acheteur ? Au cas de donation révoquée pour inexécution des charges ou survenance d'enfants, le problème serait exactement le même. Dans ce dernier cas également, le donataire entre temps a eu la possession. Ce temps de possession pourra-t-il compter à l'aliénateur, vendeur ou donateur ? Le doute vient de ce que ces derniers reprennent la possession de l'immeuble sans être les ayants-cause du précédent possesseur. Ils viennent en vertu d'un droit qui leur est propre recouvrer la possession dont ils s'étaient dessaisis.

Il n'y a pas à hésiter : la possession de celui qui avait acquis la chose sous une condition résolutoire doit profiter à celui qui s'en était dessaisi. Seulement je ne sais pas si c'est par application de l'art. 2235. Y a-t-il à proprement parler jonction de possession ? Ne serait-il pas plus vrai de dire que par suite de la résolution, dans les rapports des parties, la possession exercée intérimairement par l'acquéreur doit être considérée comme exercée pour le compte de l'aliénateur ? Les relations des parties doivent être réglées comme si le contrat n'avait pas eu lieu ; tout se ramène à la règle du *statu quo ante :* principe de rétroactivité. Je sais bien que cette rétroactivité ne s'applique qu'aux questions de droit. Mais ne peut-on pas dire que l'acheteur ou le donataire sera censé avoir possédé pour l'aliénateur ; je ne dis pas qu'ils sont constitués à l'état de détenteurs précaires. Le danger qu'il y aurait à dire que l'acheteur dont le titre est résolu fût un détenteur précaire serait de conduire à cette conséquence qu'il ne pourrait pas prescrire, ce qui est faux. La vérité est que le vendeur qui a repris la possession peut invoquer les effets de droit de la possession intérimaire de l'acheteur, non en vertu de l'art. 2235, mais en vertu de la rétroactivité de la condition. La conséquence à en tirer c'est que le vendeur ou le donateur pourront continuer à prescrire par dix ans même après mauvaise foi survenue. Si l'on admettait qu'il y eût application de l'art. 2235, et que par suite il y eût jonction de possession, il faudrait donner une solution opposée.

Je vous signale encore une autre hypothèse à propos de laquelle se sont engagées de vives controverses, celle où un possesseur ayant été dépossédé depuis plus d'un an aurait intenté une action pétitoire, se croyant et, en tout cas, se disant propriétaire. L'ancien possesseur, qui n'est point propriétaire, nous le supposons, ayant triomphé sur le possesseur actuel, pourra-t-il joindre la possession intérimaire de celui qui l'avait dépossédé à celle qui va commencer à nouveau chez lui ? Il y a d'abord à ce sujet certains points qui ne laissent guère prise au doute. Ainsi, pour ce qui est de celui qui va recouvrer la possession, il n'y a plus à tenir compte de sa possession antérieure à la dépossession qu'il avait subie ; car il y a eu interruption irrémédiable. C'est une solution incontestée. Mais, après avoir récupéré la possession, il voudrait pouvoir invoquer celle qui s'est réalisée au profit de son adversaire. Le peut-il ? (Cf. L. 13 § 2 *Dig.* 41.2). Il y a un texte du Digeste qui admettait l'accession de possession en pareil cas. (Cf. L. 14, §§ 1 et 2 *Dig* 44.3). On en donne ce motif qu'en cette matière les expressions « auteur et successeur » n'impliquent pas véritablement relation d'auteur à ayant cause. Il suffit qu'il y ait eu succession dans la possession, non pas succession de fait, sans doute, mais succession en vertu d'un lien de droit quelconque, lequel peut ne pas être forcément une convention ; ce pourrait être un jugement. Dans l'hypothèse que j'imagine, il y a une possession que l'ancien possesseur se fait restituer. Ce serait une succession suffisante au point de vue de la théorie de l'accession des possessions.

Si, en effet, on admet la jonction des possessions, ce n'est pas seulement parce que le possesseur actuel est censé avoir succédé au droit de son prédécesseur et que par là s'accentue et se fortifie la présomption juridique, qui est la base de la prescription elle-même, — cette raison, s'il n'y avait qu'elle, se rattacherait trop étroitement à un système de justification de la prescription que j'ai bien des fois repoussé, — c'est surtout parce qu'il s'agit de consolider une situation de fait qu'il faut apprécier d'après sa durée. Or, l'intérêt qu'il y a à la stabilité d'un état de choses préexistant, si on en juge d'après le temps écoulé, doit être envisagé sans doute au profit de la personne du possesseur actuel, mais non pas uniquement d'après sa possession à lui. Cet intérêt se révèle et se justifie d'après le temps de possession écoulé à l'abri de toute réclamation, au moins de la part de celui qui se prétend actuellement propriétaire, pourvu, s'il y a eu des mutations de personnes, que ce soient des mutations régulières, s'expliquant par un rapport juridique quel qu'il soit.

Cependant, à apprécier les choses à un point de vue général, je ne vois pas de bons motifs pour ne pas entendre ces mots « auteur et ayant cause » au sens ordinaire des termes. Sans doute, je ne veux pas dire que l'on s'attache à l'idée d'une transmission de droit en vue de fortifier la présomption juridique d'une acquisition antérieure de propriété. Cette présomption juridique n'est qu'un des motifs justificatifs de la prescription, ce n'est pas le seul ; ce n'en est même pas le plus important. Mais même, à ne prendre en considération que l'idée de consolidation de l'état de choses actuel, la loi n'a pas entendu cependant que toute possession exercée en dehors du *verus dominus*, et par d'autres que lui, dès qu'elle a duré trente ans, dût être *ipso facto* constitutive de droit ; puisque s'il y a simple succession de fait, la jonction ne se produit plus. Ainsi on peut supposer, s'il s'agit d'immeubles situés en pays éloigné, comme ces *saltus* du monde romain qu'on abandonnait pendant une saison entière, qu'il y ait usurpation sans violence, ni clandestinité. Il y aura deux possessions qui se succèdent en fait, dont aucune n'aura été exercée par le *verus dominus*. Personne n'admet qu'au bout de trente ans, si la possession actuelle n'est pas une possession trentenaire, et qu'elle soit obligée, pour parfaire le délai, de s'adjoindre celle de l'ancien possesseur, il y ait prescription. C'est donc bien la preuve qu'on ne se place pas seulement à un point de vue négatif, le temps de dépossession du *verus dominus*, les trente ans pendant lesquels il n'a pas possédé. La loi se place à un point de vue positif, celui du possesseur actuel ; il faut que la situation de fait, que la loi transforme en un état de droit définitif, lui soit personnelle ; que ce soit chez lui et pour lui qu'elle se soit réalisée ; et voilà pourquoi on lui permet d'invoquer une succession de possession qui reposerait sur une transmission de droit. C'est qu'en pareil cas l'état de fait qui va se réaliser chez lui correspond à un droit qui lui est acquis et transmis, et que par suite sa situation personnelle, même au point de vue juridique, n'est que la continuation, en fait, de la situation antérieure qui appartenait à un autre. Cela suppose une relation d'auteur à ayant-cause.

Il est vrai qu'au cas de résolution j'ai bien admis une certaine addition de possession. Mais cette solution s'explique parce que, en réalité, dans ce dernier cas je n'appliquais plus l'art. 2235 ; ce n'était plus à mon avis une jonction de possession. Je m'appuyais sur une idée de rétroactivité de la condition pour supprimer la possession intérimaire. Quoi qu'il en soit, je ne puis admettre que le demandeur à la revendication succède en droit au possesseur contre lequel il a triomphé ; il l'écarte en fait : voilà tout. Il y a un auteur qui a fait sur ce point une distinction sans fondement. Je la laisse de côté.

Je n'ai plus maintenant, pour en avoir fini sur ce point, que deux observations à vous présenter. Pour que les possessions se continuent ou se joignent, il faut supposer qu'il n'y a pas eu interruption dans la possession par le fait d'un tiers. Ainsi, au moment de la vente, il y avait déjà un tiers en possession, ou bien l'acheteur a laissé un tiers se mettre pendant plus d'un an en possession ; s'il en est ainsi, il ne peut plus être question, au cas de résolution, de joindre les deux possessions. Ceci est également vrai au cas de succession à titre universel. L'héritier, ou plutôt le successeur à titre universel, succède à son auteur, même sans avoir fait acte d'appréhension, par la saisine ou par la délivrance ; mais s'il laisse un tiers se mettre en possession, et qu'il y ait ainsi interruption pendant plus d'un an, celle-ci efface tout le passé.

De plus, quand nous disons qu'il ne faut pas d'interruption, il ne faut pas appliquer cette formule sans discernement. Supposons un testament qui contienne des legs ; il s'agit de légataire non saisis de plein droit. En résulte-t-il qu'il y ait eu là interruption dans la possession ? Le légataire ne pourra-t-il pas joindre à sa possession celle du défunt ? D'abord, cette possession intermédiaire de l'héritier, on peut dire qu'elle s'efface par la rétroactivité, on peut dire aussi que l'héritier a continué lui-même la possession du défunt et qu'il la transmet ainsi au légataire.

Voici enfin une dernière observation à présenter : la jonction des possessions implique que celle que l'on veut joindre avait le même objet que la possession actuelle, ou du moins que cette possession comprenait dans une possession plus large celle qu'on a soi-même. Ainsi une personne possède un usufruit le tenant *a non domino*. Celui qui possède à titre d'usufruitier pourra-t-il joindre à la possession qu'il a sous cette forme, la possession de celui qui a constitué le droit d'usufruit ? A première vue on serait tenté de dire que ce n'est pas le même droit puisque le constituant possédait le droit à titre de propriétaire. Cette objection n'a qu'une valeur apparente. L'ancien possesseur qui a voulu conférer le droit que possède actuellement l'usufruitier, sans doute ne possédait pas à titre d'usufruitier, mais ce titre était implicitement compris dans son titre de propriétaire ; c'était ce que l'on appelle quelquefois l'usufruit causal. Réciproquement, on s'est demandé si celui qui veut posséder, ou qui possède à titre de propriétaire, pourrait joindre à sa possession celle de l'usufruitier. Cette question peut se présenter dans deux hypothèses. Une personne possédant à titre d'usufruitier vend l'immeuble à un tiers acquéreur de bonne foi ; dans ce cas, il n'y a point de difficulté ; l'usufruitier était détenteur précaire, sa possession ne compte pas. Mais celui qui était en voie de prescrire a conféré un usufruit, et celui au profit de qui il l'avait conféré est mort ; le constituant pourra-t-il compter à son profit la possession de celui qui avait possédé comme usufruitier ? Il y a un vieil arrêt de 1822 de la Cour de cassation qui décide la négative ; c'est une méprise complète. Il n'y a pas jonction de possession, c'est vrai ; mais ce prétendu usufruitier n'en a pas moins possédé pour le compte de celui qui jouait à son égard le rôle de nu-propriétaire.

XXe LEÇON

PRESCRIPTION DÉCENNALE : THÉORIE DU JUSTE TITRE

Prescription décennale.

J'aborde maintenant les conditions particulières requises pour la prescription décennale.

Il y a dans l'hypothèse qui va nous occuper une abréviation considérable du délai ; elle s'explique par la faveur due au possesseur, et cela en raison des qualités de sa possession. Quels sont donc les caractères de cette possession ? Le possesseur doit avoir juste titre et être de bonne foi. Ce sont les conditions qui étaient exigées à Rome pour l'usucapion et la *præscriptio longi temporis* (C. L. *unic.* au *Cod.*, 7, 31). Nous aurons par suite à nous référer constamment au droit romain.

Je reprends successivement les deux conditions exigées. Parlons du juste titre. Voici en quels termes l'article 2265 en fait mention : « Celui qui acquiert de bonne foi et par juste titre un immeuble en prescrit la propriété par dix ans ». Il y a là tout d'abord une façon de s'exprimer qui n'est pas absolument exacte : lorsque la loi fait allusion à « celui qui acquiert », elle veut dire « celui qui s'est proposé d'acquérir », car en réalité il n'y a pas eu acquisition, puisque par hypothèse le possesseur a traité avec un *non dominus*. Cette remarque n'a d'ailleurs aucune importance. Il s'agit d'une pure question de forme. Et j'arrive aux questions délicates. Qu'est-ce que le juste titre ?

Juste titre.

La définition du juste titre, à la prendre en elle-même, pourrait paraître assez simple. C'est un fait juridique qui aurait eu pour effet de transférer la propriété au possesseur, si cet acte juridique avait eu pour auteur le propriétaire du bien. Il se trouve que ce fait émane d'un *non dominus* ; donc, il ne peut pas y avoir de transmission de droit, mais il y a juste titre pouvant servir de fondement à la prescription abrégée.

D'après cette définition, il est facile de donner des exemples de justes titres. Ce serait une vente, une donation, un échange. Dans tous ces cas nous avons un juste titre de prescription décennale, comme à Rome nous avions un juste titre pour l'usucapion. Mais il y a peut-être une nuance à mettre en relief. A Rome, il y avait un acte intermédiaire que nous ne retrouvons plus chez nous, puisque tous les titres que je vous signale eussent été impuissants en eux-mêmes, en droit romain, à faire acquérir la propriété. Il eût fallu en outre la tradition. C'étaient de justes titres, non en ce sens qu'ils fussent par eux-mêmes translatifs de propriété, mais en ce sens que la tradition, qui fût intervenue comme conséquence de ces faits juridiques antérieurs, eût été translative du droit de propriété ; à Rome, le juste titre agissait donc tout d'abord sur la tradition. Au cas de legs cependant l'effet était le même à Rome que chez nous, puisque déjà à Rome il y avait transmission *ex legato*.

Vous retrouverez à Rome la mention d'un autre juste titre, le titre *pro soluto* : le paiement est en effet indiqué comme pouvant être un juste titre. Dans notre droit français je constate la possibilité d'une prescription décennale fondée sur le paiement comme juste titre, dans l'hypothèse, non d'un paiement proprement dit, mais d'une *datio in solutum*. Cela suppose qu'un débiteur, par exemple le débiteur d'une somme d'argent n'ayant pas les deniers nécessaires, offre et fait accepter à son créancier, un bien, tel qu'un immeuble. Ce sera, si vous voulez, un héritier débiteur d'un legs de somme d'argent (art. 1017). Il n'y a pas de deniers dans la succession ; mais il y a une pièce de terre qui a une valeur correspondante. L'héritier l'offre au légataire qui l'accepte, c'est une dation en paiement. Ce sera certainement un juste titre au sens de l'art. 2265 ; si l'héritier est propriétaire par lui-même, ou si c'était le défunt, le légataire devient propriétaire *ipso facto*. Si la propriété n'appartenait ni au défunt ni à l'héritier, il y aura juste titre ; ce sera un titre sur lequel le légataire pourra fonder une prescription décennale.

Nous pouvons supposer que le testateur ait légué un immeuble : ici le paiement du legs, c'est la délivrance de l'immeuble ; mais cette délivrance n'est pas l'acte translatif du droit ; l'acte translatif est le legs. Il en était de même d'ailleurs en droit romain, au moins pour cette hypothèse spéciale de la délivrance d'une chose léguée. Mais ce qui était vrai déjà à Rome dans l'hypothèse d'un legs est devenu la règle aujourd'hui pour tous les cas de transmission de la propriété, même entre vifs, et par acte à titre particulier. C'est désormais la convention, et non plus la tradition qui transfère la propriété. Donc, vous le voyez, le paiement, du moins chez nous, n'est pas, en lui-même, un juste titre, puisque de sa nature il n'est pas translatif de propriété.

J'ajoute toutefois une observation complémentaire ; c'est qu'il y a un cas où le paiement peut être aussi, même chez nous, un fait translatif de la propriété. C'est une hypothèse dans laquelle cette transmission ne peut pas résulter de l'acte qui a donné naissance à l'obligation. Nous trouverons en effet écrite dans l'art. 2267 la règle que le titre nul pour défaut de forme ne peut servir de base à une prescription de dix ans. Mais nous avons dans le Code civil l'art. 1340, aux termes duquel l'héritier du donateur peut valablement exécuter la donation, qui serait nulle en la forme, faite par son auteur. J'expliquerai cette anomalie apparente en disant qu'il y a, de la part de l'héritier, exécution volontaire d'une obligation naturelle. Or cette exécution fournit, au jour où elle intervient, le juste titre qui manquait au donataire. Car de ce jour, si le donateur avait été propriétaire, la propriété eût été transférée au donataire. A partir de ce moment le donataire aura juste titre. En pareil cas c'est le paiement fait au donataire qui l'eût rendu propriétaire, c'est le paiment qui sera le point de départ, à son profit, de la prescription décennale.

A l'opposé, il va de soi que le titre qui implique une possession précaire n'est point un juste titre. Il faut même aller plus loin ; car ce titre qu'a désormais le détenteur le met dans une situation plus mauvaise que s'il n'avait point de titre : il met obstacle, à son profit, même à la prescription de trente ans.

Celui qui a pris possession d'un bien en qualité d'héritier a-t-il un juste titre ? Nous ne connaissons pas chez nous la possession de dix ans *pro hœrede*. Lorsqu'on prend possession d'un bien à titre d'héritier, ou le défunt avait lui-même la possession, ou c'est un bien qu'il ne possédait pas, et dont l'héritier a pris possession, parce qu'il a cru qu'il dépendait de la succession. Dans le premier cas l'héritier ne fait que continuer la possession de son auteur ; par conséquent le titre qu'invoque l'héritier ne peut être que le titre en vertu duquel le défunt possédait. Quant au second cas, si le bien n'était pas possédé par le défunt, l'héritier n'a pas de titre du tout ; le titre d'héritier ne peut pas s'appliquer à un bien qui n'est pas dans la succession.

De même le partage n'est pas un juste titre au point de vue de la prescription. Ainsi l'un des héritiers reçoit dans son lot un immeuble ; il se trouve qu'il n'appartenait pas au défunt. L'héritier pourra-t-il invoquer le partage comme point de départ de la prescription de dix ans ? Cela n'est pas possible en droit français, à cause de l'article 883. Le partage, n'est pas un acte translatif, mais déclaratif. Par l'effet du partage, le cohéritier qui a reçu un bien dans son lot est réputé avoir reçu ce bien directement du défunt ; le partage déclare quels sont les biens que chaque héritier est censé avoir reçu du défunt par transmission directe. En conséquence cet héritier possède le bien qui lui est ainsi attribué, non pas en vertu du partage, mais en sa qualité d'héritier ; et nous dirions du partage exactement ce que nous disions à propos du titre *pro hœrede*. Il implique un titre intérieur d'acquisition de la possession, et c'est à ce titre qu'il faut remonter pour savoir s'il y a ou non juste titre.

La solution que je viens de vous donner pour le cas où il s'agit d'héritiers, s'appliquerait également au partage intervenu entre copropriétaires à un titre quelconque. Le copartageant doit chercher le titre de sa possession, au point de vue de la prescription, non dans le partage, mais dans le titre qui a fait entrer le bien dans l'indivision. Ainsi deux personnes achètent en commun un domaine ; puis elles le partagent. Si dans le lot des deux acheteurs, on a placé une des parcelles de ce domaine, laquelle n'appartenait pas au vendeur, le juste titre pour prescrire sera la vente faite à ces copropriétaires, et non le partage intervenu entre eux.

Il est bon d'ajouter tout de suite que cette solution s'appliquerait de même si, étant donnée une indivision, il intervenait une licitation, à la suite de laquelle l'un des copropriétaires se porterait adjudicataire ; car dans ce cas la licitation a les effets du partage.

Un jugement pourrait-il constituer un juste titre ? Je continue ainsi, comme vous le voyez et sans autre artifice de transition, à passer en revue les hypothèses douteuses. Dans ce dernier cas, il faut distinguer, parce que, dans le langage de nos lois et de la pratique, on applique la dénomination du jugement à des actes de nature très diverse.

Un jugement proprement dit, c'est une décision judiciaire qui intervient pour statuer sur un litige. Le propre des jugements, en ce sens, c'est d'être déclaratifs. Par exemple, Primus revendique un immeuble possédé par Secundus ; le tribunal estime que Primus a fait la preuve de son droit. Il rend un jugement en vertu duquel Secundus est contraint de délaisser l'immeuble à Primus. Ce n'est pas cette déclaration judiciaire qui constitue Primus propriétaire, elle reconnaît qu'il l'était antérieurement ; elle suppose l'existence d'un titre antérieur d'acquisition. Ce jugement ne sera donc pas par lui-même un juste titre. Je suppose, pour que la question puisse se présenter, que le tribunal se soit trompé ; sans doute Secundus n'était pas propriétaire, mais il se trouve que Primus ne l'était pas davantage. Ce jugement, Primus ne pourra pas l'opposer à l'encontre d'une troisième personne qui se présenterait comme propriétaire, et qui eût le moyen de justifier de son droit. Primus a le droit d'invoquer la prescription, voilà tout ce qu'il peut faire ; mais s'il voulait opposer la prescription de dix ans en vertu du jugement qui avait été rendu en sa faveur, il ne le pourrait pas.

Cette solution est évidente ; je vous préviens cependant que certains auteurs ont voulu voir dans le jugement un juste titre en se fondant sur un texte du Digeste déjà très difficile à bien comprendre en droit romain (L. 3 *Dig.* 6.2). Je n'essaierai même pas de vous expliquer, je dirais volontiers sur quels sophismes, on a tenté de fonder cette doctrine.

Mais la dénomination de jugement s'applique aussi à des actes d'une tout autre nature, aux actes de l'autorité judiciaire qui prononcent l'adjudication d'un immeuble au cas de vente faite en justice. Les jugements rendus en pareille hypothèse peuvent être des actes translatifs ; et par suite, le cas échéant, ils pourraient servir de justes titres pour fonder la prescription de dix ans.

Voici par exemple une saisie opérée sur un non-propriétaire ; le jugement qui interviendra à la suite de la saisie sera un juste titre pour l'adjudicataire. Cela est si vrai que la loi de 1855 soumet un tel jugement à transcription. Seulement je vous ai dit que les jugements d'adjudication ne sont pas tous, nécessairement, des actes translatifs ; je vous en ai déjà donné un premier exemple, le cas de licitation au profit d'un des copartageants. Cet exemple est également constaté dans la loi de 1855, art. 1er. Mais il n'est pas le seul ; il y a d'autres hypothèses de la même catégorie, les unes certaines, d'autres il est vrai un peu douteuses. Je ne veux pas entrer dans l'examen des cas particuliers. Je ne ferai allusion qu'à l'hypothèse suivante et aux difficultés qu'elle a suscitées : un héritier, je le suppose, a accepté la succession sous bénéfice d'inventaire ; il est obligé de procéder à la liquidation. En conséquence cet héritier fait mettre en vente un immeuble pour payer les dettes, et cela dans la forme des ventes judiciaires. Si l'adjudication est tranchée au profit de l'héritier bénéficiaire lui-même, aura-t-il acquis l'immeuble en vertu d'un titre nouveau ? Il y a, sur les conséquences du principe, des difficultés extrêmement sérieuses qui se rattachent à la matière des hypothèques. Voilà pourquoi j'ai dû me contenter d'une simple et très brève allusion.

Une controverse délicate et très ancienne s'est élevée également sur le point de savoir si l'on pouvait trouver dans la transaction un juste titre de nature à fonder la prescription de dix ans (art. 2044). La transaction peut se définir, un contrat par lequel on termine une contestation déjà née, ou sur le point de naître, en se faisant des concessions réciproques. Est-ce là un acte translatif ? La question est depuis longtemps fort discutée. Il y a d'abord une hypothèse à mettre à part, celle dans laquelle l'une des deux parties, pour obtenir la renonciation de l'autre aux droits litigieux, lui cède un bien qui n'est pas compris parmi ceux formant l'objet de la contestation. Dans ce cas, il n'est pas douteux que, relativement au bien qui est cédé, il y ait une convention translative de sa nature ; et si par conséquent celui qui l'a cédé n'en était pas propriétaire, il y aurait juste titre.

Là où la difficulté s'élève, c'est lorsqu'il s'agit du bien qui fait l'objet même du litige, et sur lequel l'une des deux parties a abandonné ses prétentions. Ainsi, Primus a abandonné l'immeuble qu'il revendiquait au prix d'une somme que Secundus lui a payée ; si Primus n'était pas propriétaire, Secundus aura-t-il un juste titre ? Cette question sur la nature de la transaction se présente à des points de vue très divers ; au point de vue fiscal par exemple, au point de vue également de la transcription (V° Cass., ch. réun., 12 déc. 1865, D. 65, 1, 455). A mon avis, la transaction doit s'analyser en une reconnaissance du droit de celui à qui on abandonne l'immeuble. Voilà l'idée généralement adoptée, en harmonie, du reste, avec l'art. 2052, qui assimile les effets de la transaction à ceux d'un jugement. C'est dire qu'elle est déclarative, et non translative de droit. Mais je vous préviens que cela ne va pas absolument de soi ; une question ne se discute pas depuis des siècles sans qu'il y ait des raisons sérieuses à invoquer de part et d'autre. J'y reviendrai à propos des contrats particuliers.

Je vous ai donné la notion du juste titre. Et j'arrive maintenant à ce que la loi dit du titre nul pour défaut de forme (art. 2267).

Le texte qui prévoit la question se place dans le cas où cet acte était soumis pour sa formation à des formalités ou solennités de forme, comme par exemple la donation qui exige un acte notarié ; l'hypothèse serait la même si le titre invoqué était un legs ; le testament qui sert de titre est soumis, lui aussi, à des formes solennelles. L'acte juridique peut être frappé de nullité, faute d'observation des formalités ainsi prescrites *ad solemnitatem*.

J'insiste sur cette idée en vous faisant remarquer, par comparaison, que, s'il s'agissait d'un titre pour lequel la loi n'exige aucune forme *ad solemnitatem*, la nullité qui pourrait être prononcée de l'acte n'impliquerait pas la nullité du titre, en tant que juste titre. Ainsi, supposons une vente sous seing privé qui n'a pas été faite en double (art. 1325) ; ou encore admettons qu'elle ait été faite par un acte irrégulier dans la forme. Ici, l'art. 2267 ne s'applique point ; la nullité de forme n'atteint l'acte qu'en tant qu'acte instrumentaire, et laisse entière la validité de la vente, en tant que vente. Reste il est vrai, la question de preuve ; le possesseur pourra se trouver embarrassé, faute d'*instrumentum*, pour faire la preuve de son titre ; mais vous verrez plus tard qu'il n'y a pas là d'impossibilité absolue.

Si donc nous laissons de côté cette hypothèse du titre nul, en tant qu'il s'agit de l'acte probatoire, nous arrivons à cette conclusion, qui est celle de la loi, dans l'art. 2267, que l'acte juridique lui-même, en tant qu'il serait nul pour omission des formes nécessaires à sa validité, ne peut pas servir de juste titre pour la prescription de dix ou vingt ans. C'est que, fût-il émané d'un véritable propriétaire, il n'aurait pas transmis la propriété ; or, la pensée de la loi est que la prescription décennale, qui est une prescription de faveur, est appelée à consolider le titre émanant d'un *non dominus*, là où ce titre, s'il n'y avait pas eu défaut de droit chez celui de qui il émane, aurait transmis la propriété au possesseur actuel.

Mais, ici se place une observation que j'ai déjà faite par anticipation. Si l'héritier a eu connaissance de la nullité de la donation ou du legs, et qu'il l'exécute, nous sommes en présence de l'exécution d'une obligation naturelle, d'un paiement, par conséquent qui eût rendu l'*accipiens* propriétaire, si l'héritier avait eu la propriété. Cette exécution va fournir un juste titre au donataire.

Devrait-on appliquer la même règle pour les autres nullités, c'est-à-dire les nullités autres que les nullités de forme ? Il va de soi qu'il faut mettre à part la nullité tenant à ce que le titre n'émane pas du propriétaire. Par exemple, le Code déclare nulle la vente de la chose d'autrui. Celui qui possède en vertu d'un acte de ce genre possède en vertu d'un titre que la loi considère comme nul ; faut-il en conclure que ce n'est pas un juste titre ? Evidemment non. Sans cela il n'y aurait jamais de prescription de dix ans ou vingt ans. Pour qu'on puisse parler de prescription reposant sur un titre, il faut bien supposer un titre émanant *a non domino*.

Cette observation, qui s'impose absolument, si l'on veut que la prescription abrégée trouve son application, a une portée bien autrement générale que celle qui apparaît au premier abord. Elle va nous permettre de pénétrer dans la pensée exacte de la loi en cette matière ; et, cette pensée une fois reconnue, nous serons en possession par là d'un principe dont l'application pourra s'étendre bien au-delà du terrain qui nous aura servi de point de départ. Je m'explique. Si la nullité admise par la loi, lorsqu'il y a vente de la chose d'autrui, n'entraîne pas l'inefficacité du titre en tant que juste titre, c'est que la loi, pour juger de la question de savoir s'il y a ou non juste titre à l'effet de prescrire, ne tient compte que de la nature et du caractère de l'acte en lui-même, sans se demander quel est exactement le droit de celui de qui l'acte émane. En d'autres termes, le défaut de droit de l'auteur du titre, mettons du vendeur, pour prendre un exemple plus concret, ne saurait jamais influer sur la valeur extrinsèque du titre, en tant qu'il s'agit de savoir s'il constitue un juste titre de possession. Car l'idée maîtresse, qui domine en toute cette matière, est que l'acquéreur, ou celui qui a voulu acquérir, soit, après le délai fixé, dans la situation où il se trouverait, s'il avait traité avec qui eût un droit plein et incommutable.

Mais, j'ai ajouté que ce principe devrait s'appliquer de la façon la plus large, et non seulement au cas où il y eût absence complète de droit chez celui de qui émane le juste titre ; il faudrait donc admettre la même solution si le vendeur n'avait qu'un titre annulable, ou soumis à résolution, et que celui-ci vînt à être annulé ou révoqué. Bien entendu, je mets de côté l'hypothèse où le possesseur eût connu les causes d'annulation ou de résolution, car c'est un point qui rentre dans l'étude de la bonne foi et qui se rattache à la conception que nous devrons nous en faire. Mais, ce point réservé, et si nous supposons, pour donner satisfaction à toutes les opinions sur ce point, que le possesseur, lorsqu'il a passé l'acte, ignorait les vices entachant le titre même de son auteur, il ne me paraît pas douteux que l'annulation qui serait prononcée de ce dernier n'influerait en rien sur la valeur du titre constitué par celui dont le droit se trouve annulé. L'effet de la révocation ou de l'annulation une fois prononcée est de faire considérer le droit comme n'ayant pas été transmis ; mais cela n'influe en rien sur la valeur extrinsèque des procédés par lesquels on avait essayé de le faire acquérir. La résultante et la répercussion de toute cette procédure feront que le possesseur sera exactement dans la même situation que s'il eût traité avec un non-propriétaire ; et dans ce cas nous savons qu'il aurait un juste titre à l'effet de prescrire. Le juste titre est un mode formel d'acquisition qui se trouve avoir été réalisé suivant les formes, mais qui est privé de son contenu. Il devait contenir un droit ; il ne contient rien ; peu importe. Le moule était de bonne qualité au point de vue juridique ; c'est tout ce que la loi exige. Le contenu qui lui manquait, c'est la prescription qui le lui restituera.

Je ne crois pas que personne ait jamais contesté cette solution pour le cas où l'annulation eût été prononcée avant la conclusion de l'acte qui doit former le juste titre du possesseur ; l'analogie, je dirais volontiers l'identité absolue de situation, avec l'hypothèse de l'art. 1599, c'est-à-dire le cas de vente de la chose d'autrui, s'imposait en quelque sorte. Mais on a quelquefois prétendu qu'il n'en serait plus de même si l'annulation ou la révocation n'étaient prononcées qu'après l'acte d'acquisition passé au profit du possesseur actuel. Il y a en effet, pour une hypothèque analogue en matière de donation, un texte, bien embarrassant et bien énigmatique, qui semblerait donner raison à cette opinion. C'est l'art. 966 qui dit formellement, ou qui paraît dire, que lorsqu'il y a révocation d'une donation pour survenance d'enfants, même à l'égard des ayants-cause à titre particulier de donataire, il ne peut y avoir lieu qu'à une prescription de trente ans. Mais cette disposition, au moins par ses origines historiques, se trouve être d'une application tellement spéciale qu'il est bien difficile de la considérer comme se rattachant d'une façon quelconque au droit commun en matière de prescription, et comme susceptible de s'expliquer par les principes généraux de la prescription. Il faut la mettre à part, sans prétendre en tirer aucun argument sérieux. Il me suffira de vous faire remarquer, pour le moment, que d'après l'art. 966 cette prescription trentenaire, même à l'égard des ayants-cause du donataire, ne devrait commencer à courir que du jour de la naissance du dernier enfant, et non du jour de l'entrée en possession ; de sorte qu'il y aurait dérogation aux principes, non seulement de la prescription de dix ans, mais de celle de trente ans. Nous ne pouvons donc faire aucun fonds sur cette disposition.

Mais, tout en laissant de côté l'art. 966, on a voulu remonter à un principe général qui dériverait de la nature exacte des relations entre auteur et ayant-cause. Celui qui traite avec un propriétaire, a-t-on dit, consent à ne recevoir exactement que le droit appartenant à son auteur ; il consent par suite à ce que la validité du titre qui lui est ainsi constituée soit subordonnée à la validité, ou au maintien, du titre en vertu duquel la propriété avait été acquise à celui qui la lui transmet. Il est donc impossible qu'il puisse prescrire par avance contre l'effet de l'annulation ou de la révocation du titre de son auteur. C'est une raison qui peut être excellente, j'en conviens, si le possesseur a connu les causes d'annulation ou de révocation ; et encore verrons-nous, en traitant de la bonne foi, jusqu'à quel point cette solution doit être admise, et si elle doit être admise. Mais, s'il les ignore, dire qu'il s'est soumis par avance aux effets d'une annulation éventuelle toujours possible, cela revient à dire que quiconque traite de l'acquisition d'un immeuble renoncerait à se prévaloir de son titre au cas où le droit de son auteur se trouverait faire défaut ; et nous savons, s'il en était ainsi, que la prescription décennale deviendrait impossible.

Revenons à une appréciation plus saine des principes : celui qui traite de l'acquisition d'un immeuble sait bien que son droit, ce que j'ai appelé le contenu de son titre, dépend du droit de son auteur ; mais la validité formelle de son titre à lui ne dépend pas du titre de son auteur. Si celui-ci est invalidé, cela pourra bien influer sur le droit qui, pour ce qui est du possesseur, avait formé le contenu de son titre d'acquisition. Mais ce titre reste un juste titre à l'effet de prescrire. Je veux bien admettre que l'acquéreur, au moins dans une certaine mesure, ait entendu se soumettre aux causes d'annulation du droit qui lui est transmis ; mais ce qu'il accepte ainsi, c'est la déchéance de son droit, en vertu de la règle *nemo dat quod non habet* ; ce n'est pas l'invalidation du titre qui le lui avait fait acquérir. On a le tort de confondre beaucoup trop souvent la validité du titre, pris en lui-même, avec l'existence ou la validité du droit qui en était l'objet. Ce dernier vient à disparaître par l'annulation même du titre qui l'avait fait acquérir à celui qui avait tenté de le transmettre à un autre ; mais le titre par lequel cet autre avait cru ou voulu acquérir, même privé de son contenu, n'en reste pas moins un acte juridique ayant par lui-même sa valeur propre.

Et vous comprenez que cette solution a une grande importance, sinon doctrinale, tout au moins économique, en tant qu'elle apporte un léger correctif à l'effet réel et absolu de l'action en résolution contre les tiers, ou ayants-cause à titre particulier de celui contre lequel elle existe. Ce correctif serait encore bien autrement sérieux, si le tiers, qui est ici un sous-acquéreur, pouvait compter pour sa possession, en vue de la prescription qui s'accomplit en sa faveur, et par suite qui commence en sa personne, le temps de possession de son auteur : ce serait une application de la théorie que nous avons étudiée en matière d'accession des possessions. Cette application soulève en pareil cas de bien sérieuses difficultés sur lesquelles je compte revenir prochainement.

Je me résume et je conclus : la nullité du titre dont se prévaut le possesseur ne doit jamais s'entendre d'une inefficacité provenant du défaut de titre de son auteur, et encore moins d'une annulation du titre de ce dernier ; il ne s'agit que de l'acte juridique par lequel le possesseur avait voulu ou cru acquérir le droit qui se trouve avoir fait défaut.

Ceci mis à part, que dirons-nous des autres nullités, celles par conséquent qui s'appliquent au titre d'acquisition du possesseur actuel, et qui ne proviennent pas du défaut de droit ou du défaut de titre de son auteur. Il faut distinguer entre les nullités absolues et les nullités relatives.

S'il s'agit d'une nullité absolue, les motifs mêmes qui servent de base à l'article 2267 indiquent qu'il ne peut y avoir juste titre. Ainsi l'acte est une substitution prohibée par la loi, donation ou testament imposant au donataire ou légataire la charge de conserver et de rendre. En principe un acte de ce genre est prohibé (art. 896). Et ce qui est nul, ce n'est pas seulement la charge de rendre, mais la donation directe elle-même. Elle est frappée d'une nullité essentielle, radicale ; et cette nullité empêchera l'acte qui en est entaché de valoir comme juste titre. Le motif en est exactement le même que pour les nullités de forme. Jamais pareil acte n'aurait pu rendre le bénéficiaire propriétaire. Donc il ne lui constituera pas de juste titre. Même résultat si l'acte était nul pour cause illicite.

Mais il faut donner une solution tout opposée lorsque le titre est entaché d'une nullité simplement relative. Seulement il y aura, en pareil cas, une question de bonne foi qui pourra s'agiter. Supposons un mineur émancipé qui ait aliéné un immeuble sans les formalités requises ; il y a nullité pour vice de forme ; il s'agit des formes protectrices de l'incapacité du mineur. L'acheteur pourra-t-il invoquer comme juste titre contre le véritable propriétaire la vente qui lui a été faite par ce mineur ? Cértainement, il le pourra, sauf une question de bonne foi. Non seulement cet acte n'est pas nul *ab initio*, mais il eût transféré la propriété, si le mineur eût été propriétaire. L'acheteur eût été seulement exposé à une action en nullité, mais action qui n'appartient qu'au mineur ou aux représentants de la personne que la loi voulait protéger ; le propriétaire n'a pas le droit de se prévaloir de cette nullité. Il en serait de même de toutes les autres nullités relatives, même pour cause de dol.

Ceci m'amène à une question capitale qui remonte jusqu'au droit romain. Si nous nous en tenons au principe de l'art. 2267, je constate que la règle demeure vraie sans distinction, même dans le cas où le possesseur aurait ignoré le vice de forme qui entachait son titre. Or cette observation me semble fournir un argument à peu près décisif pour trancher la question à laquelle je faisais allusion, celle du titre putatif. On entend par là que le possesseur a cru avoir un juste titre, alors qu'il n'en avait pas. Il a pu le croire pour des motifs très plausibles. Et alors la croyance à un juste titre suffit-elle à servir de base à la prescription de dix ans ?

Et tout d'abord il faut voir exactement dans quelle hypothèse la question va s'élever. On donne généralement l'exemple du legs que l'on croyait valable, et qui se trouvait avoir été révoqué. Peut-être se rapproche-t-il un peu trop du cas prévu par l'art. 2267 ; car là aussi, comme au cas de titre nul, il y a un titre qui a existé matériellement, et qui existait encore au moment de l'ouverture de la succession, puisque c'est sur lui que le légataire s'est appuyé pour demander sa mise en possession. C'est après coup qu'on a découvert un second testament révoquant le premier. C'est une hypothèse très voisine de celle d'un titre qui a servi de base à la mise en possession, mais qui se trouvait irrecevable à raison d'une nullité qui l'affectait *ab initio*. Les Institutes nous fournissent un autre exemple que je trouve plus caractéristique, celui où l'on a donné l'ordre à un mandataire de conclure un achat. Cet achat, on a cru qu'il avait été passé, et il ne l'avait pas été ; sur la foi de cet acte qui n'a jamais été réalisé, qui n'a même pas une apparence matérielle, le mandant se met en possession de la chose qu'il croit avoir achetée. C'est un titre qui n'a d'existence que dans sa pensée ; de là le nom de titre putatif.

Ce titre purement imaginaire pourra-t-il servir de fondement à la prescription fondée sur un titre ? A en croire les Institutes, il semblerait que l'on dût répondre non : *Error falsæ causæ usucapionem non parit.* (*Instit.* II, 6, § 11). Si on est persuadé qu'il y a eu vente quand il n'y en avait pas, l'usucapion ne peut pas se produire. Mais il résulte cependant de textes très nombreux au Digeste, qu'au moins à l'époque classique, sans abandonner le principe, on avait admis des tempéraments, se ramenant tous à cette idée que la croyance à l'existence d'un titre était admissible pour justifier l'usucapion, lorsque l'erreur de l'usucapant était une erreur plausible, n'impliquant aucune ignorance grossière. Ainsi je reprends l'exemple du légataire : celui-ci a pris possession de l'immeuble légué, alors qu'il existe un testament inconnu à l'origine qui a révoqué le premier. Dans une hypothèse comme celle-là on avait fini par admettre, lorsque le bien légué n'appartenait pas au testateur, que le légataire pouvait usucaper (L. L. 4 et 9 *Dig. Pro Legat.*). Dans le dernier état du droit il semble cependant qu'on soit revenu à la rigueur primitive (L. 5, cod. 7, 33). Et alors le paragraphe que je vous ai cité des Institutes en serait la preuve. Donc, en droit romain c'était une question qui avait donné lieu à des hésitations très nombreuses, et sur laquelle on avait émis des solutions successives très différentes. Mais alors que décider en droit français ? C'est la question que nous aurons à résoudre, et dont je renvoie l'examen à ma leçon prochaine.

XXIe LEÇON

PRESCRIPTION DÉCENNALE : JUSTE TITRE (SUITE).

Vous vous rappelez la question que j'avais soulevée à la fin de ma dernière leçon, qui était de savoir, si, pour la prescription décennale, le juste titre pouvait être suppléé par la croyance du possesseur à l'existence d'un titre d'acquisition. Je vous ai fait connaître les précédents historiques sur ce point. J'ai cité l'exemple du legs en droit romain. Ajoutez quelques autres solutions analogues admises au Digeste, par exemple la loi 2, au titre *pro empto* et la loi 5, § 1, au titre *pro suo*, Dans ce dernier cas vous voyez une loi qui se rattache au titre *pro suo* ; cela tient à ce que, dans les hypothèses où l'on admettait l'usucapion malgré le défaut de titre réel, l'usucapion ne pouvait procéder qu'au titre *pro suo*. J'ai ajouté qu'aux derniers temps du droit romain, ces tempéraments semblent avoir été écartés, et que sous Justinien on était revenu à la rigueur primitive, exigeant le titre réel. Nous justifierons bientôt ce nouveau changement de front.

Je dis de même, chez nous, que le texte de l'art. 2265 ne peut laisser place à un aucun doute sérieux sur cette question. Cet article, en effet, pose deux conditions pour l'admissibilité de la prescription décennale, à savoir que le possesseur ait un juste titre, et qu'il ait la bonne foi. Or, si l'on admet que *l'error falsæ causæ* puisse servir de titre, il n'y a plus en réalité qu'une condition dans l'art. 2265, la bonne foi ; et remarquez que le titre n'est pas exigé comme une justification de la bonne foi, comme à propos de l'acquisition des fruits par le possesseur de bonne foi. L'art. 550, dans ce dernier cas, déclare qu'il n'y a bonne foi au point de vue de l'acquisition des fruits que si elle repose sur un juste titre; c'est qu'on n'admet pas qu'un individu, même de bonne foi, et se croyant sûr de son droit, se mette lui-même en possession de la chose qu'il considère comme lui appartenant et qu'il se fasse justice à lui-même. En pareil cas sa bonne foi ne sera pas admise à lui faire acquérir les fruits. La loi veut qu'il ait régulièrement acquis, ou plutôt tenté d'acquérir, la chose; et voilà pourquoi elle exige un juste titre. Mais ce juste titre n'est exigé, par le texte, que pour rendre la bonne foi légalement admissible et pour la justifier aux yeux de la loi. Ce n'est pas une condition distincte, exigée par la loi pour qu'il y ait acquisition des fruits, c'est une condition de la bonne foi. On comprend dans ce cas que, si ce titre était purement imaginaire, la bonne foi n'en serait pas moins justifiée. Le possesseur a cru qu'il avait un titre, ce titre, ou plutôt cette croyance qu'il a d'avoir traité avec le vrai propriétaire, explique qu'il soit en droit de se considérer comme ayant acquis la propriété ; et voilà pourquoi la loi lui permet de garder les fruits. Elle ne veut pas, s'il a été trompé sur la valeur du titre, qu'il risque d'être en perte. Mais l'art. 2265 s'exprime tout autrement. Il ne parle pas, en matière de prescription décennale, de bonne foi fondée sur un titre. Il exige deux conditions séparées et distinctes, la bonne foi d'une part et le titre de l'autre. Donc il faut que celui-ci ait une existence réelle.

Cette décision est d'ailleurs en parfaite harmonie avec l'art. 2267 ; celui-ci n'admet pas que le titre nul pour vice de forme puisse servir de fondement à la prescription décennale ; et cela sans distinguer si le vice de forme a été ou non connu de celui qui veut l'invoquer. Cette solution, qui est certaine, nous montre bien l'esprit de la loi. Le principe qui la guide est celui-ci : consolider le titre là où ce dernier aurait fait acquérir la propriété si l'on eût traité avec le vrai propriétaire. Là, au contraire, où, même dans cette dernière circonstance, le titre n'eût rien fait acquérir, il faut revenir à la prescription de droit commun, qui est celle de trente ans. C'est pourquoi l'art. 2267 ne tient pas compte du titre nul en la forme. A plus forte raison doit-il en être de même, là précisément où il n'y a pas de titre du tout ; car jamais en pareil cas, si l'on se fût trouvé en présence d'un *verus dominus*, la propriété n'eût été acquise.

Ces raisons de texte données, j'ajoute qu'on peut très bien s'expliquer comment, dès les derniers temps du droit romain, la jurisprudence changea d'orientation et comment on rejeta par dessus bord toutes les concessions que nous avons rencontrées pour l'époque classique. C'est qu'à l'époque antérieure, dès que le possesseur n'était pas dans les conditions requises pour invoquer l'*usucapio* ou *la præscriptio longi temporis*, il n'avait aucune autre ressource pour fonder son acquisition sur la possession ; il fallait qu'il renonçât à jamais à acquérir la propriété, si longtemps qu'il gardât la chose. Mais, à partir du jour où l'on admit que, même à défaut de juste titre, on pourrait invoquer la possession pour repousser la revendication du propriétaire, de ce jour on a pu revenir, pour l'usucapion, qui devenait ainsi une acquisition privilégiée, à des conditions plus étroites ; et cela surtout sous Justinien, où la prescription de trente ans est possible même en dehors de la bonne foi.

Ces motifs peuvent encore être invoqués aujourd'hui. Certainement le droit commun de la prescription, c'est la prescription de trente ans : celle de dix ou vingt ans est une prescription exceptionnelle, favorisée, et elle ne doit être admise que dans les termes stricts du texte.

Il en résulte, au cas de possession fondée sur un legs révoqué par un testament inconnu du légataire, que ce dernier, malgré la persuasion où il est d'avoir un juste titre, ne pourra pas invoquer ce titre putatif comme fondement de la prescription de dix ans. Dans cette hypothèse, il y a d'autres motifs qui doivent également appuyer la décision que je vous donne comme étant celle de la loi. Ce légataire, malgré la prescription de dix ans, que par hypothèse on lui donnerait le droit d'invoquer, resterait toujours pendant trente ans exposé à l'action en répétition, qui appartient à l'héritier, puisqu'il y a eu exécution d'un legs révoqué. De sorte que la prescription, si elle s'était accomplie, devrait en apparence profiter à l'héritier. Il est vrai que, dans certains cas, le propriétaire pourrait avoir, par suite des droits qui lui auraient appartenu à l'égard du défunt, une action contre l'héritier lui-même, en vertu de laquelle il se ferait céder les droits que l'héritier se trouverait avoir à l'encontre du légataire, et celui entre autre de l'obliger à restitution. Peut-être est-ce là encore une raison pour préférer à l'exemple du legs révoqué celui que je vous ai précédemment donné d'une vente putative par mandataire. Vous avez donné ordre à un mandataire de vous acheter tel immeuble, croyant que celui avec lequel il s'agit de traiter est le *verus dominus* ; votre mandataire, qui, peut-être, dans l'intervalle, s'est aperçu de la méprise, n'a pas réalisé la vente. Vous vous mettez en possession de l'immeuble. Ce n'est pas un juste titre ; alors même que le possesseur actuel, celui que vous avez cru propriétaire et qui ne l'était pas, se serait prêté à cette mise en possession.

Revenons encore, pour un instant, au droit romain. Des interprètes, se plaçant à ce point de vue, ont voulu rattacher à l'idée qu'à une certaine époque on avait admis comme juste titre le titre simplement putatif, une solution assez notable. Différents textes, en effet, sous une distinction que je n'ai pas à rappeler, admettent que le paiement, lorsque la chose payée n'appartenait pas au *solvens*, peut fonder un juste titre (V. L. 48, *de usurp.* 41, 3 ; L. 2, *pro Empt.* : L. 3, *pro suo* ; L. 15 § 1 *de cond. indeb.*). Et moi-même j'ai déjà fait allusion à cette différence entre les deux législations au sujet du paiement ; ce dernier était à Rome une *justa causa usucapiendi*. Faut-il effectivement rattacher cette décision des textes romains à l'idée que nous sommes ici dans une hypothèse où l'on admet le titre putatif comme remplaçant le titre réel ? J'émets un doute pour ma part. Le paiement indu opérant à Rome une transmission de propriété, malgré l'erreur sous l'empire de laquelle il a été fait, il me semble que la tradition faite pour cette cause constituait par elle seule une *justa causa* suffisante.

Aussi la même question dans notre droit n'a rien à voir avec la théorie du titre putatif. Elle dépend du point de savoir si le paiement indû est par lui-même translatif de propriété, malgré l'erreur du *solvens*, lorsque celui-ci est propriétaire. Je vous enseignerai que ce paiement par lui-même est nul pour défaut de cause. Et alors, s'il n'est point translatif de propriété lorsque le *solvens* est propriétaire, il ne peut pas être un juste titre quand le *solvens* n'est pas propriétaire.

Ce que je viens de vous dire sur le titre putatif établit donc une différence sensible entre les conditions de la possession, en tant qu'elle fait gagner les fruits au possesseur et les conditions de cette possession en tant qu'elle conduirait à la prescription de dix ans. C'est un point que j'ai déjà esquissé tout à l'heure. Il faut que j'y revienne en finissant.

Dans les deux cas il faut une possession de bonne foi ; mais quand il s'agit de la prescription, il faut de plus que cette bonne foi soit appuyée sur un titre réel. Or, nous avons vu qu'il n'en était pas de même quand il s'agissait d'attribuer les fruits au possesseur. Ainsi, que son titre soit nul pour vice de forme et qu'il ignore cette nullité, il n'en gagnera pas moins les fruits.

Je vous ai montré comment la distinction entre les deux hypothèses ressortait de la comparaison des textes ; et j'ai opposé ainsi les termes de l'art. 550 à ceux de l'art. 2265. Mais peut-être nous faudrait-il maintenant nous rendre compte de cette différence au point de vue rationnel. Pourquoi donc se contenter du titre putatif dans un cas et l'exclure dans l'autre ? Sans doute, vous apercevez déjà la réponse. C'est que la prescription de dix ans n'est pas, comme l'acquisition des fruits, une faveur accordée à la bonne foi. Cela n'est vrai chez nous d'aucune prescription, puisque la prescription de droit commun n'exige même pas qu'il y ait bonne foi. Dans la prescription décennale il y a une abréviation de délai admise en considération de ce fait que, sauf la qualité de celui avec qui il a traité, le possesseur se trouve réunir toutes les conditions qui, s'il avait reçu la chose du *verus dominus*, lui eussent fait acquérir la propriété. Il faut donc, s'il est de bonne foi, qu'il soit mis très vite dans la situation où il eût été s'il ne s'était pas mépris sur le droit de son auteur. C'est le titre surtout que la loi prend ici en considération. On pourrait presque dire qu'elle n'exige la bonne foi que comme condition du juste titre ; c'est l'inverse de l'hypothèse de l'art. 550, dans laquelle le titre n'est considéré que comme justification de la bonne foi. Et vous avez ainsi l'explication rationnelle de la distinction admise par la loi.

Je dois donc, pour conclure, reprendre le raisonnement par lequel j'ai entamé cette discussion ; seulement je le reprends un peu en sens inverse. Lorsque le titre est nul pour vice de forme, il n'y a pas de titre en réalité, c'est au fond un titre putatif ; et par suite la décision admise par la loi dans l'art. 2267 doit s'étendre à tous les cas de titre putatif.

On pourrait être tenté de chercher une base à cette solution dans la disposition de l'art. 138. Cet article attribue les fruits au possesseur de l'hérédité, lequel n'a pourtant qu'un titre putatif. Nous verrions ainsi consacrée par la loi, pour une hypothèse spéciale, la distinction que j'établis entre l'acquisition des fruits et la prescription. L'héritier mis en possession des biens que l'absent aurait dû recueillir a un titre ; c'est même, pourrait-on dire, un titre légal. Mais il se trouve que ce titre était purement fictif, car l'absent n'était pas décédé ; et c'est lui qui aurait dû venir à la succession. Or, que dit la loi ? Uniquement ceci, que l'héritier mis en possession des biens pourra garder les fruits. Pourrait-il prescrire par dix ans ? L'art. 138 semble bien, en effet, par un raisonnement *a contrario,* imposer une réponse négative. Notez d'ailleurs que je ne parle que de la prescription des immeubles pris en particulier, puisque j'ai déjà eu occasion de vous dire que l'hérédité considérée en elle-même, en tant qu'universalité, ne comporte pas l'application de la prescription décennale. J'éprouve cependant des doutes sérieux contre ce procédé d'argumentation en ce qui touche l'art. 138. Car ce n'est pas seulement la prescription décennale à laquelle le texte a omis de faire allusion ; c'est la prescription en général, toute prescription, qui se trouverait prohibée par suite du même raisonnement *a contrario*, et alors, s'il en était ainsi, si cette prohibition devait s'appliquer même à la prescription de trente ans, il ne faudrait plus en chercher le motif et le fondement dans le caractère putatif du titre, puisque la prescription trentenaire n'exige aucun titre. Il faudrait, ou bien fonder cette décision sur une sorte de précarité conditionnelle résultant de l'obligation de rendre si l'absent se représente, et ce serait là le motif d'exclusion pour les deux prescriptions, aussi bien celle de dix ans que celle de trente ; ou bien écarter tout raisonnement *a contrario* de ce genre et considérer que l'art. 138 n'a entendu faire allusion à aucune question de prescription et s'en remettre sous ce rapport à l'application du droit commun. Il n'aurait donc pas voulu décider par lui-même que la prescription décennale fût exclue.

Telle est l'objection en quelque sorte à double face qui se présente à l'esprit. Voyons quelle en est la valeur. Sans doute il y a une première idée que j'ai en quelque sorte hasardée en passant, et pour faire image, celle d'une précarité conditionnelle ; s'il n'y avait qu'elle, il serait facile d'en faire apercevoir l'inexactitude. Il faut remarquer, en effet, que l'art. 138, comme l'art. 137, ne vise pas la succession de l'absent lui-même et la restitution éventuelle des biens qui la composent. Ce point est réglé par les art. 131 et 132. L'art. 138 a trait aux successions qui viendraient à s'ouvrir depuis l'absence et auxquelles l'absent se fût trouvé appelé. Elles sont dévolues, non pas à ses héritiers à lui, mis en possession de ses biens, mais à ceux avec qui l'absent aurait dû concourir, ou aux successibles appelés à son défaut. Il n'y a donc pas, comme pour les envoyés en possession, une sorte de dépôt éventuel des biens de l'absent ; et on ne peut plus parler de précarité, même conditionnelle. Ce sont des héritiers venant en vertu d'un droit propre ; ils prennent sans doute la place de l'absent ; mais ils la prennent parce qu'ils la trouvent ouverte. Ce n'est pas la loi qui leur confie des biens ne leur appartenant pas ; ce sont eux qui font valoir un titre qu'ils tiennent de la loi. Il est vrai que ce titre est subordonné à une condition qu'ils ont le droit, provisoirement tout au moins, de tenir pour réalisée. Et, s'il arrivait, au contraire, que cette condition dût être considérée comme défaillie, en ce sens que, l'absent ayant reparu, il fût désormais acquis que la condition mise à l'ouverture de leur droit successoral n'a pas pu se réaliser, le titre en vertu duquel ils se sont présentés, et sur lequel repose leur possession, se trouverait lui-même n'avoir jamais existé. Donc, il n'y a pas à parler de précarité, mais de possession sans titre, ou du moins reposant sur un titre purement apparent.

Et la question qui se pose alors, et elle est très délicate, — permettez-moi d'y faire à cette place, et sous une forme peut-être un peu épisodique, une brève allusion, — est de savoir si l'héritier apparent, soumis à l'action en pétition d'hérédité, a pu prescrire les biens pris individuellement, et indépendamment de la prescription extinctive de l'action qui appartient au véritable héritier, à l'effet de faire reconnaître son titre, et de se faire restituer les biens compris dans la succession. Cette action, nous l'avons déjà vu, se prescrit par trente ans : l'art. 137 le dit expressément. Mais le délai fixé par la loi peut avoir été prolongé, par suite d'une cause d'interruption par exemple. Il y aurait donc intérêt pour le possesseur de l'hérédité à prétendre qu'il a prescrit individuellement les biens qui en font partie. Du moins la question pourrait-elle s'élever pour les immeubles; car pour les meubles, il y aurait, d'après les théories courantes, deux raisons pour une de les soustraire à l'application de l'article 2279. Il n'y a pas bonne foi au sens de l'art. 2279 lorsqu'on sait qu'on peut être exposé à restituer; et indépendamment de cette condition, purement personnelle à celui qui détient, la règle « en fait de meubles possession vaut titre » ne s'applique plus, au moins d'après la majorité des auteurs, lorsque le possesseur est soumis à une action en restitution. Donc, revenons à la question que je posais par rapport aux immeubles.

L'héritier apparent, ou d'une façon générale, celui qui possède à titre d'héritier, et qui à ce titre est soumis à la pétition d'hérédité, peut-il prescrire, par voie de prescription acquisitive individuelle, les immeubles qu'il possède en sa qualité d'héritier ? Il y a contre cette prétention une objection que je crois décisive ; c'est que le possesseur d'une hérédité possède à titre d'héritier et qu'il ne peut acquérir le droit auquel il prétend que sous les conditions mêmes auxquelles est subordonné le titre qu'il invoque. Il ne peut invoquer une prétention à la propriété qui reposerait sur un titre différent de celui sur lequel il s'appuie pour justifier sa possession. Or, son titre d'héritier n'est pas consolidé, les immeubles qu'il possède en cette qualité ne peuvent lui appartenir que dans la mesure où son titre d'héritier lui est acquis et reconnu ; si donc la pétition d'hérédité le lui enlève, elle supprimera par le fait même la condition juridique de sa possession. C'était une possession destinée à une acquisition collective, à l'acquisition d'une universalité, et ne visant pas une série d'acquisitions individuelles ; si l'acquisition collective fait défaut, cette possession ne peut pas changer de face et se présenter comme ayant été à la fois, et parallèlement, une possession dont le contenu juridique se référât à une acquisition individuelle. La prescription consolide les droits auxquels tendait la possession elle-même ; en pareil cas cette dernière ne se référait qu'au droit d'hérédité, et non au droit de propriété, en tant qu'il s'agirait de propriété distincte de la dévolution héréditaire.

Si cette objection est exacte, elle vise bien au-delà, je vous prie de le remarquer, de la question du titre justificatif de la possession ; car, si elle n'avait en vue que la cause en vertu de laquelle on possède, elle ne s'appliquerait qu'à la possession décennale, la seule qui exige un titre, et non à la prescription trentenaire. Mais le mot titre est une expression à double face, et des plus équivoques. Lorsqu'on parle du « titre d'héritier », cela vise surtout le droit auquel on prétend ; et alors sous cette forme, et placée sur ce terrain, l'objection s'applique en effet à toute prescription acquisitive individuelle. Elle revient à dire qu'il ne peut y avoir aucune prescription acquisitive à titre particulier, là où le droit qu'on exerce n'est que la dépendance et l'application d'un droit collectif. La possession est spéciale à chacun des droits dont elle réalise l'exercice ; et de même qu'il y a une possession des droits réels très distincte de celle de la propriété, de même la possession exercée à titre héréditaire n'est plus l'exercice du droit de propriété entendu au sens de propriété individualisée ; elle vise la proprieté entendue au sens de collectivité, en tant qu'elle est l'application d'un droit plus étendu et plus compréhensif, le droit portant sur une universalité.

Voici d'ailleurs une autre façon de formuler l'objection : dans une théorie comme la nôtre qui exige un élément intentionnel en matière de possession, la possession, pour conduire à la prescription, doit révéler par son titre la prétention au droit qu'elle invoque, et la prescription doit, si l'on peut ainsi dire, se limiter ou s'étendre, se conformer en tout cas, pour ce qui est de son résultat, au contenu du droit révélé par l'*animus possidendi*. Or celui qui reçoit un immeuble à titre d'héritier a bien sans doute un certain *animus domini*, mais c'est un *animus domini* très spécial, en tant qu'il accepte de n'être *dominus* que dans la mesure où il serait héritier. Sa possession à titre de propriétaire est subordonnée à la consolidation de son titre d'héritier ; et par suite elle ne pourra jamais devenir une possession à titre individuel tant que l'action en pétition d'hérédité ne sera pas prescrite. Cela ne veut pas dire qu'il n'y ait pas prescription acquisitive des immeubles ; et ceci est important à dire, car il ne suffirait pas pour l'avenir qu'il n'y ait eu que prescription extinctive de l'action en pétition d'hérédité, sans que la possession exercée jusque-là sur les immeubles individuellement pût valoir en vue d'une prescription acquisitive de ces immeubles eux-mêmes. L'observation que je fais à ce propos est très importante en ce qui concerne ceux qui, en dehors du *verus heres*, prétendraient avoir des droits relativement aux immeubles faisant partie de la succession ; mais, ce que je veux dire, c'est que l'*animus* qui préside à la possession de l'héritier apparent est celui d'un propriétaire conditionnel, d'un propriétaire dont le titre est subordonné au maintien d'un titre collectif, qui est la qualité d'héritier.

Et c'est par là que la situation dont je parle se rapproche de celle dérivant de la précarité : toutes deux remontent au même principe initial, celui de l'*animus possidendi* révélé par le titre de possession. Dans la précarité le titre manifeste un *animus* exclusif de l'idée de propriété ; dans le titre d'héritier il y a révélation d'un *animus* exclusif d'une propriété à titre singulier, comme on aurait dit en droit romain. Il faut conformer le droit que la prescription a pour objet de faire acquérir à celui auquel s'adapte l'*animus* dérivant du titre initial de possession. C'est toujours la même idée que vous retrouverez partout, celle qui domine toute la matière, et que j'ai déjà invoquée bien souvent.

La question, vous le voyez, valait la peine d'être, je ne dis pas discutée, mais analysée, fût-ce même à titre de digression ; et de tout cela je conclus que l'art. 138 suffit, sans doute, à prouver que le titre putatif est certainement assimilé au titre réel, lorsqu'il s'agit de l'acquisition des fruits ; mais qu'il ne vise en aucune façon la question similaire qui se pose en matière de prescription décennale. Car, s'il exclut, ou semble exclure, la prescription en dehors des conditions visées par l'art. 137 en ce qui touche la pétition d'hérédité, c'est toute prescription qu'il écarte sans distinction, et cela pour des motifs absolument étrangers à la question de titre putatif.

Peu importe d'ailleurs que l'argument tiré de l'art. 138 nous fasse défaut. Je crois avoir suffisamment établi l'opposition marquée par la loi, en matière de titre putatif, entre le cas de prescription et celui d'acquisition des fruits, pour n'avoir pas à invoquer, en vue d'en établir le bien fondé, des raisons d'une valeur douteuse. Qu'il me suffise maintenant de vous donner une justification pratique de cette différence, et je le fais d'un mot. C'est qu'il faut éviter, quand il s'agit des fruits, que le possesseur subisse un préjudice dont le point de départ serait dans la négligence au moins présumée du propriétaire ; de plus, le résultat ne consistera jamais qu'à enlever à celui-ci un avantage sur lequel il n'a pas compté. Lorsqu'il s'agit de prescription, ce résultat, au contraire, conduirait à le dépouiller du capital lui-même ; c'est bien différent.

Et maintenant, puisque j'ai été amené à faire allusion aux

questions de prescription décennale en matière d'hérédité, il faut que je revienne, très brièvement, sur une hypothèse dont j'avais renvoyé l'examen à la matière qui nous occupe, et qu'il importe de ne pas confondre avec celle que nous a présentée l'analyse de l'art. 138. Vous vous rappelez qu'à propos des droits, ou des biens, auxquels s'appliquent les différentes prescriptions, je vous ai dit que l'hérédité, prise en elle-même, ne pouvait pas s'acquérir par prescription, au moins par la prescription de dix ans. J'avais réservé, toutefois, le cas où il y aurait eu vente d'hérédité, et c'est ce point qu'il importe de bien nettement distinguer des questions que nous avons examinées antérieurement. Il ne s'agit plus, comme dans les hypothèses précédentes, d'une prescription des biens pris individuellement, et cette fois rien ne s'opposerait à ce que celle-ci pût s'accomplir ; car l'acheteur ne possède pas à titre d'héritier, il a acquis, sans doute, une collectivité, mais sans faire dépendre son droit d'un fait de transmission héréditaire ; et, si c'est une collectivité qu'il possède, ce n'est pas à titre d'universalité qu'il la détient, mais comme un ensemble de biens ou de droits individuels dont il entend être le propriétaire ou le titulaire à titre singulier, comme auraient dit encore les jurisconsultes romains. Notez seulement que, s'il prétendait invoquer pour un immeuble en particulier la prescription de dix ans, la vente de l'hérédité ne pourrait pas lui servir de juste titre, car elle n'est pas en soi le titre constitutif de la propriété sur chaque objet pris individuellement. L'héritier entend n'acquérir, pour ce qui est de lui, chacun des biens compris dans la succession que dans la mesure où chacun d'eux appartenait au défunt et au titre particulier sous lequel le défunt en était titulaire. A ce point de vue, la vente de l'hérédité ne change rien au titre initial relatif à chacun des biens pris individuellement; elle vaut ce que valait la transmission héréditaire elle-même, en tant que titre d'acquisition. C'est une acquisition, je n'ose pas dire à titre universel, puisqu'en droit, et au point de vue du passif, ce serait faux ; disons à titre collectif et qui vaut titre pour l'ensemble, mais qui ne se substitue pas, pour chacun des immeubles, aux titres particuliers qui en avaient fait acquérir la possession au défunt. Donc laissons de côté toutes ces questions de prescription des immeubles pris individuellement, et revenons au point que nous envisageons, celui de l'hérédité en elle-même.

Mais en premier lieu, comment la question pourrait-elle se poser, puisque j'ai écarté toute application de la prescription décennale en matière d'héridité ? C'est que l'hypothèse que j'avais visée et celle que j'étudie en ce moment sont bien différentes. Ce qui ne s'acquiert pas par prescription, c'est le titre d'héritier; et en tant que les biens ne sont possédés qu'à ce titre, on ne peut prétendre leur appliquer la prescription de dix ans. Tout ce qui peut être admissible c'est une prescription extinctive de la pétition d'hérédité, de telle sorte qu'au bout de trente ans il y ait acquisition définitive des biens que l'on avait possédés en qualité d'héritier. Mais l'acheteur d'une hérédité ne prétend pas être héritier, ni avoir succédé à la qualité d'héritier ; c'est un titre incessible. On peut bien céder l'ensemble des droits que le titre a pu faire acquérir, la qualité juridique qui le constitue n'est pas objet d'aliénation. Cela est si vrai que contre l'acheteur d'hérédité ce n'est pas par l'action en pétition d'hérédité à proprement parler que le *verus heres* pourrait revendiquer l'ensemble des biens compris dans la vente ; mais par une série de revendications particulières, groupées, je le veux bien, en une procédure unique et en une action collective, mais n'en formant pas moins un ensemble complexe de revendications distinctes, fondées sur le défaut de droit du vendeur. Et alors, vu la différence des situations, vous comprenez que la question puisse se poser ; et elle se poserait dans ce cas, non pas contre celui qui se prétend propriétaire à titre particulier d'un des biens de la succession, en tant par exemple que le défunt n'en eût pas eu la propriété, mais contre celui qui prétend avoir droit à l'ensemble, à la collectivité de l'actif héréditaire, le *verus heres*, je suppose.

Contre celui-ci le possesseur d'hérédité, qui n'est pas un héritier apparent, mais un acheteur de l'hérédité, pourrait-il invoquer une prescription abrégée, en se fondant sur son titre ? Cette fois, je suis bien tenté de le croire ; car il ne s'agit plus, comme dans le conflit qui s'élève entre le possesseur et le propriétaire à titre particulier d'un des biens envisagés individuellement, de faire remonter au titre initial du défunt la *causa possessionis* en ce qui touche cet immeuble pris en soi. L'acheteur, vis-à-vis de quiconque voudrait prétendre à la collectivité, disons à cettte universalité de fait, a entendu que la vente lui constituât un titre qui eût la même valeur qu'une aliénation à titre particulier s'il se fût agi d'un immeuble isolé. S'il eût acheté une parcelle de terre d'un *non dominus* qu'il croyait propriétaire, il aurait voulu par là recevoir un droit incommutable. Achetant l'ensemble des immeubles, il sait bien sans doute qu'il n'acquiert pas plus de droit que n'en avait le défunt sur chacun des objets faisant partie du tout ; mais contre qui élèverait une prétention à l'ensemble des biens, pris en tant que collectivité, il peut s'appuyer sur son titre à lui, disons aussi sur l'*animus* même que ce titre révèle, pour se poser en acquéreur légitime de tous les droits faisant partie de l'universalité. Et, s'il a été de bonne foi, son titre d'acquisition lui constituerait, je le crois du moins, un juste titre au sens de l'art. 2265.

Il me reste une dernière question à examiner : le titre invoqué pouvait être subordonné à une condition; peut-on compter pour la prescription, au profit du possesseur, le temps pendant lequel la condition était en suspens ?

Il faut distinguer sous ce rapport entre la condition résolutoire et la condition suspensive. Ainsi, une vente peut être faite sous condition résolutoire ; prenons la vente à réméré. Le réméré n'ayant pas été exercé dans le délai convenu, l'acheteur demeurera propriétaire incommutable, si la chose vendue appartenait au vendeur ; mais si la chose n'appartenait pas à ce dernier, l'acheteur pourra-t-il faire dater sa possession du jour de la vente, disons plutôt de celui où a commencé sa possession, ou, à l'inverse, du jour seulement où la condition s'est trouvée défaillie et où elle aurait ainsi consolidé son droit, si ce droit lui avait été transmis ? Dans ce cas, point de difficulté ; il y a un texte, l'art. 1665. La prescription court du jour où le contrat a été consenti et l'acheteur mis en possession ; c'est un principe élémentaire.

La question est plus délicate pour le cas de condition suspensive ; il s'agit d'apprécier le sens exact du principe de rétroactivité de l'art. 1179. Je vous enseignerai sur cet article que, si la condition se réalise, et qu'il y ait eu exécution anticipée du contrat par la mise en possession de l'acheteur, le contrat conditionnel lui sert de juste titre du jour de sa mise en possession et non du jour de l'arrivée de la condition. C'est un point dont je renvoie l'explication détaillée à la théorie des obligations.

Mais voyez bien, pour ce qui est de la question que je viens d'examiner, dans quelles conditions je suppose qu'elle se présente. Il s'agit d'un acquéreur conditionnel qui avait traité avec un *non dominus* ; et j'ai envisagé le cas où, la condition résolutoire venant à défaillir, celui également où la condition suspensive se réalisant, l'acquéreur voudrait opposer sa possession, et par suite invoquer la prescription, non pas à l'encontre de celui duquel il tient l'immeuble, et de qui émane le titre qui le lui a transmis, titre affecté d'une condition, mais à l'encontre du vrai propriétaire étranger à ce contrat d'aliénation. N'allez pas transporter en bloc toutes ces solutions, et les appliquer indistinctement, lorsque la question se pose dans les rapports entre le possesseur et celui de qui il tient l'immeuble ; et ce pourrait-être en effet le vrai propriétaire. C'est un nouvel aspect du problème ; il paraît bien simple au premier abord. Il y en a peu cependant de plus délicats.

Il s'agit donc de quelqu'un qui a traité avec le vrai propriétaire et dont le titre serait conditionnel ; supposons qu'il s'agisse d'un titre soumis à résolution. Ce possesseur est exposé à une action personnelle en résolution qui se prescrit par trente ans ; s'il s'agissait d'un titre annulable, il serait exposé à une action en nullité se prescrivant par dix ans, et encore faudrait-il, quant au point de départ de la prescription, faire certaines distinctions que nous étudierons sur l'art. 1304. Mais en même temps il possède et il a un titre; il se trouve en apparence au moins dans les conditions exigées pour que la prescription acquisitive puisse s'accomplir. Si les délais de cette dernière viennent à expirer, ce qui certes n'est pas impossible, avant ceux relatifs à la prescription extinctive de l'action dont j'ai parlé, le possesseur pourrait-il repousser l'action personnelle, ou tout au moins en écarter les effets, en invoquant la prescription acquisitive de l'immeuble ? Ou plutôt, car la question se dédouble, le possesseur, par cela seul qu'il est déjà en possession, pourrait-il prescrire avant même que la résolution soit acquise ? Ce sera un premier point à examiner. Puis, il y en aura un second : une fois la résolution acquise, le possesseur dont le titre est résolu commencera-t il à prescrire la propriété ? Plaçons-nous d'abord au premier point de vue.

J'ai dit que la question paraît très simple au premier abord; et en effet, là où une action existe en vertu de la loi, il ne semble pas possible qu'on puisse prétendre faire échec à la loi, c'est-à-dire écarter l'exercice de l'action, en invoquant certaines règles du droit commun qui soient de nature à fournir des fins de non-recevoir contre la poursuite. Du moment que la loi crée un droit et donne une action sous des conditions de durée déterminée, c'est qu'elle entend écarter par là même toute application des principes généraux qui viendrait y faire obstacle. Et cependant, la question est loin d'être aussi simple. Déjà à première vue, il n'y aurait rien en soi de contradictoire à admettre que les deux prescriptions agissent concurremment et sous des conditions différentes, du moment qu'elles produisent des effets distincts. La prescription acquisitive s'accomplirait avant celle relative à l'extinction de l'action ; cela veut-il dire que l'action personnelle serait irrecevable ? Absolument pas ; seulement, elle n'aurait plus pour effet de faire revenir de plein droit la propriété à l'aliénateur au profit de qui le titre serait résolu, mais d'obliger le possesseur à lui retransférer l'immeuble : ce serait une obligation de donner naissant du résultat final de l'action. Nous retrouvons là une situation avec laquelle, si je puis dire, le droit romain nous a rendus familiers ; et ce serait le cas d'appliquer la règle dont je vous ai fourni la démonstration à propos de l'art. 1138, et qui consiste en ce que le transfert *ipso facto* de la propriété, réalisé par le seul fait qu'il y a obligation de *dare,* ne s'applique que là où cette obligation résulte d'une convention antérieure. Il faudrait donc pour que la propriété fût acquise à l'aliénateur initial un nouveau contrat réel de tradition, au sens où j'ai pris cette expression sur l'art. 1138; et la propriété lui reviendrait alors sans effet rétroactif. C'est bien cette fois que nous aurions un correctif excellent apporté à l'instabilité de la propriété, au moins à l'égard des tiers, telle qu'elle provient de l'effet réel, et de la répercussion contre les sous-acquéreurs, des actions en résolution ou en nullité.

En conclurons-nous cependant que cette solution, que je déclare possible en théorie, soit celle de notre droit positif français ? Je ne le crois pas. Mais là encore il y a bien des nuances à distinguer.

Un premier point qui est hors de toute discussion, c'est que le possesseur, mettons que ce soit un donataire soumis à la résolution pour inexécution des charges, ne pourrait pas prétendre prescrire par dix ans ; et ce ne serait pas une question de bonne foi, puisqu'à son entrée en possession il était parfaitement décidé, je le suppose, à exécuter les charges ; peut être même s'agissait-il de conditions dont l'exécution ne dépendait de lui en aucune façon. C'est une question de juste titre. Je ne dis pas que celui-ci fasse défaut, je dis que, là où l'on s'appuie sur un titre, on ne peut invoquer ce titre que sous les conditions qui en constituent la validité, ou plutôt sous les conditions auxquelles le maintien de cette dernière se trouve subordonné. Ce que je vous dis là n'est absolument pas en contradiction avec ce que j'ai admis des nullités relatives, lorsque le titre émanait d'un *non dominus* ; dans cette dernière hypothèse, en effet, le titre était opposé au vrai propriétaire à qui il était étranger et non à celui de qui il se trouvait provenir. Opposant le titre à quelqu'un qui, par rapport à lui, fût un tiers, le possesseur avait absolument le droit ne ne pas

21

tenir compte de la nullité, puisqu'elle n'était invocable que par l'auteur du titre et non par les tiers. Dans notre hypothèse au contraire, c'est à l'encontre de celui qui a droit d'opposer la nullité que l'on voudrait se prévaloir du titre; il faut donc l'accepter ou le subir dans les conditions qui en règlent le maintien et la validité, et parmi ces conditions se trouve, pour l'auteur du titre, le droit d'agir en nullité ou en révocation, tant que l'action n'est pas prescrite. C'est bien cette fois qu'il est vrai de dire que la prescription acquisitive de la propriété ne peut faire échec à l'accomplissement de la prescription extinctive de l'action en révocation du titre ; il faut donc pour cela que, dans les cas où la première dépend du maintien du titre, on ne puisse invoquer celui-ci que sous réserve de l'action qui le menace, et en garantissant à cette dernière la durée et les délais de prescription qui lui appartiennent de droit commun.

Mais où la question change de face, c'est lorsque le possesseur, disons le donataire, invoque la prescription de trente ans, puisqu'elle implique purement et simplement qu'il y ait possession *proprio nomine*; et personne ne prétendra que le donataire dont le titre soit menacé de résolution possède pour le compte du donateur. Il n'est plus besoin, ni de juste titre, ni de bonne foi; et d'un mot, je viens déjà d'indiquer qu'il n'y avait pas possession précaire. Vous savez bien cependant que la solution que je vous laisse entrevoir n'a jamais été défendue. Si on l'admettait, comme très souvent l'inexécution des conditions ne se réalise qu'après une assez longue durée de possession, et que d'autre part c'est au moment où s'ouvre l'action en résolution qu'elle commence à se prescrire, il pourrait arriver que la propriété fût déjà prescrite, et acquise ainsi d'une façon incommutable, avant que l'action en résolution fût ouverte. Quand elle s'exercerait, elle ne pourrait aboutir qu'à imposer une action personnelle en restitution. C'est une solution romaine ; ce n'est pas une solution qui soit en harmonie avec le droit du Code civil. Seulement sur quoi et comment, fonder la solution négative que je viens de vous donner, puisqu'il n'y a pas précarité ?

Pour comprendre comment va fonctionner ce que je pourrais appeler le jeu des principes, il faut faire intervenir, une fois de plus, le système général de notre loi sur l'*animus possidendi*, système dont la théorie de la précarité n'est qu'une application, la plus importante sans doute, mais non pas la seule. Ce système consiste en ce que, non seulement la prescription ne fait acquérir que le droit auquel le possesseur est censé prétendre à raison de son titre, mais qu'elle ne le lui fait acquérir que sous les conditions révélées par le titre. L'*animus possidendi*, tel qu'il est manifesté par le titre, règle par avance les conditions juridiques de la possession et de la prescription. La prescription n'est pas une acquisition *lege*, c'est-à-dire une attribution purement légale de propriété; mais une acquisition fondée avant tout, en dehors de la question de délai, sur l'intention et la volonté du possesseur. Elle dérive d'un fait de volonté. Il faut donc prendre cette volonté telle qu'elle est ou plutôt telle que le titre la révèle. Et, dans notre hypothèse, celui qui accepte un titre soumis à révocation, accepte par là-même tous les causes de révocabilité de son droit; il a une possession dont l'efficacité, en tant qu'elle vise l'acquisition de la propriété, est subordonnée au maintien du titre lui-même.

Dirons-nous que par son titre il s'est soumis par avance à la résolution de sa propriété, même s'il l'eût acquise par prescription; de telle sorte que l'on concevrait encore la prescription acquisitive s'accomplissant en théorie, et le droit, qui en fût résulté, se trouvant résolu rétroactivement en vertu de la résolution du titre ? Cela me paraît une construction juridique un peu factice, et qui pourrait conduire à des résultats assez difficiles à accepter; et en effet, ce qu'il y aurait d'effacé rétroactivement, ce serait l'acquisition du droit, et non la valeur de la possession, en tant que possession juridique, susceptible de compter comme possession valable pour prescrire. Je dirai donc que c'est la possession elle-même, en tant que possession valable pour prescrire, qui se trouve après coup et rétroactivement perdre cette qualité ; et cependant, je crains d'aller un peu trop loin encore dans l'expression de ma pensée, et dans l'opposition que je voudrais établir entre la construction juridique que j'ai repoussée et celle que je cherche à lui substituer. Dire que la possession du donataire, dont le titre est révoqué ne peut plus compter comme ayant eu les qualités d'une possession susceptible de fonder une prescription, ce serait l'assimiler à la possession précaire ; et telle n'est pas mon intention. Ce que je veux dire, c'est que, par suite de la résolution, la possession qu'avait eue le donataire se trouve ne plus pouvoir compter vis-à-vis du donateur comme ayant eu la vertu de fonder et de faire acquérir le droit de propriété. Je n'oserais pas dire que vis-à-vis de tout le monde ce serait une possession ramenée à la simple détention, ce serait très faux ; c'est une possession dont l'efficacité vis-à-vis du donateur est subordonnée, non seulement pour ce qui est de la prescription de dix ans, mais même en ce qui concerne celle de trente, à l'efficacité du titre.

Mais que dirions-nous maintenant, même à l'encontre de l'auteur du titre, si, le titre ayant été résolu ou annulé, l'action personnelle en restitution vînt à se trouver prescrite? Il y aurait sur ce point encore certaines distinctions à présenter. Si c'est l'action en résolution, ou en nullité, elle-même qui est prescrite, il n'y a pas de question. Il ne s'agissait pas de résolution de plein droit. La propriété ne pouvait être révoquée que par l'effet d'une action qui est éteinte ; donc le possesseur reste propriétaire incommutable sans avoir à invoquer la prescription. Si au contraire, ce qui est très peu pratique, la résolution ayant été prononcée, celui au profit de qui la propriété eût été ainsi révoquée fût resté trente ans sans exiger que la possession lui fût restituée, il y aurait prescription acquisitive ; car du jour où la résolution a été prononcée, il y a eu comme une sorte d'interversion de titre, en ce sens que l'*animus* du possesseur ne s'incarne plus dans le titre initial. Le possesseur, désormais, possède à un titre nouveau, lequel, à moins de supposer qu'il ait voulu détenir au nom d'autrui, n'est pas un titre précaire. Enfin, je crois qu'il en serait encore de même si, au lieu de résolution judiciaire, il y eût résolution de plein droit, accomplie par le seul fait de la réalisation de la condition. A partir de ce jour, le possesseur commence à prescrire contre l'action en revendication de celui au profit de qui la résolution s'est réalisée. Sur ce point encore je pourrais faire intervenir l'art. 966 qui, en matière de révocation de donation pour survenance d'enfants, admet la prescription trentenaire au profit du donataire à l'encontre du donateur, comme nous avons déjà vu qu'il l'admettait au profit des tiers, ayants-cause de ce même donataire. Mais c'est là un texte visant une hypothèse très spéciale présentant des particularités dérogatoires du droit commun, ne serait-ce qu'au point de vue du point de départ du délai. Il est préférable de le laisser de côté et de s'en tenir aux principes généraux, dont je vous ai rappelé l'application, telle qu'elle me paraît s'imposer. Il y a donc dans tous ces cas une sorte d'interversion de titre qui va permettre à la prescription de se réaliser ; et ceci encore est une différence avec le cas de précarité, puisqu'en cette matière la prescription même de l'action personnelle en restitution ne constitue pas à elle une interversion de titre et n'ouvre pas la voie à la prescription acquisitive au profit du possesseur, resté détenteur précaire.

Et, si toute cette analyse a pu vous paraître quelque peu subtile, il faut bien cependant que j'arrive au point que j'avais en vue, et que j'entrevoyais par avance dans toute cette discussion, c'est toujours la préoccupation des tiers et l'intérêt des sous-acquéreurs à titre particulier. Nous savons déjà que leur titre à eux n'est pas subordonné, quant à sa validité en tant que juste titre, au maintien de celui de leur auteur ; mais je vous ai laissé apercevoir que leur situation, dans la mesure où ils peuvent prétendre à la prescription, se trouverait considérablement améliorée, s'ils pouvaient joindre à leur possession celle de leur auteur. Le peuvent-ils, et sous quelles conditions le peuvent-ils ?

Bien entendu, si le sous-acquéreur invoque la prescription décennale, comme nous savons qu'il est en droit de le faire, il ne pourrait joindre la possession de son auteur que dans les conditions où celui-ci aurait pu s'en servir en vue de la prescription de dix ans ; et nous avons vu que ce dernier ne le pouvait pas si son titre était révoqué. Notre question ne peut donc s'élever que s'il s'agit de prescription trentenaire; et le sous-acquéreur peut avoir à cela un intérêt considérable. Au moment de l'acquisition qui lui a été consentie, son auteur pouvait avoir vingt-cinq ans de possession ; le possesseur actuel, s'il peut se prévaloir de ce temps de possession, a donc avantage à ne pas attendre le délai de la prescription décennale : il aura bénéfice à prescrire par trente ans. Peut-être serait-il désirable, au point de vue auquel se placent les économistes, de pouvoir le lui permettre ; et je crois qu'avec l'une des formules que j'ai rejetées il serait possible, en effet, d'admettre cette solution. Si l'on disait que la résolution du titre opère sur le droit déjà acquis par prescription, il n'y aurait pas suppression de la valeur juridique de la possession elle-même ; celle-ci, n'étant pas une possession précaire, resterait, en tant que rapport de fait, une possession qui, virtuellement, pourrait compter pour la prescription ; et les sous-acquéreurs seraient autorisés à s'en prévaloir. Mais cette construction juridique m'a paru inconciliable avec nos théories sur l'*animus possidendi*, lequel influe sur les caractères et la valeur juridique de la possession elle-même. Celle-ci devient rétroactivement, je ne dis pas une simple détention, mais une possession dépourvue, à l'égard tout au moins de celui de qui elle émane, de toute valeur à l'effet de prescrire : un sous-acquéreur ne pourrait donc pas davantage la lui opposer. Il ne peut opposer à celui de qui le titre provient, et de qui émane la possession qui lui a été transmise, que sa possession personnelle, celle qui a commencé chez lui et qui n'est plus dominée et caractérisée par le titre initial de son auteur à lui.

Mais j'ai ajouté que cette rétroactivité de la résolution, en tant qu'elle est susceptible d'opérer sur la possession elle-même, ne suffit pas à faire de cette dernière une possession précaire, au moins éventuelle, une sorte de détention conditionnelle. Et par là s'explique que nous ayons pu invoquer comme juste titre un titre même révocable, lorsque la prescription s'oppose, non plus à celui de qui le titre émane, mais au propriétaire qui était resté étranger à l'acquisition réalisée par le possesseur. S'il s'agissait de détention précaire il n'y aurait pas de prescription possible, à l'égard de qui que ce fût : ainsi, supposez un usufruitier qui tienne son droit d'un non *dominus*, il ne pourra pas plus prescrire la propriété à l'encontre du vrai propriétaire resté étranger à l'acte qui lui a conféré son usufruit, qu'il n'aurait pu le faire à l'encontre du concédant s'il eût été propriétaire. La précarité est l'absence de possession à l'égard de tout le monde. Prenez, au contraire, un non propriétaire qui fasse donation de l'immeuble, donation soumise aux causes ordinaires ou à des causes spéciales de révocation, ou qui le vende en affectant la vente d'une condition résolutoire; nous savons déjà que ce titre, non seulement ne s'opposera pas à la prescription au profit du possesseur envers qui il a été constitué, mais qu'il pourra lui servir de juste titre pour la prescription décennale. Au moins en sera-t-il ainsi une fois la condition défaillie. Mais, même si le possesseur restait encore exposé à l'action personnelle de son auteur, cette circonstance ne l'empêcherait pas de prescrire contre le propriétaire étranger au contrat. Prescrire par trente ans, c'est incontestable ; mais, même s'il invoquait la prescription de dix ans, je ne crois pas que le propriétaire puisse lui objecter que son titre est soumis à révocation, et que par suite la valeur qu'il lui attribue, en tant que juste titre, dépende de l'action en révocation appartenant à celui qui le lui a consenti. C'est que ce dernier ayant disposé de la chose d'autrui, est censé n'avoir plus qualité pour se prévaloir de l'acte de disposition qu'il en a passé, ni d'aucune des clauses qui en dépendent : la révocation, en tant qu'elle se fonde sur un acte considéré comme non avenu à raison du défaut de droit de son auteur, ne peut être invoquée par les tiers étrangers au contrat. Peut-être en pourrait-on conclure que, si le possesseur actuel prescrit par trente ans, donc en dehors de son titre et sans avoir à se prévaloir de son titre, il acquerrait l'immeuble à un titre personnel et absolument nouveau, sans qu'il y eût à le traiter en donataire. Je ne veux pas examiner la question en ce moment. Mais si, au contraire, il s'est fondé sur la donation qui lui a été consentie pour prescrire par dix ans, il est certain cette fois que la chose lui aura été acquise à titre de donation ; et il faudra bien reconnaître que le contrat, qui, provisoirement, était nul, en tant que le donateur avait disposé de la chose d'autrui, se trouvera devenir efficace par l'acquisition du droit au profit du donataire. Aussi le donateur, si son action en résolution n'était pas prescrite, pourrait-il encore la faire valoir ; mais uniquement pour aboutir à une obligation personnelle en restitution. Il ne saurait y avoir à son profit résolution rétroactive d'une propriété qu'il n'a jamais eue antérieurement : et l'on en voit l'intérêt au profit des tiers.

Enfin si le donateur, qui, *ab initio*, était un non propriétaire, acquiert la propriété après coup et que ce soit contre lui que le possesseur ait à se prévaloir de la prescription accomplie à à son profit, je crois cette fois encore que le possesseur pourrait prescrire par trente ans ; il fait abstraction de son titre, et de l'*animus* qui pouvait en ressortir, en tant qu'il s'agit d'un acte de disposition de la chose d'autrui. Mais il ne pourrait plus au contraire prétendre s'en prévaloir pour prescrire par dix ans ; car, du moment qu'il invoque son titre, il doit en subir les clauses ; par conséquent, celui de qui le titre émane, et qui n'est pas, cette fois, un tiers étranger au contrat, aurait le droit de faire valoir l'action en résolution, que je suppose non prescrite, pour annuler le titre et s'opposer ainsi à la prescription décennale.

Je n'ai pas besoin de vous rappeler, pour conclure, le rapprochement qui s'impose entre la question que je viens de traiter et celle que nous avons étudiée à propos de l'héritier apparent. Il s'agit toujours du point de savoir si, en dehors de la question de précarité, pour laquelle la négative est certaine, on peut prescrire contre son titre, ou plutôt à côté de son titre et parallèlement. Ce sont là des problèmes qui se rattachent à la conception générale que l'on doit se faire de la théorie de l'*animus possidendi* : il est donc bien insuffisant de ne voir d'autre application du système que celle de la précarité. C'est une théorie générale qui domine toute la matière de la prescription. On ne l'a pas assez aperçu ; c'est pourquoi j'ai voulu insister plus particulièrement sur tous ces points.

Et je termine par une question assez délicate qui se rattache à la loi de 1855 sur la transcription. Vous avez pu remarquer, dans l'énumération que j'ai faite des justes titres qui peuvent être invoqués comme fondement de la prescription décennale, que ces titres, pour la plupart tout au moins, seront de ceux pour lesquels la transcription serait exigée. C'est une donation, ou bien une vente, ou un échange. Cela rappelé, voici la question qui se pose. Pour que le titre invoqué, lorsque par sa nature il est soumis à la transcription, puisse servir de fondement à la prescription, faudra-t-il qu'il ait été transcrit ?

La question revient à savoir si le propriétaire, contre qui la prescription sera invoquée, est au nombre des personnes qui ont qualité pour se prévaloir du défaut de transcription. C'est donc une question d'interprétation de l'art. 941 pour les donations, et de l'art. 3 de la loi de 1855 pour les autres contrats. Pour moi, je n'ai jamais hésité. Le propriétaire n'est, ni au cas de vente, ni au cas de donation, au nombre des personnes qui ont qualité pour opposer le défaut de transcription.

Dans le sens opposé, on a invoqué l'art. 3 de la loi de 1855. Cet article dispose que, jusqu'à la transcription, les droits résultant des actes énumérés dans la loi ne peuvent être invoqués contre les tiers ayant des droits sur l'immeuble. On en a conclu que le propriétaire était un tiers, et qu'en outre il avait des droits sur l'immeuble. A ce raisonnement tiré du texte, il n'y a pas seulement une réponse à faire, mais plusieurs. Tout d'abord le sens du mot : « tiers ayant des droits sur l'immeuble » est déterminé par les précédents historiques du texte. Cet article 3 remplace l'art. 26 de la loi de Brumaire de l'an VII, lequel parlait de tiers ayant contracté avec le vendeur. L'article 3 a élargi cette formule précisément pour que l'on ne se crût pas autorisé à n'en faire l'application qu'aux seuls ayants-cause qui tiendraient leurs droits d'un contrat. Mais il est demeuré absolument entendu qu'en parlant de ces tiers indiqués dans l'art. 3 on visait des ayants-cause de l'aliénateur. Cela est démontré par le but de la loi ; et on peut dire que la loi ne fonctionne vraiment qu'à ce point de vue. D'après l'organisation des tables des registres, il faut connaître le nom de l'aliénateur pour savoir s'il y a eu un dessaisissement de la propriété. Les transcriptions sont cataloguées au nom des aliénateurs ; elles ne le sont pas au nom des immeubles. Voilà donc la réponse à faire au point de vue du texte. Elle se résume en cette formule : la règle de préférence résultant de la transcription n'existe qu'entre ayants-cause, médiats ou immédiats, d'une même personne.

D'ailleurs, que nous dit au juste l'article 3 ? C'est que, jusqu'à la transcription, on ne peut pas opposer aux tiers... Quoi ? Les actes qui doivent être transcrits ? non ; mais les droits qui en résultent. Or dans notre hypothèse, s'agit-il d'invoquer les droits résultant de l'acte ? absolument pas, mais l'acte lui-même comme fondement de la prescription. Ici donc le texte se trouve encore faire défaut. Enfin l'article 3 implique que le système de préférence s'établit entre ayants-cause, puisqu'il suppose que celui qui invoque le défaut de transcription avait lui-même un droit soumis à la publicité.

Il est vrai qu'on oppose l'art. 2280, dont voici l'objet : l'acquéreur d'un immeuble hypothéqué peut arriver à libérer son immeuble de l'hypothèque, et cela par la prescription de dix ans ; mais, pour que cette prescription puisse courir, il faut que le titre soit transcrit. On en voudrait conclure qu'un acte soumis à la transcription n'est, au point de vue de la prescription, considéré comme translatif de propriété, et par suite comme juste titre, que s'il est transcrit. Je répondrai par les observations suivantes : d'abord l'art. 2280 fait partie d'un système législatif dans lequel la transcription n'était pas exigée d'une façon générale pour rendre les aliénations opposables aux tiers, puisque l'art. 2280 se trouve dans le Code civil, lequel avait fini par rejeter le système de la loi de Brumaire en matière de transcription. J'ajoute qu'il y a d'autres motifs à présenter ici. Ce que l'on a eu en vue presque exclusivement, c'est l'hypothèse où l'acheteur a acheté *a non domino* ; et dans ce cas, en admettant même le régime de la transcription en tant qu'il mette obstacle au droit d'inscription, il est naturel que la transcription soit exigée pour arrêter le cours des hypothèques avant que le possesseur puisse commencer à prescrire, tout au moins à prescrire en vertu de son titre, c'est-à-dire par dix ans.

Pour ce qui est des donations, on pourrait dire sans doute que le *verus dominus* est bien cette fois parmi les intéressés dont parle l'art. 941. Et cependant, même pour savoir quels sont les intéressés dont il est ici question, il faut rechercher dans quel but la transcription a été exigée pour les donations. Ici encore c'est pour mettre les tiers qui traitent avec le donataire à l'abri d'un acte de dessaisissement provenant du donateur. Ce que l'on vise, ce sont toujours les ayants-cause des parties. Et d'ailleurs, qu'il s'agisse de donation ou d'acte à titre onéreux, la transcription ne constitue pas une condition de validité de l'acte en lui-même, puisque, même non transcrit, celui-ci est valable entre les parties, ce qui veut dire que de sa nature il est translatif de propriété ; or, c'est le seul caractère et la seule condition qui soient exigés pour qu'il y ait juste titre.

Mais il y a maintenant, à propos de la transcription, dans ses rapports avec la prescription, une question d'un autre ordre ; et celle-ci est très délicate : je vais, sinon la traiter à fond, tout au moins vous en indiquer les termes, en vous présentant quelques motifs de décision.

Il faut supposer que le conflit s'élève, non plus entre le propriétaire et un tiers ayant traité avec un *non dominus*, mais entre deux ayants-cause d'un même auteur. Et ce qui fait la difficulté du problème, c'est qu'il y a une distinction à présenter qu'on me semble avoir un peu négligée ; aussi en est-il résulté, dans l'exposé de la question, une certaine confusion, au moins apparente.

Il peut se faire, en effet, qu'il s'agisse d'ayants-cause du vrai propriétaire ; seulement il y en a un qui n'a pas fait transcrire, il faut même supposer que ce soit ce dernier qui ait la possession. Cette condition est indispensable pour que l'on puisse parler de prescription acquisitive. Il faut aussi qu'il soit de bonne foi. C'était par exemple un premier acheteur; il était forcément de bonne foi. Il a été mis en possession de l'immeuble, mais il a négligé de faire transcrire. Puis, un second acheteur qui, lui, a fait transcrire, a attendu plus de dix ans pour agir en revendication. Il est possible qu'il ait connu la première vente et qu'il se soit trouvé dans une situation embarrassée vis-à-vis du premier acquéreur. Bref, pour une raison ou pour une autre, il l'a laissé en possession. Ce dernier, au bout de dix ans, aura-t-il prescrit contre celui qui a fait transcrire son titre? Il a pu sembler tout d'abord que ce serait ici, moins une question de prescription de la propriété, puisqu'elle a été acquise et transférée, qu'une fin de non recevoir à opposer au droit, pour celui qui a fait transcrire, d'invoquer le défaut de transcription; ce dernier, c'est-à-dire le défaut de transcription, disparaîtrait par la prescription de dix ans. Présentée sous cette forme, la solution est inacceptable. Elle apparaîtrait comme le résultat d'une prescription libératoire à l'égard d'une action naissant du défaut de transcription; et il n'y a pas d'action naissant du défaut de transcription au profit de celui qui a transcrit. Il y a, pour ce dernier, le droit de se prévaloir de sa propriété à l'encontre de tout le monde, et celui qui possède en vertu d'un acte non transcrit est, vis-à-vis du premier, comme un tiers quelconque; son acquisition ne compte pas, elle est non avenue. L'acquéreur qui a transcrit est, par rapport à lui, un propriétaire qui invoque son droit *erga omnes*, à l'encontre de tout possesseur quel qu'il soit; et celui qui détient l'immeuble est, en ce qui concerne le conflit qui s'élève entre ayants-cause du même auteur, un tiers comme tous les autres. C'est bien cette fois qu'il est vrai de dire que la propriété, par rapport à celui à qui la loi de 1855 donne le droit de l'invoquer, est absolue dans ses effets, et absolue vis-à-vis de ceux à l'égard de qui elle est opposable. Ce qu'invoquera celui qui a transcrit, ce n'est pas une action qui naîtrait à son profit du défaut de transcription de son adversaire; c'est la revendication elle-même, laquelle ne s'éteint pas par le non usage, et ne peut disparaître que par contre coup, en quelque sorte, par l'effet d'une acquisition de propriété au profit d'un autre.

Aussi, est-ce bien, en effet, une acquisition de propriété qu'invoque le possesseur : il ne s'agit pas d'une fin de non recevoir contre le droit d'invoquer le défaut de transcription, mais d'une prescription acquisitive de la propriété fondée sur la possession. On a beau dire que le possesseur était devenu propriétaire et qu'il ne peut être question d'une nouvelle acquisition de propriété ; on voit tous les jours des propriétaires dont le titre a disparu, ou se trouve contesté, et qui invoquent leur possession pour consolider leur droit et substituer la prescription au titre initial ; c'est même pour cela qu'a été inventée la prescription, du moins en est-il ainsi dans les explications et les justifications données après coup par les jurisconsultes. Ainsi par exemple, il ne serait guère douteux, bien qu'un auteur l'eût contesté, que, s'il avait possédé pendant trente ans, n'ayant à se prévaloir d'aucun titre, ce possesseur pourrait opposer victorieusement la prescription à l'encontre de son adversaire, et en dépit de la transcription opérée par celui-ci. Seulement, il n'a possédé que pendant dix ans et il voudrait, contre lui, se prévaloir de son titre non transcrit ; le peut-il ?

Avec la grande majorité des auteurs, je répondrai non, sans hésitation. C'est qu'ici le conflit s'élève entre personnes visées par l'art. 3 de la loi de 1855 ; et vis-à-vis de celui qui a transcrit, je ne puis plus dire, comme je l'ai dit précédemment, que le titre était valable sans transcription ; à l'encontre de cet ayant-cause d'un même auteur le titre n'existe que s'il a été transcrit. Vis-à-vis de lui, puisqu'il n'y a pas eu transcription, le titre est non avenu : il n'existe pas. Il date de sa transcription. Il est vrai qu'on a voulu voir dans cette dernière forme de raisonnement, une légère exagération, et que l'on a proposé de rectifier ainsi la formule: Ne dites pas que le titre est daté par sa transcription; dites seulement, et c'est le sens exact de la loi de 1855, qu'il ne peut se placer à une date antérieure à la transcription opérée par celui à qui le titre non transcrit était opposé. Ce titre non transcrit est non avenu, mais en un sens seulement, en tant qu'on voudrait prétendre qu'il serait antérieur à la transcription relative au titre qu'on lui oppose : des deux titres en conflit, le titre transcrit est le premier en date. Voilà tout ce que veut dire la loi de 1855. Elle ne signifie pas que, vis-à-vis de l'ayant-cause qui a transcrit, le titre qu'on lui oppose soit absolument non avenu. Je veux bien admettre cette rectification ; mais que prétend-on conclure de là ? Serait-ce par hasard que le titre du possesseur actuel ne pourrait être compté qu'à partir du jour où le second acquéreur aurait fait transcrire le sien ? Le point de départ de la prescription en serait quelque peu reculé. Il n'en résulterait pas moins que, pour la période antérieure, le possesseur opposerait à son adversaire un titre non transcrit, et cela à l'effet de faire valoir une acquisition de propriété qui lui fût opposable ; il se servirait à son encontre d'un titre non transcrit. Et le sens, cette fois absolument certain de la loi de 1855 est que, dans le conflit entre deux ayants-cause du même auteur, le titre d'acquisition ne peut jamais être invoqué, à quelque point de vue que ce soit, que s'il a été transcrit. La transcription n'est pas une formalité requise pour dater le titre, si je puis ainsi parler, mais une condition de son efficacité à l'égard des ayants-cause à titre particulier de l'aliénateur.

Seulement, j'ai annoncé que la question pouvait se poser dans une hypothèse un peu différente ; c'est pour le cas, qui serait vraiment un cas de prescription sans contestation possible, où le conflit s'élèverait entre ayants-cause ayant traité avec un *non dominus*. Il faut supposer, bien entendu, pour que la question se présente, que celui des deux ayants-cause qui avait transcrit, et qui n'est pas en possession, ait acquis après coup la propriété. C'est à ce moment qu'étant devenu propriétaire il voudrait agir en revendication contre le possesseur, lequel prétendrait invoquer son titre, même non transcrit, pour opposer la prescription de dix ans. Et encore, pour préciser davantage, faut-il qu'il soit bien entendu que la propriété ne lui a pas été acquise comme ayant-cause du vendeur. Il pourrait arriver, en effet, que ce dernier fût devenu propriétaire après la vente, par succession par exemple. Le droit qui viendrait ainsi se fixer dans son patrimoine passerait-il par le fait même à celui à qui, par avance, il l'eût transmis? C'est une question à résoudre d'après les différents systèmes proposés sur l'art. 1599, en ce qui touche la vente de la chose d'autrui. Nous savons déjà, d'ailleurs, que, par rapport à la prescription, la vente de la chose d'autrui constitue un juste titre au sens de l'art. 2265 : c'est même le juste titre en quelque sorte normal. Si donc on doit admettre, et je ne veux entrer dans aucune discussion sur ce point, que la vente, qui était nulle en vertu de l'art. 1599, se trouve validée par l'acquisition ultérieure, réalisée au profit du vendeur, du droit qui manquait à celui-ci, il faudrait en conclure que ses ayants-cause recueillent ce droit lui-même en vertu du contrat passé avec le vendeur ; et alors, s'il s'agit de deux acheteurs, dont l'un seulement ait fait transcrire, l'autre étant en possession de l'immeuble, la question de prescription qui s'élève entre eux, au sujet de la prescription décennale, est exactement la même que celle dont j'ai déjà exposé les termes et formulé la solution.

Cette éventualité mise de côté, ce serait donc de son chef, et non par l'intermédiaire du vendeur, que l'un des deux ayants-cause, que nous supposons en conflit, eût acquis la propriété. Il serait devenu l'héritier du propriétaire, ou bien encore il aurait traité avec lui. Il ne me semble pas douteux, au moins dans le premier cas, que le possesseur soit en droit, s'il possède depuis dix ans, d'opposer son titre, même non transcrit, comme il aurait pu le faire à l'encontre de l'ancien propriétaire lui-même, dont le nouveau ne fait qu'invoquer les droits à titre d'héritier. Remarquez en effet que le demandeur en revendication ne se prévaut pas ici de la vente qu'il avait passée, il ne se présente pas comme ayant-cause du vendeur, mais comme héritier du propriétaire. Or, c'est comme ayant-cause du vendeur qu'il est protégé par la loi de 1855, et c'est à ce titre seulement qu'il peut dénier, quant à lui, toute efficacité à un acte d'acquisition émanant du même vendeur, et qui n'eût pas été transcrit. En tant qu'héritier du propriétaire, il est, comme l'était le propriétaire lui-même, au nombre de ces tiers qui ne rentrent plus dans la formule de l'art. 3 de la loi de 1855. Qu'on ne dise pas qu'en fait le conflit s'élève entre deux ayants-cause d'un même auteur, et que c'est précisément l'hypothèse dans laquelle la loi de 1855 doit s'appliquer ; car, il faut apporter une nouvelle modification, ou plutôt une explication plus précise, à la formule que je vous ai présentée jadis. Si pénétrante que soit l'analyse qu'on essaie d'en donner, il se trouve toujours, au contact des espèces que la pratique fait surgir, qu'il y a une nuance nouvelle qui avait échappé. J'avais parlé en effet du conflit s'élevant entre deux ayants-cause du même auteur ; mais vous comprenez bien ce que j'entendais par là : c'était le conflit entre deux titres émanant de la même personne. Qu'importe que les deux intéressés aient tous deux traité avec le même auteur, si celui qui se prétend propriétaire n'invoque pas son titre d'ayant-cause, et s'il n'agit pas en cette qualité ? Ici donc, il est incontestable que, s'il y a conflit entre deux ayants-cause, le conflit n'existe pas entre les titres par lesquels cette qualité leur a été attribuée.

Mais en quoi, serait-on tenté de dire, cette comparaison des titres importe-t-elle au point de vue de la prescription ? Lorsqu'un possesseur oppose la prescription de dix ans au propriétaire qui revendique, la valeur du titre dont il se prévaut doit s'apprécier en elle-même, à un point de vue absolu, et non par rapport au titre générateur de la propriété chez le propriétaire. A-t-on à s'occuper de savoir comment ce dernier est devenu propriétaire ? Le conflit, en matière de prescription, ne s'établit pas entre les titres, mais entre le droit d'une part, indépendamment de son titre initial, et le fait de la possession d'autre part ; si à ce dernier point de vue un titre est à prendre en considération, c'est en tant que condition de la possession ; ce n'est pas pour le mettre en comparaison avec le titre d'acquisition du propriétaire, et afin de savoir auquel donner la préférence. Parler de conflits entre les titres, à propos de prescription, n'est-ce pas méconnaître les principes les plus essentiels de cette dernière institution ? L'objection peut paraître exacte ; seulement elle ne s'adresse pas à la solution que j'admets ici, pour ce qui est de l'hypothèse où l'un des ayants-cause ne se prétend plus devenu propriétaire du chef du vendeur, puisque j'applique en pareil cas ce que l'on considère comme étant le droit commun en matière de prescription ; je ne mets pas les titres en conflit, et me contente du titre initial du possesseur, considéré comme valable en tant que titre translatif de droit, indépendamment de toute transcription. L'objection porterait sur la solution donnée dans l'hypothèse précédente, lorsque les deux ayants-cause avaient traité avec le vrai propriétaire. C'est là que l'on pourrait dire èn effet : Pourquoi s'occuper du titre du propriétaire qui revendique ? Pourquoi s'écarter du droit commun de la prescription ? Il est propriétaire, peu importe le titre en vertu duquel il le soit. L'autre est possesseur et il invoque un juste titre ; apprécions ce juste titre en lui-même ; et nous savons déjà que la vente par elle-même est un acte translatif de droit, indépendamment de toute transcription. Il en sera donc ainsi à l'égard de quiconque revendique comme propriétaire.

Cette objection est bien séduisante au premier abord ; mais je vous ai déjà donné la réponse. C'est que, dans toutes les autres hypothèses, on suppose la propriété prouvée et établie chez celui qui revendique, sans qu'il y ait pour cela à tenir compte de la comparaison des titres et à mettre en avant ce conflit de titres contre lequel on s'élève. Lorsqu'au contraire le procès surgit entre deux ayants-cause du vrai propriétaire, le droit de propriété du revendiquant ne peut résulter que de cette comparaison des titres ; puisque c'est le même droit qui a été transmis à deux personnes différentes et qu'il s'agit de choisir entre les deux. Or ce choix, et par suite cette préférence, ne peut se faire que par la comparaison des titres, et par l'application de la loi de 1855. Celui qui revendique ne peut faire valoir sa propriété qu'à la condition d'invoquer le défaut de transcription initial du titre opposé par le possesseur actuel. Ce défaut de transcription, ne lui est-il donc permis de s'en prévaloir que pour justifier à son profit de l'acquisition du droit de propriété ? Ne peut-il pas l'invoquer d'une façon générale, dès que le possesseur prétend faire usage de son titre contre lui ? C'est ce que j'ai admis avec la plupart des auteurs. Un titre non transcrit est inefficace à l'encontre de celui qui invoque un titre similaire émanant du même auteur, et qui a fait transcrire ; mais cette solution ne s'applique pas seulement en ce qui concerne la question de savoir lequel des deux titres a conféré la propriété ; ce titre est inefficace à un point de vue absolu, dès qu'il s'agit, en vue d'un effet de droit quelconque à en retirer, d'en établir l'existence à l'encontre du titre opposé par celui qui a transcrit.

La question ne se présente plus dans ces termes lorsque l'un des ayants-cause du vendeur tient son droit d'un autre que le vendeur lui-même ; et voilà pourquoi, dans ce cas, je reviens bien volontiers à ce que l'on peut considérer, sous la réserve que j'ai indiquée, comme le droit commun en matière de prescription, c'est-à-dire le fait qu'il n'y ait pas à tenir compte des titres constitutifs du droit chez celui qui revendique. Et ce que j'ai dit de l'hypothèse où cet ayant-cause eût été l'héritier du propriétaire s'appliquerait tout aussi bien au cas où il eût traité avec lui. Apprenant que son vendeur originaire n'était pas propriétaire, il conclut un nouvel achat avec le *verus dominus* ; par le fait même il tient la vente qui lui avait été consentie comme nulle en vertu de l'art. 1599. On ne peut donc plus parler d'un conflit de titres ; et d'autre part, y eut-il lieu de considérer la vente comme subsistante, que là encore le propriétaire qui revendique n'invoque pas l'aliénation qui lui a été consentie par celui du chef de qui le possesseur a acquis l'immeuble. Donc nous n'avons plus à faire intervenir la loi de 1855. Nous sommes en dehors de son domaine d'application. Le possesseur invoque son titre en tant que, par lui-même, et de sa nature, il serait un titre translatif de droit ; et pour que ce caractère lui appartienne, il n'est pas nécessaire, nous le savons, qu'il s'y ajoute la formalité de la transcription. Il suffit de considérer la vente en elle-même, à raison de l'effet nouveau que lui attribue l'art. 1138, confirmé par l'art 1583, qui est d'être un titre, de sa nature, translatif de propriété.

XXIIe LEÇON

PRESCRIPTION DÉCENNALE : BONNE FOI. — DE LA POSSESSION DES MEUBLES. — EXPLICATION DE L'ART. 2279 : THÉORIE ET EXPOSÉ DES SYSTÈMES.

Je me suis laissé entraîner à traiter, peut-être un peu trop à fond, certaines questions minutieuses relatives au juste titre ; je vais donc être obligé de passer très vite sur la question à laquelle j'arrive maintenant et qui est celle de la bonne foi. Ce sont quelques grandes lignes que je vais essayer de tracer ; je vous donnerai quelques idées, vous compléterez vous-mêmes les lacunes de mes explications. Bonne foi.

La bonne foi est donc la seconde condition exigée pour qu'il puisse y avoir prescription par dix ou vingt ans. La loi, d'ailleurs, ne nous dit pas en quoi elle consiste. Je crois pouvoir la définir en disant que c'est l'ignorance chez le possesseur de l'existence du droit contre lequel s'opère la prescription. Toutefois cette définition tranche certaines questions douteuses ; ou plutôt elle les suppose déjà résolues. Pothier, lui, nous en donne cette idée que c'est : « *Justa opinio quæsiti dominii* » la croyance légitime qu'on est devenu propriétaire. Le plus souvent les deux définitions aboutissent au même résultat, car presque toujours le possesseur de bonne foi se croit propriétaire parce qu'il a cru traiter avec un propriétaire. Le possesseur ne sera pas de bonne foi lorsqu'il saura qu'il a traité avec une personne qui n'était pas propriétaire ; et on ajoute plus généralement toutes les fois qu'il connaîtra les vices du titre de celui avec qui il a traité. C'est sur ce point que j'arriverai à des questions assez délicates ; je ne ferai que les esquisser, tout au plus. Il s'agirait, en effet, de savoir dans quelle mesure le fait, pour celui qui entre en possession, de connaître les causes de nullité ou de résolution du droit qu'on lui transmet est exclusif de la bonne foi, et dans quelle mesure, par conséquent, ce fait s'opposerait à l'application de la prescription de dix à vingt ans.

Sans aucun doute, si le possesseur a su au moment de l'acquisition que l'aliénateur détenait en vertu d'un titre excluant la propriété, nous sommes dans la vérité, quelle que soit la formule adoptée. Je veux dire par là que le possesseur ne sera pas de bonne foi.

Mais le vendeur pouvait être possesseur en vertu d'un titre affecté d'un vice. Ainsi *Primus* vend à *Secundus* lequel se met en possession ; mais *Primus* avait une propriété qui pouvait s'évanouir en vertu d'une nullité affectant son titre ; il avait lui-même acquis d'un incapable, par exemple. Si *Secundus* ignore cela, il est clair qu'il est de bonne foi. Mais que déciderons-nous, s'il le sait? Dirons-nous encore qu'il soit de bonne foi ?

Je trouve que les auteurs qui discutent cette question laissent subsister à ce point de vue une certaine confusion. La question se pose-t-elle quant au point de savoir si *Secundus*, par la prescription, pourra se mettre à l'abri des causes de nullité ou de résolution qui peuvent affecter le titre de son auteur ? Ce n'est pas ce que nous recherchons, et ce que nous discutons, en ce moment. Notre point de vue est celui-ci : *Primus* n'était point propriétaire du tout, et de plus le titre qui le faisait propriétaire apparent était entaché d'un vice ; il s'agit de savoir si *Secundus* peut prescrire la propriété contre le *verus dominus*. Sous ce rapport, l'existence de ces vices, et leur connaissance par *Secundus*, est indifférente ; car il n'en suit pas moins qu'il tenait la chose de quelqu'un qu'il croyait propriétaire ; et quant aux vices, ils n'étaient nullement invocables par le *verus dominus*.

Mais quand celui qui possède, possède en vertu d'un titre entaché de nullité, sera-t-il de bonne foi s'il connaît les vices de son propre titre, à lui ? Ainsi *Secundus* est acheteur ; mais la vente qui lui a été consentie est annulable. *Secundus* le possesseur est certainement de bonne foi en ce sens que, suivant ma définition, il ignore le droit du *verus dominus* ; il a cru traiter avec le vrai propriétaire. Mais c'est dans ce cas, et pour cette hypothèse, que beaucoup d'auteurs font valoir l'autre formule en disant : il n'a pas la *justa opinio quœsiti dominii*. Ainsi donc ces nullités relatives, je vous l'ai déjà dit, n'empêchent pas le titre d'être un juste titre ; mais la connaissance de ces nullités n'exclut-elle pas la bonne foi ? Telle est notre nouvelle question. A mon sens, il suffit, pour l'admissibilité de la prescription décennale, que le possesseur ait cru traiter avec un propriétaire. Le titre, quoique vicié, est infesté d'un vice qui ne peut être invoqué que par l'aliénateur ; le véritable propriétaire ne peut donc pas s'en prévaloir et arguer de ce que ce possesseur connaissait cette cause de nullité.

Je suis obligé de me contenter de ces quelques aperçus en ce qui touche la conception de la bonne foi, et par suite la définition des cas dans lesquels on devra en reconnaître l'existence. Et je vais terminer par deux indications complémentaires, celle relative à la preuve, et celle relative à la cessation de la bonne foi au cours de la possession.

La bonne foi, lorsqu'il y a contestation sur le point de savoir si elle existe, n'a pas besoin d'être prouvée par le possesseur (art. 2268). Quant à ce qui est de la permanence de la bonne foi, il y a sous ce rapport une règle traditionnelle, au moins par ses origines romaines, qui est celle-ci : il suffit que la bonne foi ait existé au moment de l'acquisition ; il semble que la loi ne se place même pas au moment de la prise de possession. Ce que l'on prend en considération, c'est le moment où est intervenu l'acte qui aurait dû opérer la transmission du droit. Ce qui est certain, c'est qu'il n'y a pas à se préoccuper de la mauvaise foi postérieure. Cette dernière règle n'avait pas été maintenue dans notre ancienne jurisprudence. Sous l'influence du droit canonique, on avait décidé que la survenance de la mauvaise foi empêchait la prescription, en tant que celle-ci était fondée sur la bonne foi (POTHIER, *Prescription*, n°s 34 et 35). Mais, le Code civil est revenu au droit Romain. Et cette indulgence, si l'on peut ainsi parler, se justifie par une idée très humaine, dont le droit romain avait cru devoir tenir compte, c'est que, dès que le possesseur a été de bonne foi à l'origine, il serait trop dur de le considérer comme manquant à un véritable devoir, lorsque, apprenant qu'il n'est pas devenu propriétaire, il ne restitue pas la chose au cours de la prescription.

Cette décision de l'art. 2269 explique la solution admise sur une controverse que je vous ai signalée à propos de l'article 2235. Lorsque le possesseur, ayant titre et bonne foi, c'est-à-dire étant en situation d'acquérir par la prescription de dix ans, vient à mourir, l'héritier pourra continuer à prescrire par dix ans nous le savons. Mais, au moment où cet héritier reprend la possession de son auteur, il a cessé lui-même d'être de bonne foi. Il n'en prescrit pas moins par dix ans, comme son auteur : et cette solution est en harmonie avec l'art. 2269. La question à laquelle je veux faire allusion suppose que le possesseur, qui avait titre et bonne foi, a transmis à un acquéreur à titre particulier. Si ce dernier est de bonne foi, il joindra sa possession à celle de son auteur ; mais qu'arrivera-t-il s'il n'est pas de bonne foi ? Pourra-t-il invoquer l'art. 2235 pour joindre sa possession à celle de son auteur ? A Rome on ne le lui aurait pas permis. Le successeur à titre particulier devrait commencer en sa personne une possession utile pour l'usucapion avant de pouvoir joindre la possession de son auteur à la sienne. Cette disposition, un peu rigoureuse, avait été maintenue en ancien droit en conformité avec le droit canonique. Mais quelle solution devrons-nous donner aujourd'hui, le principe étant changé ? Certains interprètes pensent que ce possesseur pourrait prescrire du chef de son auteur, et en continuant la prescription décennale commencée par ce dernier ; et pour le soutenir, on se fonde sur l'art. 2269. Il suffit que la bonne foi ait existé au début de la possession. Je crois que nous devrons nous en tenir à la règle romaine ; car déjà à Rome on n'exigeait la bonne foi qu'à l'origine de la possession ; et cependant, malgré cela, le droit romain n'admettait pas que le possesseur à titre particulier de mauvaise foi pût invoquer la possession de son auteur. Quant à l'art. 2269, il suppose que la possession a continué dans la même personne ou dans la personne de l'héritier. Le motif d'exclusion donné par le droit romain, et que je vous ai rappelé d'un mot, me paraît encore s'imposer aujourd'hui ; il nous indique comment on doit comprendre la règle de l'art. 2269 et quelle en est la portée. En matière d'accession des possessions, lorsqu'il s'agit d'acquéreurs à titre particulier, la loi veut, pour les admettre à se prévaloir de la prescription de faveur déjà commencée par leur auteur, qu'eux-mêmes eussent été à même de prescrire dans les mêmes conditions. Il faut donc que la prescription décennale ait pu commencer chez eux, pour qu'ils puissent l'invoquer à leur profit, je veux dire en tant qu'il s'agit de l'accession des possessions, chez leur auteur.

Donc, quand il y a deux possessions successives, il s'agit de savoir d'abord si le possesseur actuel a une prescription utile pour prescrire par dix ans, ce qui suppose qu'il soit de bonne foi. Et ce n'est que, s'il peut lui-même prescrire par dix ans, en vertu d'une possession appréciée dans sa personne à lui, qu'on lui permet de joindre et d'invoquer la possession de son auteur.

Nous avons vu jusqu'ici les conditions exigées pour la prescription, soit trentenaire, soit décennale. A cette occasion nous avons constaté une fois de plus que cette abréviation de délai n'est admise par la loi que lorsqu'il s'agit des immeubles. Naturellement nous sommes amenés ainsi à rechercher comment il se fait que nous ne trouvions rien de semblable quand il s'agit de la possession des meubles : serait-ce que le possesseur d'un meuble, ayant titre et bonne foi, serait moins bien traité que le possesseur d'immeuble. La réponse est dans l'art. 2279 : « En fait de meubles la possession vaut titre ». Possession des meubles art. 2279.

A prendre en soi cette formule, on n'en aperçoit pas d'une manière très nette la signification. Et cette disposition a donné lieu à de nombreuses explications et systèmes, soit quant à sa portée pratique, soit quant à la doctrine juridique dont elle est l'expression.

Moi, je la traduis ainsi : La possession de bonne foi d'un

meuble corporel suffit pour en faire acquérir immédiatement la propriété. En formulant cette règle, le Code civil s'est approprié une doctrine exposée par un de nos anciens auteurs, un avocat au Parlement de Paris, Bourjon. Ce dernier présentait cette formule comme la conséquence de la jurisprudence du Châtelet de Paris. On peut déjà dégager le sens de notre règle en s'attachant à une décision insérée au second alinéa de notre article, et qui se présente comme apportant une exception au principe.

« Néanmoins, dit l'art. 2279, § 2, celui qui a perdu ou auquel il a été volé une chose peut la revendiquer pendant trois ans à compter du jour de la perte ou du vol, contre celui dans les mains duquel il la trouve ».

Le législateur, déclarant, par exception au principe, que le propriétaire pourra revendiquer le meuble entre les mains des tiers possesseurs, lorsque ce propriétaire a été dépouillé de la possession par perte ou par vol, nous montre bien par là quelle est la signification de la règle ; elle revient à dire que le propriétaire, en principe, n'est pas admis à revendiquer le meuble, lorsque celui-ci est sorti de ses mains autrement que par perte ou par vol. Je dis que, au cas de perte ou de vol, c'est contre les tiers possesseurs, et contre les tiers possesseurs de bonne foi, qu'on accorde la revendication. S'il s'agit, en effet, de réclamer le meuble entre les mains du voleur, c'est la prescription trentenaire qui serait invocable : c'est également la seule que pourrait opposer le tiers possesseur qui aurait acquis du voleur ou de l'inventeur, s'il n'était pas de bonne foi.

Nous avons donc, dans l'art. 2279, une règle générale et une exception qui s'y trouve apportée. Or, il y a une preuve certaine que l'exception se réfère uniquement au cas où il s'agit de tiers possesseurs, c'est-à-dire de ceux auxquels la chose aurait été livrée par celui qui s'en était emparé ; elle ressort de ce fait, expressément visé par le texte, qu'on réserve le recours contre l'auteur même du possesseur. L'exception ainsi apportée par l'art. 2279 à la règle qu'il édicte consiste en ce que, dans un cas exceptionnel, même lorsqu'il s'agit de tiers de bonne foi, la revendication subsiste ; c'est donc que, en règle générale, le propriétaire a perdu toute action en revendication en présence de la possession de bonne foi des tiers ; c'est la preuve que, dans ce cas, la propriété a disparu.

Toutefois, si l'interprétation que j'ai donnée se trouve déjà confirmée dans une large mesure par le texte de l'art. 2279, il s'en faut que la signification que j'attribue à la règle « en fait de meubles possession vaut titre » ait été acceptée par tout le monde.

Et pour justifier la signification que je viens de vous proposer, il est indispensable de chercher l'interprétation de l'art. 2279 dans les précédents historiques. Historiqu

A quelle source par conséquent rattacher l'origine de cette règle? Pour suivre ce qu'on peut appeler l'évolution historique des idées en cette matière, il faut préciser, au point de vue pratique, dans quelles circonstances pourrait se produire la revendication d'un meuble entre les mains d'un possesseur, en dehors du cas de perte ou de vol. Comment pourra-t-il arriver que le propriétaire se trouve dessaisi de la possession, et, à supposer que ce ne soit pas ce propriétaire lui-même qui s'en soit dessaisi volontairement ? Dans quels cas cela pourra-t-il donc se présenter, en dehors de la perte ou du vol ? Voici alors ce qu'il faut admettre : il faut supposer que ce propriétaire ait, à un titre quelconque, mis ou laissé le meuble entre les mains d'une personne qui devait le lui rendre ; et cette personne aura disposé du meuble à l'insu du propriétaire. Cet acte de disposition aura pu d'ailleurs avoir lieu de bonne foi, si c'est par exemple l'héritier du possesseur qui l'aliène. Qu'il s'agisse par exemple d'un dépôt ; le dépositaire aura aliéné le meuble, lui ou son héritier. Il pourrait en être de même au cas de prêt à usage et au cas de commodat. Peut-être encore est-ce un créancier gagiste qui, irrégulièrement, a disposé du gage. Ou bien c'est un ouvrier, artisan ou artiste, à qui un objet a été confié pour un certain travail, et qui l'aura vendu pour son compte ; enfin, il y a l'hypothèse de l'acheteur qui aura accordé un délai au vendeur et qui aura laissé la chose entre les mains de ce dernier. Le vendeur l'aliène à nouveau ; ou son héritier, ignorant la vente, en dispose et livre le meuble au nouvel acheteur (art. 1141).

Dans ces diverses hypothèses, il y a une question qui se présente tout de suite à l'esprit, et qui est celle de savoir, s'il y a une perte à subir, qui doit la supporter ? Est-ce le tiers possesseur de bonne foi ou le propriétaire, lequel a tout au moins à se reprocher d'avoir mal placé sa confiance ?

Question délicate *à priori* et qui peut être envisagée sous des aspects très divers. Dans le droit romain on n'avait pas pensé que le propriétaire en pareil cas pût être sacrifié à l'intérêt, si légitime qu'on le suppose, du possesseur de bonne foi. Le propriétaire avait le droit de revendiquer ; seulement le droit romain abrégeait ici le délai d'usucapion. Mais d'un autre côté, il y avait à Rome un principe qui rendait cette usucapion des meubles d'une application très rare, c'est la règle que les choses volées ne pouvaient être usucapées ; et cette hypothèse ne se produisait pas seulement quand il y avait soustraction frauduleuse ; la définition romaine du vol est en effet celle-ci : « une *contractatio fraudulosa* » ; de sorte que l'on considérait comme un *furtum* le fait du dépositaire de disposer du meuble. Il faut donc supposer, en droit romain, certaines hypothèses rares pour concevoir qu'il n'y ait pas *furtum* dans le fait de la disparition d'un meuble ; par exemple, ce sera l'héritier du dépositaire qui, de bonne foi, en aura disposé, et je vous renvoie aux autres exemples cités aux Institutes (II, 6, §§ 4 et suiv.). La pensée du droit romain est que celui qui traite avec une personne comme acheteur doit savoir quel degré de confiance on doit accorder à son auteur. Voilà pour le droit romain ; voyons la genèse du droit moderne.

Je dois négliger tout ce que l'on peut appeler les antiquités du droit français, les origines germaniques de notre droit. Il y aurait là à vous exposer une théorie très curieuse et fort remarquable qui a laissé des traces profondes dans notre ancienne jurisprudence par la règle que « les meubles n'ont pas de suite ». Règle d'ailleurs toute différente, quoique voisine, de celle de l'art. 2279. Je vous renvoie sur ce point à la savante monographie de M. Jobbé Duval: *Etude historique sur la revendication des meubles*. Quant à moi qui recherche simplement dans les précédents la filiation des idées, en tant qu'elles ont abouti à l'art. 2279, je me placerai immédiatement à l'époque de la rédaction des coutumes, et même après la deuxième rédaction.

Quelques coutumes avaient simplement maintenu la prescription de trois ans telle qu'elle existait dans le droit romain de la dernière époque. En dehors de ces coutumes qui s'étaient expliquées, c'était une grande difficulté de savoir quelle prescription il fallait admettre pour les meubles. On se demandait si on leur appliquerait alors la prescription décennale de Justinien ou celle de trente ans. Pothier était d'avis que la coutume d'Orléans, par argument *a contrario* de l'art. 260, laissait la prescription acquisitive des meubles sous l'application du droit romain. Mais il ajoutait que la chose était beaucoup plus douteuse pour la coutume de Paris (POTHIER, *prescription*, nos 199 et suiv., n° 202) ; et en effet, pour la coutume de Paris, on admettait généralement que la prescription, même pour les meubles, avait lieu par trente ans. Enfin, en dehors de cette question de délai, il y en avait une autre qui était de savoir si le *vitium furti* mettait obstacle d'une manière permanente à l'usucapion au profit des tiers possesseurs de bonne foi ; sur ce point Pothier rejetait la règle du droit romain comme arbitraire (*Prescription* n° 204).

La prescription même abrégée, c'est-à-dire ainsi réduite à trois ans, devait-elle être regardée comme suffisante pour donner au possesseur de bonne foi une protection équitable ? On peut en douter, parce qu'il y a, entre les meubles et les immeubles, cette différence de fait qu'on n'est pas dans l'usage de constater par écrit les actes d'acquisition des meubles. Les meubles se transmettent le plus souvent de la main à la main, sans qu'il soit passé d'acte écrit pour en constater la transmission ; de sorte que le possesseur d'un meuble courait la chance d'éprouver un préjudice, en ce sens tout d'abord qu'il n'avait pas pu demander à celui avec qui il traitait une justification de son droit de propriété. Mais ce possesseur était encore dans une situation difficile à un autre point de vue ; car pour invoquer la prescription de trois ans, il lui fallait un titre, titre et bonne foi. Cette difficulté était devenue plus grande depuis que l'Ordonnance de Moulins avait limité la possibilité de faire la preuve par témoins, en exigeant un écrit toutes les fois que l'intérêt engagé excédait 100 livres.

Ainsi donc, en prenant pour point de départ le fait qu'on ne dresse pas d'écrit pour les transmissions de meubles, vous voyez que même la prescription de trois ans était très précaire. Et Pothier, pour faciliter au possesseur au moins la preuve du titre nécessaire pour la prescription de trois ans, disait qu'on devait présumer le titre au profit du possesseur de bonne foi (*Traité des donations entre mari et femme*, n° 67). C'était un simple moyen de lui faciliter la prescription triennale : il y a présomption que le possesseur a un titre s'il déclare en avoir un.

Quelques jurisconsultes qui adoptaient ce système exprimaient leur idée en disant, comme le fait l'art. 2279, qu'en fait de meubles possession vaut titre ; cela voulait dire, dans leur terminologie spéciale, que la possession dispense le possesseur de prouver qu'il a un titre. Et l'un des premiers interprètes du Code civil, Toullier, a voulu maintenir ce système d'interprétation au sujet de l'art. 2279.

Mais notez que Pothier, et toute la doctrine à l'époque de Pothier, n'en maintenait pas moins comme principe le droit de propriété et la revendication du propriétaire (Voir Pothier, *Traité des Cheptels*, n° 42 et au Traité précédemment cité, n° 67 ; également *Traité de la propriété*, n° 244 ; et Domat, *Lois civiles*, liv. III, tit. VII. sect. III, n° 2 ; enfin Legrand, *Coutume de Troyes*, art. 72, § 50). On faisait cependant une réserve importante, lorsque le meuble, actuellement aux mains d'un tiers, avait été acheté en vente publique ou en foire ou marché ; on admettait alors que ce possesseur ne pouvait être dépossédé par la revendication qu'à la condition d'être remboursé de son prix. Nous retrouverons une disposition analogue dans l'art. 2280 (Pothier, *Cheptels*, n° 42, et *Traité des donations entre mari et femme*, n° 66).

C'est alors qu'un commentateur du droit romain, se plaçant au point de vue de son application pratique, disait qu'il y avait lieu d'admettre, d'une manière générale, que celui qui avait acheté un meuble de bonne foi ne pourrait être dépossédé par le propriétaire que sous condition de remboursement de prix (VOËT sur le *Digeste*, , liv. VI, tit. I, au § XII, édit. 1778, t. Ier, p. 330). On reconnaît là l'influence des idées qui avaient cours dans un pays essentiellement commerçant, la Hollande ; c'était une nécessité de crédit. Enfin, ce sentiment de la protection à accorder au possesseur de bonne foi finit par provoquer en France une solution plus radicale encore, à savoir le refus complet de la revendication, refus qui laisse le propriétaire désarmé, en présence d'un possesseur de bonne foi ; l'ancien propriétaire n'aurait plus que son recours contre celui à qui il avait remis la chose. L'intérêt du possesseur, et par suite l'intérêt de la sécurité des transactions, va l'emporter désormais sur l'intérêt de la propriété.

Cette doctrine est celle de Bourjon dans son *Traité du droit commun de la France*. Il la formule et l'applique en divers passages. Voici le plus important : C'est au liv. III, titre XXII, chap. V. « La prescription, dit-il, n'est d'aucune considération, elle ne peut être d'aucun usage quant aux meubles ; puisque par rapport à de tels biens, la possession produit tous les effets d'un titre parfait ». Ceci aplanit toutes les difficultés que faisait naître le silence de la coutume sur la prescription applicable aux possesseurs de bonne foi d'un meuble. Voilà en effet qui est très simple. On discutait sur le laps de temps de la prescription en matière mobilière, la coutume ne s'en étant pas expliquée : or à quoi bon discuter ? Il n'y a pas de prescription du tout.

Bourjon ne méconnaît pas que cette doctrine rencontre des contradicteurs, Bretonnier, par exemple ; il le signale en note. Mais il ajoute qu'il ne lui paraît pas exact que le Parlement de Paris n'admette que la prescription de trois ans, et que, en tous cas, ce n'est pas la jurisprudence du Châtelet, « à moins, dit-il, qu'il n'y ait action personnelle en restitution ». Il est plus explicite encore à un autre passage, où il fait seulement exception, comme l'art. 2279, pour le cas de meuble furtif. Le motif qu'il en donne est de protéger le possesseur au point de vue de la sûreté et de la célérité du commerce (Voyez BOURJON, liv. III, tit. XXII, ch. V ; liv. II, tit. I, ch. VI, n°s 1 et 2, et liv. VI, tit. VIII, ch. III, sect. 3 et sect. 4, n° 18). Ici encore se retrouvent en présence le premier et le deuxième alinéas de l'art. 2279. Enfin, voyez au dernier passage que je viens de vous citer aux numéros 18 et 19 ; vous y verrez mentionnée et très clairement analysée l'hypothèse du dépositaire qui a vendu le meuble.

Cette opinion de Bourjon lui est propre, en ce sens que c'est lui qui l'a dégagée de la jurisprudence du Châtelet ; mais elle n'était pas restée isolée. Le commentateur de la Coutume de La Rochelle, Valin, reproduit la même décision à propos du dépositaire et en donne excellemment le motif (VALIN, sur l'art. LX, § XXII, édit. 1766, t. III, p. 240). On peut affirmer aussi que Denizard, procureur général près le Châtelet de Paris, admettait la même solution (DENIZARD, *Recueil de jurisprudence*, V° Vente, N° 6) : « S'il s'agit de la vente d'une chose mobilière, celui qui l'aurait achetée de bonne foi, dit-il, pourrait la garder, sauf le recours du propriétaire contre le vendeur, à moins qu'elle n'eût été dérobée ». C'est toujours la formule que nous retrouverons dans l'art. 2279.

Enfin, je termine en vous disant qu'il y a dans Pothier lui-même un passage qui donnerait à penser qu'à un certain moment au moins il se fût rattaché à cette doctrine. C'est dans son Introduction à la Coutume d'Orléans (Titre XIV, N° 4). Il conclut en disant : « Il est rare qu'il y ait lieu à la question de la prescription de trois ans pour les meubles, le possesseur d'un meuble en étant parmi nous présumé propriétaire, sans qu'il soit besoin d'avoir recours à la prescription ». N'est-ce pas la doctrine même de Bourjon ? Comment se ferait-il qu'elle fût ici présentée par Pothier qui la rejette si formellement ailleurs ? L'explication nous manque. Mais le texte est formel.

Quoi qu'il en soit, si l'on suit ainsi cette évolution des idées sur notre sujet, on arrive à comprendre facilement le sens de l'art. 2279, lequel reproduit tout simplement la décision et la formule de Bourjon. Seulement, Bourjon faisait une réserve pour le cas de meuble furtif. Or, il y a cette exception nouvelle que, au meuble furtif, on a ajouté le cas de perte. On a pensé sans doute que le propriétaire qui n'a pas de faute à se reprocher, au cas de vol, n'en a pas non plus au cas de perte. Il n'a pas mal placé sa confiance.

Je puis conclure de tout ce large courant historique que l'art. 2279 signifie que le possesseur d'un meuble, je le suppose de bonne foi, n'a besoin d'invoquer aucune prescription. Il est propriétaire par le fait seul qu'il est possesseur. Je dis par le fait seul qu'il est possesseur, bien que j'exige qu'il soit de bonne foi, c'est que celle-ci est présumée. C'est donc un cas d'acquisition de la propriété par le fait de la loi, ce que l'on appelle une acquisition *lege*. On ne saurait objecter à cela que les textes ne parlent pas de ce mode d'acquisition; nous savons déjà qu'on ne peut se soustraire à lui reconnaître une existence légale : ainsi nous l'avons vu pour le possesseur de bonne foi qui fait les fruits siens.

Cependant j'ai dit déjà que cette interprétation de l'art. 2279 n'était pas admise par tout le monde. Quelques mots maintenant sur les autres systèmes d'interprétation. Systèmes proposés sur l'art. 2279.

J'ai déjà fait allusion à la doctrine de Toullier, (t. XIV, nos 104 à 119). C'est à l'occasion du contrat de mariage, et en supposant que le mari ait aliéné sans droit un meuble propre de sa femme, que Toullier émet son opinion sur la règle de l'art. 2279. Aujourd'hui, quelle que soit l'explication doctrinale qu'on donne de l'art. 2279, on dit très simplement que, si le tiers acquéreur est de bonne foi, il est protégé par l'art. 2279. Toullier, lui, disait qu'il n'en était pas ainsi : l'acquéreur, d'après lui, serait encore exposé à la revendication de la femme. Seulement cette revendication s'éteindra par la prescription de trois ans. Il est bien vrai, disait Toullier, que, d'après l'art. 2279, possession vaut titre en fait de meubles; et Toullier rappelle qu'à un autre endroit il a donné de cet adage une toute autre signification, mais il déclare qu'il s'est trompé et que la règle de l'art. 2279 veut dire tout simplement que la possession dispense le possesseur de prouver ce titre, malgré les exigences de l'Ordonnance de Moulins. C'est revenir à la doctrine que professait Pothier dans son Traité des donations entre mari et femme.

Mais alors, si tel est le sens de la règle, que voudra donc dire l'exception ? Il est dit dans l'exception à la règle qu'on pourra revendiquer au cas de perte ou de vol. Eh bien, c'est donc qu'on ne peut pas revendiquer dans les autres cas ? Si on admet la revendication dans toutes les hypothèses, l'exception ne veut plus rien dire. A cela Toullier répond que l'art. 2279 n'a mentionné sans doute que les cas de perte ou de vol comme susceptibles d'admettre la revendication; mais qu'il faut en généraliser l'application à tous les cas où le meuble est sorti du patrimoine de son propriétaire contre la volonté de celui-ci. Si cela ne résulte pas des termes du texte, cela résulte de son esprit. C'est comme on le voit de l'arbitraire au premier chef.

La vérité est que le législateur a copié Bourjon, nous l'avons vu ; donc il a entendu le reproduire et admettre la formule de Bourjon avec le sens que Bourjon lui donnait. J'ajoute une dernière observation : Toullier dit que le possesseur n'aura pas besoin de prouver son titre; il sera mis à l'abri de la revendication par suite de la prescription de trois ans. Mais où donc se trouve-t-elle dans le Code civil cette prescription de trois ans ? Serait-elle sous-entendue dans l'art. 2279 ? C'est impossible, puisque cette question de délai, et la question même de l'existence de la prescription triennale, étaient déjà si vivement discutées en ancien droit pour les coutumes qui n'avaient pas adopté d'une façon expresse la prescription de trois ans du droit romain. D'autre part, il suffit cette fois encore de voir en quoi consiste exactement l'exception apportée au cas de vol ou de perte, pour être convaincu que, de droit commun et en règle générale, la prescription de trois ans est supprimée. C'est qu'en effet on fait revivre précisément pour ces deux cas exceptionnels, je ne dis pas une prescription de trois ans — car ce n'est pas une prescription acquisitive fondée sur la possession — mais une fin de non recevoir à la revendication fondée sur l'expiration d'un délai de trois ans. C'est donc bien la preuve que ce délai, en tant que, sous une forme ou sous une autre, il s'oppose à la revendication, est absolument exceptionnel en matière de meubles.

Toutefois, même parmi les auteurs qui admettent que l'effet de l'art. 2279 est de repousser la revendication du propriétaire, il y a, quant à l'explication doctrinale à en donner, bien des divergences.

Quelques-uns pensent que l'art. 2279 établit au profit du possesseur une prescription instantanée. Pour ceux qui ont inventé cette formule, c'était une manière pittoresque de faire comprendre le résultat acquis. Le possesseur de bonne foi est à l'abri de la revendication comme il le serait par une prescription instantanée ; voilà ce que l'on voulait dire. Et si l'on s'en tenait là, je ne verrais aucun inconvénient à l'emploi de cette formule. Mais on a exagéré cette forme de langage, et on a échafaudé, en quelque sorte sur cette seule expression, la théorie d'une véritable prescription instantanée, considérée comme théorie distincte. C'est là cependant une association d'idées tout à fait contradictoires. Il y a dans cette construction juridique, pour ceux qui l'admettent, autre chose qu'une simple question de mots. Et l'intérêt pratique du système se présente lorsqu'il s'agit de savoir à quelles conditions le possesseur pourra invoquer le bénéfice de l'art. 2279. Les partisans de la prescription instantanée ont sur ce point leur opinion faite. Il faudra, disent-ils, exiger les conditions ordinaires de toute prescription de faveur. Donc il faut titre et bonne foi... les deux choses réunies.

On a cru trouver un argument en faveur de cette opinion dans l'art. 2236. Ce texte parle du dépositaire comme ne pouvant pas prescrire ; il s'agit forcément du dépositaire d'un meuble. C'est donc, a-t-on dit, qu'il y a une prescription pour les meubles, puisqu'on en refuse le bénéfice au dépositaire en tant que possesseur précaire. Cette prescription ne peut-être que la prescription instantanée de l'art. 2279. Nous répondons, nous, que, sans doute il y a bien encore une prescription des meubles ; mais c'est la prescription de trente ans pour les cas exceptionnels dans lesquels nous avons vu qu'elle serait admise ; or, même dans ces hypothèses, s'il s'agissait d'un dépositaire, il ne pourrait jamais prescrire. Voilà ce qu'a voulu dire l'art. 2236. Il ne fait pas forcément allusion à une prescription instantanée. D'ailleurs il n'y a rien de plus contraire à toute l'évolution historique en cette matière que d'exiger un juste titre pour l'acquisition des meubles par la possession. Nous avons vu que la tendance constante à ce point de vue, tendance inspirée par les nécessités commerciales les plus urgentes, avait été d'écarter l'exigence d'un titre, afin qu'on n'eût pas à en imposer la preuve au possesseur. Revenir à la théorie du juste titre, ce serait donc reculer au-delà de Pothier, puisque celui-ci voyait déjà dans la possession une présomption de titre. Alors, faudrait-il au moins admettre la même présomption, ce qui reviendrait, pour celui qui se prétend propriétaire du meuble, à lui réserver, ou plutôt à lui imposer, la preuve du défaut de titre en ce qui concerne le possesseur. En général, et pratiquement, une preuve de ce genre ne pourra guère se faire qu'en établissant un titre exclusif de toute prétention à la propriété, c'est-à-dire un titre précaire. Et alors il s'agirait de savoir en quoi cette opinion va différer, sur le terrain des faits et des réalités pratiques, de celle qui, sans exiger le juste titre, se contente d'une possession exclusive de précarité. C'est un point que nous ne pourrons examiner utilement qu'à propos des conditions d'application de l'art. 2279.

XXIIIe LEÇON

THÉORIE DE L'ART. 2279 : EXPOSÉ DES SYSTÈMES (SUITE)

Comme conclusion des indications historiques que je vous ai présentées, je suis arrivé à préciser le sens de la disposition de l'art. 2279, en disant qu'elle attribue au possesseur de bonne foi d'un meuble corporel la propriété même du meuble. En d'autres termes le possesseur de bonne foi d'un meuble n'a pas besoin d'invoquer la prescription. Cette formule n'a pas toujours été admise ; le principe lui-même a été mis en doute par Toullier ; je vous l'ai montré. Mais aujourd'hui les divergences ne portent guère que sur l'explication de la formule.

Nous en étions à l'exposé de la doctrine qui voit dans l'art. 2279 une sorte de prescription instantanée. Ce qu'il y a de vrai à cet égard, c'est que l'art. 2279, en vertu d'une disposition légale, a entendu rendre le possesseur immédiatement propriétaire, absolument comme il le serait en vertu d'une prescription. Mais on a voulu exagérer cette idée, je vous l'ai montré. Et j'ai déjà refuté à peu près complètement cette formule, en tant qu'elle se présente comme le résumé d'un système doctrinal dont on avait voulu tirer toutes les conséquences logiques. Il y a cependant un argument de texte que l'on invoque quelquefois et dont j'ai omis de vous parler. Je vous l'expose en quelques mots. On dit en effet que nécessairement l'article 2279 doit poser une règle de prescription, puisqu'il se trouve au titre des prescriptions. Puis, ajoute-t-on, la gradation des textes nous le montre clairement : En effet le chapitre V est intitulé : « *Du temps requis pour prescrire* ». Alors voyez comment on procède : d'abord la prescription la plus longue, puis celle de dix à vingt ans; dans la section dans laquelle se trouve l'art. 2279, on indique des prescriptions plus courtes encore, et enfin la série se termine par une prescription qui est la plus brève de toutes, puisqu'elle ne demande plus aucun délai! Voilà le raisonnement. La réponse est double. D'abord c'est encore une règle de prescription que celle qui consiste à dire que, pour les meubles possédés de bonne foi, il n'y a pas de prescription. C'est ainsi que procédait Bourjon par exemple. Il parlait de la prescription des meubles, précisément pour l'écarter. Puis, il y a dans l'art. 2279 un certain délai, celui qui est admis au point de vue de la revendication, dans les cas où elle est invocable contre les détenteurs de meubles. C'est donc quelque chose d'assimilable à une prescription et qui devait trouver place ici.

Pour ce qui est des différences pratiques entre cette explication et celle que je vous ai donnée, je vous ai déjà dit que nous les étudierions à propos des conséquences à tirer de la règle de l'art. 2279.

Mais il y a une autre explication doctrinale de l'art. 2279 qui, en ce qui touche le principe et ses applications pratiques, diffère de la mienne, c'est celle à laquelle la jurisprudence, malgré ses variations, paraît se rattacher.

Système de la jurisprudence.

On dit que cette règle n'a pas pour effet d'attribuer précisément la propriété au possesseur. L'art. 2279 établirait au profit du possesseur d'un meuble, ce mot étant pris dans le sens le plus large, même au sens de détenteur, une présomption légale, devant laquelle tombe l'action en revendication du propriétaire. Ce qui revient à dire que dans notre droit il n'existe plus de revendication en matière de meubles. Nous disions, nous : la revendication est supprimée en certains cas, par exemple lorsqu'on se trouve en présence d'un possesseur de bonne foi, qui ne soit pas un détenteur précaire ; mais nous ne disions pas que la revendication cessât d'exister en matière mobilière, comme si ce fût quelque chose d'incompatible. La doctrine que je vous expose en ce moment aboutit à la suppression de la revendication en matière de meubles. Cette doctrine se rattacherait comme origine, non pas à la pratique du Châtelet, mais aux règles de l'ancien droit germanique. Ce serait la résurrection de la maxime « meubles n'ont pas de suite », celle-ci prise, non plus au sens limité qu'on lui a donné plus tard, mais entendu au sens absolu d'autrefois : Pas de revendication possible.

Cette doctrine apparaît certainement, au moins dans ses conséquences pratiques, dans les innombrables monuments de jurisprudence où l'on trouve l'application plus ou moins éclairée de l'art. 2279. Mais cette présomption légale va-t-elle donc écarter la revendication même contre un détenteur précaire, un dépositaire par exemple ? A l'origine, il semblait que les motifs de certains arrêts dussent conduire à cette solution extrême. On parlait de présomption irréfragable et on invoquait l'art. 1352 : c'est tout au moins ce qui paraissait résulter des premiers arrêts. Cette conception, si absolue et si doctrinaire dans son fondement théorique, si extrême dans ses conséquences pratiques, ne pouvait pas être acceptée sans protestation. C'était tout à fait impossible ; quoi ? un dépositaire, un commodataire, pourraient résister à la réclamation du déposant ou du commodant? On reconnut tout d'abord que, toutes les fois qu'il y avait une obligation personnelle de livrer ou de restituer imposée au possesseur, il ne pouvait être question de refuser l'action en restitution. Cela revenait à déclarer que c'était une présomption qui pût, suivant les circonstances, admettre, la preuve contraire. Mais alors où est le criterium ? Où est la règle ? Nous verrons que, pour les tribunaux, admettre la preuve contraire, cela veut dire, admettre la revendication toutes les fois qu'il y a obligation de restituer. En somme, cette atténuation du système, et la construction finale qu'on en tire, constitue un ensemble qui se trouve à peu près exact, en ce qui concerne les résultats pratiques ; mais il n'y a plus de doctrine.

Aussi, en présence de cet empirisme de la jurisprudence, certains auteurs se sont placés sur un autre terrain. Ils disent que cette présomption légale serait absolue en ce sens que jamais, par l'action en revendication, on ne pourra, ni demander, ni obtenir, la restitution d'un meuble. Seulement, à son défaut, il y aura place pour des actions personnelles en restitution. Ainsi par exemple, si on intente la revendication contre le dépositaire ou son héritier, l'article 2279 l'intercepte ; mais on réussira par l'action née du dépôt. Les résultats pratiques, si l'on va au fond des choses, ne diffèrent pas sensiblement, nous le verrons, de notre théorie. Cependant, d'une part, comme doctrine, je ne crois pas que ce soit là celle de la loi, étant donné que le législateur de 1804 n'est pas allé emprunter sa théorie aux vieilles coutumes germaniques, mais à la jurisprudence régnante ; et, d'autre part, il subsiste bien encore quelque intérêt pratique à l'adoption de l'une ou de l'autre explication. Mais cet intérêt pratique ne se rencontre pas là où l'on pourrait le croire ; et il faut bien se garder de juger les choses à l'apparence. Car, à s'en tenir à la surface, il semblerait qu'entre cette dernière théorie et celle que j'ai adoptée il y eût une différence considérable. Si, en effet, le propriétaire est réduit aux actions personnelles en restitution, ne doit-on pas dire qu'il va se trouver soumis au concours des créanciers ? Je vous ai cependant averti par avance que sur le terrain pratique ces deux théories étaient très voisines l'une de l'autre ; et vous comprenez qu'il n'en serait pas ainsi, bien entendu, si nous devions admettre au point de vue de l'action dirigée contre le pos-possesseur une différence d'effets aussi caractéristique. Tenez pour certain que, quel que soit le système adopté, et quelle que soit l'action qui subsiste, personnelle ou réelle, elle échappera à la loi du concours. C'est cette assertion qu'il me faudra justifier. Je vous demande donc sur ce point de me faire crédit quelques instants encore, et j'arrive aux conditions d'application de l'art. 2279.

Conditions d'application de l'art. 2279

Nous avons, sur le principe même de l'art. 2279, étudié les systèmes en tant que systèmes ; et nous avons abouti à cette conclusion que la possession d'un meuble, lorsqu'elle réunit certaines conditions que nous allons voir, supprime la revendication, donc confère la propriété. Il y a là un mode d'acquisition *lege* : la loi, comme en matière de prescription, et c'est en cela que le rapprochement s'imposait, consolide une situation de fait dérivant de la possession. Etudions maintenant à quelles conditions ce résultat juridique va se produire.

Il y a sur ce point deux questions principales à étudier : 1° A quelles conditions doit satisfaire la possession pour permettre d'invoquer la maxime : en fait de meubles, possession vaut titre. 2° A quels meubles cette maxime s'applique-t-elle ? Puis après cela il y aurait à voir les exceptions.

Voici sur le premier point comment je résous la question : le possesseur d'un meuble, pour pouvoir invoquer la maxime dont l'effet est de le rendre propriétaire, doit avoir une possession à titre de propriétaire ; sa possession doit être de bonne foi, et il faut qu'il s'agisse de possession réelle. En d'autres termes, je prends le mot possession, au sens qu'il a dans les art. 2228 et 2229 ; en tant qu'il s'agit de possession, je ne dis plus à l'effet de prescrire, mais à l'effet de faire acquérir la propriété ; disons de possession juridique. Et c'est sous ce rapport que je me crois autorisé à invoquer le raisonnement que je vous exposais tout à l'heure, et dont certaines conclusions m'avaient paru exagérées. De ce que l'art. 2279 est placé au titre des prescriptions, il faut, en effet, tout au moins en conclure que, lorsqu'il exige la possession, il entend qu'il s'agisse de la possession, telle qu'elle est définie et caractérisée par la loi, en tête même du titre dont il fait partie.

En indiquant en premier lieu que la possession doit être à titre de propriétaire, j'exclus quiconque possède *alieno nomine*, donc tout possesseur précaire au sens des articles 2236 et suivants. Tout le monde reconnaît en fait que le détenteur précaire, à supposer la preuve établie de ce vice de précarité, ne peut pas se refuser, en se mettant à couvert sous la règle de l'art. 2279, à la restitution du meuble qu'il détient. La discussion porte donc uniquement sur la nature de l'action en restitution. Et c'est maintenant que j'arrive à me demander quelle sera la différence pratique admise entre la théorie de la jurisprudence et celle que je vous enseigne. Les arrêts tranchent la discussion en disant : Il s'agit d'une présomption légale qui n'exclut pas absolument la preuve contraire ; et notamment celle-ci doit être admise, quand on se trouve en présence de qui est obligé de restituer. J'ai déjà dit que ce système conduit à supprimer toute doctrine ; il y a là de pures questions de fait. C'est alors qu'apparait l'autre système qui se présente sous une forme théorique mieux construite et plus scientifique : plus de revendication possible, mais de simples actions personnelles en restitution. Telle est la formule théorique ; quel en sera donc l'intérêt pratique ? Pour moi je le trouve principalement dans le point de vue suivant ; si nous admettons que le détenteur précaire peut se mettre à l'abri de toute revendication et, par suite, que l'exercice de cette action est impossible dans notre droit, le possesseur ne pouvant être poursuivi que par l'action en restitution, celle-ci se prescrira ; et la prescription une fois réalisée, le possesseur du meuble sera désormais à l'abri de toute action. Au contraire, si, en outre de cette action en restitution, nous admettons la renvendication, lors même que la prescription aurait éteint l'action personnelle, restera la revendication qui n'aura pas été prescrite. Le motif est qu'il y aurait là une prescription acquisitive ; et vous savez que le détenteur précaire ni ses héritiers ne peuvent prescrire. Enfin rappelez-vous d'autre part qu'il n'y a pas de prescription extinctive de la revendication.

On ajoute quelquefois que, entre les deux doctrines, il y aurait cette autre différence que, si l'action qui subsiste est la revendication, le demandeur n'aura pas à souffrir de l'insolvabilité du possesseur. Ce qui laisserait supposer que, dans la théorie qui supprime la revendication, le demandeur, étant réduit aux actions personnelles, subirait la loi du concours. C'est le point de vue auquel j'ai déjà fait allusion précédemment. Voyons quelle en est la valeur.

En d'autres termes, nous supposons le cas où le possesseur serait tenu d'une obligation de restituer ; celui qui agit contre lui es tout au moins créancier du meuble dont il réclame la possession. Si en outre il en est resté propriétaire, c'est par l'action en revendication qu'il en poursuivra la restitution ; et dans ce cas il sera préféré à tous les créanciers du détenteur. En sera-t-il encore de même, si le détenteur étant protégé contre la revendication, on n'avait plus contre lui qu'une action personnelle ? Ne devrait-on pas dire alors que l'ancien propriétaire subirait le concours des créanciers de ce détenteur ? S'il en était ainsi, ce serait très grave ; aussi cette conséquence est repoussée par tous les auteurs, et tous reconnaissent que l'action en restitution n'aboutira pas à imposer la loi du concours. Comment justifier cette solution ? Je ne dirai pas que ce soit absolument impossible ; je compte d'ailleurs revenir sur ce point important. Mais au surplus, la prétention des créanciers du dépositaire, par exemple, à imposer la loi du concours serait condamnée par un texte formel, l'art. 608 du Code de procédure, au titre des saisies exécutions. Ce texte suppose que, parmi les meubles saisis au domicile d'une personne, il s'en trouve qu'un tiers prétende être sa propriété, probablement parce qu'il était déposant ou pour tout autre motif analogue ; d'après l'art. 608, ce tiers pourra s'opposer à la vente du meuble saisi et qui se trouve lui appartenir. Ce texte consacre donc, au cas de saisie des créanciers, le droit de revendication du propriétaire. C'est ce qui se pratique si souvent, et parfois si frauduleusement, sous la forme de demandes en distraction. Ce texte implique, comme vous le voyez, que le propriétaire ne subira pas le concours des créanciers.

Mais, en outre, pour revenir à la justification de ma doctrine, l'art. 608 donne-t-il la qualité de créancier à celui qui forme ainsi la demande en distraction ? Nullement, le texte l'appelle « propriétaire ». C'est donc qu'il suppose une action en revendication d'un meuble. C'est la preuve que l'art. 2279 n'écarte pas toute action en revendication des meubles. Nous avons du reste, dans le Code civil, un autre texte qui nous parle de revendication exercée dans des conditions analogues, c'est l'article 1926. Il suppose un dépôt fait chez un incapable, c'est-à-dire aux mains d'une personne incapable de s'obliger, et il s'agit de déterminer le droit du déposant. Le texte ne dit pas qu'il ait une action *depositi* limitée au bénéfice, c'est-à-dire à l'enrichissement du dépositaire ; mais il est question uniquement d'une action en revendication. Et cette action en revendication subsiste tant que l'objet est entre les mains du dépositaire. Car, après, c'est-à-dire une fois l'objet transmis à un tiers, tout au moins si ce tiers est de bonne foi, le nouveau détenteur serait protégé par l'article 2279, et il n'y aurait plus en effet dans ce cas à parler de revendication.

Enfin si je veux prouver directement, contre la doctrine opposée, que l'article 2279 consacre une acquisition de propriété, je n'ai qu'à invoquer l'article 1141. L'article 1141 décide que celui, de deux acquéreurs successifs, qui le premier a été mis en possession réelle, est préféré et demeure propriétaire. Nous y voyons clairement que l'idée de la loi est d'attacher à la possession l'effet d'une acquisition de propriété ; celle-ci ne peut donc se réaliser que relativement à une possession à titre de propriétaire. La conséquence à en tirer est que le possesseur précaire ne peut pas invoquer la maxime : « En fait de meubles possession vaut titre ». Cette règle n'est pas faite pour lui ; elle est faite pour protéger celui qui a traité avec un possesseur le croyant propriétaire. Ou plutôt, car cette formule serait encore insuffisante, et je vais vous en donner la raison, elle est faite pour protéger celui qui traite avec un simple détenteur, le croyant propriétaire et croyant soi-même devenir propriétaire. Vous voyez, en effet, pourquoi j'ajoute ce complément à la formule que je vous avais antérieurement proposée ; c'est qu'on pourrait traiter avec un simple possesseur que l'on suppose être le *verus dominus*, tout en ne prenant soi-même que la qualité de détenteur précaire, si on a traité par exemple avec lui à titre de dépositaire ou de commodataire ; et ce vice de précarité serait tout aussi bien opposable par le vrai propriétaire, quoique étranger au contrat, et à l'encontre duquel ce détenteur du meuble prétendrait invoquer l'art. 2279.

Tout ce que je viens de vous dire se résume en un mot : la première condition pour invoquer l'art. 2279, c'est d'avoir la possession, or, le détenteur précaire n'a pas la possession; Il n'en est pas moins vrai que le possesseur précaire, quoique simple détenteur, a, en sa faveur, je ne dirai pas la présomption, mais la situation de fait qui résulte de sa possession matérielle; donc il n'aura pas le fardeau de la preuve. Et même il y a quelque chose de plus en sa faveur ; la présomption de l'art. 2230. Le revendiquant devra donc prouver sa propriété, et il devra établir en outre que ce possesseur n'avait qu'un titre précaire. Toutes ces preuves enfin devront être faites suivant les règles générales et dans les conditions du droit commun. On n'admettra pas la preuve par témoins toutes les fois que la précarité ainsi alléguée aurait son origine dans un contrat dont l'objet dépassât 150 fr. Cependant dans la jurisprudence, fréquemment, on a admis ici la preuve par simple présomption à l'effet d'établir que le possesseur contre lequel on invoquait l'art. 2279 n'avait pas une possession suffisante. C'est que dans tous ces cas il ne s'agissait pas de précarité à proprement parler ; mais il y avait possession équivoque. Ainsi ce sont des valeurs qui se trouvent entre les mains de personnes habitant la maison d'un défunt, entre les mains d'un domestique par exemple. On admettra alors la preuve par tous les moyens possibles. C'est l'application pure et simple de la théorie que je vous ai exposée à propos de la possession équivoque. Je vous avais averti par avance de l'intérêt qu'elle pourrait présenter à propos de l'art. 2279. Vous en voyez la justification ; et je n'ai pas à revenir sur ce point, dont je vous ai déjà longuement parlé.

Ce que j'ai dit de l'hypothèse d'une possession précaire, je l'étendrais également à tous les cas où, même en dehors de la possession précaire, il y aurait, à la charge du possesseur, obligation de livrer ou de restituer.

Cette obligation étant prouvée, il n'y aurait pas place pour une possession permettant d'invoquer la règle de l'art. 2279. Supposez le vendeur d'un cheval qui ne doit livrer que dans un mois et qui est resté en possession. Le délai expiré, l'acheteur demande la livraison. Le vendeur peut-il se mettre à l'abri de l'article 2279 ? Evidemment non. Cependant, dans l'opinion qui n'admet pas la revendication des meubles, il faudra encore ici n'admettre que l'action personnelle en exécution de la vente ; mais, cette fois, pas plus que dans le cas de dépôt, on ne va jusqu'à dire que cette action conduira au concours avec les créanciers du vendeur.

Pour nous l'art. 2279 est fait pour protéger les tiers possesseurs, et ce n'est pas le cas du vendeur. Le tiers possesseur proprement dit est celui qui n'est pas lié par un contrat envers celui qui l'actionne en restitution ou en livraison.

J'ajoute que, si dans l'intervalle le cheval avait été frappé de saisie par les créanciers du vendeur, l'acheteur pourrait, en vertu de l'art. 608 du Code de procédure, former action en distraction. Cependant sur ce point je vous ai dit sur l'art. 1141 que l'on avait élevé quelques doutes; et chose notable, cette opinion qui maintient la saisie dans l'hypothèse que je vous expose, se fonde sur l'art. 2279. C'est un autre aspect de notre règle. Pour les créanciers du vendeur, en effet, dit-on, c'est le vendeur qui est resté propriétaire. Et Bourjon, l'auteur de notre règle, admettait cette conséquence. Pour les créanciers la propriété était là où était la possession. Or, aujourd'hui, nos principes sont bien différents. Autrefois c'était seulement la tradition qui transférait la propriété; et alors, étant donnée la maxime de Bourjon, on pouvait arriver à ne plus admettre la tradition feinte à l'égard des créanciers. Aujourd'hui tout a changé ; l'art. 1138 s'impose à tous; et l'art. 2279 est loin de vouloir dire que, à l'égard des créanciers, le transport de la propriété ne s'effectuerait encore que par la tradition. Il ne se présente nullement comme une limitation à la règle de l'art. 1138.

Les mêmes raisons écartent encore notre maxime quand le meuble est réclamé en conséquence d'une action en nullité du contrat. L'acheteur contre lequel le contrat est annulé ou résolu pourrait-il invoquer l'art. 2279 ? On déclare qu'il y a d'abord une action en restitution, le contrat étant résolu ; mais je vais plus loin, je dis : il y a une action réelle, puisque j'admets une revendication des meubles. Il y aurait là un développement très intéressant à donner au point de vue de la jurisprudence. Je n'ai plus le temps d'y insister. Je me réserve seulement de revenir, dans une leçon prochaine, sur la construction doctrinale qui résume toute cette théorie. J'ai laissé, en effet, dans l'ombre, et sans les discuter, plusieurs points assez délicats, n'ayant pas voulu obscurcir, et couper en quelque sorte, l'exposé du système. J'y reviendrai dans une sorte de résumé de principe, par lequel je terminerai toute cette importante matière.

Je passe ainsi, et très brièvement, à la seconde condition que je crois devoir exiger, la bonne foi.

Cette exigence n'est pas dans le texte de l'art. 2279. Mais d'abord il est très certain que si le possesseur a traité sciemment avec celui qui n'était pas propriétaire, il sera tenu en vertu même de sa mauvaise foi (art. 1382) ; et en ce sens l'action en restitution est admise, même par les auteurs qui voient dans l'art. 2279 une présomption légale. Or, c'est ici que cette obligation pourrait bien être insuffisante ; car cette fois, en principe, il n'y a plus qu'une obligation à dommages-intérêts, et alors l'action qui la sanctionne ne saurait échapper au concours des créanciers. Pour en décider autrement il faudrait admettre que l'action en réparation du propriétaire ait pour objet la chose elle-même. C'est un des points précisément sur lesquels je me propose de revenir.

Et maintenant, comment donc justifier cette exigence de la bonne foi ? Elle résulte du texte de l'art. 1141 qui indique cette condition d'une façon formelle. Le possesseur de mauvaise foi reste donc en butte à la revendication, au lieu de n'être tenu que par une action en restitution fondée sur l'art. 1382. Cette bonne foi doit se placer au moment de la prise de possession. Vous avez vu, à propos de la prescription de dix ans, que la bonne foi doit exister au moment de l'acquisition, au moment du contrat. Je crois plus sûr de la placer ici au moment où la possession commence ; l'art. 1141 en fournit encore la preuve. Il exige la bonne foi au moment de la mise en possession.

Ce même article exige enfin que la possession soit réelle : ce que l'on veut exprimer par là essentiellement, c'est qu'il ne suffirait pas du constitut possessoire. Ainsi, le dépositaire a vendu l'objet qui lui avait été remis en dépôt, et il le conserve à titre d'emprunteur. L'acheteur, en pareil cas, pourra-t-il invoquer l'art. 2279 contre le déposant qui revendiquerait ? Avec l'art. 1141, ce qu'on exige ici ce n'est pas seulement une possession suffisante pour constituer une tradition de vendeur à acheteur, mais une possession réelle. C'est que l'idée de la loi est que la propriété se manifeste par un exercice de fait matériel. Mais quand aurons-nous une tradition réelle ? Ainsi, le dépositaire a vendu les marchandises et livré les clefs du magasin à l'acheteur ? Est-ce une tradition réelle ? Je suis encore tenté de répondre négativement. Ou bien l'acheteur a marqué les marchandises, ou encore la marchandise n'est pas livrée, mais elle est en cours de route, et la tradition en a été faite à l'acheteur par la remise de la facture accompagnée du connaissement ou de la lettre de voiture : y aurait-il cette fois tradition réelle ? L'art. 576 du Code de commerce, pour une hypothèse particulière, nous montre quelle peut être la valeur d'une remise de ce genre. Ici on peut donc, à la rigueur, admettre qu'il y ait une possession suffisante au point de vue de l'art. 2279 ; mais, ceci à part et en règle générale, on doit exiger strictement une prise de possession réelle.

Les conditions que j'ai indiquées sont les seules : donc je n'exige pas du tout le juste titre ; et c'est par là que je me sépare des auteurs qui admettent avec moi que la règle de l'art. 2279 est une règle de transmission de propriété, mais par suite de prescription instantanée. Ces auteurs exigent le juste titre comme pour la prescription de dix ans ; seulement ils n'exigent pas la preuve de ce titre. On est obligé de reconnaître, à cause des termes de l'art. 2279, qu'il y a présomption du titre ; c'est déjà bizarre. Il peut se faire alors que l'adversaire n'ait qu'un titre putatif ; et si le juste titre était une condition d'application de l'art. 2279, l'adversaire, en faisant la preuve que le titre n'existe pas, écarterait l'art. 2279 qu'on lui oppose. Tout cela est inadmissible.

XXIVe LEÇON

THÉORIE DE L'ART. 2279. — RÉSUMÉ DOCTRINAL

Résumé doctrinal.

Je vous ai déjà avertis que, pour ne pas entraver l'exposé du système théorique que j'ai admis sur l'art. 2279, j'avais dû réserver, pour une sorte de résumé final, quelques questions délicates sur lesquelles il me faut revenir en ce moment. Je me rends compte en effet que certains points doivent rester douteux dans votre esprit ; celui-ci par exemple : comment admettre qu'une action personnelle échappe à la loi du concours entre créanciers ? Vous savez, en effet, que cette dérogation au droit commun est acceptée par les auteurs qui voient dans la règle de l'art. 2279 une présomption légale de propriété, exclusive de toute idée de revendication. C'est donc un point qui reste à étudier. Mais même dans la théorie que je vous ai exposée, et qui s'en tient à l'idée d'une acquisition légale par l'effet de la possession, comment étendre, comme je l'ai fait, l'exclusion de la règle de l'art. 2279 à des cas ne rentrant plus dans l'hypothèse de la précarité proprement dite ? Qu'il en soit ainsi pour la jurisprudence, qui cherche à fixer les limites d'application d'une présomption légale, rien de mieux. Cette présomption ne s'applique plus, là où le possesseur est obligé à restituer, ou bien encore là où il est exposé à une action en nullité : toutes circonstances exclusives de l'idée d'une acquisition incommutable. Mais dans une théorie qui s'appuie sur les art. 2228 et 2229, pour n'exiger d'autres conditions que celles relatives aux qualités requises de la possession, où voit-on qu'une possession menacée de restitution, par l'effet purement éventuel d'une action personnelle, soit une possession viciée au sens de l'art. 2229 ? Enfin, si je laisse de côté les différences déjà indiquées entre les diverses doctrines en ce qui concerne le maintien possible de la revendication après extinction de l'action personnelle, et de même celles qui résulteraient de la loi du concours entre créanciers, points sur lesquels je me suis déjà expliqué, quel serait donc exactement, sur le terrain seulement de l'application de l'art. 2279 et des hypothèses visées par lui, l'intérêt pratique qu'il y eût à choisir entre les différents systèmes que j'ai étudiés ? Tels sont les points que j'ai dû laisser de côté jusqu'ici, dans l'intérêt même de l'exposé que j'avais à vous fournir. Je vais les reprendre, sous la forme des trois questions très nettes dont je viens de vous faire entrevoir la formule.

Et tout d'abord comment comprendre, si l'ancien propriétaire qui s'est dessaisi du meuble n'a plus qu'une action personnelle en restitution, comme au cas de dépôt par exemple, que l'art. 608 du Code de procédure lui permette de soustraire le meuble qui lui est dû, je ne dis plus qui lui appartient, à la saisie des créanciers ; ce qui serait tout aussi vrai à l'égard de la masse au cas de faillite ? On a répondu à cela que les actions en délivrance ou en restitution pouvaient être exercées contre les créanciers, dans les mêmes conditions et avec les mêmes effets, que lorsqu'elles sont exercées contre le débiteur lui-même, parce que les créanciers n'ont pas plus de droit que leur débiteur, et qu'ils doivent subir toutes les conséquences des actions intentées contre lui. Mais comment ne pas dire la même chose de toute action personnelle quelconque ? Voici un créancier qui poursuit son débiteur en restitution d'une somme d'argent déposée entre ses mains ; c'est un dépôt irrégulier. Le dépôt, au lieu de porter sur un objet déterminé, portait sur une somme d'argent. Le créancier n'a-t-il pas droit à l'encontre du débiteur à la restitution intégrale de la somme déposée ? Dirons-nous qu'il aura le même droit à l'encontre des autres créanciers du dépositaire, lesquels devraient subir, même au cas d'insolvabilité, le paiement total de ce qui était dû ? Ce serait admettre une cause de préférence au profit d'un créancier particulier, et en dehors des cas où la loi le permet. Ne semble-t-il pas que, si au lieu d'argent, il s'agit d'un objet déterminé, et qu'on en tolère la distraction à l'encontre des autres créanciers, ce soit là aussi une cause de préférence, aboutissant au paiement intégral de l'un des créanciers, alors que les autres seront réduits peut-être à un simple dividende ?

Pour échapper à cette idée de préférence, et admettre encore cette cause de distraction en matière de saisie, il faudrait se faire de l'action personnelle, au moins lorsqu'elle a pour objet un meuble en particulier, disons, d'une façon générale, une chose nettement déterminée, une idée très différente de la conception admise de droit commun ; il faudrait s'en faire une idée qui la rapprochât des actions réelles. Je crois bien en effet qu'on a beaucoup trop accentué la séparation entre les deux catégories d'actions ; ce qui était vrai à Rome pour des raisons de procédure, dont quelques-unes ne touchaient pas au fond du droit, est peut-être un peu moins exact aujourd'hui. Quoi qu'il en soit, les auteurs qui expliquent l'art. 608 du Code de procédure comme visant, sous le nom de revendication, de simples actions personnelles, doivent donc admettre implicitement que l'action en restitution d'un meuble pris en particulier, si elle ne porte pas à proprement parler sur le meuble lui-même, comme on le dirait de la revendication, a cependant pour objet une chose qui lui est affectée en quelque sorte dans le patrimoine du débiteur, et sur laquelle se spécialise par avance, et au profit de celui à qui l'action appartient, le droit de gage général de l'art. 2092. Je ne dis pas que ce soit un véritable gage, de telle sorte que le créancier de cet objet aurait un droit primant celui d'un autre gagiste, comme serait par exemple le droit du bailleur. Je dis que, à l'égard de celui qui intente une action personnelle portant sur un objet déterminé, existant actuellement dans le patrimoine de son débiteur, il peut paraître en effet difficile de n'envisager, dans ses rapports avec les autres créanciers, que la valeur pécuniaire de ce qui lui est dû, de façon à le restreindre, au cas de concours, à une part dans la masse. C'était parfait en droit romain. Son droit consiste aujourd'hui à obtenir telle chose qui est là, dans le patrimoine, et au sujet de laquelle personne ne peut opposer un droit similaire et également spécialisé. N'est-il pas juste que son action aille directement saisir la chose due ? et ne faut-il pas admettre que la loi du concours ne se produit que là où personne ne pouvait prétendre à tel objet plutôt qu'à tel autre, et où il faut bien en effet se contenter d'une valeur représentative et purement économique, le prix des biens liquidés et partagés entre tous les ayants-droit au prorata de ce qui leur est dû ? D'ailleurs, qu'est-ce qu'il y aurait d'étonnant à voir l'art. 608 C. Pr. faire prévaloir le droit purement personnel du créancier, dont la créance porte sur un corps certain, à l'encontre des créanciers saisissants, lorsqu'on voit l'art. 684 C. Pr. imposer aux mêmes créanciers, au cas de saisie, le respect du bail ? Et cependant le preneur n'est-il pas un créancier dont le droit est purement personnel comme le leur ? Mais il a pour objet la jouissance d'une chose déterminée existant actuellement dans le patrimoine ; c'est pour lui un droit exclusif. D'autre part, n'a-t-on pas fait du droit de rétention un droit purement personnel, en vertu duquel cependant celui qui est nanti de la chose pourrait opposer son droit à tous les autres créanciers de son débiteur ? Là encore nous voyons un créancier chirographaire, invoquant à l'encontre des autres créanciers de son débiteur un véritable droit de préférence, grâce à la détention d'une chose déterminée qui serve de garantie à son droit. Je suis loin de prendre parti sur la question ; je me contente de développer des idées qui sont forcément en germe et, comme impliquées, dans la conception de ceux qui voient dans l'action en distraction du Code de Procédure la conséquence d'un droit purement personnel.

Et si vous me demandez maintenant quelle différence subsisterait alors entre l'action personnelle, lorsqu'elle s'exerce sous cette forme et dans les conditions que j'indique, et l'action réelle, je suis bien obligé de répondre que je cherche moi-même à les découvrir. Car les auteurs qui ont émis l'idée ne se sont pas préoccupés de l'analyser bien à fond, et encore moins d'en discuter les intérêts pratiques. Peut-être admettraient-ils que, la chose étant devenue la propriété de celui qui la possède, elle aurait pu être valablement grevée de droits réels, lesquels alors feraient échec à l'action en distraction du créancier. Ce n'est pas que je veuille faire allusion aux privilèges spéciaux sur les meubles. La plupart sont fondés sur une idée de gage ; et dût-on considérer celui qui réclame la chose à titre de créancier comme en étant resté propriétaire, le gagiste, mis en possession de l'objet, même s'il s'agissait de possession par l'intermédiaire d'autrui comme au cas de louage, serait encore préféré au propriétaire, en vertu de l'art. 2279 lui-même. Il faudrait donc restreindre l'intérêt de la question aux privilèges généraux, ou à certains d'entre eux, et admettre alors que, s'il s'agissait de revendication, le propriétaire pourrait soustraire la chose aux privilèges qui frappent l'ensemble des meubles appartenant à son débiteur ; ce qui ne serait plus le cas d'une action personnelle, même avec affectation spéciale sur l'objet dû. Cette affectation céderait devant celle plus intense et plus complète résultant d'un privilège. Mais, ce que je vous dis là, je ne vous le soumets qu'avec beaucoup de réserve, car je cherche à développer des conceptions qui ne sont pas les miennes. Il est vrai que ceux qui les ont émises ont oublié d'en tirer les conséquences qu'elles sembleraient devoir comporter.

Tout ce que j'ai voulu établir, c'est qu'on peut très bien admettre qu'entre l'action personnelle en restitution ou en nullité, et la revendication fondée sur un rapport de droit identique, il pourrait n'y avoir, en ce qui touche le concours entre créanciers, aucune différence sensible. Aussi ai-je dû admettre que ce ne serait pas sur ce point qu'il y aurait à chercher l'intérêt pratique de la distinction entre les deux principaux systèmes qui divisent la doctrine sur l'art. 2279.

Et alors j'arrive à ma seconde question. Ne semblerait-il pas que cette différence, en ce qui concerne les conséquences pratiques, devrait se présenter surtout sur le terrain des cas d'application ? Dans la doctrine de la présomption légale, il y a suppression de la revendication ; mais il n'y a pas suppression des actions personnelles. Donc, toutes les fois que le possesseur sera tenu d'une obligation personnelle, — et cela se rencontrera non seulement au cas de précarité, mais au cas de nullité de contrat et également s'il y a obligation fondée sur le délit ou le quasi-délit et susceptible de porter sur un meuble en particulier, — toutes ces actions personnelles subsistent, et elles subsistent avec l'effet réel que nous avons vu, tant que le meuble est encore dans le patrimoine de celui contre lequel l'action existe. Rien de plus net, et rien de plus simple que cette théorie. La revendication est supprimée, elle n'existe qu'au cas de perte ou de vol ; en dehors de ces deux cas exceptionnels il ne peut y avoir lieu qu'à des actions personnelles, fondées sur un contrat, un quasi-contrat, ou un délit. Ces actions ayant, il est vrai, un certain mélange de réalité dans le cas de l'art. 608 C. P., elles aboutiront, dans toutes ces hypothèses, à peu près au même résultat que celui que nous voulons obtenir avec le maintien de la revendication.

Mais, dans le système opposé de l'acquisition *lege*, la revendication, en principe, n'est pas supprimée ; elle n'est écartée que lorsqu'on lui oppose une possession réunissant les caractères prévus aux art. 2228 et 2229 ; ce qui revient à dire que, pour l'admettre, il faut qu'il y ait une possession vicieuse ou précaire. Comment donc la maintenir encore, s'il y a obligation de restituer qui ne dérive pas d'un titre constitutif de précarité ? S'il n'y a pas précarité, la possession n'est pas vicieuse aux termes des art. 2228 et 2229. Sur quoi donc fonder le maintien de la revendication ? Et cependant j'ai déclaré qu'il y aurait une action réelle contre le possesseur obligé à restituer, alors même qu'il ne serait pas un détenteur précaire, ou encore contre celui dont le titre serait résolu. Comment expliquer la solution que je vous propose ? A première vue, ne devrions-nous pas écarter la revendication pour appliquer encore dans tous ces cas la règle de l'art. 2279 ? et alors il ne resterait plus qu'une action personnelle, à laquelle, dans la doctrine que je représente, on ne paraît pas disposé à attribuer ce caractère de demi réalité qu'on lui donne dans la doctrine opposée. On voit la différence profonde qui s'établirait entre les deux systèmes. Comment donc expliquer ici encore l'assimilation que j'établis au contraire entre les deux doctrines ?

Généralement, dans le système que j'ai admis, on explique d'un mot, qui n'est guère du reste qu'un procédé d'affirmation pure et simple, le rejet de l'art. 2279, pour la plupart des hypothèses, dans lesquelles il y a, à la charge du possesseur, obligation de restituer, même en dehors du fait de précarité. On déclare que l'art. 2279 n'est pas fait pour régler les rapports du possesseur avec celui de qui il tient l'objet. Il est vrai que, pour savoir si le revendiquant est précisément celui qui le lui a transmis, il y a une preuve préalable à fournir ; et c'est sur ce point que la jurisprudence nous offre une théorie flottante et absolument indécise. Suffira-t-il que le revendiquant ait fait la preuve de sa propriété pour que le possesseur soit supposé tenir la chose de lui et se trouve par là même en dehors de l'application de l'art. 2279 ? Obligera-t-on le revendiquant ou ses héritiers à prouver que le possesseur était tenu d'une action en restitution, qu'il était par exemple un détenteur précaire, ou que son titre était résolu ? C'est le plus souvent, pour éviter toutes ces questions, que la jurisprudence met en avant l'idée de possession équivoque : et par là elle revient à l'application des art. 2228 et 2229. La possession exigée pour l'admissibilité de la règle de l'article 2279 est une possession réunissant les caractères de la possession juridique ; donc il faut qu'elle n'ait pas le caractère d'une possession équivoque ; tel est le principe, sauf à se demander, comme nous l'avons vu, ce qu'il faut entendre par une possession non équivoque.

Mais laissons de côté tout ce qui a trait à ce dernier expédient ; et plaçons-nous en présence de la question de preuve. Dans une théorie qui applique purement et simplement l'art. 2228 et les développements qu'il comporte, la possession, au moins la possession non équivoque, sera présumée à titre de propriétaire. Ce sera au revendiquant à prouver la précarité. C'est le principe de l'art. 2230. Bien entendu, il en serait de même dans la théorie de la jurisprudence d'une présomption légale susceptible de céder uniquement devant l'existence d'une obligation de restituer : c'est à celui qui invoque une créance à en établir la preuve. Jusque là tout est assez net et précis. Cependant on prétend aller plus loin, et l'on déclare, afin d'assimiler à la précarité des situations qui forcément n'en font pas partie, que l'art. 2279 ne s'applique plus lorsqu'il s'agit des rapports entre le possesseur et celui de qui il tient le meuble. Dans ce cas-là ce serait donc au possesseur à prouver qu'il le tient en vertu d'un juste titre d'acquisition ; la possession ne ferait plus présumer le titre. Ce qui serait présumé ce serait la précarité; par exemple un dépôt, plutôt qu'un achat ou une donation. Il est vrai que pour admettre ce renversement de la preuve, il faut qu'il y ait eu, à la charge du revendiquant, une preuve préalable; il faut qu'il ait établi, lui ou ses héritiers, que l'objet a été remis par lui au possesseur. Cette preuve lui incombe, mais elle serait relativement facile; car si le possesseur nie le fait, il laisse soupçonner presque implicitement par là-même le cas de perte ou de vol ; et peu importe qu'il soit tenu lui-même pour le voleur ou l'inventeur, cela suffit pour justifier contre lui le maintien de la revendication au moins pendant trois ans ; ou bien encore il se place dans une de ces situations où il y a précisément possession équivoque. Bref, la preuve est relativement aisée ; et, une fois faite, elle impliquerait le rejet de la présomption de l'art. 2230 : ce serait au possesseur, du moment qu'il tient la chose de celui qui la revendique, à prouver qu'il n'est pas un détenteur précaire, donc qu'il la lui a achetée ou qu'elle lui a été donnée. Ce qui reviendrait à dire que, dans les rapports entre le possesseur et celui de qui il tient la chose, le but poursuivi par l'art. 2279, et qui était de dispenser de la preuve d'un titre d'acquisition dans les cas où il n'est pas d'usage d'en dresser acte écrit, serait complètement laissé de côté. Et cela est d'autant plus étrange que c'est précisément lorsque l'on confie un meuble à titre précaire, gage ou dépôt par exemple, qu'il est d'usage pour le propriétaire d'exiger une reconnaissance écrite de son droit de propriété. C'est au contraire, lorsqu'il vend la chose ou la donne, qu'il considère comme inutile de dresser acte de la convention, puisqu'il se dessaisit de tous ses droits. Or, dans les rapports entre le possesseur et celui qui se présente comme son auteur, on présumerait la situation juridique pour laquelle, dans les usages de la vie, il est habituel de se ménager une preuve écrite ; et l'on forcerait le possesseur à établir un fait pour lequel il est reconnu que l'on ne dresse jamais d'acte. Voilà ce à quoi on aboutit.

Je repousse formellement, quant à moi, cette formule courante. Il n'est écrit nulle part que l'art. 2279 soit étranger aux rapports existant entre le possesseur et celui de qui il tient le meuble. En fait, et comme résultat, c'est bien à cette conséquence pratique que nous aboutirons ; mais nous y arriverons par suite de l'application pure et simple des principes, et non en vertu d'une formule nouvelle, inutile et dangereuse, et dont nous venons de voir les résultats les plus immédiats en matière de preuve. Et je reviens alors à ma question du début ; sur quoi nous appuyer pour écarter l'application de l'art. 2279, en dehors même de toute hypothèse de précarité, dès qu'il y a obligation de restituer ?

Peut-être, si vous vous souvenez des idées que j'ai déjà émises à propos du juste titre lorsqu'il s'agissait des rapports du possesseur avec celui de qui il tenait l'immeuble, au cas de résolution par exemple, apercevrez-vous facilement la réponse. C'est que si la règle de l'art. 2279 n'est pas une règle de prescription à proprement parler, elle n'en exige pas moins, pour son application, une possession qui serait de nature à conduire à la prescription, si cette dernière était admise. Il faudra donc appliquer ici toutes les solutions que je vous ai données à propos de l'*animus domini* : le droit que la possession va conférer, et que la loi consacre en consolidant la situation de fait actuellement existante, ne peut être que celui auquel se référait le titre d'entrée en possession ; et il ne peut être acquis que dans les conditions acceptées par le titre lui-même. Là où le titre est résolu, je ne dis pas qu'il y ait précarité, j'ai insisté sur ce point ; mais il y a une possession dont l'élément intentionnel est subordonné aux conditions du titre qui le révèle ; et il en est ainsi, sinon à un point de vue absolu et à l'égard de tous, mais à l'égard tout au moins de celui de qui émane le titre. On ne peut le lui opposer, au point de vue de l'*animus* qui en dérive, que dans les conditions auxquelles, d'après le titre lui-même, est subordonné le maintien de la prétention du possesseur à la qualité de propriétaire.

Alors, pourrait-on dire, c'est revenir à la théorie du juste titre que l'on avait repoussée ! Absolument pas, car pour ceux qui acceptent l'idée d'une prescription instantanée avec juste titre à la base, il faut vraiment qu'il y ait un titre, et l'on sait que, s'il était nul en la forme ou putatif, il n'y aurait plus de prescription possible. Dans la théorie que je vous enseigne je ne tiens compte du titre que dans la mesure où il nous révèle l'*animus* du possesseur, et en vue de subordonner cet *animus* lui-même à toutes les conditions acceptées par le possesseur. Or celui qui s'oblige *ab initio*, ou même, s'il s'agit de nullité par exemple, à titre purement éventuel, à restituer, n'entend être et se dire propriétaire que dans la mesure où cette obligation viendrait à disparaître, que pour le cas où cette nullité ne serait pas acquise. Mais s'agissant d'une pure question d'intention à résoudre d'après le titre d'entrée en possession, en tant que question de fait, peu importe qu'en droit celui-ci ne soit que putatif : cela ne change rien à l'*animus* qu'il révèle chez le possesseur. On voit combien cette théorie s'écarte de celle qui exigerait un juste titre.

Mais là encore le possesseur reste protégé par la présomption de l'art. 2230, en ce sens que la preuve antérieurement faite par le revendiquant que ce dernier aurait remis le meuble au possesseur, ne détruit pas, au profit de celui-ci, la présomption légale d'une possession *animo domini* ; ce serait donc encore à son adversaire à prouver soit le titre résolu ou annulé, soit l'obligation de restituer dont il se prévaut. Et voilà pourquoi, comme je l'ai démontré sur l'art. 2229, la preuve du caractère équivoque de la possession, laquelle peut être faite par tous les moyens possibles, vient fournir un correctif important au maintien, au moins nominal, des principes admis par l'art. 2230. C'est un point que j'ai déjà longuement développé.

Il est vrai qu'il reste peut être une hypothèse — mais n'y en a-t-il qu'une? — où la doctrine que je vous expose ne se trouverait plus aussi complètement d'accord avec le système de la présomption légale en ce qui touche le domaine d'application de l'art. 2279; c'est lorsque l'obligation de restituer dérive d'un délit ou d'un quasi-délit. Pour que l'obligation née *ex delicto* porte sur une chose en particulier, sans qu'il y ait maintien de la revendication en vertu des exceptions apportées à la règle de l'art. 2279, il faut supposer des circonstances assez exceptionnelles. Prenons l'hypothèse où le possesseur aurait reçu la chose sachant qu'elle n'appartenait pas au vendeur. Je ne suppose pas le cas du voleur lui-même, puisque dans ma théorie, contre le voleur, la revendication subsiste pendant trente ans. Je parle de celui qui achète d'un non propriétaire, sachant que celui-ci dispose d'une chose qui ne lui appartient pas. L'acheteur sait qu'elle appartient à telle personne déterminée; par rapport à cette dernière il y a au moins délit civil, si même en certains cas il n'y a pas complicité de délit pénal. Dans cette dernière hypothèse, la revendication serait admise comme à l'encontre du voleur; c'est un cas qu'il nous faut encore mettre de côté. De toutes façons, dès qu'il n'y a plus bonne foi, la revendication subsiste. Nous restons dans l'exception apportée à la règle de l'art. 2279. Et c'est la portée de la règle que nous cherchons en ce moment à préciser. Il faudrait donc pour que la question se pose et présente un intérêt pratique, trouver une hypothèse où l'obligation née de délit ou de quasi-délit se concilie avec l'existence de la bonne foi. Est-ce absolument impossible à imaginer? Je ne le crois pas. Voici par exemple un individu qui, croyant à tort que tel objet lui appartient, et ayant de bonnes raisons de le croire, s'en empare plus ou moins violemment; il est de bonne foi et cependant il peut être tenu de restituer en vertu d'un quasi-délit. Nul n'a le droit de se faire justice à lui-même. Voilà donc une hypothèse où dans la théorie qui est la mienne on peut se demander s'il y aura lieu à revendication. Nous ne sommes plus cette fois dans l'exception, mais dans la règle même posée par l'art. 2279; et c'est cette règle dont il importe de préciser l'application à notre hypothèse. Dirons-nous, par cela seul que le possesseur est tenu d'une obligation fondée sur le délit ou le quasi-délit, que l'art. 2279 ne s'appliquera plus et que la revendication sera admise ?

J'avoue que l'hésitation peut être permise. Je n'ai admis l'idée du maintien de la revendication dans le cas où il y a obligation de restituer qu'autant que cette solution résulte des principes généraux sur l'*animus domini*; et nous sommes dans une hypothèse qui est le type même de celles où se manifeste au plus haut degré l'*animus domini*. Le type le plus complet de l'*animus domini*, c'est celui qui résulte du vol. A plus forte raison l'individu qui s'empare de ce qu'il croit lui appartenir révèle de la façon la plus formelle, sans restriction, ni réserve, son *animus domini*. Et nous ne pouvons plus, comme pour ce qui est du voleur, le mettre en dehors du domaine d'application de l'art. 2279, puisqu'il est de bonne foi. Dans une théorie qui exigerait un juste titre, la règle de l'art. 2279 ne s'appliquerait plus dans l'hypothèse que j'ai visée ; et de même dans un système qui se contenterait, pour en repousser l'application, de ce fait qu'il y eût obligation de restituer, ou encore qui déclarerait l'art. 2279 étranger aux relations existant entre le possesseur et celui qui possédait la chose avant qu'elle passât entre ses mains. Je n'ai admis toutes ces formules que dans la mesure où elles étaient la traduction du principe même en vertu duquel l'art. 2279 implique une possession *animo domini*. Or, nous sommes en présence d'une possession de cette nature ; comment donc repousser l'application de la règle ? Le seul moyen cependant qui nous soit offert c'est encore l'art. 2229 qui nous le fournit ; ce sera d'incriminer la possession elle-même. Car elle pourrait être entachée de violence ou de clandestinité. Peut-être aussi y aurait-il lieu, dans la plupart des cas de ce genre, de la déclarer équivoque ; car il me semble difficile de considérer comme une possession normale, correspondant à la qualité de propriétaire, et réalisant un exercice manifeste du droit de propriété, celle qui débute par un acte ayant toutes les apparences d'un vol. Mais enfin, si tous ces vices de la possession se trouvaient écartés, — ce serait sans doute une hypothèse bien exceptionnelle — peut-être ne resterait-il plus au propriétaire qui s'est laissé dépouiller qu'une action personnelle.

Sans doute on peut croire qu'il en serait ainsi ; à moins cependant, et c'est la solution à laquelle j'inclinerais volontiers que, par voie d'assimilation, on applique ici l'exception du second paragraphe de l'art. 2279. La possesssion, je le suppose, n'est entachée d'aucun vice qui s'oppose à l'application de l'art. 2279, mais alors il y a un fait qui a tous les caractères extérieurs d'un vol, et qui présente toute la matérialité du délit ; il n'échappe à la définition du vol qu'à raison du défaut d'intention chez l'agent. Ne faut-il pas croire que l'art. 2279, si l'on se place au point de vue du but que l'on a visé dans l'exception relative au vol, a entendu se contenter des conditions relatives à la matérialité de l'incrimination, sans se placer au point de vue subjectif de l'auteur du fait? Car ce qu'il vise c'est la protection due au propriétaire qui a été dépouillé sans qu'il y ait imprudence de sa part, et sans qu'il ait lui-même confié la chose à un tiers. Seulement vous savez déjà par avance que lorsqu'il s'agit d'un véritable voleur, l'exception à la règle de l'art. 2279, en tant qu'elle limite à trois ans la durée de la revendication, ne s'applique pas au voleur lui-même, mais à ses ayants-cause supposés de bonne foi. Le voleur étant de mauvaise foi échappe à la protection de l'art. 2279 ; contre lui la revendication subsiste, et il prescrit par la prescription de droit commun, celle de trente ans. Dans notre hypothèse, au contraire, nous sommes en présence de quelqu'un qui n'a pas les apparences d'un voleur, puisqu'il est de bonne foi. Nous ne pouvons plus dire que l'art. 2279 lui soit étranger ; seulement, puisqu'il y a toute la matérialité d'un vol, il faut le traiter comme on traiterait l'ayant-cause de bonne foi d'un voleur. Il faut dire que c'est la chose qui est affectée, comme à Rome, d'un vice qui en empêche l'acquisition immédiate par possession. La revendication subsiste, mais pendant trois ans. La possession de ce voleur apparent serait une possession qui serait de nature par elle-même à comporter l'application de l'art. 2279, comme serait celle de l'ayant-cause à titre particulier d'un véritable voleur. Mais c'est la chose qui est affectée d'un vice qui s'oppose à l'extinction immédiate de la revendication. A l'expiration des trois ans il ne subsisterait donc contre le possesseur que l'action personnelle en restitution, s il y a eu de sa part un quasi-délit; et une action personnelle qui, d'après moi, n'emprunterait aucun caractère de réalité à la revendication.

Je viens d'examiner le cas du quasi-délit; peut-être devrions-nous rapprocher de cette hypothèse celle du quasi-contrat. Supposons qu'il y ait eu paiement de l'indû. Là encore il y a obligation de restituer. Il est vrai que si l'on admet, ce qui est un système que j'ai combattu, que le paiement ait suffi à transférer la propriété, la question ne se pose plus sur le terrain de l'art. 2279, mais sur celui de l'art. 1138; et il s'agit de savoir à quelle condition la propriété se trouvera revenir au *solvens*. C'est une question que j'ai déjà traitée et résolue. Mais, si l'on croit, comme j'ai essayé de le démontrer, que l'*accipiens* n'est pas devenu propriétaire en vertu du paiement, faudra-t-il dire qu'il va le devenir par application de l'art. 2279? Vous entendez bien que la difficulté ne s'élève que si le *solvens* était propriétaire; s'il a livré la chose d'autrui, l'art. 2279 s'appliquera sans hésitation, puisque nous n'exigeons pas qu'il y ait juste titre. Mais le *solvens* était bien réellement propriétaire de la chose donnée en paiement; d'autre part, l'*accipiens*, il faut le supposer, a cru à l'existence d'une dette qui n'existait pas. Sera-t-il protégé par la règle de l'art. 2279, sauf à être soumis à l'action en répétition, action purement personnelle? La raison de douter vient de ce qu'en pareil cas l'*animus domini* paraît n'être soumis à aucune restriction, ni réserve; peut-on dire encore, comme au cas de titre révocable, que l'intention de l'*accipiens* avait été de n'être propriétaire que dans la mesure, et sous la condition, du maintien de son titre? Il n'y a pas de titre; et là où il n'y a pas de titre peut-on encore subordonner à quelque restriction légale l'existence de l'*animus domini*? Il n'y a pas de titre, sans doute; mais il y a une cause juridique de l'acquisition, et cela revient au même. Cette cause, c'est l'existence de la dette à raison de laquelle on avait accepté la chose donnée en paiement. La propriété que l'*accipiens* entendait recevoir était donc, dans son esprit, subordonnée à la réalité de la dette, c'est-à-dire à l'existence du fait juridique qui servait de cause à l'acquisition que l'on avait voulu réaliser. Aussi donnerais-je une solution analogue à celle que je vous ai proposée pour le cas de résolution. Mais je conviens qu'il pourrait y avoir un peu plus d'hésitation à accepter le raisonnement de principe qui m'a servi de point de départ ; et c'est pourquoi, en abordant l'hypothèse du quasi-délit, laquelle allait présenter une exception à la règle du maintien de la revendication, là où subsiste une obligation personnelle en restitution, je vous laissais entendre que cette exception pourrait, sous réserve de certaines controverses, n'être pas la seule.

On voit donc en somme que je n'admets d'autres conditions d'application en ce qui touche la possession dont parle l'art. 2279 que celles dérivant des art. 2228 et 2229. C'est, à mon avis, la seule façon de se placer sur un terrain solide de discussion, la seule qui puisse écarter le vague des théories *a priori* et des conceptions individuelles. Et quant à la question de preuve, elle est maintenant des plus simples, puisque c'est à celui qui conteste la valeur de la possession à en établir les vices ou l'irrégularité.

Comme vous le voyez, et pour me résumer, j'admets la règle de l'art. 2279 toutes les fois qu'il y a possession juridique avec *animus domini*, et dans les conditions où cet *animus* se révèle et s'affirme ; je l'écarte toutes les fois que cet *animus* fait défaut ou lorsqu'il s'est lui-même révélé, en tant que subordonné à une condition résolutoire ou au maintien du titre initial par lequel il se manifeste. Voilà pourquoi la protection de l'art. 2279 disparaît au cas de précarité et de même lorsque la possession est dominée, je dirais volontiers expliquée, par une obligation de restituer qui restreigne, atténue ou annihile l'*animus* qu'elle implique. Et encore, avons-nous vu que toute obligation de restituer ou de livrer n'est pas exclusive de l'*animus domini*.

Mais j'ai repoussé énergiquement en tant que formule

théorique l'idée que l'art. 2279 serait étranger aux rapports entre possesseur et auteur ; je ne l'admets que comme formule approximative destinée à marquer par voie d'à peu près les résultats pratiques du système. En tant que principe elle a un double inconvénient. Le plus considérable tient aux questions de preuve : nous l'avons déjà vu. Sous la réserve d'une preuve préalable, et relativement aisée, à mettre à la charge du revendiquant, elle aboutit au renversement de la présomption de l'art. 2230, lorsque le possesseur se trouve en présence de celui de qui il tient la chose. Et j'ai déjà montré que, en tant que principe, c'était inacceptable. Là où il n'est pas d'usage de dresser acte écrit en matière d'acquisition, il faut que les protections de la loi suppléent au titre à l'égard de tous, et aussi bien à l'égard de celui de qui le titre est censé émaner qu'à l'encontre d'un tiers. Cette extension de l'art. 2230 a pu paraître excessive ; on oublie le correctif que la jurisprudence lui apporte lorsque la possession semble équivoque. De ce que le possesseur est présumé posséder à titre de propriétaire, cela ne veut pas dire qu'il soit dispensé d'expliquer sa possession. Il n'y a pas de possession au sens technique du mot pour celui qui dissimule son titre ; et, par suite, en dépit de la présomption de l'art. 2230, là où l'attitude du possesseur sera de nature à jeter des doutes sur la régularité de son titre, l'exercice de fait qui constitue la possession juridique sera atteint dans sa matérialité elle-même ; il y aura possession équivoque, c'est-à-dire une possession dans laquelle l'*animus* n'apparaît plus. L'art. 2230 signifie que le possesseur n'a rien à prouver, mais pourvu qu'il ait une attitude de possesseur et pourvu que sa possession ne laisse pas soupçonner le détenteur pour autrui.

Cette même formule aurait un autre danger qui serait de faire croire que jamais l'art. 2279 ne s'appliquerait dans les relations entre le possesseur et son auteur, même s'il y eût interversion de titre. Il s'agit d'un détenteur précaire ; il n'a pas une possession qui le mette sous la protection de la règle de l'art. 2279. Mais il prouve l'interversion de titre ; par exemple il établit qu'après coup il a acheté la chose d'une autre personne qu'il a pu croire légitimement comme en étant le vrai propriétaire : c'est une cause venant d'un tiers. Dira-t-on, si celui qui avait confié le meuble au possesseur le revendique, qu'à son égard l'art. 2279 ne peut jamais s'appliquer et que, par suite, l'interversion de titre n'aboutirait qu'à rendre possible la prescription de la chose, prescription qui s'accomplirait alors par trente ans ? Là encore je ne dirai plus que, si l'action personnelle subsiste, la revendication subsistera ; mais je crois, s'il y a eu bonne foi et interversion de titre, que la possession rentrant dans les conditions des art. 2228 et 2229, il y aura eu application immédiate de l'art. 2279. Il en serait forcément ainsi si celui qui a remis le meuble aux mains du possesseur n'en était pas le propriétaire et que le tiers avec lequel le possesseur a traité plus tard ne le fût pas davantage. A l'égard du *verus dominus*, le possesseur, par suite du titre nouveau qui lui a été constitué, serait certainement devenu propriétaire. Pourquoi en serait-il autrement lorsque la question de propriété se pose dans les rapports entre ce possesseur et celui qui lui a remis la chose ? Seulement là encore il y aurait lieu de faire une réserve si cette possession restait équivoque ; et ce pourrait être le cas si l'interversion de titre avait été dissimulée à l'égard de celui qui avait remis la chose au possesseur.

Et nous sommes ainsi en mesure de résumer toute cette théorie en nous plaçant en présence de la troisième question que j'avais formulée : quels sont, au point de vue des cas d'application de l'art. 2279, les différences pratiques à établir entre les différents systèmes ? Nous pouvons répondre facilement en ce qui concerne la théorie du juste titre, celle par conséquent qui voit dans notre règle une prescription instantanée ; il faudrait un titre réel, et même le titre putatif ne suffirait pas. Quant à la théorie de la présomption légale elle supprime la revendication, mais elle donne aux actions personnelles qui subsistent un caractère de demi réalité qui aboutit presque aux mêmes conséquences. Pour établir entre cette doctrine et la mienne, sur le terrain des résultats pratiques, une différence véritablement appréciable, il faudrait, ou bien admettre, comme traduction du système que je vous expose, l'idée que la règle de l'art. 2279 est étrangère aux rapports entre le possesseur et celui de qui il tient la chose, auquel cas l'intérêt pratique, comme nous l'avons vu, se présenterait surtout au point de vue des questions de preuve; ou bien, si on rejette cette règle pour s'en tenir à l'application des principes généraux en matière d'*animus*, il n'y aura guère à chercher la ligne de séparation que dans certaines hypothèses assez complexes, et assez peu pratiques du reste, en matière de délit ou de quasi-délit.

Peut-être, devrais-je encore examiner pour finir si, tout au moins dans la doctrine qui voit dans l'art. 2279 une règle de prescription, on devrait lui appliquer les dispositions du droit commun en matière de suspension de prescription, au moins pour ce qui est de celles qui se placent au début de la prescription et qui l'empêchent de commencer. La question, sans doute, ne peut guère s'élever dans la théorie d'une acquisition *lege*. Je serais curieux de savoir comment la résoudraient ceux qui voient ici encore une règle de prescription. Mais c'est un point que je me contente de vous signaler, sans y insister autrement.

XXVe LEÇON

THÉORIE DE L'ART. 2279 : MEUBLES AUXQUELS IL S'APPLIQUE. — OBSERVATIONS COMPLÉMENTAIRES. EXCEPTIONS A LA RÈGLE, CAS DE PERTE OU DE VOL ; RESTRICTIONS A LA REVENDICATION DU PROPRIÉTAIRE. — LOI DU 15 JUIN 1872. — RÈGLES RELATIVES AU DÉLAI DE PRESCRIPTION : CALCUL DU DÉLAI.

Des choses auxquelles s'applique l'art. 2279.

J'ai maintenant un dernier point à étudier sur l'art. 2279. Il s'agit de savoir à quels biens, disons à quels meubles, il s'applique. Sur ce point je vous renverrai, plus encore que j'ai pu le faire ailleurs, aux explications contenues dans vos livres, car vous les trouverez partout.

L'art. 2279 s'applique exclusivement aux meubles corporels possédés à titre particulier. Mais il s'applique à tous les meubles corporels, sauf aux navires. *A contrario*, il faut en exclure l'application aux valeurs mobilières, sous réserve cependant d'une exception considérable que je vais vous indiquer. La raison en est que l'art. 2279 n'a été fait que pour soustraire le possesseur à l'obligation de prouver par titre sa propriété ; or, pour ces valeurs, les transmissions qui en sont faites se constatent par écrit.

L'exception à mentionner est celle relative aux titres au porteur ; lorsqu'il s'agit de titres de ce genre, le droit s'identifie avec l'objet corporel qui sert à la constatation du droit. Il n'y a jamais eu doute sur ce point ; s'il y en avait eu, il serait levé par une loi du 15 juin 1872. Cette loi a pour but de protéger le propriétaire contre les conséquences de la perte du titre, perte provenant d'un vol ou d'un abus de confiance, par exemple au cas d'aliénation faite par un dépositaire. Or, en dehors de l accomplissement des conditions et formalités prescrites par cette loi, on applique les articles 2279 et 2280 aux titres au porteur.

J'ai ajouté qu'il fallait que le meuble fût possédé à titre particulier. Donc, l'art. 2279 ne s'applique pas aux universalités mobilières. L'acheteur d'une succession par exemple ne pourrait pas invoquer la maxime de l'art. 2279 ; c'est qu'il ne s'agit plus de ces meubles dont la transmission ne se constate pas par écrit. Par la même raison, s'il y a vente d'un immeuble comprenant des objets mobiliers, sans que ceux-ci soient immeubles par destination, on admet que l'art. 2279 ne s'applique plus ; et cela, toujours pour le même motif.

En dernier lieu, il est presque inutile de dire que, si nous admettons que certains meubles pourraient être du domaine public, on ne leur appliquera plus l'art. 2279 : ainsi en serait-il pour les tableaux des musées, les livres et manuscrits des bibliothèques publiques et autres objets de cette catégorie. Ils seraient hors du commerce ; et contre eux la revendication subsisterait à perpétuité en quelques mains qu'ils puissent se trouver.

J'ai ainsi résumé, ou à peu près, tout ce que j'avais à vous dire sur cette théorie si importante de l'art. 2279.

Peut-être y aurait-il place seulement pour quelques observations complémentaires. D'abord en ce qui touche les effets mêmes de la règle, je vous ai dit que, bien que n'admettant pas qu'il s'agisse de prescription, néanmoins il y a là un mode d'acquérir qui remplace la prescription et qui en a, à certains égards, le caractère. De là cette conséquence que celui qui est dans le cas de se prévaloir l'art. 2279 est libre de ne pas l'invoquer ; cela revient à dire que le juge ne peut pas ici, pas plus que lorsqu'il s'agit de prescription, suppléer d'office le moyen tiré du bénéfice de l'art. 2279. C'est qu'il s'agit d'un mode d'acquérir qui intéresse la délicatesse de celui au profit de qui il s'est réalisé. On comprend qu'il répugne à celui qui a acquis d'un dépositaire d'opposer l'art. 2279 et qu'il préfère recourir contre son vendeur. Et j'ajoute que le vendeur ne pourrait pas s'en prévaloir pour maintenir la possession à l'acheteur et l'obliger à garder la chose (Cour de Paris, 27 novembre 1883).

Voici une autre observation : La règle de l'art. 2279 ne protège pas seulement le possesseur quand, ayant traité avec un non propriétaire, il invoque le droit de propriété ; elle le protégerait même s'il eût acquis un droit réel autre que la propriété, par exemple un droit d'usufruit ou encore un droit de gage. Supposez que l'héritier du dépositaire ait donné en gage à un tiers également de bonne foi, et qui est son créancier, l'objet qui ne lui appartient pas. Ce créancier gagiste de bonne foi, qui ne peut pas invoquer l'art. 2279, en tant qu'il voudrait se prétendre propriétaire, pourra au contraire, dans la mesure dans laquelle il s'agit de valider le droit de gage qui lui a été consenti, se mettre à l'abri sous la règle de l'art. 2279. Les mêmes motifs, en effet, conduisent ici à accorder la même protection au gagiste.

Vous en verrez des applications intéressantes au sujet du concours de plusieurs créanciers privilégiés sur les meubles. Au cas de concours entre le privilège du bailleur et celui du vendeur par exemple, le conflit se résout par application de l'art. 2279. Mais j'appelle surtout votre attention sur la relation qu'on peut établir, soit historiquement, soit aujourd'hui encore, entre la règle de l'art. 2279 et celle de l'art. 2119 : « Les meubles n'ont pas de suite par hypothèque ». Dans quelle mesure ces deux règles sont-elles l'expression de la même idée ? Dans quelle mesure diffèrent-elles ? Ce serait une question intéressante à étudier ; je ne puis que vous la signaler en passant.

J'aurais voulu enfin, en me plaçant au point de vue pratique, examiner quelle relation on peut établir entre notre règle et l'idée généralement admise que les dons manuels sont valables, quoiqu'ils soient faits sans les formalités des donations. Convient-il de rattacher cette particularité à la règle de l'art. 2279 ? Ici encore je suis obligé de me borner à un renvoi. Mais peut-être reviendrai-je sur ce point à propos des donations.

Exceptions à la règle de l'art. 2279.

Et j'arrive ainsi aux exceptions que l'art. 2279 lui-même apporte à l'application de son principe. Elles consistent en ce que la loi écarte l'art 2279, au moins temporairement, lorsque le propriétaire ne s'est pas en quelque sorte dessaisi volontairement, entre les mains d'une personne qui en a abusé, de la possession du meuble, mais que celui-ci a été perdu ou volé.

Dans ce cas, le propriétaire peut revendiquer entre les mains du détenteur, sauf à celui-ci son recours contre celui de qui il tient la chose. Cette réserve, qui se trouve expressément faite par l'art. 2279, nous montre bien que l'hypothèse prévue ici est celle où le propriétaire exerce la revendication contre un tiers possesseur ; ce serait une très grande erreur de croire que l'exception vise le cas où le meuble est entre les mains du voleur ou de celui qui a trouvé le meuble. L'exception vise le cas où la règle serait applicable ; c'est donc le cas où il s'agit d'un possesseur de bonne foi.

Si le propriétaire venait réclamer le meuble contre l'inventeur ou le voleur, notre article n'aurait pas d'application ; la prescription qui aurait cours, dans cette dernière hypothèse, serait celle de trente ans ; on ne doit pas en douter relativement à l'inventeur, nous l'avons vu sur l'art. 717. Pour ce qui est du vol, la question est plus douteuse, non point qu'on puisse hésiter à dire que le texte de l'art. 2279 qui limite à trois ans la revendication en matière de choses volées ne s'appliquerait pas à l'égard du voleur ; pour le cas de vol le doute vient d'ailleurs. Le vol constitue, suivant les circonstances, un délit ou un crime ; or, l'action publique en répression du vol se prescrit par dix ans ou par trois ans, suivant la nature de l'infraction ; et, aux termes des art. 637 et 638 du Code d'instruction criminelle, cette même prescription de dix ou trois ans est applicable à l'action civile comme à l'action publique ; de là est née la question de savoir si l'action en revendication contre le voleur n'est pas prescrite par le fait même. Notez toutefois que, même dans le cas où il s'agirait de la prescription de trois ans, ce ne serait pas du tout celle dont parle l'art. 2279 ; et en particulier le point de départ serait différent. Pour celle de l'art. 2279, il se placerait au jour du vol ; pour ce qui est, au contraire, de la prescription du droit criminel, elle commencerait à courir à partir du dernier acte de poursuite.

Ma pensée, à moi, est que les règles du Code d'Instruction criminelle n'ont rien à voir en notre matière. L'action civile qui est déclarée prescrite en même temps que l'action publique, c'est l'action en dommages-intérêts, l'action en indemnité du dommage causé. Or, au point de vue de la question que je traite en ce moment, il ne s'agit pas de cette action en indemnité, mais de l'action fondée sur le droit de propriété. Il est vrai que, si la loi a voulu que l'action civile soit prescrite comme l'action publique, c'est qu'il a paru intolérable que l'on pût faire la preuve devant les tribunaux d'un fait délictueux qu'on ne peut plus poursuivre. Et il faut en effet reconnaître, dans l'opinion que je vous expose, que la revendication ne sera admise contre le possesseur que s'il y a eu vol ; donc il faudra prouver le vol. Telle est l'objection.

Je réponds que dans le cas particulier, s'agissant de poursuites, non contre un tiers, mais contre le voleur, il suffira de prouver la mauvaise foi, et de cette façon on sera en dehors de l'application de l'art. 2279 ; le propriétaire aura gardé sa revendication, sans cependant que la preuve de l'infraction ait été légalement fournie.

Reste une question célèbre, qui est de savoir si l'exception admise au cas de vol ne devrait pas l'être également, quand le dessaisissement provient de délits qui ont avec le vol certaines analogies, par exemple l'abus de confiance.

Toutes les explications que je vous ai données jusqu'ici supposent et impliquent que ma réponse doit être négative ; car j'ai presque toujours supposé le cas d'un dépositaire ayant aliéné ; et, dans cette hypothèse, j'ai toujours admis que le possesseur, s'il était de bonne foi, était protégé par l'art. 2279. Cette solution, je la maintiens et je l'applique à une espèce voisine, celle de l'escroquerie, lorsque c'est par l'effet d'une escroquerie que le propriétaire a été amené à se dessaisir du meuble. Le possesseur de bonne foi à qui on l'aurait transmis est protégé par l'article 2279. Avant tout, je tire argument de ce que ces délits ne constituent pas des vols proprement dits au sens de la loi. Le vol est défini : « la soustraction frauduleuse ». Le Code pénal donne une autre définition de l'escroquerie et une autre de l'abus de confiance.

Ce qui peut faire naître le doute, c'est que l'exception fondée sur le vol paraît être un souvenir plus ou moins éloigné des règles du droit Romain relatives à l'influence du *furtum* sur l'usucapion. Comme il s'agit de droit civil et non de droit pénal, on aurait pu penser que le législateur se fût référé à ces traditions romaines. Mais il est facile d'écarter l'objection : toute l'évolution historique et législative avait eu pour but de protéger le possesseur de bonne foi qui a traité avec le propriétaire apparent d'un meuble ; et l'hypothèse du dépositaire qui a aliéné est précisément celle de Bourjon. Puis, au point de vue du vol le propriétaire peut être supposé n'avoir aucune faute à se reprocher. Quand il s'agit d'autres délits, la question est toujours celle-ci : lequel préférer ? celui qui n'est pas en faute ou celui qui a commis au moins une imprudence ? or, au cas d'abus de confiance, le propriétaire est en faute d'avoir mal placé sa confiance.

J'aurais encore une observation complémentaire à vous présenter. Le délai de trois ans de l'art. 2279 a été admis par analogie avec ce qui avait été établi pour l'ancienne usucapion triennale des meubles ; faut-il en conclure qu'il s'agit, au profit du possesseur de bonne foi du meuble volé, d'une véritable usucapion ? Non, car le point de départ n'est pas la prise de possession par le tiers, mais le moment du vol ; le délai protège le possesseur indépendamment de la durée de sa possession. Je vais plus loin, ce n'est même pas une prescription, mais un délai préfixe qui n'admet pas les tempéraments que nous verrons à propos des suspensions de prescription. La disposition du § 2 de l'art. 2279 signifie tout simplement, et elle revient à dire que, pendant trois ans, le propriétaire ne peut pas, quand il a été volé, se voir opposer la règle du § 1er de l'art. 2279. C'est donc un délai qui, non pas supprime, mais suspend, l'application de l'art. 2279.

J'arrive ainsi à l'explication de l'art. 2280, lequel vise les cas où il y a dérogation à la règle de l'art. 2279 ; il se place dans les hypothèses où, par exception, le propriétaire a le droit d'exercer la revendication contre l'acquéreur même de bonne foi du meuble volé ou perdu.

Exceptions au principe de l'art. 2279.

D'ordinaire, et en général, cette revendication ne laissera à l'acquéreur du meuble d'autres ressources qu'un recours contre celui avec qui il a traité.

Cependant en certains cas il a paru qu'il ne fallait pas négliger entièrement la protection due au possesseur de bonne foi. Dans les hypothèses ainsi visées, quand ce possesseur aura acheté en vente publique, foire ou marché par exemple, ou encore chez un marchand d'objets similaires, comme il a été totalement dans l'impossibilité de connaître l'origine de la possession de son vendeur, on ne permet la revendication qu'à charge de remboursement du prix. La loi suppose que le plus souvent le vendeur aura dû faire d'assez bonnes conditions aux acheteurs, et cela arrive en effet presque toujours lorsqu'il y a eu vol. En pareil cas il y aura donc encore avantage pour le propriétaire à reprendre le meuble pour un prix inférieur. On pourrait supposer également une mise en gage ; l'intérêt serait le même, mais c'est là une hypothèse qui se rencontre assez peu en pratique. Les exceptions à la règle de l'art. 2279, telles qu'elles dérivent du texte lui-même et des principes généraux du Code civil, ne sont plus aujourd'hui les seules. Il faut signaler, sous ce rapport, deux lois relativement récentes, une loi du 12 mai 1871 purement transitoire, et celle du 15 juin 1872.

La première a été motivée exclusivement par les événements de l'insurrection de la Commune de Paris. Elle avait pour but de protéger les propriétés, tant mobilières qu'immobilières, contre les usurpations émanant de la Commune, ou des comités s'arrogeant la même autorité, ou enfin de particuliers agissant, soit sur l'ordre de la Commune ou de ces comités, soit même sans ordre de personne et simplement à la faveur de l'insurrection. Toutes les propriétés ainsi usurpées, confisquées, saisies, séquestrées ou soustraites, sont déclarées inaliénables jusqu'à leur retour aux mains du propriétaire. C'est donc quelque chose comme le *vitium furti* du droit romain. Elles sont propriétés inaliénables. Sont-elles du même coup imprescriptibles ? Non, en ce sens que la prescription acquisitive qui s'y réfère a pu commencer à partir de la cessation de la Commune, en tant que cette cessation aurait été officiellement constatée (art. 2 de la loi) ; mais, s'il s'agit d'immeubles, les aliénations qui auraient pu en être faites ne peuvent servir de base à la prescription par dix ou vingt ans. Et, quant aux meubles, ils ne peuvent recevoir application de la règle de l'art. 2279. Donc, point de protection accordée au possesseur de bonne foi, tant qu'il n'a pas prescrit par trente ans ; et l'art. 2280 lui-même est écarté, en ce sens que le droit au remboursement du prix ne peut être invoqué à l'encontre du propriétaire, tant que celui-ci a la revendication ouverte.

La loi du 15 juin 1872 a pour but de protéger le propriétaire d'un titre au porteur contre les évènements quelconques par lesquels il a pu être dépouillé ; on a voulu le protéger à des points de vue divers, en lui donnant d'abord la possibilité et les moyens d'arriver, quoiqu'il n'ait pas son titre, à exercer les droits qu'il tient de ce dernier ; et même les moyens d'arriver à obtenir un nouveau titre. Cette première partie de la loi de 1872 rentre dans la matière du droit commercial. Dans la seconde partie, la loi a voulu organiser, dans la mesure du possible, toute une réglementation destinée à empêcher le possesseur du titre de se mettre à l'abri sous la maxime de l'art. 2279. En conséquence la loi organise un système de publications et d'oppositions par le moyen desquelles le propriétaire sera soustrait au danger qui résulterait pour lui de la possibilité pour un tiers d'invoquer les art. 2279 et 2280 (Voir l'art. 11 de la loi et le décret réglementaire postérieur). Donc, quand il s'agit d'un titre au porteur, deux hypothèses peuvent se présenter. La première serait celle où le propriétaire n'a pas satisfait aux dispositions de la loi ; dans ce cas le possesseur est protégé par l'art. 2279. Ainsi, au cas de perte ou de vol, pendant les trois ans que la revendication est ouverte, le porteur actuel ne peut être dépossédé que si on lui tient compte de son prix, le titre ayant été acheté à la Bourse. La seconde hypothèse visée se présente lorsque le propriétaire s'est mis en règle avec la loi ; et alors, relativement à toute négociation postérieure, le propriétaire ne peut pas se voir opposer les art. 2279 et 2280. Même quand il n'y a pas eu perte ou vol, le propriétaire peut revendiquer le titre ; les acquéreurs sont en effet en faute : ils auraient dû vérifier que le titre ne pouvait plus être négocié.

S'il y a eu perte ou vol, le délai de trois ans n'existe plus pour protéger le tiers possesseur. Une fois ce délai expiré, il n'y a pas de remboursement de son prix. Je laisse de côté tout ce qui concerne les détails et les formalités de la loi, et j'appelle seulement votre attention sur l'art. 16 d'après lequel sont soustraites à l'application de la loi les rentes sur l'Etat même constatées par titres au porteur.

De plus la loi déclare qu'elle n'est pas applicable aux billets de banque ; c'est que les dispositions des art. 2279 et 2280 ne s'appliquent aucunement au numéraire, ni aux billets considérés, à certains points de vue, comme monnaie fiduciaire ; et cela en ce sens qu'il n'y a en aucun cas une revendication du numéraire, ni des billets de banque. Dans le sens le plus absolu du mot, ils se transmettent de la main à la main ; c'est indispensable pour qu'ils puissent remplir leur office économique et financier.

J'arrive à notre troisième section : Des règles qui se rattachent au délai de la prescription. Du délai de prescription

Je n'ai qu'à rappeler ici ce que vous savez déjà ; que, pour la prescription acquisitive, il y a deux hypothèses à envisager, celle de la prescription de trente ans, et celle de la prescription de dix à vingt ans.

Demandons-nous, pour ce qui est de cette dernière, et par rapport à cette différence de délai, comment se fait la distinction. Nous trouvons, comme formule, une distinction empruntée au droit romain pour la *prescriptio* résultant de la *possessio longi temporis*. On distinguait suivant qu'elle s'appliquait entre présents ou entre absents. Les expressions sont les mêmes actuellement encore. Mais aujourd'hui on ne se place plus au même point de vue. « Entre présents », cela signifiait à Rome que les deux parties intéressées dans la question de prescription avaient leur domicile dans la même province (L. 12, § 1, Cod. 7, 33). Sinon, on disait que la prescription s'accomplissait *inter absentes*. Même signification en ancien droit, si ce n'est qu'au lieu de parler de province, on parlait de ressort du bailliage, ou de la sénéchaussée (Voyez Pothier, *Prescription*, n° 103 et Cout. de Paris, art. 116). Aujourd'hui, au ressort du bailliage ou de la sénéchaussée, on a substitué celui de la Cour d'appel. Mais il y a une modification beaucoup plus grave. On se préoccupe uniquement de savoir si le propriétaire habite dans le ressort de la Cour de la situation de l'immeuble; donc, de savoir s'il habite dans un certain rayon rapproché de l'immeuble. C'est que, a-t-on dit, il faut tenir compte avant tout de la négligence du propriétaire à faire valoir ses droits. Elle sera plus accentuée si le propriétaire habite près de l'immeuble.

Seulement, il y a, à ce sujet, une difficulté qui tient au texte. Quand on dit qu'il faut distinguer si le propriétaire habite dans le ressort de la Cour où est situé l'immeuble, veut-on parler de la résidence ou du domicile? Nous n'avons aucun renseignement dans le texte; l'art. 2265 dit « habiter », et l'art. 2266 parle du « domicile ». Or, comme on n'aperçoit pas de principe général qui s'impose, la question reste douteuse. Pour moi, j'admets la résidence de fait. D'une part, dans l'ancien droit, Pothier (*Prescription*, n° 107) dit que cela va de soi; et, d'autre part, ce qui était vrai du temps de Pothier, étant donné le fondement de la distinction, l'est encore bien plus aujourd'hui. Il s'agit de négligence présumée; or, cette négligence se détermine, du moins au point de vue des faits sur le fondement desquels on la présume, non pas par le domicile, chose de droit, mais par la résidence, chose de fait. Qu'importe où est le domicile, si la résidence est ailleurs? Le domicile, en d'autres termes, pour s'en tenir à lui, n'implique pas une plus grande facilité de surveillance.

L'art. 2266 prévoit qu'il a pu arriver, pendant la durée de la possession, que le domicile, ou la résidence comme vous voudrez, ait subi des changements. Par exemple, le propriétaire a eu son domicile en différents temps dans le ressort et hors du ressort. Il dit alors, en termes ambigus, qu'il faut, pour compléter la prescription, ajouter à ce qui manque aux dix ans de présence un nombre d'années double de celui qui fait défaut pour le complément du délai. Ainsi, la prescription a commencé à une époque où le propriétaire demeurait dans le ressort ; quatre ans se sont écoulés et le propriétaire transporte sa résidence hors du ressort. Il resterait donc sans ce fait six ans à courir. Va-t-on dès lors exiger vingt ans ? Non, mais on dira : il manquait six ans, il en faudra douze. Il faudra un nombre d'années double de celui qui restait à courir pour que la prescription pût s'accomplir par dix ans. C'est donc un nombre intermédiaire. C'est pourquoi dans la doctrine, on dit, non plus prescription de dix ou vingt ans, mais de dix à vingt ans.

Il faut maintenant nous préoccuper des trois questions suivantes :

1° Comment se fait exactement le calcul du délai ?

2° Quel est au juste le point de départ, l'*initium*, de la prescription ?

3° Et enfin quels sont les événements qui peuvent modifier la durée du délai, soit qu'ils produisent une suspension du cours de la prescription, soit qu'ils produisent une interruption de la prescription ?

XXVIe LEÇON

PRESCRIPTION ; CALCUL ET POINT DE DÉPART DU DÉLAI. — PRESCRIPTION CONTRE LES DROITS A TERME OU CONDITIONNELS. — SUSPENSION DE PRESCRIPTION.

Du calcul du délai.

Il nous reste à étudier ce qui concerne le calcul du délai; et, en second lieu, nous aurons à voir ce qui touche le point de départ de la prescription, puis, enfin les causes qui peuvent suspendre le cours de la prescription ou l'interrompre.

En ce qui touche le calcul exact du délai, je dois appeler votre attention sur les art. 2260 et 2261. Le législateur semble s'être proposé de mettre fin ici à d'anciennes controverses. Il s'en faut cependant qu'il y ait absolument réussi.

Nous trouvons deux règles : la première très claire, dans l'art. 2260. C'est le principe que la prescription se compte par jours et non par heures. Déjà nous en pouvons conclure qu'un délai de trente ans n'indique pas un délai mathématiquement exact de trente années calculé d'une heure à une autre heure. On se serait heurté à des difficultés pratiques insurmontables.

La seconde règle est dans l'art. 2261. C'est ici que le législateur a voulu trancher les difficultés anciennes sur ce qu'on appelle le *dies a quo* et le *dies ad quem*.

Etant donné qu'on ne tient pas compte des fractions de jour, doit-on comprendre dans ce délai, soit le *dies a quo*, c'est-à-dire le jour même où se place le point de départ de la prescription, soit le *dies ad quem*, c'est-à-dire celui où se placerait l'échéance mathématique du délai, si l'on calculait par heures ? D'après le texte il semble bien que le délai comprenne le *dies ad quem* tout entier ; il doit être entièrement accompli pour que la prescription soit acquise. Il résulte de là que le législateur a implicitement décidé que le *dies a quo* ne serait compris pour aucune part dans le délai. Puisqu'on exige que le *dies ad quem* soit entièrement écoulé, c'est qu'on ne tient aucun compte de la fraction du jour où la prescription a commencé. Ainsi, supposez une prescription commençant aujourd'hui, 4 janvier 1884 : en réalité elle ne commencera qu'avec le 5 janvier ; et le délai sera achevé à l'expiration du 4 janvier de l'année correspondante à celle où doit s'achever le délai. Le législateur semble avoir consacré ici la règle romaine sur la *prescriptio* extinctive des actions (L. 6, Dig. 44, 7). C'est cette règle que l'on a généralisée. Il paraît qu'en matière d'usucapion on suivait une règle différente ; l'usucapion était achevée quand le *dies ad quem* était commencé (L. 15, Dig. 44, 3 et LL. 6 et 7, 41, 3) ; ce qui revenait à dire que le *dies a quo* était compris dans le délai. Toutefois, tout ceci était sujet à controverse (Voyez le *Système de droit romain* de Savigny au tome IV de la traduction, p. 322, 351, 367, 393).

Je me borne à cette interprétation ; c'est celle qui prévaut d'ailleurs dans la doctrine, et j'aborde un sujet plus juridique, mais à beaucoup d'égards plus délicat, tellement délicat que je devrai laisser de côté beaucoup de questions intéressantes : c'est la détermination exacte du point de départ de la prescription. Point de départ du délai.

Nous venons de voir que ce point initial serait le *dies a quo*. Mais où le placerons-nous ? Le législateur n'a consacré à cette question aucune disposition particulière ; il y a pourtant un texte qui, indirectement tout au moins, touche à cette matière, c'est l'art. 2257. Mais cet article, à ne prendre que son contexte, est étranger au sujet spécial dont je m'occupe exclusivement, puisque, d'après sa lettre, il semble bien ne devoir s'appliquer qu'à la prescription extinctive ; aussi s'est-il élevé des controverses fort délicates sur le point de savoir si l'art. 2257 doit s'appliquer à la prescription acquisitive, et d'une façon générale, aux prescriptions fondées sur la possession. D'un autre côté ce texte est placé au chapitre relatif aux causes qui suspendent le cours de la prescription. Ces causes peuvent agir sur une prescription déjà commencée, ou bien agir *ab initio* en empêchant la prescription de commencer. La plupart de ces causes peuvent avoir effet à l'un ou à l'autre point de vue : ainsi le fait de la minorité. Quelques-unes suspendent la prescription en ce sens uniquement qu'elles empêchent au point initial la prescription de commencer ; elles établissent une sorte d'imprescriptibilité temporaire. Et c'est le cas de l'art. 2257 ; il s'agit donc, en réalité, dans cette dernière hypothèse, beaucoup plutôt de règles relatives au point de départ de la prescription. Or il peut être fort intéressant, par exemple pour l'application des art. 2281 et 1561, de savoir si une prescription a commencé à tel ou tel moment. Enfin, dans le même ordre d'idées, nous rencontrons également un certain nombre d'adages dont nous devrons nous défier, ceux-ci par exemple : *Contra non valentem agere non currit prœscriptio*, ou encore : *Actioni non natœ non prœscribitur*. Toutes ces formules peuvent être exactes comme explication de certaines dispositions de la loi ; mais comme règles générales et dogmatiques, elles ne sont pas écrites dans la loi.

Cette question du point de départ de la prescription peut se présenter, soit à propos de la prescription extinctive des droits ou des actions, soit à propos de la prescription acquisitive.

Je ne veux m'occuper ici que de ce qui concerne la prescription à l'effet d'acquérir. Je puis tout d'abord poser cette règle générale, sauf exceptions, que la prescription à l'effet d'acquérir commence au moment où il y a une possession réunissant les caractères fixés pour que ce soit une possession susceptible de conduire à la prescription. S'il s'agit de la prescription de dix à vingt ans, nous dirons qu'elle commence quand la possession existe avec les conditions spéciales de titre et bonne foi qui sont le fondement de cette prescription. J'ai décidé précédemment d'ailleurs que, pour que cette prescription commence à courir, il n'est pas nécessaire que le titre ait été transcrit.

Donc, dans mon opinion, la prescription commence dès qu'il y a possession fondée sur un titre, sans attendre la date de transcription du titre. J'ai réservé la question de savoir si celui qui a acquis un immeuble *a non domino* sous une condition suspensive, et qui a été mis en possession d'une façon anticipée, peut commencer à prescrire avant l'arrivée de la condition. Ainsi celui qui, *pendente conditione*, a été mis en possession, et dont la possession est fondée sur un titre conditionnel, peut-il d'ores et déjà prescrire ? C'est ce que nous aurons à voir. Mais, à l'inverse, je vous ai indiqué les diverses distinctions qu'il y aurait lieu d'établir en matière de condition résolutoire ; et tout d'abord, suivant que la prescription était invoquée contre celui de qui le possesseur tient l'immeuble, ou au contraire à l'encontre du propriétaire resté étranger au titre d'acquisition ; et encore dans le premier cas, lorsque le possesseur avait traité avec le *verus dominus* et que, par suite, il oppose la prescription à son auteur, faut-il distinguer si l'évènement duquel dépend la condition résolutoire est ou non accompli, et lorsqu'il vient à s'accomplir, si la résolution a lieu de plein droit ou par voie d'action en justice. En principe, nous avons vu que de la part d'un possesseur invoquant la possession à l'encontre de celui de qui il tient l'immeuble, et à supposer que son titre soit soumis à résolution, la prescription ne commence à courir, et encore s'agit-il de prescription trentenaire, puisque le titre est résolu, qu'une fois la résolution définitivement acquise, soit parce qu'elle a eu effet de plein droit, soit parce qu'elle a été prononcée en justice.

Prescription à l'encontre des droits à terme ou conditionnels.

Enfin nous avons à nous demander, à un point de vue tout autre, si les modalités qui peuvent affecter un droit sont de nature à exercer quelque influence sur le point de départ de la prescription qui s'accomplit à l'encontre du droit lui-même. Il ne s'agit plus d'une modalité qui affecterait le titre du possesseur, mais d'une modalité dont serait affecté le droit contre lequel la prescription va courir. Il peut arriver qu'une personne ait sur un immeuble un droit de propriété suspendu par une condition, ou un droit de propriété à l'exercice duquel un terme suspensif ait été attaché ; dans ce cas on se demande si une prescription acquisitive pourrait se produire à l'encontre de ce droit, avant l'arrivée de la condition, ou avant l'échéance du terme. Cette question, la loi l'a prévue et résolue pour la prescription extinctive des obligations. C'est là un des objets de cet art. 2257 que je vous ai déjà cité. Il décide que, lorsqu'une créance est conditionnelle, lorsque par conséquent elle dépend d'une condition, la prescription ne peut point courir avant l'arrivée de cette condition ; ou, s'il s'agit d'un terme, qu'elle ne peut courir avant que le terme soit arrivé. Ainsi Primus a emprunté une somme remboursable à telle date ; la prescription de son action en remboursement ne courra que du jour de cette date.

Or, doit-on appliquer la même règle quand il s'agit, non plus d'une créance, mais d'un droit de propriété affecté de modalité ? Les droits réels sont-ils prescriptibles au profit des tiers possesseurs, alors même que le titulaire du droit n'a pas encore un droit pur et simple, alors par conséquent qu'il n'a encore aucune action en justice contre le possesseur ? Je suppose un testament par lequel le testateur a légué un immeuble sous une condition suspensive ; tant que la condition est en suspens, non seulement le légataire n'a pas d'action en délivrance, mais on ne peut même pas dire qu'il ait un droit à titre définitif. Il est bien clair, en effet, que l'action en délivrance appartenant au légataire ne peut pas commencer à se prescrire avant l'arrivée de la condition ; mais il peut arriver que, entre temps, l'héritier aliène l'immeuble. Il se persuade que la condition n'arrivera pas, et il met l'acquéreur en possession. Il peut arriver aussi que, par suite de la négligence de l'héritier, un tiers se mette en possession de l'immeuble, ou en prenne possession en vertu d'un titre *a non domino*. En ce qui touche ce tiers possesseur, il y a place pour une prescription acquisitive fondée sur sa possession à titre de propriétaire ; cette prescription, en tant qu'elle se produirait contre le légataire, pourra-t-elle commencer avant l'arrivée de la condition qui affecte le droit de propriété de ce dernier ? Dans l'exemple que j'ai choisi, le légataire est propriétaire sous condition suspensive. La question ne s'élève que dans les rapports du légataire avec le tiers possesseur, et non pas dans ses rapports avec l'hériter. Il existe un texte Romain qui a été invoqué comme une autorité décisive par les auteurs qui ont admis que l'art. 2257 devait s'appliquer, même quand il s'agit de la prescription d'un droit réel conditionnel (L. 3, § 3 *a*, Cod. 6, 43).

Notre pratique judiciaire a eu à régler beaucoup d'hypothèses dans lesquelles la question s'est élevée (Voyez par exemple Cass., 28 janv. 1862, D., 63, 1, 81 et Dijon, 3 janv. 1878, D., 79, 2, 118).

Il est bon, toutefois, de vous faire comprendre dans quelles circonstances est intervenu l'arrêt de 1862 que je viens de vous citer.

Une aliénation a été faite, mais sous condition résolutoire ; en ce cas, l'aliénateur qui s'est ainsi dépouillé, se trouve propriétaire sous une condition suspensive inverse. Eh bien ! il peut arriver que, *pendente conditione*, l'acquéreur, qui n'était propriétaire que sous condition résolutoire, aliène au profit d'un tiers qu'il met en possession ; ou qu'un tiers sans titre, ou en vertu d'un titre *a non domino*, se mette en possession. Je prends toutes ces hypothèses en bloc ; si je voulais étudier la question dans ses détails, peut-être faudrait-il les distinguer, D'une façon générale, ce tiers possesseur pourra-t-il commencer une prescription utile contre le vendeur initial, pour le cas où celui-ci recouvrerait la propriété de l'immeuble ? La question se poserait dans les mêmes termes, au cas de condition résolutoire affectant une donation ; ce pourrait être l'hypothèse de l'art. 951, celle de la résolution pour le cas de survenance d'enfants. Cette hypothèse n'est pas tout à fait celle de l'arrêt de 1862 ; dans ce dernier cas, il s'agissait d'un échange d'immeubles. L'échange, comme tout contrat synallagmatique, est soumis à une condition résolutoire tacite au cas de non accomplissement des obligations des parties. Si celui qui a donné l'immeuble en échange ne reçoit pas en contre-échange l'immeuble promis, il peut demander la résolution du contrat. Or, avant qu'il demande cette résolution, le coéchangiste qui avait reçu l'immeuble a pu l'aliéner. Le tiers possesseur aura-t-il pu prescrire contre le coéchangiste qui demande la résolution ? L'arrêt de 1862 a décidé qu'aucune prescription ne pouvait courir *pendente conditione* à l'effet d'éteindre par contre-coup un droit de propriété conditionnel. Ceci est très grave à cause de l'incertitude qui va planer sur la propriété. La Cour de cassation se fonde sur l'art. 2257.

Ce que l'art. 2257 dit d'un droit de créance conditionnel, la Cour de cassation prétend que cela doit s'entendre implicitement d'un droit réel soumis à une modalité. Comment cela ? Puisque la loi n'exige pas autre chose qu'une possession déterminée, et que d'un autre côté, l'art. 2257 ne parle que de créances ? On répond que, sans doute, l'art. 2257 ne statue que sur la prescription libératoire, mais que la décision qu'il donne à cet égard n'est que l'application d'une règle générale, qui serait celle-ci : *Contra non valentem agere non currit præscriptio.*

Le propriétaire sous condition n'a pas d'action pour poursuivre son droit; donc on ne peut prescrire contre lui, voilà tout le raisonnement.

Pour démontrer l'erreur de la Cour de cassation, il suffira d'établir deux choses : d'abord que l'art. 2257 n'est pas fondé sur cette règle, à supposer qu'elle existe; et en second lieu que les motifs qui expliquent l'art. 2257 ne sont nullement applicables quand il s'agit de prescription reposant sur la possession.

Je dis d'abord que l'art. 2257 ne saurait avoir pour base l'aphorisme que l'on invoque. Admettons en effet que cette règle puisse recevoir encore quelque application dans notre droit : quel en serait l'effet ? C'est qu'on ne pourra pas opposer la prescription à celui qui n'a pas de moyen de l'interrompre, et nullement qu'on ne pourrait l'invoquer contre celui qui n'a pas encore d'action en exécution immédiate.

Or celui qui a une créance conditionnelle peut faire les actes conservatoires de son droit; donc il pourrait interrompre la prescription. Vous voyez donc bien que dans les cas de l'art. 2257 nous ne sommes pas en face d'hypothèses dans lesquelles la personne contre qui se trouve courir la prescription ne pourrait pas agir à l'effet de l'interrompre. Il faudra chercher ailleurs les motifs de l'art. 2257 ; et disons tout de suite que ces motifs ne pourront être étendus aux situations qui nous occupent. Et en donnant cette décision nous n'enlèverons pas du tout aux personnes dont nous parlons le moyen de se garantir contre l'effet de la prescription. Ainsi prenons le légataire; s'il est vigilant, il agira pour obtenir la reconnaissance de son droit.

Ceci dit, il faut reconnaître que la règle de l'art. 2257 s'explique par la réunion de plusieurs motifs. Pour les découvrir il convient de nous demander tout d'abord quel est le fondement de la prescription extinctive d'un droit. Il y a sans doute, et en premier lieu, le motif général de toute prescription; il faut que les situations soient réglées définitivement. Mais, comme justification particulière, cette prescription est fondée sur la négligence du créancier, ou sur une présomption de remise ou de libération. Bien entendu, au cas de terme ou de condition, il n'y a pas de négligence à reprocher au créancier, ni de présomption de libération ou de paiement possible avant le terme ou la condition. Même, au point de vue de l'intérêt général, il n'y a pas de motif spécial pour que le délai, après lequel les situations juridiques seront réglées définitivement, ait son point de départ antérieurement au terme. Le fondement de la prescription acquisitive est tout différent : c'est la possession. Il faut que la situation révélée par la possession devienne stable et irrévocable; il est d'intérêt général que cette situation, dont la légitimité est présumée, soit assurée le plus vite possible. Il n'y aurait injustice à cela que si les droits contre lesquels cette prescription va s'exercer indirectement étaient dépourvus de garanties; ce qui n'est pas. Il y a toujours moyen, nous l'avons vu, d'interrompre la prescription, même pour celui qui n'a qu'un droit à terme ou conditionnel.

Et maintenant, si vous avez bien compris mon idée, la solution que je vous indique s'appliquera non seulement à la prescription acquisitive, mais aux prescriptions extinctives fondées sur la possession. Cela est important à mettre en relief à raison de la prescription de l'hypothèque. La jurisprudence enseigne, sur l'art. 2180, que, si l'hypothèque garantit une obligation conditionnelle, le tiers possesseur ne pourra commencer à prescrire que du jour de l'arrivée de la condition. Pour moi, et sans décider si c'est là une prescription extinctive ou acquisitive, peu importe, je fais commencer la prescription du jour de la possession.

Je termine par une observation de texte : sur ce point encore nous rencontrons ce même art. 966 qui a déjà si souvent attiré notre attention. Il paraît bien donner le même point de départ à la prescription, suivant qu'elle est invoquée par le donataire, dont la donation est révoquée pour cause de survenance d'enfants, ou par un tiers possesseur auquel ce dernier eût fait acquérir l'immeuble. Celui-ci ne commence pas à prescrire du jour où il est mis en possession, mais du jour où s'accomplit la résolution du titre de son auteur, et encore faut-il ne placer ce point de départ de la prescription qu'à la naissance du dernier enfant. Qu'il en soit ainsi pour ce qui est du donataire, rien n'est plus conforme aux principes ; tant que la résolution n'est pas acquise, il ne peut avoir, à l'encontre de son auteur, une possession utile pour la prescription, car sa possession elle-même est dominée par les modalités de son titre ; c'est ce que j'ai essayé d'établir. Mais la question change du tout au tout dans les rapports entre le sous-acquéreur et le donateur initial. Ce sous-acquéreur a une possession *animo domini* qui n'est subordonnée à aucune condition résolutoire, puisque son titre est pur et simple. Il faudrait donc admettre qu'il a entendu n'acquérir le droit qui lui était transmis que sous les conditions sous lesquelles il appartenait à son auteur. C'est une théorie que nous avons déjà rencontrée à propos du juste titre.

De sorte que cette solution de l'art. 966 nous met en présence de deux explications possibles, l'une qui se référerait à une question d'intention, et par conséquent à une question d'*animus* chez le tiers acquéreur ; l'autre qui, sans tenir compte des intentions présumées de ce dernier, ne considérerait que l'intérêt du propriétaire dont le droit est soumis à une condition suspensive ; ce serait, dans ce dernier cas, l'application pure et simple de l'art. 2257, à moins qu'on ne veuille interpréter l'art. 2257 lui-même, dans l'extension qu'on prétend en faire à la prescription acquisitive, par une question d'*animus*. Je m'explique sur tous ces points.

Voici un donateur ou un vendeur qui, par l'éventualité même des causes de résolution affectant le contrat qu'il a conclu, se trouve être resté propriétaire sous condition suspensive de l'immeuble qu'il a aliéné. Si l'on ne voit que l'art. 2257, tel que l'interprète la jurisprudence, on dira que, tant que la condition n'est pas réalisée, aucune prescription ne peut commencer contre lui. Si, au contraire, on prétend que c'est le tiers possesseur qui a entendu n'acquérir qu'un droit subordonné à la résolution éventuelle du droit de son auteur, il faudra dire, comme nous le disions de celui qui a un titre résoluble, que cet acquéreur ne possède que dans les limites et sous les conditions sous lesquelles il avait voulu acquérir le droit lui-même : tant que ce droit est susceptible d'être enlevé à son auteur, lui-même, en tant qu'ayant-cause de celui-ci, ne peut pas commencer une prescription utile; et il en serait ainsi, lorsqu'au lieu de résolution de plein droit il s'agit de résolution judiciaire, tant que la résolution n'a pas été prononcée en justice. Si l'on se plaçait au point de vue seulement du propriétaire sous condition suspensive, il suffirait de dire que, la cause de résolution se trouvant réalisée, par exemple le cas d'inexécution des charges, l'action est ouverte et l'art. 2257 ne s'applique plus. Voilà donc deux explications très différentes.

Remarquez que la seconde explication dont je viens de vous donner l'analyse, ne se présente pas à nous pour la première fois. Comme je vous le disais tout à l'heure, nous l'avons déjà rencontrée à propos du juste titre, lorsque nous nous demandions si un titre pur et simple par lui-même peut encore servir de juste titre, lorsque le droit qu'il a pour objet est lui-même susceptible, chez celui qui le transmet, d'être annulé ou résolu. Et la solution négative qui est donnée, à cet égard, par certains auteurs est tout à fait indépendante de la théorie de l'art. 2257 : on déclare que celui qui acquiert un droit soumis à résolution accepte lui-même de n'avoir qu'un titre soumis aux mêmes causes de résolution ; ce qui l'empêche de valoir comme juste titre, si le droit qu'il avait pour but de faire acquérir se trouve résolu chez celui de qui émane le titre.

Mais cette doctrine va prendre maintenant une bien autre portée ; car elle va viser non plus seulement la prescription décennale, mais la prescription trentenaire qui serait elle-même rendue impossible pour quiconque traite avec un auteur dont le droit est soumis à résolution ; impossible tout au moins tant que la résolution reste en suspens. Il ne faudrait plus dire alors que c'est son titre qui, bien que pur et simple, va se trouver affecté de la condition affectant le droit qui en est l'objet, puisque sa prescription n'est pas fondée sur un titre ; il faut dire que c'est sa possession dont l'*animus* va se trouver affecté des mêmes modalités que l'*animus* de son auteur ; et alors ce tiers acquéreur, comme son auteur lui-même, ne pourrait avoir une possession utile à la prescription que une fois la résolution prononcée, ou tout au moins réalisée, dans le cas où elle a lieu de plein droit.

Cette double explication ainsi exposée théoriquement, il me semble certain, si l'on avait à choisir, que ce serait la dernière qui dût être acceptée comme fondement de l'art. 966 ; puisque la situation du tiers possesseur, au point de vue de la prescription, est assimilée à celle du donataire. Or, pour ce dernier, l'impossibilité de prescrire tient, à n'en pas douter, à des considérations tout à fait étrangères à celles de l'art. 2257 ; il s'agit pour celui-ci, de raisons organiques bien autrement profondes qu'une simple garantie légale admise, par voie d'exception, dans l'intérêt d'un propriétaire dont le droit n'est pas ouvert. C'est la possession elle-même qui, vis-à-vis du donateur, n'est pas une possession juridique, ou tout au moins une possession susceptible de lui être opposée, tant que la résolution reste possible. Il semble donc bien que l'art. 966 ait entendu assimiler à la situation du donataire, par rapport à la prescription, celle de ses ayants-cause à titre particulier. Nous sommes en dehors du domaine de l'art. 2257.

Cela veut-il dire que l'art. 966 ait entendu alors, pour ce qui est des ayants-cause du donataire, infirmer, au point de vue de la possession qui leur est transmise, l'*animus domini* qui s'y réfère ? Ce serait bien mal connaître l'histoire du texte et se méprendre sur le caractère exceptionnel des dispositions qu'il renferme. Il faudrait en faire l'application d'un principe du droit commun, et étendre par suite à tout ayant-cause d'un acquéreur sous condition résolutoire ce qu'il dit des tiers qui ont acquis d'un donataire soumis à la révocation pour survenance d'enfants. Rien n'autorise cette généralisation, et tout démontre au contraire qu'il s'agit là d'un droit dérogatoire admis, conformément aux traditions antérieures, pour cette cause spéciale de révocation. Une fois de plus encore, ne prétendons pas faire fonds, pour en tirer argument au point de vue des principes généraux, sur l'art. 966.

Ce texte mis de côté, je m'en tiens aux raisons que je vous ai exposées, et qui suffisent amplement à démontrer les points faibles du système de la jurisprudence. Mais je note, en passant, comme je l'ai déjà fait remarquer antérieurement, l'aggravation apportée par ce système à la situation des tiers sous-acquéreurs. Nous avions repoussé, en matière de juste titre, la théorie qui fait dépendre la régularité du titre du maintien du droit, objet de l'aliénation ; qu'importe désormais l'opinion favorable que nous avions admise sur cette question, si, grâce à l'intervention de l'art. 2257, on va interdire la prescription, et toute prescription, même celle de trente ans, à quiconque traite avec un propriétaire dont le titre est soumis à résolution, au moins tant que la question de résolution reste ouverte ?

Resterait enfin à savoir si ce que nous venons de dire de la prescription contre un droit conditionnel, s'appliquerait à un droit éventuel : ainsi pour ce qui est de la prescription contre l'action en réduction (art. 930). Je me borne à cette indication sommaire. Simplement pour vous faire comprendre les difficultés de la question, il me faudrait un temps considérable.

Quelques mots très rapides maintenant sur les causes de suspension et d'interruption.

Suspension prescription La différence de conception entre ces deux catégories de faits est celle-ci : quand on dit qu'une prescription est suspendue, cela signifie que, tant que dure la cause de suspension, la prescription ne court point ; mais que, la cause de suspension ayant disparu, le délai se reprend à courir et à se parfaire. L'interruption au contraire suppose un fait qui anéantit sans remède le délai déjà couru. On peut ajouter en ce qui concerne les cas de suspension, qu'il y a là des faits qui supposent une certaine durée ; lorsqu'il y a interruption, la plupart du temps, les faits qui la produisent agissent d'une façon instantanée ; et la prescription recommence à courir immédiatement après. Mais ce que je viens de vous dire là n'est pas toujours vrai ; il y a des faits interruptifs dont l'efficacité se prolonge pendant une certaine durée.

La règle est qu'il n'y a pas d'autres causes de suspension que celles indiquées par les textes. Mais ce principe lui-même est controversé au point de vue précisément de la maxime « *Contra non valentem agere non currit prœscriptio* ».

Voyons rapidement les cas mentionnés dans l'art. 2252 : Suspension tout d'abord quand la prescription court contre un mineur ou un interdit ; la règle est vraie de la prescription libératoire, comme de la prescription acquisitive ; mais, pour ce qui est de la première, il y a des exceptions pour les courtes prescriptions. Le motif de cette première cause de suspension est qu'on a voulu protéger ces incapables contre la négligence de leurs représentants.

En second lieu la prescription ne court pas entre époux. Généralement, la prescription court contre les femmes mariées, mais ce principe comporte des exceptions ; je vous renvoie sous ce rapport aux commentaires.

En dehors de ces hypothèses, et l'art. 2257 étant écarté, je ne trouve aucune autre cause de suspension applicable à la prescription à l'effet d'acquérir. Dans l'art. 2258 il y a une cause de suspension qui ne touche qu'à la prescription libératoire : il s'agit de la prescription des créances de l'héritier bénéficiaire contre la succession. Au cas de vacance de la succession, il y aurait eu place ici à un développement intéressant, si le temps me l'avait permis.

La prescription ne pourrait pas courir au profit de l'administrateur de la fortune d'autrui au sujet des biens dont il a l'administration ; ainsi, au profit du maire d'une commune qui posséderait un bien de la commune avant son entrée en fonction. Il n'y a pas de texte à cet égard ; mais ce maire serait responsable de la prescription accomplie pendant son administration. Il ne peut donc se prévaloir d'une prescription qu'il serait responsable d'avoir laissé accomplir.

XXVIIe LEÇON

INTERRUPTION DE PRESCRIPTION : INTERRUPTION NATURELLE, INTERRUPTION CIVILE

Interruption de prescription.

Il nous reste à parler sommairement de l'interruption de prescription et de ses effets. Je reproduis d'abord cette observation, que j'avais déjà faite, que l'étude complète du sujet, devrait comprendre l'application qui en est faite à la prescription libératoire, au même titre que l'application qui en est faite à la prescription acquisitive; mais c'est de cette dernière que je m'occuperai exclusivement. Nous rencontrons, dès le début, l'art. 2242, duquel il résulte que l'interruption de prescription peut être naturelle ou civile. Je vous indique, sans entrer dans aucun développement, le sens de cette distinction.

Interruption naturelle.

Pour ce qui est de l'interruption naturelle, on peut résumer en quelques mots toute la théorie qui la concerne, en disant qu'elle se produit quand il y a interruption dans la possession.

Vous vous rappelez que l'art. 2243, supposant plus spécialement la possession d'un immeuble, dispose qu'il y a interruption naturelle, quand le possesseur est privé pendant plus d'un an de sa possession, peu importe que cette dépossession soit le fait de celui contre lequel la prescription courait ou le fait d'un tiers. Mais il faut que la dépossession ait duré plus d'une année. C'est que, par le mécanisme des actions possessoires, celui qui a été ainsi privé de la possession pendant moins d'une année peut la recouvrer ; et il sera censé ne l'avoir pas perdue. Je n'ai pas à reprendre à nouveau toute cette matière sur laquelle je me suis déjà quelque peu étendu. Cette hypothèse est-elle la seule dans laquelle il y ait interruption dans la possession ? Remarquons tout d'abord, comme je l'ai déjà fait précédemment à propos des qualités de la possession, qu'il s'agit ici des immeubles. Nous n'avons pas d'action possessoire mobilière, ce qui se relie du reste à la théorie de l'art. 2279 ; de sorte que pour les meubles nous devons dire qu'il y a interruption de la possession, et par conséquent de la prescription, quelque brève qu'elle ait été. On se rappelle en effet qu'il y a place à la prescription pour les meubles dans le cas où le possesseur ne se trouve plus protégé par la règle de l'art. 2279 ; et dans ce cas l'interruption pourrait se produire, sans qu'il y ait prise de possession par autrui. Pour les meubles en particulier, la possession doit être considérée comme perdue toutes les fois qu'il s'est produit un évènement entraînant impossibilité de fait d'exercer la possession. Je vous ai déjà cité le cas où il s'agirait de meubles perdus, tombés au fond des eaux ; lors même qu'on les repêcherait après un certain délai, il n'y en aurait pas moins eu interruption de la possession. J'ai déjà insisté sur toutes ces solutions.

Pour les immeubles, il y a une question théorique qui est de savoir si, en dehors de cette dépossession par un tiers, il ne pourrait pas y avoir interruption par la simple abdication du possesseur. Celui-ci cesse de posséder en fait, et de plus il abdique l'*animus ;* on se demande donc s'il y aurait là interruption proprement dite. A mon avis, il faut répondre affirmativement ; si le législateur n'a prévu que l'hypothèse de l'art. 2243, c'est que c'est la seule vraiment pratique. Ce sont là des points sur lesquels je me suis déjà expliqué. Je vous les rappelle uniquement par esprit de méthode.

J'attire enfin votre attention sur une observation importante, qui est celle-ci. L'interruption naturelle, résultant de l'interruption dans la possession, a un effet absolu. C'est ce que nous montre bien le texte. Ainsi, le propriétaire pourra invoquer l'interruption naturelle de la possession, même résultant du fait d'un tiers. Cela se comprend et on peut dire que la chose va de soi ; pour que la prescription puisse s'accomplir, il faut une possession ininterrompue. Donc là où il y a interruption de fait de la possession, il n'y a plus de possession à l'égard de qui que ce soit.

Enfin nous aurions à présenter des observations analogues à toutes celles qui précèdent, s'il s'agissait de la prescription d'une servitude ou d'un usufruit. Je passe à l'autre branche de la distinction.

Interruption civile

L'interruption civile de la prescription peut se rattacher à deux ordres d'idées dictincts ; elle peut résulter d'actes qui impliquent réclamation par celui contre qui la prescription s'accomplit du droit qu'on en est en train de prescrire.

Elle peut aussi résulter d'actes qui impliquent de la part de celui qui prescrit reconnaissance du droit en voie d'être prescrit.

Je vais passer en revue, en premier lieu, les actes de la première catégorie, c'est-à-dire les actes interruptifs de prescription accomplis par celui contre qui la prescription courait : ce sont en général des actes d'interpellation.

En tête de cette énumération, nous rencontrons d'abord la citation en justice ; tous les auteurs sont d'accord pour ne pas prendre ce mot dans un sens étroit. Il faut entendre par là toute demande en justice se produisant par voie de citation ou d'ajournement.

Vous n'avez pas oublié qu'en droit romain l'usucapion, dans le droit classique au moins, n'était pas interrompue, non seulement par la *conventio*, c'est-à-dire la demande en justice, mais même pas par la *litis contestatio*. Ce qu'on exprimait en disant que l'*usucapio* se continuait même *inter moras litis* ; c'est ce que supposent plusieurs textes et notamment le § 3 du liv. IV, tit. XVII, aux *Institutes*. Toutefois il faut bien entendre quelle était la portée pratique de cette règle. Lorsque l'*usucapio* s'était ainsi accomplie *inter moras litis*, sans doute le possesseur était devenu propriétaire au moment de la sentence du juge ; seulement, pour apprécier si le revendiquant devait ou non triompher, le juge se plaçait au moment où l'instance avait été liée par la *litis contestatio ;* et, comme à cette époque, on le suppose, le demandeur était encore propriétaire, le juge devait lui donner gain de cause. C'est précisément ce que constate le texte précédemment cité des *Institutes*. Mais alors ne serait-il pas plus court et plus simple de dire que l'*usucapio* est interrompue par la *litis contestatio*? Si on ne considère que les rapports entre le revendiquant et le possesseur, on peut admettre que le résultat est à peu près le même; cependant au point de vue purement romain on peut se demander si, même dans les rapports entre les parties, il n'y avait pas à cela un intérêt pratique, au point de vue par exemple de l'exécution du *jussum judicis*; mais c'est un point que je laisse absolument de côté, il est spécial à la procédure romaine. Le gros intérêt de la question est donc pour les tiers qui pourraient avoir acquis du possesseur des droits sur le bien au sujet duquel l'usucapion se serait ainsi réalisée. Ainsi le possesseur a constitué une hypothèque avant la revendication, puis l'*usucapio* s'achève, après la *litis contestatio*, mais avant la *condemnatio*. Si nous disions que la *litis contestatio* a interrompu l'*usucapio*, celui qui a constitué l'hypothèque n'aurait jamais été propriétaire; donc il aurait été sans droit pour constituer l'hypothèque; celle-ci tomberait. Au contraire, à Rome, l'hypothèque serait restée valable, car le constituant fût devenu propriétaire. Et de la sorte c'est une rétrocession qu'il devait faire au revendiquant pour obéir au *jussus judicis* et éviter la condamnation. Ce revendiquant devenait ainsi l'ayant-cause à titre particulier du possesseur qui eût usucapé; et par suite il devait subir les droits qui eussent été constitués *ex intervallo* (L. 18 Dig., *De Rei Vindic.*, 6, 1). C'est pourquoi le juge obligeait celui qui restitue la propriété au revendiquant à donner la caution *de dolo*, et cela en prévision des droits qu'il aurait pu constituer.

Mais il n'en était plus ainsi au cas de *præscriptio longi temporis*. Le résultat pratique pouvait se résumer dans ce fait que celle-ci devait être acquise au moment de la *litis contestatio*. La différence en ce qui concerne l'*usucapio* vient de ce que, cette dernière étant fondée sur la possession, il fallait pour l'interrompre que la possession fût interrompue elle-même. La même idée aurait pu s'appliquer sans doute à la *præscriptio longi temporis;* seulement, comme celle-ci était invoquée sous forme d'exception, et que cette dernière devait être insérée dans la formule, il fallait se reporter à ce moment pour voir si l'*exceptio* était justifiée.

Enfin, c'est une question très controversée et très obscure, faute de textes suffisants, de savoir, après la refonte opérée par Justinien, laquelle des deux institutions prévalut pour la solution de la question qui nous occupe. En ancien droit la possession devant avoir duré sans « inquiétation » pour conduire à la prescription, il en résultait que la demande en justice était interruptive ; et c'est le système que le Code civil a consacré : l'intérêt est donc, comme nous l'avons vu, au point de vue des droits que l'on aurait pu constituer au profit des tiers *inter moras litis ;* et on peut se demander en législation quel est le meilleur système. Notre législateur s'est préoccupé de l'intérêt du propriétaire dont la vigilance a été éveillée et qui, avant que le délai soit expiré, avait fait les diligences nécessaires ; puis il a pensé que le demandeur ne devait pas souffrir des lenteurs de la justice. On a bien dit, sans doute, que cette demande est *res inter alios acta* et que les conséquences ne devraient pas en rejaillir sur les tiers. Il suffit de faire remarquer que le tiers dont nous parlons n'a pas, tant que la prescription n'est pas accomplie, de droit propre, et que tout évènement qui portera atteinte au droit de celui avec qui il a contracté atteindra le sien.

Je dois vous faire observer que l'art. 2244 exige, ou paraît exiger, que la citation ait été signifiée à celui qui est en voie de prescrire. La signification, comme on l'a dit quelquefois, serait donc une condition *sine qua non* de l'interruption. Qu'il en soit ainsi pour les demandes en justice et ajournements, qui ne peuvent produire effet, comme c'est d'ailleurs le droit commun, qu'à la condition d'avoir été signifiés à celui qui s'y trouve visé, la chose va de soi ; et j'ajouterai que c'est là tout ce que veut dire l'art. 2244 : c'est ce droit commun, cette pratique normale, que l'art. 2244 a eu en vue en faisant allusion à la signification. Mais il y a cependant des cas où il peut y avoir, sinon citation proprement dite, du moins demande en justice, sans qu'il y ait forcément signification à celui qu'elle vise. Il en est ainsi par exemple en matière de déclaration de faillite. La demande en déclaration peut être formée sans doute par la voie ordinaire ; c'est-à-dire par une véritable citation en justice. Mais elle peut l'être aussi par voie de requête adressée au tribunal, et non signifiée au débiteur (art. 440 C. com.). Il en serait de même d'une demande en collocation formée dans une distribution par voie d'ordre. Dans tous ces cas il n'y a pas signification au débiteur. Devrait-on en conclure que la demande intentée sous ces différentes formes ne serait pas interruptive? La question, il est vrai, ne concerne guère, je le reconnais, que la prescription extinctive, car les hypothèses auxquelles je viens de faire allusion ne peuvent qu'assez difficilement s'appliquer à des demandes relatives à une revendication d'immeuble. Mais, il s'agit ici d'une question de principe à résoudre d'une façon générale ; et notez d'ailleurs que la question s'est posée sous une forme identique à l'égard d'autres procédés introductifs d'instance qui, tout en exigeant une communication, sous une forme quelconque, à celui qui en est l'objet, n'impliquent pas les formes de la signification proprement dite, par exemple lorsqu'il s'agit d'une requête formée devant une juridiction administrative en matière d'affaire contentieuse. Or, il ne serait pas impossible, dans ce dernier cas, que l'affaire se référât à une question de possession d'immeuble ; s'il s'agit par exemple d'un bien désaffecté et aliéné par l'administration, et au sujet duquel une contestation s'élève entre le possesseur actuel et un tiers qui s'en prétende devenu le véritable propriétaire. Là encore on pourrait donc soutenir à la rigueur, et à s'en tenir à la lettre de l'art. 2244, que la simple communication faite au possesseur de l'immeuble, du moment qu'elle n'équivaut pas à la signification proprement dite, empêche la requête introductive d'instance de produire interruption. Si cette solution a été assez peu soutenue dans cette hypothèse, du moins a-t-on voulu l'admettre pour les autres cas de demandes en justice non signifiées au débiteur, tels qu'ils se présentent en matière de prescription extinctive ; voilà pourquoi la question devait être traitée en bloc et d'une façon générale, en vue de ses applications, très rares je le reconnais, mais non toutefois absolument impossibles, à la prescription acquisitive.

Je considère, quant à moi, que tout ce que la loi exige c'est qu'il y ait eu demande en justice régulièrement formée ; et, par suite, là où la demande n'exige plus une signification proprement dite, elle n'en sera pas moins valable, et elle n'en sera pas moins interruptive de la prescription, bien que celui qui en est l'objet risque de n'en avoir pas eu connaissance, ou tout au moins officiellement connaissance. Un auteur considérable vient cependant de soutenir le contraire (1). Mais il y a là, sans doute, une divergence de point de vue sur le fondement rationnel de l'art. 2244 dont il faut se rendre compte, et peut-être s'agit-il d'une équivoque qu'il importe de dissiper.

Quelle est donc, en effet, la raison légale de l'effet interruptif de la citation ? Est-ce la connaissance qu'aura pu avoir le possesseur, ou le débiteur s'il s'agit de prescription extinctive, des réclamations de l'ayant-droit ou de celui qui se prétend tel ? En quoi, cette connaissance, à elle seule, influe-t-elle sur l'admissibilité de la prescription ou la régularité de la possession, puisqu'on peut prescrire même si l'on est de mauvaise foi ? Ce n'est donc pas au point du prescrivant qu'il faut se placer, si l'on veut découvrir le motif rationnel de cette disposition, mais à celui du propriétaire contre lequel on prescrit. C'est l'affirmation judiciaire de ses prétentions qui, en quelque sorte, se met en contradicton avec l'*animus* du possesseur, et qui, par suite, aux yeux de la loi, en annihile, au moins provisoirement, la valeur. Je dirai donc, à ce point de vue, qu'importe que l'acte contènant cette protestation ait eu besoin ou non d'être signifié ?

L'art. 2245 ajoute que la citation en conciliation interrompt la prescription, pourvu qu'elle soit suivie d'une assignation dans le délai de droit. Mais, tout ce qui concerne ce point particulier, a dû être étudié au cours de procédure (Art. 57

(1) Il s'agit sans doute de M. Colmet de Santerre, dont le huitième volume, celui relatif à la *Prescription*, venait de paraître en 1884 (Cf. t. VIII, n° 351 *bis*, XII).

Code de proc. civ.). Je n'insiste pas davantage ; et j'aborde uniquement la question de principe : pourquoi cet effet attribué à la citation en conciliation ? On peut expliquer cette solution de deux façons et il n'est pas indifférent de choisir entre l'une ou l'autre. On peut dire, à un premier point de vue, qu'on a considéré que cet appel émanant du réclamant était une protestation assez énergique de sa part; et cela correspondrait aux explications que je vous donnais à propos de la citation en justice. Mais comment s'expliquerait-on alors que cette citation dût être suivie dans le mois d'une demande en justice ? On peut faire remarquer alors, et c'est le second point de vue possible, que c'est la loi qui exige cette citation préliminaire ; et que, par suite, si on ne lui avait pas donné cet effet, on aurait pu rendre le demandeur victime de cette obligation que la loi lui impose. Il est vrai qu'un correctif, dont la pratique use et abuse, consiste en ce qu'on pourrait, par voie de requête, arriver à supprimer ce préliminaire de conciliation, vu l'urgence. Mais précisément la loi n'a pas voulu que l'on pût se soustraire pour ce motif à cette obligation spéciale à laquelle le législateur paraît tenir essentiellement.

L'explication que je vous donne se trouve confirmée par l'analogie établie par la loi avec d'autres hypothèses similaires. Ainsi, il y a des matières où ce préliminaire de conciliation n'est pas exigé, ou même des matières dans lesquelles il est supprimé ; par exemple, quand on veut intenter une demande contre une commune. Dans ce cas, il y a un mémoire présenté au préfet ; or, la présentation du mémoire est interruptive; c'est toujours l'application de la même idée. Cependant, pour cette hypothèse, on n'a pas songé à dire que la demande devrait suivre dans un certain délai. Mais on est revenu à cette disposition relative à la demande subséquente en justice dans une autre loi, lorsqu'il s'agit d'une action intentée contre le département (Loi du 10 août 1871, art. 55). La remise du mémoire est interruptive, mais à condition que la demande suive dans un délai de trois mois; et ce délai court du dépôt du mémoire, et non de la comparution. Pour ce qui est des demandes contre l'Etat, voyez l'avis du Conseil d'Etat du 23 août 1823. De sorte, qu'en réalité l'effet interruptif du préliminaire de conciliation ne s'explique que par une sorte de rétroactivité de la demande en justice elle-même, au point de vue de l'interruption de prescription. Si on n'avait pas admis qu'il en fût ainsi, il aurait pu se faire qu'une fois à la veille de l'expiration du délai de prescription, l'ayant-droit contre lequel on prescrit se fût trouvé dans l'impossibilité d'interrompre efficacement la prescription, faute de pouvoir intenter la demande avant d'avoir passé par le préliminaire de conciliation. Aussi, étant donné ce motif, faudra-t-il restreindre l'effet de l'interruption du préliminaire de conciliation aux cas où ce dernier est imposé par la loi, comme condition préalable de la demande elle-même. Je vous renvoie sur ce point à l'art. 49 du Code de procédure; et d'ailleurs, je vais revenir dans un instant sur la question.

Pour que la demande en justice produise interruption, il y a certaines conditions exigées, à différents points de vue. Les unes visent, en effet, l'interruption produite par la demande elle-même ; les autres, au contraire, dans la mesure où l'on peut remonter au-delà, visent celle dérivant de la citation en conciliation. Vous lirez les textes, je me contente de vous y renvoyer (Voyez les art. 2245 et 2246).

Il y a enfin une dernière condition indiquée par l'art. 2247 : il faut que l'assignation ne soit pas nulle pour défaut de forme. Mais tout ceci tient aux questions de procédure dont je n'ai pas à m'occuper. Je constate uniquement que si, au contraire, la demande avait été formée devant un tribunal incompétent, elle serait néanmoins interruptive. Pourquoi cette différence ? On en trouve une trace un peu incertaine dans nos anciens auteurs. Le principe en ancien droit, était, sans doute, que la demande devait être régulière ; mais il y avait déjà quelques hésitations au sujet de la question de compétence (Pothier, *Prescription*, n° 51, et *Obligations*, n° 696).

Quoi qu'il en soit des précédents, il faut se demander si cette différence peut se justifier ; c'est peut-être un peu difficile. On pourrait toutefois en donner trois explications, assez différentes d'ailleurs les unes des autres : la première c'est que l'observation des formes prescrites, à raison même de la netteté de la loi en cette matière, est très facile, tandis que les règles de compétence sont très difficiles à démêler, surtout au point de vue des juridictions de différents ordres. C'est ce que nous voyons déjà dans quelques anciens auteurs ; c'est la principale raison. J'en invoque une seconde qui s'y rattache. La nullité de l'ajournement sera moins fréquente, parce que, en général, il y a un officier public qui libelle la demande ; et de plus cet officier public est responsable ; donc l'inobservation des formes de procédure a pour sanction la responsabilité de celui qui libelle l'acte. En ce qui touche l'incompétence, au contraire, il n'y a pas de recours possible ; c'est donc une raison de plus pour qu'elle se présente plus fréquemment. En troisième lieu, enfin, on peut dire, mais ce n'est pas ce qu'il y a de meilleur, que l'interruption civile résulte d'actes que la loi juge suffisamment énergiques comme affirmation du droit. Or, si un acte de ce genre est nul, cette affirmation disparaît. On considère au contraire, l'assignation restant régulière, que s'il y a incompétence, l'affirmation du droit subsiste.

Toujours est-il que cette question nous amène à en examiner d'autres ; par exemple, relativement au préliminaire de conciliation. Ainsi, il a pu y avoir demande en justice sans ce préliminaire de conciliation quand il était exigé ; elle est introduite irrégulièrement ; faudra-t-il dire qu'elle aura cependant été interruptive ? Non, à mon avis, mais le point est controversé. On a prétendu qu'on devait assimiler cette demande à celle qui serait formée devant un juge incompétent. Elle n'est pas nulle en la forme. Je n'hésite pas à dire que c'est jouer sur les mots. C'est une question de recevabilité de la demande. L'exploit, à peine de nullité de forme, doit donner copie du procès-verbal de non conciliation ou de non comparution, de sorte que, s'il y avait eu comparution devant le juge de paix et qu'il n'y eût aucune mention de cette comparution dans l'exploit, celui-ci serait nul et il ne produirait pas interruption de la prescription. Si donc il n'y a pas eu comparution du tout, va-t-on dire que la demande est valable en la forme, mais qu'il y a incompétence ? Il y a des auteurs qui le soutiennent ; pour moi il me semble que l'on doit considérer qu'il y a nullité de forme par une sorte d'*a fortiori*. Puis, nous allons voir qu'au cas de suppression de la demande, il y a suppression de l'effet interruptif. L'art. 2247 nous dit, comme nous allons le voir, que, si la demande est rejetée, l'interruption doit être réputée non avenue. Or cette suppression de l'effet interruptif, lorsque la demande est rejetée, est surtout utile, quand ce rejet a eu lieu, non pour question de fond, mais pour une question d'irrégularité de procédure, comme ce serait le cas si elle eût été rejetée parce que le préliminaire de conciliation aurait été omis, et comme ce serait le cas également si elle eût été rejetée pour incompétence; or il y a une exception pour le cas où la demande est rejetée pour incompétence et il n'y en a pas pour le cas où la demande est rejetée pour défaut de préliminaire de conciliation; donc pour cette dernière hypothèse, nous rentrons dans la règle de l'art. 2247. Voilà une raison qui paraît bien décisive, en dehors même de la question de nullité de forme, laquelle, en effet, peut sembler paraître assez délicate.

Enfin, il y aurait encore d'autres points à examiner: par exemple la question inverse, laquelle se poserait, si le préliminaire de conciliation avait eu lieu quand il n'était pas exigé. La citation en conciliation aurait-elle alors été interruptive? Il y a des auteurs qui assimilent encore cette irrégularité à l'incompétence: ce serait une citation devant un juge incompétent, et par suite interruptive en vertu de l'art. 2246. L'idée dominante est toujours de mettre la partie diligente à l'abri des conséquences de l'irrégularité de son procédé; alors on veut étendre la notion d'incompétence. Pour moi, sans aucune des distinctions proposées, je dirai que la loi a donné cet effet au préliminaire de conciliation, parce que, ce préliminaire, elle l'impose; mais si le demandeur donne cette citation sans utilité, la raison manque. La seule raison de douter est, il est vrai, qu'il peut y avoir quelque hésitation sur cette obligation elle-même; mais les hésitations qui peuvent se produire sur ce point ne sont pas comparables à celles relatives à la compétence. J'avais déjà tranché la question précédemment en vous indiquant quel était le motif exact de l'effet interruptif du préliminaire de conciliation ; j'ai dû revenir d'un mot sur ce point à raison de l'analogie que l'on a voulu tirer de l'art. 2246.

La loi ajoute que cet effet interruptif est supprimé, quand la demande est non avenue, c'est-à-dire au cas de désistement ou de péremption ; dans ces deux cas rien ne subsiste de la demande, elle est non avenue dans le passé ; et alors, comme dit l'art. 2247, l'interruption de prescription est elle-même regardée comme non avenue. Je vous ferai une seule observation à ce sujet, c'est que la péremption d'instance ne se produit pas de plein droit; il faut qu'elle ait été demandée (art. 397 à 499 du Code de procédure). D'où il résulte qu'une instance peut se trouver suspendue depuis dix, quinze, vingt ans, sans qu'elle soit éteinte par la péremption. Et, si en dépit de cette interruption si prolongée de tout acte de procédure, l'une des parties fait un acte nouveau, l'instance reprend son cours ; mais cette existence en quelque sorte virtuelle de l'instance, avec maintien des effets de l'assignation, peut-elle durer toujours ? Et qu'arriverait-il notamment au bout de trente ans ? L'instance alors ne sera-t-elle pas éteinte par prescription ? Et si on l'admet faudra-t-il dire que l'effet interruptif aura disparu ?

Tout d'abord on peut trouver la question oiseuse ; et, en effet, j'ai déjà dit, par avance, que lorsque la prescription est interrompue, elle peut reprendre son cours immédiatement. Voici donc, par le fait même, l'objection qui se présente : Peu importe dira-t-on qu'au bout de trente ans l'instance soit ou non éteinte ; car la prescription aura repris son cours après chaque interruption et elle sera achevée. La réponse peut paraître embarrassante. Cependant, s'il est exact que la prescription puisse reprendre son cours immédiatement après l'interruption, il n'en est pas forcément ainsi dans tous les cas d'interruption. Et en particulier, en vertu de la maxime, « *actiones quæ tempore pereunt semel inclusæ judicio salvæ manent* », pour ce qui est de l'effet interruptif résultant de la demande en justice, il se prolonge, du moment qu'il y a demande en justice, tant que dure l'instance. Notre question se présente alors, au moins théoriquement, de la façon la plus claire.

Si donc l'instance n'est point périmée, mais qu'elle ait été interrompue et qu'il en soit ainsi depuis trente ans, nous nous demandons si l'instance a été ou non prescrite. Si l'on répond affirmativement, l'effet interruptif est effacé avec la demande. Si au contraire il n'y a pas eu prescription de l'action, la demande conserve son effet interruptif. Tel est l'intérêt de la question ; et c'est d'ailleurs le seul point que j'aie tenu à vous indiquer, car la question elle-même, qui est de savoir si la prescription extinctive s'applique au *judicium*, c'est-à-dire à l'instance, s'élève sur l'interprétation de l'art. 2262 ; elle se formule de la façon suivante : l'instance tombe-t-elle sous les expressions du texte ? Or c'est une question de prescription extinctive ; donc je n'ai pas à la résoudre ici. J'ai simplement voulu vous avertir de l'existence du problème.

J'appelle maintenant votre attention sur les derniers mots de l'art. 2247. Il dit que l'effet interruptif disparaît si la demande est rejetée ; au premier abord cela peut paraître une énigme. Il faut supposer en effet que le défendeur ait eu gain de cause, et alors il n'aura plus besoin d'invoquer la prescription. Il devient donc inutile de dire que l'effet interruptif de la demande disparaît ; le défendeur invoquera la chose jugée. Telle est l'objection. Mais on peut y répondre en disant qu'il y a des cas où la demande est susceptible d'être rejetée pour des motifs qui ne tiennent pas au fond du droit, par exemple, pour une nullité de forme. Il est vrai que dans ce cas le résultat se confond avec celui qui se produit au cas d'assignation nulle en la forme, et c'est une hypothèse déjà prévue, Mais il peut y avoir défaut actuel de qualité chez le demandeur (Cf. Cass, 7 juin 1869, D. 70, 1, 54) ; et alors c'est tout différent. La demande est rejetée par suite d'une fin de non recevoir qui ne touche pas au fond du droit, et qui ne résulte cependant pas d'une nullité de forme ; il se trouvait qu'au moment où le demandeur avait formé sa demande, il était sans qualité pour agir. Il n'y a pas là un obstacle à ce que la demande soit reprise plus tard, lorsque ce défaut de qualité aura disparu. Par exemple s'il s'agissait d'un héritier présomptif qui intente une demande en partage avant que l'absence ait été déclarée, c'est une demande irrégulière. Mais la fin de non recevoir par suite de laquelle elle est rejetée ne touche pas au fond du droit.

Enfin, même en supposant que la question porte sur le fond du droit, il y a telles circonstances où il peut être utile d'invoquer la règle de l'art. 2247 ; c'est quand la demande est renouvelée par ou contre un cointéressé, à qui on ne pourrait opposer la chose jugée ou qui ne puisse pas l'invoquer ; mais cela suppose un droit indivisible. Ainsi deux copropriétaires d'un fonds exercent un fait susceptible de valoir comme servitude sur le fonds du voisin, et c'est une servitude qui peut s'acquérir par prescription. Le voisin intente contre l'un des deux propriétaires seulement une action relative à cette servitude, et celle-ci était en voie de se prescrire. Il interrompt ainsi la prescription, mais il perd son procès. L'interruption se trouvera donc non avenue. La demande peut alors être reprise contre l'autre copropriétaire. Celui-ci ne peut pas opposer la chose jugée ; car il n'a pas été partie au jugement. Mais il voudrait alors se prévaloir contre le demandeur de l'interruption résultant de la demande en justice. Le peut-il ? Je renvoie l'examen de la question à ma leçon prochaine.

XXVIIIe LEÇON

INTERRUPTION DE PRESCRIPTION (SUITE) : INTERRUPTION CIVILE. — EFFETS DE L'INTERRUPTION CIVILE. — EFFETS DE LA PRESCRIPTION ACCOMPLIE. — RENONCIATION A PRESCRIPTION.

Il me reste quelques mots à vous dire pour en avoir fini avec les causes d'interruption de la prescription. Nous parlions de la demande en justice qui aurait été rejetée. La demande ayant été reconnue non fondée, le défendeur aurait à son service l'exception tirée de la chose jugée, et alors il n'aurait pas à invoquer la prescription ; donc, nous nous demandions quel intérêt pratique il pourrait y avoir à dire que l'interruption de prescription était non avenue. Nous avons vu quel serait l'intérêt pour les cas où le jugement n'aurait pas statué sur le fond du droit.

Mais je disais aussi que, même dans le cas où la demande aurait été réglée par une décision qui tranchât la question de droit et qui la tranchât au fond, il pourrait se présenter telle hypothèse où il serait encore utile d'invoquer la prescription ; et par suite, où il serait utile de constater qu'elle n'a pas été interrompue. Cela suppose que la demande pourrait encore être recevable, donc que le procès ne s'engage pas entre les mêmes personnes. Ainsi, je reprends l'exemple sur lequel je raisonnais.

Deux personnes sont copropriétaires d'un fonds, et elles exercent sur un fonds voisin une servitude de nature à être acquise par prescription. Le propriétaire du fonds sur lequel la servitude est exercée intente une action négatoire. Seulement il n'a formé sa demande que contre l'un des deux copropriétaires et il a été débouté de sa demande. Le jugement intervenu en pareil cas ne peut être invoqué, en tant qu'il y a eu chose jugée, que par celui des deux copropriétaires mis en cause ; et en droit, rien ne s'oppose à ce que le demandeur renouvelle la demande contre l'autre. Celui-ci, ne pouvant pas invoquer la chose jugée, et étant peut-être cette fois sur le point de perdre le procès, voudrait invoquer la prescription ; or, on lui oppose l'interruption résultant de la demande en justice. On a dit, il est vrai, que l'interruption de prescription, lorsqu'il s'agit d'interruption en matière civile, n'a qu'un effet relatif. Rien de plus exact ; mais ce principe subit une exception lorsqu'il s'agit de droits indivisibles (art. 2249). Or, nous sommes en matière de droits indivisibles ; il est donc vrai de dire que l'effet de la demande est de produire interruption, même contre l'autre copropriétaire. Seulement celui-ci répondra que cette interruption ne subsiste plus parce que la demande a été rejetée. Il était donc fort utile de faire observer que le rejet de la demande efface l'effet interruptif, parce qu'il peut se faire que la demande puisse être intentée à nouveau par une, ou contre une partie, relativement à laquelle il ne peut être question d'effet de la chose jugée, mais qui pourrait se prévaloir de la prescription, parce qu'il s'agit de droit indivisible, et qui, par suite, a intérêt à se prévaloir de la suppression de l'effet interruptif.

Ainsi, nous avons vu le sens de notre règle, nous savons que son effet se limite à la durée de l'instance, mais que cependant exception est faite pour le cas de demande rejetée pour incompétence.

Je n'ai parlé, comme mode d'interruption civile, que de la demande en justice ; il faut ajouter le commandement ou la saisie ; mais ce sont là des modes qui se réfèrent à la prescription extinctive. En ce qui touche le commandement on a imaginé certaines hypothèses où il pourait intervenir comme interruptif de la prescription acquisitive. Le commandement suppose une obligation dont on poursuit l'exécution. Cependant, on peut imaginer que l'aliénateur d'un immeuble ait conservé la possession de l'immeuble aliéné. J'ai admis que le vendeur aurait alors une possession qui fût utile pour la prescription. En supposant un acte authentique, l'acquéreur qui a droit d'obtenir la délivrance, est autorisé à faire commandement pour l'exécution de cette obligation et il interromprait par le fait même la prescription acquisitive du vendeur.

J'ai ainsi étudié la première catégorie d'actes interruptifs, ceux qui constituent une réclamation provenant de l'ayant-droit contre lequel la prescription est en voie de s'accomplir. Je n'ai plus que quelques mots à vous dire de la seconde catégorie.

Vous savez, en effet, que l'interruption peut encore résulter de la reconnaissance du droit de celui contre qui on prescrit. Il s'agit, cette fois, comme vous le voyez, d'actes émanant du prescrivant. Cette reconnaissance peut résulter de beaucoup de circonstances diverses, un acte recognitif par exemple. Il faut d'ailleurs que celui qui a fait la reconnaissance ait capacité pour compromettre le droit en cause. Nous avons traité déjà de certaines questions de capacité quand il s'est agi de renoncer à la prescription acquise. Exige-t-on ici la même capacité ? La capacité qui sera nécessaire dans notre hypothèse, c'est la capacité d'acquiescer à la demande. Ainsi, pour le tuteur, il faudra voir si ce tuteur aurait capacité pour acquiescer à la revendication. S'il s'agissait de prescription libératoire, il le pourrait. Pour la revendication on sait qu'il lui faut le concours du conseil de famille.

Effets de l'interruption civile.

Je dois, faute de temps, me borner à ces brèves indications, et je vais maintenant, tout aussi sommairement du reste, vous parler des effets de l'interruption civile. J'ai dit que cette interruption n'a, en principe, qu'un effet relatif ; c'est une différence avec l'interruption naturelle.

Ici donc, on applique la règle que les actes juridiques n'ont pas d'effet à l'égard des tiers. Ainsi, supposez deux héritiers qui soient dans l'indivision ; l'action en revendication contre l'un n'interromprait pas la prescription contre l'autre et l'effet même de cette interruption serait subordonné à l'événement du partage. Le partage efface rétroactivement l'état de propriété indivise au profit de celui dans le lot duquel le bien a été mis. Mais vous savez aussi que la règle de l'effet purement relatif de l'interruption civile souffre exception en matière de droits indivisibles (art. 2249).

Ce caractère purement relatif de l'interruption s'appliquerait-il sans distinction dans le cas où il y aurait reconnaissance faite par le possesseur du droit de celui contre qui il prescrit ?

Il pourra arriver que la reconnaissance de ce droit implique la transformation de la possession en une possession précaire. Ainsi, je reconnais que le droit que j'exerce à titre de servitude n'existe pas ; je ne l'exerce que par la tolérance du voisin. La possession qui persiste n'est qu'une possession précaire ; il se produit alors une véritable interruption naturelle, puisqu'il n'y a plus de possession pouvant conduire à une prescription ; et alors l'effet est absolu, il se produit *erga omnes*. Peut-être cependant, y aurait-il quelques réserves à faire en matière de servitude, mais je n'ai pas le temps d'insister.

Et d'ailleurs, est-ce qu'il n'y aurait pas lieu de généraliser ce que je viens de vous dire là à propos de la reconnaissance constitutive de précarité. Est-ce que toute reconnaissance n'implique pas abdication de l'*animus domini*, donc de la possession elle-même ? Ne faudrait-il pas en conclure alors que toute reconnaissance du droit d'autrui produit une interruption naturelle ayant effet absolu, *erga omnes* ? Il ne me paraît pas démontré cependant que, en reconnaissant, peut-être incidemment dans un acte étranger, le droit de propriété de celui contre qui je prescris, si je conserve la possession, j'aie entendu abdiquer ma qualité de possesseur. Il faut voir les circonstances de fait. A mon avis, cela devient une solution d'espèce.

Je rappelle que l'interruption efface toute la durée de la prescription antérieure, sans mettre obstacle à une prescription dont le cours pourra reprendre immédiatement après. Mais, si l'interruption résultait de circonstances établissant la précarité, elle élèverait un obstacle à toute prescription nouvelle ; c'est un point que j'ai déjà bien souvent mis en relief.

J'ajoute que l'interruption résultant de la demande en justice ne laisse pas place immédiatement à une nouvelle prescription qui recommencerait à courir, en ce sens que, tant que l'instance subsiste, l'interruption se prolonge, comme s'il y avait suspension. J'ai déjà fait allusion à ce point essentiel. Seulement, si la demande était rejetée, il ne serait plus question d'interruption, sauf le cas d'incompétence. Ce sont là des points sur lesquels j'ai déjà insisté.

Mais lorsque la prescription courait en vertu d'un titre et qu'elle était fondée sur la bonne foi, la nouvelle prescription qui va recommencer sera-t-elle une prescription s'accomplissant dans les termes de l'ancienne ? Pour mieux comprendre la question, il faut en dédoubler les éléments ; car elle revient à se demander si la prescription restera fondée sur le titre et si elle sera encore une prescription ayant à sa base la bonne foi. En ce qui touche le titre, il faut faire une distinction ; s'il s'agit d'interruption naturelle, ou de l'interruption résultant d'une interpellation, rien n'empêche que, la possession reprise ou l'interpellation achevée, on ne recommence une prescription fondée sur le titre ancien. Mais il n'en serait plus de même s'il s'agissait d'une reconnaissance du droit d'autrui, de nature par conséquent à contredire et à effacer le titre sur lequel s'appuyait la possession. Quant à la bonne foi, je suppose bien entendu, et d'ailleurs c'est à peu près forcé au cas d'interruption, sauf, peut-être s'il s'agissait d'interruption naturelle, qu'elle a cessé quand recommence la nouvelle prescription. Celle-ci pourra-t-elle s'accomplir par dix ou vingt ans ? Mon opinion est qu'il faut faire prévaloir le principe de l'art. 2269. Il suffit que la bonne foi ait existé à l'époque de l'acquisition, on ne parle même pas de l'entrée en possession.

Effets de la prescription accomplie.

J'arrive ainsi à la section IV : Effets de la prescription accomplie.

La prescription rend le possesseur propriétaire ; elle lui fait acquérir la propriété ou le droit réel qui a fait l'objet de la prescription. Tout ceci est vrai de la prescription de trente ans, comme de celle de dix à vingt ans ; nous l'avons vu en suivant les transformations subies depuis le droit romain.

Il ne faut pas oublier que, dans bien des cas, la prescription se trouvera être un moyen de protection accordé à celui qui est vraiment propriétaire et qui se trouvera ainsi dispensé de fournir d'autres moyens de preuve.

Ce point concédé, je rappelle que je n'ai pas admis qu'on puisse, en généralisant cette dernière idée, dire que la prescription n'est qu'une présomption légale attachée à la possession prolongée. Ce serait contraire aux traditions historiques ; et nous ne pouvons douter que le Code civil ait recueilli ces traditions. Cette opinion confond, avec le fondement même de la prescription, ce qui n'est qu'un des motifs qui la justifient. Mais on sait que ce motif n'est pas le seul ; la prescription repose sur d'autres motifs d'intérêt social. Cette discussion de caractère un peu philosophique, a-t-elle un intérêt pratique ? Je ne dis pas précisément qu'il y en ait un à donner la préférence à l'une des explications plutôt qu'à l'autre, mais il pourrait y en avoir. Ceux qui ne voient dans la prescription qu'une simple présomption légale arrivent très facilement à cette conséquence que la prescription doit rétroagir. Peut-on encore admettre la rétroactivité, si au contraire on part du point de vue que je vous ai indiqué, d'après lequel la loi a voulu surtout consolider une situation acquise, sans trop se préoccuper de savoir s'il y avait quelque présomption qu'elle fût d'accord avec le droit ? Je comprends qu'il y ait doute ; si bien qu'un interprète du droit romain, M. Accarias, pense qu'en droit romain il ne fallait pas admettre la rétroactivité pour l'usucapion. (ACCARIAS, *Précis de droit Romain*, 3e éd., t. I, p. 575, not. 1). Je crois, au contraire, au point de vue du droit français, que nous ne devons pas nous refuser, même dans l'opinion que je viens de vous rappeler et qui, à mon avis, doit l'emporter au point de vue du droit français, à accepter la rétroactivité, parce que dans une hypothèse particulière elle se trouve consacrée par un texte, l'art. 1402.

En matière de communauté entre époux, chaque conjoint reste propriétaire des immeubles lui appartenant au jour du mariage. Or l'art. 1402 dispose que l'on doit, à ce point de vue, considérer comme appartenant à un conjoint au moment du mariage l'immeuble dont il n'était alors que possesseur; et il en est ainsi bien que la prescription se soit accomplie ultérieurement.

Cette rétroactivité est-elle donc inconciliable avec l'idée qu'il s'agit d'une véritable acquisition? Je ne le crois pas; c'est pourquoi je ne vois pas d'intérêt pratique réel entre les deux doctrines. Nous dirons, dans l'opinion que je vous propose, que l'acquisition consiste à légitimer après le temps écoulé la possession qui, de pur état de fait, se trouve convertie en état de droit; et cette conversion rétroagit au jour de l'entrée en possession. J'ajoute que, pour expliquer la rétroactivité, il suffit qu'elle se trouve en harmonie avec l'un des motifs qui justifient la prescription ; et il n'est pas douteux que l'un de ces motifs ne soit la présomption d'acquisition.

Je vous donne de cette rétroactivité une autre conséquence pratique, en dehors de celle de l'art. 1402. Supposons que le possesseur soit de mauvaise foi ; il doit restituer les fruits. Cette restitution pourra-t-elle être encore exigée du possesseur après la prescription accomplie? Au point de vue du droit romain, M. Accarias ne craint pas de dire oui ; c'est une opinion personnelle. Je ne m'occupe pas des objections très graves qu'on pourrait lui opposer ; mais au point de vue du droit français, je n'éprouve aucune hésitation. Les choses doivent se passer comme si le possesseur, dès l'origine, eût été propriétaire. Ceci est confirmé par les textes (Voyez l'art. 549). C'est seulement en effet lorsque le propriétaire revendique, et qu'il triomphe sur sa revendication, que le possesseur doit restituer les fruits ; à part cela, pas de restitution.

S'il est vrai que la prescription fasse acquérir la propriété, il sera vrai aussi que, par le fait même, elle devra aboutir à écarter toute prétention qu'aurait l'ancien propriétaire à vouloir établir qu'il était encore propriétaire, et cela à partir du moment où a commencé à courir la prescription ; donc il ne peut être admis à faire cette preuve quant aux conséquences qu'il voudrait en tirer pour la restitution des fruits.

Voici encore une autre application du même principe. On peut supposer que, depuis le commencement de la prescription, le propriétaire, celui que la prescription va dépouiller, ait constitué des droits réels ; ou, ce qui est plus pratique, que des droits réels de son chef, soient venus frapper l'immeuble. Ainsi, il a hypothéqué l'immeuble ; ou bien une hypothèque légale ou judiciaire a frappé l'immeuble avant la prescription accomplie. Ces hypothèques sont-elles opposables à celui au profit duquel la prescription s'est accomplie ? S'il s'agissait de droits qui eussent existé avant le commencement de la prescription, la règle, sauf des réserves considérables, serait que la prescription dût faire acquérir la chose *cum sua causa*, le tout, il est vrai, sauf à savoir si on ne pourrait pas contre ces charges invoquer une prescription spéciale. Mais cette solution laisserait en dehors les droits qui n'auraient pris naissance que depuis le commencement de la prescription.

Si nous n'admettons pas la rétroactivité, il faudra dire que ces droits ont été établis alors que l'ancien propriétaire était encore propriétaire. En ce qui concerne le droit romain, M. Accarias est de cet avis ; et il y a évidemment sur cette question, au point de vue du droit romain, un texte ambigu (L. 17, § 2, Dig., *De usufruct.*, 7, 1). Chez nous, je n'hésite pas à donner la solution contraire ; le propriétaire ancien n'est pas admis à critiquer la légitimité du droit de celui qui a prescrit. En conséquence, tous les droits réels qui, du chef de l'ancien propriétaire, ont frappé l'immeuble depuis le commencement de la prescription sont non avenus. Là aussi, je puis dire que, pour admettre l'efficacité des droits réels ainsi constitués, et celle en particulier des hypothèques consenties depuis le commencement de la prescription, il faudrait, comme condition préalable, que le créancier hypothécaire pût être autorisé à prouver qu'au moment où ces hypothèques ont été établies celui qui les a constituées était encore propriétaire ; or, l'effet propre de la prescription est précisément d'écarter cette preuve.

Réciproquement, s'il fût arrivé que, avant l'accomplissement de la prescription, le possesseur eût lui-même hypothéqué l'immeuble, ou qu'il eût grevé d'autres droits réels l'immeuble qu'il possédait, la prescription accomplie suffirait à valider tous ces droits ainsi consentis de son chef. En voici un exemple : la jurisprudence admet la nullité absolue de l'hypothèque de la chose d'autrui ; elle considère que cette constitution d'hypothèque ne serait même pas validée par une acquisition ultérieure. Et cependant la jurisprudence, s'il s'agissait de l'hypothèque constituée par un possesseur au cours de la prescription, ne pourrait pas appliquer son système ; il y a rétroactivité. De même, y aurait il application analogue au cas de vente de la chose d'autrui. Celui qui prescrit peut, dès avant la prescription accomplie, avoir vendu la chose ; à ce moment cette vente se présente comme la vente de la chose d'autrui, radicalement nulle sans pouvoir être validée ultérieurement. Et cependant, si la prescription se réalise, la vente sera valable comme ayant été faite par le légitime propriétaire.

Seulement, ces effets ne se produisent qu'autant que celui au bénéfice de qui ils sont acquis veut s'en prévaloir. Aussi, peut-on dire de la prescription que c'est plutôt un moyen qu'un mode d'acquérir.

Renonciation à prescription.

L'art. 2219 du Code civil, comme je l'ai déjà fait remarquer, a parfaitement indiqué cette nuance.

J'ai tiré de là des conséquences importantes en ce qui touche la renonciation à la prescription même quand le délai est accompli.

Mais nous devons aborder à ce point de vue un ordre d'idées nouveau. Les scrupules qui auraient été de nature à déterminer le possesseur ou le débiteur à ne pas se prévaloir de la prescription ont pu, au moment même, ne l'avoir pas déterminé à renoncer à la prescription ; puis, après coup, ce possesseur regrette de l'avoir invoquée. Il lui resterait sans doute à en abdiquer le bénéfice ; mais nous ne pourrions plus dire alors que l'acte ne constituerait pas une aliénation ; cet acte serait une véritable aliénation, donc il devrait être transcrit.

Nous n'avons cependant résolu qu'une partie des difficultés relatives à la renonciation une fois la prescription invoquée. Cette renonciation est-elle une libéralité ? N'y a-t-il pas là l'acquittement d'une sorte d'obligation naturelle? et n'y aurait-il pas alors, au sens large, l'acquittement d'une dette naturelle ?

Question très importante au point de vue des conditions de forme et de fond. Car si c'était une véritable libéralité, on aurait à appliquer les formes des donations ; et, même au point de vue de la transcription, on sait qu'il ne serait pas indifférent de prendre parti sur ce point ; les conséquences du défaut de transcription n'étant plus les mêmes en matière de donation que lorsqu'il s'agit d'actes à titre onéreux. Puis la capacité pour faire une donation également n'est pas la même que pour tout autre acte qui ne serait pas une donation proprement dite, fût-il encore un acte à titre gratuit. Enfin, il y aurait à appliquer les règles de la quotité disponible. Nous verrons que toute cette question dépend du point de savoir ce que notre législation entend par obligations naturelles, et quels effets elle donne à ces sortes d'obligations ; nous n'avons qu'un seul texte qui se rapporte à cette matière, c'est l'art. 1235. Je renvoie à cette place les questions qui s'y réfèrent.

XXIXe LEÇON

RENONCIATION A PRESCRIPTION (SUITE). — DES EFFETS DE LA PRESCRIPTION QUANT A SON ÉTENDUE. — CONSÉQUENCES INDIRECTES DE LA PRESCRIPTION UNE FOIS ACCOMPLIE.

Nous avons commencé à exposer les effets de la prescription une fois accomplie et ses conséquences. Nous avons parlé aussi de la possibilité de renoncer à une prescription acquise.

Et revenant maintenant à l'hypothèse d'une renonciation à prescription, lorsqu'elle est accomplie et non invoquée, nous avons à nous préoccuper du droit des tiers sur ce point (art. 2225). Le texte de l'art. 2225 a voulu comprendre dans une même disposition ce qui concerne la renonciation à la prescription libératoire et ce qui concerne la renonciation à la prescription acquisitive ; car il nous parle ici du propriétaire, c'est-à-dire du possesseur dont la possession se convertit en propriété par la prescription. Sur ce point les explications que je vais vous présenter s'appliqueraient en effet aussi bien à la prescription libératoire ; toutefois, je raisonnerai uniquement sur le cas de la prescription acquisitive. Ce qui résulte de ce texte c'est, d'une façon générale, qu'il se préoccupe des droits des créanciers ou pour mieux dire des droits de toute personne qui pourrait avoir intérêt à ce que la prescription soit acquise ; et dans une disposition susceptible de comprendre toutes les hypothèses, il déclare que toutes ces personnes ont qualité pour opposer la prescription à laquelle le prescrivant eût renoncé. Cette solution s'applique facilement aux intéressés qui ont un droit personnel, c'est-à-dire un droit propre à l'invocation de la prescription et qui ne sont pas obligés d'emprunter le droit de celui qui prescrivait. Par exemple, s'il s'agit de prescription libératoire, supposez que le débiteur eût fourni une caution, celle-ci a le droit d'invoquer de son chef, et comme moyen de libération à son profit, la prescription qui a éteint l'obligation principale. Il n'y a pas de cautionnement sans obligation principale. Seulement cet exemple demanderait des distinctions et des explications spéciales pour certains points de détail qui sont délicats. Supposez maintenant qu'une personne ait acquis sur l'immeuble, objet de la prescription, et du chef du possesseur en voie de prescrire, un droit réel, par exemple une hypothèque ou un droit de servitude. Eh bien, lorsque la prescription sera accomplie, ces tiers ayant acquis un droit distinct, indépendant, ont qualité pour se prévaloir de la prescription nonobstant la renonciation de celui qui est directement intéressé à l'invoquer.

J'entends cela en ce sens d'abord que, si une action en revendication est dirigée contre le possesseur qui a accompli la prescription, ces tiers qui ont acquis du chef du possesseur des droits réels pourront intervenir dans l'instance pour opposer la prescription dans la crainte où ils peuvent être que le possesseur ne veuille pas l'opposer lui-même. Et je l'entends en outre en ce sens que, nonobstant une renonciation déjà accomplie, les tiers dont je parle pourront se prévaloir de la prescription acquise, mais non invoquée, à l'effet de faire maintenir le droit qu'ils tiennent du possesseur. Il pourra arriver que ces tiers aient de leur chef une prescription à opposer; ainsi le droit qui leur a été transmis est un usufruit, ou une servitude susceptible d'être acquise par prescription. Dans tous ces cas il n'y a point de doute; il s'agit d'un tiers qui ait lui-même un droit acquis par prescription. Mais la solution que nous donnons a tout son intérêt, lorsque le tiers qui a traité avec le possesseur ne réunit pas en sa personne, et relativement au droit qui lui a été concédé, les conditions requises pour invoquer la prescription. Ainsi l'hypothèque n'est pas un de ces droits qui s'acquièrent par prescription ; ou bien ce peut être une servitude non susceptible de prescription acquisitive, c'est alors qu'il est utile de dire que la renonciation faite par l'intéressé direct laisse cependant le tiers qui a traité avec lui libre d'invoquer la prescription de son chef pour faire valoir son droit.

Ces tiers ont un droit indépendant, ai-je dit. N'exagérez pas cette expression. N'ayant pas acquis eux-mêmes par prescription ce droit dont ils entendent se prévaloir, ils sont obligés toujours d'invoquer la prescription du chef du possesseur. Seulement, ils invoquent cette prescription en vertu d'un droit indépendant; cela revient à dire qu'il ne dépend pas de celui qui l'a conféré de le détruire; et d'autre part, il ne peut y porter atteinte.

Dans les termes que je viens de vous décrire, l'application de l'art. 2225 ne saurait souffrir de difficultés. Au contraire, il a soulevé des controverses graves, quand il s'agit du droit des créanciers chirographaires. De droit commun ceux-ci ont, en premier lieu, aux termes de l'art. 1166, le droit d'exercer les droits et actions du débiteur pourvu qu'il ne s'agisse pas de droits attachés à la personne du débiteur, et à l'effet, s'il y a lieu, d'arriver ainsi à obtenir ce qui leur est dû. Par exemple, une personne est propriétaire d'un immeuble, et elle laisse un tiers se mettre en possession de cet immeuble. Ses créanciers pourront exercer contre le possesseur de l'immeuble qui appartient à leur débiteur les actions que ce débiteur pourrait exercer lui-même, action possessoire ou pétitoire. En second lieu, toujours de droit commun, lorsqu'un débiteur a fait un acte en fraude des droits de ses créanciers, ceux-ci ont le droit de faire révoquer cet acte sous des conditions que je sous-entends pour le moment (art. 1167).

Supposons maintenant que le débiteur ait acquis un droit de propriété par l'effet de la prescription. Celle-ci est accomplie; nous savons que la loi laisse à celui qui a prescrit le droit de ne pas invoquer cette prescription ainsi réalisée. Mais s'il a des créanciers, la question qui se pose est double : 1° les créanciers pourront-ils, en invoquant l'art. 1166, intervenir dans l'action en revendication pour prévenir la renonciation qu'ils craignent que celui-ci fasse de la prescription ? 2° Supposons que déjà le débiteur ait renoncé ; les créanciers, si cette renonciation leur est préjudiciable, pourront-ils faire révoquer la renonciation ? et, s'ils le peuvent, à quelles conditions le pourront-ils ?

Ce qui résulte incontestablement de l'art. 2225, c'est que le droit d'invoquer la prescription, quand elle est acquise, n'est point un droit attaché à la personne de celui qui peut s'en prévaloir, et très certainement ses créanciers peuvent l'invoquer de son chef en s'appuyant sur l'art. 1166. Voyez l'*Exposé des motifs* dans LOCRÉ, t. XVI, p. 562, N° 4. Il y est dit que le droit d'invoquer la prescription n'est pas un droit attaché à la personne. On peut seulement se demander si c'est cela que veut dire l'art. 2225, et s'il ne veut dire que cela.

C'est alors que se présente la seconde question : La renonciation est un fait accompli ; les créanciers pourront-ils attaquer, et à quelles conditions pourront-ils attaquer, cette renonciation dans la mesure évidemment dans laquelle ils y auraient intérêt. Il est bien certain en effet que, si elle ne leur causait aucun préjudice, la question ne se poserait pas ; pas d'intérêt, pas d'action. Donc la question s'élève si ces créanciers ont intérêt, parce que cette renonciation, par exemple, a eu pour résultat de mettre le débiteur hors d'état de payer ses créanciers ; ou bien parce qu'elle aura aggravé l'insolvabilité du débiteur. Telle est la question. Cette question est vivement controversée.

Une opinion, d'une manière absolue, refuse aux créanciers le droit de faire tomber la renonciation faite à la prescription. On dit en premier lieu que la renonciation à la prescription est une affaire de conscience et que par conséquent elle exclut toute idée de fraude envers les créanciers, idée qui est la condition première de l'action paulienne. On ajoute que cette renonciation n'est pas un acte par lequel le débiteur diminue le gage des créanciers, mais par lequel il refuse de l'accroître. Enfin, on ajoute que l'art. 2225 se borne à donner aux créanciers le droit d'invoquer la prescription à laquelle le débiteur renonce, mais non celui d'attaquer cette renonciation.

Ces motifs ne me semblent avoir rien de déterminant, et je crois que les créanciers peuvent attaquer cette renonciation, sauf à discuter sur les conditions.

Quant au premier argument, la réponse est facile ; d'abord nous verrons que certains auteurs ne pensent pas qu'il soit nécessaire, dans les hypothèses du genre de celle qui nous occupe, de prouver que l'acte ait été fait en fraude des créanciers. Mais, même en admettant qu'on doive prouver la fraude, l'argument que je combats n'en vaut pas mieux. Il s'agit de savoir en quoi consiste la fraude en matière d'action paulienne ; on suppose qu'il s'agisse d'un acte accompli dans le but de nuire. Or, c'est faux ; fraude au sens de l'action paulienne ne signifie que ceci, préjudice causé en connaissance de cause. On ne recherche pas si ce préjudice a été causé en vue de nuire ou non, pourvu que le débiteur en ait eu conscience.

On dit encore qu'il s'agit d'un acte qui n'a pas pour but d'appauvrir le patrimoine. Nous touchons ainsi à l'examen d'une des conditions requises pour l'action paulienne. En droit romain, en effet, elle n'est donnée que contre les actes qui ont pour but de diminuer le patrimoine, et non contre ceux qui constituent seulement un défaut d'enrichissement (L. 6, *pr.*, Dig., 42, 8). Il y a d'abord à cette objection une première réponse de fait qui s'impose ; c'est que certainement sur ce point-ci, le droit français s'est éloigné de la tradition romaine. Ainsi à Rome l'action paulienne n'était pas donnée contre les renonciations à succession ; au contraire l'art. 788, contre un acte de ce genre, et malgré les difficultés qu'il soulève, me paraît donner ce droit incontestablement aux créanciers. Si la règle admise par le droit romain peut encore avoir son application dans certaines hypothèses où le refus d'acquérir ne présuppose aucun droit acquis, cette règle n'est aucunement exacte quand il s'agit d'un droit déjà acquis et dont l'efficacité ne dépend plus que d'une manifestation de volonté de la part de celui à qui il est acquis. Or ici n'y a-t-il pas un droit acquis, le droit même d'invoquer la prescription, puisque ce droit va se transmettre avec la succession ?

Quant au texte, admettons pour un moment qu'il ne vise que le cas où les créanciers interviennent pour prévenir la renonciation ; alors il établirait justement que le droit d'invoquer la prescription fait déjà partie du gage des créanciers ; et tout ce qui résulterait de là, c'est qu'il n'y aurait point de texte pour l'hypothèse de renonciation déjà accomplie. Il se trouverait que dans ce cas on resterait dans le droit commun ; mais, le droit commun, c'est l'action paulienne.

L'action paulienne admise, reste une question subsidiaire ; à quelles conditions le sera-t-elle ? En règle générale, la condition première est que l'acte ait été fait frauduleusement. Le point sur lequel on discute est de savoir si cette condition de fraude est encore requise dans notre hypothèse. Ne doit-il pas suffire que cet acte ait causé un préjudice, abstraction faite de toute fraude ? Ce n'est là, d'ailleurs, qu'une des applications particulières d'une controverse plus générale qui est de savoir si, en matière d'action paulienne, la condition de fraude chez le débiteur doit être exigée quand il s'agit d'actes par lesquels celui-ci se dépouille sans compensation, ou tout au moins quand il s'agit de renonciation à un droit.

C'est ainsi que certains auteurs veulent ne plus exiger la fraude chez le débiteur, toutes les fois qu'il consent à l'abandon ou à l'aliénation d'un droit sans équivalent, par exemple pour les donations. D'autres, sans aller aussi loin, restreignent cette opinion au cas où il s'agit seulement de renonciations. En effet, l'opinion qui voudrait appliquer cette solution d'une façon générale est contraire au droit romain, à la tradition, et à nos textes. Mais, quand on la restreint aux actes de renonciation, le doute s'élève ; car nous avons un certain nombre de textes assez concordants qui peuvent être invoqués en faveur de ce système (art. 622, 788, 2225) ; on peut soutenir par conséquent que le législateur n'exige pas la fraude quand il s'agit de renonciation à un droit. Il aurait été touché de la plus grande facilité avec laquelle on peut faire ces renonciations et il aurait voulu protéger plus efficacement les créanciers.

Pour moi je repousse toute distinction de ce genre, car le texte principal est l'art. 1167 qui ne distingue pas. Le principe fondamental est celui-ci : Sans doute les créanciers d'une personne ont pour gage tout le patrimoine de leur débiteur, sauf les droits attachés à la personne. Mais ces créanciers, qui ont suivi la foi du débiteur, sont tenus en principe de respecter tous les actes du débiteur sur ce patrimoine qui leur sert de gage, alors même que ces actes leur causeraient un préjudice. Il y a une exception apportée par loi ; c'est pour le cas où le débiteur a agi en fraude, et encore il est possible que d'autres conditions soient exigées. Mais, avant tout et toujours, il faut la fraude ; car ce motif est le seul qui puisse expliquer comment les créanciers peuvent atteindre un droit sorti du patrimoine. Voilà le principe. Pour y faire échec, il faut des textes formels ; ces textes se trouvent-ils dans les art. 622, 788, 2225 ? Il y a là un point que nous examinerons sur l'art. 1167. Mais, en ce qui touche l'art. 2225, quelque portée qu'on lui donne, il ne doit pas être invoqué pour trancher une question qu'il n'était pas dans la pensée de ses rédacteurs de toucher, même de loin. Il résulte des travaux préparatoires que ses rédacteurs n'avaient qu'une pensée, déclarer que le droit d'invoquer la prescription n'était pas un droit personnel échappant à l'application de l'art. 1166.

Je réponds ainsi à un argument qu'on a voulu tirer du texte. On a dit que l'art. 2225 mettait sur la même ligne les créanciers et les autres intéressés, c'est-à-dire ceux qui invoquent la prescription en vertu d'un droit propre ; et on voulait en conclure qu'il n'y aurait qu'une condition commune à tous, qu'ils y eussent intérêt. Ce que je dis à cet égard, c'est que l'art. 2225 n'avait pas pour but de décider à quelles conditions les intéressés pourraient invoquer ce droit ; et dès lors il n'avait pas de distinction à faire. Il s'est référé pour ce qui est des conditions d'application au droit romain. Cette question du reste a été examinée et traitée dans tous ses détails par M. Rataud, dans un article de la *Revue pratique* auquel je vous renvoie (T. Ier, p. 481).

Des effets de la prescription quant à son étendue

Maintenant nous aurions à examiner les effets de la prescription quant à son étendue. Je vais passer très vite sur ce point.

Nous rencontrons tout d'abord une règle importante exprimée par cet adage : *Quantum præscriptum, tantum possessum.* Puisque la possession est la condition de la prescription, il s'en suit que c'est l'étendue de la possession qui détermine celle de la prescription.

Cette règle est surtout invoquée, quand il s'agit de la prescription appliquée aux servitudes. Ainsi on a acquis par prescription le droit d'avoir des vues à une distance moindre que la distance réglementaire. Or, cette servitude, on ne l'a acquise que dans les conditions dans lesquelles s'est exercé ce droit de vue; si donc j'ai ouvert deux fenêtres, j'ai acquis ce droit pour ces deux fenêtres, et je ne pourrai en ouvrir une troisième. Mais il y a quelque difficulté pour le cas où il s'agirait de plantations pour lesquelles la distance réglementaire n'aurait pas été observée. Beaucoup d'auteurs prétendaient que le prescrivant avait acquis le droit de maintenir les arbres qui existaient actuellement, mais sans aller au-delà ; aussi se demandait-on, au cas où ils viendraient à périr, si l'on pourrait les remplacer. La loi dernière a tranché la question dans le sens de la négative (*Loi du 21 août 1881, art. 672 actuel*).

Même pour la propriété, et en dehors des servitudes, il peut y avoir quelques difficultés. Ainsi la possession s'exerce sur un immeuble auquel des accessoires sont venus s'ajouter et pour lesquels la durée de prescription n'est pas complète. Supposez un fonds limité par un cours d'eau ; et des alluvions se sont formées au cours de la possession. Aura-t-on acquis l'accessoire avec le principal ? Question plus délicate encore pour les îles qui se seraient formées dans le cours d'eau. Sur tous ces points, des controverses peuvent s'élever. En ce qui touche l'alluvion, je crois qu'il ne peut guère y avoir d'hésitation à dire que la prescription du principal emporte celle de l'accessoire : c'est moins l'adjonction d'un fonds nouveau que le déplacement de la limite du fonds. Il ne peut y avoir deux revendications distinctes, pour le fonds et pour l'alluvion. Une fois la revendication relative au fonds repoussée, cela comprend tout; il n'y a plus d'autre revendication possible. Mais la question est bien plus délicate pour les îles. C'est alors que l'on pourrait faire intervenir l'idée de la rétroactivité de la prescription (1).

(1) Il semble bien que, pour les îles, la question n'ait plus à se poser

Reste une autre face de la question que je ne fais qu'esquisser : Il s'agit de l'influence que la prescription peut exercer sur les droits réels dont l'immeuble pouvait être affecté entre les mains des propriétaires antérieurs. C'est tout au moins sous cette forme que le problème se pose. Je considère que dans la formule même que l'on donne ainsi à la question, il y a une certaine confusion. Pour ce qui est du droit romain, je vous rappelle la règle que l'usucapion fait acquérir la chose *cum sua causa*. On traitait donc l'usucapion comme un mode dérivé d'acquisition ; et il en était ainsi notamment pour ce qui est de l'hypothèque. (L. 44 § 5, Dig. 41, 3). Je crois que cette solution s'appliquait aussi aux servitudes tant réelles que personnelles. Pour l'usufruit il y a un texte décisif (L. 17, § 2, D, *De usufruct.*, 7, 1). Cependant reste un point dont il faut tenir compte : c'est que les servitudes s'éteignaient par le non-usage prolongé pendant deux ans ; d'où la conséquence que, pour celles-ci, lorsqu'elles n'avaient pas été exercées, elles devaient être éteintes. Mais ce n'était pas l'effet de l'usucapion. Il y avait comme deux prescriptions qui agissaient concurremment, mais qui agissaient avec leurs conditions propres ; et cette distinction présentait un intérêt en ce qui concerne les servitudes qui exigeaient un acte contraire.

Les principes étaient-ils différents pour la *præscriptio longi temporis ?* On dit souvent qu'elle agissait autrement que l'usucapion. (L. 5, § 1, D. *de div. temp. præsc.*, 44, 3 ; L. L. 1 et 2 Cod. 7, 36 ; L. 12, § 1, Cod. 7, 33 ; L. 8, § 1, Cod. 7, 39). Il y a dans cette affirmation une idée vraie, mais exprimée inexactement. Ce qui est certain, c'est que la *præscriptio* pouvait être invoquée contre un créancier hypothécaire, comme elle pouvait l'être contre le propriétaire. Mais ceci ne veut pas dire que la *possessio longi temporis* faisait acquérir la chose franche

sous cette forme depuis la loi du 8 avril 1898 sur le régime des eaux. L'art. 3 de cette loi attribuant aux riverains la propriété du lit de la rivière, ou tout au moins de la moitié qui le touche, l'île qui se forme par voie d'exhaussement du lit de la rivière, ou par voie de dépression circulaire à l'entour, se trouve n'être qu'une fraction de la part totale de propriété que la prescription avait fait acquérir.

de tout droit réel. Il y a en effet une autre règle qu'il ne faut pas oublier, c'est que le droit des créanciers hypothécaires est exposé à périr par la *præscriptio;* et cette extinction n'est pas la conséquence de la possession de l'immeuble. Ce que je vous dis là est si vrai qu'on exige du créancier hypothécaire l'application des conditions spéciales de la *præscriptio,* lesquelles cependant peuvent être différentes, selon que celle-ci est invoquée à l'encontre de la propriété ou à l'encontre de l'hypothèque.

Aujourd'hui la prescription fait acquérir la chose *cum sua causa*. La question qui se pose est donc uniquement de savoir si elle aura suffi à libérer l'immeuble des droits réels. Il n'y a pas d'hésitation à avoir pour la prescription de trente ans. Pour ce qui est de la prescription de l'hypothèque par dix ans, il n'y a pas de doute non plus ; nous avons un texte, l'art. 2180. Mais la question peut se poser pour les servitudes, et surtout pour les servitudes réelles. Il faut supposer un immeuble grevé de servitudes; celui qui le possède ignore l'existence des droits qui pèsent sur cet immeuble. Et, s'il est de bonne foi quant à la propriété, il va prescrire par dix ans. Se trouvera-t-il en même temps avoir prescrit l'affranchissement des servitudes par une sorte d'*usucapio libertatis*, qui soit quelque chose d'analogue à ce que nous présente l'art. 2180 pour ce qui est de l'hypothèque ; ou bien ne peut-il, même après avoir prescrit la propriété, se trouver affranchi des servitudes que par leur extinction par non usage, en vertu de l'art. 706 ? J'ai déjà rencontré la question antérieurement; et je vous avais annoncé que je vous l'exposerais à cette place, à propos des effets de la prescription accomplie. Cette fois, le temps me fait absolument défaut pour m'y attarder, et je me contente de vous renvoyer à un article important de M. GLASSON dans la *Revue pratique de droit français* (t. 34, 1872, p. 552 suiv.). Je dois vous dire toutefois que la jurisprudence est contraire à l'opinion exposée par M. Glasson (*Cass.*, 14 novembre 1853, D. 53, I, 523).

La prescription peut avoir encore ce que j'appellerai des Conséquences indirectes de la prescription conséquences indirectes. Par exemple la prescription de dix ans va écarter, quand elle s'est accomplie, la revendication du propriétaire. Mais sera-t-il dépouillé par là de tout droit contre le tiers qui a fourni le juste titre ? Nullement ; le propriétaire au contraire a un recours contre celui qui a aliéné l'immeuble. Sur quoi est-il fondé ? cela dépend. Il peut se faire qu'il soit détenteur en vertu d'un contrat. C'est un fermier par exemple. En pareil cas le droit du propriétaire se fonde sur le contrat fait avec le fermier. S'il n'y avait pas de contrat, son recours serait fondé sur le délit.

XXXe LEÇON

OBLIGATIONS : DÉFINITION DU DROIT DE CRÉANCE. — SYSTÈME D'ENSEMBLE DE LA THÉORIE DES OBLIGATIONS : PLAN GÉNÉRAL. — SOURCES DES OBLIGATIONS.

Les droits dont se compose le patrimoine d'une personne se divisent, nous le savons déjà, en deux grandes classes, les droits réels et les droits de créance. Cette distinction se rattachant, par un certain côté tout au moins, à la division des biens en meubles et immeubles, c'est à propos de cette classification que nous avons dû l'étudier. Depuis, nous ne nous sommes guère occupés que des droits réels et nous venons d'étudier les modes d'acquisition de ces droits. Obligations

Cette étude cependant, même en ce qui touche l'acquisition des droits réels, n'est pas absolument complète. Nous avons laissé de côté tout ce qui concerne les donations, les successions et les testaments. Il est vrai que les donations ne sont plus un mode spécial d'acquisition, mais une catégorie particulière de contrats. Quant aux successions et legs universels ou à titre universel, ils rentrent dans les modes d'acquérir à titre universel qui s'appliquent à la fois aux droits personnels comme aux droits réels, et qui, par suite, doivent être étudiés à part. Nous aurions pu sans doute étudier les legs particuliers ; mais il est difficile d'en traiter isolément et de les séparer des legs universels et à titre universel : il y a comme une sorte d'indivisibilité dans les dispositions de la loi en matière de testament.

Il resterait aussi les modalités susceptibles d'affecter les droits réels, comme par exemple la condition, soit suspensive, soit résolutoire. Mais nous retrouverons la théorie des modalités en matière de droits personnels ; car dans notre législation, un des effets les plus importants des contrats, est qu'ils opèrent, comme nous l'avons déjà vu, transmission directe, sans autre formalité, de la propriété ou autres droits réels; or, ceci posé, c'est à l'occasion des contrats que le législateur a posé les règles constitutives de la théorie des principales modalités, le terme ou la condition par exemple. Nous ferons comme le législateur ; nous étudierons l'influence de ces modalités sur le contrat, soit en tant qu'il crée une obligation, soit en tant qu'il opère déplacement de propriété. Enfin, nous traiterons aussi des effets de ces modalités par rapport aux legs, qu'il s'agisse de legs créant une obligation, ou qu'il s'agisse de legs ayant pour objet la transmission ou la constitution d'un droit réel ; et réunissant ainsi cette double application des modalités admises par la loi, nous ferons une théorie générale de la modalité, soit dans les contrats, soit dans les legs.

Pour compléter enfin la théorie des droits réels, il y aurait lieu, en outre, de s'occuper des actions qui en constituent la sanction ; cette matière est également du domaine du droit civil. Mais je n'ai pas le temps d'aborder cette partie de mon sujet ; elle se rattache d'ailleurs à la théorie des preuves.

Ces préliminaires ainsi exposés, nous entrons dans le domaine spécial des droits personnels.

Conception du droit de créance

Ils se ramènent tous à un type unique, le droit de créance, lequel implique l'idée correspondante d'une obligation ; le droit de créance se caractérise ainsi par le droit qu'a une personne d'en contraindre une autre à une prestation, ou à une abstention, qui doit profiter à la première. Ce pouvoir de contraindre résulte de l'obligation à laquelle la deuxième personne est tenue envers la première. De là vient que la théorie des droits personnels n'est autre chose que ce que l'on appelle la théorie des obligations ; seulement, en l'appelant ainsi, on se place plutôt au point de vue de la personne qui est tenue de la prestation. La théorie générale des obligations est développée dans les titres III et IV du livre III. Je vous en ferai connaître la composition et le plan général.

Système d'ensemble de la matière.

Les titres qui suivent, dans le Code civil, jusqu'à la prescription, contiennent, pour un certain nombre de contrats, dont l'usage est le plus répandu, des dispositions spéciales, qui sont, tantôt des applications des règles générales que nous allons étudier, tantôt des dérogations apportées à ces règles elles-mêmes. L'étude de ces contrats spéciaux fait spécialement l'objet du cours de troisième année.

Ceci dit, je n'ai pas besoin d'insister sur la définition de l'obligation ; elle est la même qu'en droit romain ; j'entends parler de l'obligation correspondant au droit de créance. C'est un lien de droit en vertu duquel une personne est tenue envers une autre d'un fait ou d'une abstention. Au lieu de dire un lien de droit, si vous tenez à éviter cette métaphore, vous direz que c'est une nécessité juridique. Nous avons en présence, dans l'obligation, deux personnes, l'une qui est le sujet actif, qui a droit d'en exiger l'exécution, le créancier ; l'autre, qui en est le sujet passif, le débiteur. Ce rapport de droit constitue, du côté actif, une créance, et de l'autre côté une obligation dans le sens propre du mot, ou, comme on dit aussi, une dette. Seulement le mot, dans le langage habituel, est plutôt réservé pour les obligations qui se résolvent en une prestation pécuniaire, l'*æs alienum* des Romains. C'est une question de nuance.

Je vous ai dit d'ailleurs, l'année dernière, que, dans la pratique, l'expression obligation reçoit parfois des significations qui s'éloignent de celle que je viens de vous donner. Dans le langage des affaires, on appelle volontiers obligation l'acte notarié qui constate un prêt d'argent, et qui, le plus souvent, est accompagné de garanties hypothécaires. Ainsi, un placement par obligation, c'est un prêt hypothécaire ; et un placement par simple billet, c'est un prêt sur signature privée.

Quelquefois aussi le Code emploie le mot obligation par rapport au droit envisagé du côté du créancier dans le sens de créances ou dettes actives (Cf. art. 529, 536).

Enfin, je vous ai dit, et je vous rappelle, que dans nos usages financiers modernes, on donne le nom d'obligations à des titres constatant un emprunt fait, soit par des villes ou départements, soit par des sociétés industrielles ou commerciales. Qu'est-ce que cela signifie? Cela veut dire que les personnes morales dont je parle ont fait un emprunt qui a été fractionné au point de vue actif en un certain nombre de parts. Chacune de ces parts prend le nom d'obligation ; elle constitue bien en effet une obligation dans le sens strict du mot, si l'on se place du côté du débiteur. Mais, lorsqu'on emploie le mot *obligation* au sens que j'étudie en ce moment, on se place surtout du côté du créancier, et ce dernier point de vue est même celui de l'art. 529. En réalité, ce sont des créances résultant d'un prêt; ces obligations sont des parts représentant ce que chacun de ceux au profit de qui elles ont été constituées à l'origine est censé avoir prêté à la société.

Je vous indiquais tout à l'heure que la nécessité juridique à laquelle se ramène l'idée d'obligation tend à obtenir du débiteur une prestation ou une abstention. Quand l'obligation impose au débiteur de s'abstenir d'un fait, on dit qu'il y a là une obligation de ne pas faire. Lorsque l'obligation impose au débiteur une prestation, on pourrait la caractériser en disant qu'elle a pour objet un *facere*. Mais dans le langage traditionnel du droit, on a pris l'habitude de donner à ce mot obligation de faire un sens plus restreint; et, parmi les obligations impliquant une prestation, on a distingué les obligations de « donner » dans le sens spécial du mot, et les obligations de faire proprement dites : il est vrai que parmi ces dernières il est d'usage de comprendre aussi celles qui ont pour objet un *non facere*, une abstention, c'est-à-dire les obligations de ne pas faire. Vous voyez donc ainsi que, en réalité, l'obligation de donner n'est qu'une spécialité rentrant parmi les obligations de faire, puisque, sous le terme d'obligation de donner, il faut entendre une obligation de faire avoir la propriété.

Tout en tenant compte ainsi de cette division tripartite, nous n'en remarquons pas moins que notre définition de l'obligation, telle que je l'ai donnée, comprend tout.

D'autres et nombreuses divisions des obligations se présentent par référence, soit aux modalités, soit à l'étendue ou au caractère de l'obligation ; elles sont intéressantes par l'influence qu'elles exercent sur les effets de l'obligation. Et c'est à ce propos qu'elles trouveront leur place.

Il y a toutefois une division qu'il est bon de signaler dès le début.

En définissant l'obligation, j'ai dit qu'elle constituait une nécessité juridique, ce qui implique que l'autorité publique met à la disposition du créancier les moyens de sanction nécessaires pour contraindre autant que faire se peut le débiteur à l'exécution de son obligation. C'est en effet la règle générale. Mais à ce point de vue cependant, et vous l'avez déjà constaté en droit romain, il y a une différence profonde à établir entre les obligations civiles et les obligations naturelles. Pas plus chez nous qu'à Rome, on n'entend par là de simples obligations morales. Ce sont de véritables obligations au point de vue du droit, mais constituées dans des conditions telles que la loi, tout en fournissant des moyens indirects de sanction, n'accorde cependant pas le moyen direct, ordinaire et normal, de procurer l'exécution de l'obligation, c'est-à-dire l'action en justice. Au sens où je prends le mot ici, il n'y a qu'un article du Code qui fasse allusion à ces obligations et qui en prononce le nom, l'art. 1235. Ce texte indique un des effets, le principal, de ces obligations ; c'est que le paiement que l'on ferait de l'obligation naturelle est valable comme paiement. Nous aurons ainsi à rechercher, sur l'art. 1235, si cet effet n'implique pas que l'obligation naturelle en doive produire d'autres.

L'étude que nous allons faire des obligations s'appliquera donc avant tout aux obligations civiles. Seulement, quand le moment sera venu, nous introduirons, d'une façon incidente, comme le Code l'a fait, la théorie des obligations naturelles.

Voici maintenant la division générale que je compte suivre, sans m'astreindre absolument à l'ordre même de la loi, mais aussi sans vouloir diviser et morceler outre mesure les chapitres et les sections du Code. Je vous propose les trois parties suivantes. Plan général.

Dans la première je rechercherai comment les obligations prennent naissance : ce sera la théorie des sources des obligations. Dans la deuxième partie je déterminerai quelles sont les conséquences juridiques attachées aux obligations : il s'agira des effets des obligations. Dans la troisième partie je m'occuperai de l'extinction des obligations (1).

Les trois parties que je viens de vous indiquer ne comprennent pas cependant tous les textes qui ont trouvé place dans les titres III et IV, lesquels forment la partie générale des obligations. Il y a un chapitre VI du titre III qui ne rentre pas dans ce plan : il traite de la preuve des faits entraînant la naissance ou l'extinction d'une obligation. Cette théorie de la preuve, je ne vous l'expliquerai pas ; elle vous sera faite au cours de procédure civile.

Dans la deuxième partie, celle dans laquelle je dois traiter des effets de l'obligation, se trouvera comprise l'explication des diverses modalités et particularités qui peuvent intervenir par rapport à la naissance de l'obligation en vue d'en modifier les effets.

Dans ces parties diverses je ferai rentrer même de nombreux points se rattachant aux successions ; c'est ainsi qu'à propos de la question de la transmission active ou passive des obligations je traiterai du paiement des dettes héréditaires. Le lien qui unit les deux matières me semble en effet d'une logique qui s'impose : par voie de dévolution à titre de succession *ab intestat* ou testamentaire, il peut se produire une transmission du passif, corrélative à celle de l'actif. De là des dispositions considérables concernant le paiement des dettes de succession. Or, ces dispositions ne doivent pas être isolées des principes du droit commun, tels qu'ils existent à propos de la transmission des obligations. Elles peuvent sans doute renfermer d'autres règles spéciales se rattachant à la théorie des successions ; mais ces règles elles-mêmes ne peuvent être bien comprises que si on les rattache aux principes généraux

(1) Les leçons que nous publions ne comprendront que la première partie du plan indiqué au texte, la théorie des sources de l'obligation (Voir, *suprà*, la Préface).

sur la transmission des obligations. De même pour ce qui est des règles sur les formes des donations ; je vous les expliquerai à propos des faits qui donnent naissance aux obligations, car la donation est un contrat.

J'arrive à ma première partie, celle relative aux sources des obligations. Sources des obligations

En ce qui concerne les faits qui donnent naissance aux obligations, notre loi les divise en deux grandes catégories, sauf subdivisions à vous indiquer par la suite.

En premier lieu, les obligations peuvent naître de conventions. Ces conventions prennent alors le nom de contrats. Nous remarquerons que le Code a commis ici une confusion entre l'obligation, en tant que lien de droit et la convention qui lui donne naissance. Par opposition, et en second lieu, le Code, dans le titre IV, traite des engagements qui se forment sans convention ; ce qui veut dire que, en dehors de la convention, il y a un certain nombre d'autres faits qui produisent obligation. Mais ce n'est là qu'une sorte de négation ; on nous dit que ces faits ne sont pas des conventions, mais quels sont donc ces faits ? Tout d'abord, nous entrevoyons déjà qu'il doit y avoir une subdivision forcée. Cette subdivision est indiquée dans l'art. 1370. Ce texte nous fait connaître que, parmi les faits donnant naissance à une obligation en dehors des contrats, il y en a qui n'impliquent aucun fait de l'homme ; il s'agit donc d'obligations légales. Il y en a d'autres au contraire qui impliquent le fait de l'homme. Sauf explications, nous comprenons théoriquement assez bien ce que l'on entend par une obligation dérivant directement de la loi ; ainsi l'obligation qui pèse sur le tuteur d'administrer les biens du pupille. C'est là une obligation légale ; toutes les fois au moins qu'il s'agit d'une tutelle que le tuteur n'était pas libre de décliner. Pour les autres tutelles, on rentre plutôt dans la notion de ce que la loi appelle le quasi-contrat.

Mais en dehors de ces obligations qui naissent directement de l'autorité de la loi, il y en a qui, sans naître de contrats, dérivent cependant du fait de l'homme.

A Rome, aux obligations résultant de contrats, les jurisconsultes opposaient celles naissant de délits. Notre loi procède de la même façon. La notion du délit, cependant, n'est pas tout à fait chez nous ce qu'elle était en droit romain. A Rome les délits, considérés comme faits générateurs d'obligations, étaient des faits illicites auxquels la loi avait spécialement attaché cet effet de faire naître une obligation ; de sorte que le nombre des délits pris en ce sens se trouvait forcément limité. Par suite, tous les faits susceptibles de causer un dommage à quelqu'un n'étaient pas qualifiés délits.

Toutefois ceci, c'était le droit civil. Le droit prétorien avait désigné d'autres faits, ne rentrant pas dans les catégories du droit civil, pour lesquels il accordait réparation; par exemple le préteur avait créé l'action *de dolo,* laquelle était donnée lorsque tout autre moyen de droit faisait défaut. C'est cette action *de dolo* qui est devenue aujourd'hui le principe général du droit français sur les obligations résultant de délits ; avec cette différence que le préteur ne donnait l'action qu'à défaut de tout autre mode de protection, tandis que chez nous, c'est sur ce fondement même qu'est donnée l'action pour tout fait illicite (art. 1382). Ce n'est plus une action exceptionnelle à défaut d'autre moyen de réparation ; c'est l'action de droit commun pour tout cas de dommage causé par un fait illicite.

Nous comprenons donc très bien, soit en droit romain, soit en droit français, comment il y a des obligations naissant de délits ; c'est l'obligation de réparer le dommage causé sans droit, c'est-à-dire par un fait illicite.

Mais le délit n'est pas le seul fait de l'homme qui, en dehors des contrats, puisse donner naissance à des obligations. Ces faits, autres que le délit et le contrat, et susceptibles de devenir générateurs d'une obligation, étaient indiqués par Gaius dans un fragment qui a été inséré au Digeste (L. 1, pr. Dig. 44, 7) : « Les obligations, disait-il, naissent des contrats ; elles naissent des délits, et elles peuvent naître aussi de faits qui ne sont ni des contrats, ni des délits». Quels sont donc ces faits ? pouvons-nous demander à notre tour. En principe, devons-nous répondre, ce sont tous ceux dans lesquels le sentiment de justice exige que l'on reconnaisse une obligation C'est très vague, me direz-vous ; mais je ne vous donne là qu'une base rationnelle. Les romains avaient essayé de préciser davantage. Les jurisconsultes romains avaient déterminé ces faits en les dégageant de certains principes généraux que l'on considérait comme ayant autorité par eux-mêmes, en dehors de toute consécration légale ; et ainsi on était arrivé à une classification générale. On disait que ces obligations seraient regardées suivant la nature des faits qui leur donnent naissance, comme des obligations qui se rapprocheraient soit de celles naissant des délits, soit de celles naissant des contrats.

Ainsi, au point de vue des effets, et non au point de vue de l'assimilation des causes génératrices du droit, certaines de ces obligations devaient être traitées comme les obligations naissant de délits, tandis que d'autres devaient être traitées comme les obligations naissant de contrats. On pouvait les définir ainsi : les obligations considérées, au point de vue de leurs effets, comme si elles étaient nées de contrats, ou, pour d'autres, comme si elles étaient nées de délits ; tel était le point de vue romain.

De cette loi de Gaius bien connue, dont je viens de vous donner le sens général, notre législation a tiré une classification moins correcte, en disant qu'il y a des obligations qui naissent de quasi-contrats et d'autres qui naissent de quasi-délits. Ce qui veut dire qu'aujourd'hui les faits de l'homme pouvant donner naissance aux obligations sont les contrats et les délits, les quasi-contrats et les quasi-délits. Cela revient à reconnaître en droit français quatre sources distinctes de l'obligation.

Le procédé nouveau du Code civil nous oblige donc aujourd'hui à chercher une définition de ces deux derniers faits. C'est le point sur lequel j'aurai à revenir.

XXXIe LEÇON

SOURCES DES OBLIGATIONS, SYSTÈME GÉNÉRAL. — CONTRATS : PRINCIPALES CLASSIFICATIONS DES CONTRATS. — FORMATION DES CONTRATS : CONDITIONS DE FORME.

Vous savez que le procédé de classification admis par le Code civil en ce qui touche les sources de l'obligation nous oblige aujourd'hui à chercher une définition du quasi-délit : Qu'est-ce donc ?

L'idée commune du délit et du quasi-délit est très facile à comprendre ; il s'agit d'un fait illicite qui a causé dommage à quelqu'un. S'il a été commis avec intention de nuire, il y a délit; sinon, il y aurait quasi-délit. Ce dernier implique donc un fait dommageable résultant, non de l'intention, mais d'une faute d'imprudence ou de négligence. Cette distinction ne reproduit pas tout à fait la distinction du droit romain sur ce point. Je vous l'ai déjà indiqué.

Cette notion du délit et du quasi-délit nous donne la preuve que le délit, au point de vue du droit civil, n'est pas du tout la même chose que le délit au point de vue du droit pénal. On pourrait, en effet, avoir l'idée d'établir la distinction du délit et du quasi-délit sur ce fondement, en disant que ce dernier est celui qui ne tombe pas sous l'application de la loi pénale ; c'est ainsi qu'on l'entend souvent dans la pratique. Mais ce n'est pas là du tout la distinction théorique de la loi. Il y a par exemple des délits au point de vue pénal qui ne constituent que des quasi-délits au point de vue du droit civil, ainsi les faits indiqués dans l'art. 319 du Code pénal sous le nom d'homicide par imprudence. Et, à l'inverse, il peut se rencontrer des faits constituant un délit tombant sous l'application de l'art. 1382, mais qui ne soient pas des infractions à la loi pénale. Par suite, laissons entièrement de côté tout rapprochement avec le droit pénal. Il est donc assez aisé, vous le voyez, de donner la notion du délit et celle du quasi délit; l'un est le fait dommageable intentionnel, et l'autre est aussi un fait constitutif de dommage, mais n'impliquant qu'une faute d'imprudence.

Au contraire, il n'est plus aussi facile de donner d'une manière nette une définition du quasi-contrat. Si on prenait le mot dans son sens étymologique, il faudrait entendre par là un acte qui fût presque un contrat? Or, ce qui est de l'essence même du contrat, c'est l'accord des volontés ; et cet accord des volontés est précisément ce qui ne se retrouve plus dans le quasi-contrat; donc c'est la chose capitale qui fait défaut.

On pourrait dire que le quasi-contrat est un fait sans doute qui n'est pas un contrat, ne supposant pas l'accord des volontés, mais qui constitue au moins un fait licite; ce qui le distinguerait du délit et du quasi-délit. Mais cette définition ne serait encore qu'une négation ; et en réalité il faut revenir à la notion du droit romain. Celui-ci ne parlait pas du quasi-contrat, mais reconnaissait qu'il y avait des hypothèses où le principe de justice exigeait qu'il y eût obligation ; et, comme le fait qui constituait cette obligation ne contenait aucun élément illicite, on le rapprochait des contrats.

Parmi ces hypothèses dans lesquelles les principes de la justice abstraite exigeaient que l'on reconnût une obligation, il y en a une de la plus haute importance ; c'est celle où une personne se trouve s'être enrichie sans cause au détriment d'autrui. Ce principe de l'enrichissement sans cause nous permettra de reconnaître des hypothèses où il y aura obligation *quasi ex contractu*, en dehors des cas réglés et admis par le Code civil.

Cependant, il ne faudrait pas dire que ce principe est le seul fondement possible, et qu'il soit le seul admis par la loi, dans tous les cas où il y aura ce que le Code civil appelle un quasi-contrat. Ainsi, ce principe ne pourrait suffire à expliquer entièrement la gestion d'affaires. En dehors des cas prévus par la loi, nous dirons donc qu'il y a quasi-contrat toutes les fois qu'il y a enrichissement sans cause.

Contrats. Ces notions générales données, nous entrons dans l'étude spéciale de la première de ces quatre sources de l'obligation, les contrats.

Qu'est-ce qu'un contrat? L'art. 1101 nous en donne la définition. Lisez le texte, vous verrez qu'on a voulu comprendre dans une même définition la notion du contrat et celle de l'obligation. Pour nous qui avons déjà défini l'obligation, nous pouvons dire plus brièvement, que le contrat est une convention ayant pour but de créer une ou plusieurs obligations. C'est donc une espèce dont la convention est le genre; la convention, en effet, est tout accord de volontés en vue de produire un résultat juridique. Il en résultera qu'elle pourra avoir pour objet d'éteindre une obligation, aussi bien qu'elle pourrait avoir pour but de la faire naître; il en est ainsi par exemple de la convention de remise de dette. Comme je viens de le dire, la convention est le genre, et le contrat est l'espèce. Ce dernier est donc une convention particulière, celle qui a pour but de donner naissance à une obligation.

Cette notion n'est plus d'ailleurs aujourd'hui d'une exactitude complète; car les contrats peuvent avoir en outre un autre objet, qui serait d'opérer la constitution, par voie de convention, des droits réels ou également leur transmission par le même procédé. Si le législateur a fait abstraction de ce caractère du contrat, c'est qu'au point de vue auquel il s'est placé, la transmission apparaît comme un effet de l'obligation elle-même; elle est réputée exécutée en vertu de la convention; elle n'apparaît pas comme l'effet direct du contrat.

La notion du contrat est infiniment plus large chez nous que dans le droit romain. Notre définition eût été inexacte à Rome. Pour qu'une convention intervenue dans le but de créer une obligation fût un contrat, il fallait certaines conditions spéciales. A ce point de vue, le droit romain divisait les contrats en quatre catégories : les uns se formant *re,* par la remise d'une chose ; les contrats *verbis,* se formant par interrogation verbale ; puis les contrats *litteris*, se réalisant au moyen de certaines écritures ; et enfin le droit romain reconnaissait qu'en certains cas le contrat pouvait se former par le seul consentement des parties, *solo consensu.*

Il est vrai que le nombre des contrats qui pouvaient se former ainsi *solo consensu* était très restreint ; il n'y en avait que quatre. Notre législation, à ce point de vue, a, pour ainsi dire, affranchi la volonté de l'homme des lisières où la tenait la législation romaine. Cela ne veut pas dire pourtant qu'il suffise aujourd'hui de vouloir être obligé et de consentir à être obligé, pour qu'il y ait contrat. Notre législation, en effet, a introduit une idée nouvelle que ne connaissait pas le droit civil romain, la notion de cause, laquelle vient limiter dans une certaine mesure ce pouvoir antonome et absolu de la volonté. C'est un correctif apporté par le droit moderne à la pleine liberté des parties en matière de conventions. Donc le consentement à lui seul n'est pas suffisant ; il faut qu'il y ait une cause et une cause licite, je ne dis pas du contrat, mais de chacune des obligations qu'il engendre.

Le Code civil, à la suite de sa définition, nous présente diverses classifications des contrats, sur lesquelles je n'ai pas l'intention de m'arrêter. Voici les principales. Classificatio[ns] des contra[ts]

D'abord le contrat peut être synallagmatique ou bilatéral, ce qui est la même chose, ou bien il peut être unilatéral. Le contrat synallagmatique est celui qui donne naissance à des obligations réciproques : vente, louage, échange. Le contrat unilatéral est celui qui donne naissance à obligation à la charge de l'une des deux parties seulement : par exemple, le prêt d'argent ; il oblige l'emprunteur sans créer d'obligation à la charge du prêteur.

L'intérêt de cette distinction se présente particulièrement au point de vue de la preuve. Lorsque la convention est constatée par un acte sous seing privé, la loi exige, s'il s'agit de contrat synallagmatique, qu'il y ait autant d'originaux qu'il y a de parties ayant un intérêt distinct, et que chaque original porte la mention du nombre d'originaux dressés : « Fait double, triple... » (art. 1325). On pourrait assigner à première vue à cette distinction un intérêt plus considérable encore ; je fais allusion ici à l'application de l'art. 1184, relatif à la résolution pour inexécution des conditions. En raisonnant par *a contrario* de l'art. 1184, on pourrait croire qu'il ne s'applique pas aux contrats bilatéraux ; ce serait une erreur : nous en avons un exemple dans l'art. 1912. Tout contrat qui peut aboutir à des prestations réciproques donne lieu à l'application de l'art. 1184, bien que le contrat en soi n'entraîne pas d'obligations réciproques.

Il peut se faire aussi qu'à l'origine le contrat ne donne pas naissance à obligations réciproques, mais qu'*ex post facto* une obligation naisse à la charge de la partie qui n'était pas primitivement obligée : ainsi, au cas de prêt à usage, obligation pour le prêteur de rembourser les dépenses qui auraient pu être faites par l'emprunteur. On dit alors qu'il y a contrat synallagmatique imparfait. Une analyse un peu subtile ferait peut-être découvrir que l'obligation est fondée sur un quasi-contrat qui s'est produit *ex post facto*, plutôt qu'elle ne naît du contrat. Cependant le droit romain rattachait déjà ces obligations au contrat lui-même ; mais, d'autre part, comme l'obligation ne naît qu'ultérieurement et par suite d'un fait accidentel, on ne dit pas qu'il y ait contrat synallagmatique ; et ce procédé de classification, comme on l'a déjà vu, est important au point de vue de la preuve.

Une seconde distinction est celle des contrats de bienfaisance et des contrats à titre onéreux. Le contrat est de bienfaisance lorsque l'une des parties reçoit un avantage sans avoir d'équivalent à fournir ; le contrat est à titre onéreux quand les deux parties reçoivent un équivalent en échange de l'avantage qu'elles procurent. Ainsi seront des contrats à titre gratuit, le mandat, le dépôt, le commodat, quand il n'y a pas de salaire convenu ; enfin et surtout la donation.

Y a-t-il intérêt à distinguer les contrats de bienfaisance des contrats à titre onéreux ? Je crois qu'il serait difficile d'indiquer un intérêt s'appliquant à tous d'une manière générale. Si l'on porte son attention sur la donation seule, il y a des intérêts multiples; mais il n'en est plus de même si l'on veut comprendre dans un même groupe tous les contrats de bienfaisance. On peut dire, au point de vue de la faute, qu'on trouve une certaine tendance à modérer l'appréciation de la faute, quand il s'agit de contrats de pure bienfaisance (art. 1928 et 1992).

Les contrats à titre onéreux se subdivisent, à leur tour, en contrats commutatifs et en contrats aléatoires. Le contrat est commutatif lorsque chacune des deux parties reçoit un équivalent qui est dès à présent certain et déterminé. Mais il est un peu plus difficile, en se référant aux textes, de donner la notion précise du contrat aléatoire. On peut dire en pareil cas, et d'après l'art. 1104, qu'il y a entre les équivalents qui doivent être fournis de part et d'autre une inégalité possible qui résulte d'un évènement incertain, d'où dérive pour chacune des deux parties une chance de perte ou de gain. Cependant un autre texte, l'art. 1964, donne une définition qui paraît un peu différente. Ainsi, d'après l'art. 1104, le contrat aléatoire suppose une chance de gain ou de perte pour les deux parties, tandis que, d'après l'art. 1964, il pourrait n'impliquer chance de gain ou de perte que pour l'une seulement des deux parties. Et on donne pour exemple le contrat d'assurance. L'assuré s'engage au paiement d'une prime annuelle, moyennant quoi l'assureur s'oblige à indemniser l'assuré du préjudice qu'il pourra éprouver. Sans doute, il y a chance de gain ou de perte pour l'assureur; car, s'il n'y a pas d'incendie, il garde les primes; s'il y a incendie, il paie une somme énorme. Mais, dit-on, pour l'assuré il n'y a que chance de perte, et non de gain : s'il n'y a pas d'incendie, il aura perdu ses primes; et s'il y a incendie, il n'a qu'une indemnité, il perd toujours les primes. C'est donc avec raison, dit-on, que l'art. 1964 ne parle de chance que pour l'une des parties.

Cependant le bon sens nous dit que si l'une des parties est exposée à perdre ou à gagner d'après un certain événement, le même événement produira en sens inverse une chance pour l'autre partie. En ce qui concerne le contrat d'assurance il y a une illusion d'optique ; si l'on veut examiner les conséquences du contrat par rapport au patrimoine de l'assuré, il est certain que le contrat ne lui procurera pas de bénéfice. Mais, pour examiner le caractère du contrat, il faut se placer au point de vue des équivalents qui devront être prestés de part et d'autre. Le rapport entre les équivalents à prester dépend d'un événement incertain ; et il y a forcément chance pour les deux parties en sens inverse : s'il y a incendie le contrat donnera à l'assuré plus qu'il n'a donné, sinon ce sera le contraire. C'est un événement incertain qui réglera s'il y a proportion entre les équivalents.

On pourrait dire que le contrat est aléatoire, lorsque la valeur comparée des équivalents fournis ou à fournir dépend d'événements incertains. Au contraire il y a contrat commutatif, quand cette comparaison dépend dès à présent de faits certains et déterminés. Ainsi la vente est un contrat commutatif, si le prix est dès à présent fixé en argent ; elle devient un contrat aléatoire, si le prix est une rente viagère.

Quel intérêt y a-t-il à cette distinction ? Ici encore il est peut-être impossible de présenter un intérêt général, s'appliquant à la distinction dans son ensemble. Ce que l'on peut indiquer, ce sont des intérêts spéciaux. Je vous signale celui-ci : quand un contrat est soumis d'après la loi à la rescision pour lésion, cette rescision ne peut être appliquée qu'en admettant que le contrat soit commutatif. En voici un exemple bien frappant : la vente n'est plus rescindable pour lésion si elle est faite moyennant une rente viagère. De même pour l'art. 889 ; si le partage affecte le caractère d'un contrat aléatoire, plus de rescision pour lésion.

L'art. 1107, en faisant allusion aux contrats qui ont une dénomination propre, n'apporte pas une nouvelle distinction des contrats, il a plutôt pour but d'écarter une distinction du droit romain : celle des contrats nommés et innommés. Seulement l'article 1107 ajoute que le législateur a réglementé par des dispositions particulières les contrats les plus usuels. Pour ces contrats il y a donc à compléter les dispositions générales que nous allons donner par celles qui leur sont propres.

Ces divisions des contrats ne touchent pas aux distinctions qui pourraient être faites au point de vue de la forme. Celles-ci vont trouver leur place en tête du chapitre que nous allons aborder, relatif à la formation des contrats. Formation des contrats.

Cette étude se divisera en deux parties : la première consacrée aux conditions d'existence et de validité et la seconde se référant aux effets des contrats, et plus généralement des conventions.

La première partie elle-même comprendra quatre sections qui sont les suivantes :

1° Comment se forment les contrats ?

2° Conditions requises, en dehors du consentement, pour l'existence des contrats ;

3° Conditions prescrites, non plus pour l'existence, mais pour la validité des contrats ;

4° Des nullités de contrats.

Cette quatrième section correspond, pour ce qui est des textes, à certaines règles édictées par la loi à propos de l'extinction des obligations (art. 1304, 1314, 1338, 1340).

Les trois premières sections, au fond, comprennent l'étude des règles relatives à la formation et à la validité des contrats ; et les principes qui s'y réfèrent, sous une forme un peu inexacte, sont énumérés dans l'article 1108.

Les indications contenues dans l'art. 1108 sont données, en effet, d'une façon peut-être quelque peu défectueuse, tout au moins dans les termes. Ainsi, la loi parle du consentement de la partie qui s'oblige ; ce qui semblerait dire qu'on n'exige pas celui de l'autre partie. Mais il y aurait à faire au texte un reproche bien plus grave. L'art. 1108 confond les conditions nécessaires pour la formation et l'existence des contrats et celles qui sont nécessaires pour leur validité. Ce n'est d'ailleurs qu'une remarque que je fais en passant ; et j'aborde ma première section.

Conditions de forme.

Comment se forment les contrats ? Au point de vue de la forme, notre législation n'exige en général d'autre condition que le consentement des parties. Donc, les contrats chez nous sont en principe consensuels. Cependant il y a, même à ce point de vue, des règles de forme qui tiennent à la nature même des choses et qui s'imposent.

C'est ainsi que, comme en droit romain, il y a des contrats qui ne pourront se former que *re ;* c'est ce qui se présente pour les quatre contrats *re* du droit romain, *mutuum, commodatum, depositum, pignus* : prêt de consommation, prêt à usage, dépôt et gage. Dans tous ces cas, l'obligation que le contrat impose est une obligation de restituer, et par suite de veiller à la conservation de la chose ; or, ceci ne se comprend que s'il y a eu remise de l'objet. C'est la force des choses qui impose cette conséquence que ces contrats, outre le consentement, exigeront une *res*.

Il y en a une application pratique dans le cas d'ouverture de crédit. Un commerçant prévoyant qu'il aura besoin de fonds, s'adresse à un capitaliste et obtient de lui la promesse que celui-ci mettra à sa disposition la somme dont lui-même pourra avoir besoin jusqu'à un maximum déterminé ; l'opération se terminera forcément par un contrat de prêt. Mais il n'y aura prêt que lorsqu'il y aura sommes touchées ; d'où la question de savoir si l'hypothèque constituée comme garantie de l'ouverture de crédit ne prendra naissance qu'au jour du prêt réalisé. Il reste cependant une différence avec le droit romain ; la simple convention de constituer un prêt, et de même l'engagement pris par une personne de recevoir une chose à titre de dépôt, seraient des contrats *sui generis*, obligatoires par eux-mêmes.

Je vous présente encore une autre observation à ce sujet : le droit romain admettait des contrats *re* innommés. Prenons par exemple une convention d'échange ; elle ne rentrait dans aucune des catégories de contrats admis par le droit romain. Aussi, tant qu'il n'y avait eu aucune exécution ni d'un côté ni de l'autre, le contrat restait un simple pacte qui n'engendrait aucune action au profit de personne. Mais, dès que l'une des deux parties avait exécuté ce à quoi elle s'était obligée, on considérait qu'il y avait, par le fait seul, une *res*, ou une prestation, de nature à justifier, au profit de la partie qui l'avait fournie, une action à l'effet de poursuivre ce que l'autre devait lui donner en échange. De pareils contrats, comme vous le voyez, n'étaient des contrats *re* que à raison du système romain sur les contrats. C'est parce que le droit romain ne sanctionnait pas la convention à elle seule, en dehors des quatre contrats consensuels admis par le droit civil, que, pour les autres, on exigeait une exécution préalable par l'une des parties, c'est-à-dire une *res*, pour faire naître l'action : ce caractère particulier ne tenait plus du tout à la nature des choses. Ces contrats sont devenus chez nous des contrats consensuels. En dehors des contrats *re*, je dois vous faire remarquer que, par exception, en certaines hypothèses, le législateur exige encore des formes, des solennités spéciales ; parmi ces contrats et, au premier chef, se trouve la donation entre vifs. Il y en a d'autres ; mais ce sont des exceptions.

On pourrait croire cependant que le principe fondamental d'après lequel les contrats, en droit français, sont exempts de formes solennelles, est contredit par l'art. 1341, exigeant qu'il soit dressé acte écrit de toutes choses excédant la valeur de 150 francs. Ce serait une erreur ; il importe en effet de distinguer le cas où l'écrit est exigé *ad solemnitatem*, de celui où il n'est requis que *ad probationem*. Et je vous montrerai, en reprenant ma leçon prochaine, l'intérêt qu'il y a à cette distinction.

XXXIIe LEÇON

FORME DES CONTRATS : CONTRATS SOLENNELS — CONSENTEMENT, ÉCHANGE DES VOLONTÉS ; CONTRATS ENTRE ABSENTS.

Forme des contrats : Contrats consensuels ; Contrats solennels.

En dehors des cas au sujet desquels la loi s'est formellement expliquée, le principe est que les contrats sont consensuels dans notre droit. Je disais qu'il ne faut pas confondre la règle qui exige un écrit pour la preuve du contrat avec celle qui subordonnerait à la rédaction d'un écrit la formation même du contrat. Lorsque l'écrit n'est exigé que pour la preuve, le contrat n'en est pas moins valable, même lorsqu'il est fait sans écrit; seulement il faut en prouver l'existence. On ne pourra le faire par témoins, il est vrai ; mais il reste l'aveu et le serment. Il y a plus : la preuve par témoins elle-même n'est pas absolument exclue par la loi (art. 1347) ; si celui qui demande à faire cette preuve a un commencement de preuve par écrit, il sera admis à faire entendre des témoins. Il n'en serait plus de même, dans aucun cas, s'il s'agissait d'un acte exigeant un écrit pour sa validité même, la donation par exemple.

Maintenant, il arrive parfois qu'en faisant un contrat les parties, ayant convenu verbalement des conditions du contrat, déclarent qu'il en sera formé acte écrit. Ordinairement cette circonstance n'empêche pas que le contrat existe ; mais il peut résulter de l'intention des parties que celles-ci aient subordonné l'existence du contrat à la rédaction de l'écrit; en un mot elles ont voulu jusque là se réserver la faculté de se dédire (comparez sur ce point la solution donnée dans l'art. 1590).

Ceci bien compris, il nous faut entrer dans quelques détails sur la manière dont les consentements seront échangés. Tout contrat, à ce point de vue, se décompose en deux éléments : l'une des parties prend l'initiative et fait à l'autre une offre ou pollicitation, c'est le premier élément du contrat ; le second élément est l'acceptation donnée par l'autre partie. Echange des consentements

Sauf explications, je crois qu'on peut dire que le contrat est formé dès que la pollicitation est acceptée. Cependant on s'est demandé s'il ne fallait pas de plus que cette acceptation fût parvenue à la connaissance de l'auteur de l'offre ; nous retrouverons la question dans la suite de nos développements.

Ce que je veux dire d'abord, c'est que, dans le système de la loi, le consentement, quant à l'acceptation surtout, n'exige aucune manifestation, ni orale, ni écrite, de la part de celui de qui il émane. La manifestation de volonté n'est soumise à aucun procédé d'expression ayant un caractère formel. Il est certain notamment que l'acceptation peut être tacite ; elle résulterait, par exemple, de l'exécution même du contrat ; la loi nous en donne la confirmation dans l'art. 1985, à propos du mandat. On peut même citer un cas où le contrat se forme sans qu'il y ait expression de la volonté ni de l'une ni de l'autre des parties, dans lequel tout est tacite ; c'est l'hypothèse de la tacite reconduction. On suppose un bail fait pour un temps déterminé ; ce temps est expiré, et sans qu'il y ait eu convention nouvelle, le preneur est resté en jouissance ; il s'opère un nouveau bail. De l'acceptation.

Au point de vue des principes, tout ceci va de soi. Mais la difficulté pourrait commencer si l'on recherchait ce qui constitue une acceptation tacite. J'ai tout à l'heure indiqué qu'elle pourrait résulter de l'exécution même du contrat. Mais on se demande si l'acceptation tacite ne pourrait pas, en certains cas, résulter du silence même qu'aurait gardé la personne à qui s'adressait la pollicitation. En principe, il faut répondre non et retourner le proverbe. En cette matière, qui ne dit mot ne consent pas. Ainsi, il arrive fréquemment qu'un journal venant à se fonder, l'administration envoie des prospectus avec cette note que ceux qui dans un certain délai ne renverraient pas les numéros adressés à titre de spécimens, seraient considérés comme abonnés ; faut-il croire, si on les garde, qu'il y a là une acceptation tacite? Evidemment non ; on ne peut pas me forcer, pour écarter la présomption d'acceptation, à protester contre un contrat qu'on prétend m'imposer. La chose deviendrait plus délicate s'il s'agissait de réabonnement, lorsque, l'abonnement expiré, le service du journal est continué, sans qu'il y ait protestation de la part de celui qui le reçoit. Tout en maintenant le principe, je comprends, si l'on tient compte des habitudes et des rapports de l'abonné avec la rédaction, que l'on voie là une sorte de tacite reconduction.

D'où cette idée que le silence pourra parfois être considéré comme une acceptation ; cela dépendra des relations antérieures entre les parties. Ainsi supposez un commissionnaire qui, depuis de longues années, ait l'habitude de recevoir et d'exécuter les ordres qu'il reçoit, sans autre acceptation expresse ; on pourra décider que si, en recevant un ordre nouveau, il n'a pas répondu pour le refuser, il sera censé l'accepter.

D'autre part, lorsque l'offre qui s'adresse à une partie est une offre qui est exclusivement dans son intérêt, qui ne doit par conséquent faire naître à sa charge aucun engagement, on peut très bien imposer le contrat à la personne à qui cette offre était adressée par ce seul fait qu'elle a eu connaissance de l'offre sans protester. Ainsi par exemple la remise de la dette est une convention, et non un acte unilatéral. Voilà le principe. Mais ne pourra-t-on pas dire que le seul fait d'avoir reçu l'offre sans protestation, par exemple la quittance fictive, constitue une acceptation qui ne permettrait plus à celui qui a fait la remise de dette de revenir sur sa proposition?

De l'offre. Le contrat exigeant le concours des deux volontés, il en résulte que, en thèse générale, la pollicitation par elle-même ne produit aucun effet juridique. J'en déduis cette conséquence que la pollicitation n'a pas besoin de s'adresser à une personne déterminée. Elle peut s'adresser au public ; et en fait nous voyons tous les jours des pollicitations s'adressant ainsi à tout le monde. Nous en avons un exemple dans le fait du marchand qui expose des objets à l'étalage avec indication d'un prix fixé. De même, par la voie de prospectus, un négociant peut très bien adresser au public des marchandises à des conditions déterminées. Pour revenir à notre premier exemple, le marchand fait une pollicitation qui se convertit en un contrat dès qu'une personne se présente pour prendre la chose au prix annoncé. Cependant il s'est trouvé des marchands qui ont prétendu que ce n'était là qu'une invitation au public et qu'ils se réservaient le droit de livrer pour le prix marqué des marchandises autres que celles mises à l'étalage. Voyez à ce sujet un jugement du Tribunal de commerce de la Seine du 5 janvier 1869, (D., 69, 3, 14). Le Tribunal de la Seine a repoussé cette prétention. Seulement il est possible que cette pollicitation soit accompagnée de réserves expresses ou tacites. Ainsi un négociant offre des marchandises déterminées à un prix bien inférieur à leur valeur; son but est, au prix d'un sacrifice, d'agrandir sa clientèle; en pareil cas il indiquera que l'offre s'adressait au consommateur achetant au détail. Et même cette indication peut être tacite, et résulter du caractère même de l'offre; sinon des marchands en gros achèteraient le stock en une fois. Le Tribunal de commerce de la Seine a ainsi décidé que le marchand en gros ne pourrait pas demander la livraison, si la réserve était suffisamment expresse (Tribunal de commerce de la Seine, 15 juin 1869, D., 69, 3, 55).

La réserve peut être tacite; il est tel cas où il reste entendu que celui qui fait l'offre se réserve d'apprécier s'il agréera l'acceptation de toute personne qui se présentera. Ainsi quand on discuta devant le Tribunal de la Seine la question du marchand qui refuse de livrer la marchandise, même exposée en montre, on disait : Voici l'hôtelier, l'aubergiste, qui annonce que sa table est ouverte au public. Sera-t-il obligé pour cela d'accepter toute personne qui se présente? On a répondu que, lorsqu'il s'agit de ces contrats pour lesquels on doit tenir compte de la considération de la personne qui se présente, celui qui fait la pollicitation est censé se réserver d'apprécier si l'acceptant lui agrée. Telles sont les nuances et les distinctions, quelquefois assez délicates, qui s'imposent en cette matière.

Lorsque le contrat se forme ainsi entre personnes présentes, on ne peut guère, on le voit, discuter que sur ce fait : est-il intervenu une véritable acceptation ou s'agit-il de simples pourparlers ?

Contrats entre absents.

Au contraire la question s'est élevée, lorsqu'il s'agit d'un contrat entre absents, de savoir quand le contrat était formé.

La question se pose surtout à propos des contrats par correspondance. Les textes du droit romain ne se sont guère préoccupés des contrats entre absents que pour nous dire qu'ils étaient impossibles quand il s'agissait du contrat le plus usuel, la stipulation (*Instit.* § 12 et § 17, III, 19). Cependant ce même texte nous dit que, dans la suite, même en matière de stipulation, ce principe rigoureux avait subi quelques tempéraments pratiques qui se référaient principalement à l'effet qu'il convenait d'attribuer à l'écrit constatant la stipulation (§ 17, III, 19 et L., 14, Cod., 8, 37). Donc nous ne trouvons rien dans le droit romain qui puisse nous éclairer sur notre question.

Aujourd'hui tous les contrats peuvent se former *inter absentes* sans exception ; il n'y a pas d'exception, même pour les contrats solennels. Il y a toutefois ceci de curieux que c'est à propos de la donation que nous trouvons un texte prévoyant le contrat entre absents, l'art. 932 ; cet article trace ici des règles formelles, et il y a lieu de se demander si elles sont spéciales à la donation, ou si l'on doit les généraliser. Hors de là, nous n'avons pas de renseignements dans les textes. C'est donc au point de vue des principes qu'il faut poser la question et voici dans quels termes elle se présente : le contrat se forme-t-il dès que la pollicitation a été acceptée ou bien est-il nécessaire que l'acceptation ait été portée à la connaissance de l'auteur de l'offre ? Certaines législations ont tranché la question récemment ; on peut dire, si l'on se place au point de vue de la doctrine générale, qu'il y a eu de nombreux systèmes présentés sur ce point ; on en a compté jusqu'à six. Consultez à ce sujet une Revue belge : la *Revue de droit international et de législation comparée* (t. IV, année 1872, p. 533).

Pour moi je vais poser le débat entre les deux systèmes principaux surtout discutés en France, l'un connu sous le nom de système de l'émission — il suffirait pour la formation du contrat que l'acceptation fût émise, ou plutôt que l'acceptant s'en fût dessaisi d'une façon irrévocable — ; l'autre connu sous le nom de système de la réception — il faudrait que cette acceptation fût parvenue au pollicitant, donc qu'elle eût été reçue par lui. La plupart des auteurs répondent en France, en soutenant l'un ou l'autre des deux systèmes absolus que je viens de vous présenter. Je crois pouvoir vous dire d'avance que la doctrine que je vais vous enseigner se rattache à la première opinion, contrat formé dès qu'il y a acceptation. Seulement je ne crois pas qu'il faille traiter ainsi la question en bloc ; il faut se placer au point de vue des intérêts en cause.

Ils se rattachent à deux ordres d'idées distincts que je trouve très nettement séparés dans le Code de commerce allemand et dans le Code fédéral suisse des obligations.

La solution, dans ces législations récentes, est donnée différemment suivant les intérêts divers de la question. Et, il y a, à cet égard, deux ordres d'idées principaux qui sont les suivants : Intérêts en cause.

1° A quel moment l'une des deux parties n'est-elle plus libre de se dégager de la convention ? C'est le point de vue de la révocabilité.

2° En ce qui concerne les effets que peut produire le contrat, à quel moment celui-ci sera-t-il définitivement formé ?

C'est la même question envisagée à deux points de vue distincts, si bien distincts que dans les lois auxquelles j'ai fait allusion, on pose comme règle que le contrat, s'il devient définitif, produira ses effets du jour de l'émission de l'acceptation, c'est-à-dire du jour où l'acceptant s'est dessaisi de son acceptation ; et cependant il n'est pas impossible que le contrat puisse être encore détruit après cette acceptation (Code fédéral Suisse de 1881, art. 5, 7 et 8).

J'indique encore comme élément nécessaire une distinction qui est celle-ci : En règle générale, la pollicitation ne produit, quant à présent, aucun effet juridique et laisse l'auteur de l'offre libre de revenir sur sa proposition ; cela est vrai en théorie et absolument vrai en fait de donation. Mais dans la pratique, la pratique commerciale surtout, il sera rare qu'il en soit ainsi. La partie qui fait une offre par correspondance, implicitement, s'engage à ne pas la retirer pendant un certain temps ; ainsi, celui qui fait une offre par prospectus déclare qu'elle sera valable pendant huitaine, quelquefois jusqu'au retour du courrier. Voilà donc un élément nouveau dont il faudra tenir compte.

Je vais examiner d'abord la question en supposant une pollicitation simple, sans engagement de la maintenir. Ainsi Pierre, qui avait été en pourparlers avec Paul, lui écrit qu'il lui offre pour son cheval 1,000 francs ; ou bien il lui offre son cheval pour 1,000 francs ; ce sont deux hypothèses à régler de la même manière.

Il y a d'abord certains points hors de doute. Jusqu'à l'acceptation, l'auteur de l'offre est absolument maître de rétracter l'offre qu'il a faite. Ceci ne fait pas de doute si la rétractation de l'offre parvient à l'autre partie avant ou en même temps que l'offre elle-même. Ainsi Pierre, sa lettre envoyée, adresse un télégramme pour rétracter l'offre ; pas de difficulté.

Mais voici un premier cas où le doute a pu s'élever. Il peut arriver que l'auteur de l'offre, désirant la rétracter, et venant à changer d'avis, ait écrit pour retirer son offre avant l'arrivée de l'offre entre les mains de l'autre partie. Seulement, la lettre contenant la rétractation n'est arrivée qu'après celle portant l'offre (Pothier, *Vente*, n° 32). Il est même possible que, déjà avant la réception de la lettre de rétractation, Paul ait accepté et qu'il ait envoyé une lettre déclarant son acceptation. Même dans ce cas, Pothier décidait que, la rétractation étant antérieure à l'acceptation, le contrat n'avait pu se former. Au moment où Paul a accepté, Pierre avait changé d'avis ; il n'y a pas eu concours de volontés. Pour en décider autrement, il faudrait admettre que toute offre par correspondance contient engagement de maintenir l'offre jusqu'au délai matériel nécessaire pour recevoir la réponse. C'est ce que décident le Code de commerce allemand (art. 319) et le Code suisse des obligations. Mais ceci, c'est de la loi positive ; c'est l'interprétation législative de la volonté des parties.

La disparition de l'offre peut être la conséquence du décès de l'auteur de l'offre ; ou bien celui-ci se trouve par accident dans une situation où il ne peut plus consentir ; il est devenu aliéné entre le départ de la lettre et l'acceptation donnée par celui à qui l'offre s'adressait. J'appliquerai dans toutes ces hypothèses les mêmes principes.

Seulement, pour l'hypothèse où l'offre est ainsi retirée, il peut se faire que, dans l'intervalle qui a séparé la réception, de la lettre contenant l'offre de l'arrivée de la lettre de rétractation, la partie qui avait reçu l'offre se soit trouvée déterminée à faire des actes, ou à ne pas faire certains actes, d'où résulte pour elle un préjudice. Ainsi Paul était en pourparlers avec un tiers ; recevant la lettre de Pierre, il se dédit pour donner la préférence à Pierre ; et celui-ci se rétracte. Pothier disait que, s'il y a un préjudice éprouvé dans ces circonstances, l'auteur de la rétractation devrait indemnité. C'est que le contrat n'est pas la seule source possible d'obligation ; on peut être obligé par quasi-délit, obligé à réparer le préjudice causé par son imprudence (art. 1383). Or c'est ici le cas.

Au point où nous en sommes maintenant, nous abordons la question elle-même.

Discussion de la question.

Nous supposons qu'il n'y a pas eu de lettre de rétractation par Pierre, et Paul a accepté ; je ne veux pas dire qu'il a simplement pris en lui-même la résolution d'accepter ; il faut que cette acceptation ait été manifestée. Il faut même quelque chose de plus, qu'il y ait eu émission de cette manifestation ; que l'acceptant se soit dessaisi du document qui constate son acceptation. Ainsi Paul a écrit sa lettre, peut-être même l'a-t-il donnée à son domestique pour la porter à la poste. Cependant il peut le rappeler, la question ne se pose pas encore.

Mais la lettre a été mise à la poste, l'expéditeur est par là-même dessaisi de son acceptation. Le contrat est-il formé dès ce moment là? ou bien faut-il que la lettre soit parvenue à l'auteur de l'offre, ou même qu'il en ait pris connaissance? Tel est exactement l'énoncé du problème. J'en renvoie la discussion à ma leçon prochaine.

XXXIIIe LEÇON

CONTRATS ENTRE ABSENTS (SUITE). — DU DÉFAUT ABSOLU DE CONSENTEMENT

Nous avons supposé que la personne à qui l'offre était faite avait accepté et s'était dessaisie de son acceptation ; c'est alors que se pose la question principale, qui est de savoir si le contrat est déjà formé ou s'il ne le sera que lorsque l'acceptation sera parvenue à la connaissance de l'auteur de l'offre. L'intérêt pratique serait qu'une fois l'acceptation intervenue, l'auteur de l'offre n'a plus le droit de se rétracter; au contraire, dans l'autre opinion, il conserve ce droit jusqu'à ce qu'il ait reçu connaissance de cette acceptation, sauf réserve de la question des dommages-intérêts. Même conséquence au point de vue du décès subit de l'auteur de l'offre, ou même de celui qui vient d'émettre l'acceptation dans l'intervalle qui sépare la mise à la poste de la lettre contenant l'acceptation et sa réception. De même enfin, pour le cas où dans cet intervalle l'une des deux parties se trouverait subitement placée dans un état où elle fut incapable de donner un consentement valable.

Je me rattache à la doctrine qui ne me paraît pas contredite, quoi qu'on ait prétendu, par notre jurisprudence, doctrine qui accepte que le contrat se forme du moment où intervient l'acceptation ; c'est qu'à ce moment en effet existe le concours des volontés et tous les éléments nécessaires à la formation du contrat.

On a objecté cependant que cette acceptation n'était qu'un *propositum in mente retentum.* J'ai déjà répondu en disant que l'acceptation qui formera le contrat, ce n'est pas l'acceptation formulée *in petto*, ni même celle constatée par la rédaction d'une lettre, mais celle dont on s'est dessaisi par l'émission de la lettre. Cela implique donc une volonté irrévocable.

Ce premier point écarté, on a élevé d'autres objections. On a dit : Non, il n'y a pas encore de consentement réciproque ; il n'y a que coexistence des deux consentements et non concours des deux volontés ; deux volontés, dont l'une ignore l'autre, ne peuvent être considérées comme concourant ensemble. Je pourrais répondre qu'il y a là une affirmation qui demanderait à être prouvée par des textes. C'est répondre à la question par la question. Mais de plus je fais cette observation que, à en venir là, on va rendre absolument impossibles les contrats entre absents ; en effet l'auteur de l'offre va avoir connaissance de l'acceptation de celui à qui cette offre s'adressait ; mais celui-ci à son tour ne devrait-il pas alors avoir connaissance de la persistance de la volonté de l'auteur de l'offre, au moment où celui-ci reçoit connaissance de l'acceptation, et ainsi de suite à perpétuité ?

Quelques auteurs, Merlin entr'autres, ont imaginé une hypothèse assez subtile. Supposez, disent-ils, que l'auteur de la pollicitation soit absolument sourd et que d'autre part celui à qui il adresse son offre réponde à haute voix : « j'accepte » — C'est peu pratique ; car, dans ce cas, celui-ci fera un signe au lieu de parler ; il faut espérer que ce sourd n'est pas aveugle. Si le sourd lui dit : « Mais mettez donc par écrit ce que vous venez de me répondre » ; et qu'on lui présente alors une réponse toute contraire, il est évident que le contrat n'est pas formé. On voudrait en conclure que dans tous les cas le contrat ne devient définitif que par la connaissance parvenue au pollicitant de la réponse de l'acceptant. La question serait ainsi tranchée par rapport aux contrats entre absents. Je me contenterai de faire observer que les circonstances prévues par Merlin sont bien différentes ; car l'acceptant ayant répondu « oui » à un sourd, ne s'était pas dessaisi de son acceptation. Mais si nous supposions un contrat par interprète, est-ce que nous ne dirions pas que le contrat est formé avant même que l'interprète ait traduit l'acceptation ?

Oui, je le pense ainsi ; car ici, du moment qu'elle a été confiée à l'interprète, cette acceptation a été émise et celui qui l'a donnée s'en est dessaisi.

Quant aux textes, nous avons l'art. 1985. L'acceptation en effet peut être tacite et résulter de l'exécution. Supposons un mandat par correspondance. Le mandataire exécute immédiatement avant que le mandant ait eu connaissance de cette exécution ; voilà donc le mandat formé, sinon le texte n'aurait aucun sens. C'est la preuve légale que l'on n'exige pas que le mandant ait eu connaissance de l'acceptation du mandataire.

On invoque aussi parfois l'art. 1121, qui déclare valable, en certains cas, la stipulation que l'on fait pour autrui, valable en ce que le stipulant peut en poursuivre l'exécution, et en ce sens aussi que le tiers pour qui la stipulation a été faite peut en acquérir le bénéfice, ou plutôt en consolider le bénéfice et le rendre irrévocable, par son acceptation. Donc, il y a eu promesse envers le stipulant, puis offre faite au tiers, offre qui devient irrévocable dès que le tiers a accepté, sans qu'on exige que l'auteur de l'offre ait connu cette acceptation. Seulement, c'est là un terrain délicat ; car on se demande précisément si l'on doit appliquer les règles sur la formation des contrats relativement à cette offre susceptible de devenir irrévocable par l'acceptation du tiers. Et, en tout cas, il est très probable que cette acceptation n'aura pas pour but, en cette matière, de former le contrat, mais de rendre irrévocable le droit déjà antérieurement acquis, et cela par la stipulation elle-même, au tiers bénéficiaire. Aussi, pourrait-on parfaitement concevoir que cette acceptation destinée à jouer un rôle spécial fût soumise, pour produire son effet juridique, à des règles différentes de celle qui a pour but de réaliser un concours de volontés. L'acceptation visée par l'art. 1121 constitue un acte juridique valable en tant que déclaration unilatérale de volonté. Aussi, n'ai-je pas le droit d'invoquer, pour résoudre la question qui nous occupe, l'argument tiré de l'art. 1121.

Cependant l'opinion contraire invoque aussi un texte,

l'art. 932. Le donateur fait une offre par acte authentique et le donataire doit accepter également par acte authentique. Voilà bien, dit-on, un contrat entre absents. Dans ce cas, à quelle époque la donation devient-elle parfaite ? C'est notre question même, appliquée cette fois à un contrat spécial. Or, voici ce que dit l'art. 932. La donation n'aura d'effet à l'égard du donateur que du jour où l'acte constatant l'acceptation aura été notifié à celui-ci. Il en résulte que dans ce cas la simple acceptation par acte authentique ne suffit pas à parfaire la donation. Faut-il voir là l'application d'une règle générale applicable à tous les contrats ? Ou ne serait-ce qu'une exception ; et si c'est une exception, quelle en est la portée ? Naturellement l'opinion que je combats voit, dans l'art. 932, l'expression d'une règle générale. Je pense, au contraire, qu'il n'y a là qu'une disposition exceptionnelle ; et il y a à cela une raison de principe décisive. C'est que, en matière de donations, l'acceptation intervient non seulement à titre de manifestation de consentement, mais à titre de solennité de forme. En matière de donations, il faut une déclarations expresse d'acceptation, et c'est l'acte contenant cette déclaration expresse d'acceptation qui doit être notifié au donateur : c'est une question de forme. Cela étant, on ne peut être autorisé à étendre au consentement considéré comme simple manifestation de volonté requise pour le contrat, à lui étendre, dis-je, d'emblée, une règle relative à l'acceptation considérée comme solennité de forme. Il y a là un élément compris dans ces nombreux pièges que notre loi a tendus contre la solidité des donations.

Je vais plus loin ; même en matière de donations, l'art. 932 n'implique point que l'acceptation intervenue n'a pas suffi à former le contrat ; l'art. 932 ne dit qu'une chose, c'est que, non signifiée, cette acceptation n'a point d'effet à l'égard du donateur ; mais il résulte de là *a contrario* qu'elle constitue déjà un droit acquis à l'égard du donataire, droit acquis sous réserve de la rétractation que le donateur pourrait faire ; donc si le donataire mourait, il transmettrait ce droit à ses héritiers. Et quand on dit que cette acceptation n'a pas d'effet au regard du donateur, cela signifie que le donateur, qui n'est point encore prévenu de l'acceptation, pourra revenir sur sa libéralité et se rétracter.

Mais, même au point de vue du donateur, il y a une question délicate. Supposons la donation acceptée; puis le donateur, avant notification faite, vient à mourir. La donation tombe-t-elle, ou est-elle maintenue à l'encontre de sa succession ? Oh ! sans doute, elle tombe, si l'on se place dans l'opinion qui ne veut pas que le contrat soit encore formé. Mais, abstraction faite de ce système, et au regard du texte seul et des travaux préparatoires, on peut avoir des doutes sérieux. Cependant la Cour de cassation a décidé que le décès du donateur, décès survenu entre l'acceptation et la notification qui en était faite, rendait la donation caduque (Cass., 16 novembre 1861, D, 62, I, 28). Faut-il en conclure que la Cour de cassation a accepté, en thèse générale, que les contrats ne se formaient que par l'acceptation parvenue à la connaissance du pollicitant ? Nullement. Elle n'a pas entendu se placer à ce point de vue général, mais seulement au point de vue du texte de l'art. 932, et elle n'a statué que pour le cas spécial de la donation. Et encore même en adoptant cette décision de la Cour de cassation, il faut bien reconnaître que ce n'est qu'à l'égard du donateur que l'art. 932 déclare la donation non parfaite par la simple acceptation. Le texte nous conduit donc à dire le contraire à l'égard du donataire ; et, par suite, l'art 932 se retourne contre l'opinion que je réfute.

C'est ainsi qu'il nous faudra conclure qu'en thèse générale le contrat est formé par l'acceptation simplement émise ; il y a, en matière de donations, une exception strictement limitée au domaine spécial pour lequel elle est faite : Voilà tout ce que nous sommes autorisés à dire. Ceci étant admis au point de vue du lien entre les parties, il faut en déduire que le contrat produit ses effets du jour de l'acceptation.

Mais quels effets ? Eh bien, par exemple, je prends la question de la responsabilité des fautes ; le débiteur peut se trouver tenu d'une certaine diligence. Il est même possible que la responsabilité qui lui incombe par rapport à la conservation de la chose due, ou, d'une façon générale, par rapport à l'exécution du contrat, varie elle-même d'après la nature du contrat; ce sera donc à partir du moment où l'acceptation a été émise, qu'existera cette responsabilité particulière et de ce jour que datera pour le débiteur l'obligation qui lui incombe quant à la diligence dont il est tenu. La question peut se poser aussi au point de vue des risques. Ainsi prenons un contrat de vente, et un contrat portant sur un corps certain. Du jour où le contrat est formé, les risques sont à la charge de l'acheteur; ce qui veut dire que, en supposant la vente d'un cheval, si le cheval vient à périr par cas fortuit depuis que le contrat est formé, mais avant qu'il y ait eu livraison, le risque est pour l'acheteur, en ce sens que celui-ci, quoique ne pouvant obtenir livraison, reste tenu du prix. Or, à partir de quand les risques seront-ils pour l'acheteur de corps certain, dans nos contrats par correspondance ? A partir du moment où l'acceptation est intervenue, sans attendre qu'elle ait été reçue par le destinataire. La détermination de l'époque à laquelle se forme le contrat a encore cette conséquence qu'elle entraîne la détermination du lieu où se forme le contrat; ce sera au lieu où se trouve l'acceptant au moment où il se dessaisit de son acceptation, et non à celui où se trouve l'auteur de l'offre au moment où il a connaissance de cette acceptation. Ceci est important au point de vue par exemple de l'application de l'art. 420 du Code de commerce. En matière commerciale, l'un des tribunaux compétents peut être celui du lieu où le contrat s'est formé, si en même temps ce lieu est celui où doit se faire la livraison. Il y a un autre intérêt à cette détermination, c'est au point de vue du droit international privé. De plusieurs législations diverses qui peuvent se trouver en conflit, quelle est celle qui règlera les difficultés relatives au contrat ? Si on admettait, ce qui est une doctrine très répandue, que les effets d'un contrat sont réglés par la loi du lieu où il s'est formé, ici encore nous aurions grand intérêt à la détermination de ce lieu de formation du contrat.

Maintenant compliquons l'hypothèse. Je vous ai déjà dit que le pollicitant, dans un contrat par correspondance, s'engage souvent à maintenir son offre pendant un certain temps. Supposons qu'il ait été dit : « jusqu'au retour du courrier ». Le Code civil autrichien de 1811, le nouveau Code de commerce allemand, le code fédéral suisse admettent que l'offre par correspondance implique cet engagement de la maintenir jusqu'à l'époque normale pour avoir une réponse. Chez nous cet engagement n'est pas présumé de plein droit, mais il peut avoir été exprimé; dans ce cas quelle théorie admettre? Cas où il y a engagement de maintenir l'offre.

Je rencontre d'abord une question préjudicielle qui est celle-ci. Cet engagement peut-il avoir un effet juridique obligatoire? Nous pouvons nous demander cela chez nous, puisque nous n'avons pas de texte. Ceci ne fait pas de doute dans la pratique, mais en droit comment l'expliquer? Constatons d'abord qu'à supposer qu'il n'y ait pas là un engagement conventionnel, il y a au moins une formule d'engagement telle que celui qui y manquerait serait tenu d'une obligation *quasi ex delicto*. A ce point de vue la théorie que j'ai exposée ne serait pas modifiée ; seulement, si le contrat se trouvait non avenu par la rétractation de l'auteur de l'offre, celui-ci serait tenu de dommages-intérêts en vertu de l'art. 1382. Mais je crois qu'il faut aller plus loin et voir là un engagement conventionnel. Dans cette doctrine celui qui a fait l'offre n'est plus libre de la retirer, tant que le délai n'est pas expiré ; de telle sorte que l'autre partie acceptant dans le délai convenu pourra toujours obliger le pollicitant à l'exécution du contrat, où, s'il s'y refuse, lui demander des dommages-intérêts pour inexécution, et non plus seulement une indemnité fondée sur le préjudice subi, en vertu de l'article 1382.

Comment donc comprendre et justifier cette solution puisque, à l'apparence au moins, aucun contrat ne s'est formé quant à l'engagement pris par le pollicitant de maintenir l'offre adressée par lui à l'autre partie ? Cet engagement n'émane que d'une seule volonté ; et une volonté, à elle toute seule, ne peut pas se lier elle-même. Pour qu'il y ait engagement contractuel, il faut que l'autre partie intéressée ait donné son acceptation. Telle est donc l'objection.

La réponse est dans cette présomption de volonté qui me paraît s'imposer, et que je vous ai déjà par avance indiquée : quand l'offre est uniquement dans l'intérêt de celui à qui elle est faite, on doit supposer qu'elle est acceptée dès qu'elle est arrivée à la connaissance de celui qui reçoit cette offre, et du moment qu'il ne la décline pas. Donc, dès ce moment une première convention s'est formée. Cette convention n'est pas encore le contrat principal que l'offre avait pour objet, puisque l'acceptation que l'on présume n'a pas encore porté sur le contrat. Cette convention porte uniquement sur l'engagement de maintenir l'offre pendant le délai indiqué. Ce point de départ admis, on arrive aux conséquences suivantes :

1° L'auteur de l'offre peut sans doute, quant à présent encore, la rétracter ; mais à la condition que cette rétractation arrive avant ou en même temps que l'offre. Si la rétractation expédiée avant l'acceptation n'arrive cependant qu'après le reçu de l'offre, cette rétractation est tardive, car elle arrive après l'acceptation implicitement donnée de cet engagement de maintenir l'offre jusqu'à un certain délai.

2° J'admets cet autre intérêt que l'auteur de l'offre ne sera lié qu'autant que l'acceptation lui sera parvenue dans le délai qu'il a fixé. C'est une interprétation de volonté. Or, c'est dans des hypothèses de ce genre que sont intervenus des arrêts décidant que la rétractation peut encore intervenir après l'acceptation, tant que celle-ci n'est pas parvenue au pollicitant ; c'est que, en pareil cas, il s'agissait d'hypothèses dans lesquelles le pollicitant s'était imparti un délai pour la non rétractation (Lyon, 27 juin 1867, D., 68, 2, 193-194). Donc il s'était implicitement reconnu le droit de rétracter au cas de non acceptation à lui parvenue dans ce délai.

De là encore je crois pouvoir tirer une conséquence du côté de l'acceptant. C'est qu'il aurait le droit de retirer son acceptation quoique déjà émise, pourvu que ce retrait d'acceptation parvienne avant l'acceptation elle-même ; il y a là une réciprocité nécessaire. C'est la solution du Code de commerce allemand et du Code fédéral suisse.

Est-ce à dire, j'abrège et je passe vite, que, dans ces hypothèses dans lesquelles la perfection définitive du contrat ne sera acquise que par l'acceptation parvenue à la connaissance de l'auteur de l'offre, est-ce à dire que ceci sera vrai à tous égards, et que le contrat ne prendra date qu'à ce moment, même au point de vue des effets qu'il doit produire? Les législations que je vous ai citées disent non; elles acceptent sur ce point une distinction. Ainsi, au point de vue des risques, c'est à partir de l'acceptation émise que ces risques auront été à la charge du créancier. Donc, au point de vue de l'irrévocabilité, le contrat ne se forme qu'au moment où le pollicitant reçoit l'acceptation; mais, lorsqu'il est ainsi formé, ses effets remontent en quelque sorte à la date à laquelle cette acceptation était intervenue. Je tourne un peu court sur ce point; mais cette indication suffit à justifier l'idée par laquelle j'avais ouvert l'exposé de toute cette théorie, à savoir que la question même de la date de formation du contrat peut recevoir une réponse différente, suivant les intérêts en cause, suivant qu'il s'agit de trancher la question d'irrévocabilité, ou qu'il s'agit de fixer le moment à partir duquel le contrat aura produit ses effets.

Il me reste très peu de choses à ajouter relativement à la formation des contrats.

Contrat par mandataire.

Dans notre législation, le contrat peut très bien se former par mandataire. Le droit romain connaissait et pratiquait le mandat; seulement à Rome le mandataire contractait pour son compte. C'est lui qui acquérait les droits et actions, sauf à rendre compte de son mandat et à transporter sur la tête du mandant les avantages des actes qu'il avait faits. Déjà, dans le dernier état du droit romain, cette doctrine était fort atténuée; chez nous elle a complètement disparu.

De l'absence absolue de consentement.

Ce que j'ai à vous dire encore, c'est que le consentement donné en apparence peut se trouver faire défaut par suite de certains faits qui excluent l'idée d'un consentement. Je ne veux pas parler ici de ce que l'on appelle les vices du consentement ; car dans ces hypothèses, il n'y a pas absence de consentement. Je suppose que le consentement, quoique donné en apparence, fasse complètement défaut.

Par exemple, parmi les vices du consentement, nous verrons figurer la violence. Or, il y en a une qui peut exclure complètement le consentement, celle qui consisterait à tenir la main d'une partie pour lui faire apposer sa signature au bas d'un acte portant obligation. En pareil cas il n'y a pas de contrat ; et il n'y aurait pas lieu aux actions en nullité proprement dites, pas plus qu'à la prescription spéciale de l'article 1304. Supposons une personne en état actuel de démence, et que, lorsqu'elle est sous l'influence de cet état, on lui fasse signer un écrit ; y a-t-il un contrat annulable, ou y a-t-il absence de contrat, et contrat absolument nul ? C'est cette dernière opinion qui me semble la seule logique ; seulement il y a à tenir compte de certaines dispositions que vous connaissez bien. Ainsi cette personne n'a pas été interdite, ni placée dans un établissement d'aliénés, son interdiction n'a même pas été demandée ; mais cette personne, admettons-le, est décédée. Il y a dans ce cas l'art. 504 qui n'admet l'action en nullité que difficilement et moyennant certaines conditions sur lesquelles je n'ai pas à revenir. Si cette personne a été interdite, il y a la nullité générale de l'art 502. Mais à mon avis il y aurait quelque chose de plus ; et si l'on arrivait à faire la preuve de l'absence complète de consentement, la nullité changerait de caractère : ce ne serait plus une nullité relative, mais bien une nullité absolue ; et de même au cas d'ivresse.

Cette absence de consentement pourrait aussi résulter de certaines erreurs. Nous verrons l'erreur figurer comme vice du consentement. Mais cela suppose un consentement existant.

Au contraire l'erreur est complètement exclusive du consentement, quand il y a erreur sur la nature même du contrat ou sur l'objet, ou sur l'un des éléments essentiels du contrat.

Ainsi, dans la vente, l'erreur peut porter sur le prix; et cette éventualité peut se rencontrer dans le cas de contrat par correspondance télégraphique. Le télégraphe peut transmettre des indications erronées. Reste à se demander sans doute qui sera responsable de cette inexactitude. En Allemagne, il y a quelques années, il y a eu un procès considérable pour une erreur de ce genre. L'erreur portait sur la nature du contrat; la dépêche contenait ordre d'acheter, et on avait transmis ordre de vendre. Cette méprise se comprend fort bien en allemand, le verbe radical étant le même; seul le préfixe se trouvait différer: *Kaufen*, *Verkaufen*.

Il y avait donc erreur sur la nature du contrat, et celui-ci ne s'était pas formé. Seulement, on a pu se demander si l'expéditeur — je ne parle pas seulement de l'administration des télégraphes — si l'expéditeur de la dépêche ne serait pas responsable du préjudice que la nullité avait pu causer à l'autre partie. Sur le terrain du quasi-délit, la question était délicate, car l'expéditeur se trouvant dans l'impossibilité de surveiller la transmission de la dépêche, comment admettre qu'il y ait une faute à sa charge? Aussi, certains auteurs, Ihering entr'autres, ont essayé de démontrer qu'il y aurait en pareil cas une sorte de garantie contractuelle de la part de l'auteur de l'offre, qui était ici l'expéditeur de la dépêche. Voyez à ce sujet un article important de Ihering, paru dans sa Revue, les *Ihering-Jahrbücher*, en 1860 (1). Dans l'espèce, cela me semblerait bien difficile à soutenir, car aucun contrat n'a pu se former, ni principal, ni accessoire. Alors, il faudrait donc que ce fût une garantie légale. Mais où donc en trouver le principe dans nos lois? Cette théorie d'Ihering a d'ailleurs été généralisée par lui et appliquée par exemple au cas d'annulation de contrat, lorsque le contrat est nul par la faute de l'une des parties; ce serait le cas de l'erreur portant sur la substance de la chose (art. 1110). Dans ce cas, Ihering a pu soutenir qu'une première convention s'était

(1) L'article d'Ihering, auquel il est fait allusion, article sur la *Culpa in contrahendo*, a paru, depuis, dans la traduction de M. DE MEULENAERE, *Œuvres choisies d'Ihering*, t. II, p. 1 et suiv.

formée entre les parties, convention consistant en ce qu'elles s'engagent réciproquement à ne rien faire, dans la formation du contrat qu'elles ont en vue, qui puisse leur nuire. Ce serait donc une convention accessoire, antérieure en quelque sorte et distincte du contrat principal lui-même, et analogue à cette convention dont je parlais tout à l'heure, relative au maintien obligatoire de l'offre. Le contrat principal étant annulé pour erreur, cette convention accessoire de garantie subsisterait; elle ne tomberait pas avec lui. Cette thèse pourrait peut-être, en effet, se défendre sur ce terrain. J'y reviendrai si j'en ai le temps. Mais lorsque les parties ne sont pas encore entrées en relations l'une avec l'autre, et que le seul contrat qui puisse se conclure entre elles se fait par l'intermédiaire d'un message télégraphique qui transmet à l'une une fausse déclaration, on peut dire que leurs volontés sont restées étrangères l'une à l'autre et qu'entre elles aucune convention n'a pu se former, ni accessoire, ni principale. Voilà pourquoi, pour cette hypothèse spéciale, la théorie d'Ihering, comme je vous le disais, me semblerait fort aventureuse.

XXXIVe LEÇON

DES SOLENNITÉS DE FORME : FORMES DE LA DONATION. — AUTHENTICITÉ. — DONATION PAR PROCURATION. — DE L'ACCEPTATION. — DONATION D'OBJETS MOBILIERS : DE L'ÉTAT ESTIMATIF. — DES DONATIONS DISPENSÉES DE FORMES : DONS MANUELS.

Des solennités de forme

Nous savons qu'en règle générale la manifestation du consentement des parties n'est soumise à aucune condition de forme ; mais il y a, à cette règle, quelques exceptions expressément prévues par la loi, et entre autres pour la donation ; voyons donc cette exception en matière de donation.

Les motifs pour lesquels, par exception, la loi ne se contente pas de la manifestation telle quelle de la volonté des parties pour la donation sont divers et ils ne sont pas toujours faciles à préciser.

Formes de la donation

Nous allons voir dans les art. 931 et 932, et aussi dans l'art. 948, que la donation entre vifs ne peut être faite, et qu'elle n'existe, que lorsque les parties ont observé les formes que nous allons décrire tout à l'heure, et entr'autres la rédaction d'un acte public.

Quel est le motif de cette règle de forme et pourquoi n'avoir pas laissé la donation sous l'empire du droit commun des contrats ? Historiquement, les dispositions du Code sur ce point se rattachent à l'ordonnance de février 1731 due à d'Aguesseau. L'art. 1er disposait dans les mêmes termes que l'art. 931 actuel ; le Code a donc purement et simplement emprunté à cet égard la disposition de l'ordonnance ; de plus il a aggravé, nous le verrons, la rigueur de l'ordonnance elle-même.

Cette ordonnance tranchait sur ce point certains doutes qui avaient été élevés quant à la nécessité d'un acte notarié. La règle n'existait pas, au moins législativement; c'est l'ordonnance qui l'a introduite, et alors dans quel but? En ancien droit, il me paraît que les formalités avaient pour but principal d'assurer l'irrévocabilité des donations entre-vifs. Et là encore il faut en rechercher la raison. Je vois bien qu'on ait pu exiger un acte écrit pour assurer l'irrévocabilité; mais pourquoi cette irrévocabilité? C'était en vue de protéger la famille du donateur; ce but n'est pas douteux, et voici comment on avait essayé de le réaliser. Notre ancien droit, sous le nom de réserves coutumières, avait apporté au droit de disposer par libéralité des biens qui avaient la qualité de propres, des limitations considérables, lorsque la libéralité était une disposition à cause de mort. Ces limitations, en ce qui touche la faculté de disposer des propres, ne s'appliquaient pas au contraire quand il s'agissait de donations entre vifs; on pensait que la famille était protégée suffisamment par l'intérêt même du donateur qui consentirait rarement à se dépouiller de ses biens de son vivant; mais pour que cette protection fût efficace, il fallait que le dépouillement fût réel. Il fallait empêcher que, par des procédés divers, le donateur n'arrivât à se réserver la possibilité de revenir sur sa libéralité. Il aurait pu par exemple vouloir conserver le bénéfice pendant sa vie des biens donnés, de telle sorte que sa libéralité se rapprochât des dispositions testamentaires, et qu'il éludât ainsi, pour les dispositions qu'il ferait sous cette forme, la loi sur la réserve. De là, la règle donner et retenir ne vaut. De là aussi la nécessité d'un acte authentique, afin que le donateur ne pût se ménager la possibilité de revenir sur sa donation.

Cette raison peut-elle encore expliquer la même exigence dans notre droit? Il n'est pas douteux qu'on ait adopté la règle de l'acte écrit en vue d'assurer l'irrévocabilité des donations. Mais, si l'on s'est laissé influencer par une idée de ce genre, le principe d'irrévocabilité n'a plus aujourd'hui la même raison d'être. Actuellement encore nous avons des limites qui sont fixées par la loi et qui déterminent dans quelle mesure on peut disposer de ses biens au préjudice de certains héritiers.

Mais ces règles, dans le Code civil, s'appliquent aussi bien aux libéralités faites entre vifs qu'à celles faites par testament. Dès lors, on ne peut plus avoir à redouter que le donateur se propose, sous couleur de donation entre vifs, de faire une libéralité qui ne le lierait, lui, que d'une manière imparfaite. On ne peut pas redouter cela au préjudice des héritiers, puisque dans la mesure fixée par la loi, le donateur peut se dépouiller à leur égard, soit par acte entre vifs, soit par testament. Donc la raison d'être de l'ancien droit a disparu.

Cependant notre loi, bien que les motifs d'autrefois fissent défaut, a cru devoir maintenir le principe fondamental de l'irrévocabilité. Le principe maintenu, il a fallu en admettre la conséquence, qui était la rédaction d'un acte authentique. Mais la conséquence au point de vue législatif est que, si cette disposition n'a point d'autre base, elle est loin d'être justifiée, à moins cependant que, en dehors de ce motif traditionnel, nous puissions en découvrir un autre devant lequel on doive s'incliner. La vérité est que le législateur a obéi à un sentiment de défaveur à l'égard des donations. Ce sentiment avait sa raison d'être en ancien droit, dans l'intérêt des réservataires, mais chez nous ceux-ci sont protégés d'autre façon ; cependant on peut dire que la donation, en soi, est peut-être un contrat qui ne mérite pas la même protection que bien d'autres ; et peut-être, à ce point de vue nouveau, allons-nous découvrir le motif de justification qui paraissait nous manquer. Au point de vue économique les contrats à titre onéreux sont une provocation à l'augmentation de la richesse publique. La donation est une transmission stérile, ce qui est vrai des contrats à titre gratuit en général. Ce sont, en outre, des actes dans lesquels on peut avoir à redouter que le donateur obéisse à des motifs qui ne sont pas toujours honorables ; de sorte qu'à ce point de vue, l'idée de la protection de la famille a encore son champ d'application, d'autant plus que la donation expose celui qui la fait à des captations et à des intrigues contre lesquelles il faut le défendre.

Cela est si vrai que, lorsque la donation se produit dans des conditions qui en assurent l'utilité ou l'importance économique, et aussi la dignité et la liberté, le législateur se relâche de sa rigueur ; c'est ce qui a lieu pour les donations qui ont pour but l'établissement par mariage du donataire. Loin de détourner les biens de la famille, on les fait aller à leur destination naturelle ; de plus, en faisant passer les biens à une personne plus jeune, il y a là comme une excitation à une meilleure production économique.

En dehors de ces cas, la loi a cru devoir maintenir les anciennes rigueurs. On exigera un acte public qui sauvegardera la liberté du donateur et qui restreindra le nombre des donations qui ne seraient pas justifiées par un motif honorable.

Ces idées générales indiquées, arrivons aux textes. Il y a tout d'abord des formalités prescrites pour toutes les donations en général ; puis, il y en a une spéciale aux donations d'objets mobiliers. Les formalités générales sont au nombre de deux : 1° la rédaction d'un acte notarié ; 2° l'acceptation expresse du donataire.

De la forme authentique.

Pour ce qui est de l'acte notarié, ajoutons qu'il doit en rester minute ; cela veut dire que le notaire doit conserver l'original dans ses archives. C'est la règle du droit commun en matière d'actes notariés ; ce n'est que par exception que l'on admet la rédaction des actes en brevet (art. 20, loi du 25 Ventôse an XI). L'art. 931 n'assujettissait, du reste, dans ses termes, l'acte de donation qu'aux formes ordinaires des actes notariés. Mais il y a à tenir compte ici, au point de vue de la forme, de la loi du 21 juin 1843.

D'après la loi du 25 Ventôse an XI, en effet, les actes des notaires doivent être reçus par deux notaires, ou par un notaire assisté de deux témoins. Comment fallait-il entendre cette règle ? La pratique, à la suite de la loi de Ventôse an XI, avait admis que le notaire en second, ou les témoins qui en tiennent lieu, n'avaient pas à assister effectivement à la rédaction de l'acte notarié. Leur signature donnée ultérieurement suffisait. Cette pratique donna lieu à des difficultés, spécialement en matière de donations, l'acte authentique ayant ici une importance considérable, puisqu'il est exigé pour la validité même de la donation. On attaqua ces actes comme irréguliers et la jurisprudence les déclara nuls.

Il en résulta des troubles considérables dans la pratique, à cause des nombreux actes faits de la sorte ; c'est pourquoi intervint la loi de 1843. Son article premier déclare, pour le passé, qu'il n'y aura pas lieu de prononcer la nullité des actes passés sans la présence du second notaire. Les articles 2 et 3, disposant pour l'avenir, énumèrent un certain nombre d'actes pour lesquels on continuera à exiger la présence du second notaire ou des deux témoins qui en tiennent lieu. Parmi ces actes figurent ceux contenant donation entre vifs. Seulement le texte lui-même précise que cette présence effective du deuxième notaire ou des témoins n'est pas exigée pendant tout le temps de la passation de l'acte, mais seulement pendant la lecture et la signature de l'acte.

Vous retiendrez donc que, pour les donations entre vifs, la disposition de l'art. 931 doit être combinée avec celles de la loi du 21 juin 1843.

De la donation par procuration.

Tout cet ensemble de formalités n'exclut pas la possibilité pour le donateur de se faire représenter par un mandataire, et par suite la donation peut être faite par un fondé de pouvoir. Seulement de droit commun la procuration constatant le mandat peut résulter d'un acte quelconque quant à la forme ; le mandat peut même être verbal, sauf la question de preuve.

Cette règle, en matière de donation, est-elle maintenue ? Il y a là comme une des applications particulières d'une question plus générale, qui est de savoir, quand la loi exige, pour la validité d'un acte, la forme notariée, si cette forme n'est pas exigée également pour la procuration. A prendre la question en soi, il est raisonnable de répondre oui. Une des raisons à donner, car il y en a de spéciales, selon les cas, c'est que les motifs qui ont fait exiger l'acte authentique comme garantie de la liberté du consentement, exigent que la procuration qui manifeste ce consentement soit faite aussi par acte notarié. Mais, en ce qui touche au moins la donation, la question est tranchée par la loi de 1843, qui exige la présence du second notaire, même pour la procuration donnée à l'effet de consentir à la donation (art. 2). Ne faut-il pas en conclure que dans la pensée de la loi, les formalités exigées pour l'acte principal, le sont également pour la procuration qui s'y rapporte? Cela me semble l'évidence même.

Acceptation de la donation.

La seconde formalité est l'acceptation du donataire; et il faut une acceptation expresse. J'ai déjà fait remarquer que cette acceptation ne vise pas ici purement et simplement la manifestation du consentement; il s'agit d'une déclaration expresse d'acceptation. C'est là une des formalités qu'il est difficile de justifier et dont le législateur n'hésite pas à se départir pour les donations qui lui paraissent plus recommandables, celles qui sont faites par contrat de mariage (Art. 1087). Cette formalité n'était même pas exigée en ancien droit. L'idée de faire de l'acceptation une formalité spéciale n'était pas venue avant les auteurs de l'ordonnance de 1731.

Cette acceptation sera donnée en général par le donataire lui-même; mais il y aura à tenir compte de certaines autorisations qui peuvent être nécessitées par l'incapacité du donataire. Ella pourra être faite aussi par un mandataire; et ici le législateur a eu soin de déterminer les conditions de forme auxquelles devra satisfaire la procuration (Art. 933). Je n'insiste pas sur ces détails relatifs aux questions de forme. Je vous rappelle seulement un point indiqué par avance; cette acceptation peut intervenir par acte postérieur, pourvu qu'elle soit donnée du vivant du donateur; c'est que l'acceptation étant nécessaire pour former le contrat, l'accord de volontés ne peut pas se produire quand le donateur est décédé. Pour intervenir utilement, cette acceptation doit se produire également avant que le donateur ait été atteint d'incapacité.

Ce que nous disons avec la loi pour ce qui est du donateur, nous devons le dire également en ce qui concerne le donataire; si par exemple avant de donner son accepation, il meurt ou est frappé d'incapacité, il n'y a plus d'acceptation possible en tant qu'acceptation valable. Ce qui veut dire que les héritiers, ou les représentants légaux de celui à qui s'adressait l'offre de donation, ne pourront plus accepter valablement.

L'acceptation une fois donnée, et donnée dans les formes que je viens d'indiquer, il faut de plus qu'elle soit notifiée au donateur. Je vous ai enseigné qu'il y avait là une disposition exceptionnelle, et non l'application du droit commun; donc il faudra interpréter cette disposition de la loi dans un sens restrictif. La loi dit que, jusqu'à cette notification, l'acceptation est sans effet du côté du donateur, ou plutôt que la donation n'est pas encore parfaite à son égard, ce qui veut dire qu'il peut jusque là révoquer l'offre de donation; d'où cette autre conséquence que sa mort la rendrait caduque, quoique ceci soit déjà contestable; je vous ai cité à ce sujet un arrêt de la Cour de cassation auquel je vous renvoie. Mais la donation, par le fait seul de l'acceptation émise et donnée suivant les formes, a effet du côté du donataire. Une disposition pratique importante, résultant de l'art. 933, consiste en ce que l'acceptation de la donation ne pourrait pas être faite au profit du donataire par un tiers qui se porterait gérant d'affaires pour lui. De droit commun on peut être représenté par un simple gérant sans mandat, sous la condition d'une ratification ultérieure; mais ceci n'est plus vrai en matière de donation. Car il faut une procuration authentique; celui qui accepte pour le donataire doit être porteur d'une procuration par acte authentique. Si c'était la ratification qui fût donnée par acte authentique, c'est cet acte qui constituerait l'acceptation, et c'est de ce moment seulement que daterait la donation.

En matière de donation d'objets mobiliers, une autre formalité est exigée par l'art. 948. Il faut un état estimatif des Donation d'objets mobiliers : De l'état estimatif.

objets mobiliers, signé du donateur et annexé à l'acte de dotnation; c'est là une formalité prescrite sous peine de nullité. Quel en est donc le motif? Un seul; empêcher la possibilité de révoquer la donation; l'art. 948 est placé dans la série des articles qui développent la règle « donner et retenir ne vaut ». Quand il s'agit de pareilles donations, on a considéré que, si l'acte de donation n'était pas accompagné d'un état désignant individuellement les objets donnés, il y aurait en fait pour le donateur possibilité de distraire une partie des meubles compris dans la donation (Ordonnance de 1731, art. 15).

Donc cette règle n'a d'application que dans la mesure où doit être appliquée la règle « donner et retenir ne vaut». La règle du Code sur ce point dépasse même en rigueur celle de l'ordonnance. Dans celle-ci, on n'exigeait l'état estimatif que dans le cas où il n'y avait pas tradition réelle, au moment de la donation, des objets qui s'y trouvaient contenus. Dans ce cas, cela est visible, le motif n'existe plus. Le Code ne fait plus cette distinction ; et sur ce point il ne peut y avoir aucune hésitation, car le texte du Projet reproduisait la distinction de l'ordonnance, laquelle fut supprimée sur une observation de Tronchet (LOCRÉ, XI, p. 240). Pourquoi donc cete innovation? Il convient de faire intervenir, pour se l'expliquer, une nouvelle idée. Il faut savoir, en effet, que cet état estimatif a encore un autre but : il garantit les intérêts des héritiers, soit au point de vue du rapport, si la donation est faite à un héritier présomptif, soit, dans tous les cas, au point de vue de la réduction.

Toutes ces formalités sont exigées pour l'existence même de la donation ; s'il n'y a pas été satisfait, il ne faut pas dire que la donation est frappée de nullité, mais qu'il n'y a point de donation du tout. La conséquence à en tirer est que la donation ne pourrait pas être ratifiée par le donateur de son vivant par un acte confirmatif quelconque (art. 1339). Il doit la refaire à nouveau dans la forme légale. Et cette constatation présente un intérêt qui est le suivant : lorsqu'un contrat est confirmé, entre les parties tout au moins, les choses se passent comme si l'acte eût été valable *ab initio*. Dans le cas qui nous occupe au contraire l'acte n'est valable qu'à la date où il reçoit l'existence légale, n'ayant eu jusqu'alors qu'une existence de fait. Et ce principe je l'appliquerais même pour ce qui est de la disposition de l'art. 948. La livraison postérieure des objets donnés ne pourrait pas valider la donation faite sans état estimatif ; elle pourrait seulement constituer une seconde donation valable comme don manuel.

Des donations non sujettes aux formes solennelles.

Telle est dans son ensemble l'étude des formalités requises en matière de donations. Mais nous arrivons alors à une question importante ; ces règles de forme qui constituent les solennités de la donation sont-elles exigées d'une manière absolue, ou bien peut-on concevoir qu'il y ait donation valable en certaines hypothèses en dehors de ces formes légales ?

Il faut reconnaître tout d'abord, en s'appuyant sur la tradition, ou sur des textes du Code, qu'il y a certaines donations qui échappent à ces conditions de forme. Seulement on n'est pas d'accord sur l'étendue de l'exception.

Des dons manuels.

En premier lieu, il faut citer, parmi les exceptions certaines au principe de la solennité, les dons manuels. Ce sont les donations d'objets mobiliers qui se font de la main à la main. Cette admissibilité du don manuel, en tant que donation valable, ne soulève dans la pratique ou la doctrine aucune contradiction. Il peut seulement y avoir des divergences sur l'étendue de cette exception et sur le motif qui la justifie. A mes yeux le motif décisif pour valider les dons de ce genre est la tradition. Nos règles de forme ont été empruntées à l'ordonnance de 1731 ; or, sous l'empire de cette ordonnance il était reconnu sans contestation que la rédaction d'un acte notarié n'avait pas d'application quand il s'agissait de dons manuels. d'Aguesseau, consulté sur ce point, avait répondu que la condition d'un acte public ne s'appliquait qu'aux donations qui se font par un acte.

Cependant, si l'on considère les art. 893 et 931, il reste un doute; on conçoit qu'on dise sur l'art. 931 qu'il n'y a pas à exiger la forme écrite dans les donations qui ne se font pas par un acte proprement dit. Mais, à l'inverse, l'art. 893 semble bien n'admettre d'autres formes de donations que celles de l'art. 931. Donc, d'après l'art. 893, il ne devrait y avoir que des donations solennelles. Il faut répondre sans hésiter que le but de l'art. 893 n'est pas de déterminer les conditions de validité des donations au point de vue de la forme, mais uniquement de proscrire les donations *mortis causa*.

Ajoutons qu'il y a des textes impliquant cette validité; d'abord l'art. 852 qui dispense du rapport à succession les présents d'usage; il faut y joindre l'art. 868 qui, à propos du rapport des donations mobilières, dispose que le montant du rapport se détermine d'après l'état estimatif et que, à son défaut, il se déterminera par estimation faite par expert. Il suppose donc qu'il n'y a pas eu état estimatif ; d'où il faut conclure que dans l'espèce il n'y aurait pas eu d'acte de donation ; ce texte impliquerait donc la possibilité de donations sans acte. On peut y joindre l'art. 1937. Le déposant peut prescrire que la restitution du dépôt sera faite à une tierce personne, ce qui suppose que le déposant a voulu faire don manuel de l'objet déposé au profit du tiers indiqué.

Seulement, je dois constater que, en suivant ici implicitement la tradition, les auteurs du Code n'ont pas pris garde que les dons manuels, dans notre état économique, étaient destinés à prendre une importance qu'ils n'avaient pas anciennement. Ils s'appliquent surtout aux titres au porteur qui, au point de vue juridique, se comportent comme des objets corporels ordinaires. Ce n'est pas une raison pour ne pas appliquer la loi. J'ajoute un dernier mot; c'est que l'explication que j'ai donnée n'est pas la seule qu'on ait voulu présenter.

Notamment j'ai eu occasion de vous dire qu'il y avait un certain rapprochement possible entre la règle de l'art. 2279 et la question de validité des dons manuels. Il me reste maintenant très peu de temps pour m'étendre sur ce point. Je pourrais presque, d'ailleurs, me contenter de vous renvoyer aux explications que je vous ai déjà données à propos de l'art. 2279, et à propos également de la possession équivoque. Toutefois, dans les matières auxquelles je vous prie de vous reporter, je n'ai guère pu que vous faire apercevoir le rôle que l'art. 2279 est appelé à jouer dans ses rapports avec la théorie des dons manuels, en supposant que la validité de ces derniers soit déjà admise. Or, ce que je dois vous dire maintenant, et ce qui est nouveau, c'est qu'on a quelquefois voulu soutenir, par une sorte de confusion qui s'explique assez bien, que ce serait la règle de l'art. 2279 qui constituerait la plus sûre justification de la validité des dons manuels dans notre droit. C'est là ce qui est très faux. Mais voici comment cette erreur a pu s'introduire.

Nous savons déjà que celui qui est en possession est couvert par la règle de l'art. 2279, en ce sens d'abord qu'il n'a pas à prouver son titre ; j'ai même ajouté que, fût-il démontré que ce fût le revendiquant, son adversaire actuel, qui lui eût remis la chose, la règle de l'art. 2230 s'appliquerait encore ; la preuve de la précarité ne serait pas établie. Le possesseur est couvert par la règle de l'art. 2279, tant qu'on n'a pas fait contre lui la preuve d'une possession vicieuse, ou d'une possession précaire ; et s'il s'agit de précarité il a, pour le couvrir, la présomption de l'art. 2230. Reste, il est vrai, la ressource de la possession équivoque par laquelle le revendiquant peut échapper à l'obstacle que lui oppose l'art. 2230. En réalité, nous voyons par là que l'art. 2279 joue un rôle considérable pour la protection de celui qui tient un meuble en vertu d'une donation faite en dehors de toute forme écrite. On a pu en déduire, comme résultat pratique, que cela revenait à dire que la possession avait pour effet, en sa faveur, de faire présumer la donation. De là à conclure qu'elle équivalait à donation, il n'y avait qu'un pas ; et ce pas a été franchi. Le don manuel, a-t-on dit, est valable, parce que la règle de l'art. 2279 empêche que l'on puisse prouver la nullité de la donation.

Or, c'est cette dernière formule, dont je viens de vous expliquer la genèse, qui est une erreur absolue. La règle de l'art. 2279 met la preuve de l'irrégularité de la possession à la charge du revendiquant ; mais elle n'a jamais eu pour but de mettre obstacle aux effets qui résulteraient de la preuve, une fois faite, de la nullité, ou de la résolution, du *titulus possessionis ;* c'est un point sur lequel j'ai longuement insisté. Là où le possesseur peut être tenu d'une obligation de restituer, à raison par exemple de la nullité de son titre, l'art. 2279 ne s'applique plus. Reportez-vous aux explications que je vous ai données à cet égard, et de même, car la théorie est absolument identique, à celles que j'ai intercalées dans la matière du juste titre à propos du titre résolu. Dans tous ces cas la possession cesse de valoir à l'effet de faire acquérir la propriété par prescription, ou plutôt par le fait de la possession, puisque la règle de l'art. 2279 n'est pas une règle de prescription.

Ce que je vous ai dit des nullités de titre en général, s'appliquerait donc exactement à la donation qui serait nulle pour vice de forme. Le donateur aurait droit à restitution, et la possession du donataire cesserait d'être une possession susceptible de produire les effets de l'art. 2279. Vous voyez bien que ce n'est pas la règle de l'art. 2279 qui peut valider le don manuel si par lui-même cette donation devait être nulle, faute de forme.

D'ailleurs, je tiens à vous faire remarquer qu'il y a, quant à la cause juridique qui sert de fondement à l'acquisition, une différence de principe capitale entre l'hypothèse à laquelle s'applique l'art. 2279 et celle du don manuel. L'art. 2279 vise une acquisition qui a pour fondement la possession de bonne foi ; lorsqu'il s'agit de don manuel, la cause d'acquisition est le contrat. Dans le don manuel, par conséquent, comme dans tout contrat, c'est le consentement, c'est-à-dire le concours des volontés, qui fait acquérir la propriété du meuble ainsi donné de la main à la main.

Ceci posé, plaçons-nous dans les deux cas suivants :

1° Une personne vend un meuble à une autre personne ; si le vendeur est propriétaire, la propriété est acquise immédiatement à l'acheteur par le seul effet de la convention. Mais supposons que le vendeur ne soit pas propriétaire ; c'est dans ce cas véritablement qu'il peut y avoir lieu à l'application de l'art 2279. Si le véritable propriétaire, en effet, agit en revendication, l'acquéreur de bonne foi lui opposera sa possession; et en vertu de sa possession, je ne dis pas en vertu de son juste titre, mais en vertu de sa possession, il se trouvera avoir acquis la propriété. Si c'était le juste titre qui fût le fondement de son acquisition, on pourrait encore faire reposer cette dernière sur le concours des volontés, sur un acte juridique ayant pour base le consentement. Mais vous vous rappelez que je n'ai pas, sur l'art. 2279, accepté cette théorie. Je dis donc que c'est sa possession de bonne foi qui lui aura fait acquérir la chose.

2° Une personne au contraire reçoit un meuble à titre de don manuel. Le don manuel étant une forme de donation, c'est-à-dire un contrat, la propriété du meuble est transférée par l'effet du consentement, et non par la possession qui se trouve concomitante au contrat. Ce qu'il faut dire, c'est que cette possession est ici la manifestation en quelque sorte de l'acceptation du donataire; il faut, en effet, comme dans tout contrat, qu'il y ait offre et acceptation. Or, en vertu même du caractère mobilier de l'objet donné, cette acceptation se traduit précisément par la réception du meuble; la donation se rouve parfaite par cela seul que l'objet mobilier a été livré. Il n'y a donc pas à invoquer l'art. 2279 pour la perfection du contrat et pour en justifier les effets, pas plus que, tout à l'heure, lorsqu'il s'agissait de vente émanant du vrai propriétaire, et à supposer que la possession eût suivi ou accompagné la vente, il ne serait venu à l'idée de personne que ce fût la mise en possession qui, en vertu de l'art. 2279, servît de cause à l'acquisition de la propriété.

Je ne dis pas, au cas de don manuel : « Je reçois un meuble à titre de don manuel; donc j'en suis propriétaire, car en fait de meuble la possession vaut titre. » Je dis : « Je suis propriétaire de ce meuble par cela seul que nos deux volontés ont concouru dans un acte qui était une donation ; donc, parce qu'il y a eu une offre et que cette offre a été suivie de mon acceptation, laquelle s'est traduite par la réception de l'objet donné ».

Donc ce n'est pas la règle de l'art. 2279 qui justifie la validité des dons manuels ; autrement dit ce n'est pas elle qui, en pareil cas, sert de fondement à l'acquisition de la propriété. Il en serait autrement si, comme dans le cas de vente que j'ai cité, celui qui a voulu aliéner n'était pas propriétaire et que le possesseur voulût se réclamer du don qui lui était fait pour justifier de sa possession de bonne foi et invoquer alors sa possession comme titre d'acquisition. Mais précisément, dans ce cas, s'il fonde sa propriété sur la possession, c'est qu'il ne la fonde plus sur le don manuel ; et l'on peut dire que le principe de l'art. 2279 ne s'applique que lorsqu'il n'y a plus lieu de se prévaloir de la validité du don manuel, et que, tout à l'inverse, lorsque la validité du don manuel se trouve en cause l'art. 2279 est par le fait même écarté. On ne saurait mieux marquer qu'il n'a rien à voir avec la question de validité du don manuel.

Mais, cette question de validité à part, la règle de l'art. 2279 reparaît et rentre en scène, si je puis ainsi parler, lorsqu'il s'agit pour le possesseur de faire la preuve de la régularité de sa possession. C'est un point que j'ai suffisamment mis en lumière.

Observons, enfin, que la validité des dons manuels était déjà consacrée, je vous l'ai dit, à l'époque de l'ordonnance de 1731, à un moment où très certainement la règle que devait formuler Bourjon, pour être admise dans la pratique, n'avait pas acquis droit de cité dans la doctrine. Certainement les rédacteurs de l'ordonnance, à supposer qu'ils eussent connaissance de ces usages du Châtelet, devaient les tenir pour un contre-sens juridique ; et vous pouvez être certains que ce n'est pas sur ce procédé de pratique judiciaire qu'ils entendaient fonder la validité des dons manuels. Les rédacteurs du Code civil ont fait comme eux ; ils ont maintenu cette validité pour des raisons de tradition historique et de nécessité pratique, indépendantes du principe nouveau qu'ils allaient formuler dans l'art. 2279.

XXXVe LEÇON

DONS MANUELS (SUITE) : DONATIONS INDIRECTES. — DONATIONS DÉGUISÉES. — CONDITIONS ESSENTIELLES A LA VALIDITÉ DES CONVENTIONS EN DEHORS DU CONSENTEMENT.

J'ai omis de vous dire, au sujet de la question relative aux dons manuels, que, dans les travaux préparatoires, nous trouvons la confirmation de cette idée que l'on n'a pas entendu sur ce point s'écarter de la tradition (*Rapport de Joubert*, LOCRÉ, XI, p. 459). Ces dons sont valables parce que c'était la tradition ; on soustrait ces donations aux règles de forme. Mais on n'entend aucunement les soustraire aux règles de fond : rapport, réduction, capacité.

En tout cas, il va de soi que, si les dons manuels échappent aux règles spéciales de forme, ils n'en constituent pas moins des actes contractuels ; et par conséquent ils se trouvent soumis dans tous les cas aux conditions requises pour qu'il y ait convention, notamment à la nécessité du concours des volontés. En d'autres termes, il n'y a pas de don manuel sans l'acceptation par le donataire ; je vous ai même indiqué que la forme au moins tacite de cette acceptation se réalisait, en quelque sorte, par la réception et la prise de possession de la chose donnée. Ce serait une erreur de croire que le don manuel n'exige d'autre fait que le dessaisissement matériel de la possession, accompagné de l'intention de gratifier.

Cette exigence du concours des volontés ne soulève, du reste, aucune difficulté sérieuse, sauf la preuve qui peut être délicate dans un grand nombre de cas, principalement lorsque la remise se fait directement du donateur au donataire, ou lorsquelle se fait du donateur à une personne ayant mandat du donataire ou à son représentant légal. Le don manuel pourrait donc se faire, sauf une question de capacité à réserver, à un tuteur pour le compte du pupille. Pour nous placer dans une hypothèse où cette question ne s'élèvera pas, si nous supposons que le tuteur est le père ou encore la mère ou un ascendant, le don est valablement fait, sans qu'il puisse y avoir d'hésitation, au représentant du mineur (art. 935).

Mais il arrive souvent que le don manuel se fait par un intermédiaire ; le donateur remet les objets dont il veut faire donation à une tierce personne en chargeant celle-ci de les transmettre au donataire. Il faut décider en principe que la donation n'est pas immédiatement parfaite, d'où la conséquence que le donateur pourrait revenir sur sa donation. Et, si le donateur venait à mourir avant que la remise ait été faite, le don manuel ne pourrait plus se réaliser, puisqu'il n'y aurait jamais eu le concours de volontés nécessaire à tout contrat. Il faut même aller plus loin ; et dire que, s'il y avait eu acceptation du vivant du donateur, mais que la livraison ne fût réalisée qu'après son décès, il n'y aurait pas don manuel valable. C'est que le don manuel n'est pas un contrat valable par le seul consentement, et qui nécessiterait la tradition pour produire ses effets, comme on le disait de la vente autrefois. C'est une donation dispensée des formes de droit commun de l'art. 931, mais soumise à une formalité spéciale, qui est l'acceptation par voie de prise de possession. Tant que cette réception n'a pas eu lieu, l'acceptation à l'égard du donateur est non avenue ; et, s'il vient à décéder avant cette prise de possession, la remise de l'objet avec acceptation du donataire n'est plus qu'une acceptation tardive. Ou plutôt, si la remise est faite du consentement des héritiers, c'est un don manuel nouveau émanant des héritiers. On ne pourrait même pas, par analogie, appliquer l'art. 1340, qui implique exécution par les héritiers d'une obligation naturelle, car cette obligation, naturelle pour naître, suppose l'acceptation. Toutes ces solutions ne souffrent aucune difficulté.

Une hypothèse plus délicate est celle dans laquelle le donateur a précisément chargé l'intermédiaire de transmettre les objets après sa mort à lui, donateur. Qu'en général la transmission et l'acceptation ne puissent pas se faire après la mort du donateur, soit, dit-on ; mais si le donateur lui-même a prévu la chose et s'il a voulu qu'il en fût ainsi, où est l'obstacle ? Je crois qu'il faut maintenir encore les principes, tels que je vous les ai présentés à propos du consentement et de la formation des contrats. Je déciderai donc que, même dans ce cas, le défaut de transmission et d'acceptation du vivant du donateur laisserait les biens dans la succession de celui-ci.

La difficulté, il est vrai, tient à la solution d'une question un peu différente qui vient compliquer le problème ; il s'agit de savoir si le mandat qui, en principe, est révoqué par la mort du mandant, n'échappe pas à cette cause de révocation quand il a été donné pour un fait destiné à n'être accompli qu'après la mort du mandant ? Je ne puis examiner ici cette difficulté particulière ; mais il n'en résulterait pas pour cela que l'on pût valider un acte juridique exigeant concours de la volonté du mandant avec la volonté d'un tiers. Le concours de volontés n'ayant pas existé, il n'aura jamais pu s'établir entre les parties aucun lien de droit. Tel est le principe.

J'appelle toutefois votre attention sur les art. 1937 et 1939. L'art. 1937 prévoit l'un des procédés par lesquels peut se réaliser le don manuel, c'est l'hypothèse à laquelle je viens de faire allusion, d'un dépositaire chargé de remettre la chose objet de la donation au véritable gratifié; or, aux termes de l'art. 1939, si le déposant vient à mourir, l'objet du dépôt doit être restitué dans tous les cas à son héritier; le texte dit cela sans faire de réserves. Il ne fait même pas allusion à l'hypothèse que prévoyait l'art. 1937, celle où le dépositaire devait remettre la chose à un tiers à qui le déposant voulût la donner; il semble donc bien par là que l'art. 1939 ait voulu trancher notre question. Cependant je dois avouer que cette interprétation est loin d'être admise par tous; c'est une question intéressante que vous ferez bien d'étudier.

Il reste un point de vue qui a été quelquefois indiqué et qui me paraît inexact ; on a dit qu'on pouvait considérer le don manuel par l'intermédiaire d'un tiers comme ayant sa perfection et son énergie *ab initio*, parce que ce tiers, s'il n'est pas le mandataire du donataire, peut être considéré cependant comme un gérant d'affaires par rapport à celui-ci ; donc il accepte implicitement pour ce dernier, pour celui dont il veut ainsi gérer l'affaire. En fait, cette explication est inexacte ; l'intermédiaire choisi par le donateur n'est que l'homme du donateur, son agent. De plus, en droit, alors même qu'il y aurait gestion d'affaires pour le donataire, il faudrait toujours remarquer que cette acceptation par gérant d'affaires demande une ratification ; et il me paraît téméraire de dire que cette ratification ne doit pas intervenir avant la mort du donateur.

Je me suis préoccupé du don manuel au point de vue de l'acte juridique qui le constitue et au point de vue de sa formation. En dehors des questions que je viens d'examiner, il faudrait ajouter que, en tant que donation, le don manuel est soumis, pour sa validité même, à celles des règles des donations qui ne sont pas des règles de forme. Ainsi le Code n'admet plus les donations à cause de mort ; or il est très certain que, en pratique, les dons manuels peuvent avoir très souvent ce caractère de donations à cause de mort. Par exemple, une personne, voyant qu'elle touche à sa fin, dispose de la main à la main de valeurs lui appartenant. Toutefois, au moment où elle se dessaisit de la sorte, il est entendu que ce n'est pas une donation définitive. Il n'est pas douteux, si on prouvait qu'il y a eu donation à cause de mort, que celle-ci serait annulée pour ce fait, et non comme don manuel ; mais il faudrait le prouver et non pas présumer que toute donation faite par une personne qui croit sa fin approcher soit une donation à cause de mort.

Il faudrait également réserver l'application des règles requises pour la validité de l'acceptation des donations, en tant que règles de capacité, et non plus de forme. Ainsi, pour une donation faite à une association ayant la personnalité civile, il faut l'autorisation du pouvoir administratif. Cette exigence me paraît devoir s'appliquer aux dons manuels. Seulement dans la pratique, il s'est élevé à ce sujet une question très délicate qui est celle-ci : il est bien certain que, pour une donation faite dans les conditions du droit commun, et avec les solennités ordinaires, l'acceptation avec les formes administratives doit intervenir avant la mort du donateur; cette règle est tellement certaine qu'on a autorisé et admis des acceptations provisoires pour certains cas. Le principe est que l'autorisation administrative doit être donnée du vivant du donateur, car elle se présente comme une condition de validité de l'acceptation elle-même. Or, on s'est demandé, pour les dons manuels, si l'autorisation administrative ne pourrait pas intervenir après le décès. La jurisprudence, impressionnée par des nécessités de pratique, a admis l'affirmative; mais il me faudrait bien longtemps pour vous faire comprendre par quelle série de raisonnements on a pu arriver à cette solution (Cour de cassation, 18 mars 1868, D., 69, I, 170).

En dehors du don manuel, trouverons-nous des donations susceptibles de se faire en dehors des formalités de l'art. 931 ?

Donations indirectes.

Il y a d'abord une hypothèse que nous retrouverons bientôt sur l'art. 1121, le cas de stipulation pour autrui. En principe la stipulation que l'on fait en son propre nom pour autrui est nulle. Mais il y a des exceptions ; et je vous dirai même que, dans l'interprétation de cet article, il faut dépasser les termes du texte, qui me semblent beaucoup trop étroits. J'appellerai votre attention, à cet égard, sur l'art. 1973 : cet article suppose qu'une personne fournissant les fonds pour la constitution d'une rente viagère, le service de la rente viagère sera fait au profit d'un tiers. Or il peut se faire que dans des cas de ce genre il y ait libéralité au profit de ce tiers; la libéralité, quand elle existe ainsi, est soustraite à nos règles de formes. L'art. 1121 le laissait entendre, et l'art. 1973 le confirme. Resteront, il est vrai, les règles de fond (art. 1970). Mais ici encore il faut remarquer que l'acceptation du tiers est nécessaire pour empêcher la possibilité de révoquer et faire acquérir au tiers irrévocablement le bénéfice de la stipulation. Cette acceptation, en pareil cas, pourrait-elle intervenir après le décès du stipulant? C'est là un point d'interrogation à poser, car c'est la théorie même de l'art. 1121 qui est en jeu, nous y reviendrons.

En troisième lieu, la donation peut se produire indépendamment des formes dans un certain nombre d'hypothèses que l'on caractérise en disant qu'il y a donation indirecte.

A vrai dire, cette expression ne me paraît pas convenir à toutes les hypothèses dans lesquelles on l'applique. La remise d'une dette, voilà un acte constituant une libéralité. Libéralité indirecte, dit-on le plus souvent, et je vous dirai dans quel sens cela peut être vrai. Mais, réellement, et au fond donation très directe, n'est-il pas vrai? C'est cependant une donation indirecte en ce sens que la libéralité résulte d'un acte que la loi reconnaît et organise comme ayant sa nature propre, ses effets propres, indépendamment de la libéralité qu'il peut servir à procurer. Prenons le cas où une personne paie la dette d'autrui. Le paiement de la dette d'autrui peut se faire à des titres divers; il peut se faire à titre d'avance, à titre de placement, et même de placement que l'on ferait dans son intérêt, mais aussi à titre de libéralité. Dans ce dernier cas, la donation est indirecte, en ce sens qu'elle ne résulte pas d'un acte de donation, proprement dit, affectant les formes de la donation, mais d'un autre acte différent, et tout à fait spécial, qui a ses lois et conditions juridiques propres.

Que dans ces cas là il n'y ait pas lieu de suivre les formes des donations, cela ne fait pas de doute. Pour la remise de la dette par exemple, la loi admet qu'un acte de ce genre peut être tacite, ce qui est au premier chef l'exclusion de toute idée de solennité.

La même solution devra être admise toutes les fois qu'il y aura renonciation à un droit, lorsque celle-ci se produira en vue de faire une donation à la personne destinée à en profiter. Je suppose qu'une personne renonce à un legs; et il se trouve établi par les circonstances qu'elle n'a fait cette renonciation que pour gratifier l'héritier, débiteur du legs; c'est comme une remise de dette. Je dirais de même d'une renonciation à succession, si la succession, bien entendu, présentait un excédent d'actif sur le passif, et qu'on n'y eût renoncé que pour avantager l'héritier du degré subséquent. Dans tous les actes de cette nature, on n'écarte que les formes, restent les règles de fond.

Reste à se demander si le consentement, et par suite l'acceptation de celui qui va profiter de la libéralité, sera toujours nécessaire ? N'allons-nous pas trouver des cas où ne se rencontrera qu'une seule manifestation de volonté, volonté d'un seul côté, ce qui justifierait la définition de l'art. 894 qui n'appelle pas la donation un contrat ? Il y a sur ce point des distinctions à faire ; cette supposition ne serait pas exacte pour la remise de dette par exemple. Mais ce qu'il faut dire, c'est que nous sommes en présence d'actes ayant leurs conditions juridiques propres ; il faut donc pour chacun d'eux voir si cet acte, de sa nature, n'est pas unilatéral ; ainsi en serait-il de la renonciation à succession.

Enfin, il reste à nous préoccuper d'une dernière catégorie de libéralités rentrant aussi dans la notion de donations indirectes.

Je fais allusion aux libéralités qui se produisent sous le couvert et à l'abri d'un acte à titre onéreux. Donations déguisées

Les libéralités de ce genre peuvent avoir, selon les cas, des caractères très divers. Une donation peut résulter indirectement d'un contrat à titre onéreux, qui soit d'ailleurs sérieux. Mais elle peut aussi se déguiser sous la forme d'un contrat à titre onéreux qui n'ait de celui-ci que l'apparence. Cette distinction est indispensable à faire, quand on se demande si la donation réalisée au moyen d'un contrat à titre onéreux est valable. Pour le premier cas, nous sommes en présence d'un acte spécial, indépendant de la donation, et qui est régulier et valable en soi ; donc on ne peut lui imposer d'autres formes que celles qui lui sont propres, peu importe qu'il se trouve ou non contenir indirectement une libéralité ; nous en avons la preuve dans l'art. 843 lequel soumet au rapport les libéralités qui se trouveraient ainsi impliquées dans un contrat à titre onéreux. Nous pouvons supposer qu'il s'agisse d'une vente et que le prix ait été fixé intentionnellement bien au-dessous de ce qu'il aurait dû être d'après la valeur de la chose vendue. L'immeuble vaut 100,000 fr., sans contestation possible; on le vend pour 60,000 fr.

Mais faisons un pas de plus; dans l'acte de vente le prix a été fixé à 100,000 fr. Seulement il est dit que, sur ce prix, 30,000 fr. ont été auparavant payés; et, dans l'acte lui-même, on donne quittance de 30,000 fr. Ce n'est pas une remise de dette, car il est certain qu'entre les parties le prix n'a été fixé qu'à 70,000 fr. Voilà donc une donation déguisée dans un contrat à titre onéreux. Cette sorte de détour ne l'empêche pas d'être valable ; il n'y a à cela aucune hésitation ; car il y a une vente faite pour un prix sérieux, avec libéralité résultant d'une diminution du prix.

Mais arrivons à une dernière hypothèse, celle où les parties ont déguisé une pure donation sous l'apparence d'un contrat à titre onéreux, n'ayant comme tel aucune existence. Ainsi on a simulé une vente, et on a donné quittance pour le prix tout entier; or il est certain, je le suppose, que le prix n'a pas été payé ; il avait été convenu qu'il n'y aurait pas de prix. Cette donation déguisée est elle valable ? En pratique et en jurisprudence, c'est une question qui ne se discute plus. Une donation déguisée sous l'apparence d'une vente, est valable quant à la forme, dit-on, sauf à appliquer à cette donation, et à celles qui seraient faites sur ce modèle, les règles de fond, et sous réserve toutefois d'une controverse en ce qui touche le rapport à succession. La doctrine résiste à admettre cette solution. Que les parties puissent ainsi, de propos délibéré, se soustraire aux dispositions de la loi sur les formes des donations, au premier abord cela paraît inacceptable au point de vue juridique. A quoi bon avoir réglementé si rigoureusement les formes des donations, si l'on peut prendre le simple détour d'un contrat à titre onéreux et se soustraire par là à ces formes légales ?

La véritable raison qui inspire au fond tous les arrêts rendus en cette matière est que la jurisprudence veut réagir contre la difficulté de justifier les dispositions rigoureuses relatives aux formes de la donation. C'est déjà ce sentiment qui avait fait accepter le don manuel; logiquement pourquoi ne pas admettre également la donation déguisée? La pratique est sollicitée à favoriser cette sorte de simulation parce qu'en empruntant ces formes simulées on échappe à la perception des droits de mutation, qui sont plus élevés en matière de donation qu'en matière de vente.

Ce sont là des raisons de fait et de nécessité pratique si je puis ainsi dire : en droit et comme procédés d'interprétation, elles n'ont aucune valeur. Il faut, pour justifier la solution que l'on donne, chercher autre chose. Quels sont donc les motifs juridiques que puisse invoquer la jurisprudence ? Les raisons sur lesquelles elle s'appuie se ramènent au fond à une seule : savoir, que la simulation, par elle-même, n'est point une cause de nullité des actes juridiques ; ce qui revient à dire qu'on est toujours maître de faire indirectement ce que l'on peut faire directement. La simulation ne peut être atteinte, en ce sens qu'elle puisse permettre d'attaquer l'acte, que si elle a eu pour but de réaliser une fraude à la loi, donc de constituer par là même une fraude à la loi ; or, en matière de donation, dit-on, il n'y a aucune fraude à employer une forme déguisée, puisque, nous le supposons, les règles de fond, telles que celles qui régissent la capacité, sont respectées, ou plutôt devront être respectées. A cet argument, soi-disant de principe, on peut ajouter, par *a contrario*, un argument tiré de ce que la loi en certains cas déclare nulles les donations déguisées (Art. 1099, art. 911). Il s'agit de cas précisément où l'on pouvait craindre une fraude aux règles relatives à la capacité, c'est donc bien que c'est là apparemment la seule chose que la loi ait en vue. Lorsque la donation, même déguisée, se présente sous des conditions telles que cette crainte n'existe plus, la loi ne prohibe plus la simulation, tout au moins elle ne la prohibe plus pour de simples questions de forme.

Je ne crois pas ces motifs décisifs. Si nous consultons les précédents, nous verrons qu'ils n'autorisent pas cette interprétation. Je laisse de côté les textes Romains (L. 36, D., 18, 1,

L. 8 et 9, cod. *De cont. Empt.*). Mais je prends Pothier (POTHIER, *Vente*, n° 19) ; il dit qu'au cas de prix simulé, faute de prix, il y a une donation. Si nous nous arrêtions là, la jurisprudence pourrait invoquer l'autorité de Pothier. Mais celui-ci ajoute que cette donation devrait être soumise à toutes les formalités des donations. C'est donc qu'il n'admet pas que l'on puisse échapper aux formes. On pose en principe qu'on peut faire indirectement ce que l'on pourrait faire directement, c'est l'argument de principe ; oui, mais pourvu que la forme juridique que l'on a prise réalise un acte juridique valable en soi. Si donc cet acte n'est pas valable en soi, la simulation ne peut pas le faire valoir. Elle n'est pas une cause de nullité en soi, d'accord. Mais elle ne peut être une cause de validité d'un acte nul. Et alors si l'acte n'est pas une vente, faute de prix, il n'est pas davantage une donation, faute des solennités requises.

La jurisprudence reconnaît elle-même que la simulation est une cause de nullité, quand elle a pour but de réaliser une fraude à la loi. N'est-ce pas le cas dans notre hypothèse, puisqu'on a eu pour but de faire fraude aux dispositions de forme ? Il y aurait encore à répondre aux arguments *a contrario* des art. 911 et 1099. La réponse est celle que l'on donne toujours en pareil cas ; c'est qu'un argument *a contrario* est sans valeur quand il a pour résultat de faire dévier du droit commun (VERNET, *Revue historique*, t. XV, p. 195).

J'ai terminé ainsi cette espèce d'épisode que j'ai introduit à propos de la théorie des obligations.

Conditions essentielles à la validité des conventions en dehors du consentement.

Nous allons aborder maintenant notre seconde section. Quels sont en dehors du consentement, les conditions requises pour qu'il se forme une convention donnant naissance à des obligations ?

Outre le consentement, il faut trois autres conditions ; et tout d'abord un objet certain formant la matière de l'engagement. La seconde condition est que l'obligation ait une cause et une cause licite. Enfin, il y a une troisième condition qui résulte, sous une forme ambigüe, des art. 1119 et 1121. Cette condition consiste en ce qu'il n'y a de contrat existant régulièrement qu'autant que la convention établit un lien entre les parties. En un mot il s'agit, sous le couvert de cette formule un peu obscure au premier abord, de la théorie des promesses et stipulations pour autrui. Tel est le programme que je vais avoir à développer.

XXXVIe LEÇON

CONDITIONS DE VALIDITÉ DES CONVENTIONS EN DEHORS DU CONSENTEMENT : DE L'OBJET DE L'OBLIGATION, DES CARACTÈRES QU'IL DOIT PRÉSENTER. — DE LA PROHIBITION DES PACTES SUR SUCCESSION FUTURE.

Nous arrivons aux conditions de validité des contrats prises en dehors du consentement. Ces conditions, à s'en tenir à l'énumération de la loi, sont au nombre de trois, que je vous ai déjà indiquées.

Objet de l'obligation.

L'obligation ou les obligations qui doivent résulter du contrat doivent avoir un objet répondant à certaines conditions. Il s'agit bien en effet, tout au moins directement et immédiatement, de l'objet de l'obligation ; je fais cette remarque parce que la rubrique de notre section semble plutôt parler de l'objet du contrat. Mais l''art. 1108 rectifie ce que cette façon de s'exprimer aurait d'un peu inexact, puisqu'il parle de l'objet de l'engagement. Sans doute, par extension, l'objet de l'obligation est bien encore, indirectement et médiatement, pourrait-on dire, l'objet du contrat. Seulement, il n'y en a pas moins, dans cette terminologie, une méprise à éviter ; car il est rare qu'un contrat n'ait qu'un seul objet. C'est ce qui arrive pour les contrats synallagmatiques. Comme ils donnent naissance à deux obligations réciproques, ils ont donc en réalité, et pris à ce point de vue, un double objet. Et cependant, même pour les contrats de ce genre, la loi parle quelquefois de l'objet du contrat, comme s'il n'y en avait qu'un seul. C'est que, conformément à certains usages, la loi, en pareil cas, se réfère uniquement à l'objet de l'une des obligations. Dans la vente, par exemple, quand on parle de l'objet, on n'a en vue que l'obligation du vendeur. C'est une habitude et un usage courant.

Pour rester dans la précision du langage juridique, ce sera donc, en parlant d'objet, l'objet de l'obligation que j'aurai en vue. Cet objet est ce à quoi le débiteur s'oblige. Lorsque l'on veut savoir, pour une obligation déterminée, quel est l'objet de cette obligation, il suffit de se demander à quoi exactement le débiteur est engagé. On trouvera l'objet, en répondant à la question suivante : *Quid debetur ?* D'une façon générale, l'objet est toujours une prestation. Seulement, cette prestation elle-même peut consister, ou dans un simple fait, ou dans la transmission d'un droit de propriété sur une chose déterminée. Aussi, étant données les habitudes de langage d'après lesquelles on identifie la chose avec le droit de propriété qui s'y réfère, on dit communément que l'objet de l'obligation peut être, soit une chose, soit un fait (art. 1126). Il est vrai que dans la pratique, lorsqu'on dit que l'obligation a pour objet une chose, on entend cela, non seulement d'une transmission de propriété, mais aussi de la constitution d'un droit réel sur la chose, ou de la tradition de la chose à un titre quelconque (art. 1127). Donc ce pourrait être une chose dont le débiteur dût transférer la propriété, ou bien une chose incorporelle, par exemple un droit que le débiteur s'obligeât à constituer sur une chose, ou enfin une chose dont il s'obligeât à procurer l'usage ou la jouissance seulement (art. 1127).

Ce droit de jouissance, ce peut être un droit réel, un usufruit, par exemple, que le débiteur s'est engagé à constituer ; ce peut être aussi une simple jouissance sans qu'il en résulte un droit réel ; ainsi la jouissance résultant du contrat de louage. Et alors, dans cette dernière hypothèse, si on va au fond des choses, l'objet de l'obligation est plutôt un *facere* que la chose elle-même. De sorte que la distinction entre le cas où l'objet est réellement une chose à livrer et celui ou il consiste dans un fait à exécuter est parfois assez délicate à appliquer, étant donné qu'en réalité toute obligation porte sur une prestation à fournir, laquelle au fond, et au point de vue juridique, est un *facere*. S'il ne s'agissait là que d'une question de terminologie et de langage usuel, il n'y aurait pas à se préoccuper outre mesure de préciser et de définir nettement les deux termes de la distinction ; mais la loi a entendu s'approprier et consacrer cette classification (art. 1126 et 1127), de telle sorte que certains intérêts pratiques s'y trouvent attachés. Nous l'avons déjà vu sur l'art. 1138, à propos de l'obligation de donner, lorsqu'il s'agissait par exemple de la fabrication d'une chose dont la propriété dût être acquise au créancier ; est-ce une obligation de donner, donc portant sur une chose, d'après la terminologie usuelle ? est-ce au contraire une obligation de faire ? Même, lorsque l'obligation a pour objet une chose, au sens traditionnel du mot, et d'après l'art. 1137, il importe de distinguer, au point de vue même des conséquences indirectes et accessoires du contrat, s'il s'agit d'une chose à livrer en propriété, ou à livrer en jouissance, ou, pour mieux dire, s'il s'agit d'un droit réel à constituer sur la chose, ou d'un droit personnel de jouissance. Voilà pourquoi je vous disais tout à l'heure que, dans ce dernier cas, il serait peut-être plus exact de dire qu'il y a obligation de faire ; et l'intérêt pratique se présentera, en effet, à l'occasion des risques. S'il s'agit de l'obligation de donner, les risques sont pour le créancier. Au contraire, quand il s'agit de procurer la jouissance d'une chose, l'obligation étant plutôt une obligation de faire, les risques sont pour le débiteur. Nous le verrons à propos du louage (art. 1722). Vous aurez à faire l'application de la même distinction à propos du contrat de société (art. 1851).

Il est inutile d'insister sur cette idée que le contrat destiné à créer l'obligation ne peut se former si l'obligation n'a pas d'objet. Il pourrait se faire pratiquement qu'il n'y eût pas d'objet, parce qu'à l'insu des parties l'objet de l'obligation aurait cessé d'exister au moment où a lieu l'accord des volontés. L'art. 1601 nous en fournit un exemple à propos de la vente. Si nous supposons la vente d'un cheval, il peut se faire qu'au moment où le marché intervient le cheval qui faisait l'objet du marché ait déjà péri par accident, et alors la vente ne se forme pas. L'art. 359 du Code de commerce nous donne une autre application de cette idée à propos du contrat d'assurance maritime; il faut, pour que ce contrat se forme, qu'il existe un risque maritime qui ne soit pas déjà couvert par des assurances antérieures. Si le navire qui va être soumis au péril de mer était déjà assuré pour le montant de sa valeur, une nouvelle assurance manquerait d'objet, car il n'y a plus de risque.

Il faut ajouter qu'il n'est pas indispensable que l'objet de l'obligation ait une existence actuelle. Ce qui revient à dire avec l'art. 1130, et sauf une exception, que les choses futures peuvent être l'objet d'une obligation. Ainsi une personne vend dès maintenant un objet qui n'est pas encore fabriqué, la vente est valable ; et, dans ce cas, l'obligation du vendeur a pour objet, comme c'est le droit commun en matière de vente, une chose à livrer en propriété ; c'est donc une obligation de *dare*. J'observerai même, pour le dire en passant, que ce sera souvent là l'interprétation de volonté qui s'imposera, lorsqu'il y aura eu, moyennant un prix à payer, promesse de livrer portant sur un objet que le débiteur s'engage à fabriquer. Cette promesse deviendra alors une obligation de donner, portant sur une chose future, plutôt qu'elle ne serait une obligation de faire. Et cette distinction peut avoir certains intérêts pratiques, dont l'un tout au moins a été mis en relief à propos de l'art. 1138. Je ne veux pas dire sans doute que ce soit là une interprétation forcée ; je crois dans la plupart des cas qu'elle traduira le plus exactement la pensée des parties. Dans quelques hypothèses cependant, elle pourrait la méconnaître ; et je croirais, en particulier, que l'on ne dût l'admettre qu'avec beaucoup de prudence, et sous la plus extrême réserve, lorsqu'il doit y avoir fabrication artistique et œuvre personnelle de la part du débiteur. De même, la vente peut avoir pour objet le vin de la prochaine récolte, ou le premier part à provenir d'un animal déterminé. Seulement depuis longtemps on a fait remarquer que, dans ces sortes de contrats, il y avait une distinction à faire pour déterminer quel est véritablement l'objet du contrat. Si l'objet du contrat est la chose future, en tant qu'elle dépend, pour son existence, d'évènements naturels et non de l'industrie du débiteur, le contrat ne se formera qu'à la condition que la chose future prenne naissance. Mais il peut se faire qu'on ait en vue uniquement la chance qui puisse exister de voir la chose se réaliser, au moins dans les conditions prévues par le contrat; ce serait l'hypothèse classique du coup de filet, lorsqu'on l'a envisagé au point de vue de l'aléa, de la chance qu'il y ait de lui voir rapporter du poisson. Dans ce cas, le contrat se formera et demeurera valable indépendamment du fait de la réalisation ou de la non réalisation de l'objet. Mais ce que je vous dis là, en dernier lieu, c'est-à-dire la règle qui, sous cette condition, admet la validité, quoi qu'il arrive, des contrats ayant pour objet une chose future, tout cela se trouve limité par l'exception relative aux conventions qui se réfèrent à une succession non encore ouverte. Sous ce rapport, le second alinéa de l'art. 1130 vient apporter une exception au principe de validité par lequel le texte débute.

Que l'obligation doive avoir un objet, cela va de soi; mais cet objet doit satisfaire à des conditions qui sont déterminées par la loi. Si tout d'abord il s'agit d'une chose, il faut, dit l'art. 1126, qu'elle soit dans le commerce. S'il s'agit d'un fait, il faut qu'il soit licite. Cette observation nous conduit à prononcer la nullité de tout contrat ayant pour objet des biens dépendant du domaine public. C'est en se fondant sur ce principe, il y a quelques années, que les tribunaux ont prononcé la nullité de la vente des eaux provenant du domaine de Versailles, vente faite par l'administration de la liste civile sous le Gouvernement impérial.

De même, en principe, une fonction publique est également une chose hors du commerce. Mais ceci ne doit s'entendre que sous la réserve de certaines atténuations que je vais vous indiquer. Ce qui est certain, c'est qu'une fonction publique ne pourrait faire l'objet d'aucune convention par laquelle on en disposerait. Serait nulle, par conséquent, la convention qui aurait pour objet une somme d'argent promise à un fonctionnaire pour qu'il se désistât de sa fonction. Mais à ce principe il y a exception pour les offices ministériels dont la transmission, sous une certaine forme, peut faire l'objet de conventions parfaitement licites (Loi du 18 avril 1816 art. 91). Le titulaire d'un office peut, en effet, présenter un successeur, à l'agrément de l'autorité publique ; ce qui implique un contrat antérieur et valablement formé entre le titulaire et celui qu'il présente pour son successeur. Nous étudierons cette matière plus à fond sous l'art. 1598. Vous pouvez ajouter une loi du 2 juillet 1862 formant l'art. 75 actuel du Code de commerce, qui autorise, dans des conditions très nettement déterminées, la mise en société de certains offices publics, ceux d'agents de change. Il est bien entendu qu'une clientèle commerciale peut faire l'objet d'une obligation ; on s'est demandé si cette solution serait encore admissible pour les professions libérales proprement dites. Pourrait-on admettre par exemple la validité des cessions de clientèle de la part des médecins ? On avait voulu contester que pareilles cessions fussent licites en raison de la nature de l'objet cédé : en résumé elles s'analysent en ceci, que le cédant s'interdit la profession de la médecine dans le rayon de son ancienne clientèle ; rien de plus licite.

Mais la chose d'autrui peut-elle faire l'objet d'une obligation tendant à transporter la propriété ? A résoudre la question d'après les principes abstraits, il ne faut pas hésiter à dire que la chose d'autrui est dans le commerce, même pour celui qui n'en est pas actuellement propriétaire. Il suffit, en effet, que celui qui l'a promise puisse espérer pouvoir en devenir propriétaire, de façon à en disposer au profit de celui envers qui il s'engage. Cette admissibilité de la vente de la chose d'autrui n'est pas plus étrange, en réalité, que celle de la vente d'une chose future ; leur réalisation dans les deux cas se trouve subordonnée à un fait à venir, qui est, pour l'une, que l'objet vienne à exister, et, pour l'autre, que le vendeur en devienne propriétaire, ou qu'il obtienne du propriétaire que celui-ci transmette la chose à l'acheteur. Le droit romain appliquait ce principe sans aucune distinction ; non seulement il validait la vente de la chose d'autrui, mais il validait de même les stipulations ayant pour objet de *dare rem alienam*. Cette constatation est importante; car on a voulu quelquefois expliquer à Rome la validité de la vente de la chose d'autrui, par cette idée qu'en droit romain le vendeur ne s'engageait pas à transférer la propriété. Et cependant la stipulation de transférer la propriété de la chose d'autrui n'était pas moins valable à Rome que la vente qui aurait cette même chose pour objet (L. 91, § 1, et L. 137. D. *de Verb. oblig.*, 45, 1). Il en était de même en ancien droit; et cette règle devrait s'appliquer encore en droit moderne, si elle ne rencontrait chez nous un obstacle absolu dans l'art. 1599. D'après ce texte, la vente de la chose d'autrui est nulle. Quel est le motif et quel est le caractère de cette nullité ? Il y a là une des questions les plus obscures que nous présente notre Code civil. La loi, semble-t-il, aurait considéré qu'aujourd'hui la chose d'autrui ne pouvait faire l'objet d'un contrat translatif de propriété. Mais cette idée est loin d'être admise par tout le monde. La jurisprudence, se plaçant au point de vue pratique, interprète cet article uniquement en ce sens que l'acheteur aurait le droit de demander la nullité ; ce ne serait donc en réalité qu'une action en résolution pour inexécution. Nous étudierons la question sur l'art. 1599.

Une idée erronée est de dire que la vente d'un immeuble dotal est nulle comme portant sur un objet qui n'est plus dans le commerce. On assimilerait ainsi l'immeuble dotal à certains objets dont la vente est prohibée parce qu'ils sont hors du commerce. Ce serait à mon avis une idée tout à fait fausse ; je vous enseignerai que la nullité tient, en pareil cas, à une incapacité spéciale; la vente est nulle comme ayant été consentie par un incapable.

J'arrive aux faits qui ne pourraient être l'objet d'une obligation; ce sont ceux qui seraient contraires aux lois ou aux mœurs. Inutile de dire que cela s'appliquerait aux conventions ayant pour but de rémunérer la perpétration de crimes ou délits. Mais voici qui est plus pratique : cette prohibition viserait surtout les conventions ayant pour objet une fraude à la loi, par exemple une société formée pour l'exploitation de maisons de jeux. Il faut aussi mentionner le cas où il s'agirait de promesses de services équivalant à l'abdication de la liberté (art. 1790). Nous annulerions également les conventions ayant pour objet l'abdication d'une faculté naturelle, comme serait l'engagement de s'abstenir de l'exercice d'une industrie ; de telles conventions sont valables en tant qu'elles sont limitées à certaines régions seulement. Voici un exemple de limitations ou réserves sous lesquelles de telles conventions deviendraient licites ; ainsi, on s'interdit d'exercer la même industrie ou le même commerce en concurrence avec le cessionnaire. Mais on ne pourrait s'interdire de gagner sa vie par l'abdication absolue, et par suite, par l'interdiction totale, de telle ou telle industrie.

Il faut en outre que l'objet soit certain ; cela ne signifie pas qu'il s'agisse d'un corps certain et déterminé ; cela veut dire que l'objet de l'obligation doit être suffisamment déterminé pour que le débiteur ne puisse pas se libérer par une prestation illusoire. Tout cela peut paraître un peu puéril ; et, en effet, la plupart des hypothèses imaginées par les auteurs n'ont rien de sérieux. Il faut donc que l'objet soit déterminé dans son espèce. Si l'obligation a pour objet une quantité ou si elle vise une qualité spéciale, il faut tout au moins que la convention donne les éléments nécessaires pour les déterminer. Nous serions dans les termes de l'article s'il y avait vente à un prix fixé du blé qui se trouve enfermé dans tel grenier. Il en est de même dans les nombreux marchés de fournitures qui se font pour l'Etat ou des particuliers. Dans la plupart des marchés de ce genre le fournisseur s'engage à livrer ce qui sera nécessaire aux services auxquels on veut subvenir pendant un temps indiqué. La loi a fait application de ces principes à la vente en ce qui touche la détermination du prix ; c'est ainsi qu'on peut laisser le prix à l'arbitrage d'un tiers (art. 1592). Seulement, si ce tiers meurt avant cette fixation, il n'y a plus de contrat. Il peut se faire aussi que la détermination du prix dépende de la détermination de la chose vendue ; ainsi, dans la vente à tant la mesure, la fixation du prix peut dépendre de la détermination du nombre de mesures.

Il faut, bien entendu, que la chose ou le fait soit possible ; il me paraît inutile d'insister sur ce point.

Pactes successoraux.

Il me reste à vous présenter quelques développements sur la prohition des pactes successoraux.

Nous avons là l'exemple d'une hypothèse dans laquelle l'objet d'une convention se trouve prohibé par une disposition formelle de la loi, disposition sans laquelle il semble qu'on n'aurait pas pu prononcer la nullité. Parmi les dispositions prohibitives analogues, on peut comprendre certains autres textes relatifs à des contrats particuliers. Ainsi, dans l'art. 347 du Code de commerce, la loi détermine certains risques qui ne pourraient pas faire l'objet d'un contrat d'assurance ; je vous cite par exemple les sommes empruntées à la grosse (1). C'est qu'elles ne sont pas soumises aux risques. Mais le même texte défend également d'assurer le fret des marchandises, c'est-à-dire le prix de transport. Cette défense était d'ailleurs tout à fait arbitraire, aussi cette dernière prohibition est-elle supprimée par un projet de loi actuellement à l'étude (2). Il faut dire aussi que c'est une prohibition que la pratique arrive presque toujours à tourner.

Je tenais à rapprocher ces exemples de celui de l'art. 1130 et je reviens à ce dernier texte : Il prohibe les conventions sur successions non ouvertes. Cette règle, vous la retrouverez formulée à plusieurs reprises dans le Code civil (art. 791, 1389, 1600). La loi, semble-t-il, a multiplié les dispositions qui répètent cette prohibition. L'idée qui a guidé le législateur remonte très certainement au droit romain, elle se retrouve dans une loi du Code de Justinien (L. 30, C. *de Pactis*). Et le motif que l'on donnait à Rome, pour justifier cette interdiction, est que ces conventions devaient être

(1) L'art. 347 C. c. a été modifié par la loi du 12 août 1885 et la prohibition qu'il édicte se restreint aujourd'hui à l'exemple cité au texte.

(2) Ce projet est devenu la loi du 12 avril 1885 qui, pour ce qui est de l'art. 347 C. c., supprime, en effet, la prohibition dont il est parlé au texte et qui restreint l'interdiction de l'ancien art. 347 C. c. à l'assurance des sommes empruntées à la grosse.

considérées comme immorales, parce qu'elles impliquaient, disait-on, un *votum mortis* ; ce qui signifie qu'elles inspiraient à celui qui devait recueillir la succession le vœu de voir cette dernière s'ouvrir le plus tôt possible. C'est donc un pacte qui fait qu'on souhaite la mort de quelqu'un. Toutefois, la loi romaine (L. 30, C. *de Pactis*) corrigeait ce qu'il y avait d'un peu absolu dans la règle, en admettant la validité de ces conventions si elles étaient faites du consentement de celui dont la succession était en cause.

L'ancien droit avait admis le même principe, sauf une brèche très large qui lui avait été apportée. Une pratique très fréquente en effet était celle des renonciations anticipées aux successions. Elles se faisaient en général par contrat de mariage; et ces renonciations étaient même présumées de la part des filles dotées, qui étaient ainsi censées renoncer à la succession de leurs parents au profit des enfants mâles. Mais, comme dot, on se contentait des avantages les plus minimes, on pourrait dire de simples apparences ; enfin, certaines coutumes avaient admis la renonciation par contrat de mariage des enfants puinés au profit de l'aîné (Pothier, *Successions*, ch. I, sect. II, art. 3, § 3 et ch. III, sect. III). Toute cette série de dispositions avait pour but de donner satisfaction aux idées aristocratiques. L'ancien droit avait accepté en outre une autre brèche à ce principe, mais ce fut, cette fois, sous l'influence des traditions germaniques : on admettait en certains cas qu'un individu pût disposer de sa propre succession par contrat ; c'était une donation de biens à venir faite ordinairement, elle aussi, par contrat de mariage, et elle pouvait être totale ou partielle. Son effet était d'assurer à celui au profit de qui elle était faite, tout ou partie des biens que le donateur laisserait à son décès. Un acte de ce genre ressemblait fort à une disposition testamentaire, plutôt qu'à une diposition entre vifs; mais, comme elle se faisait par contrat, elle entraînait une certaine irrévocabilité qui n'existait pas dans les testaments. Nous verrons que cette dérogation se retrouve aussi en une certaine mesure dans notre Code actuel. Il s'agit là également de donations de biens à venir par contrat de mariage; cet acte est celui que l'on a appelé l'institution contractuelle.

Telles sont les tendances de l'ancien droit sur ce point. Aujourd'hui le Code civil est revenu au droit romain, sauf ce que j'aurai à dire des institutions contractuelles ; et encore il y est revenu avec des aggravations, car il ne valide pas la convention qui serait acceptée du consentement du *de cujus*.

Voyons pratiquement quels sont les actes qui se trouveront prohibés par l'art. 1130. Il s'agira d'abord des renonciations à succession future. L'art. 791 reproduit sur ce point la prohibition en ajoutant qu'il en serait de même au cas où la prohibition aurait lieu dans un contrat de mariage. Quel en est le motif ? Il est difficile de faire intervenir celui de la loi 30 au Code *de Pactis,* car il n'y a plus, dans l'hypothèse de l'art. 791, de *votum mortis* possible ; plus de ces *pericula* à craindre. L'idée qui a influencé le législateur est assurément une pensée de protection, destinée à réagir contre les abus auxquels avait donné lieu en ancien droit cette pratique devenue tout à fait excessive, celle des renonciations à succession future : ces renonciations en effet ne se produisaient pas dans des conditions de liberté suffisante. Ce qui le montre bien c'est l'exception admise par le Code civil, dans l'art. 761, à l'égard de l'enfant naturel, alors que cette protection ne s'imposait plus au même degré. L'art. 761 autorise en effet une renonciation de ce genre de la part de l'enfant naturel ; c'est que dans ce cas particulier le législateur a été surtout touché par la pensée des avantages qui pourraient en résulter, non seulement en faveur de la famille légitime, mais au profit de l'enfant naturel lui-même (1). Il y a lieu en outre de tenir compte d'une autre tendance qui a inspiré les auteurs du Code civil. L'ancienne pratique des renonciations avait en effet pour but de déroger aux lois successorales sur l'égalité entre enfants; or, quoique le Code permette que l'on déroge à cette égalité par testament,

(1) Cette possibilité de renonciation admise par l'ancien art. 761 de la part de l'enfant naturel a été supprimée par la loi du 25 mars 1896.

il n'en est pas moins certain qu'il désire le maintien de cette égalité.

Une deuxième catégorie d'actes prohibés, ce sont ceux par lesquels on dérogerait par avance, par un arrangement de famille, à la loi des successions. C'est le même motif que je viens déjà d'exposer. La loi s'en occupe à propos du contrat de mariage (art. 1389), car c'est là surtout que de pareilles stipulations étaient à craindre. Et même l'art. 1389 dépasse de beaucoup l'art. 791 ; il ne faut pas dire qu'il en soit la pure application. Ainsi, un homme autrefois se mariait ayant des enfants d'un premier lit ; et on convenait que les enfants des deux lits seraient considérés à tous points de vue comme frères germains. Vous voyez que ce n'est pas une pure renonciation à succession. Cette convention n'en serait pas moins interdite par l'art. 1389. Voilà bien la preuve que ce dernier n'est pas une reproduction pure et simple, ou plutôt une simple conséquence, de l'art. 791.

Une troisième application serait la prohibition de tous contrats intervenus entre le futur héritier et un tiers, et contenant disposition totale ou partielle des droits du futur héritier. Ce serait une convention constituant par exemple un partage anticipé. C'est bien là à proprement parler la convention à laquelle s'appliquent les motifs de la loi romaine ; des pactes de ce genre impliquent un *votum mortis*. Ils ont pour objet de disposer actuellement des dépouilles d'une personne encore vivante.

Une quatrième classe de dispositions prohibées sont celles par lesquelles le *de cujus* lui-même disposerait de sa propre succession, sauf une exception déjà signalée. C'est un point que je ne fais que vous indiquer à nouveau aujourd'hui et sur lequel je reviendrai.

XXXVIIe LEÇON

DES PACTES SUR SUCCESSIONS FUTURES (SUITE). — THÉORIE DE LA CAUSE.

Il me reste quelques brèves explications à vous donner pour achever ce qui concerne les conventions sur successions non encore ouvertes.

Cette prohibition des conventions sur succession future me paraît devoir s'appliquer même au cas où la convention aurait pour objet les successions en général qui pourraient advenir à celui qui en dispose. On aurait pu comprendre, en effet, la prohibition de contracter sur une succession déterminée, et non sur les successions en général qui pourraient advenir au contractant (L. 3, § 1. D. *Pro socio*, 17, 2); car dans ce cas la raison de la prohibition ne se présente plus. Le doute subsiste en présence de la loi que je viens de vous citer entre les interprètes du droit romain. Aujourd'hui on chercherait en vain dans nos textes la base d'une distinction de ce genre. D'ailleurs, le Code civil a prévu spécialement le cas d'une société de tous biens (art. 1837), et il décide qu'on peut sans doute faire entrer dans une telle société la jouissance des biens à venir; ce qui est déjà une exception à la prohibition dont nous parlons ; mais on n'y peut faire entrer la propriété, ce qui prouve que le principe est général, et s'applique même à la convention indéterminée relative aux successions à venir.

Enfin, il y a à distinguer exactement ce qui constitue un pacte sur succession future, tel qu'il est prohibé par la loi, et au contraire, ce qui ne rentre pas dans cette notion, et qui, par suite, reste permis. D'abord un point essentiel, qu'il faut bien détacher et mettre en relief, c'est que la prohibition des conventions sur successions futures n'entraîne pas prohibition de toutes conventions qui impliquent un calcul sur les chances de décès d'une personne. Il y a au contraire un grand nombre de conventions où ce calcul entre comme élément prépondérant, et qui sont parfatement licites : par exemple, la constitution de rente viagère. Voilà bien un contrat dans lequel le calcul des chances de décès et de survie joue un rôle décisif. Et cependant notre législation, non seulement ne prohibe pas, mais règlemente cette convention; on peut faire la même remarque à propos de la constitution à titre onéreux d'un droit d'usufruit.

On s'est étonné quelquefois que la loi admettant ces contrats eût prohibé les conventions sur successions futures; on peut en effet s'en montrer surpris si on se place au point de vue des dangers que ces contrats peuvent présenter pour celui dont la succession est en cause. Cependant cette distinction se justifie; d'abord le contrat de constitution de rente viagère diffère de ces dispositions en ceci que, dans le cas de rente viagère, on ne dispose pas des dépouilles d'une personne; ce n'est pas sa succession qui fait l'objet du contrat. Le décès entre simplement comme un élément de calcul dans l'opération. D'un autre côté il est facile de remarquer que cette convention constitue un contrat de prévoyance qu'il peut être bon dans une certaine mesure d'encourager. Le pacte sur succession future serait peut-être au contraire un contrat d'imprévoyance.

Tout ceci appelle immédiatement l'idée d'un autre contrat voisin, le contrat d'assurance sur la vie ; ce contrat est devenu d'un usage assez répandu. Dès 1818, le Conseil d'Etat, dans un de ses avis, faisait remarquer que ce contrat devait être reconnu comme valable et même qu'il devrait être encouragé. A un certain point de vue le contrat de constitution de rente viagère est plutôt un acte d'égoïsme. C'est l'acte d'une personne qui préfère son bien-être personnel à celui de ses héritiers. Le contrat d'assurance est au contraire l'acte d'un bon père de famille qui retranche de son superflu pour ses enfants. Cependant en 1818 on était hostile à ce contrat. On rappelait l'Ordonnance sur la marine de 1681 (Tit. III, 10), qui défendait toute assurance sur la vie des hommes ; si bien que Portalis en exposant les idées des rédacteurs du Code au titre de la vente disait que la vie de l'homme était sacrée et ne pouvait être l'objet d'un marché (LOCRÉ, t. XIV, p. 151). Aujourd'hui, sans qu'il soit intervenu de loi spéciale pour autoriser ce contrat, plusieurs textes le supposent valable (Loi du 24 juillet 1867, art. 66 ; loi du 23 juin 1875, art. 6). Cette loi de 1875 règle les droits de mutation qui peuvent être dûs sur le capital à payer après la succession de l'assuré. Au point de vue des principes, il est bien certain que l'assurance sur la vie n'est pas un contrat sur succession future. Cette convention tomberait-elle à d'autres égards sous l'application de la règle qui condamne les conventions contraires aux bonnes mœurs ? Les faits se sont chargés eux-mêmes, en quelque sorte, de faire justice aujourd'hui de pareilles allégations ; c'est un contrat moral par excellence.

Mais quelle est au juste la nature exacte de ce contrat ? Est-ce un contrat d'assurance proprement dit ? N'est-ce pas plutôt, comme la rente viagère, un contrat aléatoire constituant un placement de capitaux ? C'est ce point qui est discuté. On peut se demander aussi si, dans certaines conditions, un contrat de ce genre ne deviendrait pas contraire aux bonnes mœurs, et ne tomberait pas, en pareil cas, sous le coup de la loi ; ainsi pourrait-on le stipuler sur la vie d'un tiers à l'insu de ce tiers ?

En dehors de ces hypothèses, on peut poser comme règle générale que, pour qu'un contrat soit nul comme ayant pour objet une succession future, il ne suffit pas qu'il ait été fait en prévision d'un décès, ni même en prévision de l'ouverture d'une succession, il faut qu'il dispose des biens compris dans cette succession. Ainsi, supposez un contrat de mariage qui assure à la femme, pour le cas où elle survivrait à son mari, un préciput, ou, d'une façon générale, des gains de survie. La femme pourrait-elle par avance disposer de ces gains de survie ? Je le crois ; car s'il y a bien, en pareille hypothèse, une convention qui est faite en prévision du décès du mari, cette convention ne dispose pas d'un droit qui appartiendrait à la femme dans la succession du mari, mais d'un droit qui lui a été acquis pour le cas de prédécès du mari. J'indique cet autre exemple, celui où l'envoyé en possession provisoire aurait disposé des biens de l'absent (C. cass., 14 août 1871, D., 71, 1, 193, et la note de M. Garsonnet qui accompagne cet arrêt).

Il me reste à vous indiquer que la loi elle-même a fait un certain nombre d'exceptions à notre prohibition. J'ai déjà cité en passant le cas de l'art. 761 : Il permet au père ou à la mère d'un enfant naturel reconnu de l'écarter de sa succession en lui donnant dès maintenant la moitié au moins de ce que cet enfant aurait recueilli plus tard dans la succession. Je dis qu'il y a exception à notre règle, car à mes yeux le consentement de l'enfant est nécessaire ; c'est donc une convention sur succession future. Cette exception se justifie par des motifs graves ; et avant tout le désir d'éviter les froissements qui résulteraient de la présence de l'enfant naturel au partage. Elle se justifie aussi parce qu'elle est un encouragement au père et à la mère naturels de fournir de leur vivant à l'enfant naturel les moyens de se constituer dès maintenant une vie indépendante. L'idée de protection qui est au fond de la prohibition de l'art. 1130 s'efface en présence de ces nombreux avantages (1). Vous trouveriez une autre exception dans l'art. 918. J'ai déjà cité l'art. 1837. Enfin ce même article rappelle que, par contrat de mariage, les conventions sur successions futures peuvent se produire sur une bien plus grande échelle. C'est ainsi que, par l'établissement du régime de communauté, on met en commun, au moins par avance et éventuellement, les successions mobilières qui peuvent échoir aux époux et la jouissance des immeubles qui pourront en dépendre. Mais de plus, par une clause spéciale (art. 1505), et à plus forte raison, par l'établissement de la communauté à titre universel (art. 1526), on peut mettre en communauté même les immeubles à venir, c'est-à-dire ceux provenant

(1) Cette exception est aujourd'hui supprimée (Loi du 25 mars 1896).

des successions à échoir. De même la femme peut se constituer en dot ses biens à venir (art. 1542). Enfin les articles 1082, 1084, 1093, autorisent dans les contrats de mariage les donations totales ou partielles de successions. Un tiers peut par contrat de mariage faire au profit d'un des époux une institution contractuelle ; et l'art. 1093 permet une disposition de ce genre par contrat de mariage de la part de l'un des époux au profit de l'autre. Il y a dérogation à un second principe ; celui qui défend de disposer par donation des biens à venir.

Je ne m'explique pas aujourd'hui sur la sanction, et renvoie ce dernier point à la matière des nullités. J'arrive ainsi au troisième élément d'existence des contrats, à la cause.

De la cause. Cet élément du contrat, nécessaire pour que le contrat se forme, est indiqué par l'art. 1108. Que faut-il entendre par la cause ? L'expression est la traduction littérale du latin *causa*. Mais en droit romain même cette expression avait des sens divers et des applications diverses.

En nous limitant aux obligations, le mot cause pourrait encore aujourd'hui être pris en plusieurs sens très différents. C'est ainsi que les sources des obligations, contrats, délits, quasi-contrats et quasi-délits sont quelquefois qualifiées causes de l'obligation. Ce n'est pas ce premier sens que nous avons à éclaircir ici. Même dans les contrats, ce mot pourrait avoir une autre signification empruntée aux souvenirs romains ; je fais allusion aux textes parlant de la *causa civilis*, ce que certains interprètes actuels désignent sous la dénomination de cause efficiente. Lorsque les Romains parlaient ainsi de *causa civilis*, ils voulaient dire par là que, s'il s'agissait d'un contrat n'ayant pas un *nomen* propre, il fallait que la convention intervînt avec l'accompagnement de certaines conditions qui formaient la *causa* et donnaient sa valeur à la convention ; ainsi les *verba*, l'inscription sur le *codex*, la *res*, le *datum ob rem*. Il n'est pas question dans l'art. 1108 de la *cause* dans ce sens. Dans notre droit, si nous mettons à part les quelques contrats solennels qui existent encore, le principe est que le contrat se forme par le consentement ; cette théorie romaine est donc absolument écartée aujourd'hui.

La cause au sens que nous allons étudier est ce qu'on a appelé quelquefois la cause naturelle ou cause finale. Et, quand on nous dit que, pour qu'il y ait un contrat donnant naissance à des obligations, il faut que ces obligations aient une cause, on entend par là que, dans notre législation, pour être obligé, il ne suffit pas de vouloir être obligé; l'accord des volontés et l'objet ne suffisent pas. Il faut de plus que l'obligation ait été contractée en vue d'un résultat que le législateur ait pu considérer comme motivant son intervention pour lui donner la sanction de l'autorité publique. Cette idée apparaîtra clairement quand j'aurai indiqué que la loi n'admet pas le contrat comme valable lorsqu'il a une cause illicite. Ainsi j'ai promis une somme en rémunération d'un délit déjà commis; la cause qui explique pourquoi je me suis obligé est une cause que le législateur ne peut pas accepter. Ce qui apparaît bien clairement ici est peut-être moins évident pour le cas d'absence complète de cause ; mais nous y reviendrons.

Ce que je veux faire ressortir encore c'est un nouveau rapprochement entre le droit actuel et le droit romain. A Rome, la théorie de la cause, telle que nous la concevons dans notre droit, existait implicitement, si elle n'était pas développée doctrinalement. Ainsi elle existait bien réellement dans les contrats synallagmatiques. Prenons la vente ; dans un contrat de ce genre l'acheteur s'est obligé en vue de l'obligation que le vendeur contracte envers lui. Et même en droit romain il aurait pu arriver que le contrat fût nul pour défaut de cause; si par exemple l'objet de la vente se fût trouvé ne pas exister à l'insu des parties ; l'obligation de l'acheteur n'aurait pu se former faute de cause. Quand il s'agissait d'un contrat unilatéral se formant *re*, la *res* qui était la *causa civilis* du contrat était en même temps la *causa naturalis* de l'obligation à la charge de celui qui avait reçu ou qui avait profité de la *res* ; prenez les contrats *do ut des, do ut facias*, etc..., vous apercevrez toujours que la *datio* ou le fait qui est la *causa civilis* du contrat est aussi la cause naturelle de l'obligation de celui qui a reçu. Seulement, dans les contrats *verbis* ou *litteris*, l'obligation est le résultat unique du consentement manifesté dans les formes de la loi; et alors on ne recherche plus si ce consentement est donné en vue d'un but avouable ou licite : voilà le droit civil.

Mais la stipulation n'était point dans la pratique romaine ce qu'elle apparaît dans les textes du Digeste. Car, à la voir ainsi, il semble qu'elle n'ait pour but que de faire une libéralité. Or tel n'était pas son rôle ; elle apparaissait pour donner la force obligatoire à une série d'obligations complexes, que l'on isolait les unes des autres, et qui toutes étaient stipulées à part et d'une façon distincte, de sorte que pratiquement, la stipulation avait une cause. Par exemple, elle pouvait intervenir pour sanctionner l'obligation de l'acheteur, et très souvent pour transformer l'obligation d'un emprunteur. En conséquence, la promesse par stipulation avait une cause. Mais une fois la stipulation faite, le droit civil ne s'enquérait point du tout de cela ; et il n'y avait pas à rechercher sur quel fondement juridique elle était intervenue. La promesse à elle seule était obligatoire. Quant à savoir si cette promesse avait un but licite, si elle avait été faite ou non par erreur, le droit civil ne s'en occupait pas. Ceci peut paraître à première vue un peu singulier; cependant cette idée réapparaît aujourd'hui. Dans la pratique de la plupart des législations étrangères, on a admis que les effets de change obligent le souscripteur, indépendamment de toute cause d'obligation. Je m'engage par un effet de change à vous procurer à un certain moment le paiement d'une somme dans un lieu donné ; l'obligation est valable par sa seule forme.

Ce que je vous ai dit jusqu'alors n'avait d'autre but que de vous faire entrevoir ce qu'on entend par cette exigence d'une cause. Nous pouvons maintenant essayer de donner une définition de la cause. Je dirais volontiers que c'est le « pourquoi » de l'obligation. On trouve la cause de l'obligation en cherchant la réponse à cette question : *cur debetur ?* Ce pourquoi se trouve dans l'idée suivante ; c'est le but immédiat, le résultat direct que l'on a voulu atteindre en s'obligeant. Exemple : Dans le prêt d'argent, quelle est la cause de l'obligation de l'emprunteur ? C'est la remise qui lui a été faite de la somme empruntée. Il s'est obligé à rendre parce qu'il a reçu. Dans la vente quelle est la cause de l'obligation de l'acheteur ? C'est l'obligation que contracte envers lui le vendeur. Aussi, définit-on généralement la cause, le but direct et immédiat pour lequel on s'oblige. Je préfère dire que c'est la raison d'être, ou mieux la raison juridique, de l'obligation.

En d'autres termes, la cause est comme un élément subjectif qui vient compléter la volonté de celui qui s'oblige. Il s'oblige ; ce n'est qu'une partie de sa volonté ; c'est encore, pourrait-on dire, sa volonté prise par sa décision finale, et non dans l'unité de son but et la complexité de ses éléments. En réalité, il s'oblige pour atteindre tel résultat, qu'il attend du contrat, ou encore il s'oblige parce que tel résultat se trouve déjà réalisé. Telle est sa volonté prise dans son unité psychologique. Seulement, cette volonté est faite d'éléments multiples qui s'enchaînent les uns aux autres, et se servent de cause mutuellement ; il fallait donc établir une ligne de démarcation parmi les éléments constitutifs de l'intention pour chacune des parties contractantes, sinon le but le plus lointain, pourvu qu'il dépendît du contrat, aurait pu, comme le plus immédiat, entrer en compte pour la valeur de la convention. Aussi, cette ligne de démarcation se trouve-t-elle fixée par la distinction établie par la loi entre la cause et le motif. La cause sera donc le but, ou l'élément intentionnel, inhérent au contrat, impliqué par la nature du contrat, et qui, par suite, a été connu, ou devait être connu, des deux parties à la fois, et non purement personnel à celui des deux contractants qui s'oblige. Le motif, au contraire, serait l'intention que le débiteur aurait eue lorsqu'il a visé ce but immédiat dont je viens de parler ; ce n'est donc plus un but impliqué par la nature du contrat, mais au contraire absolument variable d'après les circonstances et d'après l'objectif plus ou moins lointain visé par le débiteur, donc purement personnel à celui qui s'oblige, et non forcément pris en considération par l'autre partie.

Pour mieux préciser d'ailleurs cette distinction entre la cause et le motif, je vous donne, en outre de la définition généralement admise, pour ce qui est du motif, quelques exemples qui vous feront bien comprendre la différence.

On définit, en effet, le motif d'un seul mot, on l'appelle la cause impulsive ; et il se distinguerait par là de la cause au sens technique de l'expression. Le motif serait donc, comme je viens de vous le dire, le but éloigné, ultérieur, qui a servi de mobile pour déterminer à contracter et par suite à s'obliger. Ainsi Primus a emprunté une somme d'argent. Pourquoi s'est-il obligé à rendre ? Parce qu'il a reçu. Mais pourquoi a-t-il emprunté ? Ce peut être pour faire un achat, payer une dette, etc. De même dans la vente. L'acheteur contracte l'obligation de payer le prix ; la cause est d'obtenir la maison ; mais pour quel motif ? L'habiter ou faire un placement de fonds, etc. ? — les motifs sont très divers.

C'est même à ce caractère que vous reconnaîtrez le motif de la cause. Deux personnes contractant dans des conditions identiques, la cause de leur obligation sera toujours la même; le motif pourra varier à l'infini. Cette distinction est extrêmement importante ; car l'erreur sur la cause met obstacle à la formation du contrat. L'erreur sur le motif reste sans influence. Ainsi la maison était par exemple brûlée au moment où la vente est intervenue, la vente est nulle ; car l'obligation du vendeur manque d'objet et par suite celle de l'acheteur manque de cause. Au contraire, l'erreur sur le motif de l'achat laisse le contrat intact.

Il résulte de tout ce qui précède que, dans un contrat synallagmatique, quel qu'il soit, l'obligation de chacune des parties a pour cause l'obligation de l'autre partie. De sorte que, lorsqu'on dit que l'obligation doit avoir une cause, cela revient à dire que, si l'une des obligations manque, le contrat ne se forme pas, car l'autre obligation ne naît pas. De plus quand on dit que la cause est illicite, c'est que l'objet de l'autre obligation se trouvera illicite. Dans les contrats synallagmatiques, la théorie de la cause se confond avec celle de l'objet et cela est vrai de toute obligation qui a pour équivalent une obligation corrélative, par exemple au cas de réméré, où l'obligation de restituer la chose a pour cause l'obligation du vendeur de restituer le prix.

Dans les contrats unilatéraux, où trouverons-nous la cause ? Il faut distinguer. La cause sera, ou bien une prestation antérieure faite par l'une des parties à l'autre, laquelle se trouvera obligée du chef de cette prestation elle-même — il en est ainsi dans les contrats *re*, — ou bien la cause sera l'intention libérale purement et simplement, s'il s'agit de contrats à titre gratuit. Cette notion de la cause telle qu'elle existe dans les contrats se formant *re*, se rapproche de ce qu'elle est dans les contrats synallagmatiques, en ce que la cause sera une obligation déjà exécutée. Il en sera ainsi dans tous les contrats intéressés. Il ne faut donc pas dire que dans ces contrats la *res* soit l'élément générateur de l'obligation. Il en était ainsi à Rome, et il en serait encore de même aujourd'hui si, au lieu d'un contrat, il s'agissait d'un quasi-contrat fondé sur le principe de l'enrichissement sans cause ; le fait d'avoir reçu sans cause à lui seul oblige à restituer, comme dans le paiement de l'indû. C'est donc ici la *res* qui fonde l'obligation. Au contraire, dans ce que l'on appelle les contrats *re*, l'obligation naît du concours des volontés, si ce n'est qu'elle est subordonnée à la réception de la *res* ; mais en même temps cette *res* explique pourquoi le débiteur s'est obligé à restituer ; elle est la cause et non la source de l'obligation.

Mais, dans la donation, le législateur trouve une cause suffisante dans l'intention de gratifier le donataire. Ce que je dis de la donation sera vrai du reste de tout contrat à titre gratuit ; il s'agit d'obligation, ou de transmission de droit réel, auxquelles ne correspond aucun équivalent de valeur pécuniaire. Aussi, dit-on, en pareil cas, que la cause de l'obligation ou du transfert se trouve dans l'intention bienveillante ou libérale de rendre service ; ce qui sans doute n'ajoute rien à l'idée de donation. Mais cela signifie que la loi, trouvant légitime que l'on s' oblige uniquement dans l'intention de rendre service à autrui ou de gratifier quelqu'un, considère que l'obligation acceptée sur ce fondement ait une cause suffisante.

Cette idée s'applique par exemple au mandat gratuit. Au cas de dépôt sans doute la cause de l'obligation de restituer est avant tout dans le fait de la remise de la chose ; mais cette remise à elle toute seule n'explique pas qu'il y ait obligation de rendre, puisque ce pourrait être une remise en propriété. Le caractère de la remise matérielle de l'objet ne se manifeste et ne se révèle que par la convention qui l'accompagne, et, c'est en réalité cette convention qui donne naissance à l'obligation de restituer. Il ne faut donc pas dire que cette obligation naisse de la remise de l'objet, elle naît de la convention ; je vous le disais déjà tout à l'heure, il ne faut pas confondre source de l'obligation et cause de l'obligation. Seulement, cette obligation, née de la convention, a pour but de rendre service ; de sorte que dans le dépôt on trouve comme une double cause parallèle, la *res*, comme on disait à Rome, et l'intention de rendre service à autrui. Ou plutôt l'une explique l'autre, c'est l'intention libérale qui explique la *res*, et qui en indique le but. On a accepté le dépôt pour rendre service, et c'est bien cette intention libérale qui est le but direct et immédiat visé par celui qui a reçu l'objet. Cette combinaison d'un double élément dans la cause de l'obligation était intéressante à constater, là où elle ne peut guère être niée ; car nous en retrouverons une application analogue dans la donation elle-même. Et là, nous verrons des auteurs contester cette conception d'une double cause, ou plutôt d'une cause destinée à expliquer la cause elle-même, sous prétexte que cette sorte de dualité est contraire aux principes. Il était bon d'en montrer dans le dépôt la révélation en quelque sorte incontestable.

Mais je reconnais que c'est la donation qui constitue le type de ces contrats dans lesquels la eause consiste uniquement dans un élément moral, et purement intentionnel, se confondant, si je puis dire, avec ce qui constitue le caractère même de l'acte dans l'esprit des parties.

Il y a cependant un contrat qui prête à équivoque ; c'est le cautionnement. Je suis assez d'avis qu'il a pour cause également un pur élément intentionnel, la volonté de rendre service. Fréquemment, on dit que l'obligation de la caution a pour cause l'obligation du débiteur principal ; cela est vrai, en ce sens que cette dernière lui sert de support, de telle sorte que si l'obligation principale n'existe pas, l'autre n'a pas pu naître. Mais en réalité la caution s'engage, non pas parce qu'il y a une obligation principale, ce serait insuffisant, mais pour garantir cette obligation principale, et accroître le crédit du débiteur. En réalité, la raison juridique qui explique l'engagement de la caution est encore une intention libérale ; mais ici également, je dois en convenir, cette intention libérale se traduit par un fait précis qui implique l'existence d'une première obligation ; et comme pour le dépôt, la cause comprend une dualité d'éléments complexes dont il faut tenir compte cumulativement, si l'on veut ne pas isoler l'obligation de la caution de l'ensemble des clauses qui constituent le contrat.

Je termine enfin en vous disant un mot de la transaction. C'est un contrat par lequel deux parties terminent une contestation née ou à naître, au moyen de concessions réciproques (art. 2044). Il y a donc en général dans toute transaction deux obligations réciproques, et la cause commune de chacune d'elles est la terminaison du débat. C'est ce qui explique l'art. 2056, aux termes duquel la transaction sur un procès terminé par un jugement passé en force de chose jugée, mais dont les parties, ou l'une d'elles, n'avait pas connaissance, est nulle. Cette transaction intervient, on le suppose, à l'occasion d'un litige qui, au point de vue de la loi, était déja terminé ; mais ce fait était ignoré des parties ou de l'une d'elles. La transaction manque de cause ; c'est bien là l'application exacte de l'art. 1131. Et cependant, là encore ne pourrait-on pas dire que, s'agissant d'obligations réciproques, chacune a pour cause l'existence de l'autre, comme dans un contrat synallagmatique ? Je m'oblige à renoncer à telle prétention à la condition que vous renoncerez de votre côté à telle autre prétention formulée par vous ; il semble que cela devrait suffire d'après la théorie stricte que l'on enseigne généralement. Mais cette théorie doit être élargie ; l'obligation que vous acceptez a pour but immédiat de terminer un procès et c'est parce que vous croyez à la possibilité du litige que vous renoncez à telle prétention moyennant renonciation réciproque de l'autre partie, et l'autre partie en fait autant. A l'apparence, il semble donc que ce soit un motif, c'est-à-dire, comme nous le verrons, une cause lointaine, la cause du contrat plutôt que d'une obligation prise individuellement, que nous allions ériger en cause juridique. Il est possible qu'il en soit ainsi ; mais s'il en est ainsi, c'est parce que ce motif, ou cette cause commune du contrat, est le but identique que poursuivent les deux parties, au lieu d'être le but personnel exclusif à l'une d'elles. Lorsqu'en dehors des équivalents réciproques d'un contrat, il existe un but commun aux deux contractants, pour lequel chacun accepte de fournir l'équivalent qu'il donne et de recevoir celui qui lui est promis, on peut dire que ce but commun a été introduit par les deux parties elles-mêmes parmi les éléments du contrat. Il devient une cause pour chacun des contractants.

La transaction nous fournit une application très manifeste de cette conception. Il y a eu jugement. Si les deux parties l'ont su et qu'elles transigent tout de même, ce fait implique de leur part la reconnaissance d'une sorte d'erreur judiciaire. La chose jugée qui déclare éteinte une obligation peut en effet se fonder sur une erreur ; et, dans ce cas, elle laisse subsister une obligation naturelle à la charge du débiteur. Voilà pourquoi, dans ce cas, la transaction est valable, elle porte sur cette obligation naturelle ainsi reconnue implicitement et que les intéressés règlent par une sorte d'arrangement réciproque. Il y a une cause. Mais, si au contraire ce jugement est inconnu de l'une au moins des deux parties, on ne peut plus dire qu'il y ait reconnaissance implicite d'une obligation naturelle quelconque à la charge de celui qui, en réalité, aurait dû se trouver débiteur. Il y a contrat sans cause : il y a deux engagements réciproques acceptés pour une cause commune qui se trouve fausse.

Après ces préliminaires, arrivons au texte de l'art. 1131. Il déclare que l'obligation sans cause, ou sur une fausse cause, ou sur une cause illicite, ne peut avoir aucun effet. Nous trouverons aisément des exemples pour montrer l'hypothèse d'un contrat ayant une cause fausse, c'est-à-dire déterminé par une cause qui n'existe pas. Ainsi l'héritier, pour s'acquitter d'un legs, promet au légataire, au lieu de l'objet légué, une somme d'argent; et il se trouve que le testament était révoqué. Il sera aisé de trouver également des contrats où l'obligation aura une cause illicite.

Mais la difficulté est de trouver une obligation sans cause. Comment supposer qu'il n'y ait pas un pourquoi à l'obligation? Qu'on se soit trompé sur ce pourquoi, c'est possible, mais comment supposer qu'on se soit obligé sans but ? Supposez cependant que, dans une des hypothèses que prévoit l'art. 400 du Code pénal, on ait imposé à une personne attirée dans un guet-apens, ou qu'on lui ait extorqué par l'effet d'un chantage, la souscription d'un billet, cette obligation a une cause apparente, simulée ; mais en réalité elle n'a pas de cause. Seulement, il semble à première vue qu'il soit inutile de parler du défaut de cause ; car le plus souvent l'obligation sera nulle pour dol ou violence. Il n'en est pas moins très important, nous le verrons, de distinguer entre ces deux hypothèses, et d'admettre que la nullité puisse avoir un autre fondement ; car le caractère de la nullité est bien différent, suivant que celle-ci se fonde, non plus sur le dol ou la violence, mais sur le défaut de cause ; au cas de défaut de cause, il y a plus que simple annulabilité : il y a inexistence.

C'est bien là, au contraire, une de ces hypothèses dans lesquelles le droit romain aurait dit qu'il y a une stipulation qui oblige par sa propre vertu. Dans la théorie nouvelle du droit français on se préoccupe du fondement juridique de l'obligation; et, comme dans l'exemple que j'ai choisi, il se trouve faire défaut, on déclare l'obligation radicalement nulle.

XXXVIIIe LEÇON

THÉORIE DE LA CAUSE (SUITE). — PREUVE DE LA CAUSE : HISTORIQUE

Je vous disais, à la fin de ma dernière leçon, qu'on pouvait s'étonner que la loi, à côté de la cause illicite ou de la fausse cause, ait parlé d'inexistence de la cause ; il n'est pas vraisemblable, dit-on, à moins qu'il s'agisse d'un fou, que quelqu'un contracte sans cause.

Pour répondre à cette objection, je vous ai déjà fait remarquer qu'on peut voir l'application du défaut de cause dans les hypothèses prévues par l'art. 400 du Code pénal. Il peut se faire qu'une personne se reconnaisse débitrice d'une somme qu'elle ne doit pas ; il pourrait alors y avoir nullité pour cause de violence ou de contrainte ; je ne dis pas avec autant de certitude que la nullité pour dol pourrait être admise, ce serait beaucoup plus douteux. En tout cas, ce qui est certain, c'est que, dans les hypothèses auxquelles je fais allusion, il y aurait déjà une première cause de nullité, la violence. Mais il y a intérêt à savoir si l'obligation est nulle pour violence, ou pour fausse cause, ou pour inexistence de cause ; et je vous ai indiqué en quoi cet intérêt consiste exactement : il se présente en ce qui concerne le caractère et les effets de la nullité. Je vais faire maintenant une hypothèse un peu différente dans laquelle nous verrons que le contrat, bien que déterminé par la violence, n'est pas inexistant, parce qu'il a une cause. Nous avions supposé une obligation contractée pour une cause imaginaire. Or, nous pouvons supposer que la violence ait eu pour but d'inspirer, non plus une obligation unilatérale, mais un contrat synallagmatique.

On peut imaginer que le guet-apens ait été ourdi pour obtenir d'un propriétaire qu'il consentît à la vente de sa maison. Il y a nullité pour cause de violence ; mais il n'y a pas cependant inexistence pour défaut de cause. Voilà donc un contrat annulable pour violence, et qui n'en a pas moins une cause. Dans notre première hypothèse, au contraire, il y avait, outre la violence, le défaut de cause. Dans le second cas il n'y a donc qu'une nullité relative, celle résultant de la violence ; dans le premier, il y avait nullité absolue.

Il y a une autre hypothèse plus pratique dans laquelle on peut parler d'inexistence de la cause ; c'est lorsqu'un effet de commerce, lettre de change, ou billet à ordre, a été créé à titre d'effet de circulation. Ce peut être ce que l'on appelle un effet de complaisance. Par exemple Primus tire au profit de Secundus une lettre de change qui doit être payée par une tierce personne. Cela signifie au fond que Primus le tireur s'engage à faire payer à Secundus, ou au cessionnaire de Secundus, la somme portée sur la lettre par le tiers indiqué pour faire ce paiement. Seulement, il faut ajouter que ce tiers ne doit rien à Primus le créateur de la lettre ; il n'est, pour employer l'expression courante, qu'un homme de paille qui, par complaisance, a prêté son nom, afin de fournir à Primus un faux crédit, et afin de tromper par là les personnes au profit de qui la lettre serait négociée. Mais ce qui arrive plus fréquemment encore, c'est que l'homme de paille soit, non plus celui sur lequel la lettre est tirée, mais celui qui la crée ; c'est même réellement dans ce cas qu'il y a effet de complaisance, au sens usuel du mot. Ce serait donc, pour reprendre l'exemple sur lequel j'ai raisonné, Primus, qui, ne devant rien à Secundus, créerait au profit de ce dernier une lettre de change que Secundus essaierait de négocier, alors qu'en réalité ce n'est qu'un papier sans valeur. Je vais revenir dans un instant sur ce dernier exemple.

Il faut, en effet, que vous sachiez que notre législation exige, en matière de lettre de change, non seulement, conformément aux principes des art. 1108 et 1131, que l'obligation du tireur ait une cause, mais que cette cause soit exprimée sur la lettre (art. 110 du Code de commerce); celle-ci doit indiquer la valeur fournie. Et ce que l'art. 110 du Code de commerce dit de la lettre de change est répété pour le billet à ordre. Or, il arrive fréquemment, ce sera le cas dans l'exemple que je vous citais il y a un instant, que la lettre de change indiquera une valeur fournie à Primus en espèces ou marchandises, alors que cependant Primus n'aura reçu aucune valeur. Il aura donc créé, en indiquant une cause imaginaire au profit de Secundus ou de ces cessionnaires, une obligation qui n'aura pas de cause. Aujourd'hui la tendance des législations modernes est que, en pareil cas, il n'est pas nécessaire, au regard des cessionnaires tout au moins, que cette obligation ait une cause. Mais, si cette obligation est sans cause au point de vue juridique, elle n'en a pas moins un but très précis dans l'intention de celui qui a signé la lettre, c'est de mettre entre les mains de Secundus un titre qu'il négociera ; de là le nom d'effet de circulation qui lui est donné comme synonyme, pour ce cas spécial, d'effet de complaisance. Si nous supposons la lettre de change régulière dans la forme, c'est-à-dire contenant une indication même fausse de la valeur fournie, elle sera obligatoire pour le tireur à l'égard des cessionnaires successifs ; car l'obligation du tireur, à leur égard, est une sorte de cautionnement de l'obligation de celui qui a cédé son titre. Mais dans les rapports des parties, et également à l'égard des cessionnaires qui n'auraient pas acheté régulièrement par une valeur fournie le droit de se servir de la lettre de change, il y a obligation sans cause. En un mot, on a voulu créer un titre dont on doit garantir le paiement à l'égard des tiers de bonne foi ; mais à l'égard des parties et des cessionnaires qui n'ont pas fourni de valeur, il y a obligation sans cause (Cf. Cass., 31 janvier 1849 ; D. 49, 1, 134, et Bordeaux, 6 mars 1868, D., 70, 1, 102). D'après l'arrêt de la Cour de Bordeaux, il est décidé que l'effet tiré sans cause n'oblige le tireur, ni à l'égard du premier bénéficiaire, ni à l'égard des cessionnaires qui ne pourraient pas être considérés comme ayant acquis l'effet de bonne foi.

Ce sont là des cas dans lesquels nous trouvons qu'il est

intéressant de dire qu'il faut que l'obligation ait une cause. Ils ne sont pas les seuls. On peut se placer dans l'hypothèse où la cause de l'obligation est dans un fait à venir qui ne se réalise pas. Ainsi la vente du part d'un animal, lorsque le part ne se produit pas. En pareil cas l'obligation de l'acheteur n'est pas une obligation sur fausse cause, mais une obligation qui ne se forme pas faute de cause. On peut rattacher au même principe la décision de l'art. 1182 : au cas de contrat conditionnel, la perte de la chose survenue avant l'arrivée de la condition est à la charge du débiteur. Ainsi l'objet vendu périt, le contrat ne peut se former ; dès lors l'obligation de l'acheteur ne naît pas, faute de cause.

Il y a d'autres hypothèses qui prêtent à discussion. En voici une que je vous signale : on se demande à propos du louage, si l'obligation du preneur n'est pas une obligation se formant successivement, c'est-à-dire au fur et à mesure de la jouissance de la chose ; d'où il résulterait que, la chose louée venant à périr, l'obligation du preneur tombe avec elle, comme manquant de cause. Toujours est-il qu'aux termes de l'art. 1712, le bail prend fin quand la chose vient à être détruite. Comment expliquer cela ? Nous venons de voir une explication qui serait fondée sur le défaut de cause.

Mais, en dehors de ces hypothèses d'une cause se référant à l'avenir, il reste une observation capitale. Il peut arriver qu'une personne, sans être en démence, contracte une obligation qui aura une cause et une cause non illicite, mais une cause que la loi ne regarde pas comme suffisante à justifier la création d'une obligation. Ainsi l'obligation contractée ou souscrite pour l'acquittement d'une dette de jeu. Notre législation, sauf pour les jeux propres à développer l'activité physique, refuse toute action pour le paiement d'une dette de jeu. On avait conclu de là dans la pratique, notamment pour les jeux de bourse, que non seulement le créancier n'aurait pas d'action en vertu de la dette elle-même, mais qu'une obligation contractée après coup pour la valider serait également dépourvue d'action (1). Il est vrai que le paiement

(1) En ce qui touche les jeux de bourse et marchés à terme, cette solution ne serait plus exacte aujourd'hui, depuis la loi du 28 mars 1885.

volontaire qui en serait fait n'admet pas la répétition, ce qui prouve bien qu'il n'y a pas cause illicite. Il ne s'en suit pas qu'on puisse *ex post facto* valider une dette de jeu en souscrivant une obligation sur ce fondement. Ici encore celui qui a fait une promesse en vue uniquement de régler une dette de jeu, est obligé sans qu'il y ait une cause que la loi accepte comme cause suffisante d'obligation.

A côté de cet exemple, il en est d'autres qui s'en rapprochent; on peut supposer qu'une personne par faiblesse, pour éviter des débats et contestations, consente à payer une certaine somme pour obtenir ce qui lui est dû. Ainsi un débiteur étant saisi immobilièrement, l'adjudicataire lui demande de mettre à sa disposition les titres de propriété; et pour les obtenir il souscrit un billet à ce débiteur. Voilà une obligation qui a une cause au sens vulgaire du mot, mais qui n'a pas de cause au point de vue de la loi. On ne peut cependant pas dire que la cause soit illicite, car il n'y a rien dans ce fait qui soit contraire aux bonnes mœurs. Autre exemple: supposons une séparation de corps, et le jugement décidant que les enfants soient remis au mari; mais la femme les a pris avec elle, Il peut se faire que le mari contracte obligation envers la femme pour avoir ses enfants; là encore c'est une cause que la loi ne reconnaît pas; car elle n'ajoute rien à l'obligation dérivant du jugement.

En un mot, il ne suffit pas de vouloir pour être obligé; il faut encore, pour mettre en œuvre l'autorité de la loi, que l'obligation de celui qui s'obligeait une cause que la loi juge digne de sa sanction.

A propos de la fausse cause, je vous rappelle la définition que je vous ai déjà donnée: c'est la croyance à l'existence d'une cause qui n'existe pas. Et j'insiste sur ce point afin de vous faire comprendre la différence qui existe entre la fausse cause et la cause simulée; celle-ci est fausse aussi en un certain sens, mais pas au même. Cause simulée, cela suppose un déguisement, ou de l'absence complète de cause, ou du caractère illicite de la cause véritable. Quelquefois aussi la cause simulée ne cachera aucune fraude; ainsi, sur un effet de commerce souscrit pour le règlement d'un prix de vente, on aura indiqué valeur reçue, ce qui semblerait indiquer un prêt d'argent, au lieu de porter qu'il s'agit d'un objet acheté. La simulation en pareil cas, et par elle-même, n'est pas une cause de nullité, étant supposé prouvé qu'il y a une cause réelle et licite. Par exemple, dans le système de la jurisprudence que je vous ai exposé en matière de donations déguisées, on pourra facilement faire une donation qui empruntera la forme d'une obligation résultant d'un prêt. Il y aura cause simulée ; mais la jurisprudence validera l'obligation, car elle a une cause réelle qui est l'intention de donner (Poitiers, 2 juillet 1872, D., 72, 2, 166 ; Cass. req., 9 nov. 1869, D., 70, 1, 167).

Pour ce qui est de la cause illicite, j'ai une dernière observation à vous présenter ; elle est relative à l'hypothèse d'un contrat synallagmatique. Nous avons vu sur ce point la relation existant entre la cause de l'obligation de l'une des parties et l'objet de l'obligation incombant à l'autre ; dès lors l'obligation de l'une des parties aura une cause illicite, quand l'objet de l'autre obligation sera illicite. Ainsi une personne s'engage à commettre un délit et l'autre promet de lui payer une somme pour la perpétration du délit. On voit la corrélation existant entre l'objet illicite d'une part et la cause illicite d'autre part. C'est ce qui explique comment les questions qui se rattachent à cet ordre d'idées peuvent se traiter à propos de l'objet, aussi bien que de la cause.

Prenons quelques exemples. On s'est demandé si les contrats qui interviennent entre une agence matrimoniale et une personne qui s'adresse à elle pour rémunérer les démarches qui auront été faites sont des contrats réguliers. C'est une question qu'on peut se poser sous deux formes. 1° On peut se demander si l'objet que promet l'agence n'est pas illicite ; 2° On peut se demander si la cause de la promesse de l'autre partie est illicite. L'affirmative ne peut être douteuse. Sans doute, le fait d'accepter un mandat en vue de négociations de mariage et des démarches qui y correspondent n'a rien en soi d'illicite ; mais ce que l'on vise, en parlant d'agences matrimoniales, ce sont des entremetteurs de profession qui se contentent d'une prime fort légère si les démarches échouent, mais qui stipulent une forte somme si le mariage vient à réussir, quelquefois même un tant pour cent sur la dot. On comprend en pareil cas qu'ils aient intérêt à faire réussir le mariage coûte que coûte, sans entrer dans aucune des considérations morales qu'exige un acte de cette gravité. Le mariage est incompatible avec ces sortes de marchés dont le résultat est de vicier l'essence même du mariage. C'est un contrat illicite au premier chef.

Un autre exemple est celui d'un entrepreneur de succès dramatiques ; la jurisprudence a condamné les entreprises de succès dramatiques. Ces entreprises tendent à procurer par des moyens qui ne sont pas avouables des succès dramatiques. C'est toujours la même chose ; l'objet de l'engagement est illicite, donc la cause est illicite. Nous pouvons aussi considérer la cause illicite dans un contrat unilatéral ; nous supposerons alors le fait déjà accompli ; et, au lieu de payer comptant, on contracte une obligation à terme comme rémunération du fait accompli. Si le fait à rémunérer était contraire aux mœurs ou aux lois, la promesse aurait une cause illicite.

J'appellerai encore votre attention sur une décision importante de la jurisprudence. Notre législation, sous une forme particulière, admet que l'on puisse à prix d'argent céder certains offices ministériels. Seulement, ces cessions se réalisent sous la forme d'une démission au profit du cessionnaire, en ce sens que le cessionnaire est présenté à l'agrément de l'autorité publique. Cette façon de procéder implique, pour l'autorité publique, le droit de contrôler les clauses du traité de cession ; on a considéré qu'il y avait intérêt public à ce que ces sortes de cessions ne soient pas faites à des conditions trop onéreuses, qui pourraient entraîner le nouveau titulaire à des prévarications. C'est pourquoi souvent on ne mentionne pas le prix réel ; et, au moyen d'une contre-lettre constatant qu'il y a eu dissimulation dans l'acte ostensible, on prend l'engagement de payer une certaine somme, au-delà de la somme déclarée. La question s'est élevée de savoir si ces contre-lettres tendant à augmenter secrètement le prix de la cession de l'office constituent un contrat obligatoire. Une jurisprudence constante décide qu'il y a cause illicite. Il ne peut y avoir de prix licite en pareille matière que le prix soumis au contrôle de l'autorité publique.

Je vous ai dit que, quand il s'agit d'une donation, il y a une cause juridiquement suffisante dans l'intention de donner. Est-ce à dire qu'à l'occasion d'une donation, il n'y ait pas à rechercher si la donation n'a pas une cause illicite. Il ne faut pas hésiter à décider que l'art. 1131 s'applique encore, même dans cette hypothèse. Il est vrai que nous ne demandons pas autre chose pour qu'il y ait donation que l'intention libérale ; mais si, à côté de cette cause, il y en a une autre qui est illicite, on tombe sous l'application de l'art. 1131. Ainsi, il a été décidé que la donation faite à une personne que l'on désigne dans l'acte comme son enfant, alors que ce serait un enfant adultérin, si en fait il est prouvé que la libéralité a été déterminée par l'idée de cette paternité adultérine, a une cause illicite. (Cass., 22 janv. 1867, D., 67, 1, 9). Il y aura difficulté sans doute sur la question de savoir s'il y a lieu de tenir compte de cette déclaration de paternité adultérine ; car d'ordinaire la loi n'admet pas la preuve de cette paternité. (Grenoble, 30 avril 1858, D., 58, 2, 264). Autre exemple : notre droit n'admet pas qu'il y ait incapacité de donner entre concubin et concubine. Mais, si en fait les tribunaux considèrent que la donation n'a pas été inspirée par une pure intention libérale, ou mieux comme une sorte de réparation, mais qu'elle a été déterminée par le désir d'obtenir la continuation de relations jugées immorales, et que par suite elle ait le caractère d'une sorte de salaire, ou de rémunération offerte dans ce but, elle a une cause illicite.

Cela ne veut pas dire, remarquez-le bien, que la jurisprudence entende se départir par là de l'idée classique suivant laquelle la cause de la donation reste uniquement l'intention libérale prise en elle-même, indépendamment du but qui l'inspire. Ce but n'est jamais qu'un motif, variable et distinct pour chaque donation prise en elle-même, comme il y a un motif et un but distincts pour chaque vente que l'on passe, très différent, vous le savez, de ce qui, pour chacune des obligations nées de la vente, en constitue la cause juridique. Je dis donc que la jurisprudence, en ce qui concerne les donations faites au profit d'un concubin, n'a pas entendu rejeter ces idées classiques et ériger en cause ce qui n'est au fond que le motif qui ait inspiré l'intention libérale, cause de la donation. Comment donc expliquer ces décisions de jurisprudence ? Je crois que l'on peut en donner deux justifications un peu différentes et qu'il importe de bien séparer, au point de vue des principes.

Voici une première explication, très généralement admise. On considère que, à côté de la théorie de la cause prise dans son sens technique, il y a le principe général en vertu duquel tout contrat contraire à l'ordre public doit être déclaré nul ; et pour savoir si un contrat est contraire à la morale ou à l'ordre public, ce n'est pas seulement dans chacun de ses éléments particuliers qu'il faut l'envisager, mais par son ensemble et surtout par son but. Il peut donc se faire, pour certains contrats tout au moins, que l'intention qui les a inspirés, et qui au fond n'en devait être que le motif juridique, suffise à leur imprimer dans l'ensemble un caractère d'immoralité qui les rende contraires à l'ordre public. Il n'en serait jamais ainsi en matière de vente ; parce que la vente est un contrat complet par lui-même, qui se présente à l'extérieur avec ses deux équivalents très nettement précisés, lesquels suffisent à dégager le contrat lui-même des motifs particuliers de chacun des contractants. Mais il n'en est plus de même de la donation, laquelle est un contrat sans équivalent matériel. Il peut donc arriver qu'elle renferme en quelque sorte un équivalent moral, si je puis ainsi parler, qui fasse corps avec le contrat, qui en devienne un élément essentiel voulu par les deux parties, pris en considération par elles ; de telle sorte que cet élément intentionnel, ce but final de la donation, pour tout le monde, devienne une des caractéristiques du contrat, et que ce soit lui qui lui donne son caractère propre au point de vue de la moralité publique ; que ce soit lui par conséquent qui en fasse un contrat conforme, ou contraire, aux notions d'ordre public. C'est ce qui se passe lorsque, pour un concubin, la donation n'a d'autre but que d'obtenir le maintien de relations contraires à la morale. Cette intention devient un élément juridique du contrat qui lui imprime dans l'ensemble le caractère d'un contrat illicite sur le fondement de l'art. 6 du Code civil.

Mais, à côté de cette première explication, il y en a une autre qui me paraît plus précise, et plus juridique. Le point faible, en effet, de celle que je viens de vous exposer, est qu'il devient difficile, sinon impossible, de bien marquer comment il peut se faire que cette notion d'ordre public, tirée du but de l'obligation, en dehors de ce qui en est la cause juridique, puisse suffire à faire invalider de ce chef la donation, alors qu'elle resterait sans effet s'il s'agissait d'un contrat synallagmatique, ou encore de tout autre contrat intéressé, comme un emprunt par exemple ayant un but illicite. Pour comprendre que le but immoral soit pris en considération, il faut en arriver à faire entrer ce but, comme je le disais tout à l'heure, dans les éléments constitutifs du contrat, de telle sorte qu'il ne reste plus étranger à la loi et que celle-ci n'ait plus à l'ignorer. Il cesse donc d'être un but au sens juridique du mot, pour devenir une cause proprement dite. Je ne dis pas, remarquez-le bien, qu'il devienne la cause unique de la donation et de l'obligation prise par le donateur ; je ne prétends pas, par conséquent, qu'il faille désormais, faire abstraction de l'intention libérale, laquelle constitue la caractéristique de la donation. Je dis simplement que la donation peut être caractérisée juridiquement, d'abord, et essentiellement, par l'intention libérale du donateur envers le donataire, et en outre par une intention parallèle et conjointe, qui serait d'obtenir par cette libéralité la réalisation d'un but immédiat et direct, rentrant parmi les considérations principales visées par le donateur. Ce but devient en quelque sorte, pour reprendre une expression sur laquelle je tiens à insister, l'équivalent moral pour lequel la prestation est fournie ; il entre dans les éléments constitutifs du contrat, de telle sorte que celui-ci, à côté de sa cause ordinaire, a une cause nouvelle qui est illicite. Il ne faut donc pas dire que cette donation cesse d'être une donation ; et c'est à quoi l'on devrait aboutir si on prétendait, comme le fait une théorie un peu différente de la mienne, que, en pareil cas, la véritable cause de la donation n'est plus l'intention libérale, mais la considération et le motif qui l'inspirent, lesquels se trouveraient érigés en cause exclusive de la prestation faite, ou de l'obligation assumée par le donateur. Le contrat aurait changé de nature. Ce serait, à mon sens, une idée très fausse. Ce que je veux dire, c'est que, dans toute donation, la cause juridique reste l'intention de donner. Seulement, en dehors de cette cause principale, il peut y avoir lieu de tenir compte du but final qui l'inspire ; il en sera ainsi lorsque ce but aura été pris en considération par les deux parties, lorsqu'il aura pu devenir ainsi comme une sorte d'équivalent moral qui, dans l'intention des parties, explique et justifie la prestation elle-même. Et, par avance, nous avons déjà vu qu'il en était ainsi au cas de dépôt. Donc, ce que j'admets exceptionnellement pour certaines donations est loin d'être contraire aux principes généraux du Code civil.

Ceci bien compris, je vous signale l'art. 900 du Code civil, lequel contient une disposition très remarquable, à savoir que dans les libéralités, s'il y a condition illicite, la donation est valable, mais la condition reste non écrite. Alors, va-t-on par là valider toute donation faite sous condition contraire aux lois ou aux mœurs ? La jurisprudence n'a pu s'y résoudre. Elle s'est tirée de la difficulté grâce à une distinction ingénieuse, répondant à la question suivante : cette prétendue condition ne serait-elle pas la véritable cause de la donation ? S'il en est ainsi, on tombe sous le coup de l'art. 1131. D'ailleurs, pour ce qui est de savoir si telle ou telle modalité adjointe à une donation constitue une condition au sens de l'art. 900 ou une cause au sens de l'art. 1131, la Cour de cassation admet que c'est là une question de fait sur laquelle les tribunaux sont souverains (Cass., 7 juill. 1868, D., 68, 1, 446).

Vous voyez la corrélation qui rattache cette décision nouvelle à celle que donne la jurisprudence à propos des donations entre concubins. Dans cette dernière hypothèse, elle partait de cette idée que, à côté de la cause juridique, identique et invariable pour toute donation, et qui est l'intention libérale, il peut y avoir une autre cause acceptée par les parties, et qui entre parmi les éléments essentiels du contrat ; dont le droit par conséquent doit tenir compte pour apprécier le contrat lui-même. Il en était ainsi lorsque les parties avaient eu en vue la réalisation d'un but qui dût servir d'équivalent, en quelque sorte, à la libéralité fournie, et qui fût pour elle ce qu'eût été la *res* dans un contrat innommé du droit romain. A plus forte raison, en sera-t-il ainsi lorsque cet équivalent a pris la forme d'une clause véritable insérée dans le contrat, lorsqu'il ne s'agit plus seulement d'un équivalent moral, comme je le disais tout à l'heure, mais d'un équivalent matériel, inséré dans le contrat sous forme de condition à accomplir par le donataire. Dans ce cas, il est vrai de dire, comme nous le disions tout à l'heure que, à côté de la cause juridique manifestée par l'intention libérale, il y a une cause en quelque sorte supplémentaire, justificative ou explicative, de la donation, laquelle est la condition imposée au donataire, puisque c'est le but même que poursuit le donateur et que c'est pour l'atteindre qu'il a donné : c'est donc bien là le *cur debetur*, caractéristique de l'idée de cause.

Et vous voyez l'intérêt pratique considérable de tout ce développement de jurisprudence. Ce n'est pas seulement de pouvoir faire révoquer la donation pour inexécution des conditions ; nous n'avions pas besoin pour cela de faire intervenir la théorie de la cause. L'art. 954 suffisait. L'intérêt pratique est d'introduire une distinction parmi les conditions susceptibles d'affecter une donation, les unes, n'ayant qu'un caractère accessoire et secondaire, qui ne constituent pas le but principal visé par le donateur et qui rentrent dans la catégorie des modalités auxquelles s'applique l'art. 900 du Code civil ; les autres ayant le caractère principal d'un but direct voulu par les parties, et pour la réalisation duquel la donation ait été faite : dans ce dernier cas, il ne s'agit plus d'une condition, mais d'une cause, laquelle n'est plus visée par l'art. 900, mais par l'art. 1131. Et alors, si cette fausse condition, qui en réalité n'est qu'une cause de la donation, est en elle-même illicite, il ne faudra plus l'effacer, comme non écrite, tout en laissant subsister la donation ; c'est ce qui arriverait pour une véritable condition, modalité accessoire du contrat, nous le verrons sur l'art. 900 du Code civil. Il faudra dire, en vertu de l'art. 1131, que la cause étant illicite, tout doit tomber, et que c'est la donation elle-même qui serait nulle.

Nous évitons ce scandale d'un contrat qui continuerait à s'exécuter après qu'on en eût effacé la clause principale voulue par les parties, ou tout au moins par l'une d'elles, clause sans laquelle le contrat n'eût pas été passé. La jurisprudence apporte ainsi un correctif très équitable à l'application rigoureuse de l'art. 900, correctif qui ramène ce dernier, et le réduit à ses véritables limites, et qui le rend ainsi d'une application moins arbitraire et rationnellement admissible : la condition ne sera considérée comme non écrite que dans les cas où, par son caractère accessoire et secondaire, il est en effet vraisemblable que, même sans elle, le donateur eût encore consenti à donner.

Seulement, cette distinction entre la condition modalité, et la condition cause de la donation, est une question d'interprétation extrêmement délicate à apprécier. Comme je vous l'ai dit, ce n'est plus qu'une question de fait, puisqu'il s'agit d'interpréter l'intention du donateur. Il faut savoir s'il a donné surtout pour donner, et si son intention libérale eût été indépendante de la condition imposée par lui ; ou s'il n'a donné que pour obtenir l'exécution de la condition visée. Il y a là une appréciation de fait laissée entièrement à la discrétion des tribunaux.

Preuve de la cause.

Cette théorie générale exposée, il reste un point extrêmement important : c'est le point de vue de la preuve. Pour bien comprendre la question qui s'élève sur ce point, et la signification du texte qui s'y réfère (art. 1132), il faut remonter au droit romain.

Comme je l'ai déjà dit, dans les contrats formels, le droit civil romain, pris sous sa forme initiale rigoureuse, ne s'enquérait nullement de l'existence de la cause, ni de savoir s'il y avait une cause, ni si elle était illicite. Cette théorie avait été atténuée par le droit civil lui-même, mais surtout par le droit prétorien. Pour le cas de fausse cause et de cause illicite, on arrivait en fin de compte au même résultat pratique, à peu près, que dans notre législation. On a stipulé; ce sera, si vous voulez en vue d'un prêt qui a été fait, ou qui doit être fait, et l'emprunteur s'oblige à restituer la somme prêtée, mais il s'y oblige sous la forme de la stipulation. Or il peut se faire que l'emprunteur se soit ainsi obligé en vue d'une cause qui se trouve inexistante ou qui ne se réalise pas. Par exemple, le futur prêteur a demandé qu'on fît la promesse avant que la *mutui datio* fût réalisée. En droit civil, le débiteur était obligé par le fait seul de la stipulation; mais le droit prétorien venait à son secours avec l'exception de dol; de sorte qu'à la réclamation du créancier le débiteur pouvait opposer l'*exceptio doli;* et sous cette forme le débiteur faisait annuler son obligation pour défaut de cause. (L. 2, § 3, de *dol. mal. et met. excep.*, D., 44, 4). On était même arrivé à un résultat plus radical ; on considérait qu'il avait fait une promesse en vue d'une cause non réalisée ; et par imitation de ce qui se faisait au cas de *datio ob causam datam causa non secuta,* on admettait le débiteur à prendre les devants pour obtenir sa libération (L. 9, § 1 *de Condict. caus. dat. caus. non secut. D., 12, 4).* Ce que je dis de l'hypothèse de l'obligation contractée en vue d'une cause qui ne s'était pas réalisée, je le dirais de même des cas d'obligation contractée *ob turpem causam.*

Seulement dans toutes ces hypothèses, le fardeau de la preuve au point de vue de l'inexistence de la cause, ou de son caractère immoral, était imposé au débiteur et non au créancier. C'était une charge extrêmement lourde pour le débiteur; et nous constatons qu'à une époque postérieure, lorsque la promesse avait pour objet une somme d'argent, on était arrivé à accorder au débiteur, au lieu de l'*exceptio* de dol, une *exceptio in factum* dite *non numeratæ pecuniæ,* qui présentait cette particularité que c'était celui à qui elle était opposée qui devait faire la preuve. Ainsi Primus a promis cent écus d'or à Secundus ; celui-ci exerce son action : le débiteur dans ce cas, en lui opposant l'*exceptio non numeratæ pecuniæ*, l'obligera à prouver qu'il avait en réalité versé les deniers. Comment expliquer ce renversement de la preuve ? Il y a à ce sujet des textes qui donnent de mauvaises raisons (Voyez au Code (4, 30), L. L., 3 et 10). La vraie raison doit être cherchée dans cette observation de fait qu'on avait constaté de la part des prêteurs de véritables fraudes que l''état antérieur de la législation ne parvenait pas à prévenir. Le prêteur pouvait ne pas verser les deniers, ou bien il n'en remettait qu'une partie afin de déguiser une convention usuraire ; et cependant la stipulation, telle qu'elle avait été faite, non seulement restait valable en soi, mais impliquait, pour que l'exception de dol pût en paralyser les effets, que la preuve du défaut de cause, c'est-à-dire du non versement des espèces, fût fournie par le débiteur. C'est pour porter remède à ces abus que la législation impériale avait organisé cette exception *non numeratæ pecuniæ.*

Dans la pratique, on ne se bornait pas à faire une stipulation; on constatait par un écrit, nous dirions un billet, les textes appellent cela une *cautio*, soit la *numeratio*, soit la *stipulatio*. Ce billet faisait-il une preuve plus complète que n'aurait pu faire la stipulation elle-même? Je n'ai pas à le rechercher. En tout cas, ce qui avait été admis c'est que l'*exceptio non numeratæ pecuniæ* pourrait être opposée avec les mêmes effets qu'au cas de stipulation prouvée. Car il y avait mêmes dangers. Cependant vers l'époque du Bas-Empire on avait fait une distinction. Si le billet mentionne la numération comme faite antérieurement, la preuve incombe au débiteur, et d'une façon rigoureuse, par écrit. Si au contraire le billet ne mentionne pas la cause, on conserve les anciens principes ; la preuve est à la charge du créancier. Tels sont les précédents que le droit romain fournit sur notre question.

XXXIXe LEÇON

PREUVE DE LA CAUSE (SUITE). — HISTORIQUE. — EXPLICATION DE L'ARTICLE 1132. — PROMESSES ET STIPULATIONS POUR AUTRUI.

Nous avons vu le rôle de l'*exceptio non numeratæ pecuniæ* dans le cas où il y avait eu une *cautio*. Cette exception n'était valable que pendant un certain temps; et alors le débiteur pouvait prendre les devants et intenter, au début la *condictio stipulationis*, et, par la suite, la *condictio chirographi*.

Cette législation était très dure pour le créancier, surtout si, comme nous le voyons dans une loi du Digeste, le billet contenait reconnaissance de la part du débiteur de la numération et réception des espèces (L. 40, D., 12, 1). Aussi dans le dernier état du droit, voyons-nous qu'on était arrivé, au point de vue de la preuve de la cause, à faire une distinction importante (L. 13, Code *de non numeratæ pecuniæ*, 4, 30 et L. 25 § 4, *de Probat.*, 4, 19). Si le billet énonce la cause comme déjà réalisée, alors le débiteur est lié par la reconnaissance qu'il a ainsi faite; on admet seulement qu'il pourra faire la preuve contraire, et encore exclusivement par écrit. A défaut de la reconnaissance de cette numération comme *causa antecedens*, si le billet n'est pas causé, ou s'il est causé autrement que par le fait d'une numération antérieurement intervenue, on maintient la législation précédente : obligation pour le créancier de faire la preuve de la cause.

Ces règles rappelées, il s'agit de savoir ce qu'elles étaient devenues en ancien droit et ce qu'il en est aujourd'hui de la question de preuve en matière de cause. Notre ancienne jurisprudence est loin d'être fort précise sur ce point. Si nous consultons le nouveau Denizard, nous y voyons la mention d'un arrêt de règlement du Parlement de Paris du 16 mai 1650, lequel paraît exiger que tout billet constatant obligation de restituer une somme d'argent contienne la mention de la cause à peine de nullité. (V° *Billets*, § 1). On a pu croire que cette solution se référait uniquement aux billets au porteur. Quoi qu'il en soit, dans le même recueil nous trouvons, postérieurement à 1650, des arrêts reconnaissant la validité du billet bien que non causé. Il semble qu'ici validité veuille dire validité de l'obligation elle-même, la question de preuve relativement à la cause étant d'ailleurs réservée. Il est certain que l'ancienne jurisprudence n'hésitait pas à ne pas subordonner à la mention de la cause la validité de l'obligation.

Mais restait la question de preuve : c'est sur ce dernier point qu'il est peut-être téméraire d'affirmer que notre ancienne jurisprudence fût fixée en un sens ou dans l'autre. On peut croire cependant qu'on avait abandonné les idées du droit romain sur l'*exceptio non numeratæ pecuniæ*. Voyez ce que dit Loysel (liv. V, tit. II, n° VI avec annotation de Davot). « Exception d'argent non nombré n'a point de lieu » ; et dans une note de Davot sur cette maxime, nous lisons ce commentaire : « En France cette exception n'est point admise, la reconnaissance tient lieu de preuve ». Enfin, à l'occasion d'un arrêt du 17 juillet 1706, l'avocat général Merlin constatait que « par notre usage, tout homme qui a signé volontairement une promesse est valablement obligé. » Merlin (*Questions de droit*, V° *cause des obligations*). Il semble donc que, même en supposant la promesse non causée, le débiteur poursuivi en paiement de son billet, ne pouvait pas rejeter sur le créancier la preuve de l'existence de la cause.

Cependant on ne peut affirmer que la règle fût parfaitement assise ; notamment certains auteurs paraissaient s'être attachés à une distinction qui eût été celle-ci : le billet portait t-il reconnaissance d'une dette sans indication de l'origine? on considérait qu'il y avait une cause suffisante ; s'il contenait seulement promesse de payer à telle date, on voulait en conclure qu'il n'y aurait pas allusion suffisante à la cause.

(Vº BOICEAU, *Traité de la preuve.* Liv. 2 et 3 avec annotations de DANTY).

Ces précédents rappelés, voyons quels sont, dans le droit actuel, les principes en cette matière ; puis, en dehors des principes, les règles positives que nous trouverons dans les textes. Précisons d'abord les points qui doivent être mis hors de question, et par conséquent ce qui doit être considéré comme acquis. Le créancier qui poursuit doit prouver l'existence de l'obligation, celle par suite de tous les éléments qui la constituent, donc de la cause. Voilà le principe théorique ; si le créancier, à l'appui de sa prétention, présente un écrit indiquant une cause, sa preuve est faite, sauf au débiteur à prouver que la cause indiquée est mensongère et que par exemple elle déguise une cause illicite. Il pourrait aussi prouver que la cause qui est indiquée au billet, et qui est simulée, déguise l'absence de cause ; par exemple, que, ce billet, il l'a souscrit pour une dette de jeu. Le débiteur doit faire la preuve contraire ; mais comment la fera-t-il ? Il peut arriver dans certains cas exceptionnels qu'il ait une preuve écrite, une contre-lettre par exemple ; alors point de difficulté ; c'est l'hypothèse prévue dans la loi 13 au Code au titre *de non numerata pecunia* (4, 30). Mais s'il n'en a pas, pourra-t-il prouver par témoins ? Cette preuve n'est pas admise pour prouver contre le contenu aux actes, seulement il faut dire que ces règles et prohibitions sur la preuve disparaissent quand l'acte est attaqué pour fraude à la loi (art. 1353). Et dans la plupart des cas c'est ce qui arrivera ; ainsi, le billet souscrit constitue une contre-lettre constatant l'augmentation du prix de cession d'un office ministériel.

Mais il peut aussi arriver que le billet ne mentionne pas la cause de l'obligation. Supposons qu'il soit ainsi libellé : « Je reconnais devoir à M. X.... la somme de.... que je lui paierai à telle date ». Ou bien : « Je promets payer à M. X.... la somme de.... à telle date ». Pour cette hypothèse, nous avons un texte qui prévoit le cas, ou qui paraît bien le prévoir ; ce texte devrait se trouver au chapitre sur les preuves ; il se trouve à notre section ; c'est l'art. 1132, portant que la convention n'en est pas moins valable encore que la cause n'en soit pas exprimée.

Qu'entend-il d'abord par la convention ? Serait-ce le contrat lui-même ? Cela paraît difficile à supposer ; comment aurait-on pu penser que le défaut d'expression de la cause pût avoir effet sur l'obligation elle-même ? Qu'importe, à ce point de vue de l'obligation, que la cause soit ou non exprimée ? Ce qui prouve que ce mot signifie l'acte même destiné à constater la convention, ce sont les termes de l'art. 1132 : il parle de cause non exprimée, ce qui implique un acte. L'art. 931 nous montre le mot contrat employé dans le même sens.

Cela établi, voici une première explication incontestable de l'art. 1132. Il signifie d'abord que, lorsque le contrat est constaté par un billet, cet acte écrit constate suffisamment et valablement la promesse, quoiqu'il ne mentionne pas la cause. Je vous rappelle qu'en ancien droit il y avait une opinion qui, en pareil cas, par suite d'une certaine confusion entre le billet et la promesse, et par souvenir de la stipulation, déclarait la promesse nulle également. Il est possible que ce soit tout d'abord cette opinion qu'on ait voulu écarter. Je vous rappelle aussi les art. 110 et 188 du Code de commerce, que je vous ai cités et qui, pour les lettres de change et billets à ordre, exigent que le billet exprime la cause, par exemple la valeur fournie; sinon c'est la promesse elle-même qui n'est pas valable, en tant que promesse faite par lettre de change ou billet à ordre.

Au contraire, l'art. 1132 signifie que pour toute autre promesse la loi n'exige pas, pour que la promesse soit valable et valablement constatée, qu'il y ait mention de la cause. Ainsi, ni l'obligation, ni l'acte écrit qui la constate, ne sont nuls pour défaut d'indication de la cause. Mais qui devra prouver qu'il y a une cause ? Voilà la véritable question que soulève l'art. 1132.

Il y a des auteurs qui pensent que le créancier étant tenu, d'après les principes, de prouver, non seulement la promesse, promesse qui est prouvée par le billet puisque le billet n'est pas nul, mais encore de démontrer que cette promesse forme un contrat, lequel implique comme élément essentiel qu'il y ait une cause de l'obligation, doit établir par conséquent qu'il y a contrat, donc que l'obligation a une cause : ce que l'on expose quelquefois d'une autre façon, en disant que le créancier doit établir tous les éléments de son obligation, donc la cause qui en est un des éléments essentiels. Or, le billet prouve bien la promesse, mais non la cause. Cette doctrine rétablirait à peu près la doctrine du droit romain en son dernier état ; le billet n'étant pas causé, le créancier devra faire la preuve.

Une deuxième opinion distingue suivant que le billet a une cause implicite, parce qu'il se réfère à une obligation antérieure : « Je reconnais devoir » ; ou suivant qu'il ne fait allusion à aucune cause. Cette distinction peut invoquer, comme vous le savez, certaine doctrine de notre ancienne jurisprudence.

Enfin, la troisième opinion admet que l'existence seule du billet constatant la promesse du débiteur implique présomption d'une cause, présomption qui vaudrait jusqu'à preuve contraire, cette dernière étant à la charge du débiteur (Cass., 16 août 1848 ; Cass., D. 49, 1, 193). L'art. 1132 nous dit, en effet, que la convention est valable, quoique la cause n'en soit pas exprimée. Je vous ai montré que, par là, il a eu en vue l'acte écrit ; cela étant, dire qu'il est valable, cela veut dire qu'il est valable au point de vue sous lequel on se place pour apprécier la validité d'un acte écrit, c'est-à-dire au point de vue de la preuve. En ce qui concerne les précédents, il semble que ce soit bien en ce sens-là que l'article 1132 a été inséré dans notre Code. Rappelez-vous d'abord que, dans le dernier état du droit, nous voyons affirmé par Loysel que l'exception *non numeratæ pecuniæ* n'a plus lieu, et ceci est reconnu par l'avocat général Merlin sur l'arrêt de 1706 ; il semble donc bien que ce soit dans ce sens qu'on ait voulu admettre ce texte dans les travaux préparatoires (LOCRÉ, t. XII, p. 139, 129).

Cette opinion est-elle en désaccord avec les principes? Certains auteurs l'ont prétendu en disant que le billet ne prouve que la promesse, et non la cause. Mais on oublie que le billet fournit au moins un aveu de la part du débiteur, l'aveu de l'existence de l'obligation : c'est donc l'aveu de la cause; et en me plaçant à ce point de vue, je repousse la distinction que l'on voudrait faire d'après la formule employée. Lorsqu'on dit : « je promets payer, » c'est reconnaître l'existence de l'obligation, donc sa cause. Que nos anciens auteurs aient pu faire cette distinction, cela s'explique ; c'est que, dans le principe, on était sous l'empire de l'*exceptio non numeratæ pecuniæ;* et l'on voulait alors, par cette distinction, soustraire certaines hypothèses particulières à l'application de la règle romaine. Mais cette *exceptio* était déjà repoussée à la fin de l'ancien droit.

Cette doctrine tend donc à reporter sur le débiteur la preuve de l'absence de cause. On objecte, il est vrai, que la preuve d'une négation est chose impossible en thèse générale. Pour ce cas particulier il faudrait, dit-on, que le débiteur parcourût le cercle infini des causes pour montrer qu'aucune d'elles n'a lieu dans l'espèce; cette objection trouverait un fondement dans la loi 10 au Code, tit. *de non numerat. pecun.* (4, 30), laquelle, je le reconnais, donne ce prétendu motif comme explication du renversement de la preuve. Mais on comprend qu'à Rome on ait cherché des raisons extra-juridiques pour justifier une règle qui apparaissait alors comme un peu arbitraire, puisqu'on était en dehors des principes stricts du droit. En droit romain, en effet, la stipulation prouvée, la preuve était faite.

Quoi qu'il en soit, cette objection en soi est sans valeur; si une proposition négative ne peut être prouvée, cela tient à ce que la négative serait indéfinie ; et cela serait tout aussi vrai, si au lieu d'une négation, il s'agissait d'une affirmation. Or une proposition indéfinie cesse d'être indéfinie quand elle peut se transformer en une proposition affirmative. Ainsi, dans l'espèce que nous examinons, le débiteur demandera à prouver qu'il y a cause illicite ou cause nulle, par exemple dette de jeu ; ce sont là des faits très précis qu'il demande à établir. D'ailleurs n'avons nous pas dit que, si le billet eût porté l'indication de la cause, le débiteur aurait pu encore prouver le défaut de cause ?

En un mot, notre législation a effacé jusqu'aux dernières traces de l'*exceptio non numeratæ pecuniæ*. La loyauté dans les relations privées s'est certainement développée; et, dans nos conditions sociales, il n'y avait plus les mêmes raisons pour protéger arbitrairement le débiteur. Ce qui prouve enfin le bien fondé de l'interprétation que je vous ai proposée, c'est un décret du 17 mai 1808, concernant les billets ou promesses qui auraient pu être souscrits par un non commerçant au profit d'un israélite. Dans ce cas, pour des raisons spéciales, et dans des circonstances particulières, on revient à l'*exceptio non numeratæ pecuniæ*. C'est donc que l'interprétation de l'art. 1132 était contraire au maintien de cette exception. Il n'y a là du reste qu'un accident dans notre législation.

Ma dernière observation est qu'il ne faut pas confondre avec notre hypothèse celle où le billet aurait une cause simulée. Dans ce cas, lorsque le débiteur a fait la preuve de la simulation, le fardeau de la preuve se déplace ; et, la cause exprimée disparaissant, c'est au créancier à prouver qu'il y en a une autre, et qui ne soit pas illicite. (Cass., 9 fév. 1864, D., 64, 1, 211). Ainsi le débiteur prouve que le prêt indiqué comme cause de l'obligation n'a jamais eu lieu. Il semblerait qu'on pût dire : C'est comme si le billet n'était pas causé ; donc le débiteur devra en outre prouver qu'il n'a pas de cause du tout. Cependant les circonstances sont bien différentes ; le billet non causé implique de la part du débiteur l'aveu qu'il y a une obligation ayant une cause valable aux yeux de la loi. Quand le débiteur n'a rien dit, on peut en effet admettre cette présomption. Mais quand il a fait, ou quand il a fait faire, une déclaration mensongère, on ne peut plus voir dans les énonciations du billet l'aveu d'une cause existante et licite. Au contraire, la présomption se retourne, et c'est une présomption contraire qui s'élève ; l'aveu du débiteur disparaissant, c'est alors qu'il est exact de dire que c'est au créancier à faire la preuve de la cause.

En réalité, la théorie de la cause implique, dans le Code civil français, une réaction de l'esprit nouveau qui s'attache, en matière de contrats, à toutes les nuances de la volonté des parties, contre l'esprit formaliste, qui accepte de s'en tenir à une volonté de surface, formulant la promesse sans révéler la cause à laquelle elle se rattache. C'est ce qu'admettait le droit romain en matière de stipulation ; le droit français a voulu, en dépit des contractants et alors même que ceux-ci eussent laissé dans l'ombre une partie de leurs intentions, le droit français a voulu, dis-je, prendre la convention dans toute son unité et son intégralité ; s'il y a un des éléments du consentement qu'on lui cache, il présume la fraude, ou peut-être la contrainte à l'égard de l'une des deux parties ; il n'accepte plus de faire ainsi intervenir la loi sans savoir. Cet élément, il veut le connaître ; et ce contrat, il ne le sanctionnera qu'après avoir pu l'apprécier dans son ensemble, dans la partie qui est avouée dans l'acte écrit, signé des contractants, et dans la partie réservée et soustraite à la publicité.

Mais sur ce point comme sur biens d'autres, il y a une tendance à abandonner ces idées rationnelles, pour revenir à un droit plus simpliste, et par conséquent plus formaliste : la forme l'emportant sur le fond; il paraît que la sécurité des relations l'exige. Nous l'avons déjà vu, en matière commerciale, pour les effets de change. Mais, même pour les billets de caractère civil, dans certaines législations, par exemple, sinon dans la législation, mais dans la doctrine allemande, on parle de revenir à l'admissibilité d'une promesse formelle, valable indépendamment de sa cause, ce que les Allemands appellent la promesse abstraite, analogue à l'ancienne *stipulatio*.

Puis, à côté de cette promesse abstraite, la doctrine allemande admet également un contrat de reconnaissance de dette, généralement subordonné à la rédaction d'un acte écrit et dont l'effet serait d'impliquer validité de l'obligation ainsi reconnue, et cela indépendamment de toute recherche de sa cause juridique. Cependant, on ne l'admet que sous réserve de certains correctifs importants. C'est ainsi que le débiteur pourrait tenir en échec l'action du créancier en établissant que, si l'engagement restait valable et qu'il fût exécuté, il y aurait, par le fait même, pour le créancier, enrichissement sans cause. Il en serait de même si l'exécution de la promesse ainsi constatée impliquait l'existence d'une cause illicite ; dans tous ces cas, il y aurait exception et action sur le fondement de la *turpis causa*.

Cela étant, il semble bien que cette théorie allemande revienne, en fait, à la théorie que je vous ai exposée sur l'art. 1132. La reconnaissance de dette, constatée par un billet, est l'analogue, pour le droit allemand, du billet non causé de l'art. 1132, de celui par lequel le débiteur reconnaît devoir. Nous savons qu'il vaut indépendamment de la preuve de la cause, sauf au débiteur à prouver la cause fausse ou illicite. De même, dans le droit allemand, le débiteur prouverait l'enrichissement sans cause ou la *turpis causa*. N'est-ce pas la même chose ?

Il y a cependant une différence. Dans notre droit, le débiteur pourra faire la preuve de l'absence de cause dans certaines hypothèses où la théorie allemande n'admettrait aucune ressource au profit de ce même débiteur, parce qu'il n'y aurait ni *turpis causa*, ni enrichissement injuste. On peut supposer en effet qu'on souscrive un billet en vue de donner satisfaction à une pure obligation de conscience qui n'implique l'existence d'aucune obligation juridique, même naturelle. Dans notre droit, le débiteur aurait toujours la ressource de prouver le défaut de cause, à moins qu'il n'y ait donation proprement dite, ou que l'on pût faire rentrer cette cause purement morale parmi ces conditions dont nous avons parlé à propos de l'art. 900, ou parmi ces rapports juridiques dont certaines donations entre concubins nous ont donné l'exemple, qui peuvent être érigés en cause d'un acte de disposition, promesse ou paiement. Mais, en dehors de ces hypothèses, qui, d'ailleurs, sont elles-mêmes très contestables et très contestées, il y aurait chez nous paiement sans cause, s'il y a eu livraison d'espèces, ou obligation sans cause s'il s'agit d'un billet portant reconnaissance de dette. Pour la doctrine allemande, on ne pourrait, en pareil cas, ni prouver l'enrichissement injuste, ni établir la *turpis causa*. Telle serait la différence entre les deux doctrines. Je me hâte d'ajouter pour finir que cette théorie allemande a été élaborée sur le terrain du droit commun allemand, lequel n'est autre que celui des Pandectes; il y a donc là une transformation, ou plutôt une adaptation aux exigences de la vie moderne, de l'ancienne *stipulatio*. Nous ne pouvons pas savoir, le jour où les Allemands se donneraient une législation unitaire, comme il en est question puisqu'il y a actuellement un projet de Code civil en préparation, de quel côté se ferait l'orientation définitive, du côté du contrat abstrait, imité des romains, ou du côté du contrat impliquant l'idée de cause, comme c'est la théorie française (1).

Promesses et stipulations pour autrui.

Outre le consentement, l'objet et la cause, il y a une dernière condition exigée pour qu'il y ait contrat valable ; elle consiste en ce que la convention doit établir un lien entre les parties. Nous arrivons ainsi à la théorie des promesses et stipulations pour autrui.

La conception de la loi est que ces sortes d'engagement ne peuvent pas être valables parce qu'ils n'établissent pas de lien entre les parties. Pour qu'un contrat constitue un acte juridique sanctionné par la loi, il faut, conformément à son but, qu'il crée un lien d'obligation entre les parties intervenant à la convention. Le texte qui pose le principe est l'art. 1119. Lisez-le et vous reconnaîtrez une fois de plus la traduction presque littérale de formules rencontrées dans le droit romain (§ 19, Inst., L. III, tit. XIX : « *Alteri stipulari nemo potest* » et § 21, Inst. *eod. loc* : « *qui alium facturum promisit, videtur in ea esse causa, ut non teneatur, nisi pœnam ipse promiserit)* ».

Notre article est la reproduction de ces deux règles combinées. Seulement, dans la formule du Code civil, rapprochée des textes romains, il y a une différence essentielle. Le texte ne dit pas simplement qu'on ne peut d'une façon générale s'engager ou stipuler que pour soi-même, ce serait le texte romain. Il dit qu'on ne peut s'engager en son propre nom que pour soi-même. Donc *a contrario* on peut valablement pro-

(1) Le nouveau Code civil allemand a consacré la théorie traditionnelle en Allemagne de la promesse abstraite et du contrat de reconnaissance de dette (art. 780 et 781).

mettre ou stipuler pour autrui, quand on contracte au nom du tiers pour qui on fait la promesse ou la stipulation. En effet notre droit admet qu'on puisse contracter pour un tiers lorsque l'on agit comme mandataire de ce tiers. Un tel contrat produira ses effets dans la personne du mandant. Ce qui est vrai du cas où l'on agit comme mandataire est également vrai du cas où, sans mandat, on agirait comme gérant d'affaires d'un tiers ; de telle sorte que l'art. 1119 ne vise absolument pas le cas où une personne agirait, stipulerait, ou promettrait, non pas en son propre nom à elle, mais au nom d'un tiers. Maintenant, sur le langage même du texte, une dernière observation à présenter ; c'est qu'on a traduit les termes qui étaient employés par la jurisprudence romaine à propos de la stipulation, et cela explique que nos textes supposent des obligations unilatérales. Mais, il est bien entendu que dans notre droit l'ancienne formule romaine, telle qu'elle a été traduite par l'art. 1119, ne veut pas dire autre chose que ceci, qu'on ne peut pas en son propre nom contracter pour autrui comme débiteur ou comme créancier.

Voyons d'abord la première règle, laquelle consiste à dire qu'on ne peut s'engager en son propre nom que pour soi-même. C'est, comme je vous le disais, du texte que nous avons trouvé aux Institutes que cette règle est tirée : *si quis alium daturum promisit non obligatur*. Seulement le droit romain ajoutait immédiatement un correctif. Lorsque je promets, disait-on, que Titius vous donnera cent écus d'or, la promesse que je fais sera valable, si je promets en outre de faire en sorte que Titius vous donne ces cent écus. Cela veut dire que si l'on a promis le fait d'autrui sans s'engager à le procurer, on n'est tenu d'aucune obligation ; si, au contraire, on s'est engagé soi-même à procurer le fait d'autrui, on est tenu de cette obligation (Cf. L. 83, Dig. *de Verb. oblig.*). Vous voyez que l'idée de la loi est que, lorsqu'on a promis le fait d'autrui sans avoir eu la pensée de s'obliger, on n'est pas obligé soi-même. Nous aurons à voir ce qui se passerait au contraire si, en promettant le fait d'autrui, on avait entendu uniquement s'engager soi-même à le procurer.

XLe LEÇON

PROMESSES ET STIPULATIONS POUR AUTRUI (SUITE). — PROMESSE POUR AUTRUI : CONVENTION DE PORTE FORT. — STIPULATION POUR AUTRUI : HISTORIQUE. — CAS OU LA STIPULATION POUR AUTRUI EST VALABLE.

Les dispositions du Code civil concernant les promesses et stipulations pour autrui sont, pour la plupart, empruntées au *Traité des Obligations* de POTHIER (n°s 53 et suivants). Pothier lui-même avait emprunté la formule, que le Code civil a recueillie de lui à son tour, aux textes du droit romain (Instit. L. III, XIX §§ 3, 4, 19, 20 et 21).

Je vous rappelle qu'il existe entre la formule romaine et la formule française une différence fondamentale. La formule romaine déclare nulle toute promesse ou stipulation pour autrui sans autre explication ni réserve ; chez nous, on ne déclare nuls les actes de ce genre qu'autant que le promettant ou le stipulant agit en son propre nom. Si donc il agit comme représentant d'un tiers, la promesse ou la stipulation sont valables. On peut même promettre ou stipuler à titre de gérant d'affaires, tandis qu'à Rome il n'était pas plus permis de promettre ou stipuler au nom d'autrui que *proprio nomine*.

Promesses pour autrui.

Arrivons à l'examen de la règle, en la considérant sous les deux points de vue indiqués par les textes ; et étudions d'abord les dispositions relatives aux promesses pour autrui.

J'ai déjà paraphrasé la disposition de la loi en la traduisant par la formule suivante : celui qui a promis le fait d'autrui sans s'engager lui-même à le procurer n'est tenu à rien.

Comme d'un autre côté le tiers dont on a promis le fait n'a pas été partie au contrat, ni par lui, ni par représentant, l'obligation qui n'est pas née à la charge du promettant, ne naît pas davantage à sa charge.

Il faut donc pour qu'une promesse soit valable qu'elle porte sur une prestation que le promettant s'engage à procurer. Cette idée se précise davantage par l'opposition que fait le droit romain entre deux formules relatives à la promesse du fait d'autrui. L'une nous est présentée sous les termes suivants : *spondesne Titium daturum?* L'autre s'exprime ainsi : *spondesne effecturum te ut Titius daret?* Au premier cas, la stipulation est considérée comme nulle, parce qu'elle ne fait apparaître aucune promesse à la charge du promettant : il n'y a pas promesse *de se*. Dans le second cas, cette promesse se traduit par les termes mêmes de la stipulation ; celle-ci sera donc valable. Je vous ai dit encore que la même idée est résumée dans une formule très nette que nous présente la loi 83 pr. D., 45, 1 : *De se quemque promittere oportet.* Ainsi donc, dès qu'il y a promesse *de se*, quand même cette promesse se réfère au fait d'autrui, l'obligation se forme. A Rome, cette double règle s'appliquait, alors même que le promettant, qui avait promis le fait d'autrui, avait eu mandat de le faire. Donc, en principe, puisqu'en droit romain la représentation n'était pas admise, la promesse du fait d'autrui, même lorsqu'elle était prise par un mandataire, était nulle. Mais elle devenait valable dès que le mandataire avait voulu s'engager à faire accomplir la prestation par le mandant, donc s'il s'était porté garant de son exécution. Dans le droit actuel, au contraire, il faut mettre à part le cas de mandat, puisque, dans ce cas, le mandataire engagerait directement et immédiatement celui qu'il représente. Mais, en nous plaçant en dehors de cette hypothèse du mandat, la règle au point de vue théorique demeure vraie en droit français comme à Rome ; et le tempérament que le droit romain avait apporté à cette règle est également vrai en droit français. La promesse est valable quand on s'est obligé à procurer le fait d'autrui ; l'art. 1120 le dit expressément et vous reconnaissez là cette deuxième forme de la promesse pour autrui que le droit romain tenait déjà pour valable; c'est ce que nous appelons aujourd'hui la convention de porte-fort.

Voilà donc deux situations parallèles qui se dessinent très nettement l'une en face de l'autre, celle dans laquelle on a promis le fait d'autrui sans vouloir s'engager personnellement et celle au contraire où, tout en promettant le fait d'un autre, on a entendu s'obliger soi-même. En droit romain ces deux hypothèses pouvaient être très nettement séparées au point de vue de la pratique. En tout cas, c'était à l'occasion de la stipulation que cette théorie se développait; Et alors, il était de l'essence de ce contrat que ce fussent les termes mêmes de la stipulation qui fixassent les obligations du promettant. Aussi à ce point de vue on comprend très bien la séparation que l'on faisait entre les deux formules. La formule de la stipulation romaine ne pouvait s'interpréter comme une promesse *de se* que si cette intention de la part du stipulant ressortait des termes mêmes employés pour l'interrogation. Ce n'est donc pas le principe qui était contesté à Rome, c'était l'interprétation uniquement des termes dont s'était servi le stipulant.

Aujourd'hui il ne peut plus être question d'une interprétation strictement littérale des paroles employées; elles doivent s'interpréter suivant l'intention probable des parties et elles doivent s'interpréter, au cas de doute, dans le sens dans lequel elles peuvent avoir un effet juridique (art. 1157). Il faudra en conclure que, à peu près dans toute convention portant sur le fait d'autrui, il faudra présumer une convention de porte-fort. Telle est sur ce point la modification qui résulte du droit moderne par rapport au droit romain.

Convention de porte-fort.

Donc, supposons qu'on ait promis le fait d'un tiers; comme je viens de vous l'indiquer, deux interprétations sont possibles. On peut interpréter cette clause en ce sens qu'on aurait promis ce fait d'autrui, sans s'engager à le procurer; ou bien en ce sens qu'on se fût obligé soi-même à le procurer. Le bon sens exige, lorsqu'une promesse de ce genre a été faite, que l'on accepte l'interprétation la plus vraisemblable ; et l'interprétation la plus vraisemblable est que le stipulant a entendu se porter fort. Par exemple, supposez que Primus vende une maison et que, à cette occasion, il ait déclaré qu'un voisin abattrait des arbres qui gênent la vue. Il a promis *proprio nomine*. D'après l'art. 1119 littéralement interprété, son engagement n'existe pas. Mais cependant est-ce que, s'il y a contestation, on ne sera pas disposé à décider que l'acheteur n'a pu se contenter d'une promesse faite dans ces termes, mais que le vendeur doit être considéré comme ayant promis qu'il amènerait le voisin à abattre ses arbres et qu'il l'obtiendrait de lui ? Quand l'art. 1120 nous dit que l'on peut se porter fort, il faut bien remarquer que ce ne sont pas là des termes sacramentels. On peut s'engager à procurer le fait d'autrui, à faire en sorte qu'autrui accomplisse le fait promis ; alors pourquoi ne pas entendre la promesse du fait d'autrui dans le sens qui seul peut lui donner une utilité ? *

Ce qui prouve que cette idée est exacte, c'est que, même en droit romain, on ne s'en tenait pas toujours à l'interprétation rigoureuse que je vous ai indiquée comme étant la règle. Ce système d'interprétation stricte avait son application dans les stipulations conventionnelles ; mais il y avait en droit romain des hypothèses nombreuses dans lesquelles le préteur (V. Inst. liv. III, tit. XVIII), voire même le droit civil, imposaient à l'une des parties de faire une promesse à l'autre. Or, dans ces stipulations prétoriennes, on s'en tenait moins rigoureusement aux termes de la formule ; et, en particulier, celle-ci s'interprétait dans notre hypothèse en ce sens qu'on s'engageait à procurer le fait d'autrui. Vous pourrez voir à ce sujet ce qui est dit de la *cautio dominum rem ratam habiturum* (V[r] au Dig., liv. 46. tit. 8 et Inst., l. IV, tit. II, pr. et liv. III, tit. 18, § 4). Il y en a d'ailleurs d'autres exemples prévus par ce paragraphe 4 au titre *de Divisione Stipulationum*. Supposez donc qu'un tiers, se présentant comme fondé de pouvoir, revendique pour le compte d'autrui un immeuble possédé par Primus. Le procès s'engage et le revendiquant perd le procès. Quelle aurait été dans ce cas la situation de Primus ? Il n'en aurait pas moins été exposé à la revendication de la part du tiers pour le compte duquel la revendication était intentée; car à l'égard de ce dernier la chose jugée n'était pas opposable. C'est pourquoi le revendiquant devait donner la *cautio de rato* pour mettre le défendeur à l'abri d'une nouvelle revendication. Si nous appliquions aux termes de la stipulation qui va intervenir le principe d'interprétation rigoureuse, nous dirions : le promettant a promis le fait d'autrui. Et cependant on l'entendait comme s'il eût dit : « *Effecturum se ut dominus rem ratam habeat* ». Ce qui était vrai des stipulations judiciaires, à Rome, l'est à plus forte raison de toute promesse chez nous.

Mais alors, direz-vous, le principe de l'art. 1119 va disparaître complètetement ; oui, en ce sens qu'il vise un cas qui ne se présente pas dans la pratique des affaires. Le principe subsiste comme principe théorique, comme règle évidente par elle-même.

Une des manières de promettre le fait d'autrui en ce sens qu'on s'engage à le procurer, c'est de se porter fort ; mais il y a un autre moyen, c'est de le promettre sous une clause pénale. C'est ce que prévoit le § 21 aux Instit. III, 19. C'est une manière indirecte de promettre le fait d'autrui avec une sanction efficace, parce qu'il y a un lien entre les parties. Quant à la convention de porte-fort, l'art. 1120 en détermine les effets.

Voici une hypothèse qui se présentera assez fréquemment : un immeuble indivis entre plusieurs personnes, parmi lesquelles un mineur. On procède à la vente en dehors des formalités coûteuses qu'exigerait la présence du mineur. Alors les copropriétaires se portent fort pour le mineur que celui-ci, une fois arrivé à sa majorité, ratifiera. Ce peut être le tuteur qui prend sous sa responsabililité une vente amiable ; il se porte fort pour le mineur.

Quand on étudie cette convention de porte-fort, on la rapproche d'ordinaire du cas où un tiers cautionne la dette d'autrui. Les conséquences des deux engagements sont bien différentes ; dans le second, on garantit l'exécution de l'obligation cautionnée. Dans le premier, on garantit seulement que le tiers acceptera l'engagement, mais sans être responsable des suites de l'engagement et de son inexécution. Le porte-fort est dégagé dès que le tiers a confirmé l'engagement; s'il s'agissait de cautionnement, il resterait tenu jusqu'à la parfaite exécution. C'est ainsi qu'il faut entendre l'art. 1120, quand il dit que celui qui s'est porté fort doit indemnité : indemnité seulement si le tiers refuse de tenir l'engagement, et non s'il ne l'exécute pas.

Le porte-fort pourrait-il être tenu, au cas où le tiers ne ratifierait pas, d'exécuter lui-même ce qu'il a promis ? Ainsi Primus refuse de ratifier l'achat que j'avais fait pour lui ; le vendeur peut-il exiger que le porte-fort prenne le marché pour lui (Cf. Grenoble, 18 août 1854, D., 55, 2, 78) ? La jurisprudence s'en tient avec raison au texte et se décide pour la négative. Il y a des cas où cela est évident, pour les faits par exemple qui ne peuvent être exécutés que par le tiers. En pareil cas, il faut dire aussi que le porte-fort n'aurait pas la faculté de se substituer au tiers pour lequel il a promis. C'est par exemple un portrait qu'un peintre devait exécuter. Mais que dirons-nous pour les autres hypothèses ? Ainsi au cas de vente ? Nous avons dit que le porte-fort n'est tenu que de dommages-intérêts et non d'exécuter lui-même le marché : mais pourrait-il de son gré l'exécuter à défaut du tiers ? C'est surtout une question d'interprétation ; mais en principe, il ne peut obliger l'acheteur à l'accepter lui-même comme vendeur.

Le plus souvent celui qui promet le fait d'autrui agira comme gérant d'affaires du tiers dont il promet le fait. Et ici la convention est valable par elle-même ; cependant la promesse de porte-fort a encore un intérêt. Si j'ai traité comme simple gérant d'affaires, le contrat tout entier est subordonné à la ratification du *dominus*. L'autre contractant a accepté que je m'engage comme simple gérant d'affaires ; mais le plus souvent il ne l'acceptera que si, en tant que gérant d'affaires, je m'engage à rapporter la ratification de celui pour lequel je contracte ; et alors la convention de porte-fort lui assurera à tout événement des dommages-intérêts.

Stipulations pour autrui.

Arrivons à la deuxième règle. La stipulation qu'on fait en son propre nom pour autrui est dénuée d'efficacité, tel est le principe. Mais il faut supposer ici encore que le stipulant n'a pas agi comme mandataire du tiers pour lequel il stipule.

Pourquoi le contrat dans lequel on a stipulé pour le bénéfice d'autrui est-il nul ? Toujours pour le même motif : il ne se forme pas de lien entre les parties. D'abord, dit-on, il ne peut pas y avoir droit acquis pour celui pour qui on stipule ; il n'a pas été partie au contrat et on ne peut pas dire forcément que l'intention des parties ait été de lui faire acquérir un droit. Et, quant au stipulant, il n'a rien acquis à son profit, parce qu'il n'a aucun intérêt au contrat. Là où il n'y a pas d'intérêt, il n'y a pas d'action. Pour qu'une personne puisse prétendre grever une autre d'un lien d'obligation, il faut qu'elle y ait intérêt. Pothier disait que l'objet de l'obligation doit être forcément une prestation que le stipulant ait intérêt à exiger.

Et cependant remarquez que le Code civil n'interdit pas en principe tout acte quelconque fait pour autrui ; c'est ainsi par exemple qu'un tiers, même agissant en son nom, peut payer la dette d'autrui. Le paiement est valable (art. 1236) ; c'est cependant un acte qui ne présente aucun intérêt pour celui qui en a pris l'initiative. Si au contraire un tiers, au lieu de payer la dette, s'obligeait envers le débiteur à payer à sa place et qu'il y eût, non pas novation et délégation proprement dite, le créancier n'étant pas intervenu, mais stipulation au profit du créancier, en principe, d'après l'art. 1121, la stipulation serait nulle, en admettant bien entendu que le tiers qui s'engage ne fût pas déjà tenu envers le débiteur, parce que, dans ce cas, il pourrait avoir intérêt, en acceptant une dette nouvelle, à éteindre sa propre dette. Pourquoi donc cette différence ? Il faut en chercher la raison, non seulement dans ce fait que la loi, en principe, est plus favorable à la libération d'une obligation préexistante qu'à la création d'une dette nouvelle, mais surtout dans cette règle de droit d'après laquelle un acte d'aliénation vaut par lui-même, pourvu qu'il ait une cause — et un paiement a toujours une cause dès qu'il y avait une dette à éteindre, — tandis qu'une obligation ne peut naître efficacement que si elle produit une action au profit du créancier, et il n'y a d'action qu'au profit de celui qui peut justifier d'un intérêt légal à imposer un sacrifice à autrui et à faire intervenir la loi et la justice.

J'ai insisté sur le motif de la règle pour bien vous faire comprendre comment elle cesse d'avoir son application toutes les fois que la stipulation intéresse le stipulant. Alors le motif disparaît. Le § 20 aux Institutes (III, 19), explique cela tout au long. On peut valablement stipuler pour autrui lorsque le stipulant y a intérêt.

Cas où la stipulation est valable.

Voici quelques exemples que je vous présente à cet égard. Je suppose qu'un usufruitier cède son droit ; il demeure responsable envers le propriétaire des abus de jouissance de celui à qui le droit a été cédé. Il peut donc exiger de celui-ci qu'il donne caution d'indemniser le nu propriétaire. Cette stipulation est-elle nulle comme faite pour autrui ? Non, car le stipulant y a intérêt. Seconde hypothèse : le vendeur d'un immeuble délègue le prix aux créanciers qui ont hypothèque sur l'immeuble. Le cas est prévu par un texte (art. 806). Le vendeur stipule que l'acheteur paiera son prix aux créanciers ; celui qui a ainsi stipulé qu'on paierait à autrui se trouve avoir à cela un intérêt évident ; la stipulation sera valable. Supposez un entrepreneur de travaux publics qui, désireux de se procurer des ouvriers, fait une convention aux termes de laquelle une personne s'engage à fournir logement et nourriture aux ouvriers employés par l'entrepreneur, les ouvriers bien entendu payant leur dépense. C'est une stipulation pour autrui, mais valable ; car elle est dans l'intérêt du stipulant. C'était déjà, je vous l'ai montré, la théorie du droit romain ; vous verrez aux Institutes d'autres exemples dont quelques-uns pourraient recevoir aujourd'hui encore leur application. Celui-ci entr'autres : j'ai stipulé avec un banquier qu'il fournirait à mon mandataire les fonds dont ce dernier aurait besoin dans le lieu où il se trouve pour l'exécution du mandat. (Voyez la loi 38 §§ 20 à 23, Dig. *de Verb. oblig.*) La loi que je viens de citer nous montre cependant que ce point avait été discuté à Rome à l'origine ; mais il ne faisait plus aucun doute à l'époque classique.

Pothier ajoutait que la stipulation pour autrui devenait valable lorsqu'elle formait la condition ou le *modus*, soit d'une convention qu'on faisait pour soi-même, soit d'une donation de sa propre chose (*Oblig*. nº 70). Voici l'exemple que donne Pothier : je conviens avec vous que vous donnerez à Jacques le *Thesaurus* de Meerman. C'est un recueil de dissertations de droit romain. En principe il y a là une stipulation pour autrui ; je suppose que je n'ai aucun intérêt à ce que Jacques ait ce Thesaurus. La stipulation est donc nulle. Mais je puis faire la convention dans ces termes : Vous donnerez à Jacques le Thesaurus de Meerman, sinon vous me paierez à moi telle somme, à titre de pot de vin à propos du contrat de vente que nous faisons entre nous. Ce qui veut dire tout simplement qu'il suffit de stipuler pour soi-même une clause pénale pour le cas de non exécution au profit du tiers (*Instit.*, § 19 *de inutil. stipul*, III, XIX). Seulement, dans cette hypothèse, et suivant la doctrine de Pothier et des Institutes, la stipulation n'est pas validée, en ce sens que le stipulant aurait une action pour poursuivre l'exécution du fait promis ; mais uniquement en ce sens que le stipulant aurait action pour poursuivre l'objet de la clause pénale. Le fait promis au bénéfice d'autrui n'est pas l'objet de la stipulation valable ; il en est la condition.

Faisons un pas de plus ; ce fait pourra être, non plus la condition d'une stipulation faite pour soi-même, mais le *modus* de cette stipulation ; ainsi il pourra être la charge d'une donation qu'on fait pour soi-même. Ici encore le moyen de sanction ne se trouve pas dans une action qui appartiendrait au stipulant en vue de procurer au tiers le fait promis. Et néanmoins la stipulation est valable ; elle l'est, en ce sens que, si elle n'est pas exécutée, le donateur aura, dans l'action en révocation, un moyen indirect de contraindre le donataire à l'exécution du fait promis. Il convient d'ajouter, il est vrai, que, dès le droit romain, dans cette hypothèse où la stipulation se présentait comme le *modus* d'une donation, on avait fini par donner au tiers une action utile pour poursuivre l'exécution du *modus* (L. 3, Cod. *De donat. quæ sub mod.*).

Tel est l'historique et telles sont les origines de l'art. 1121. Et maintenant arrivons au texte. Voyons en d'abord la disposition première. Il est facile d'y reconnaître la reproduction des numéros 70 et 71 du *Traité des Obligations* de Pothier. On nous dit que la stipulation pour autrui est valable lorsqu'elle est la condition d'une stipulation que l'on fait pour soi-même. Incontestablement, l'hypothèse visée est celle où la stipulation pour autrui apparaît sous la forme d'une clause pénale au profit du stipulant. Vous pourriez croire que la disposition du texte se trouve ici en contradiction avec l'art. 1227, portant que, lorsque l'obligation principale est nulle, cette nullité entraîne celle de l'obligation accessoire. La clause pénale n'est-elle pas dans notre hypothèse la sanction d'une obligation nulle ? L'objection avait déjà été faite en droit romain. Mais il faut remarquer que la clause pénale en cette matière, n'est plus une cause accessoire ; elle devient l'obligation principale elle-même. Le stipulant, pour ce qui est de lui et en ce qui le concerne personnellement, n'a stipulé qu'une seule prestation qui doive lui être faite, celle qui résulte de la cause pénale ; de sorte que pour son compte cette stipulation devient la stipulation principale. Seulement l'obligation ainsi contractée envers lui est subordonnée à une condition préalable, qui est la non exécution de tel ou tel fait à prester en faveur d'un tiers.

Je crois que la première partie de l'art. 1121 ne vise que cette première hypothèse. La suite reproduit le numéro 71 de Pothier, dont l'application pratique est fréquente. Il est dit, en effet, que la stipulation pour autrui est encore valable, lorsque telle est la condition d'une donation que l'on fait à un autre. On conçoit très bien que dans une donation on stipule un avantage pour autrui. Bien que le donateur n'ait pas d'intérêt à l'exécution de cette stipulation, cependant il est certain d'abord qu'il a une sanction dans l'action en révocation.

Mais faut-il nous en tenir absolument et strictement aux deux hypothèses visées par l'art. 1121 ? Les interprètes généralement adoptent volontiers cette conception : l'art. 1121 est une exception, dit-on ; donc il faut s'en tenir à ses termes stricts ; seulement, sous prétexte d'en respecter les termes, on a fait des efforts de subtilité tout à fait excessifs pour faire rentrer dans le cadre des deux situations prévues par le texte tous les cas où l'on désire voir accorder une action.

Pour moi, je ne vois, dans les deux hypothèses de l'art. 1121, que des applications particulières d'un principe général qui est celui-ci, à savoir que la stipulation pour autrui est valable toutes les fois que le contrat auquel elle se rattache est de nature à procurer au stipulant un moyen de sanction. Ainsi au lieu d'une donation, c'est une vente à laquelle on a adjoint comme condition, ou comme modalité, que, indépendamment du prix, l'acheteur ferait telle ou telle prestation au profit d'un tiers. On a imaginé de dire ici encore que cette stipulation serait la condition d'une stipulation que l'on fait pour soi-même ; elle rentrerait dans le premier cas de l'art. 1121 ; mais cette interprétation me paraît faire violence au texte. D'un autre côté, une stipulation de ce genre ne rentre pas dans le second cas prévu par l'article, puisqu'il ne s'agit plus de donation. Pour moi je rattache cette hypothèse, et tous les cas analogues, au principe général énoncé, et dont l'art. 1121 lui-même ne donne que des applications. Nous avons un texte qui nous montre que c'est avec cette largeur qu'il faut entendre l'art. 1121 ; ce texte est l'art. 1973. La rente viagère, est-il dit, peut être stipulée au profit d'un tiers, quoique le prix en soit fourni par un autre. Ainsi je remets 100,000 francs à quelqu'un à condition qu'il paiera une rente viagère de 1,000 francs à un de mes vieux serviteurs ; cependant ce n'est ni la condition d'une stipulation que je fais pour moi, ni la charge d'une donation que je fais à autrui ; c'est la condition d'une remise de valeur que je fais à un tiers. En faisant sur son propre bien un acte de disposition, on peut y adjoindre comme condition l'exécution d'une obligation au profit d'autrui.

XLIe LEÇON

STIPULATIONS POUR AUTRUI. — EFFETS DE LA STIPULATION RECONNUE VALABLE. — RAPPORTS DE LA STIPULATION POUR AUTRUI ET DE LA GESTION D'AFFAIRES.

Je vous disais qu'il ne fallait pas considérer que l'on fût tenu de se renfermer dans les termes précis de l'art. 1121. Ce texte ne nous donne que des exemples qui n'ont rien de limitatif. Mais ces exemples nous révèlent le principe. Il s'agit de savoir à quelles conditions la stipulation pour autrui sera valable. Or, des exemples cités et du principe dont ils sont l'application, je tire cette conséquence que la règle sera la même, ce qui veut dire que la stipulation sera valable, toutes les fois que la stipulation sera considérée comme une charge, ou comme le *modus*, d'une convention quelconque que l'on fait pour soi-même ; car il y a toujours dans ce cas un moyen de contrainte indirect, la possibilité de résoudre si le *modus* n'est pas exécuté. La stipulation pour autrui sous forme de rente viagère, mise comme condition d'une donation, est valable d'après l'art. 1121 ; or il est bien certain qu'il doit en être de même si cette rente se trouve jointe, non plus à une donation, mais à une vente. J'ai ajouté que l'art. 1973 nous en fournissait l'exemple. Il y a là une stipulation pour autrui qui n'est pas la condition d'une stipulation que l'on fait pour soi-même, mais d'un acte de disposition que l'on fait de son propre bien.

Or, au lieu de supposer une somme d'argent que l'on verse, admettons que ce soit un immeuble que l'on vende, en stipulant pour prix, rien pour soi, mais une rente au profit d'un tiers.

Il est bien évident qu'il ne peut pas y avoir à distinguer entre ces deux hypothèses ; et il faut dire, comme Pothier, que la stipulation pour autrui est valable, toutes les fois qu'elle apparaît comme le *modus* d'un acte de disposition de son bien que l'on fait pour son propre compte, parce qu'elle trouve sa sanction indirecte dans le droit de résolution.

Si l'art. 1121 ne parle que de donation, c'est d'abord parce que ce sera le cas le plus ordinaire. Puis les rédacteurs du Code ont donné comme formule même de la règle l'exemple d'application que présentait Pothier. Voilà le vice de rédaction. La jurisprudence n'hésite pas d'ailleurs à admettre l'interprétation large de l'art. 1121. Elle en a fait l'application à une hypothèse très importante ; et cette application n'a été contestée que parce qu'on avait mal compris l'interprétation de l'art. 1121. C'est pour le cas d'assurance sur la vie d'un tiers. Toutes les fois qu'il s'est gai de déterminer les conséquences de conventions de ce genre, la jurisprudence a toujours pris pour point de départ ce principe, que c'était là une stipulation pour autrui validée par l'art. 1121. On l'a cependant contesté ; car ce n'est la condition, ni d'une donation, ni d'une stipulation que l'on fait pour soi-même. Cela est vrai ; seulement ce qui ne l'est pas, c'est le point de départ, c'est l'interprétation restrictive que l'on veut donner de l'art. 1121. L'analogie cependant avec l'opération prévue par l'art. 1973 est évidente.

La stipulation pour autrui, dans cette dernière hypothèse de l'art. 1121, quand elle est la charge d'un acte juridique que l'on fait avec un tiers, se produira le plus souvent comme moyen de réaliser une donation au profit du tiers. Je vends mon immeuble à Secundus à charge pour lui de payer à Primus une rente viagère. C'est une libéralité que je veux faire à Primus. Il y a à noter qu'en pareil cas la donation se réalise au profit du tiers comme donation, sans qu'il y ait à emprunter les formes de l'art. 931 ; l'art. 1973 le laisse entendre expressément.

Mais, si la stipulation pour autrui est souvent ainsi un moyen de faire une donation au profit d'autrui, il ne faut pas croire que ce soit la règle absolue, et que les stipulations pour autrui dans ces circonstances ne puissent servir qu'à réaliser des libéralités. Ainsi Primus vend ou donne un immeuble ; il peut stipuler que l'acheteur souffrira sur cet immeuble une servitude au profit d'un tiers, ou réservera un usufruit au profit d'un tiers. On peut comprendre qu'en aliénant l'immeuble, l'aliénateur insère dans l'acte cette convention : Je mets cette réserve que tel voisin aura le droit d'exercer sur l'immeuble telle servitude à raison de telle somme qu'il paiera. On lui offre le droit d'acheter une servitude. On peut se reporter aussi à l'art. 101 du Code de commerce. Il s'agit du contrat de transport ; il se constate au moyen d'une lettre qu'on appelle lettre de voiture ; et l'art. 101 du Code de commerce, considérant cette lettre comme le contrat lui-même, on a pu se demander si la lettre de voiture ne forme pas contrat entre le destinataire et le voiturier. Ainsi, ce destinataire n'aura-t-il pas action directe pour retard et avarie ? On a toujours répondu oui. C'est que c'est là véritablement la charge de la convention intervenue entre celui qui a remis la marchandise et le voiturier. Nous pourrions multiplier les exemples. Ainsi un habitant d'une commune, ayant intérêt à ce qu'un champ de foire s'établisse dans un endroit déterminé, vend un terrain en mettant comme condition que l'acheteur cèdera ce terrain à la commune pour y établir ce champ de foire. Je vous signale également un autre exemple intéressant au sujet duquel est intervenu un arrêt de 1877 (D., 78, 1, 415). Vous y verrez une stipulation pour autrui qui ne constitue en aucune façon une libéralité pour le tiers appelé à en profiter.

Recherchons maintenant quels sont au juste les effets de cette stipulation quand elle est valable aux termes de l'art. 1121. Je vous ai indiqué en quel sens elle se trouve validée, si l'on s'en tient à la rigueur des principes ; c'est en tant qu'elle fournit un moyen de sanction indirect au stipulant.

Effet de la stipulation pour autrui, là où elle est valable.

Les principes ne nous permettraient pas d'aller au-delà. Mais l'art. 1121 entend valider cette stipulation en ce sens qu'elle fait acquérir un droit à celui pour qui elle a été faite. A ce point de vue, l'art. 1121 est une exception à une règle fondamentale du droit, celle de l'art. 1165. Nous sommes tout à fait en dehors de la théorie des stipulations pour autrui. Nous avons une première règle relative à cette question : à quelle condition ces stipulations seront-elles valables ? Puis une seconde règle consistant à dire qu'une stipulation de ce genre confère, ou peut conférer un droit, et par suite une action, au tiers pour qui on a stipulé. C'est bien ce qui ressort d'abord de l'art. 1165 lui-même, je me propose de revenir sur ce point, et ensuite des art. 1973 du Code civil et 101 du Code de commerce que j'ai cités.

Voilà donc une personne qui n'a pas été représentée au contrat, et qui va acquérir un droit par le contrat. Cela paraît tout à fait contraire à nos idées traditionnelles. Mais remarquez que c'était déjà en ce sens que Pothier entendait la règle. La stipulation pour autrui pouvait faire acquérir une action au tiers désigné, si telle avait été l'intention des parties. Pothier le décidait ainsi en généralisant un texte du droit romain que je vous ai déjà rappelé (L. 3, Cod., 8, 55). De sorte que cette dérogation, au moins apparente, au principe fondamental que les conventions n'ont pas d'effet à l'égard des tiers, se présente comme le résultat de toute une longue évolution historique qui part du droit romain pour aboutir à Pothier.

Toute la question est donc de savoir si le Code civil a entendu maintenir ces précédents. Pour le savoir, consultons les textes ; et tout d'abord revenons à l'art. 1121, puisque c'est la disposition capitale, celle qui constitue comme le siège de la matière. A première vue, il semble bien que l'art. 1121 reconnaisse au moins implicitement l'effet que Pothier attribuait à la stipulation pour autrui. Nous y voyons deux choses : 1° d'une manière très directe, que jusqu'à acceptation par le tiers le stipulant a le droit de révoquer ; puis 2° qu'il y a au profit du tiers bénéfice déjà acquis, bénéfice résultant de la stipulation elle-même ; c'est un bénéfice dont le tiers a d'ores et déjà le droit de se prévaloir, pourvu qu'il manifeste son intention avant révocation. Mais cette induction que je tire des termes de l'art. 1121 est confirmée, de la façon cette fois la plus nette et la plus indiscutable, par le texte même qui pose le principe auquel l'art. 1121 viendrait ainsi faire exception, celui d'après lequel les conventions ne sauraient nuire aux tiers, ni leur profiter. A la première partie de la règle, celle de l'impossibilité de nuire à un tiers par un contrat auquel il soit resté étranger, l'art. 1165 n'apporte aucune dérogation ; mais à la seconde, celle qui consacre la même impossibilité, en tant qu'il s'agirait de faire acquérir un bénéfice à une personne restée étrangère au contrat, l'art 1165 rappelle au contraire une exception formelle, et c'est celle de l'art. 1121. N'est-ce pas reconnaître expressément que dans le cas de l'art. 1121, c'est-à-dire au cas de stipulation pour autrui, il va être possible de faire résulter de la convention un effet qui se produira directement dans la personne du tiers pour lequel on a stipulé, et dont ce tiers pourra se prévaloir, bien qu'il n'ait pas été partie au contrat ?

Les auteurs qui n'acceptent pas cette interprétation, et qui se refusent à admettre que de la stipulation naisse un droit immédiat et direct au profit du tiers bénéficiaire, sont obligés, comme nous allons le voir, de faire résulter l'acquisition de ce droit à son profit de son acceptation. L'acceptation du tiers bénéficiaire n'aurait pas seulement pour effet, comme le laisse cependant si formellement entendre l'art. 1121, de rendre son droit irrévocable ; elle aurait pour effet de le lui faire acquérir, et de le faire entrer dans son patrimoine. Et alors, s'il en était ainsi, où serait donc l'exception prévue par l'art. 1165 ? L'art. 1121 ne nous présenterait qu'une application pure et simple des principes généraux, puisque ce serait au moment où, par son acceptation, il devient partie au contrat, que le tiers acquerrait le droit qui lui était offert dans le contrat lui-même.

Donc, à s'en tenir aux textes, et je puis ajouter aussi, puisque j'en ai déjà fourni la preuve, à s'en tenir aux précédents, il faut conclure que, là où la stipulation pour autrui est valable, elle fait acquérir un droit immédiat au profit du tiers bénéficiaire ; droit révocable sans doute jusqu'à son acceptation, — c'est un point que je réserve, — mais droit qui, sous cette forme, et avec ce caractère, lui est déjà acquis ; qui serait donc transmissible à ses héritiers, et qui resterait indépendant du décès, soit du promettant, soit du stipulant. J'ajouterai que, s'il naît au profit du tiers bénéficiaire par le fait de la stipulation, il faut que ce tiers lui-même soit déjà né, ou tout au moins conçu, au moment où ce droit va lui être acquis, c'est-à-dire au jour de la stipulation. Sinon, dans quel patrimoine ce droit se fixerait-il ? Telle est la théorie que je vous propose. Elle appelle cependant une légère réserve.

J'ai dit qu'il y a, ou qu'il peut y avoir, un droit au profit du tiers, résultant de la stipulation elle-même. En effet, il n'est pas impossible qu'il y ait une distinction à faire. Quand la stipulation se présente comme la charge d'une convention, il n'est pas douteux qu'il y ait un droit déjà acquis pour le tiers bénéficiaire. Mais quand elle est la condition d'une stipulation que l'on fait pour soi, et on sait que cela veut dire quand elle est garantie par une clause pénale, il peut alors se faire qu'elle apparaisse comme une simple condition qui ne confère aucun droit au tiers ; ou bien ce pourra être, selon le cas, une véritable obligation déjà créée sur la tête du promettant ; et, s'il en était ainsi, il y aurait droit déjà né au profit du tiers bénéficiaire. Dans cette dernière hypothèse l'effet de la stipulation varierait donc suivant l'intention des parties. Ce serait une question d'interprétation de volonté.

Jusqu'alors la théorie que je vous ai exposée concorde très exactement avec les textes. Reste cependant une assez grosse difficulté. Si en effet le droit est déjà né, et déjà acquis au profit du tiers bénéficiaire, comment expliquer la faculté de révocation ?

C'est précisément la difficulté de concilier cette faculté de révocation avec l'idée d'un droit direct au profit du tiers bénéficiaire qui, pour la plupart des auteurs, a fait rejeter le système si simple que je vous ai exposé. On a prétendu que, par le fait seul que l'art. 1121 consacrait la faculté de révocation, c'est qu'il avait entendu abandonner le système romain de la loi 3 Cod. (8, 55). Et on a cherché une autre explication, explication plus subtile, mais bien peu concordante avec les intentions probables des parties, toute artificielle par conséquent, et qui serait celle-ci : on a dit, pour justifier ce droit de révocation, qu'il fallait décomposer l'opération ; il y aurait un premier acte d'où résulterait une obligation à la charge du promettant, puis un second acte qui serait l'offre que fait le stipulant au tiers de profiter de cette stipulation. Cette offre serait le premier terme d'un second contrat qui dût se passer entre le stipulant et le tiers. S'il en est ainsi, il est tout simple que jusque là le pollicitant ait droit de retirer son offre. Telle est donc l'explication courante. Et elle aurait pour conséquence, non pas de rendre cette offre révocable jusqu'à l'acceptation, puisque cette révocabilité, dans toutes les théories, est imposée par le texte lui-même, mais d'entraîner la révocation, même en dehors d'une déclaration de volonté expresse du stipulant, par exemple au cas d'incapacité ou de décès survenu avant l'acceptation du tiers bénéficiaire : ce sont là, vous le savez, les solutions que nous avons admises en matière de contrats entre absents.

Il est vrai, puisque le droit ne naît pas encore au profit du tiers, que l'on pourrait peut-être admettre la possibilité de stipuler au profit d'une personne qui ne fût pas encore née ou conçue. Cela dépendrait de la question de savoir si une offre faite dans ces conditions serait valable ; et vous savez que j'ai admis l'offre à personne indéterminée. Quoi qu'il en soit, tel est le système devenu aujourd'hui classique, et que l'on oppose à celui du droit direct, né au profit du bénéficiaire.

Je crois cette opinion absolument contraire à la manière de voir de l'art. 1121, telle qu'elle nous est révélée par le passage de Pothier qui, très visiblement, a inspiré le texte du Code civil. La pensée de la loi est qu'il y a un droit immédiatement acquis en vertu de la stipulation pour autrui, sauf à expliquer comment ce droit, considéré comme acquis immédiatement, peut se concilier avec la faculté de révocation. Cette explication réservée, je maintiens les conclusions que je vous ai déjà présentées et je prétends qu'il y a dès maintenant un contrat parfait dans son ensemble et dès qu'il est conclu.

L'origine de ce que je n'ose pas appeler une erreur se trouve surtout dans cette idée que la stipulation pour autrui a pour but de réaliser une donation au profit d'autrui. Il y a donation, dit-on ; elle sera dispensée des formes, mais non de l'acceptation. D'où cette conséquence que je vous signalais déjà tout à l'heure que, si le tiers vient à décéder avant d'avoir accepté, il n'aura pas transmis de droit; et réciproquement si l'acceptation n'a pas eu lieu avant le décès du stipulant donateur, l'offre tombe. Je dis au contraire, même pour le cas de donation, que, dans la pensée de la loi, il y a un acte qui produit immédiatement son effet; et son efficacité est indépendante du décès, soit du tiers, soit du stipulant.

Je crois donc qu'il n'y a pas un second acte juridique à accomplir. Il suffit pour s'en convaincre de rappeler les hypothèses dans lesquelles la stipulation n'a pas pour effet de constituer une donation. Ainsi j'ai vendu mon immeuble sous la condition que mon voisin aurait sur cet immeuble une servitude pour laquelle il paierait tel prix. Où voit-on là un second contrat entre le tiers et le stipulant? La vérité est au contraire que cette réserve constitue l'offre d'un second contrat entre le tiers et le promettant. De même au cas de l'art. 101 du Code de commerce. Si cette idée d'une offre d'un second contrat entre le stipulant et le tiers est inexacte en pareil cas, il faut généraliser cette solution : c'est que cette explication n'est pas celle de la loi.

D'autre part, au point de vue doctrinal, il y a quelque chose de bizarre, dans le système que je combats, à dire qu'il y a une offre émanant précisément de celui qui n'aura pas à exécuter l'obligation ; pour tout le monde l'offre du second contrat vient du stipulant, de celui par conséquent qui, dans le premier contrat, jouait le rôle de créancier ; elle ne vient pas du promettant, de celui qui jouera le rôle de débiteur dans ce prétendu contrat passé avec le tiers bénéficiaire. Donc ce dernier contrat ne sera pas conclu entre les deux intéressés, entre celui qui sera le créancier et celui qui sera le débiteur. Est-ce admissible ? n'est-ce pas tomber sous le coup des objections que l'on formule contre le système du droit direct, acquis au tiers bénéficiaire ? Nous serions en présence d'un contrat qui va lier un tiers sans sa participation. Oh ! je sais bien ce que l'on peut répondre ; c'est que ce tiers a donné pouvoir au stipulant de conclure ce second contrat en son nom, donc de faire l'offre à sa place. Mais, alors comment comprendre que l'offre soit révocable, non plus sur l'initiative du débiteur pour lequel elle serait censée faite, mais au gré du stipulant, qui est un tiers par rapport au contrat nouveau conclu avec le bénéficiaire du droit ? Il faudrait donc admettre que le promettant se fût dessaisi de son droit de révocation ; il s'en serait remis au stipulant, pour ce qui est du droit de l'engager, ou non, à son gré, envers un tiers. De sorte qu'il faudrait admettre à la règle de l'art. 1119 cette exception nouvelle que l'on peut promettre le fait d'un tiers lorsque par avance le tiers a donné pouvoir à cet effet. Ce serait un mandat un peu spécial ; car il ne s'agirait pas d'un contrat conclu au nom du promettant avec le tiers bénéficiaire, mais d'un contrat passé avec ce dernier par le stipulant, lequel agirait, non seulement en son nom, mais dans son intérêt propre. Et, reste encore la faculté de révoquer l'offre, laquelle n'existerait pas au profit du mandant, mais au profit du mandataire. Tout cela est inadmissible, ou tout au moins bien compliqué ; tellement compliqué que, ce qui est inadmissible, ce n'est pas que les parties acceptent, si elles le veulent, cette construction juridique — théoriquement elles peuvent faire ce qu'elles veulent — mais c'est de présumer que la loi ait admis un système si étrange. Revenons donc à l'idée très simple que nous suggère l'art. 1165, et qui est que, du jour même de la stipulation conclue, le tiers acquiert un droit direct par l'effet du contrat.

Seulement, tant que le tiers n'a pas déclaré son intention de profiter du droit qui lui est acquis, ce droit peut lui être retiré par celui qui le lui a acquis. Il y a donc acceptation nécessaire, non pour faire acquérir le droit, mais pour le consolider et le rendre irrévocable, c'est-à-dire pour faire disparaître la faculté de retirer le droit déjà acquis. La question de savoir si le stipulant pouvait révoquer avait été discutée en ancien droit (Pothier, n° 73). Il y avait sur ce point deux opinions, dont l'une voulait que tout fût immédiatement définitif, même à l'insu du tiers. Telle n'était pas la doctrine de Pothier ; or que nous dit-il pour la justifier ? Il ne met pas en question que la stipulation n'eût fait acquérir dès maintenant le droit au tiers. Ce qu'il met en doute c'est le point suivant : contrairement aux principes, voilà une personne qui acquiert un droit par un acte auquel elle n'a pas été partie, donc par la volonté d'autrui ; n'est-il pas légitime que la même volonté puisse le lui enlever, tant que le bénéficiaire du droit n'aura pas accepté ? Et Pothier fait intervenir alors ce principe, inspiré d'une idée romaine, qu'il est naturel que les droits s'éteignent de la même manière qu'ils se créent. Et Pothier acceptait toutes les conséquences logiques de cette conception. Par exemple, il suppose le stipulant décédé ; et alors Pothier, qui admettait la faculté de révoquer, ne disait pas que l'acceptation ne pourrait plus intervenir. Il disait tout au contraire que cette mort du stipulant rendrait seule, à défaut d'acceptation, le droit du tiers définitif ; non pas que le tiers ne puisse encore rejeter ce droit qu'on lui a fait acquérir ; mais ce droit ne pourrait plus lui être retiré par la seule volonté des héritiers du stipulant, et alors même que le tiers n'avait pas encore donné son acceptation. C'est que la mort du stipulant avait mis fin à la faculté de révoquer. Celui en effet qui avait fait acquérir le droit au tiers n'était plus là pour le lui enlever ; ce serait un autre qui exercerait la révocation. Ce serait contraire à l'idée qu'un droit dont la création n'a dépendu que d'une seule volonté peut disparaître par l'effet de la même volonté. On devait en conclure que la faculté de révocation restait absolument personnelle au stipulant. Et, en tout cas, ce qui est certain, c'est que Pothier ne voyait pas qu'il y eût là deux contrats, mais un seul. Et j'ai le droit de dire maintenant que cette conception est aussi la théorie du Code civil. Car le Code a voulu reproduire Pothier.

Je sais bien, sans doute, que pour certains esprits la difficulté qu'ils voient à admettre ce système, que j'appellerais volontiers le système historique, ne vient ni des textes, ni de l'objection tirée de la faculté de révocation, mais de la répugnance qu'ils peuvent avoir à accepter, au point de vue rationnel et strictement juridique, qu'un tiers vienne à acquérir un droit d'un contrat auquel il n'a pas été partie, et passé à son insu. Les raisons d'utilité pratique qui avaient inspiré le système romain, et celui de l'ancien droit, seraient impuissantes à vaincre leurs résistances doctrinales. Je me demande s'il n'y a pas là un préjugé plus encore qu'une vérité rationnelle. Car il n'est pas douteux qu'un tiers puisse acquérir un droit de créance sans sa participation et à son insu ; c'est le cas de la plupart des obligations nées de délits et quasi-délits. Qu'un dommage soit causé, même en mon absence et à mon insu, à une chose qui m'appartient; du fait de ce dommage, s'il y a eu faute, est né à mon profit un droit de créance qui fait partie de mon patrimoine, et que je transmettrai à mes héritiers. Ce qui est possible lorsqu'un tiers me porte préjudice ne peut-il pas se réaliser également lorsque deux personnes, à mon insu, s'entendent pour me faire acquérir un droit? Certainement, la chose serait irréalisable s'il s'agissait d'un engagement qui ne serait pris envers personne d'une façon obligatoire, car il n'y aurait pas de contrat ; il y aurait une manifestation purement unilatérale de volonté qui, dans notre législation, ne crée ni droit ni obligation. Mais lorsqu'il y a un engagement pris par contrat, un engagement conventionnel, pourquoi, les deux parties engagées dans la convention étant d'accord, ce droit ne pourrait-il pas déjà appartenir à un patrimoine, ou plutôt se fixer au profit de la personne juridique désignée par elles? Rationnellement rien ne s'y oppose.

La règle que les conventions n'ont pas d'effet à l'égard du tiers signifie deux choses : la première, qui est vraie d'une façon absolue, à savoir que deux personnes ne peuvent pas, par une convention passée entre elles, produire un effet de droit opposable à un tiers et de nature à lui nuire ; et la seconde que, si ces personnes n'ont entendu donner contre elles aucun droit à un tiers étranger au contrat, aucune autre qu'elles ne pourra se prévaloir du contrat pour en tirer profit. Mais si les deux parties, en contractant, ont expressément déclaré qu'un tiers qu'elles désigne pourrait se prévaloir contre l'une d'elles de tels ou tels effets résultant de la convention, il n'est plus indispensable qu'un nouveau contrat se forme avec le tiers bénéficiaire pour réaliser en sa personne le droit créé à son profit par la convention ; car le contrat qui l'a créé existe et se suffit par lui-même. Tout au moins, à supposer que les principes soient impuissants à imposer cette décision, il va de soi que la loi peut l'accepter et la consacrer ; et nous savons par l'art. 1165, que le Code civil s'est précisément rangé à cet avis.

La jurisprudence a accepté, sinon la théorie que je vous enseigne, du moins la conséqence qui en découle, la possibilité pour le tiers d'accepter après le décès du stipulant (Cass., req., 22 juin 1859, S, 61, I, 151). Seulement l'arrêt que je viens de citer, implicitement dans ses motifs, ajoute une idée qui n'est plus conforme à la doctrine de Pothier.

Parmi les auteurs qui acceptent la doctrine que je vous propose, il y en a qui décident que le décès du stipulant met désormais la donation à l'abri de toute chance de révocation ; c'était la thèse de Pothier. D'autres, et je suis de ceux-là, croient que les héritiers succèdent à la faculté de révoquer. Voici la raison qui me paraît s'imposer, malgré Pothier : quel est en effet le fondement donné par Pothier lui-même à cette faculté de révocation ? C'est que le droit acquis au tiers sans sa participation peut disparaître de la même façon et par le même procédé qui le lui avait fait acquérir. Cela étant, la situation n'est nullement modifiée par le décès du stipulant ; la volonté qui avait stipulé à l'origine a disparu. Mais le droit qui lui était donné de revenir sur ce qu'elle avait fait passe aux héritiers. Reportez-vous sur ce point à l'arrêt que je viens de vous citer.

La faculté de révocation ne s'exerce pas toujours par la seule volonté du stipulant ; il peut arriver qu'il faille aussi le concours de la volonté du promettant. La loi ne parle que du stipulant, car, d'ordinaire, le promettant n'est pas intéressé au maintien de la stipulation, mais le contraire peut arriver. Voyez-en un exemple dans un arrêt de la Cour de cassation du 12 février 1877 (D., 77, I, 342). Ainsi deux frères sont en contestation ; l'un propose à l'autre une transaction, et il y met comme condition que son frère paiera à leur mère commune une rente viagère. En pareil cas, le promettant a intérêt également à payer cette rente, la révocation ne pourrait donc avoir lieu que de son assentiment. Mais voici encore une autre conséquence que je tire, pour ce qui est du droit de révocation, du système que j'ai adopté. C'est que ce droit est loin d'être de l'essence de la stipulation pour autrui. Il en serait autrement s'il y avait, de la part du stipulant, une offre adressée au tiers bénéficiaire : une offre est toujours essentiellement révocable. Mais il y a un droit déjà né ; seulement il est né à l'état de droit révocable. Or, ce n'est là qu'une interprétation de volonté. S'il apparaissait que les parties, dès le début, eussent voulu créer un droit ferme au profit du tiers bénéficiaire, il n'y aurait qu'à s'incliner devant leurs volontés ; car la révocabilité ne résulte que d'une présomption de la loi. Elle doit disparaître, là où la présomption se trouve renversée par une interprétation contraire. Et nous en aurions certainement un exemple dans l'hypothèse que je vous ai déjà citée de l'art. 101 du Code de commerce.

La faculté de révocation donne lieu encore à d'autres questions subsidiaires. Par exemple celle-ci : qui est-ce qui profitera de la révocation ? Est-ce le promettant qui sera libéré ou le stipulant qui s'en appropriera le bénéfice ? Je pense que cela dépendra des circonstances. Ainsi la stipulation n'était pas une libéralité. Je suppose la vente d'un immeuble avec réserve de servitude pour un prix à payer par le tiers ; puis le vendeur se ravise, il est bien certain que l'acheteur se trouve affranchi sans autre condition de la servitude. Si au contraire la stipulation pour autrui a le caractère d'une donation faite à un tiers, il ne peut être question de faire profiter le promettant de la révocation. Ainsi prenons une vente avec stipulation de rente viagère, c'était une portion du prix ; il va de soi que si le vendeur révoque, il aura droit de s'attribuer le bénéfice de la stipulation. Seulement il en profitera sans qu'il puisse avoir aggravé la situation de l'acheteur ; donc la rente viagère qui sera maintenant payée au vendeur sera mesurée sur la vie du tiers.

Rapports entre la stipulation pour autrui et la gestion d'affaires.

Il nous faut finir en indiquant les rapports entre notre théorie et celle de la gestion d'affaires. Je prends comme point de départ cette idée que, dans la stipulation pour autrui, le stipulant, la plupart du temps, a intérêt à l'exécution de la promesse qui lui est faite à lui mais pour autrui ; c'est généralement ce qui en fait la validité. Comme application de cette idée, celui qui gère les affaires d'autrui, peut valablement, dans cette gestion, contracter même en son propre nom, pour le *dominus* dont il gère l'affaire. Il y a un texte de la loi qui le suppose. L'art. 1375 vise le cas où le gérant a fait l'acte en son nom ; cet acte est valable, seulement le *dominus* doit indemniser le gérant. Prenons un exemple : une personne étant éloignée et n'ayant point pris de précautions pour pourvoir à ses affaires, un ami intervient et gère le patrimoine ainsi abandonné. Cette gestion ainsi commencée, il arrive qu'il est nécessaire de faire des marchés, peut être un marché d'entreprise pour des réparations à une maison. Ordinairement, le gérant contractera au nom du *dominus*, et le plus souvent le tiers exigera qu'il se porte fort. S'il ne s'est pas porté fort, tout dépendra de la ratification par le *dominus*, ou de l'utilité de la gestion. Mais il peut aussi agir *proprio nomine*; et c'est bien ce que suppose également l'art. 1375. Je fais marché avec vous, ouvrier, pour que vous fassiez la récolte qui appartient à Primus. Cet acte est valable. Pourquoi? Parce que le gérant est responsable de la gestion qu'il a entreprise. Il a, par suite, intérêt à faire les actes qui sont la suite de sa gestion. L'exemple que j'ai pris suppose que le contrat ainsi fait intervient au cours d'une gestion déjà commencée. Mais voici le point délicat. La stipulation par une personne absente, et que l'on fait en son nom à soi, ne devrait-elle pas être validée comme constituant un premier acte de gestion d'affaires, engageant dès maintenant, la responsabilité de celui qui l'a faite? Voyez sous ce rapport, et en attendant que j'y revienne, le *Traité des Obligations* de POTHIER, nos 59 et 60.

XLIIe LEÇON

STIPULATIONS POUR AUTRUI (FIN). — RAPPORTS ENTRE LA STIPULATION POUR AUTRUI ET LA GESTION D'AFFAIRES. — CONDITION D'ORDRE PUBLIC EN MATIÈRE DE CONTRATS. — CONDITIONS DE VALIDITÉ : VICES DU CONSENTEMENT. — THÉORIE DE L'ERREUR.

Le point difficile auquel nous arrivons est celui-ci : savoir si la stipulation que l'on fait pour autrui pourrait constituer par elle-même un commencement de gestion d'affaires, à raison de quoi cette stipulation deviendrait valable comme celle faite au cours d'une gestion d'affaires. Pothier distinguait suivant que cette stipulation constituerait une ingérence dans l'administration du patrimoine d'autrui ou un acte de gestion indépendant, qui n'impliquât aucune ingérence de ce genre.

Ainsi, en parlant de stipulation au cours d'une gestion commencée, j'ai donné pour exemple l'hypothèse d'un marché. Or, supposez qu'un ami ou un parent, sans avoir fait par avance aucun autre acte de gestion, débute par ce marché relatif à la récolte future ou présente, ou relatif à des réparations à faire : c'est une ingérence dans le patrimoine de l'absent, tel qu'il était antérieurement constitué. On peut supposer encore que cet ami stipule qu'un tiers abattra des arbres qui gênent la vue de la maison de l'absent ; ou bien il stipule que le voisin d'en face blanchira son mur pour augmenter la lumière qui arrive à la maison de l'absent ; c'est un avantage qu'on veut procurer à celui-ci, sans qu'il y ait ingérence dans son patrimoine.

Dans le premier cas, quand il y a une espèce de main-mise bienveillante sur le patrimoine d'autrui, on peut considérer ce premier acte comme commençant une gestion d'affaires, à raison de la responsabilité qui en résulte pour celui qui a fait cet acte. Donc, disait Pothier, la stipulation sera validée. Dans l'autre cas, c'est uniquement un acte de bienveillance, et il n'y a aucune responsabilité encourue ; ce serait alors une pure stipulation pour autrui. Dans le premier cas, nous sommes dans l'hypothèse de la stipulation pour autrui faite en matière de gestion d'affaires ; mais dans le dernier cas, là où Pothier déclare qu'il n'y a plus gestion d'affaires, si cependant le stipulant avait parlé, non plus en son nom, mais au nom de l'absent, cela constituerait un véritable acte de gérant d'affaires, sauf ratification à intervenir de la part de l'absent. Il semblerait alors, dans ce dernier cas, que la stipulation ne pourrait être validée, comme gestion d'affaires, que si le stipulant a parlé au nom du tiers. On admettrait donc qu'un acte quelconque, même de pure bienveillance, peut être fait comme acte de gestion d'affaires au nom du tiers. S'il en était ainsi, en pratique on pourrait, grâce à la largeur d'interprétation qui est de mise dans notre droit, reconnaître que l'intention des parties était que le stipulant, au fond, stipulât non pas en son propre nom, mais parlant au nom d'autrui. De sorte qu'en réalité toute stipulation pour autrui, même faite au nom du stipulant, devrait être interprétée comme un acte de gestion d'affaires, validé comme tel. Il y aurait pourtant cette différence que, là où la stipulation *proprio nomine* intervient comme acte de pure bienveillance, elle ne pourrait être validée qu'à la condition de présumer une erreur dans la forme et dans les termes employés, et à la condition de l'interpréter, par conséquent, comme une stipulation au nom des tiers, soumise par suite à sa ratification ; et l'on sait qu'il y a intérêt, en matière de gestion d'affaires, à distinguer entre la stipulation *proprio nomine* et la stipulation faite au nom du géré.

Condition d'ordre public.

J'ai étudié jusqu'à présent les règles relatives à la formation des obligations résultant de contrats. Il convient, pour finir, d'ajouter une idée générale, que l'on peut formuler d'une façon peut-être un peu vague, en disant que la convention, pour être obligatoire, ne doit pas être contraire aux lois ni aux mœurs. Ce principe de l'art. 6 du Code civil trouve ses applications les plus usuelles dans la double règle qui n'admet pas que l'obligation puisse avoir un objet illicite, ni une cause illicite. Mais on a fait remarquer que ceci n'embrasserait peut-être pas tout ce qui est contenu dans l'art. 6. Il ne serait peut-être pas impossible, par une analyse un peu subtile, de découvrir des obligations dont ni l'objet ni la cause ne seraient illicites, quoique le contrat pris en bloc dût être regardé comme contraire aux lois.

Prenons l'hypothèse de la donation ayant une cause illicite ; je vous ai dit qu'il fallait admettre ici que la donation avait en vue non pas une simple libéralité, mais la réalisation d'un but illicite. Ceci n'est pas accepté par tout le monde ; certains auteurs disent que la donation a toujours pour cause l'intention libérale ; que le but cherché en dehors de cette intention libérale n'est que le motif. Dans cette théorie la donation ne pourra être annulée pour cause illicite ; mais elle pourra l'être sur le fondement de l'art. 6, parce que son motif en fait un acte illicite. C'est un point que j'ai examiné à propos de la théorie de la cause.

Prenons la règle d'après laquelle on ne peut pas stipuler dans un contrat qu'on ne répondra pas de son dol. On ne peut pas dire qu'il y ait là objet illicite ; cette convention a pour objet de décharger le débiteur d'une certaine responsabilité ; mais prise en soi, cette stipulation est contraire à l'art. 6.

Il est entendu que je réserve, sur tous les points que j'ai traités jusqu'ici, la sanction, pour la traiter à part. Ceci indiqué, nous abordons notre troisième section du chapitre sur les contrats ; et nous allons voir les conditions requises, non plus pour l'existence, mais pour la validité du contrat.

Lorsqu'on oppose les conditions de validité aux conditions d'existence du contrat, on entend par là que l'on se trouve Conditions de validité du contrat.

en présence d'un contrat qui ait pris naissance, donc qui se soit formé. Mais ce contrat est entaché d'un vice qui en entraîne la nullité.

Les conditions que je vais étudier se rattachent à deux ordres d'idées : 1° Pour que le contrat soit valable, il faut que le consentement qui a été donné ne soit pas entaché de certains vices déterminés par la loi ; 2° Que les parties soient capables. Nous abordons, comme vous le voyez, la théorie des vices du consentement et la théorie des incapacités.

Des vices du consentement.

Parlons d'abord des vices du consentement, ou bien, si on préfère, des qualités auxquelles doit satisfaire le consentement pour que le contrat soit valablement formé. Notre section énumère trois vices : l'erreur, la violence, le dol ; il faut rattacher à cet ordre d'idées les dispositions de la loi concernant la lésion.

Je dis que ces trois vices peuvent, dans des conditions déterminées, être une cause de nullité du contrat, pour bien marquer qu'ils n'excluent pas le fait de la naissance ou de la formation du contrat.

Ceci admis, deux observations préliminaires sont nécessaires :

1° Cette théorie s'applique, cela va de soi, à toute convention, alors même qu'il ne s'agirait pas à proprement parler de contrat ; par exemple une convention ayant pour but l'extinction d'une obligation. Mais en outre, cette théorie est applicable à tous les actes juridiques qui ont leur fondement dans une manifestation de volonté, même si ces actes ne constituaient pas une convention, un acte par conséquent reposant sur une déclaration unilatérale de volonté. Ainsi l'acceptation ou la répudiation d'une succession sont des manifestations de volonté unilatérales. Ces actes là n'en sont pas moins fondés sur la volonté de celui qui les accomplit ; donc les règles qui déterminent quand et comment cette volonté sera valable s'appliqueront encore en pareil cas.

2° Voici une deuxième observation que je vous présente comme principe d'interprétation. C'est que, dans les hypothèses que nous allons parcourir, la loi, partant de l'idée que ces vices n'empêchent pas le contrat de se former, organise sous le nom d'action en nullité quelque chose que nous pouvons comparer à la *restitutio in integrum* du droit romain. Une des différences toutefois qui l'en séparent consistera en ce que la loi ne laisse pas ici à la *causæ cognitio* du juge le point de savoir si la restitution doit être accordée eu égard aux circonstances de fait; mais l'analogie consiste en ce que d'avance, *a priori*, la loi a fixé les conditions de fait auxquelles elle attache la nullité. Le législateur fait lui-même ce qu'aurait fait le magistrat romain dans sa *causæ cognitio ;* la loi a fait en quelque sorte sa propre *causæ cognitio*, non point pour telle et telle hypothèse en particulier, mais pour toute une catégorie d'hypothèses en général. Et c'est pourquoi la loi est entrée dans un grand nombre de nuances délicates qui ne s'expliquent que par là.

Le premier vice que nous ayons à étudier en matière de consentement est l'erreur. De l'erreur.

Il ne s'agit plus d'erreur exclusive du consentement, ce qui impliquerait l'erreur sur l'identité de l'objet ou sur la nature du contrat. Il ne s'agit pas davantage d'erreur sur la cause : dans ce cas l'erreur n'est pas à proprement parler exclusive du consentement, quoique très souvent il puisse en être ainsi ; mais quoi qu'il en soit, même dans les hypothèses où l'erreur sur la cause laisserait subsister le consentement, elle ne s'opposerait pas moins à la formation du contrat ; nous l'avons vu sur l'art. 1131. C'est donc encore une hypothèse qu'il faut mettre à part.

Si nous mettons ainsi de côté les cas que je viens de vous signaler, nous devons envisager l'erreur, en tant qu'elle porte sur les trois points suivants, afin de rechercher quelles en seront les conséquences : elle peut porter sur le motif, sur les qualités de l'objet ou sur la personne. Quelle sera donc son influence dans chacun de ces trois cas ? L'art. 1110 est le texte fondamental ; il admet comme possible, en tant que cause de nullité, l'erreur sur la substance et, exceptionnellement, l'erreur sur la personne. Le texte exclut par là même toute nullité qui serait fondée sur l'erreur afférente au motif seulement. C'est donc là un des points de vue auxquels il est intéressant de distinguer le motif de la cause; il faudra donc rechercher dans telle ou telle hypothèse donnée, si on se trouve en présence d'un faux motif ou d'une fausse cause.

Ainsi, supposez qu'une personne, étant débitrice de Primus, fasse ce que l'on appelle une *delegatio*; elle délègue Secundus pour l'acquittement de sa dette envers Primus. Cette délégation, Secundus l'acceptera; il s'engagera envers le délégataire, le plus ordinairement parce qu'il sera lui-même débiteur de pareille somme envers le délégant. Or il peut arriver que Secundus accepte par erreur. De même qu'on peut payer par erreur ce que l'on ne doit pas, de même il peut arriver qu'on accepte de s'engager ainsi envers un tiers pour acquitter une fausse dette envers le délégant. Secundus dans ce cas s'est donc obligé par erreur. Quelle est la nature de cette erreur? Est-ce une erreur sur la cause ou sur le motif? Si c'est une erreur sur la cause, Secundus fera annuler son engagement pour fausse cause. Si c'est une erreur sur le motif, il sera tenu envers le délégataire, sauf à exercer la répétition de l'indû contre le délégant. A Rome on décidait que le délégué en pareil cas était régulièrement tenu (L. 9, § 1, Dig. *de cond. caus. dat.* 12, 4 et L. 13, Dig. *de Novat et Delegat.*, 46, 2), sauf une hypothèse sans laquelle le délégué pouvait avoir le droit d'invoquer l'exception de dol contre le délégataire; c'est pour le cas où le délégant avait voulu réaliser une donation au profit du délégataire: on considérait que, de la part de ce dernier, il y aurait eu dol à vouloir se prévaloir de l'erreur du délégué pour exiger l'exécution de sa promesse. Je ne cherche pas à expliquer en détail cette solution en droit romain; elle touche également de très près à la théorie de la cause, bien que le mécanisme par lequel à Rome on aboutissait à ce résultat eût été emprunté à la procédure et que, pour l'hypothèse de la donation, il se traduisît par le jeu de l'exception de dol. Mais la délégation est une théorie très complexe que je n'ai pas à aborder pour le moment. Dans notre droit actuel, j'accepte la solution de la loi 13 au titre *de Novationibus*. Car la cause, pour ce qui est de l'engagement pris par le délégué, est d'assurer l'extinction de la dette du délégant envers le délégataire ; maintenant dans quel but plus éloigné le délégué s'est-il engagé ? Parce qu'il se croyait lui-même tenu envers le délégant. Mais la preuve que ce n'est là qu'un motif, c'est que son engagement aurait pu intervenir dans un tout autre but, uniquement par exemple pour rendre service au délégant ; or, lorsque le but de celui qui s'oblige peut varier ainsi, vous savez que ce but ne rentre plus alors dans la notion de la cause, qui est toujours la même pour un acte donné.

Seulement, si j'admets le principe du droit romain, j'éprouve toutefois quelque hésitation à le tempérer par l'exception acceptée pour le cas de donation (L. 2, § 3, Dig. *de donat.*, 39, 5, et L. 7, pr. *de dol mal. et met. exc.*, 44, 4). L'exception de dol avait à Rome, il faut bien le reconnaître, une largeur d'application qu'il devient assez difficile de lui donner en droit français ; c'est ainsi, comme je vous le disais tout à l'heure, qu'elle pouvait être invoquée, non seulement lorsqu'il y avait dol dans la formation du contrat, mais lorsqu'il résultait des circonstances qu'il y aurait eu dol dans l'exécution. C'était le cas du délégataire bénéficiant d'un acte à titre gratuit, et voulant se prévaloir de l'engagement pris envers lui, en dépit de l'erreur du délégué. On considérait qu'il y aurait eu dol de sa part à réaliser un bénéfice purement gratuit au détriment du délégué, donc en exigeant de lui l'exécution du contrat. Serions-nous autorisés à admettre chez nous une solution analogue ? Cela ne serait pas douteux, je vous le démontrerai, si cette erreur du délégué avait été causée par des manœuvres frauduleuses. Celui qui réclame à son profit l'exécution d'une donation, ne peut le faire que si l'obligation dont il se prévaut n'a sa source dans aucun dol. Mais lorsque précisément l'erreur a été spontanée, sans aucun dol commis dans la formation de l'engagement, pouvons-nous dire, comme en droit romain, que le dol consisterait uniquement, de la part du délégataire, à vouloir réaliser un bénéfice au détriment du délégué ? Cela me paraît extrêment délicat à soutenir sur le terrain du dol ; car cela reviendrait à dire que le délégataire va commettre un délit, ou, si l'on veut, un acte contraire à la bonne foi. Or, nous savons que ce n'est pas exactement le point de vue auquel la loi s'est placée pour admettre la nullité pour cause de dol. La loi française, contrairement au droit romain, ne voit encore dans le dol qu'un vice du consentement, vice insuffisant par lui-même, et qui ne prend sa valeur que du dol duquel il émane, ce qui n'est plus le cas lorsqu'il s'agit d'erreur spontanée.

Mais, peut-être arriverons-nous au résultat désiré, en revenant à l'idée de cause. Et tout d'abord, le délégataire, puisqu'il s'agit de faire à son profit une donation, n'était plus créancier du délégant ; et nous ne pouvons plus dire que le délégué s'engage envers lui pour éteindre la dette du délégant. La cause de l'obligation prise par le délégué serait donc de réaliser une donation ; et cependant ce n'est pas lui qui est le donateur. Il s'engagerait donc en vue de permettre la réalisation d'une donation faite par un autre ; ce serait encore vis-à-vis du tiers l'intention d'un service à lui rendre qui justifierait l'engagement pris envers lui. De sorte qu'à s'en tenir à la rigueur des principes, l'obligation du délégué aurait une cause. Si donc l'engagement s'est valablement formé, sur quel fondement pouvoir le rompre ! Le dol ? Mais le Code civil ne connaît que le dol réalisé dans la formation des contrats, et ce n'est pas le cas. C'est ce que je vous disais tout à l'heure ; sur le terrain du dol, les ressources nous manquent.

J'admettrais cependant, s'agissant d'une intention libérale, ou plutôt d'un service gratuit, que celui qui accepte de s'y associer fait entrer le but personnel qu'il poursuit dans les éléments constitutifs du contrat ; et ce but qu'il poursuit, pour ce qui est de lui, c'est de se libérer de sa dette envers le délégant. De sorte que, dans le cas de donation par voie de délégation, nous aurions un nouvel exemple de cette dualité de cause juridique dont nous avons déjà rencontré l'analogue en différentes matières, mais principalement à propos de donations. Rien d'étonnant à ce que nous en acceptions une application similaire lorsque la délégation a pour but de servir à réaliser un acte purement gratuit. Seulement, la nullité proviendrait encore, à mon avis, du défaut de cause, ou de l'erreur sur la cause, et non du dol ; et vous en savez l'intérêt.

Le cas de donation mis à part, je reviens au principe de la loi 13, Dig., au titre *de Novationibus* ; la cause de l'engagement pris sur le fondement d'une délégation est dans la dette existant entre le délégataire et le délégant, et non dans celui qui existerait entre le délégué et le délégant. L'erreur sur ce point, c'est-à-dire sur les rapports existant entre délégué et délégant, ne serait jamais qu'une erreur sur les motifs.

Quant à l'erreur sur la personne, la règle de droit commun est qu'elle est sans influence, parce qu'en général le contrat n'est pas déterminé par la considération de la personne. C'est pourquoi le texte indique, à titre d'exception, qu'il n'en est plus de même quand la considération de la personne a été la cause déterminante du contrat ; cela pourra donc se rencontrer en matière de donation ou en matière d'obligation de faire, quand on s'est attaché principalement à l'habileté artistique ou industrielle de la personne ; ce sera le cas du peintre avec lequel on aura traité pour un tableau ou un portrait.

Je vous présente seulement, pour les cas exceptionnels où l'erreur sur la personne est une cause de nullité, deux observations qui ont leur importance. La loi admet la nullité par cela seul que l'une des deux parties était dans l'erreur : erreur unilatérale par conséquent. La deuxième observation est que, si le peintre, dans l'exemple que j'ai supposé, a éprouvé un préjudice par suite de l'erreur de celui qui a traité avec lui, comme ce serait le cas lorsqu'il y a eu commencement d'exécution, la partie qui, par son imprudence, a causé ce préjudice, doit le réparer ; elle n'est plus obligée par contrat, mais elle est tenue d'une obligation *quasi ex delicto*. S'il n'en était pas ainsi, la théorie qui fait une cause de nullité même de l'erreur non commune serait injuste.

Dans ce cas encore on a souteuu, en Allemagne, que cette obligation de responsabilité, au lieu d'être fondée sur le quasi délit, resterait une obligation contractuelle, dérivant d'une sorte de garantie tacite, que les parties se seraient réciproquement promise lorsqu'elles sont entrées en négociations, garantie tacite constituant une clause en quelque sorte antérieure au contrat, et indépendante de son maintien. C'est un point que je vous ai déjà signalé antérieurement, sans avoir prétendu discuter la question. Il y a d'ailleurs assez peu d'intérêt appréciable à vouloir fonder l'obligation d'indemnité sur le quasi-délit ou sur le contrat, au moins chez nous. Il n'en est plus de même peut-être en Allemagne, faute d'un principe général, analogue à celui de notre art. 1382 en matière de délit et quasi-délit. En droit français, pour comprendre l'importance qu'il y aurait à faire cette distinction, il faudrait connaître les différences qui séparent ce que l'on appelle la faute délictuelle de la faute désignée sous le nom de faute contractuelle. Je vous les indiquerai plus tard. Et encore sur le point qui nous occupe, je ne suis pas très sûr que toutes ces différences puissent trouver leur application.

J'arrive maintenant à ce que j'ai appelé l'erreur sur les qualités. C'est à quoi se réfère l'art. 1110, quand il parle d'erreur sur la substance ; erreur sur les qualités substantielles de l'objet. La difficulté est de bien distinguer l'erreur dont parle l'art. 1110 de celle qui ne porterait que sur les qualités accidentelles. L'art. 1110 parle d'erreur sur la substance de la chose ; c'est une expression qui se trouve déjà dans Pothier ; et Pothier lui-même avait emprunté ce langage aux jurisconsultes romains. On rapprochait l'erreur *in substantia* de l'erreur *in ipso corpore rei*. Ce que l'on paraissait entendre par la première expression semble bien avoir été une erreur sur la matière. Quelqu'un a acheté un lingot d'airain, il était d'or ou inversement (L. 9, § 2 et L. L. 14 et 41, § 1, Dig. 18, 1). Pothier, s'inspirant de ce langage, erreur sur la substance, pour l'opposer à l'erreur sur les qualités accidentelles, reproduit des exemples qui sont bien, en effet, ceux des jurisconsultes romains, quand ceux-ci prétendaient définir la substance, en tant que considérée comme matière de l'objet. Ainsi, j'ai acheté des flambeaux que je croyais d'argent massif, et ils étaient de cuivre argenté. Toutefois, ces exemples ne sont que des exemples : il s'agit de savoir quel critérium théorique on en doit tirer. Sur ce point Pothier donne une formule qui semblerait dépasser de beaucoup celle qui ressort des exemples fournis par lui. Il déclare qu'il s'agit d'erreur sur la qualité que les parties ont eue spécialement en vue en contractant, et qui forme par suite la substance de l'objet. Il semble donc, en s'engageant dans cette direction, que l'on doive aller bien plus loin que l'erreur sur la matière ; on arrivera même à dire qu'en certains cas, l'erreur sur la matière sera indifférente. Ainsi, tel objet d'art ayant telle origine, telle ancienneté, vaut infiniment plus à cet égard qu'au point de vue de la matière qui le compose. C'est un critérium purement subjectif.

Cette définition va donc laisser place à une assez grande difficulté quand il s'agit en fait de décider si telle qualité est ou non substantielle. On a cherché par suite des formules précises pour caractériser ce qui constitue la substance. Elle consiste, a-t-on dit, dans les qualités qui font qu'une chose est de telle espèce plutôt que de telle autre, qualités dont l'absence par conséquent fait que la chose devient une chose d'une autre espèce, une chose dont la désignation correspondra à un autre nom, à un autre substantif. On peut admettre ce critérium, mais une condition qui serait, que, pour savoir si l'absence de telle ou telle qualité fait que la chose est d'une autre espèce, il faudra toujours se placer à un point de vue non pas absolu, mais au point de vue relatif sous lequel les parties se sont placées en contractant. Tout cela je l'admets volontiers. Mais, ce que je repousse absolument, c'est la doctrine, qui est celle notamment de MM. Aubry et Rau, selon laquelle les qualités substantielles doivent se trouver dans les qualités qui déterminent la nature spécifique de la chose d'après la commune opinion. Dans cette doctrine, il ne faudrait plus tenir compte du point de vue auquel se sont placées les parties en contractant, mais à celui sous lequel l'objet est considéré d'après la commune opinion. Et on arriverait ainsi à exclure l'erreur portant sur l'origine de l'objet ou sur le nom de l'artiste, sauf dans l'hypothèse où, s'agissant d'un objet vendu comme objet ancien, il serait d'usage, au point de vue de l'opinion commune, d'attribuer la prépondérance à la question d'origine et d'authenticité. En dehors de cette dernière hypothèse, il en résulterait dans cette doctine que, pour que l'erreur relative aux qualités qui touchent à la valeur artistique de l'objet devînt une cause de nullité, il faudrait que ces qualités eussent été considérées comme une des conditions du contrat. Ce qui est une autre théorie dont j'aurai à reparler. Je repousse donc cette théorie de MM. Aubry et Rau, parce que le Code a reproduit Pothier, qui se plaçait, lui, au point de vue surtout des parties. Il y a donc, dans le système que je vous propose, une grande latitude d'appréciation pour le juge.

Mais, ceci étant bien entendu, il reste une question qui est la suivante. Etant donné que nous sommes dans une hypothèse où l'erreur est regardée comme portant sur une qualité substantielle, la nullité sera-t-elle subordonnée à cette condition que l'erreur ait été commune aux deux parties ? Je n'hésite pas à dire que, dans la pensée de la loi, l'erreur sur les qualités substantielles vicie le contrat par cela seul qu'elle a existé chez l'une des parties. Si on a acheté un tableau croyant acheter l'œuvre d'un peintre déterminé, l'acheteur peut demander la nullité, alors même que le vendeur n'aurait pas partagé l'erreur. Cette opinion pourra paraître assez grave, étant donné le critérium subjectif de Pothier ; ce qui détermine la qualité substantielle, c'est le point de vue personnel auquel se sont placées les parties contractantes. Alors, s'il suffit de considérer le point de vue d'une seule des parties, n'y a-t-il pas quelque chose d'un peu abusif à lui permettre de faire annuler le contrat en objectant l'absence de telle ou telle qualité sur l'existence de laquelle l'attention de l'autre partie n'avait pas été attirée ?

Notre réponse se trouve dans une série d'observations qui sont les suivantes.

1° Il est accepté par tout le monde que, lorsqu'une certaine qualité a été expressément ou implicitement promise dans le contrat, donc lorsque des deux parts le contrat a été consenti en vue de cette qualité, l'absence de cette qualité entraîne le droit de résiliation au profit de la partie à qui elle va préjudicier. C'est à ce point de vue que se placent toujours les tribunaux lorsqu'ils ont à apprécier l'erreur sur le nom d'un artiste. Les deux parties ont-elles entendu que tel tableau était de tel peintre ? Mais alors ce n'est plus la théorie de l'erreur sur la substance, mais celle de la résolution pour inexécution des conditions ; et cela est si vrai qu'à ce point de vue il n'y a pas à se préoccuper de savoir si l'erreur est substantielle ou si elle ne l'est pas. De telle sorte qu'exiger cette condition de l'erreur commune, ou plutôt la généraliser dans tous les cas d'erreur, ce serait supprimer la théorie de l'erreur sur la substance, pour s'en tenir uniquement à celle de la résolution, fondée sur l'art. 1184 ; et vous en voyez l'une des conséquences importantes, pour ne parler que de celle-ci, c'est que la prescription de l'action serait alors de trente ans.

2° Il faut tenir grand compte des questions de fait, et faire une observation en sens inverse de la précédente ; n'a-t-il pas été entendu en fait que les parties dans tel ou tel marché n'ont pas voulu tenir compte de telle ou telle qualité, même à la supposer substantielle ? Ainsi, par exemple, j'achète chez un brocanteur un objet que j'entends acheter et que vous entendez vendre tel qu'il est ; il se trouve être un objet d'art signé et de grande valeur : tant pis pour le vendeur si cette éventualité avait été prise en considération.

3° Lorsque la qualité au sujet de laquelle l'erreur s'est produite n'a été prise en considération que par l'une des parties, il ne suffira pas, pour qu'elle ait ce caractère de qualité substantielle, que la partie trompée lui ait attaché une certaine importance ; il faudra établir qu'elle était, pour elle, l'élément capital, celui sans lequel elle n'aurait pas accepté le contrat.

4° Il ne faut pas oublier que, s'il suffit d'une erreur unilatérale de la partie qui en est victime, et qui est en faute de ne s'être pas renseignée auprès de celui avec qui elle allait contracter, ou tout au moins de ne pas lui avoir communiqué ses appréciations en ce qui concerne la chose, objet du contrat, cette partie, victime de l'erreur, sera tenue, en cas de nullité, à fournir indemnité pour le préjudice qu'elle aura causé de ce chef. Reportez-vous sur ce point à ce que je vous disais au sujet de l'erreur sur la personne.

XLIIIe LEÇON

THÉORIE DE L'ERREUR (SUITE). — THÉORIE DE LA VIOLENCE. — THÉORIE DU DOL.

Je disais que l'erreur sur la substance me paraissait devoir produire ses effets, alors même qu'elle serait unilatérale. L'erreur dans laquelle l'acheteur d'un tableau aurait été sur l'authenticité du tableau, cette erreur, lorsqu'elle est considérée comme substantielle, me paraît permettre l'action en nullité, alors même que le vendeur n'aurait pas entendu vendre un tableau authentique. C'est qu'il s'agit de savoir si le consentement a été valablement donné ; et la loi considère que le consentement n'a pas été valablement donné, quand il y a eu erreur de l'une des deux parties. Ceci est incontestable en soi ; on n'a présenté pour infirmer cette idée que des objections de fait.

On a dit qu'il n'était pas équitable, toutes les conventions étant de bonne foi, de rompre un contrat pour une erreur d'appréciation personnelle à l'une des parties. Cette admissibilité de l'erreur unilatérale peut se comprendre sans doute lorsque le critérium de ce qui forme la substance de la chose échappe à l'appréciation des parties, lorsqu'il s'agit par exemple d'erreur sur la matière. Mais accepter encore qu'il en fût ainsi, je vous le disais déjà par avance, même si ce caractère de qualité substantielle ne résulte pas de la nature des choses, et ne provient que de l'intention d'une seule des parties, ne serait-ce pas ouvrir la voie à la chicane et permettre l'annulation sous un prétexte à peu près impossible à constater avec certitude, et en tout cas que l'autre partie ne pouvait pas soupçonner? Telle est l'objection ; il faudrait donc dire, dans le système opposé au mien, et sauf peut-être si cette concession est admise, pour ce qui est de l'erreur sur la matière, l'erreur *in corpore rei*, qu'il n'y aurait de qualités substantielles que celles qui eussent été prises en considération par les deux parties.

J'ai déjà fait remarquer que ce système fait disparaître la théorie de la nullité pour erreur; si l'on exige que la qualité ait été prise en considération des deux parts, elle devient tacitement promise, et l'absence de cette qualité donne lieu à l'action en résolution. S'il en était ainsi, il faudrait admettre l'influence de l'erreur, quelle que fût la qualité prise en considération par les parties, substantielle ou non, pourvu qu'il y ait eu accord à cet égard. C'est précisément ce que nous montre la pratique qui, elle, se place presque toujours sur le terrain de l'opinion contraire, celle que je combats en ce moment. La question, en effet, se présente surtout lorsqu'il s'agit de qualités se référant au point de vue particulier auquel on s'est placé dans le contrat; or, vous savez qu'il y a un système qui n'admet pas que l'intention des parties suffise à faire d'une qualité quelconque une qualité substantielle. Ce caractère ne dériverait pas de l'opinion individuelle de la partie victime de l'erreur, ni même de l'accord des deux parties, mais de l'opinion commune entendue de l'opinion générale; il faudrait que l'opinion commune fît de cette qualité une qualité substantielle. Elle ne le serait pas par elle-même, pas plus qu'elle ne le serait par le seul fait uniquement de la considération des parties, ce qui serait le point de vue exclusivement subjectif. On s'attache à une sorte de subjectivité mixte, générale, si l'on peut ainsi parler. En réalité, c'est l'opinion commune que l'on prend en considération. Et alors la jurisprudence, ne voyant là qu'une qualité accidentelle, se préoccupe toujours de savoir si cette qualité a été prise en considération par les deux parties (Cf. Paris, 9 janv. 1849, D., 49, 2, 67). Cet accord des deux parties ne suffit pas, je viens de le dire, à lui donner le caractère de qualité substantielle; mais il en fait une qualité expressément stipulée dans le contrat, et dont l'absence constitue une inexécution partielle de la convention.

Vous verrez, si vous consultez les arrêts, que les tribunaux, tout en paraissant traiter de l'erreur sur la substance, traitent en réalité presque toujours de la résiliation pour inexécution des conditions. Au contraire, si nous nous plaçons au point de vue qui est le vrai, c'est-à-dire si nous considérons comme substantielle la qualité maîtresse que les parties ont dû avoir en vue en contractant, et non seulement celle qui résulte *à priori* de l'opinion commune, il faudra par suite ne considérer que ce point de vue et ne pas s'occuper de savoir si les deux parties ont été dans l'erreur.

Si l'on trouve cette décision rigoureuse, le correctif sera offert par la série d'observations que je vous ai présentées à la fin de la précédente leçon. Il faudrait voir si en fait les parties n'ont pas entendu prendre l'objet avec les chances pour l'une ou l'autre de faire une bonne affaire. Puis il y aura les difficultés de preuve pour la partie qui prétend avoir été seule trompée ; c'est bien là encore un correctif qui a son importance. Au surplus, pour réduire à sa juste valeur l'objection d'équité et de pratique que je vous ai présentée, il ne suffira pas à la partie trompée de prouver qu'elle avait attribué cette importance à telle ou telle qualité ; il faudrait, pour que cette dernière prît le caractère de qualité substantielle, établir que, si la partie victime de l'erreur avait su que cette qualité n'existait pas, cette partie n'aurait pas contracté. Or, il est bien certain que ce ne sera pas une preuve facile à faire, lorsque la partie se sera bien gardée de manifester ses intentions à cet égard.

On a dit enfin que si l'une des parties réclame à raison d'un point de vue qui lui était tout personnel, elle aura, par son imprudence, n'ayant pas communiqué ses intentions à l'autre contractant, causé un dommage à celui-ci ; elle lui devra donc réparation, ce qui n'est pas douteux. Mais on ajoute que la meilleure réparation serait de maintenir le contrat. La réponse se trouve dans l'art. 1110, lequel admet la nullité pour erreur sur la personne, quand la considération de la personne a été déterminante ; et il n'y a aucun doute dans cette hypothèse que la nullité soit acquise, même quand l'erreur est unilatérale. Le peintre à qui on s'est adressé a ignoré, je le suppose, qu'on avait en vue un autre peintre plus célèbre ; il a cru de bonne foi qu'on l'avait sérieusement et personnellement choisi. Le contrat n'en sera pas moins annulé. Et l'objection devrait se présenter cependant, pour ce qui est de cette erreur sur la personne, de la même façon que lorsqu'il s'agit d'erreur sur l'objet. Elle devrait tendre à faire maintenir le contrat.

Pourquoi donc cette objection se trouvera-t-elle impuissante à faire obstacle à l'annulation ? C'est que la fin de non recevoir que l'on voudrait opposer à l'application des principes se tire des conséquences de la responsabilité délictuelle ou quasi-délictuelle. Or, il n'y a pas proportion exacte entre la réparation donnée en vertu de l'art. 1382 et le maintien du contrat ; ainsi il peut se faire que le maintien du contrat dépasse de beaucoup la simple réparation du préjudice causé à celui qui va subir la nullité. Il en sera presque toujours ainsi dans notre espèce ; le peintre, si l'on s'en tient à l'article 1382, obtiendra le prix de son tableau, c'est-à-dire sa valeur vénale, qui peut être bien inférieure au prix qu'on avait stipulé en vue du tableau d'un tout autre artiste. Pour donner satisfaction à l'objection que l'on invoque, il suffira donc d'imposer réparation au demandeur en nullité. C'est un point sur lequel j'ai déjà insisté.

Nous venons d'étudier ce qui a trait à l'erreur sur la substance. Quant à l'erreur sur les qualités accidentelles, on sait qu'elle n'engendre pas nullité, sauf dans le cas où cette qualité aurait été stipulée expressément ou tacitement, et considérée comme une condition du contrat ; s'il en était ainsi, on retomberait dans le domaine de l'art. 1184. Seulement, il y a une hypothèse dans laquelle la loi a décidé que l'erreur sur certaines qualités qui ne sont pas substantielles pourrait devenir un cas de nullité ; je fais allusion aux vices rédhibitoires (art. 1644). Il s'agit de qualités qui ne sont pas substantielles de leur nature ; mais cette réglementation spéciale nous montre à quel point de vue la loi s'est placée. Le vice est de nature à rendre la chose impropre à l'usage auquel on la destine ; ou bien il s'agit d'un vice qui en diminue l'utilité à ce point que l'acheteur n'aurait pas acheté, s'il l'eût connu. Il s'agit toujours, comme justification de la résolution, d'une présomption légale d'après laquelle il y a lieu de croire que, sans l'erreur commise, le contrat n'aurait pas été accepté.

Le deuxième vice indiqué par l'art. 1109 est la violence ; il en est traité dans les art. 1111 à 1115. On entend sous ce terme la contrainte qui a été exercée sur la volonté de la partie contractante, contrainte résultant de la menace d'un mal considérable. Je dis que c'est la contrainte ; parce que le vice à proprement parler ne se trouve pas dans la violence elle-même, mais dans l'impression de crainte que la violence a produite. Aussi, le droit romain, pour désigner la cause qui servait de fondement à l'action donnée à la victime de la violence, ne parlait pas de *vis*, mais de *metus*. Toutefois, n'oubliez pas que la crainte dont il s'agit n'est prise en considération que si elle a son origine dans une violence. Nous serons donc complètement exacts en disant que le vice est la crainte produite par une violence. Il ne s'agit évidemment pas de la violence physique qui consisterait à tenir la main d'une personne pour l'obliger à signer une obligation; en pareil cas il y aurait absence complète de consentement. Je ne parle donc que de la violence qui altère le consentement sans le détruire. En droit romain on disait déjà, en pareil cas, qu'il y avait eu un consentement, une volonté manifestée par le choix fait entre les deux alternatives entre lesquelles on était placé. Et alors la stipulation était valable ; seulement, pour les contrats de droit strict, le préteur intervint et créa l'*actio quod metus*. Violence.

Aujourd'hui, étant donné le système général de notre Code civil, quand vous aurez à donner des exemples qui soient l'application de cette idée que la violence, prévue par nos textes, est une violence n'excluant pas le consentement, il faudra, pour être dans le vrai, trouver des exemples dans lesquels il n'y aura pas absence de cause. Ainsi, on suppose volontiers le cas où, sous l'empire de la violence, on a fait souscrire à une personne un billet, ou d'une façon générale, une promesse.

Or, je vous ai déjà dit qu'en pareil cas il y a nullité, ou plutôt absence de contrat, non pour défaut de consentement, mais pour défaut de cause. Supposons, au contraire, qu'on ait usé de violence pour déterminer un propriétaire à vendre un immeuble. Les obligations réciproques se servent ici de cause l'une à l'autre, donc il n'y a plus défaut de cause, mais contrat entaché de violence ; et on sait déjà par avance que la nullité n'est pas la même.

A quelles conditions la violence exercée sur l'une des parties est-elle une cause de nullité du contrat ? Telle est maintenant la question qui se pose. Les caractères juridiques de la violence, d'après les textes et d'après les traditions, se résument d'ordinaire dans cette formule que la violence doit être *atrox*, *præsens*, *contra bonos mores*. Le dernier caractère ne se trouve pas indiqué dans les textes ; les deux autres résultent de l'art. 1112. Or, d'après l'art. 1112, la violence est prise en considération quand elle résulte de la menace d'un mal considérable, et que cette menace est de nature à faire impression sur une personne raisonnable.

Cependant l'art. 1112 ajoute qu'on doit avoir égard au sexe, à l'âge, etc. Il semble qu'il y ait là comme une contradiction. Une première proposition paraît se référer à un signe, ou à un critérium, purement abstrait; mais une deuxième dit qu'il n'y a là rien d'absolu, et qu'il faut prendre la personne en considération. Je crois que le sens de la loi est le suivant : quand on dit que la violence doit être de nature à impressionner une personne raisonnable, c'est un maximum qu'on veut indiquer ; et on ne sera pas admis à prétendre que la personne violentée était d'une énergie au-dessus de l'énergie commune et que, partant, elle n'a pas dû en être impressionnée. Le Code est plus humain que le droit romain qui ne prenait en considération que la menace de nature à faire impression *in homine constantissimo*, ce que Pothier traduit par homme courageux. Ce maximum fixé, le Code indique de plus qu'on pourra rester en deçà, en tenant compte des conditions particulières qu'indique l'article. Telle est la conciliation qui me paraît s'imposer.

Les menaces peuvent s'adresser à la personne ou à sa fortune. Cette alternative n'est pas absolument limitative; on pourrait admettre l'atteinte à l'honneur de la personne. Du reste, il suffit d'entendre le mot personne même au point de vue moral. L'art. 1114 complète cette notion en disant qu'on ne tient plus compte de la seule crainte révérentielle. Enfin, la crainte est prise en considération quand elle se réfère à la personne ou à la fortune du conjoint, des enfants ou parents du contractant. Cette énumération de personnes doit-elle s'entendre au sens strict et rigoureux ? Je crois que l'art. 1114, lui non plus, n'est pas limitatif, mais voici en quel sens : lorsque les menaces s'adressent à l'une des personnes indiquées, il y a présomption légale qu'elles ont eu même influence que si elles s'adressaient à la personne même du contractant. Quand elles s'adressent à d'autres, ce n'est plus qu'une question de fait et de preuve.

J'ai ajouté qu'il fallait une crainte *præsens*. Dans l'art. 1114, qui parle de mal présent, on a voulu traduire le *Principium* de la loi 9 au Digeste, au titre *Quod metus*. Mais le texte ne parlait que de *metus præsens*. C'est ce qu'il faut admettre ; en d'autres termes, la menace d'un mal futur sera prise en considération, si elle a produit une impression actuelle de crainte. Enfin je vous ai dit que la violence n'est prise en considération qu'autant qu'elle est *contra bonos mores* (L., § 1, Dig., *quod met. caus.* 4, 2). On veut dire par là que, s'il s'agissait d'une menace se référant à l'exercice d'un droit, il n'y aurait pas nullité. Ainsi Primus est commerçant ; et son créancier, ne pouvant être payé, s'adresse au père de Primus, et lui dit : « Cautionnez la dette de votre fils ou je vais le faire déclarer en faillite ». Avant 1867 il aurait pu dire : « Ou je vais le faire contraindre par corps ». Voilà une obligation contractée sous la menace d'un mal considérable qui s'adresse à la fortune du fils du contractant; le cautionnement ainsi obtenu n'en demeure pas moins valable.

Il ne reste plus qu'une observation de principe à vous présenter; c'est que, lorsqu'il s'agit de ce vice de violence, il n'y a pas à se préoccuper de savoir si la violence a été exercée par la partie avec laquelle on a contracté ou par un tiers. Cette observation est très importante. La décision de la loi reproduit ici encore le droit romain (L., 9, § 1, Dig., *quod met. caus.* 4, 2). La violence agit *in rem.* (cf. POTHIER, *Oblig.*, N° 24). Nous trouverons une règle différente en matière de dol. Comment pourrons-nous la justifier ? C'est ce que nous verrons.

Seulement, il faut retenir que, pour qu'il soit question d'une nullité fondée sur la crainte, il faut toujours supposer que cette crainte ait son origine dans une violence, et une violence pratiquée en vue du contrat dont il s'agit (L. 9, § 1, Dig., *quod met.*, et POTHIER, *oblig.*, n° 24). Ainsi il peut se faire qu'une personne ait contracté un engagement sous l'empire d'un danger et pour qu'on lui vienne en aide. C'est une personne attaquée par des voleurs ; elle implore le secours des voisins en leur promettant une somme considérable. Nous avons ici une violence ayant produit la crainte sous l'empire de laquelle la promesse avait été faite. Les textes romains décident qu'il n'y avait pas lieu cependant de tenir compte de la crainte ainsi produite. La violence n'avait pas été pratiquée dans le but de déterminer le contrat. Il faut bien distinguer ce cas de celui où la violence a été pratiquée par un tiers, mais en vue du contrat.

A plus forte raison, n'y aurait-il pas nullité si la promesse résultait d'une crainte, mais non déterminée par la violence. Il s'agit par exemple d'une personne en danger de se noyer et qui promet une somme considérable pour qu'on vienne à son secours. Dans ce cas, pas de nullité. Seulement, Pothier ajoutait un correctif ; c'est que la rémunération promise pourrait être réduite par les tribunaux si elle était exagérée. Cela me paraît aujourd'hui difficile à admettre, le contrat étant valable. Tout au plus, pourrait-il être décidé, suivant les circonstances de la cause, que, dans la situation où l'auteur de la promesse s'est trouvé, il n'a pas pu donner un consentement sérieux ; et peut-être l'excès même de la promesse démontrera-t-il qu'il y a eu absence de consentement, donc promesse non pas réductible, mais nulle. Toutefois, le tribunal pourrait allouer au sauveteur, je ne dis pas une rémunération, ce serait faux, mais une indemnité, si celui-ci a éprouvé quelque préjudice. Et le deuxième correctif est qu'il y aurait lieu d'examiner s'il n'y a pas là obligation sans cause légitime. Ainsi, une personne va se noyer; et il n'y a, pour celui à qui elle s'adresse, aucun danger à craindre. Il n'y aurait qu'une perche à tendre pour la sauver ; et la personne qui se noie a promis pour cela une somme énorme. Il s'en suivrait, dans une hypothèse de ce genre, qu'on se serait fait payer l'accomplissement d'un pur devoir d'assistance et d'humanité; donc il y aurait une cause non légitime, une de ces causes que la loi n'accepte pas comme justifiant une obligation sanctionnée par elle.

Quand il s'agit du dol, nous verrons également une distinction non reproduite à propos de la violence. On distingue si le dol a eu pour but de faire contracter, ou simplement de faire obtenir des conditions plus avantageuses ; auquel cas il n'y aurait lieu qu'à indemnité. Cette distinction n'est pas reproduite en matière de violence, et je crois que la loi dans cette dernière hypothèse est plus dans la vérité juridique en n'admettant pas cette distinction.

Je passe maintenant à un autre vice du consentement, le dol. Le dol, considéré dans la formation du contrat, doit se définir, les manœuvres frauduleuses destinées à induire une partie en erreur à l'occasion d'un contrat. J'insiste sur cette idée d'erreur; car ce n'est pas le dol, pas plus que ce n'était tout à l'heure la violence, c'est l'erreur produite par le dol, qui est le vice du consentement. N'allez pas croire cependant que la théorie du dol se confonde avec celle de l'erreur. Si nous comparons les deux théories, voici en quoi elles diffèrent. Le dol est une cause de nullité, alors même que l'erreur qu'il détermine ne serait pas en soi une cause de nullité, si elle avait été spontanée, au lieu d'avoir été déterminée par des manœuvres déloyales. Ainsi l'erreur sur le motif en elle-même ne suffit pas, d'après l'art. 1110, à engendrer une action en nullité; mais il en sera différemment si elle résulte des manœuvres de l'autre partie contractante. De même, l'erreur sur les qualités accidentelles n'est point une cause de nullité; mais si elle a été déterminée par le dol de celui avec qui on

Du dol.

contracte, elle donnera lieu à nullité. Voici une personne qui veut acheter un fonds de commerce ; elle prend des renseignements tels quels. Elle se trompe sur le point de savoir s'il était plus ou moins bien achalandé ; c'est une erreur accidentelle. Mais, que cette erreur ait été déterminée par des manœuvres frauduleuses, par la production de livres inexacts, par exemple, il y a dol ; et cette erreur devient une cause de nullité. Il y a donc là une analogie avec la crainte, en ce sens que la crainte à elle seule, par elle-même, n'est pas une cause de nullité ; il faut qu'elle résulte d'une violence pratiquée en vue de déterminer le contrat.

Les conditions de la nullité, pour ce qui est du dol, sont d'abord que celui-ci ait été déterminant du contrat ; c'est ce à quoi on fait allusion quand on distingue entre le dol principal et le dol incident. Le dol incident est celui qui intervient en vue d'obtenir des conditions meilleures. C'est la distinction que les commentateurs avaient cru trouver dans les textes romains entre le *dolus causam dans contractui* et le *dolus incidens in contractu*. Est-ce à dire que le dol incident ne produira aucun effet ? Ce serait excessif, et il est bien certain qu'il donnera lieu à indemnité ; mais sur quel fondement ? On parle généralement de l'art. 1382. Peut-être serait-il plus exact de dire qu'il y a ici une obligation dérivant du contrat. Le contrat étant de bonne foi implique l'obligation de ne rien faire, ni en contractant, ni dans l'exécution du contrat, de contraire à la bonne foi.

Mais quel intérêt y a-t-il à donner l'un ou l'autre fondement à cette action en réparation, ou d'une façon générale quel intérêt y a-t-il à distinguer entre ce que l'on appelle la faute contractuelle et la faute délictuelle ? Ce n'est pas la première fois du reste que je rencontre la question ; et d'ailleurs je ne prétends pas la traiter ici sous cette forme incidente. Je vais donc vous donner à cet égard une réponse très sommaire et très résumée. L'intérêt se présentera à des points de vue divers. Mais il y en a un que je puis indiquer dès maintenant, en tant que formule générale. Voici en effet le principe que vous devez retenir : l'obligation résultant des art. 1382 et 1383 existe en vertu de la faute, même très légère; tandis que dans les contrats la faute s'apprécie différemment. C'est que dans les contrats on choisit celui avec qui l'on traite. De là nous sommes conduits à dire que, lorsqu'il s'agit d'un préjudice causé à l'occasion d'un contrat, ce sont les règles qui déterminent la responsabilité contractuelle qu'il faut appliquer. Sans doute, cet intérêt n'a pas d'application dans notre espèce puisqu'il s'agit de dol. Là où il y a dol, il n'y a pas à distinguer suivant la gravité des fautes. L'intérêt alors se présenterait à d'autres points de vue ; en ce qui touche le calcul des dommages-intérêts par exemple.

J'ai dû passer très vite sur ces détails; mais la distinction en soi, et en tant que principe, est-elle justifiable ? En d'autres termes, est-il rationnel de distinguer suivant que le dol a eu pour but la réalisation du contrat ou une modification à apporter aux conditions proposées ? En réalité ce n'est que par tradition que cette distinction a été reproduite ; mais est-elle exacte ? On peut en douter. Dans les deux cas, lorsque j'ai contracté sous l'empire de manœuvres qui aient influé sur ma volonté, qu'elles aient eu pour but de me faire accepter le contrat indépendamment des conditions sous lesquelles il a été fait, ou de me faire consentir à telle condition proposée, j'ai donné au contrat un consentement considéré comme insuffisant. Donc, en théorie et en principe, s'agissant d'un vice du consentement, il devrait dans tous les cas y avoir lieu à nullité ; j'ajoute que cela serait d'autant plus juste que dans la pratique la distinction est extrêmement difficile à faire. Comment rechercher si dans la pensée des parties on aurait fait le contrat à supposer d'autres conditions ? Les conditions visées et sur lesquelles a porté le dol ont-elles été ou non déterminantes ? C'est tout ce qu'il y a de plus délicat à établir.

XLIVᵉ LEÇON

THÉORIE DU DOL (SUITE). — CARACTÈRE DE L'ACTION EN NULLITÉ POUR DOL : SA RECEVABILITÉ CONTRE LES TIERS. — APPLICATION DE LA THÉORIE DES VICES DU CONSENTEMENT AU PARTAGE, A LA DONATION (CAPTATION), AUX ACTES UNILATÉRAUX.

J'ai à insister maintenant sur une différence notable à établir entre les effets du dol et ceux de la violence, et qui est celle-ci : quand le contrat a été déterminé par la violence, ce contrat est annulable, peu importe que cette violence provienne ou non de la partie avec laquelle on a contracté, tandis qu'il en est tout autrement pour le dol. Notre code reproduit ainsi la doctrine traditionnelle remontant jusqu'au droit romain (V. au titre *de Dol. mal. et met.*, 44, 4, L. 4, § 33 et L. 2 § 1).

Faisons tout d abord à une hypothèse que nous emprunterons au droit romain une application de cette différence. Je suppose que Primus soit débiteur envers Secundus d'une certaine somme, et que, ne pouvant la rembourser directement, il imagine de déléguer à son créancier une tierce personne, Tertius, qui le libérera envers Secundus en s'engageant en son lieu et place. Tertius qui accepte d'être ainsi délégué peut être déterminé à accepter cette situation par l'effet d'une violence que Primus pratiquera envers lui. Dans cette hypothèse nous avons une personne, le délégué Tertius, qui s'est obligé envers Secundus par l'effet d'une violence pratiquée par une tierce personne, Primus. Je prends cet exemple pour vous montrer comment une violence peut être exercée par un tiers qui, tout en n'étant pas partie au contrat, a intérêt à ce que le contrat se forme. Lorsque le délégataire voudra poursuivre le délégué, celui-ci aurait pu à Rome se retrancher derrière l'*exceptio metus*, laquelle eût réussi contre l'action de Secundus, quoique ce dernier n'ait été pour rien dans la violence commise. Aujourd'hui nous dirions que Tertius aura le droit de demander la nullité de son obligation envers Secundus, bien que celui-ci soit étranger à la violence. Au contraire, par des manœuvres frauduleuses, Primus a fait croire à Tertius qu'il était obligé envers lui ; et sur cette fausse opinion il obtient de lui qu'il s'engage envers Secundus. J'ai déjà dit, quoique ce soit encore discuté, que cette erreur ne porte que sur les motifs de l'engagement que Tertius a accepté envers le délégataire. Eh bien, Tertius ne pourra même pas faire valoir contre celui envers qui il s'est engagé le dol qui a été cause de cette erreur ; car ce dol ne vient pas de Secundus.

Ce n'est pas à dire que la victime du dol soit absolument désarmée, elle a une action en dommages-intérêts contre le tiers auteur du dol. A certains égards cette action lui sera peut-être plus avantageuse que l'action en nullité ; celle-ci peut s'éteindre par une prescription qui, suivant le point de départ, peut être plus courte que celle qui se produirait contre l'action en indemnité, laquelle est de trente ans et non plus de dix ans.

Reste à savoir pourquoi, en législation, on a fait une distinction entre la violence et le dol à ce point de vue. Spécialement pourquoi le dol, à la différence de la violence, n'est-il une cause de nullité que lorsqu'il a été pratiqué par l'une des parties ? Voyez tout d'abord sur ce point Pothier (n° 29, *Obligations*). Il est indispensable de se reporter au passage même que je vous signale ; car il y a de cette différence une opinon très accréditée, et qui semblerait se fonder sur l'autorité de Pothier. Elle consiste à dire que la nullité en matière de dol ne tient pas à un vice du consentement. Nous supposons en effet que le dol a produit une erreur qui, prise en soi, n'eût pas vicié le consentement ; cette erreur, si elle eût été spontanée, aurait par hypothèse, laissé le consentement intact. Cela étant, il n'y a pas de vice du consentement ; par conséquent il n'y a là qu'une action en indemnité contre l'auteur du dol. Si cet auteur du dol est le cocontractant lui-même, cette action en indemnité sera poursuivie par une action en nullité ; car c'est la meilleure forme de réparation que l'on puisse admettre. Au contraire, si c'est un tiers, il ne peut plus en être de même, puisqu'il n'y a pas vice du consentement ; ce ne peut plus être qu'une action en dommages-intérêts. Telle est la thèse.

Remarquons tout d'abord que la distinction que nous faisons, entre le dol pratiqué par un tiers et celui provenant de la partie contractante, n'a aucune importance quand l'erreur que ce dol a produite est de celles qui, par elles-mêmes, vicient et annulent le consentement ; car, quelle que soit l'origine de l'erreur, le consentement n'en est pas moins vicié et le contrat n'en est pas moins annulé. Il faut donc, pour que cette distinction s'applique, supposer une erreur sur le motif ou sur les qualités accidentelles. Ceci rappelé, je reconnais que cette explication est très ingénieuse, mais je la crois inexacte. Sans doute Pothier a indiqué cette idée que la partie qui a été l'auteur du dol ne pourrait pas poursuivre l'exécution du contrat ; et cela par cette raison, dit-il, qu'elle serait tenue à indemniser l'autre contractant du dommage résultant pour lui du dol dont il a été victime. Mais Pothier, au n° 29 de son *Traité des Obligations*, ne donnait cette raison que comme un motif surérogatoire. C'était comme une considération supplémentaire qu'il ajoutait pour expliquer comment dans ce cas il y avait nullité ; mais il n'entendait pas par là justifier la différence admise entre le cas de dol et celui de violence. Le motif qu'il donnait n'était même pas présenté comme la raison capitale de cette différence.

En prenant cette explication en soi, je remarque d'abord qu'on pourrait faire exactement le même raisonnement au sujet de la violence. Celle-ci, pas plus que le dol, n'est exclusive du consentement. Donc, dirait-on, ce n'est qu'une forme de l'action en indemnité, ce qui logiquement devrait conduire à changer le caractère de cette action, quand la violence a été pratiquée par un tiers. Si la violence a été pratiquée par l'une des parties, l'action donnée de ce chef devrait en effet, à l'égard de cette dernière, rester une action en nullité, tandis que si la violence émane d'un tiers, l'action, logiquement, aurait dû être une action en indemnité.

Voici une autre observation qui me paraît importante : quand la violence est légitime, il n'y a plus action en nullité; allons-nous dire cependant que le consentement n'a pas été altéré? Assurément non. L'effet sur la volonté est le même dans tous les cas. Et cependant, la contrainte qu'éprouve la volonté dans le cas de violence ne sera pas suffisante pour entraîner la nullité, toutes les fois que cette violence ne constituera pas une atteinte à la morale. Il semblerait donc que la loi, en pareil cas, aurait en vue plutôt une action en réparation qu'une nullité proprementdite, fondée sur le défaut de liberté du consentement. Et alors, si la loi avait voulu être logique, même au cas de violence, elle aurait dû ne donner action en nullité que là où la nullité peut se présenter comme la réparation d'un préjudice, c'est à dire, lorsque la violence émane de l'une des parties, et à supposer en effet qu'elle fût exercée *contra bonos mores;* au contraire, si elle émane d'un tiers, la loi aurait dû n'admettre qu'une action en réparation. Cette logique rigoureuse, la loi ne l'accepte pas pour la violence; c'est donc bien la preuve que, même en matière de violence, bien qu'à certains égards on puisse soutenir que l'action en nullité se présente surtout comme une action en réparation du préjudice causé, la loi n'a pas entendu pousser cette idée dans toutes ses conséquences, et qu'elle s'en est tenue à la conception dominante d'une nullité pour vice du consentement. Qu'y a-t-il donc d'étonnant à ce que cette conception d'une action en nullité tenant lieu d'action en indemnité n'ait pas été admise davantage pour le dol ?

En second lieu, si la nullité d'un acte juridique pour cause de dol n'est fondée que sur cette idée d'indemnité, la conséquence sera que jamais, en aucun cas, lorsqu'un acte a été contracté par dol, on ne pourra en poursuivre la nullité contre une personne qui a été étrangère au dol ; or je vous enseignerai qu'il y a certains actes qui peuvent être attaqués pour dol, sans qu'il y ait lieu de distinguer si le dol provient de celui contre qui on poursuit la nullité ou de toute autre personne. La vérité est que l'art. 1116 n'est écrit que pour les contrats, et encore uniquement pour les contrats intéressés ou à titre onéreux. Ainsi je ne l'appliquerais plus aux donations ; je ne l'appliquerai pas davantage au cas d'acceptation de succession (art. 783). En dehors des contrats, et pour mieux préciser, en dehors des contrats intéressés, dès que le consentement a été déterminé par dol, la nullité peut être demandée, quel que soit l'auteur du dol. Il est donc bien impossible, dans les cas de ce genre, de dire que la nullité pour cause de dol ne se fonde plus sur un vice du consentement, puisque la nullité est poursuivie contre des personnes à qui on ne pourrait pas demander des dommages-intérêts.

D'ailleurs, cette explication est en contradiction formelle avec l'art. 1109 : « Il n'y a point de consentement valable, si le consentement a été surpris par dol », dit le texte. Il faut donc, dans l'explication que je combats, faire abstraction complète de l'art. 1109. Nous conclurons, par conséquent, d'après l'art. 1109, qui est ici le texte capital, que la nullité est fondée sur ce fait que le consentement surpris par dol est bien un consentement vicié.

Mais alors, pourquoi distinguer suivant que ce vice a eu pour cause le dol d'une des parties ou celui d'un tiers ? C'est pour le comprendre qu'il faut faire intervenir une idée émise au début de cette matière. Il y a là comme une sorte de *restitutio in integrum*, dont les conditions ont été déterminées en tenant compte de l'équité, et dans les limites strictement nécessaires pour satisfaire à ces principes d'équité. Un consentement a été donné, mais dans des conditions qui laissent planer des doutes sur sa pleine validité ; faudra-t-il le considérer comme pleinement valable ? Et à le supposer ainsi à l'apparence, devra-t-il engager forcément la personne qui l'a donné ? La question se pose uniquement sous cette forme ; mais elle se pose ainsi d'après les circonstances et les règles de l'équité. C'est donc également en vue d'une certaine équité approximative, et par une sorte de décision à forfait, qu'elle doit être résolue et tranchée. Il ne faut pas oublier, en effet, que la nullité qui peut être prononcée va causer un préjudice à la partie contre qui elle est invoquée. La question est donc de savoir, d'après ce qui précède, s'il est juste que ce préjudice lui soit imposé, ou si l'on doit équitablement faire supporter ce préjudice à celui qui n'a donné qu'un consentement imparfait, sauf à lui permettre de se retourner contre l'auteur du dol. Tel est le point de vue de la loi, voyons-en l'application.

Ainsi, il y a eu erreur non déterminée par dol, donc erreur spontanée ; or s'il y a dans ce cas un préjudice à supporter, c'est à la partie qui par son imprudence s'est laissé tromper à le subir en principe. Voilà pourquoi la loi, au cas d'erreur, ne donne action que pour erreur très grave ; et encore, vous ai-je dit, la partie victime de l'erreur sera responsable du préjudice que la nullité, là où la loi la lui accorde, pourra causer à l'autre partie. Le cas de violence est au contraire assimilable à un cas de force majeure ; la partie victime de la violence est censée victime d'une force majeure. Si donc il en est ainsi, il serait injuste, même pour la partie qui n'a pas commis la violence, de vouloir maintenir une convention qui a une semblable cause ; il y aurait comme un dol de sa part à vouloir profiter de la violence d'un tiers. Voilà pourquoi la loi donne en ce cas la nullité, de quelque personne qu'émane la violence. Enfin, au cas de dol, on ne peut plus dire, ni de près ni de loin, qu'il y ait là un cas de force majeure. Il y a une erreur causée par l'imprudence de la victime du dol ; et alors, s'il y a une perte à subir, à supposer que le dol émane d'un tiers et que le recours contre ce tiers auteur du dol soit insuffisant, il est juste que ce soit celui qui s'est laissé tromper qui la subisse, plutôt que l'autre partie ; car il s'agit d'un contrat à titre onéreux, contrat dans lequel l'autre partie n'a aucune faute à se reprocher.

On a quelquefois ajouté qu'il y avait un intérêt social à réprimer plus sévèrement la violence que le dol. Mais ce motif n'expliquerait jamais pourquoi on la réprimerait même contre la partie qui n'a pas participé à cette violence. Il faut donc s'en tenir à cette idée qu'il y a là un consentement douteux.

Si nous étions en droit romain, le magistrat s'inspirerait de chaque fait particulier pour voir s'il doit accorder ou non la *restitutio*. Notre loi procède autrement ; elle détermine d'avance les conditions d'admissibilité de la restitution, ou plutôt les circonstances qu'elle exige pour que cette nullité soit accordée, et qui seules lui paraîtront en justifier l'exercice. Cette explication me conduira à dire, ce que j'ai déjà indiqué par avance, que cette nullité, accordée seulement contre l'auteur du dol, ne le sera ainsi que s'il s'agit de contrats à titre onéreux.

Il peut arriver que la partie contre qui la nullité aurait pu être poursuivie eût transmis à un tiers les droits qu'elle tenait du contrat. On s'est posé alors la question de savoir si la nullité du contrat peut être invoquée contre ce tiers acquéreur qui se trouve être l'ayant-cause de l'auteur du dol, mais qui, lui, n'a pas participé à la fraude. Ainsi Primus, au moyen de manœuvres frauduleuses, a déterminé Secundus à lui vendre un immeuble, et avant que la nullité soit demandée, Primus a revendu l'immeuble à Tertius. On se demande si Secundus, le vendeur, pourra, en obtenant la nullité, se prévaloir de cette nullité elle-même pour reprendre l'immeuble entre les mains de Tertius. C'est ce que l'on veut dire quand on se demande si l'action en nullité pour cause de dol est ou non réelle. Ceci n'est qu'un exemple, mais la question est bien plus vaste. Ainsi, renversons notre hypothèse : le dol a été pratiqué, non par l'acheteur, mais par le vendeur, et celui-ci a cédé la créance du prix à un tiers ; lorsque ce cessionnaire viendra poursuivre contre l'acheteur la demande en paiement du prix, cet acheteur pourra-t-il lui répondre en invoquant la nullité ?

En un mot, la victime du dol peut-elle invoquer la nullité contre le cessionnaire des droits de l'autre partie auteur du dol ? Cette question, se rattache, comme vous pouvez le pressentir, à la discussion qui précède ; car ce qui ressort de cette discussion, ou tout au moins de l'une des opinions en cause, c'est que le dol aurait des effets personnels ; et il s'en suivrait qu'on ne pourrait s'en prévaloir que contre celui qui l'a commis. Et il y a en effet une doctrine qui prétend appliquer ce principe à notre hypothèse ; si cela était vrai, ce serait une exception fort remarquable à la règle que les actions en nullité réfléchissent contre les tiers. Ce principe est incontestable ; nous en avons la preuve dans l'article 2125, où nous lisons que celui qui n'a sur un immeuble qu'un droit soumis à rescision ne peut constituer sur cet immeuble que des hypothèques soumises à la même rescision. Donc il s'agit de savoir s'il y a une exception au principe pour le cas où la nullité dérive du dol. Evidemment je mets de côté le cas d'objet mobilier bénéficiant de la protection de l'art. 2279.

Si l'on se place à ce point de vue que l'action en nullité est une forme d'action en indemnité, on arrive en effet facilement à cette conséquence qu'elle ne peut être exercée que contre l'auteur du dol sans qu'elle réfléchisse contre des tiers étrangers au dol. Cependant, même parmi les auteurs qui acceptent l'idée d'indemnité, il y en a un au moins, et non des moins considérables, M. Colmet de Santerre, qui admet qu'elle réfléchit contre les tiers. C'est que, suivant lui, l'idée d'indemnité peut bien être le motif de la nullité ; mais que, quel que soit le motif admis par la loi comme motif législatif, il n'en est pas moins vrai que la loi prononce la nullité, et qu'une fois la nullité prononcée, il faut lui reconnaître ses effets ordinaires. Ceci prouverait tout au moins que le caractère de personnalité de notre action ne dérive pas forcément de l'idée d'indemnité qu'on lui donne pour fondement.

Et inversement, à mon point de vue, il y a une raison de douter en sens inverse. Le tiers acquéreur qui a acquis l'immeuble, par exemple, ne doit-il pas être placé dans la condition où il serait s'il avait traité directement avec le vendeur initial, en considérant le contrat comme ayant été déterminé par le dol d'un tiers ? Dans l'exemple que j'ai en vue, Secundus qui avait acheté un immeuble de Primus, et qui avait obtenu la conclusion de la vente à l'aide de manœuvres dolosives, avait revendu le même immeuble à Tertius. Mais supposons que Secundus, au lieu d'avoir acheté l'immeuble pour le revendre, ait directement et par un dol auquel Tertius est resté étranger, déterminé Primus à vendre à Tertius; celui-ci, dans ce cas, serait à l'abri de la nullité ; est-ce que sa position ne doit pas être la même, quand il s'agit de Secundus ? Le sous-acquéreur ne doit-il pas être traité comme un tiers qui aurait contracté directement avec le vendeur, sous l'influence du dol de l'acheteur ? A Rome, l'*exceptio doli* ne pouvait pas être opposée aux successeurs particuliers, à titre onéreux de la partie même qui avait commis le dol (L. 4, §§ 26 et 27, *Dig.* 44, 4).

Il y a donc là une grave raison de douter; je ne la crois cependant pas suffisante pour prévaloir contre les principes généraux et en particulier contre la règle que celui qui n'a qu'un droit soumis à nullité ne peut transmettre qu'un droit soumis à la même cause de rescision. De plus, il reste des différences entre le tiers qui acquiert de l'acheteur un immeuble que celui-ci s'est fait vendre par dol et le tiers qui, par le dol d'un tiers, va traiter avec le vendeur. Dans ce dernier cas le contrat est maintenu parce qu'on a compté sur ce contrat et qu'on n'en doit pas souffrir; or, lorsque Tertius, comme sous-acquéreur, traite avec un acheteur, il peut bien dire qu'il compte sur le contrat qu'il fait, mais il ne peut avoir la même sécurité au sujet du contrat qui a fait entrer le bien dans le patrimoine de celui avec qui il traite. D'ailleurs, c'est la foi de celui-là seul que l'on entend suivre ; et, par conséquent, on est déterminé par la confiance qu'on a en lui ; donc, on s'est soumis aux causes de nullité qui peuvent venir de son chef.

Application de la théorie des vices du consentement à certains contrats spéciaux.

Ceci dit, vous aurez à faire l'application particulière de cette théorie sur les vices du consentement au cas de partage (art. 887). Ce texte, remarquez-le bien, ne parle pas de l'erreur; c'est que alors, de deux choses l'une, ou il s'agit de l'erreur sur la valeur des biens qui composent les lots et c'est une question de lésion ; ou bien l'erreur consiste en ce qu'on a omis de comprendre quelque objet de la succession, auquel cas il y a lieu à supplément de partage ; ou bien enfin elle porte sur les droits de ceux qui prennent part au partage : et dans ce dernier cas, je le reconnais, il peut y avoir lieu à nullité. Mais ce sont des nullités dont aucune ne repose sur un vice du consentement, mais sur ce fait qu'il n'y a pas eu partage (Voyez notamment Cass., 17 nov. 1858, D., 58, 1, 465).

Nous avons à nous préoccuper aussi des vices du consentement en matière de donation. Pour la donation, nous n'avons pas de texte spécial. Mais il n'est pas douteux qu'on appliquera les principes du droit commun, sauf une exception que je vais vous indiquer. En outre, la donation nous présentera une application certaine de l'erreur sur la personne. Or, l'exception que j'annonçais est relative au dol. Et d'abord, notez-le bien, ce que je dis, et vais dire, des donations s'appliquera également aux dispositions testamentaires. En ces matières le dol prend fréquemment une forme spéciale à laquelle on donne un nom particulier, la captation. Ceci posé, l'exception consistera en ce que, qu'il s'agisse de donation ou de testament, il n'y aura pas à distinguer suivant que le dol aurait été pratiqué par le bénéficiaire de la libéralité ou par un étranger. Du moins, est-ce une opinion qui me paraît s'imposer. Et vous en pressentez la raison. Si, dans les contrats intéressés le dol pratiqué par un tiers n'est pas une cause de nullité, c'est que la partie à laquelle on voudrait l'opposer ne doit pas subir de préjudice résultant d'un fait auquel elle est restée étrangère ; bien plus, d'un fait qui implique une imprudence grave chez celui avec qui elle a traité. En matière de contrats à titre onéreux, les situations sont égales ; aucun ne doit avoir à supporter les risques de l'imprudence de l'autre. En matière de donation, au contraire, on pourrait dire à celui qui voudrait se prévaloir de la donation obtenue par dol qu'il y a dol de sa part à vouloir bénéficier d'un enrichissement gratuit qui ait pour origine un acte frauduleux. Déjà en droit romain nous rencontrons l'application de cette idée au cas de délégation à titre gratuit (L. 7, pr. Dig. *de dol, nul. et nul.* ; L. 2 et 3, *de donat.*). Il y a dol pour le délégataire à titre gratuit qui voudrait profiter de l'obligation du délégué lorsque cet engagement a été déterminé par dol. Cette idée doit être généralisée et admise en tant que principe dans notre droit.

J'arrive enfin aux actes de manifestation de volonté unilatérale ; pour la renonciation à succession nous n'avons pas de texte, mais pour l'acceptation il y a l'art. 783. Il ne mentionne pas la violence. Cela ne veut pas dire, bien entendu, qu'on l'exclue comme cause de nullité. Si la loi n'en parle pas c'est qu'en cette matière le dol, tel qu'il doit être compris, embrasse même la violence. Dans ce cas, en effet, la nullité est prononcée sans qu'on ait à rechercher quel est l'auteur de la violence ou plutôt du dol. L'art. 783 s'exprime *in rem*, comme on dit ; et il ne faut pas hésiter à décider qu'il n'y a pas à appliquer la distinction de l'art. 1116. Il y a à cela une raison décisive, c'est que le motif que j'ai assigné à la distinction de l'art. 1116 n'existe plus. Quelles sont les personnes, en effet, qui voudraient se prévaloir de cette acceptation onéreuse déterminée par dol ? Ce sont les créanciers. Eh bien, peuvent-ils dire, comme le ferait celui qui aurait contracté, qu'ils ont compté sur les résultats du contrat, et qu'il est injuste pour eux de souffrir de l'imprudence de celui avec lequel ils ont traité ? Assurément non, ils n'ont pas contracté. Enfin, cette observation explique pourquoi l'art. 783 n'a pas parlé de la violence. C'est que la violence, comme le droit romain le remarquait déjà, n'est au fond qu'une espèce de dol : c'est un dol aggravé. Pourquoi, de droit commun, avoir distingué la fraude compliquée de violence, et, par suite, la violence, de la simple fraude ? C'est que la fraude compliquée de violence peut seule, pour certains actes, être opposée aux tiers. Mais, dans une matière où la fraude, quelle qu'elle soit, est opposable à tous, il était bien inutile de faire de la violence une cause particulière de nullité. Pour le cas de renonciation à succession, il n'y a pas de texte, vous ai-je dit, mais les principes ne paraissent pas douteux. Et je maintiens également qu'il n'y aura pas à distinguer si le dol a été ou non pratiqué par celui qui profiterait de la renonciation. Ma conclusion est donc que la distinction de l'art. 1116 n'est applicable qu'en matière de contrats proprement dits et de contrats intéressés.

XLVe LEÇON

THÉORIE DE LA LÉSION : SON APPLICATION EN MATIÈRE DE PARTAGE ; AU CAS D'ACCEPTATION DE SUCCESSION. — DE LA CAPACITÉ : THÉORIE DES INCAPACITÉS.

Lésion.

A la suite des textes sur les vices du consentement, nous rencontrons l'art. 1118 qui s'occupe de l'influence que la lésion peut exercer sur la validité des contrats. Lorsqu'on parle de lésion, on a en vue le préjudice qui résulte, pour l'une des parties, de l'inégalité des prestations réciproques ou autrement dit de l'inégalité entre les équivalents dans les contrats intéressés. Cette inégalité toutefois doit s'apprécier au moment même où le contrat se forme ; lorsqu'il s'agit au contraire de la lésion qui peut résulter d'évènements postérieurs au contrat, la loi n'en tient jamais aucun compte (ad. 1306, art. 890).

Supposons donc une lésion provenant des conditions mêmes du contrat : cette lésion aura-t-elle une influence sur la validité du contrat ? Telle est la question qui se pose en législation. Et, nous pouvons nous demander en outre comment il se fait que cette question ait trouvé sa place à propos des vices du consentement. L'explication de cette anomalie apparente est que, le plus souvent, si la lésion exerce une influence sur les destinées du contrat, ce n'est pas par elle-même ni pour elle-même. On suppose que cette lésion provient d'un défaut de liberté du consentement ; et cette sorte de présomption apparaît très visiblement dans la vente. Dans ce dernier cas, la lésion est admise quand elle atteint le vendeur ; elle ne l'est pas au profit de l'acheteur. Cette distinction prouve bien que la cause de rescision n'est pas dans la lésion elle-même ; sinon il n'y aurait pas de différence à faire entre les deux parties. La pensée de la loi est que le vendeur qui consent à une vente aussi désavantageuse était sous l'empire d'un besoin d'argent qui ne lui a pas laissé toute sa liberté.

Cependant cette explication pourrait se trouver inexacte dans certains cas d'admissibilité de la lésion, par exemple en matière de partage ; l'idée d'une inégalité choquante dans le partage semble suffire par elle seule à motiver la rescision. On considère que laisser subsister dans un contrat de ce genre une inégalité qui dépassât en quelque sorte la mesure admissible serait une atteinte à la bonne foi et aux conventions implicites des parties, telles qu'elles dérivent de la nature du partage. Cette hypothèse à part, il semble bien que la loi voie surtout dans la lésion un vice du consentement.

Telles sont sur ce point les idées générales. Demandons-nous maintenant quand la lésion sera ainsi un vice du consentement. L'art. 1118 pose à ce sujet deux règles. La première consiste en ce que, en principe, dans les contrats, il n'y a pas à tenir compte de la lésion. Cette formule toute négative signifie que de droit commun la lésion n'est pas une cause de rescision ou de nullité des contrats. La seconde règle est que, par exception, la loi admet la lésion comme cause de rescision dans certains contrats ou à l'égard de certaines personnes, sans qu'il y ait lieu, dans ce dernier cas, de tenir compte du caractère du contrat.

Les contrats dans lesquels la rescision pour lésion est admise sont peu nombreux ; le premier est la vente d'un immeuble quand la lésion dépasse les 7/12e de la valeur de l'immeuble, et encore faut-il, nous l'avons vu, qu'elle s'applique au vendeur. Le second acte juridique au sujet duquel la loi tient compte de la lésion est le partage (art. 887). Dans ce cas, elle est admise comme cause de rescision dès que l'un des copartageants a éprouvé une lésion de plus d'un quart. En troisième lieu, il faut reconnaître, d'après l'art. 1854, que, en matière de société, la loi tient un certain compte de la lésion, non pas, il est vrai, pour faire annuler le contrat, mais pour opérer un redressement du contrat. Enfin, nous aurons à nous poser sur l'art. 783, la question de l'effet de la lésion, à propos d'acceptation de succession. Voilà le premier groupe, il comprend les actes juridiques rescindables pour lésion.

En second lieu, la lésion est admise pour tous contrats, quels qu'ils soient, ou plus exactement pour tout acte juridique, au profit de certaines personnes et en particulier, au profit des mineurs (art. 1305). Quelle est au juste la portée de cet article 1305? C'est là un point délicat que nous allons étudier prochainement. Vous voyez donc que l'art. 1118 n'est qu'un article de renvoi ; il n'en ressort qu'une idée utile à détacher, c'est que la rescision pour lésion est exceptionnelle. Après ce premier exposé succinct, disons quelques mots des principaux cas où la lésion est admise, et parlons d'abord du partage.

La théorie de la lésion en matière de partage.

Il faut que vous sachiez avant tout que, si l'un des copartageants se plaint d'avoir été lésé, pour apprécier si véritablement cette lésion doit être admise comme cause de rescision, on ne se reportera pas au moment où se produit sa réclamation, mais au jour du partage effectué ; le sort du partage ne doit pas dépendre des évènements ultérieurs qui peuvent affecter les objets mis dans les différents lots. Ces évènements sont aux risques des héritiers apportionnés. Comme je vous l'ai déjà laissé entendre, la nullité peut s'expliquer souvent par l'idée d'une erreur chez l'héritier qui a accepté un lot inférieur à celui des autres ; mais ce point de vue ne pourrait pas s'adapter à tous les cas qui peuvent se présenter, entre autres à celui où le partage n'est pas conventionnel. La vérité est donc que nous sommes en présence d'un acte qui n'est pas un acte de commerce ou de spéculation, ayant par suite quelque chose d'aléatoire, mais un acte d'égalité par essence.

Quant à l'étendue d'application de la règle, je vous signale l'art. 888, duquel il résulte que l'action en rescision ne s'applique pas seulement au partage au sens rigoureux du mot; car le partage proprement dit suppose qu'on a réparti les objets à partager en un certain nombre de lots qui ont été distribués à chacun des copartageants. Mais il y a bien d'autres modes de partage possibles ; ainsi la licitation, qui consiste à vendre un objet indivis pour que le partage s'effectue sur le prix, constitue, elle aussi, un procédé de partage. Un autre mode assez fréquent est la vente ou cession qu'un des cohéritiers fera de sa part à ses cohéritiers. De quelque manière donc qu'on se soit proposé de faire cesser l'indivision, l'acte est traité comme un partage. Le texte dit qu'il en est ainsi, encore que cet acte fût qualifié de vente, échange, transaction, ou de toute autre manière : cela veut dire que, même l'acte étant sincère, si c'est par exemple une vente sérieuse, du moment qu'il intervient dans le but de faire cesser l'indivision, on le traite comme un partage au point de vue qui nous occupe.

Cette observation s'appliquerait particulièrement à l'hypothèse où l'acte intervenu fût une transaction. Le texte s'en explique et la décision qu'il donne est à noter ; car en matière de transaction, le législateur avait expressément écarté la rescision pour lésion (art. 2052). C'est pourquoi, pour éviter toute induction que l'on aurait voulu tirer de cette prohibition, la loi déclare que, même si le partage se fût produit au moyen d'une transaction, fût-elle sérieuse et sincère, la rescision pour lésion serait admissible. Seulement, si après coup, il s'élève des difficultés à propos du partage effectué et qu'on les tranche au moyen d'une transaction sérieuse et sincère, dans ce cas, on revient alors au droit commun de l'art. 2052. Plus de rescision possible.

Ainsi donc, la lésion est admise comme cause de rescision contre une transaction intervenant à propos du partage proprement dit ; elle ne l'est pas lorsque la transaction porte sur des difficultés survenues après coup, à propos, par exemple, de l'exécution du partage lui-même. Mais faut-il admettre cette rescision contre toute transaction qui serait intervenue entre cohéritiers avant le partage, ou, si vous aimez mieux, relativement à toute transaction survenue jusqu'au partage inclusivement ? Notre article 888 exclut cette rescision quand la transaction intervient après le partage ; faut-il en conclure que toute transaction antérieure est rescindable ?

Il y a à ce sujet des distinctions assez délicates qui ont donné lieu à des explications un peu confuses. Voici pour moi, sans entrer dans le détail de la matière, les idées qu'il importe de dégager et de mettre en relief. S'agit-il d'une transaction portant sur des difficultés qui se sont élevées préalablement au partage, nous avons là une transaction toute pure, qui n'est pas un acte destiné à faire cesser l'indivision ; supposons par exemple qu'il s'agisse d'une question de rapports à effectuer. Donc pas de rescision. Mais cependant si la difficulté a été résolue dans l'acte même opérant partage, et que celui-ci apparaisse en quelque sorte comme le mode d'exécution de cette transaction préalable sur les droits respectifs des cohéritiers, l'acte ne peut plus être divisé (Cass., 3 déc. 1878, D., 79, 1, 419). Il faut le prendre dans son ensemble. C'est un partage soumis à la rescision pour lésion.

Il me reste à vous signaler la disposition de l'art. 889. La lésion, d'après ce texte, n'est plus admise dans le cas où l'indivision a cessé par l'effet d'une vente de droits successifs, faite sans fraude. Pour bien comprendre ce que le texte a voulu dire, examinons deux hypothèses. Voici la première : Primus et Secundus sont cohéritiers ; Primus, moyennant une somme fixe, cède à son cohéritier ses droits dans les biens de la succession : la rescision dans ce cas pourra être admise. Seconde hypothèse : Primus cède, non plus sa part dans les biens, mais ses droits successifs ; la cession implique alors que le cessionnaire, en même temps qu'il prend la part du cédant dans l'actif, prend aussi sa part dans les charges de la succession. Aussi l'opération revêt-elle le caractère d'un contrat aléatoire ; il s'agit de l'acquisition de droits tant actifs que passifs. Il y a là des chances à courir ; et cette idée exclut toute possibilité de rescision pour lésion. Car on ne peut parler de rescision de ce genre que dans les contrats commutatifs. Seulement, il faut remarquer qu'il y aurait fraude s'il était établi que la partie qui a profité de la cession avait connaissance exacte des charges de la succession, alors que l'autre en ignorait l'étendue.

La loi semble ajouter une autre condition et indiquer que le caractère aléatoire doive être marqué par cette déclaration que le contrat est fait aux risques et périls de l'acheteur (art. 889). Ma pensée est qu'il n'y a pas à exiger de déclaration expresse de ce genre. Il suffit que cette idée de risques et périls ressorte de la nature même de l'opération.

L'art. 889 écarte donc la rescision en supposant que la cession est faite par l'un des cohéritiers à l'autre, dès que cette cession porte sur les droits successifs du cédant. Cette solution implique que, en dehors de l'hypothèse ainsi visée, c'est-à-dire dès qu'il ne s'agit plus de droits successifs, la rescision pour lésion serait admise, et cela alors même que l'acte ainsi consenti ne ferait pas cesser l'indivision entre tous les cohéritiers, mais à l'égard de quelques-uns d'entre eux seulement. Soit trois cohéritiers; et l'actif de la succession est parfaitement établi. L'un des cohéritiers, Primus, cède sa part moyennant un certain prix. Telle est l'hypothèse. Cette opération au point de vue qui nous occupe, doit-elle être traitée comme une vente ou comme un partage ? La raison de douter vient de ce que cet acte n'a pas mis fin à l'indivision à l'égard de tous ; il a fait sortir un des cohéritiers de l'indivision, mais celle-ci subsiste entre les autres et l'un des héritiers réunit alors deux parts sur sa tête. Au point de vue de l'application par exemple de la règle de l'art. 883, il s'élève quelque doute au sujet de l'hypothèse qui nous occupe. Mais si pareil doute se fût présenté ici à propos de la question de la rescision pour lésion, l'art. 889 le ferait disparaître, puisque, d'après le texte, la prohibition de la rescision est prononcée, précisément à propos d'un acte qui ne fait pas cesser l'indivision *erga omnes*. Le texte, en effet, suppose que la cession est faite à l'un seulement des cohéritiers ; et c'est pour cette hypothèse, s'il s'agit de la cession de droits successifs, que la rescision est écartée : d'où il résulte que, pour la même hypothèse, si le contrat n'avait pas eu ce caractère purement aléatoire, la rescision fût restée admissible. Concluons de là que la règle est l'admission de la lésion, alors même que l'acte n'a pas fait cesser entièrement l'indivision.

La lésion au cas d'acceptation de succession.

J'ai dit que l'on peut regarder aussi comme un cas de rescision pour lésion l'hypothèse de l'art. 783; c'est là une grosse difficulté dont je ne veux faire que poser les termes. La loi déclare que l'acceptation ne peut être attaquée pour lésion, excepté seulement dans le cas où la succession se trouverait, absorbée, ou diminuée de plus de moitié, par la découverte d'un testament inconnu au moment de l'acceptation.

Ce qui ressort clairement de ce texte, c'est que le législateur, prévoyant que le successible après avoir accepté la succession vienne à découvrir un testament qui absorbe plus de la moitié de l'actif, permet à cet héritier de demander la nullité de son acceptation. Seulement, pour que cette découverte d'un testament de ce genre autorise le successible à demander la nullité de son acceptation, celui-ci aura-t-il à prouver que le testament lui fait éprouver une lésion, c'est-à dire entraîne pour lui une perte sur son patrimoine personnel? C'est bien ce qui semble résulter de l'art. 783. Il exclut, en principe, la nullité pour lésion au cas d'acceptation de succession; puis par exception il prétend l'admettre s'il y a découverte d'un testament qui absorbe plus de moitié de l'actif de la succession. C'est donc bien là, semble-t-il, une rescision pour lésion. Et c'est, en effet, ainsi que la plupart des interprètes comprennent l'art. 783.

Mais alors la difficulté est d'expliquer comment la découverte d'un testament va pouvoir causer un préjudice à l'héritier, si on l'entend d'un préjudice portant sur son patrimoine personnel. Une explication très simple est donnée par ceux qui pensent que l'héritier puisse être obligé de payer les legs même au-delà de l'actif qu'il recueille. Ainsi, supposons une succession de 100,000 fr.; elle est grevée de dettes pour 40,000 fr. L'héritier fait son calcul : il lui reste 60,000 fr. pour parer aux legs qui se révéleraient. Or, un testament est découvert portant pour 80,000 fr.de legs ; si l'héritier doit les payer en entier, même sur son patrimoine, il va se trouver en perte de 20,000 fr. Cela va de soi et l'explication paraît évidente, au moins à première vue. Mais cette théorie a son point de départ dans une idée que je crois fausse, et qui serait que l'héritier peut être tenu des legs *ultra vires successionis*, quand il a accepté purement et simplement.

Ce qu'il faut surtout remarquer, c'est que, même en admettant le point de départ, cette explication serait encore insuffisante. En effet, le Code civil n'admet pas la rescision pour la découverte de dettes inconnues lors de l'acceptation ; et cependant, dans ce cas, comme en matière de legs inconnus, la même surprise et le même danger existent pour le successible. Quelle est donc, dans tous ces cas, la raison de ce défaut de protection? On l'a donnée lors de la discussion (t. IX, p. 109). L'héritier, a-t-on dit, ne peut pas se plaindre, puisqu'il a la ressource du bénéfice d'inventaire. S'il est prudent, il acceptera sous bénéfice d'inventaire, et il sera à l'abri de toute surprise de ce genre. Si cette raison a paru bonne quant aux dettes inconnues que l'on viendrait à découvrir, elle doit avoir la même valeur quant aux legs ; et comme l'héritier aurait pu tout aussi bien se mettre à l'abri des legs inconnus et par le même moyen, il n'y avait aucun motif d'admettre ici la rescision. La vérité est donc qu'il faut supposer un préjudice contre lequel l'héritier n'aurait pas pu être protégé par le bénéfice d'inventaire. Et, d'autre part, avec l'explication que nous combattons, on est amené à faire des distinctions que la loi ne fait pas. Ainsi l'explication ne serait plus bonne si le testament contenait un legs à titre universel. Donc tout cela est arbitraire.

Cette explication écartée, comment comprendre qu'il puisse y avoir lésion dans l'hypothèse prévue par le texte ? On a cherché dans quels cas cela pourrait se présenter et on a énuméré un certain nombre d'espèces que vous trouverez partout dans les commentaires, et où il en serait ainsi. Mais, au sujet de ces diverses combinaisons, je remarque qu'on est obligé d'imaginer des hypothèses un peu extraordinaires, tandis que l'art. 783 suppose une disposition d'une application courante; c'est tout au moins l'impression qu'il donne. Voilà pourquoi, déjà *a priori*, je suis quelque peu en défiance contre toutes ces explications.

Je considère que, pour bien comprendre le sens de l'art. 783, il faut en suivre la rédaction, j'entends l'histoire même du texte. La restriction finale de l'art. 783 n'existait pas dans le projet (art. 88, FENET, t. II, p. 569). C'est le tribunal de Cassation qui l'a proposée. Celui-ci posait en principe que la lésion, de droit commun, n'était pas une cause de rescision; mais il admettait que, indépendamment de toute preuve de lésion, il pouvait y avoir lieu à rescision, quand l'héritier aurait été induit en erreur sur la consistance des biens héréditaires; et, comme cause d'erreur de ce chef, on prévoyait en effet la découverte d'un testament qui eût diminué de plus de moitié l'actif de la succession. On avait proposé d'ailleurs une autre cause d'erreur sur la consistance des biens héréditaires, c'eût été l'annulation d'actes non encore attaqués lors de l'acceptation. Que si d'ailleurs, dans le texte, il y a une certaine corrélation établie entre la lésion et cette circonstance qu'on eût découvert un testament postérieur, c'est un pur accident de rédaction. On peut même dire que la corrélation ainsi établie entre l'idée de lésion et celle de rescision, tient à une véritable inadvertance de rédaction.

Nous pouvons donc affirmer, pour conclure, qu'il s'agit en réalité d'une rescision qui peut être fondée, sans doute sur la possibilité d'un préjudice, mais qui n'en exige pas la preuve. Nous sommes en présence simplement d'une cause particulière de rescision fondée sur un cas d'erreur spécialement prévu. Reportez-vous sur ce point aux études suivantes : VILLEQUEZ, *Revue de Droit français et étranger*, t. VII, 1850, p. 155, p. 227 et BERTAULD, *Questions pratiques*, t. Ier, p. 227 suiv., nos 281 suiv.

De la capacité.

Pour achever ce qui est relatif aux conditions requises pour la validité des contrats, il y aurait à parler maintenant de la capacité. Je m'expliquerai brièvement sur ce point, et uniquement sur la théorie générale, sans entrer dans aucun des détails de la matière. Nous trouvons le principe formulé dans l'art. 1123 : la capacité est la règle, l'incapacité l'exception. Aussi l'art. 1124 qui développe cette idée indique par voie d'énumération les personnes qui sont incapables de contracter. Cette énumération est, bien entendu, limitative, en ce sens qu'elle ne peut être complétée que par des textes formels. D'autre part, les incapacités de contracter sont générales ou spéciales. Quand on parle d'incapacité générale, cela signifie une incapacité plus ou moins étendue de contracter; incapacité qui tient à la personne beaucoup plus qu'au contrat envisagé en lui-même; et incapacité spéciale veut dire incapacité de faire tel ou tel contrat en particulier. Ainsi, la personne pourvue d'un conseil judiciaire est frappée d'une incapacité qui ne s'applique pas à tous les contrats. Ce n'en est pas moins une incapacité générale, en ce sens qu'elle tient à la condition de la personne, et qu'elle n'est pas établie en vue d'un contrat spécial. Au contraire c'est d'une incapacité spéciale qu'il est question dans l'art. 450, qui défend au tuteur de se rendre acquéreur des biens du pupille.

L'art. 1124 fait allusion à cette distinction ; il énumère d'abord des incapacités tenant à la condition de la personne; puis il termine en se référant à des incapacités relatives à certains contrats. Nous aurions donc à étudier ici chacune de ces incapacités. Bien entendu, ce n'est pas à propos de la théorie des obligations que je puis entrer dans cet examen ; cela m'entraînerait trop loin, et, encore une fois, ce n'est pas véritablement ici la place d'une étude de ce genre.

Je vous rappellerai seulement que, pour le mineur non émancipé, son incapacité est à peu près absolue, sauf ce que nous aurons à dire de la sanction. Pour le mineur émancipé, au contraire, il n'est incapable que des actes qui dépassent la pure administration. Pour l'interdit, la règle est posée dans l'art. 502 ; nous l'avons étudiée l'année dernière. Et ici encore je vous rappelle la question controversée et si importante que nous avons discutée, et dont je vous donne à nouveau l'énoncé : Faut-il entendre les termes, à l'apparence si étendus, de l'art.

502 de tous les actes juridiques sans exception ? Ou faut-il admettre que certains actes puissent être faits par l'interdit dans ses intervalles lucides ? Je reviendrai sur cette question, au moins en ce qui touche les donations, à propos de l'art. 901. Remarquez seulement que l'expression dont se sert l'art. 1124 en parlant des interdits comprend l'interdiction légale et aussi, par sa généralité même, l'incapacité de l'individu pourvu d'un conseil judiciaire. C'est là une sorte d'interdiction restreinte ; c'est alors aux art. 499 et 513 qu'il faut se reporter pour fixer exactement la mesure de l'incapacité de la personne pourvue d'un conseil judiciaire. La loi range également les femmes mariées parmi les incapables ; il y a là certaines difficultés délicates dont l'étude appartient, soit au cours de première année, soit à celui de troisième année, pour la partie relative au contrat de mariage.

XLVI° LEÇON

THÉORIE GÉNÉRALE DES INCAPACITÉS : INCAPACITÉS CIVILES, APPLICATION AUX DONATIONS. — INCAPACITÉS NATURELLES : APPLICATION AU CAS D'INTERDICTION ; APPLICATION AUX DONATIONS ET TESTAMENTS : EXPLICATION DE L'ART. 901.

Je vous rappelle, pour combler une lacune de ma dernière leçon, que les personnes frappées d'aliénation mentale et qui, sans être interdites, sont placées dans un établissement d'aliénés, sont, en vertu de la loi de 1838, soumises à une certaine incapacité par le fait même de leur placement dans l'établissement ; mais vous savez qu'il y a des difficultés sérieuses quant à l'étendue de cette incapacité. Nous voyons bien qu'on peut attaquer l'acte par cela seul qu'il a été conclu pendant le séjour à l'hospice ; mais faudra-t-il de plus prouver qu'à ce moment même celui qui l'a conclu était dans une période pendant laquelle il ne pouvait donner un consentement réel ? ou bien y a-t-il là une incapacité civile de même nature que celle qui résulte de l'interdiction prononcée ? Il y aurait alors une sorte de présomption légale d'incapacité. L'art. 29 de la loi 1838 ne tranche pas cette question ; mais le projet de réforme de la loi a entendu la résoudre.

Il faut ajouter à la liste des incapables les personnes morales, telles que les communes, départements et établissements publics, lesquelles sont soumises par les lois administratives à la nécessité d'obtenir telles ou telles autorisations déclarées nécessaires pour faire tels ou tels actes déterminés. Il y a dans cet ordre d'idées un ensemble de théories qui relèvent exclusivement du droit administratif. Enfin comme incapacités spéciales, je citerai celles des art. 450, 1595 à 1597 et 1040. Je me contente d'une énumération de textes.

De la capacité en matière de donation.

Mais dans les matières que vous avez à étudier cette année, il y a spécialement à tenir compte des incapacités concernant les donations. Aussi, importe-t-il que j'entre dans quelques détails à ce sujet.

Sous ce rapport, il faut d'abord appliquer les règles générales sur l'incapacité de contracter, règles dont quelques-unes sont rappelées par les textes spéciaux de la matière, tel l'art. 905 pour ce qui est de la donation que voudrait faire la femme mariée; voyez également l'art. 934 relatif à l'acceptation par la femme mariée. Il en est de même pour les mineurs ; pour eux il y a dans les textes sur les donations un article spécial, l'art. 904, combiné avec l'art. 903, duquel il résulte que le mineur ne peut pas faire une donation. Seulement dans ce cas particulier, il s'agit d'une règle qui diffère notablement de celles de l'art. 1124 ; ce dernier texte, en effet, ne se réfère, pour ce qui est du mineur, qu'à une incapacité tenant à l'exercice du droit. Il n'enlève pas au mineur le droit de contracter, il le déclare incapable uniquement de faire un acte juridique valable, donc d'exercer ses droits ; et alors, si le mineur n'est pas émancipé, c'est son tuteur qui exercera les droits dont la jouissance lui est maintenue : telle est l'économie du système établi, ou prévu, par l'art. 1124, en ce qui concerne les incapables. L'incapacité admise par la loi ne concerne que l'exercice, et non la jouissance, des droits. Il en est autrement de l'incapacité qui résulte de la combinaison des art. 903 et 904. Il s'agit là d'une incapacité de droit, touchant à la jouissance même du droit et non plus seulement à son exercice; et c'est une observation qui se reproduirait au sujet de plusieurs autres incapacités en matière de donation. Nous retrouvons au contraire l'application du droit commun relativement aux mineurs, en tant qu'il s'agit de l'acceptation des donations ; la loi revient sur ce point au principe général et l'incapacité pour le mineur d'accepter valablement la donation qui lui est offerte ne touche plus qu'à l'exercice du droit. D'après l'art. 935, en effet, l'acceptation devra émaner du représentant du mineur.

Même en ce qui concerne la faculté de faire une donation, pour ce qui est du mineur, une exception est mentionnée aux articles 1095 et 1398 ; elle vise les donations par contrat de mariage. Ces textes, en pareil cas, permettent au mineur de faire une donation à son conjoint ; son incapacité de droit est levée ; seulement la loi subordonne à certaines autorisations l'exercice de cette faculté exceptionnelle. Il faut l'autorisation des personnes qui doivent consentir au mariage lui-même (art. 1398).

En ce qui touche les interdits, la loi détermine également comment on peut accepter pour eux une donation qui leur est faite. La loi, au contraire, est muette quant à la question de savoir si l'interdit pourrait faire une donation, à supposer qu'il fût dans un intervalle lucide ; c'est une question se rattachant à une controverse plus générale étudiée en première année, et que je vous rappelais récemment ; j'y reviendrai du reste.

Enfin en ce qui touche les donations, il y a d'autres incapacités, soit absolues, soit relatives. Mais les règles relatives à cette matière sont également applicables aux testaments ; la question est donc une question générale sur la capacité de disposer à titre gratuit ; et je renvoie toute cette matière pour la traiter ultérieurement.

Des incapacités naturelles.

Voici maintenant une observation complémentaire d'une portée tout à fait générale, et qu'il faut placer au début de cette étude. Lorsque la loi nous dit qu'en matière de contrats, la capacité est la règle et l'incapacité l'exception, cette disposition vise ce qu'on a appelé les incapacités civiles. Or, à celles-ci, on oppose les incapacités naturelles, c'est-à-dire celles qui existent en dehors de la loi. Je mentionne, parmi ces dernières, l'incapacité résultant de l'absence de personnalité civile. Cette observation n'a de valeur pratique dans notre législation qu'autant qu'elle s'applique à des associations de fait n'ayant pas obtenu la personnalité ; ces associations se trouvent par là frappées d'une incapacité naturelle, puisque, pour pouvoir contracter, il faut avant tout être une personne juridique ; donc tout contrat qui sera fait d'une façon simulée ou déguisée pour une association de ce genre sera non avenu.

Ce sur quoi je dois appeler votre attention, c'est l'incapacité naturelle qui résulte de ce fait que la personne qui contracterait serait dans l'impossibilité de donner un consentement ayant une valeur juridique. En pareil cas il est même presque inutile, en quelque sorte, de parler de consentement, puisqu'on suppose qu'il ne peut y avoir de consentement de la part des personnes ainsi visées. L'observation que je fais a cependant une importance pratique qui consiste en ceci que, lorsqu'un contrat a été fait par un incapable, le plus souvent, je ne dis pas toujours, ce contrat n'est pas nul *ab initio*. La capacité n'est pas exigée pour l'existence du contrat, mais pour sa validité ; le contrat n'est pas nul, mais annulable. Au contraire, quand nous sommes en présence d'un contrat auquel manque radicalement le consentement, il n'y a aucun contrat ; c'est l'existence même du contrat qui fait défaut.

Nous disons par exemple que le mineur est incapable ; il s'en suit qu'il a le droit de demander la nullité, ce qui implique qu'il peut aussi ne pas la demander, et que jusque là l'acte est, et reste, valable. Cela veut dire aussi que la nullité ne pourrait pas être poursuivie par celui qui a contracté avec le mineur. Pour qu'il en soit ainsi, il faut supposer que le mineur ait été en âge de comprendre ce qu'il faisait en contractant. Mais s'il s'agit d'un mineur qui soit à l'âge où il n'a pas le discernement de ses actes, ce qui est une question de fait, il ne peut plus être question de nullité et d'annulabilité, mais d'inexistence du contrat. Nous ne serons plus en présence d'un contrat annulable pour incapacité civile, mais d'un contrat absolument inexistant par suite d'incapacité naturelle ; c'est un fait sans valeur juridique. Voilà une de ces hypothèses où nous rencontrons une absence complète de consentement, et où il ne saurait y avoir place pour ce qu'on appelle la prescription abrégée de l'art. 1304.

Autre hypothèse : celle d'un contrat fait par une personne en état d'ivresse ; dans le cas par exemple où elle eût apposé sa signature sur un billet. Enfin nous pouvons supposer un contrat fait par une personne en état actuel d'aliénation mentale. Cet état constitue de soi une incapacité de fait résultant de l'impossibilité de consentir. Cette incapacité naturelle était la seule que connût le droit romain. Nous avons ajouté à cette incapacité naturelle du dément une incapacité civile, résultant de l'interdiction.

Mais quelle importance devons-nous attacher à cet état actuel de ce dément? Nous ne trouvons aucune disposition générale dans la loi relative à cette question ; mais nous avons un texte spécial concernant les actes à titre gratuit. C'est l'art. 901, aux termes duquel « pour faire une donation entre vifs ou un testament il faut être sain d'esprit. » Ce n'est pas autre chose que la constatation de l'incapacité naturelle resultant de la démence actuelle. Pourquoi avoir insisté sur cette vérité à propos des dispositions à titre gratuit? La loi aurait-elle voulu placer ces actes dans une catégorie spéciale en ce qui concerne le point qui nous occupe? Avant de répondre à cette question, voyons d'abord, pour les actes autres que les libéralités, quel est l'effet de l'état actuel d'aliénation mentale?

Et tout d'abord une distinction se présente à l'esprit suivant qu'il s'agit d'une personne qui a été interdite ou, au contraire, d'un individu qui n'a pas été frappé d'interdiction? Si l'acte a été passé par un interdit, celui-ci est protégé par la présomption d'incapacité de l'art. 502. Mais cette personne, ou ses héritiers, ne pourraient-ils pas se prévaloir de l'incapacité naturelle de contracter, en dehors de l'incapacité civile résultant de l'interdiction? Vous apercevez tout de suite que, s'il s'agissait de donation ou testament, il n'y aurait pas de difficulté ; nous avons un texte formel, l'art. 901. Ceci dit, quel intérêt pourrait-on avoir à invoquer l'inexistence du consentement en plus de l'incapacité résultant de l'interdiction? Cet intérêt se présenterait plus particulièrement en ce qui touche l'application de la prescription de l'art. 1304, prescription dont le point de départ commence à la cessation de l'interdiction. Au contraire, plus de prescription possible, s'il y a inexistence du contrat. Dans ce dernier cas, en effet, il ne peut plus être question d'éteindre une action en nullité, puisqu'il n'y a pas d'action qui puisse avoir pour but de faire tomber ce qui n'existe pas ; le résultat serait, au contraire, de faire valoir par voie de prescription un acte inexistant, ce qui ne peut pas être. Il n'y a pas de délai dont l'effet soit de donner une valeur juridique à ce qui n'a jamais eu d'existence, même de fait. Puis, en second lieu, il faut rappeler un autre intérêt pratique tiré de la situation de l'autre partie ; s'il s'agit d'acte inexistant, celle-ci pourra-t-elle aussi invoquer l'inexistence de l'acte ? Il semble bien qu'on doive l'admettre.

Ces intérêts indiqués, revenons à la question de fond : Peut-il y avoir, à côté de la nullité pour incapacité civile, inexistence pour incapacité naturelle ? Au point de vue des principes, aucun doute ne saurait s'élever. Et ce n'est pas à ce point de vue théorique que des objections ont pu se présenter; mais elles ont été inspirées surtout par des considérations pratiques. Rappelez-vous, en effet, que la théorie de l'interdiction ,et celle de la nullité qui s'y rattache, repose sur cette idée qu'on a voulu couper court aux difficultés relatives à la question de savoir si l'interdit, en fait, a traité ou non dans un intervalle lucide. Il semble donc que ce soit aller contre le but de la loi que de soulever à nouveau cette question et de rendre admissibles les preuves qui s'y rattachent.

Malgré cela, il ne me paraît pas que la loi ait voulu exclure et proscrire absolument la constatation de l'état mental de l'interdit ; car, pour écarter ces difficultés de fait, le législateur ne s'est placé qu'au point de vue de l'intérêt et de la protection de l'interdit. Ce que la loi a voulu, c'est qu'on ne pût pas être admis à prouver contre l'interdit que l'acte devrait être valable comme ayant été fait dans un intervalle lucide. La loi n'a pas eu d'autre but. En tous cas, la loi, en matière d'interdiction, ne dit pas autre chose. Ceci posé, je reviens à la question qui nous occupe ; il ne s'agit plus de faire valoir l'acte à l'encontre de l'interdit. Le problème est bien différent ; c'est l'interdit lui-même qui invoque sa propre incapacité de fait, en vue de faire valoir son action en nullité au-delà du délai normal de dix ans de l'art. 1304. Donc, il s'agit d'accroître les garanties résultant pour l'interdit de la nullité de l'acte lui-même. Au lieu d'un acte soumis à nullité, l'interdit prétend qu'il n'a jamais existé d'acte ayant la moindre valeur juridique, et que, par suite, la preuve de l'inexistence de l'acte qu'on lui oppose lui est toujours permise. En quoi, si on la lui permet, va-t-on contre le but de la loi? Enfin l'on peut faire une remarque analogue quant aux contestations dont la loi a voulu éviter le péril. Elles eussent été extrêmement dangereuses, s'il se fût agi de prouver la lucidité d'esprit au moment de l'acte et pour le faire valoir à l'encontre de l'interdit. Mais ce péril est nul, la pratique le démontre, lorsqu'il s'agit de prouver l'inverse, le défaut absolu de consentement, donc la démence actuelle au moment du contrat. Il n'y a donc à cela aucune contradiction.

Voilà pour ce qui est des actes faits au cours de l'interdiction. Pour ceux qui sont antérieurs, il n'y aura qu'à appliquer l'art. 503; et je vous rappelle la rétroactivité admise en pareil cas en ce qui concerne les effets du jugement d'interdiction, rétroactivité d'ailleurs qui a ceci de spécial qu'elle est laissée à la libre appréciation du tribunal.

Supposons donc maintenant qu'il n'y ait pas eu interdiction. L'art. 504, se plaçant dans l'hypothèse où ce seraient les héritiers du contractant qui voudraient attaquer l'acte, décide que la demande d'annulation faite sur ce fondement, c'est-à-dire sur le fondement de la démence, sera irrecevable, à moins que l'interdiction ait été provoquée avant le décès ou que la preuve de la démence ressorte de l'acte lui-même. La loi s'est donc préoccupée ici des difficultés de la preuve relative à l'état mental d'une personne qui n'est plus là pour se défendre, ou tout au moins pour se prêter à un examen direct. Il s'agit en effet d'une personne décédée. Voici donc ce qui résulte du système admis par la loi, tout au moins si nous mettons à part le cas où l'interdiction eût été provoquée. Ou bien l'acte se présente comme portant en lui-même les caractères d'insanité, et alors il peut être annulé;

ou bien il se présente comme un acte sensé et on ne permet plus l'annulation pour cause de démence ; il en sera ainsi, même s'il était démontré que cet acte, qui en lui-même a l'apparence d'un acte sensé, eût été accompli dans une période de démence et à un moment où certainement celui qui en est l'auteur n'avait pas sa raison. Et je vous ai enseigné qu'il n'y avait pas à distinguer sur ce point si la démence que l'on allègue était habituelle ou passagère. Mais ce qui résulte bien *à contrario* de l'art. 504, c'est que la personne qui a contracté, a toujours le droit, de son vivant, de faire la preuve du défaut de consentement, sur le fondement de son état de démence.

Du défaut de consentement en matière de dispositions à titre gratuit.

Revenons maintenant à l'art. 901, relatif aux dispositions à titre gratuit. Cet art. 901, en décidant que, pour faire une donation ou un testament, il faut être sain d'esprit, n'a-t-il pas eu pour but de faire échec à ces règles générales, telles que je viens de vous les exposer dans un sens ou dans l'autre?

Supposons qu'il s'agisse d'un acte à titre gratuit, disons une donation, pour abréger, et supposons qu'on allègue l'état mental du donateur pour poursuivre la nullité. Quelles solutions allons-nous donner ? Tout d'abord il est bien clair que là où la nullité pour cause d'inexistence serait admise pour un acte à titre onéreux, *à fortiori*, sera-t-il permis de faire constater l'inexistence de la donation. Ainsi, c'est le donateur qui, de son vivant, allègue son état de démence au moment de la donation; ou bien ce sont ses héritiers qui attaquent un testament portant les traces de la démence, ou qui attaquent une donation, l'interdiction ayant été provoquée avant le décès du donateur. Dans tous ces cas la nullité pour cause de démence, constitue le droit commun, nous venons de le voir.

Sur quel point alors y aura-t-il doute ? Je dois dire que le terrain même de la controverse n'est pas nettement précisé et qu'on est loin de s'entendre sur l'énoncé du problème. On a présenté sous ce rapport deux interprétations en sens opposés, et dans le but de déterminer la portée pratique de l'art. 901. Il y avait lieu, en effet, de rechercher ce que le législateur avait pu se proposer en rappelant une vérité aussi évidente. D'après l'une de ces interprétations, l'art. 901 aurait eu pour but principalement de limiter, en ce qui touche les actes à titre gratuit, les effets de l'interdiction ; en un mot on ne devrait plus leur appliquer le système de l'incapacité civile résultant de l'interdiction. Il faudrait, dans tous les cas, faire la preuve de la démence et ne plus se contenter d'une présomption. D'après l'autre système, le but de la loi n'aurait pas été de limiter l'incapacité résultant de l'interdiction, mais au contraire d'aggraver la situation du donataire, en permettant de prouver toujours le défaut de consentement dans tous les cas, même lorsque de droit commun cette preuve ne serait pas admise. Ainsi, d'après la première interprétation, l'interdit en matière de donation et de testament ne serait frappé que d'une incapacité naturelle, il ne serait pas frappé d'incapacité civile; et la conséquence est qu'il pourrait faire une donation dans ses intervalles lucides.

A première vue cette sorte d'extension de la capacité en matière de donation paraît en contradiction avec tout le système général de la loi par rapport aux actes à titre gratuit; mais pour comprendre cette antinomie apparente, il faut se rappeler la controverse plus générale que nous avons étudiée l'année dernière à propos des actes auxquels s'applique la présomption légale d'incapacité de l'art. 502. Le système que je vous expose en ce moment sur l'interprétation de l'art. 901 se réfère à l'une des deux opinions que nous avons étudiée sur la question générale de l'art. 502, c'est-à-dire sur l'étendue d'application qu'il faudrait donner à la formule de l'art. 502. Celle-ci, *a priori*, paraît bien embrasser tous les actes de la vie juridique; or le texte, dit-on, n'aurait pas cette portée absolue. Il y aurait une distinction à faire suivant qu'il s'agirait d'actes qui pussent être faits par l'intermédiaire du tuteur de l'interdit, ou d'actes au contraire pour lesquels il n'y eût pas de représentation possible, et que le tuteur par conséquent fût dans l'impossibilité d'accomplir pour l'interdit qu'il représente. On ajoute que l'incapacité ne peut porter que sur l'exercice du droit; ce serait donc lui faire dépasser les limites que la loi lui a données que lui permettre d'atteindre même la jouissance du droit ; cela deviendrait une véritable déchéance. Il y aurait enfin, pour achever l'exposé du système, corrélation exacte entre l'incapacité de l'interdit et le fonctionnement de la tutelle ; cette incapacité n'existe que relativement aux actes qui rentrent dans les fonctions du tuteur. Telle serait la véritable formule implicitement admise par l'art. 502. Or la donation et le testament ne figurent pas parmi les actes que le tuteur peut accomplir pour le mineur ; aussi dit-on, ces mêmes actes, lorsqu'il s'agira de l'interdit, resteront-ils en dehors du domaine de l'art. 502. Dans cette opinion on s'appuie sur l'art. 901, lequel viendrait consacrer cette idée que l'incapacité résultant de l'interdiction ne s'applique pas à la donation. « Il faut, dit l'art. 901, pour faire ces actes être sain d'esprit ». Qu'est-ce à dire sinon que la capacité, en tant qu'elle vise l'état mental de celui qui fait la donation, s'apprécie, en fait, et non pas en droit ? La présomption légale de l'art. 502 disparaît ici : on devra faire la preuve que la donation était nulle pour cause de démence, si ce n'est que cette preuve sera tout au moins facilitée par une présomption pure et simple résultant de l'interdiction. A l'inverse, cette présomption admettant la preuve contraire, on sera toujours admis à prétendre que la donation a été faite à un moment où l'interdit jouissait de sa raison. L'interdiction, lorsqu'il s'agit de maintenir et non d'attaquer la donation, ne fournit plus qu'une présomption admettant la preuve contraire ; ce qui revient à dire que celui qui prétend faire valoir la donation a toujours le droit d'établir qu'elle a été faite dans un intervalle lucide.

Je vous ai dit que je repoussais d'une manière générale la distinction que l'on veut ainsi établir entre les actes de l'interdit, et qu'il fallait écarter sans hésitation une doctrine qui aboutirait à ressusciter en fait toutes les difficultés que l'on a voulu écarter par l'organisation même de l'interdiction. Un système de ce genre conduirait, en effet, à supprimer la protection que la loi a voulu accorder à l'interdit, et cela en ce qui concerne les actes pour lesquels il devient plus urgent encore de le protéger.

Le point sur lequel je voudrais uniquement appeler votre attention cette année, c'est que l'opinion que je repousse part, dans l'interprétation de l'art. 901, d'un point de vue tout opposé à celui que nous révèlent les travaux préparatoires sur la genèse de l'art. 901. Le but du législateur, tel qu'il ressort des travaux préparatoires, a été, non pas de restreindre ici l'incapacité, mais d'augmenter les garanties, soit au profit du donateur, soit à celui de sa famille, contre un acte spécialement redoutable. La preuve, je la tire d'un passage important de Fenet (FENET, t. II, p. 274, 275, art. 4 du Projet, t. II, p. 294, 296, 297 ; LOCRÉ, t. XI, p. 132, 134). L'art. 4 du projet du titre des donations posait en principe que, pour donner, soit entre-vifs, soit par testament, il fallait être sain d'esprit. Puis, le texte faisait l'application du principe en ajoutant des développements qui n'étaient guère que la reproduction par anticipation, ou à peu près, de la disposition qui devait devenir l'art. 504 du Code civil. La section de législation du Conseil d'Etat, dans son art. 6 du projet, supprima ces développements, se contentant de renvoyer purement et simplement à l'art. 17 du titre de la minorité et de l'interdiction, lequel n'était autre que le futur art. 504 : ce renvoi signifiait que l'action en nullité, en cette matière, serait régie par les art. 502 et 504. On entendait, par conséquent, appliquer aux donations, les règles du droit commun sur les contrats, en ce qui concerne la théorie des incapacités. Or, il est advenu, dans la rédaction définitive, que ce renvoi à l'art. 504, fait par la section du Conseil d'Etat, ne se retrouve plus. Il a été supprimé ; mais il résulte de la discussion que la pensée définitive qui a prévalu a été que cette suppression avait pour but d'écarter précisément les restrictions que l'art. 504 actuel apporte de droit commun à l'action en nullité pour cause de démence. Ce n'est donc pas la théorie générale de l'art. 502 que l'on a voulu écarter en laissant subsister la formule de l'art. 901 sans autre renvoi ; ce sont les restrictions que l'art. 504 apportait à l'ensemble du système.

La pensée du législateur a été que, en cette matière, il faudrait appliquer d'abord toutes les règles résultant du droit commun en ce qui concerne la nullité pour cause de démence ou d'interdiction ; mais que, en outre, il faudrait étendre le champ de la nullité en admettant que l'action des héritiers, en tant qu'elle est fondée sur la démence, ne serait plus écartée, alors même que la donation ne porterait pas en elle les traces de la démence, ou que l'interdiction n'eût pas été provoquée du vivant du donateur.

Je me résume en disant que l'art. 901 laisse subsister d'une manière complète l'incapacité résultant de l'art. 502, ce qui implique le maintien de l'application de l'art. 503 ; mais son objet propre est d'écarter l'art. 504, en ce qui touche les restrictions que ce texte apporte à l'action en nullité.

XLVIIe LEÇON

ACTION « AB IRATO ». — THÉORIE DES NULLITÉS. — APPLICATION : AU DÉFAUT DE FORMES ; AUX DONATIONS ; AUX PACTES SUR SUCCESSION FUTURE ; AUX CONTRATS NULS POUR CAUSE ILLICITE.

Action *ab irato*

Les explications que je vous ai données appelleraient peut-être un développement relatif à ce qu'on appelait en ancien droit l'action *ab irato*, et les actions en nullité fondées sur la captation. D'ailleurs, je vous ai dit déjà quelques mots de ce sujet en parlant du dol ; on pourrait même aller jusqu'à fonder cette catégorie de nullités sur l'art. 901, tout au moins si la captation avait été telle qu'elle eût supprimé entièrement la liberté d'esprit du donateur.

Théorie des nullités

Ceci dit, arrivons à la théorie des sanctions et nullités, en ce qui concerne les contrats qui ne satisfont pas aux conditions que nous avons étudiées. Nous pouvons prendre comme base une distinction indiquée par l'art. 1118 à l'occasion des vices du consentement. Nous y voyons qu'une convention entachée de violence, dol ou erreur, n'est pas nulle de plein droit. Nous avons donc à distinguer deux hypothèses : 1° celle où un contrat peut être nul de plein droit ou inexistant; ce sont là, dans cette matière, deux formules équivalentes; 2° celle où il s'agit de contrats susceptibles de tomber par l'action en nullité ou rescision. Ceci correspond à la division que nous avons établie relativement aux conditions des contrats, les unes étant requises pour l'existence, les autres pour la validité.

Dans la catégorie des contrats inexistants, il convient de ranger ceux dans lesquels ne se rencontrent pas les éléments naturels qui, en dehors de toute disposition positive de la loi, sont essentiels, par définition même, à la formation d'une convention. On dit quelquefois en pareil cas que le contrat n'a qu'une apparence de fait. J'hésite à employer cette formule ; car je me demande si elle ne s'appliquerait pas tout aussi bien à tous les cas où le contrat est nul faute d'une condition essentielle exigée par la loi. Quoi qu'il en soit, je ne l'accepte que comme traduction de la formule plus précise, je crois, par laquelle j'ai essayé de définir et de caractériser cette première catégorie. Voyons, au moins à titre d'exemples, quels actes juridiques nous ferions rentrer dans ce groupe des actes inexistants. Il n'y aura aucun doute à cet égard, pour ceux qui n'ont qu'une apparence de fait ; lorsqu'il y aura eu absence complète de consentement. Il peut arriver que le concours des volontés ne se soit pas produit ; par exemple, si l'acceptation n'est intervenue qu'après le décès de l'auteur de l'offre. Le concours de volontés peut se trouver exclu par l'erreur sur la nature du contrat ou sur l'identité de l'objet. Il y aurait encore un acte purement apparent dans l'hypothèse où un semblant de consentement aurait été donné par une personne ne jouissant pas actuellement de sa raison. Je vous rappelle seulement que pour l'interdit on se demande si on a le droit d'invoquer son état actuel de démence pour déclarer l'inexistence du contrat, ou si l'on n'a égard qu'au fait de l'interdiction, servant alors de fondement à une simple nullité relative.

Mais, à côté de ces hypothèses, il faut placer celles où, le contrat s'étant formé, les conditions constitutives de ce contrat se trouvent ne pas satisfaire entièrement aux exigences de la loi. En pareil cas on pourrait dire que ce contrat, bien que réunissant les éléments nécessaires pour qu'il y ait une convention, est existant, mais frappé de nullité (cf. Cass., 11 novembre 1845, D., 46, 1, 25). Pour moi, j'aime mieux dire, comme l'arrêt que je viens de vous citer, qu'un pareil contrat est réputé aux yeux de la loi n'avoir pas été consenti. Si en fait se rencontrent les éléments nécessaires pour qu'il y ait contrat, en droit on n'y trouve pas les conditions exigées par la loi pour que le contrat existe. Donc en matière de contrats, ou plutôt d'actes juridiques, je crois qu'il n'y a pas à distinguer entre un acte radicalement nul ou un acte inexistant, c'est au fond la même chose.

Il y a des matières où il peut y avoir lieu de tenir compte de cette triple distinction en fait de nullité, de telle sorte qu'il y aurait l'inexistence, la nullité relative et la nullité absolue ; par exemple pour le mariage ; mais ici je la repousse absolument. Seulement, quand on se place dans l'hypothèse où les conditions élémentaires du contrat sont réunies, bien que celui-ci ne satisfasse pas aux prescriptions de la loi, s'il y a lieu alors d'en caractériser la nullité, il importe de se rappeler le principe général d'après lequel, lorsqu'un contrat ne satisfait pas aux prescriptions de la loi, le contrat est nul de nullité radicale, alors même que la loi ne prononce pas la nullité ; voilà la règle, sauf exceptions ou restrictions écrites dans la loi.

J'appliquerai ce principe sans hésitation par exemple au cas de l'art. 1130 qui prohibe les pactes sur succession future ; la sanction est la nullité, et la nullité absolue : ce que je traduis par ceci que le contrat n'a pas d'existence légale et qu'aux yeux de la loi il est non avenu. En dehors des règles juridiques que je viens de poser, il faut dire que les considérations qui expliquent la prohibition de la loi ne laissent pas place à une nullité relative.

Quand est-ce donc que nous trouverons un contrat qui ne sera pas infirmé *ab initio* comme frappé de nullité absolue ? Uniquement quand la loi aura dit que la nullité ne serait que relative. C'est ce que laisse entendre l'art. 1117 ; c'est ce que dit aussi l'art. 1125 pour l'incapacité. Cette nullité ne sera que relative lorsqu'elle aura été établie pour la protection de l'une des parties, comme par exemple quand le consentement donné par elle est suspect, ou quand cette partie se trouve placée à l'abri d'une incapacité protectrice.

Mais il y a des cas où le texte fait défaut pour caractériser la nullité ; il faut alors résoudre la question par voie de rapprochement, mais toujours en partant de ce principe que la règle est la nullité radicale. Puis, il faudra voir si la nullité a été introduite pour la protection d'intérêts d'ordre public ou privé. Voilà les idées générales.

Il faut maintenant mettre en lumière, dans ces traits généraux, l'intérêt pratique qu'il y a à distinguer si nous sommes en présence d'un contrat infirmé *ab initio* par la loi, ou en présence d'un contrat simplement annulable. Cet intérêt se manifeste à trois points de vue principaux.

Il se présente d'abord : 1° au point de vue de la détermination des personnes qui peuvent demander la nullité. Lorsque le contrat est inexistant ou nul de nullité absolue, tout intéressé peut se prévaloir de la nullité. Il peut se faire d'ailleurs qu'il n'y ait même pas de contrat existant en fait, et alors il n'y a pas à demander la nullité ; on n'a pas à faire proclamer l'annulation de ce qui n'existe pas en fait. Si, au contraire, les éléments de fait nécessaires à la formation du contrat se trouvent réunis, le contrat a une existence de fait, mais il sera inexistant en droit ; même alors je dirai que l'acte devant être considéré en droit comme n'ayant pas été consenti, toute partie intéressée peut en invoquer la nullité. Si le contrat n'est qu'annulable, la nullité n'en peut être demandée que par la partie dans l'intérêt de qui elle a été établie ;

2° Le second intérêt de la distinction consiste en ce que, lorsqu'un contrat est simplement annulable, le contrat peut être validé par une confirmation ; c'est-à-dire au fond par la renonciation, de la part de celui qui pouvait se prévaloir de la nullité, au droit de l'invoquer. C'est ce que nous voyons dans l'art. 1115 pour le cas de violence ; et, pour ce qui est de l'incapacité, dans l'art. 1311. Enfin, d'une façon genérale, la règle de droit commun est écrite dans l'art. 1338. Si, au contraire, le contrat est nul de nullité absolue, ou inexistant, ce qui, pour moi, est la même chose, il ne peut pas être question de confirmation. Ce qui est possible, c'est que, les motifs de nullité venant à disparaître, les parties refassent le contrat. Mais autre chose est de refaire un contrat ou de confirmer un contrat annulable. Dans le premier cas, il y a accord de volontés ; il faudra donc que celui qui prend l'initiative d'un acte nouveau obtienne le consentement de l'autre partie. Dans le second cas, c'est un acte unilatéral. Puis, au cas de confirmation les choses se passent, sauf exception considérable dans l'art. 1338, comme si le contrat avait été valable *ab initio* : dans le premier cas, on ne peut pas faire que le contrat ait existé dans le passé.

3° Enfin, en troisième lieu, quand le contrat n'est qu'annulable, l'action est soumise à une prescription particulière, fondée sur une présomption de ratification (art. 1304) et dont le caractère est nettement indiqué par l'art. 1125. Cet article, pour le dire en passant, est fort important à ce point de vue. Le contrat peut se trouver validé après coup par une approbation que l'on a donnée, ou qu'on est censé avoir donnée, en ne demandant pas la nullité ; il y a ratification, non pas tacite comme on a le tort de le dire, mais présumée. Au contraire, quand le contrat est nul, on ne peut pas parler d'une prescription destinée à éteindre l'action en nullité. D'abord, il ne peut être question de la prescription de dix ans de l'art. 1304 ; cette solution est absolument certaine. Seulement, ceci admis, un des points délicats de la matière est de savoir si la prescription de trente ans ne peut pas trouver en un certain sens son application quand il s'agit de nullité absolue. Et si on admet la prescription, peut-être à ce point de vue y aurait-il une nuance à établir entre les contrats inexistants et ceux qui, tout en réunissant les conditions de fait nécessaires à leur existence, sont frappés de nullité radicale.

Faisons maintenant l'application de la distinction que je viens d'établir. Je vous ai déjà indiqué les hypothèses dans lesquelles le contrat n'existe pas en fait.

Nullité pour défaut de formes.

Voyons d'autre part les hypothèses où les conditions de fait existent, mais où il y a nullité pour dérogation aux prescriptions de la loi. Cela se présente d'abord dans le cas où la loi soumet le contrat à des formes solennelles, nécessaires à son existence. Vous en ferez l'application au cas de donation, par exemple ; la loi ici s'est expliquée expressément sur le caractère de la nullité aux art. 1339 et 1340. L'art. 1339 nous dit que le donateur ne peut réparer le vice résultant du défaut de forme en confirmant la donation ; il n'a d'autre ressource, si les circonstances s'y prêtent, que de refaire l'acte.

C'est peut-être le texte le plus clair que nous ayons pour établir qu'un acte nul en la forme n'est pas susceptible de confirmation. Seulement il faut remarquer qu'il peut y avoir des formes prescrites non plus *ad solemnitatem*, mais uniquement pour la protection d'un incapable. Ainsi un mineur émancipé a vendu un immeuble sans les formalités prescrites ; ici la nullité se ramène en réalité à une nullité pour incapacité. Il faut donc bien distinguer les formes prescrites *ad solemnitatem* et celles prescrites pour la protection d'un incapable. Enfin, il ne faut pas confondre non plus avec les hypothèses que nous visons la nullité pour omission des formes prescrites dans les énonciations d'un acte. Ce n'est plus dans ce cas une question de nullité absolue ou relative touchant à l'acte juridique pris en lui-même. Il s'agit de l'acte écrit considéré indépendamment des conventions ou déclarations qu'il exprime ; et la question est de savoir si la formalité omise constituerait ou non une forme substantielle, et par suite une forme irritante. Cette question touche à la validité de l'acte instrumentaire pris dans sa forme et ne se réfère pas aux conditions d'existence ou de validité de l'acte juridique lui-même. Le principe sur ce point est que la nullité n'existe que si la loi la prononce (Art. 1033 du Code de procédure). Seulement comme correctif, il y a lieu d'ajouter qu'il peut y avoir des énonciations qui sont tellement essentielles qu'on ne comprend pas que l'acte puisse subsister lorsque ces formes ou ces énonciations font défaut ; ce que nous appliquerons par exemple à l'art. 2148 du Code civil.

Ces distinctions faites, il faudra considérer comme entraînant l'inexistence juridique du contrat la violation des règles de la loi en ce qui touche la détermination des choses ou des faits qui peuvent faire l'objet d'une obligation.

Nous avons trouvé déjà une application de ce principe dans

la disposition de l'art. 1130. De même au cas où la cause est illicite. Dans toutes ces hypothèses, nous appliquerons les conséquences que j'ai attachées au caractère de nullité absolue. Ainsi la nullité pourra être invoquée par tout intéressé. Aucune confirmation ne sera possible, c'est ce que nous avons vu dans l'art. 1339 pour la donation. Et l'exécution volontaire de la donation ne mettrait pas obstacle à la répétition de l'objet donné.

Des nullités en matière de donation.

Quand il s'agit de donations de meubles, l'art. 948 exige à peine de nullité un état estimatif; et on s'est demandé si cette nullité ne serait pas couverte par la délivrance des meubles. Car la formalité a été surtout exigée pour assurer l'irrévocabilité de la donation, et il n'y a plus rien à craindre sous ce rapport quand il y a eu tradition. Je vous ai dit cependant qu'en principe il fallait repousser cette solution, car il y a bien là absolument un vice de forme, donc entraînant la nullité; il faut refaire la donation. Voici toutefois la réserve que j'apporterais à cette solution peut-être un peu rigoureuse. Comme nous sommes en matière de meubles, il y aurait lieu d'examiner si la délivrance des objets ne pourrait pas valoir en fait comme don manuel. J'annule la délivrance en tant qu'elle serait l'exécution de la donation primitive; mais, si nous sommes en présence d'un acte nouveau, c'est autre chose, et nous restons dans les termes du texte, puisqu'il dit que la donation ne peut être ratifiée, mais qu'elle doit être refaite (art. 1339). Comme correctif également à la règle de l'art. 1339, qui, elle-même, on l'a vu, n'est que l'application des principes du droit commun, remarquons que ce n'est qu'à l'égard du donateur que ce texte décide qu'il ne peut y avoir confirmation; car aux termes de l'art. 1340, la confirmation, en prenant le mot cette fois au sens très large, peut intervenir de la part des héritiers.

Voici la disposition en soi, mais l'explication en est embarrassante. L'héritier, en exécutant la donation, se rend non recevable, en tant qu'il voudrait exercer l'action en répétition, à exciper du vice de forme qui affectait la donation. Com-

expliquer cette solution ? La mort du donateur n'empêche pas que la donation ait été *ab initio* considérée comme nulle. S'il ne s'agissait en somme que de justifier la disposition en fait, rien ne serait plus facile. A tort ou à raison, les formes des donations ont été prescrites pour la protection de la famille du donateur ; ce qui exige que le donateur se soumette à ces mêmes formes s'il veut ratifier la donation. Au contraire, on conçoit que la famille que l'on a voulu protéger ait le droit de renoncer à ces formes elles-mêmes, et qu'il lui soit permis, à elle, d'exécuter la donation si elle croit devoir le faire. Mais reste l'objection en droit ; et cette objection, je vous la rappelle : comment admettre qu'on puisse ratifier un acte qui, en soi, n'a pas d'existence ? Je crois que l'on peut dire que les expressions de la loi n'expriment pas exactement la vérité juridique sur le caractère de l'acte dont il s'agit. J'estime, en effet, que la loi a eu tort de parler de ratification ; ce n'est pas une ratification proprement dite. Ce qu'il faudrait dire, c'est qu'aux yeux du législateur, il y a place, au regard des héritiers, à une obligation naturelle dont ils peuvent reconnaître l'existence en l'exécutant. Ce n'est pas là une question de mots, car les effets d'une confirmation proprement dite, en tant qu'ils s'appliquent à une obligation naturelle, surtout au cas de confirmation tacite, ne sont pas absolument les mêmes que ceux de l'acquittement volontaire d'une obligation naturelle.

Ce que je viens de dire du défaut de formes en matière de donation s'appliquerait à toute autre nullité de ce genre ; par exemple au cas de cause illicite. Ici, il est vrai, le vice persiste toujours ; et, par suite, il affecterait tout aussi bien la confirmation elle-même.

Cependant, il peut arriver que le vice originaire ne soit plus susceptible de se représenter, ainsi au cas de pacte sur succession future ; la succession une fois ouverte, le vice initial ne se trouverait plus affecter une convention portant confirmation. Cela est vrai, mais cette nouvelle convention possible ne sera pas une confirmation destinée à faire revivre un acte nul *ab initio* ; c'est un nouveau contrat relatif à la succession aujourd'hui ouverte.

Là où la question prend de l'intérêt, c'est quand il s'agit de savoir si la prescription de dix ans ne deviendra pas applicable à la nullité du pacte sur succession future, en prenant pour point de départ le moment où la succession s'est ouverte. C'est sur ce point que la jurisprudence est intervenue pour maintenir les principes (Cass., 11 novembre 1845, D., 46, 1, 25). Il n'y a pas place en ce cas à la prescription de dix ans ; restera à savoir s'il pourra y avoir lieu à la prescription de trente ans. Et je touche ici à une théorie difficile. La question d'ailleurs à laquelle je fais allusion s'élève dans tous les cas où la nullité a son principe dans le caractère immoral ou illicite de la convention.

Exécution d'un contrat nul : De la restitution.

Et la question qui se pose tout d'abord est de savoir si, en supposant l'obligation exécutée, la partie qui a exécuté peut obtenir la restitution de la prestation. Dans tous les autres cas il n'y a pas de difficulté. Par exemple le contrat est nul faute d'objet ou faute de cause ; il n'y a aucun doute. Prenons une vente sans objet, et je suppose que l'acheteur n'en ait pas moins payé le prix ; il pourra répéter, c'est le principe général de la répétition de l'indû (art. 1376).

Mais quand le contrat a un caractère illicite ou immoral, la question est toute autre ; et la difficulté qui s'élève tient à certains souvenirs et à certaines dispositions du droit romain concernant la *condictio ob turpem causam* (Vr au Dig., liv. 12, titre 5).

On faisait sous ce rapport en droit romain certaines distinctions délicates. Ce qui avait été payé *ob turpem causam* pouvait être répété si le contrat avait le caractère immoral du côté de celui qui avait reçu. Mais si l'immoralité affectait les deux obligations, ou si elle n'existait, ce qui d'ailleurs est peu pratique, quedu côté de celui qui avait payé, c'était très différent. Prenons le cas où il y aurait *turpis causa ex utraque parte*, dans ce cas le droit romain disait que celui qui avait ainsi exécuté ne pouvait pas répéter ; car on ne peut pas s'adresser à la justice pour exercer un droit fondé sur un fait d'immoralité, c'est-à-dire, en réalité, pour lui demander de donner sa sanction à un fait illicite en soi. Donc, en pareil cas, la justice n'intervenait pas ; gain de cause et profit restaient à celui qui se trouvait en possession. Un certain nombre de décisions ont admis cette théorie romaine comme persistant encore.

Mais depuis longtemps la jurisprudence elle-même a fait une brèche remarquable à cette doctrine, au moyen d'une subtilité, il est vrai; c'est à l'occasion des contre-lettres destinées à augmenter le prix d'un office ministériel. C'est là une convention illicite au premier chef ; si le débiteur a payé, pourra-t-il répéter ? (C. Cass., 15 décembre 1873, D., 74, 1, 222-223 ; Paris, 23 juillet 1853, D., 53, 5, 450 ; Paris, 4 février 1854, D., 54, 2, 149). Il semblerait que l'on dût dire qu'il y eût *turpitude* des deux parts. Cependant la jurisprudence a admis ici la répétition (Cass., 30 juillet et 1er août 1844, D., 44, 1, 291). Pourquoi ? On a dit que la *turpitude* n'était pas ici tout à fait égale, que la faute était moindre de la part du cessionnaire que de la part du cédant. Puis, ces traités secrets provoquent de la part des acquéreurs d'offices ministériels de véritables prévarications. Il y a comme un intérêt d'ordre public qui exige que, non seulement le contrat soit nul, mais qu'on puisse répéter ce qui a été payé, donc que la contre-lettre soit considérée comme non avenue.

Cependant, un arrêt de 1884 (Cass., 11 février 1884, journal *Le Droit*, 11-12 février 1884), semble bien témoigner de ce fait que la jurisprudence serait tentée d'abandonner son point de départ et sa doctrine traditionnelle. La question se posait au sujet de la concession d'un chemin de fer faite sans autorisation de la loi ; on a jugé que ce qui avait été payé pourrait être répété. C'est à mon avis l'application des vrais principes. Du moment que l'on a payé une obligation frappée de nullité, il doit y avoir répétition de l'indu. Le principe fondamental de l'art. 1376 est que tout ce qui a été payé indûment, c'est-à-dire alors qu'il n'y avait point de dette, ou, ce qui est la même chose, alors que l'obligation était nulle, doit être répété. A cette règle nos lois n'apportent qu'une seule exception, c'est en matière d'obligations naturelles (art. 1245). Le droit romain en avait admis une seconde, pour le cas où il y aurait une cause immorale à faire valoir ; mais ces textes romains n'ont pas été reproduits dans notre Code civil ; et, si l'on ne prouve pas qu'ils aient été acceptés par nos lois, ils n'ont plus aucune valeur positive chez nous. Je réponds ainsi à l'objection tirée des précédents historiques.

Il est vrai qu'en dehors des textes, on a voulu donner à la règle consacrée par les droits romains la valeur d'un principe rationnel qui, à ce titre, devrait encore s'appliquer aujourd'hui ; et ce principe est celui que l'on traduisait jadis par l'adage suivant : *nemo auditur propriam turpitudinem allegans*. Ce principe serait exact et devrait encore se faire admettre aujourd'hui, si on voulait faire de sa turpitude le fondement d'une action ; s'il s'agissait par conséquent de réclamer ce que l'on eût acquis par un acte immoral. Mais ici il n'est pas question de cela ; on invoque l'indû, c'est-à-dire le fait d'avoir payé ce qu'on ne devait pas. On ne se prévaut pas de la convention, au contraire. Loin de faire produire un bénéfice à une convention immorale, on veut empêcher qu'elle devienne pour qui que ce soit une cause d'enrichissement. Il est impossible en d'autres termes, que le prétendu créancier profite de la turpitude de l'autre partie pour s'enrichir indûment.

XLVIIIe LEÇON

NULLITÉ ABSOLUE : QUESTIONS RELATIVES A LA PRESCRIPTION. — NULLITÉS RELATIVES : CAS OU ELLES S'APPLIQUENT. — QUESTIONS RELATIVES A L'INTERDICTION LÉGALE ; DE CERTAINS CAS D'INCAPACITÉ. — DE L'ACTION EN NULLITÉ ; DE LA RESCISION.

J'ai signalé la distinction qu'il y avait à faire entre les cas où un contrat n'a point d'existence juridique et ceux où le contrat est frappé d'une cause de rescision ou de nullité.

Nullité absolue
Question relative à la prescription.

Pour en finir avec ce qui concerne les contrats qui sont entachés d'une nullité absolue, il me reste à vous rappeler qu'il n'y a pas lieu de leur appliquer la disposition de l'art. 1304, qui limite à dix ans la prescription des actions en nullité ou rescision. On admet, en général, que cette prescription est fondée sur une présomption de ratification, quoique ce point de vue n'ait pas été sans soulever quelques objections. Cette idée, cependant, je l'ai trouvée très clairement indiquée dans un texte même de la loi, l'art. 1115 ; j'avais à vous le rappeler. Cela étant, il faut en conclure sans difficulté que cette prescription n'est applicable qu'aux contrats susceptibles d'être confirmés. Par exemple, il est incontesté qu'elle serait inapplicable aux donations nulles pour vice de forme. Il y a au contraire d'autres hypothèses dans lesquelles certains auteurs ont pensé que, même en présence d'une nullité absolue, il y avait place à une prescription de dix ans. Ce serait pour le cas d'une convention ayant pour objet des droits dépendant d'une succession future. Pour moi je me suis expliqué sur ce point en vous disant qu'il ne peut y avoir là de confirmation expresse ; s'il en est ainsi, il ne peut pas davantage être question de confirmation tacite. On ne peut donner existence après coup par la prescription à un acte qui n'avait aucune existence *ab initio*. Je vous ai signalé sous ce rapport l'arrêt du 11 novembre 1845 (D., 46, 1, 25).

Cet arrêt, très net sur ce point, paraît de plus trancher une autre question au sujet de laquelle je fais des réserves. Mais, ceci admis, et sauf à y revenir quand j'examinerai l'art. 1304, il reste un point à examiner, et celui-ci véritablement très délicat.

En supposant un contrat nul d'une nullité absolue, n'y aura t-il pas au moins place à la prescription de trente ans, contre toute action tendant à en faire constater la nullité? L'arrêt de 1845 en même temps qu'il écarte la prescription de dix ans, ajoute que, dans ces circonstances, il ne pourrait y avoir place que pour la prescription de trente ans. Non pas que cette prescription puisse donner à la stipulation prohibée une existence légale, mais parce que toute action se prescrit par trente ans art. 2262). Cette thèse, l'arrêt de 1845 ne l'affirmait cependant que d'une façon hypothétique. Mais dans une circonstance plus récente, dont j'ai déjà eu à m'occuper à propos d'une autre question, la Cour de cassation a fait l'application de la même doctrine (Cass. 5 mai 1879, D., 80, 1, 445) ; et cela dans un cas où ils'agissait de donation nulle. Cet arrêt admet alors que la prescription n'aura pas pour but de faire valoir la donation, mais d'écarter toute action tendant à en faire prononcer l'annulation. Cette décision a été prise à propos d'une donation faite à une congrégation non autorisée. Je vous ai dit que la congrégation avait voulu se défendre en prétendant que l'action en revendication était prescrite. C'est une théorie contre laquelle je me suis élevé avec vigueur. Ce point, d'ailleurs, n'a pas été abordé, ni tranché, par la Cour de Cassation, qui s'est contentée de déclarer qu'avant de parler de revendication, il fallait établir la nullité de la donation; or, pour faire valoir la nullité de la donation, il faudrait intenter l'action en nullité, et la Cour de cassation la déclare prescrite. C'est donc là un point de vue nouveau que j'avais réservé lorsque j'ai étudié l'arrêt de 1879 à propos de la prescription.

Toute cette doctrine, à mon avis, est absolument contradictoire ; on n'annule que ce qui existe, et il n'y a pas besoin d'action en annulation contre un contrat inexistant. Cette thèse a le caractère d'évidence quand la convention manque des éléments de fait nécessaires à son existence. Sur ce point, tout le monde l'admet. Mais il n'en serait plus de même, dit-on, lorsque le contrat, tout en ayant une existence de fait, est frappé d'une nullité absolue ; et c'est à cet égard qu'il y aurait intérêt à distinguer entre inexistence et nullité. Or, pour moi, je ne fais point de différence : contrat nul ou inexistant, en principe, c'est la même chose ; et en tout cas je n'admets pas qu'il y ait une distinction à faire pour le cas où la nullité proviendrait d'une disposition légale. Ce n'est encore qu'un pur fait dénué de toute existence juridique. Ma pensée est qu'il ne faut pas parler de prescription contre une action en nullité qui n'existe pas. Et d'ailleurs, pour revenir à l'exemple que nous fournit l'arrêt de 1879, voyez à quelle situation nous aboutirions ! Celle d'une association de fait incapable de se dire propriétaire, ce qui implique que la propriété subsisterait au profit du donateur ou de ses héritiers, puisque nous n'admettons pas qu'il y ait extinction de la revendication ; et cependant ces héritiers, restés propriétaires, ne pourraient pas faire valoir leur droit de propriété, faute de pouvoir invoquer la nullité de la donation, de telle sorte que l'immeuble resterait à perpétuité aux mains de qui n'en est pas propriétaire, et que celui, au contraire, qui en a la propriété n'aurait aucune action pour le recouvrer.

Seulement la prescription de trente ans pourra sous une autre forme trouver son application. Le contrat entaché de nullité absolue peut être un contrat qui, s'il n'avait pas été nul, eût transféré la propriété. Cette transmission ne s'est pas produite. Mais si, en fait, le contrat a été exécuté, la partie qui a livré par exemple l'immeuble a une action en revendication ; et cette action en revendication se prescrira, mais en ce sens seulement qu'elle tombera devant une acquisition par prescription de la propriété elle-même, prescription qui aura son point de départ, non pas au jour du contrat, mais au jour de l'entrée en possession.

Ce n'est pas là, sans doute, le résultat qui aurait pu se produire dans l'espèce soumise à la Cour de Cassation en 1879, puisqu'il s'agissait d'une association au profit de qui la prescription acquisitive ne pouvait pas s'accomplir. Mais, je ne me place pas au point de vue de cette espèce particulière, je formule une règle générale ; et ce que je veux dire, c'est que là où la propriété aura pu être prescrite, cette prescription fera échec, je ne dis pas à l'exercice de l'action en nullité, car il n'y a pas d'action en nullité à proprement parler, mais à la revendication qui subsistait au profit du donateur, et qui lui restait, parce que, la donation étant radicalement nulle, la propriété de l'immeuble avait été maintenue dans son patrimoine. Et cette admissibilité en principe, et sauf exception comme celle de l'arrêt de 1879, de la prescription acquisitive au profit du prétendu donataire n'est pas en contradiction, remarquez-le bien, avec ce que je vous ai dit à propos des titres annulables, lesquels, ai-je déclaré, ne peuvent fonder aucune prescription acquisitive au profit de l'acquéreur, et à l'encontre de celui de qui il tient son titre. C'est qu'il s'agissait de titres ayant une existence légale, et pour lesquels il fallait tenir compte, au point de vue de l'acquéreur, soit des modalités qu'ils comportaient, soit des vices qui en conditionnaient, en quelque sorte, les effets, ou qui menaçaient de les annuler. Mais lorsqu'il s'agit de titre radicalement nul ou inexistant, puisque je ne fais pas de différence, c'est comme s'il n'y avait eu aucun titre ; le prétendu acquéreur est comme un possesseur sans droit qui, sans aucun titre, se fût emparé de la chose d'autrui. L'*animus domini* afférent à sa possession est suffisamment marqué par les conditions qui ont signalé, pour ce qui est de lui, sa mise en possession ; et il ne se trouve subordonné à aucune restriction provenant d'une menace de nullité, puisque la nullité est déjà acquise, et qu'elle existe *ab initio,* sans qu'il soit besoin d'action pour la prononcer. Il est dans la situation de ces donataires sous condition résolutoire dont j'ai déjà parlé, dont le titre se trouve résolu de plein droit, ou encore de ces acquéreurs dont le titre a été révoqué judiciairement ; à partir du moment où la résolution est acquise, ils prescrivent. Il en est de même de celui qui a un titre inexistant, ou un titre nul *ab initio*, dont la nullité ne dépend de l'exercice d'aucune action en justice. Tel est le correctif important que je devais vous indiquer, comme pouvant atténuer l'application un peu rigoureuse des principes sur le maintien à perpétuité de la nullité, en matière de nullité absolue.

Et maintenant supposons un contrat non translatif de propriété, impliquant par exemple obligation de payer une somme d'argent; dans ce cas, si le paiement a été opéré, il y aura possibilité de prescription contre l'action en répétition de l'indû. Il est vrai que, lorsqu'il s'agit d'immeuble, la solution que je vous donne à propos du paiement de l'indû pourrait, au premier abord, sembler fournir une objection assez puissante contre la thèse que je vous ai exposée, à la fois de l'imprescriptibilité de l'action en nullité et de l'admissibilité, au contraire, au profit de celui qui a voulu acquérir l'immeuble, d'une prescription acquisitive de la propriété. Voici, en effet, l'hypothèse que j'ai supposée, celle d'une donation d'immeuble, nulle pour vice de forme. Cette donation, vous ai-je dit, ne pourrait pas être validée par le donateur, elle ne pourrait qu'être refaite. Si le donateur a livré, cette exécution ne confirme pas la donation. Ce qui appartient au donateur, ce n'est pas une action en nullité, mais la revendication ; seulement, vous ai-je dit, le donataire va prescrire par trente ans la propriété, et un sous-acquéreur pourrait peut-être, lui, l'acquérir par la prescription de dix à vingt ans. Telles sont les solutions que je vous ai données. Mais, ne peut-on pas dire aussi que ce donataire a reçu l'indû, et qu'il est soumis de ce chef à une action personnelle qui va se prescrire par trente ans? Et peut-être serait-on tenté de tirer de là une double conséquence en sens opposé ; l'une à l'encontre du donateur, en disant que son action en revendication est subordonnée au maintien de l'action en répétition qui lui appartient, de telle sorte que l'une étant prescrite, tout serait prescrit ; l'autre, à l'encontre du donataire, en disant que la prescription acquisitive, dont nous avons admis la possibilité à son profit, serait paralysée par l'obligation personnelle de restituer qui pèse sur lui et qu'elle ne pourrait commencer qu'après extinction de cette dernière.

Sur le premier point il n'y a pas de question ; là où la revendication subsiste au profit de celui qui a payé, elle est absolument indépendante de l'action personnelle en répétition de l'indû. Celle-ci a beau s'éteindre par prescription, la revendication n'en subsiste pas moins. Il faut même aller plus loin, et dire, ce que je crois plus exact, que là où il n'y a pas eu acquisition de propriété, là où il n'y a pas eu *datio*, au profit de l'*accipiens*, il n'y a pas, à proprement parler, d'action en répétition de l'indû, puisqu'en réalité il n'y a pas eu *datio* à titre de paiement. L'action en répétition a été établie pour remplacer la revendication, là où elle aurait été perdue par le paiement. Tant que la revendication subsiste, l'action personnelle en répétition est en quelque sorte absorbée par elle ; je ne dis pas que virtuellement elle ne soit pas censée exister. Je dis que pratiquement il n'y a pas à en tenir compte.

Sur le second point, je conviens qu'à propos de l'art. 2279, je vous ai laissé entendre, sauf certaines réserves que j'annonçais déjà, que celui qui a reçu l'indû est dans la même situation que celui dont le titre serait soumis à résolution ; il ne pourrait pas prescrire. Oui, il en est ainsi, lorsqu'il y a véritablement paiement indû, c'est-à-dire lorsqu'il y a eu *datio* subordonnée, tacitement ou expressément, à l'existence de la dette. Mais là où les parties n'ont créé *ab initio* qu'une apparence de dette, le contrat qu'elles ont tenté de réaliser n'est qu'une forme légale, destinée à recouvrir une prise de possession sans droit ; cela est surtout vrai là où le *solvens* a gardé la propriété et où il n'a pas besoin, comme je le disais tout à l'heure, d'une action personnelle en restitution pour fonder son droit à la répétition de la chose livrée. L'*accipiens* reste dans la situation, pour reprendre cette comparaison, d'un acquéreur sous condition résolutoire dont le titre serait résolu de plein droit ; sa possession n'est plus dominée, au point de vue de l'*animus domini* par la menace d'une action d'où dépende la révocation de son droit. *Ab initio*, il savait qu'il ne recevait là qu'une apparence de paiement parce qu'il n'y avait pas de dette ; et par suite sa prise de possession n'était soumise, au point de vue de l'*animus domini*, à aucune restriction ni réserve, dépendant de l'éventualité d'une action en répétition.

J'arrive aux hypothèses où le contrat n'est pas frappé d'inefficacité légale, mais où il est exposé à une action en nullité ou rescision.

Nullités relatives et rescision.

Nous savons dans quels cas il en est ainsi, dans les cas où le consentement est vicié par erreur, dol, violence ou lésion. Cela se présente encore dans l'hypothèse d'un contrat fait par un incapable. Toutefois, en ce qui touche cette hypothèse, il y a lieu de réserver un cas spécial, celui de l'incapacité résultant de l'interdiction légale. On est généralement d'accord pour admettre que dans ce cas la nullité est absolue ; et cette décision, qui n'est écrite cependant nulle part, se justifie facilement. Le motif pour lequel un contrat fait par un incapable n'est qu'annulable, c'est que la nullité n'est établie que pour la protection de l'incapable. Ce motif ne se retrouve plus ici ; l'incapacité n'est pas établie dans une pensée de protection. On a voulu enlever au condamné les moyens de se soustraire à l'exécution de sa peine ; exacte ou non en soi, telle est certainement la pensée du législateur. La raison qui sert de fondement à la nullité relative n'existe donc plus. Il est vrai que nous n'avons pas de texte formel sur lequel appuyer cette décision, et nous aurions plutôt, en sens contraire, un texte qui paraîtrait s'opposer à la solution que je vous propose ; c'est l'art. 29 du Code pénal, qui semble bien assimiler l'interdit légal à l'interdit judiciaire. Mais, je vous ai déjà dit l'année dernière que cette assimilation n'a pas toute la portée qu'elle semble avoir ; cet article prononce l'interdiction et établit le système de la tutelle ; or, c'est sur ce point seulement qu'il fait le rapprochement, dont on a voulu tirer un argument contre le système que je soutiens. L'assimilation n'existe qu'au point de vue de l'organisation de la tutelle, et non à celui des effets qui vont dériver de l'incapacité.

Le principe est d'ailleurs que toute nullité, à moins d'exception formelle dans les textes, est absolue. Nous avons un texte pour les interdits ; mais dans ce texte tout démontre qu'on ne songeait qu'à l'interdit judiciaire : donc pour l'interdit légal nous restons en présence du principe. La conséquence est que la nullité pourra être demandée par celui qui a contracté avec l'interdit légal. Cela est nécessaire pour le but qu'on voulait atteindre. Mais certains auteurs sont encore allés plus loin, disant que l'interdit légal, lui, ne pourrait pas demander la nullité. De sorte que nous serions en présence d'une espèce de nullité relative à rebours. Elle serait juste l'inverse de la nullité ordinaire pour incapacité, en ce sens que la nullité serait en faveur seulement de la partie qui aurait contracté avec l'incapable. Comme principe, cette théorie ne repose sur rien ; la règle est que l'acte fait à l'encontre d'une prescription de la loi est un acte nul, à moins qu'il y ait un texte. Puis le résultat que l'on veut atteindre serait en fait compromis. Voilà par exemple un condamné à la réclusion qui voudrait acheter la complicité d'un gardien ; s'il ne pouvait pas lui-même demander la nullité, il trouverait facilement un complice, et il le trouverait d'autant plus facilement que celui-ci saurait que lui seul est maître de faire ou non exécuter le contrat.

Seulement il y a une réserve à faire. On s'est placé surtout dans l'hypothèse où l'interdit aurait traité avec un tiers de bonne foi, le contrat d'ailleurs n'ayant rien de contraire à l'ordre public ; ainsi, par exemple, il ne s'agit pas de procurer l'évasion d'un détenu. C'est un contrat ayant trait purement et simplement à la disposition de ses biens ; alors on a dit que, le tiers étant de bonne foi, le condamné devait être déchu de son action, parce qu'il a commis un dol dont il doit réparation. Ceci d'ailleurs ne toucherait pas au principe que j'ai énoncé et qui domine toute la matière. Cette observation faite, je crois, en effet que, si l'interdit avait traité avec un tiers de bonne foi en dissimulant son incapacité, il ne pourrait plus se prévaloir de la nullité ; et je n'appliquerais pas l'art. 1307. Cette règle, spécialement posée pour le mineur, est une règle générale pour les incapables, sauf l'interdit légal ; l'affirmation de sa capacité constituerait un dol. C'est que, lorsqu'il s'agit d'une incapacité protectrice, on ne peut admettre qu'un incapable puisse renoncer lui-même à son incapacité. De là l'art. 1307. Mais ce texte n'est plus applicable quand il s'agit de l'interdit légal ; ici nous sommes en présence d'un dol. Mais cette atténuation d'ailleurs est bien loin de détruire la règle ; car, en fait, cette bonne foi du tiers, où et comment la rencontrer? Il faudrait supposer que l'interdit ne subît pas sa peine. Ce serait donc en pratique le cas du condamné par contumace ; or, je vous ai enseigné que le contumace n'est pas interdit. Cette réserve cependant s'appliquerait au cas exceptionnel d'un condamné, qui l'aurait été contradictoirement, mais qui se serait évadé.

Enfin, en ce qui touche la nullité fondée sur l'incapacité, la jurisprudence a admis encore que, dans deux hypothèses, l'acte consenti par l'incapable était frappé de nullité absolue. De ces deux hypothèses, l'une est celle d'un contrat de mariage fait par un mineur sans les autorisations requises. C'est aujourd'hui une jurisprudence tout à fait établie. La Cour de cassation admet que la nullité dans ce cas est absolue, en ce sens qu'elle peut être invoquée par tout intéressé ; en ce sens également qu'elle n'est pas susceptible de confirmation et qu'elle échappe à la prescription de l'art. 1304. Comment cela se justifie-t-il ? Nous le verrons l'année prochaine en étudiant le contrat de mariage.

Le second cas est celui d'une donation acceptée par un incapable. La question s'est présentée pour la femme mariée (art. 934, Cass., 14 juillet 1856, D., 56, 1, 282). La Cour de cassation a décidé que le défaut d'autorisation maritale entraînait la nullité absolue de la donation, de sorte que le donateur lui-même pourrait demander la nullité. Sur quoi se fonderait ici cette dérogation ? On en donne deux motifs : une raison de droit et une considération de fait. En matière de donation, dit-on, l'acceptation est une règle de forme ; elle rentre dans les solennités exigées pour la donation. Toutefois, même en se plaçant à ce point de vue, il y aurait lieu de revenir à la règle ordinaire s'il s'agissait d'une donation valable en dehors des formes, comme le don manuel. La raison de fait est que si on n'admet que la nullité relative, dans certains cas au moins, il n'y aurait en fait aucune sanction. Ainsi, s'agissant d'une donation et de l'incapacité du donataire, celui-ci se gardera bien de demander la nullité. C'est l'évidence même, dit-on. Cette observation n'est pas bonne, au moins lorsqu'il s'agit de la femme, puisque la nullité peut être invoquée par le mari. Elle trouverait peut-être son application s'il s'agissait d'un mineur émancipé. Qui donc, en effet, demandera ici la nullité ? Sera-ce lui ? C'est peu probable ; et quant au curateur, il n'a pas d'action propre. Il faut bien reconnaître sur ce point que, dans le système de la nullité relative, il y aura une lacune dans la loi. Mais ceci ne suffit pas pour nous permettre de déroger aux principes. Voyons donc le motif de droit sur lequel on s'appuie. Il est bien vrai que l'acceptation expresse est une des solennités de la donation. Mais, quand il s'agira de savoir si cette acceptation émane d'une personne capable ou non, ce n'est plus une question de forme, mais de capacité. Telle est ma réponse. Je maintiendrai donc ici les principes dans leur intégrité.

Il est bien entendu que je ne me place qu'au point de vue des règles générales des obligations. Quand il s'agit de nullités spéciales, il faudra les étudier à part, comme en matière de vente par exemple.

Des conditions de l'action en nullité de l'action en rescision.

Il faut nous expliquer maintenant sur cette action en nullité. Vous trouverez parfois dans la loi une autre expression, action en rescision. L'ancien droit distinguait avec soin ces deux actions (Argou, Instit. de dr. fr., L. 4, titr. XIV, t. 2, p. 480). L'action en nullité était celle qui était fondée sur les dispositions de la coutume ou des ordonnances ; ainsi pour le défaut d'autorisation maritale. L'action en rescision trouvait sa place lorsque l'action avait son fondement dans les règles du droit romain ou les principes de l'équité : par exemple, action en rescision pour minorité, dol, violence. Pratiquement la différence se manifestait en ce que la rescision ne pouvait être donnée qu'en vertu de lettres de la chancellerie. C'était une pure formalité fiscale. A l'origine, il est vraisemblable que ces lettres, introduites, à l'imitation de la *restitutio in integrum*, avaient été admises comme un moyen de saisir la juridiction royale à l'encontre des juridictions seigneuriales. Cette différence a été supprimée par la loi des 7 et 11 septembre 1791. Il y avait une autre différence en ancien droit au point de vue de la prescription ; elle était de trente ans pour les actions en nullité (Ord. de juin 1510, art. 44, Ord. d'octobre 1535, ch. VIII, art. 70). Pour les actions en rescision, la prescription était de dix ans. Cette différence a également disparu ; l'art. 1304 déclare s'appliquer aux deux cas, qu'il s'agisse de nullité ou de rescision.

Nous en concluons que, comme thèse générale, il n'y a pas de distinction à faire entre ces deux actions. Dans certains textes, on emploie les deux expressions comme s'appliquant à la même cause de nullité, ainsi dans l'art. 1117. Voyez aussi les art. 887 et 892 en matière de partage. Toutefois, si vous vous reportez à l'art. 1310, vous verrez que, en ce qui concerne les mineurs, on distingue suivant que le contrat tombe sous le coup d'une action en nullité ou d'une action en rescision.

Voici le sens de l'opposition faite par la loi : action en rescision pour un acte fait par un mineur, cela doit s'entendre du cas où l'action est fondée sur la lésion, tandis que l'action en nullité se réfère au cas où le mineur a le droit d'attaquer l'acte sans qu'il ait à prouver la lésion. L'opposition ainsi présentée se trouve avoir un certain intérêt pratique ; car l'action en rescision étant fondée sur la lésion, il en résulte que cette action peut être écartée lorsqu'on offre de réparer le préjudice. Voyez l'art. 891 et aussi l'art. 1681. L'idée générale qui résulte de ces deux textes est, en effet, que, dès que nous sommes en présence d'une action pour lésion, ce que l'on appelle d'ordinaire une action en rescision, celle-ci peut être écartée par l'offre de réparer le préjudice. Cette règle est écrite dans les deux textes que je viens de vous citer, pour le cas de partage et le cas de vente. Mais je suis tout à fait d'avis d'en généraliser l'application. Je suis disposé, par conséquent, à l'étendre, même à défaut de texte, au cas où le mineur intente l'action en rescision pour lésion.

Nous aurions maintenant à voir : 1° Qui a droit de demander la nullité ; 2° à quelles conditions elle peut être obtenue ; 3° comment elle peut être effacée par voie de confirmation ; 4° comment elle peut être couverte par la prescription.

Mais vous comprenez que nous n'avons plus rien à ajouter en ce qui concerne le premier point. La nullité étant relative, elle ne peut être invoquée que par celui dans l'intérêt de qui elle a été établie, c'est-à-dire par la partie dont le consentement a été vicié ; ce serait, ici, par celui qui a contracté en état d'incapacité ou par la victime de la lésion. Je passerai donc immédiatement aux conditions sous lesquelles la nullité peut être déclarée.

XLIXe LEÇON

CONDITIONS DE L'ACTION EN NULLITÉ : THÉORIE DE LA NULLITÉ ET DE LA RESCISION EN MATIÈRE DE MINORITÉ.

Conditions de l'action en nullité.

Vous vous rappelez le plan d'étude que je vous indiquais au sujet des actions en nullité ou en rescision. Le premier point se trouvant éliminé, par les raisons que je vous ai données, nous arrivons à notre seconde question, qui est celle-ci : à quelles conditions la nullité peut-elle être prononcée ?

Bien entendu, de droit commun, le demandeur doit prouver le fondement de son action, vice du consentement, incapacité, lésion. Mais lorsqu'il s'agit d'incapacité pour cause de minorité, se présente une question importante : le mineur a-t-il le droit d'obtenir la nullité des actes qu'il a faits, par cela seul qu'il a agi étant incapable, ou doit-il, du moins dans certains cas, faire la preuve qu'il ait été lésé ?

Tout d'abord, il faut bien poser en principe que celui qui intente l'action en nullité au sujet d'un contrat qu'il prétend annulable n'a pas à prouver que ce contrat lui ait causé un préjudice. Ainsi, l'interdit qui poursuit la nullité d'un acte qu'il a passé lui-même en état d'interdiction, doit prouver simplement qu'il y avait eu jugement d'interdiction antérieur à l'acte qui se trouve attaqué. Pourquoi donc en serait-il autrement du mineur ?

Nullité et rescision en matière de minorité.

La question se trouve posée, et en même temps on peut croire qu'elle se trouve résolue, par l'art. 1305, qui déclare que « la simple lésion donne lieu à la rescision en faveur du mineur non émancipé contre toutes conventions qui excèdent les bornes de sa capacité ». En lisant ce texte, nous serions tentés de dire que le mineur n'est pas dans la situation des autres incapables, et que, lorsqu'il demande la nullité d'un acte à raison de sa minorité, il doit prouver qu'il résulte de l'acte une lésion pour son patrimoine. Il ne lui suffirait donc pas de prouver le fait de la minorité, tandis que l'interdit, nous venons de le voir, n'aurait qu'à prouver l'interdiction.

L'art. 1305 ainsi entendu serait un développement de l'art. 1118 ; il constituerait un des cas prévus et annoncés par l'art. 1118, cas dans lesquels le Code civil aurait admis et réglementé, par voie de disposition spéciale et exceptionnelle, la rescision pour lésion. Ce serait la reproduction de la formule romaine : « *Minor restituitur, non tanquam minor, sed tanquam læsus* ». Telle est bien, en effet, l'idée qui se présente naturellement à l'esprit à la lecture de l'art. 1305.

Mais, si de l'art. 1305 nous passons aux dispositions qui le suivent et qui nous en révèlent la conception théorique au moins par les applications qui en sont faites, nous voyons l'art. 1311 distinguer entre deux hypothèses : d'une part celle où l'engagement était nul en la forme, et d'autre part celle où il serait sujet à restitution, ce qui signifie ici sujet à la rescision pour cause de lésion. Il semble donc bien, à lire l'art. 1311, que la règle de l'art. 1305 ne serait plus d'une application absolue. Il faudrait faire une distinction : il y aurait des cas dans lesquels le mineur pourrait demander la nullité pour vice de forme et d'autres où il serait, pour employer une expression peut-être un peu hasardée, restituable pour lésion. Bien entendu, il pourrait être assez délicat de distinguer le domaine de la restitution pour lésion de ce qui serait celui de la nullité pour vices de forme proprement dite ; mais, ces difficultés de détails ne touchent pas à la question de principe et à la distinction fondamentale revélée par le texte.

Mais il faut bien reconnaître que la question est plus complexe encore ; car à côté des actes que le mineur aurait passés seul, et sans avoir été représenté par son tuteur, il y a ceux qui eussent été accomplis par ce dernier, et dont le sort peut dépendre de la question de savoir s'il a été procédé conformément aux formalités exigées par la loi. D'une façon générale, et même indépendamment de cette question subsidiaire et du point de savoir si le tuteur a rempli toutes les conditions qui lui étaient imposées, nous devons nous demander quel est le sort des actes accomplis par lui.

En posant la question sous cette forme générale, nous sommes loin de sortir de notre domaine actuel, qui est celui des nullités pour incapacité. Si nous portons notre attention même sur les actes faits dans l'intérêt du mineur, on peut dire tout au contraire que nous entrons plus avant dans l'étude de l'influence que l'incapacité résultant de la minorité peut exercer sur les actes juridiques ; d'autant que c'est encore à raison de l'incapacité de celui pour lequel l'acte a été fait qu'il peut être question de nullité par rapport aux actes passés par le tuteur.

Ceci établi, examinons quelques points qui sont hors de doute :

1° Si nous supposons un acte fait par le tuteur, s'agissant d'un mineur non émancipé, et que le tuteur ne se soit pas conformé aux dispositions par lesquelles la loi exigeait certaines formes spéciales, il n'est pas douteux que l'acte est par là-même frappé de nullité pour vice de forme, sans qu'il y ait à voir s'il y a eu ou non lésion. Ainsi, le tuteur a vendu à l'amiable et sans autorisation un immeuble du mineur ; la nullité de la vente sera prononcée dès qu'elle sera demandée, par le seul fait que le défaut d'autorisation aura été prouvé.

Même dans cette hypothèse on pourrait à la rigueur discuter le point de savoir si la nullité ne serait pas absolue. On pourrait, en effet, assimiler le tuteur à un mandataire qui eût excédé ses pouvoirs. Il a fait un acte sans valeur, comme aurait fait celui qui eût vendu la chose d'autrui. Partant de de là, et ce serait très logique, on pourrait dire que la nullité serait absolue. La véritable doctrine est cependant d'appliquer ici encore la théorie de la nullité relative. On ne peut pas dire que le tuteur ait excédé ses pouvoirs ; il avait un pouvoir général de représentation pour tous les actes relatifs au patrimoine du mineur. Seulement, pour certains d'entre eux, ce pouvoir était, non pas subordonné, mais soumis, à certaines conditions de forme dans l'intérêt du mineur; de telle sorte que l'absence de ces dernières constituât, non pas un retrait du pouvoir qui lui eût été conféré, mais un vice de l'acte lui-même, considéré comme n'ayant pas été entouré des formalités imposées pour la protection du mineur : c'est donc un acte nul à raison de l'incapacité de celui pour lequel il a été fait. Par suite, la nullité qui le frappe doit être purement relative.

J'ai cité ici, comme exemple de cette première hypothèse, le cas d'une vente faite sans autorisation ; ce pourrait être tout aussi bien celui d'une acceptation de succession sans autorisation.

2° Si le mineur lui-même, et je parle encore du mineur non émancipé, fait seul certains actes que le tuteur n'aurait pu faire qu'avec certaines autorisations, ils seront nuls, comme dans l'hypothèse précédente, sans qu'il soit besoin de prouver la lésion, donc nuls pour inobservation des formalités protectrices du mineur, indépendamment de toute idée de lésion ; et ici il ne saurait y avoir aucun doute sur le caractère de la nullité, puisqu'il ne peut être question, à aucun point de vue, de défaut de pouvoir, s'agissant du propriétaire lui-même qui traite et contracte par rapport à son propre patrimoine. Ce n'est plus qu'une question d'incapacité ; et la sanction qui s'y rattache est une nullité relative pour incapacité. La solution que je viens d'indiquer ne se fonde pas seulement sur la logique des principes, elle résulte implicitement de l'art. 1311, lequel fait très nettement allusion à notre hypothèse, lorsqu'il dit que le mineur n'est plus recevable à revenir contre l'engagement qu'il avait souscrit en minorité, dès qu'il l'a ratifié une fois devenu majeur ; et cela soit que cet engagement fût nul en la forme, soit qu'il fût seulement sujet à restitution. C'est donc que, parmi les engagements pris par le mineur agissant seul, il y en a qui sont nuls en la forme, indépendamment de toute idée de lésion ; et ce ne peuvent être, bien entendu, que ceux qui eussent requis, même de la part du tuteur, des formalités qui se trouvent ainsi avoir été omises.

3° Si maintenant il s'agit d'un mineur émancipé, ayant agi dans la mesure de sa capacité, le contrat, ou d'une façon générale, l'obligation, ne sera ni annulable, ni rescindable, même en prouvant la lésion. Cela résulte *a contrario* de l'art. 1305-2° qui déclare le mineur émancipé restituable « contre toutes conventions qui excèdent les bornes de sa capacité. » Et d'ailleurs plusieurs textes formels corroborent cette solution : l'art. 481 par exemple, et l'art. 487 qui, sous des expressions un peu différentes, nous indiquent l'un et l'autre que le mineur émancipé est réputé majeur, ce sont les termes mêmes de l'art. 487, soit pour les actes de pure administration, soit, s'il est commerçant, pour les faits relatifs à son commerce. Et l'art. 1308 donne la même solution pour le mineur en général, non seulement pour le mineur commerçant, mais pour celui qui serait banquier ou artisan.

Je vous rappelle que, malgré la formule du début de l'art. 481, déclarant le mineur émancipé non restituable contre les actes de pure administration, la suite du texte admet contre les obligations que le mineur aurait contractées à ce titre une action en réduction pour cause d'excès ; ce sont les expressions même de la loi. Cela vise l'hypothèse où il s'agit d'un contrat entraînant obligation de payer une somme d'argent. Par exemple, le mineur émancipé a fait des achats exagérés, en chevaux, voitures ou autres fournitures de luxe. On tient compte, il est vrai, de la bonne ou mauvaise foi de celui qui a traité avec ce mineur. Mais cette réserve ne touche en rien à l'application du principe, qui reste celui de la validité pleine et entière des actes rentrant dans la capacité du mineur émancipé, telle qu'elle est fixée par l'art. 484 comme règle générale, et par l'art. 487 et l'art. 1308 en tant que dispositions particulières, pour certaines situations spéciales.

4° D'après les textes, il y a un certain nombre d'actes pour lesquels la loi déclare que, si ces actes ont été accomplis avec les formes déterminées, il n'y a place pour aucune rescision pour lésion. Ici encore, et relativement à ces actes, les mineurs sont considérés comme majeurs ; voyez à cet égard l'art. 1314 qui présente, pour la question qui nous occupe, une importance capitale. Nous citerons également en ce sens les art. 466 et 840 relatifs au partage et l'art. 463 qui a trait aux donations Ce dernier texte, disant que la donation faite au mineur aura, à l'égard de ce dernier, le même effet qu'à l'égard du majeur, quand elle a été acceptée par le tuteur avec l'autorisation du conseil de famille, implique que la nullité, au cas d'inobservation des conditions qu'il prévoit, est une nullité relative et que par conséquent le donateur ne peut l'invoquer. Cette observation était importante à faire en passant, parce que la jurisprudence sur ce point spécial est contraire à la solution que je vous indique et que je considère, quant à moi, comme impliquée par le texte lui-même. Notez enfin que l'art 2052, en ce qui concerne les transactions, est tout à fait en ce sens et confirme l'opinion que je vous expose; puisqu'il déclare que la transaction, et il faut sous-entendre la transaction régulièrement faite, a entre les parties l'autorité de la chose jugée, et qu'elle ne peut être attaquée, même pour cause de lésion.

Nous pouvons donc considérer toutes les solutions qui précèdent comme étant à peu près hors de discussion.

Après avoir ainsi déblayé le terrain, abordons les points controversés. Il y en a deux :

1° Lorsqu'un mineur non émancipé a fait lui-même un acte que le tuteur aurait pu faire sans observer aucune forme, dans ce cas l'acte est-il nul pour incapacité ou seulement rescindable pour lésion? La question est la même pour le mineur émancipé agissant en dehors des limites de sa capacité et sans l'assistance de son curateur, lorsque l'acte, bien que n'ayant plus le caractère d'un acte de pure administration, est de ceux qui auraient pu être faits avec l'assistance du curateur sans autre formalité : cet acte est-il annulable pour incapacité ou seulement rescindable pour lésion?

Je vous rappelle l'intérêt capital de la question : c'est que, s'il y a rescision pour lésion, il faudra, pour que le mineur obtienne la nullité, qu'il prouve le préjudice que l'acte lui a causé; preuve absolument inutile s'il y a nullité pour incapacité purement et simplement. Tout au plus, dans ce dernier cas, pourrait-on écarter l'action en établissant que le demandeur n'a pas d'intérêt à faire tomber l'acte. Mais je crois pour ma part que ce tempérament ne doit même pas être admis ; car l'intérêt du demandeur en nullité peut n'être pas un intérêt pécuniaire : ce peut être un intérêt d'affection, et il n'a pas à rendre compte du mobile qui le fait agir. Le fondement de l'action est ailleurs que dans le préjudice éprouvé ; on ne doit donc pas admettre le défendeur à prouver l'absence de préjudice.

Mais cet intérêt n'est pas le seul. Je vous en signale un autre qui est celui-ci : quand la rescision d'un acte est subordonnée à la lésion, il faut que la lésion résulte de l'acte lui-même, ou qu'elle en ait été la conséquence, en ce sens que le préjudice ultérieurement éprouvé doive avoir sa cause dans l'incapacité du requérant. Il n'y aurait donc pas à tenir compte de la lésion résultant d'un cas fortuit ; voyez d'ailleurs à cet égard l'article 1306. Au contraire, au cas d'action en nullité pour incapacité, la lésion, même résultant d'un cas fortuit, constituerait un fondement suffisant pour légitimer la poursuite ; et cette dernière ne saurait échouer devant la preuve du cas fortuit, puisque la nullité est de droit, indépendamment de toute idée de lésion, et que le défaut de forme suffit à la faire admettre. Ainsi supposons que l'on décide pour le mineur que l'action en nullité qui lui appartient pour les actes faits par lui soit une action en rescision, si la lésion résulte d'un cas fortuit, la rescision ne pourra pas être prononcée, tandis que, s'il s'agissait de l'interdit, comme la nullité est dans ce cas forcément indépendante de la lésion et fondée seulement sur l'incapacité, la nullité serait de droit.

J'ajoute enfin qu'au cas de révision pour lésion, celui contre qui l'action est dirigée aurait le droit de l'écarter en effaçant la lésion elle-même. C'est un point que j'ai déjà établi.

Tels sont donc les intérêts de la question. Cherchons maintenant à la résoudre.

J'estime pour ma part que les actes passés par le mineur seul, lorsqu'en principe, s'ils avaient été faits par le tuteur, ils n'eussent été soumis à aucune forme, ne sont pas annulables; ils sont seulement rescindables pour lésion. Cela résulte très clairement du rapprochement des articles 1305 et 1311. L'article 1305 dit en effet que « la simple lésion donne lieu à la rescision en faveur du mineur non émancipé contre toutes sortes de conventions, et en faveur du mineur émancipé contre toutes conventions qui excèdent les bornes de sa capacité, ainsi qu'elle est déterminée au titre de la minorité, de la tutelle et de l'émancipation ». D'autre part, l'art. 1311 déclare que le mineur « n'est plus recevable à revenir contre l'engagement qu'il avait souscrit en minorité, lorsqu'il l'a ratifié une fois devenu majeur, soit que cet engagement fût nul en la forme, soit qu'il fût seulement sujet à restitution ». Il ressort de là que l'art. 1311, comme je l'ai déjà fait remarquer, distingue les actes nuls en la forme de ceux qui seraient rescindables pour lésion, alors que l'article 1305 se présente comme ayant pour but d'indiquer précisément quels seront les actes soumis à la rescision. Or il n'est pas douteux que l'art. 1305, pour déterminer quels sont ces actes, se place uniquement dans l'hypothèse du mineur agissant seul ; c'est absolument certain pour ce qui est du mineur émancipé, puisqu'il est fait allusion seulement aux conventions qui excéderaient sa capacité : or aucune n'excède sa capacité lorsqu'il recourt à l'assistance de son curateur et qu'il a recours en outre aux formes requises. A l'inverse, pour le mineur non émancipé, on admet la rescision pour toutes les conventions sans distinction ; c'est qu'il n'en est aucune, pour ce qui est de ce dernier, qui puisse rentrer dans sa capacité lorsqu'il se passe de son tuteur. C'est donc bien l'acte du mineur agissant seul qui a été visé.

Il est vrai qu'on a fait à cette interprétation plusieurs objections. La première est présentée au point de vue des principes généraux et du droit commun sur les incapacités. Et en effet, dit-on, cette solution qui exige du mineur la preuve de la lésion place le mineur dans une situation exceptionnelle. Elle introduit dans la loi un défaut d'harmonie. L'art. 1124 ayant donné une énumération des incapables dans laquelle se trouvent les mineurs, l'art. 1125 ajoute que la nullité pour cause d'incapacité ne peut être demandée que par les incapables, ce qui a pour but sans doute d'exclure les autres personnes intéressées et avant tout la partie qui a traité avec l'incapable, mais ce qui implique avant tout que l'incapable peut demander la nullité sur le seul fondement de son incapacité. Tel est le droit commun en cette matière ; et ce principe s'applique à la femme mariée ; il s'applique à l'interdit. Comment en refuser l'application au mineur ? Pour ce dernier il ne s'agirait plus d'une nullité pour incapacité, puisque le seul fait de l'incapacité ne suffit pas pour donner ouverture à l'action ; ce serait une nullité pour cause de lésion, alors que rien dans les art. 1124 et 1125, qui sont comme le siège de la matière, ne laissait prévoir une distinction de ce genre parmi les différentes incapacités.

On objecte en outre que cette doctrine serait contraire aux précédents, tout au moins pour ce qui est du droit romain. Dans le dernier état du droit romain les règles sur les effets de l'incapacité des mineurs de 25 ans sont les mêmes que celles admises pour les impubères ; et alors, si ce mineur s'est obligé à faire un acte rendant sa condition pire, et cela sans le concours de son curateur, cet acte est nul : *Si curatorem habens minor quinque et viginti annis post pupillarem ætatem rem vendidisti, hunc contractum servari non oportet.* (Voyez aussi aux *Institutes, tit. 29, pr. de minor*). Et le texte continue : « *Cum non absimilis ei habeatur minor curatorem habens, cui, a Prætore curatore dato, bonis interdictum est. Si vero sine curatore constitutus contractum fecisti : implorare in integrum restitutionem, si necdum tempora præfinita excesserint, causa cognita, non prohiberis* » (L. 3, *Code de in Integr. restit.*, 2, 21). On voit donc qu'à défaut d'assistance du curateur, l'acte était nul par lui-même, par le fait seul de son caractère intrinsèque, en tant que constituant l'aliénation d'un droit ; et c'est seulement quand le curateur était intervenu qu'il pouvait être question de restitution pour lésion : l'acte n'étant pas nul par lui-même, il fallait donc prouver la lésion pour obtenir la *Restitutio in integrum* (ajoutez au texte cité les lois 2, 3 et 4 au Code, 2, 24, *Si tut. vel cur. interve-*

nerit). Lorsque nous disons aujourd'hui que l'acte fait par le mineur agissant seul est, non pas nul, mais rescindable pour lésion, nous nous écartons du droit romain, au moins en tant qu'il s'agit d'un acte qui par lui-même n'eût exigé aucune forme spéciale. Or, rien ne prouve que les auteurs du Code civil aient entendu rejeter sur ce point les traditions romaines. Telle est l'objection que l'on présente sur le terrain historique.

Sur le premier point, la réponse est facile : sans doute les art. 1124 et 1125 ont admis une théorie générale des incapacités à laquelle l'incapacité fondée sur la minorité viendrait faire exception ; mais cette exception, l'art. 1305 l'a certainement consacrée, et c'est un procédé de technique législative dont le Code civil nous présente de nombreux exemples. Une règle générale est posée, et c'est seulement à propos de certaines matières spéciales qui en dépendent que la loi établit les dérogations admises pour les cas particuliers. Or, ceci dit, le législateur a formellement indiqué dans l'art. 1305 que les effets de l'incapacité du mineur ne devaient pas être les mêmes que ceux des autres incapacités. Cet article porte que, en ce qui concerne le mineur, la « lésion » donne lieu à la « rescision » contre « toutes sortes de conventions » ; n'est-ce pas dire que l'incapacité du mineur, en tant que la question s'élève uniquement au sujet de son incapacité proprement dite, c'est-à-dire toute question de forme à part, n'a pas d'autre sanction que la rescision pour le cas où la convention eût entraîné un préjudice pour le mineur ? En présence de ces expressions de l'art. 1305, il faudrait, pour admettre la nullité pure et simple, qu'un texte formel la consacrât. Ce texte existe-t-il ? On a voulu le trouver dans l'art. 1311 qui déclare le mineur non recevable à revenir contre l'engagement qu'il avait souscrit en état de minorité, dès qu'il l'a ratifié une fois majeur ; ce qui semblerait impliquer que, faute de ratification, il est nul par le fait seul de la minorité de celui qui l'a souscrit. Mais on oublie que la suite du texte indique bien qu'il peut y avoir du chef de la minorité deux sortes de nullité, l'une pour défaut de forme et l'autre pour lésion, et que par suite toute la question revient à savoir en quoi consiste le défaut de forme relativement aux actes du mineur. C'est une question sur laquelle je vais avoir à revenir, et c'est alors que nous assignerons à l'art. 1311 sa véritable portée.

Pour ce qui est de la seconde objection, il faut bien reconnaître, en effet, que le Code se serait écarté du droit romain dans son dernier état. Mais il n'a fait en cela que suivre la tradition de l'ancien droit qui, déjà sur ce point, avait modifié la théorie romaine (Voyez ARGOU, II, p. 184 ; HENRYS, L. 4 et 6, quest. 22, n° 1, p. 257 ; BOURJON, liv. 6, tit. 7, ch. 5, sect. 3, t. II, p. 585). La règle « *Minor restituitur non tanquam minor, sed tanquam lœsus* » admise en droit romain uniquement par rapport aux actes régulièrement faits par le mineur avec l'autorisation de ceux qui devaient l'assister, tuteur ou curateur, notre ancien droit l'applique précisément aux actes irrégulièrement faits par le mineur, ceux que le droit romain déclarait nuls de droit. L'art. 1305 a bien été rédigé sous l'inspiration de l'idée romaine que « *Minor restituitur non tanquam minor sed tanquam lœsus* », mais avec l'interprétation que cette idée avait reçue dans notre ancien droit. Vous comprenez que ce procédé d'évolution est autrement vraisemblable que celui qui eût consisté, pour les rédacteurs du Code civil, à faire bon marché de l'interprétation coutumière du droit romain, pour remonter, en quelque sorte par amour de l'érudition, à la pure théorie justinienne. Ce sera la méthode que Savigny essaiera d'introduire un peu plus tard en Allemagne. Ce n'était certainement pas le procédé des hommes de pratique qui rédigèrent le Code civil en 1804.

D'ailleurs, on ne voit pas bien, ce point mis de côté, comment les adversaires de l'opinion que je vous expose peuvent répondre à l'interprétation si claire et si évidente que je vous ai donnée de l'art. 1305. Ils sont obligés de prétendre que ce texte n'a pas entendu parler des actes faits par le mineur lui-même : ceux-ci resteraient sous l'empire des principes formulés aux art. 1124 et 1125 : car, c'est vraiment en pareil cas qu'il s'agit d'incapacité à proprement parler, et la théorie de l'incapacité se trouverait présentée dans les deux textes indiqués comme le siège de la matière. Ces actes ainsi faits par le mineur seront nuls pour incapacité ; telle est la règle, et ainsi le veulent les principes. L'art. 1305 parlerait donc exclusivement des actes pour lesquels le mineur eût été représenté par son tuteur ; conformément à la théorie justinienne, ce texte aurait eu pour but d'appliquer la règle « *minor restituitur non tanquam minor sed tanquam læsus* » uniquement aux actes régulièrement faits par le tuteur.

Mais cette affirmation, car ce n'est au fond qu'une affirmation, est difficile à soutenir. Il est tout d'abord des cas où les actes régulièrement faits par le tuteur sont à l'abri de toute attaque, même pour lésion, et cela en vertu des dispositions les plus formelles de la loi ; c'est ce que nous avons vu au sujet des art. 1314, 483 et autres que je vous ai cités. D'ailleurs, même en dehors de ces dispositions formelles, il faut répondre que les actes régulièrement faits par le tuteur sont inattaquables.

Voyons, en effet, l'interprétation que l'on donne de l'art. 1305. Pour soutenir qu'il vise exclusivement les actes du tuteur, on invoque les termes du texte portant que « la simple lésion donne lieu à la rescision en faveur du mineur non émancipé contre toutes sortes de conventions ». Par ces expressions, dit-on, le législateur fait évidemment allusion aux deux catégories d'actes que peut faire un tuteur, ceux qu'il fait régulièrement et ceux qu'il ferait en dehors de ses pouvoirs ; et le législateur veut indiquer par là que la rescision est admise même pour les actes régulièrement faits par le tuteur. Mais cette façon de lire le texte ne saurait à aucun point de vue se défendre. Il est absolument visible, pour qui lit l'art. 1305 sans opinion préconçue, que, si le législateur a pris soin de dire que le mineur non émancipé peut obtenir la rescision contre toutes sortes de conventions, c'est afin d'opposer ce dernier au mineur émancipé à l'égard duquel la suite du texte n'admet la rescision que contre « toutes conventions qui excèdent les bornes de sa capacité. »

Et d'ailleurs, si l'art. 1305 ne suffisait pas à lui seul à établir que le législateur qui l'a rédigé n'a songé qu'aux actes faits par le mineur lui-même et non à ceux pour lesquels il a été régulièrement représenté, toute la série des textes qui suivent viendrait en fournir la démonstration.

C'est d'abord l'art. 1307 qui dispose que « la simple déclaration de majorité faite par le mineur ne fait point obstacle à sa restitution ». Ce texte ne prouve-t-il pas avec évidence que l'art. 1305 vise les actes faits par le mineur lui-même et que ce qu'il peut demander, c'est, non pas la nullité pour incapacité, mais la restitution pour lésion ?

C'est ensuite l'art. 1308 portant que « le mineur commerçant, banquier ou artisan, n'est point restituable contre les engagements qu'il a pris à raison de son commerce ou de son art... » Où voit-on que l'on suppose l'intervention du tuteur ? Dans les cas prévus par le texte ce serait invraisemblable. Ici encore il s'agit uniquement du mineur agissant seul.

L'art. 1309 conduit à la même conclusion, et avec plus d'évidence encore. Il dit que le mineur n'est point restituable contre les conventions matrimoniales régulièrement faites. Or, les conventions matrimoniales, c'est le mineur lui-même, personnellement, qui les fait, sauf bien entendu l'assistance de certaines personnes. Mais c'est lui qui paraît et qui parle en son nom.

Même conséquence à tirer de l'art. 1310 visant les délits et quasi-délits du mineur : cette fois, il s'agit toujours et forcément d'actes accomplis par le mineur lui-même !

Enfin, nous avons déjà vu l'art. 1311 déclarer que le mineur serait irrecevable à attaquer l'engagement qu'il avait souscrit en minorité lorsqu'il l'a ratifié une fois devenu majeur : le texte est aussi explicite que possible, il parle d'engagement souscrit par le mineur : on ne s'occupe pas des actes du tuteur.

La série de ces textes, dont l'ensemble forme un tout très homogène visant la même catégorie d'actes, limite donc l'application de la rescision pour lésion aux actes faits par le mineur. C'est bien la preuve que l'art. 1305, dont ces textes ne sont que le développement, admet l'action en rescision uniquement en tant qu'il s'agit d'actes faits par le mineur lui-même en état d'incapacité : je ne dis pas qu'il s'applique à tous les actes quelconques du mineur, puisqu'il y a ceux qui, même faits par le tuteur, eussent exigé des formes protectrices, et que pour ceux-là l'absence de ces formes légales donnera ouverture à une nullité de droit, indépendante de la lésion. Mais ce qui ressort maintenant avec évidence de l'art. 1305, c'est que pour trouver des actes rescindables pour lésion, c'est uniquement parmi les actes émanant du mineur et accomplis par lui qu'il faudra les chercher.

Enfin ce que nous venons de dire du mineur non émancipé est également vrai du mineur émancipé. L'article 1305 établit, au profit de ce dernier, une simple action en rescision pour les actes qu'il a faits lui-même. Mais cela n'est vrai, vous le savez déjà, que s'il s'agit d'actes faits par le mineur émancipé, et qui seraient tels que, s'il se fût fait assister de son curateur, il n'aurait eu besoin d'aucune autre formalité pour y procéder régulièrement ou, ce qui revient au même, s'il s'agit d'actes qu'un tuteur eût pu faire seul, à supposer qu'il s'agit de tutelle. Pour ceux au contraire pour lesquels devaient être observées les formes qui se fussent imposées au tuteur dans un cas analogue, il y a lieu, ici encore, à une action en nullité pour vice de forme (art. 1305, § 2, art. 484 et Locré, t. XI, p. 581).

Je vous ai laissé entendre qu'il y avait une seconde question controversée ; elle est également très délicate, je me contenterai pour aujourd'hui d'en formuler l'énoncé. Voici donc comment elle se pose.

Lorsque le tuteur a fait un acte pour le compte du mineur non émancipé dans la mesure de ses pouvoirs et en observant les formes, cet acte ainsi fait régulièrement peut-il être rescindé pour cause de lésion ? Et de même l'acte fait par le mineur émancipé régulièrement assisté de son curateur peut-il être rescindé pour cause de lésion ?

Si le tuteur ne s'était pas conformé aux règles de la loi qui subordonnent ses pouvoirs à certaines formes établies pour la protection du mineur, ou plutôt qui exigent ces formes pour la pleine régularité de son intervention, nous savons déjà qu'il y aurait nullité pure et simple pour vice de forme ; et je vous ai dit pourquoi j'en faisais une nullité relative ; et c'est à cela d'ailleurs, vous avez pu vous en apercevoir, que je faisais implicitement allusion en rectifiant ma formule au sujet des conditions auxquelles la loi subordonne l'existence des pouvoirs conférés au tuteur : les formes auxquelles la loi les soumet n'en conditionnent pas l'existence, mais uniquement la régularité, en ce qui concerne l'exercice ou l'application qui en est faite.

Cette réserve faite, la question à laquelle j'arrive ne se pose donc que relativement aux actes faits par le tuteur et pour lesquels la loi n'a exigé aucune forme spéciale, comme par exemple un bail de moins de neuf ans, ou même un acte exigeant des formes, lorsque ces formes ont été remplies. Cet acte là, qui n'est certainement pas nul pour vice de forme, peut-il cependant être rescindé pour lésion ?

Lᵉ LEÇON

THÉORIE DE LA NULLITÉ ET DE LA RESCISION EN MATIÈRE DE MINORITÉ (SUITE). — EFFETS DE LA NULLITÉ OU DE LA RESCISION UNE FOIS PRONONCÉES.

Je crois indispensable, avant de reprendre le cours de mes explications, de revenir sur l'ensemble de la question que je traite en ce moment et de vous donner, sous forme de résumé, l'état des conclusions auxquelles nous étions arrivés jusqu'alors.

Il y a une première distinction qui s'impose, suivant qu'il s'agit d'actes passés par le mineur, ou d'actes accomplis par son tuteur. Et, de plus, si nous prenons les premiers, c'est-à-dire les actes passés par le mineur, nous devons admettre une sous-distinction qui est celle-ci : Etant supposé qu'un mineur non émancipé ait fait seul un acte juridique, ou qu'un mineur émancipé ait fait sans l'assistance de son curateur un acte excédant les limites de sa capacité, il y a lieu de distinguer si l'acte était ou non de ceux que le tuteur n'aurait pu accomplir qu'en se soumettant à certaines formes. Pour les actes qui auraient exigé des formes spéciales, il y a lieu de décider que ces actes sont nuls en la forme ; ce qui revient à dire que la nullité en sera prononcée sur le seul fondement de l'incapacité, sans qu'il y ait à s'occuper de savoir si le mineur a éprouvé ou non une lésion. Quant aux actes qui n'exigent aucune forme quand ils sont faits par le tuteur, ou qui n'en exigent pas d'autres que l'assistance du curateur quand ils sont faits par le mineur émancipé, ces actes, ainsi faits par le mineur, ne sont annulables que pour lésion.

Cette doctrine s'écarte en un point de la théorie du droit romain, suivant lequel les actes du mineur étaient nuls s'ils faisaient sa condition pire. Chez nous il n'en est ainsi que pour les actes soumis à des formes. Ce système, au contraire, reproduit exactement la doctrine de notre ancien droit dans lequel nous retrouvons une distinction correspondant exactement à celle des art. 1305 et 1311, distinction entre les actes nuls en la forme et ceux qui seraient simplement rescindables pour lésion (BOURJON, *Droit commun de la France*, liv. VI, tit. VII, ch. V, sect. 3).

Laissons maintenant de côté le cas où le mineur a agi lui-même, et plaçons-nous dans l'hypothèse où, s'agissant d'un mineur non émancipé, un acte juridique a été fait pour son compte par le tuteur. C'est la question qu'il me restait à examiner ; et je reprends ici la suite de mes développements. Dans cette hypothèse, l'acte, s'il eût été fait par le tuteur en dehors de ses pouvoirs, serait annulable pour défaut de forme ; on a même pu aller jusqu'à dire, je vous l'ai montré, que la nullité serait absolue ; j'ai repoussé ce système.

Mais supposons un tuteur agissant régulièrement dans la limite de ses pouvoirs ; la question est de savoir si l'acte ne pourrait pas encore être rescindé pour lésion. Telle est la question à laquelle nous arrivons, et qui est très délicate.

A mon avis, il faut décider que l'acte régulièrement fait par le tuteur est pleinement valable, et nullement rescindable ; j'ajoute qu'il en serait de même d'un acte fait par l'émancipé dans la limite de sa capacité. Telle est la réponse ; je vais essayer de la justifier.

Cette solution, tout d'abord, est indiscutable pour un certain nombre d'actes au sujet desquels la loi s'est expliquée. Je vous ai déjà cité les art. 840 et 1314, ainsi que l'art. 463 sur l'acceptation des donations. La question est donc de savoir si on ne doit pas, par *a contrario* de ces dispositions spéciales, décider que, s'il s'agit de tout autre acte, il y ait lieu d'admettre que, même faits régulièrement, ils comporteraient encore la possibilité d'une rescision pour lésion. L'affirmative peut être soutenue et elle l'a été, soit en invoquant les précédents historiques, soit les textes du Code civil.

Je dois en effet reconnaître tout de suite que la solution que je vous propose s'écarte, non seulement de la règle du droit romain, mais de celle de notre ancienne jurisprudence; de sorte qu'ici nous ne pouvons plus raisonner comme je l'ai fait pour la question des actes passés par le mineur, pour lesquels nous rencontrions la confirmation pure et simple par le Code civil d'une jurisprudence antérieure existant encore au moment où l'ancien droit allait faire place au droit nouveau. Sur le point que j'aborde en ce moment, il s'agit au contraire d'une innovation à l'état de choses, tel qu'il existait à l'époque de l'élaboration du Code civil.

A Rome, en effet, la règle était qu'un acte, même régulièrement fait avec l'*auctoritas tutoris* ou le *consensus curatoris*, pouvait encore être rescindé pour lésion. Et, sur ce point spécial, notre ancienne doctrine qui, à d'autres égards, s'était éloignée du droit romain, avait maintenu la tradition intacte. Aucune forme légale ne pouvait mettre celui qui avait contracté avec le mineur à l'abri de la rescision pour lésion (Voyez HENRYS, tit. I, liv. IV, question 22). Voilà donc les précédents ; le Code civil a-t-il changé tout cela ? Non, dit-on. Et la preuve s'en tire de l'art. 1305 combiné avec l'art. 1314.

L'art. 1305 dit en effet d'une manière absolue que la rescision est admise pour le mineur contre toutes sortes de conventions ; telle est la règle, conforme aux précédents. Seulement, observe-t-on, pour un certain nombre d'actes plus importants, l'art. 1314 s'écarte de la règle ancienne et n'admet plus la rescision. Pour tous les autres, même pour ceux du tuteur régulièrement faits, la rescision est admise. Ces arguments, je le reconnais, ne sont pas sans valeur ; ils ne m'ont cependant jamais paru décisifs. Pour moi, je crois que la rescision pour lésion ne s'applique qu'aux actes faits par le non émancipé, ou par l'émancipé au delà de sa capacité, s'agissant d'ailleurs d'actes qui ne soient pas nuls en la forme ; dans mon système la rescision ne s'appliquera jamais aux actes du tuteur régulièrement accomplis, sans qu'il y ait à distinguer suivant qu'ils exigeront ou non des formes supplémentaires.

Je vous ferai d'abord observer que, si telle devait être la règle, sous prétexte de protéger le mineur, cette règle aboutirait à rendre sa condition extrêmement difficile. Si dans tous les cas, en effet, les tiers ont à craindre la rescision, qui donc voudra contracter avec un tuteur ? C'est la ruine du crédit pour les mineurs. Il y a lieu de croire que cette considération n'a pas échappé au législateur. La preuve en est dans l'art. 1314.

Pourquoi, en effet, le législateur a-t-il déclaré que ces actes si importants, telle qu'une aliénation d'immeuble et tous ceux qu'il cite, seraient inattaquables ? C'est qu'il a éprouvé le besoin de rassurer les tiers ; or si cette raison est bonne pour les actes énumérés dans l'art. 1314, quel motif peut-il y avoir à établir une distinction en ce qui touche les autres, par exemple pour les emprunts ou les baux ? Pour les baux surtout, ce serait inexplicable ; car voilà un acte d'administration quotidienne à raison duquel il y a lieu, plus que pour tout autre, de rassurer les tiers. Si ces considérations sont exactes, il faudra donc admettre que l'art. 1314 se présente, non comme une dérogation, mais comme une application formelle, faite à certains actes, d'une règle générale supposée.

Maintenant, pourquoi le législateur s'est-il expliqué sur ces actes plutôt que sur les autres ? C'est que c'étaient ceux au sujet desquels les anciens auteurs s'expliquaient eux-mêmes pour affirmer le principe contraire ; voilà pourquoi il a fallu les nommer d'une façon spéciale et hors cadre, afin d'écarter le principe de l'ancien droit sur la rescision. D'ailleurs, voyez où nous conduirait la solution opposée. Si on voulait admettre la règle de l'ancien droit, elle trouverait son application presque uniquement pour les actes faits par le tuteur dans les limites de ses pouvoirs ; or pour ces actes, qui sont précisément des actes d'administration, Pothier faisait déjà remarquer qu'il n'y avait pas lieu de maintenir la règle romaine, et cela dans l'intérêt du crédit du mineur (*Traité de pro-*

cédure civile, part. V, ch. IV, art. 2, § 1 *in fine*). Ces précédents connus, est-il vraisemblable que le législateur, revenant en arrière de la doctrine de Pothier, ait voulu, pour ces actes d'administration courante, rétablir la règle romaine. Il semble bien que poser la question ce soit déjà la résoudre.

Je fais encore cette remarque ; c'est que, si on admet le système contraire, il en résultera, entre les deux catégories de mineurs, une différence injustifiable. Supposons un bail consenti par l'émancipé ; aux termes de l'article 481 il est inattaquable. Il doit être considéré comme s'il eût été fait par un majeur, à le supposer bien entendu fait pour moins de neuf ans ; donc ce bail ne sera pas rescindable pour lésion. Et le même bail fait par le tuteur serait soumis à la rescision ! Est-ce possible ? Je repousse absolument une telle anomalie. Pareille solution serait en contradiction avec toutes les nécessités de la pratique ; et, pour l'admettre, il faudrait être absolument sûr d'une volonté contraire, très formelle et bien nette, du législateur.

Donc, au lieu de raisonner par *a contrario* de l'article 1314, je vois dans ce texte l'application d'une règle générale qui serait juste le renversement de la règle romaine.

D'ailleurs l'interprétation que je vous donne de l'art. 1314 n'a de valeur que si les actes énumérés dans ce texte se trouvent compris parmi ceux de 1305. On dit en effet que la règle de principe est posée par l'art. 1305, sauf les exceptions tirées d'un texte spécial; et ce texte serait l'art. 1314. Or je vous ai déjà prouvé que l'art. 1305 ne comprend pas les actes faits par le tuteur; comment veut-on prétendre alors que l'article 1314, en tant qu'il se réfère aux actes du tuteur, serait une exception au principe de l'art. 1305 ? C'est illogique; ce procédé de raisonnement est inadmissible. Il faudrait qu'en déclarant le mineur restituable contre toutes sortes de conventions, l'art. 1305 eût voulu dire « même celles passées par le tuteur », alors qu'il a voulu simplement établir une sorte d'opposition entre les deux catégories de mineurs. Pour l'émancipé, la restitution, comme dit l'art. 1305, ne peut atteindre que les conventions qui excèdent sa capacité, tandis que pour le non émancipé elle les atteindra toutes, si peu important et si infime que soit l'acte passé par lui. Mais dans tous les cas il s'agit toujours d'actes faits par le mineur lui-même. Il devient donc impossible, s'il en est ainsi, de voir dans l'art. 1314, lequel se place au même point de vue que l'art. 1305, des actes passés par le tuteur. Enfin je vous ai montré que, dans tous les articles qui suivent l'art. 1305, et ce sont bien ceux qui apportent véritablement des exceptions à la règle de l'art. 1305, il n'est question que d'actes faits par le mineur. C'est donc à cet égard qu'il est vrai de dire que les exceptions nous éclairent sur le sens et la vraie portée de la règle. Il en résulte que l'art. 1314 ne peut plus être considéré comme apportant une série d'exceptions à la règle générale de l'art. 1305 ; il n'y a pas lieu d'en argumenter *a contrario* : c'est plutôt un argument *a pari* qui en ressort.

On a invoqué enfin les art. 2252 du Code civil et 481 du Code de procédure pour soutenir que le Code aurait maintenu la règle ancienne. L'art. 2252, en effet, est le texte qui dispose que la prescription est suspendue au profit des mineurs et interdits ; et l'art. 481 du Code de procédure admet la requête civile au profit des mineurs quand ils n'ont pas été valablement défendus. Dans ces deux hypothèses on suppose que le tuteur a compromis les intérêts du mineur ; ce n'est pas ce dernier qui a compromis ses propres intérêts, c'est le tuteur. Or que fait la loi ? Elle restitue le mineur contre ces actes de son tuteur. Pour la prescription, on le restitue en quelque sorte d'avance contre la négligence du tuteur, en n'admettant pas que la prescription puisse avoir son effet contre lui. Par la requête civile on permet au mineur d'obtenir rétractation du jugement qui lui cause préjudice. N'est-ce pas la preuve, dit-on, que la loi a entendu que le mineur fût toujours à l'abri des actes de son tuteur ?

La réponse est très simple. Prenons d'abord l'art. 2252 ; la loi, en suspendant la prescription, met le mineur à l'abri d'un préjudice que lui causerait, non pas un acte positif, mais une négligence du tuteur. Même observation en ce qui concerne la requête civile. Or, on comprend qu'il y ait une différence immense entre les deux hypothèses. Quand le tuteur agit, il faut que les tiers sachent qu'ils sont à l'abri de la rescision ; cela importe au crédit du mineur. Pour ce qui est des négligences du tuteur, il n'y a plus les mêmes raisons de crédit à invoquer. Il est donc assez rationnel qu'en certains cas la loi ait voulu, en présence, soit de l'inaction, soit d'une façon générale de la négligence du tuteur, protéger le mineur d'une façon spéciale. Je dis qu'il en est ainsi en certains cas, car ce n'est pas une règle générale pour tous les cas de négligence du tuteur, témoin l'art. 1070. Et de plus cette garantie dont nous parlons n'est pas spéciale au mineur ; elle est accordée également à l'interdit et je ne sache pas cependant que l'on ait jamais dit que l'interdit fût restituable pour lésion contre les actes valablement faits par son tuteur. De même l'art. 481, C. pr. civ. s'applique également en faveur de l'Etat ou des communes ; et cependant il n'y a pas de rescision pour lésion en faveur de ces personnes morales contre les actes régulièrement faits par leurs représentants. Donc, ces textes ne se fondent pas sur l'admissibilité, d'une façon générale, de la rescision pour lésion au profit des personnes qu'ils ont en vue.

En résumé, les solutions auxquelles nous arrivons sont les suivantes. Lorsque le mineur a agi lui-même, il y a à faire une distinction : si l'acte n'eût été soumis à aucune forme, il est valable, mais rescindable pour lésion ; mais, l'acte eût-il requis des formes ? il est nul pour incapacité. Est-il question au contraire des actes du tuteur ? S'il a agi au-delà de ses pouvoirs, l'acte est attaquable pour défaut de formes, et nous savons que cela revient à dire qu'il est annulable au profit du mineur et pour incapacité. Régulièrement fait, l'acte est absolument inattaquable ; il ne peut être annulé ni pour incapacité, ni pour lésion.

Revenant sur les actes qui admettent la rescision pour lésion, nous avons à donner maintenant, et pour finir, quelques explications complémentaires. Quand il s'agit des majeurs, dans les cas exceptionnels où la lésion est admise, la loi fixe, en ce qui concerne le préjudice subi, une limite à partir de laquelle l'acte devient rescindable pour lésion ; pour le mineur il n'y a plus rien de semblable ; c'est une question de fait et d'appréciation.

Une seconde observation consiste en ce que, lorsqu'il s'agit des mineurs, la lésion ne s'apprécie pas seulement en se plaçant au point de vue des conditions du contrat ; on tient compte de la lésion alors même que l'acte, à l'origine, n'aurait contenu en soi aucun germe de lésion. Il suffit que le mineur ait éprouvé un préjudice imputable à son état d'incapacité. C'est une tradition qui date du droit romain (V^r au Dig. le titre *De minor*, liv. 4, tit. 4, L. 27, §1 ; L. 7, §2 ; L. 44). Je fais allusion surtout à l'hypothèse où le mineur, ayant retiré un prix suffisant, aurait mal employé les deniers. Ce mauvais emploi constituerait pour lui une lésion résultant de son état d'incapacité. La solution que je vous indique est confirmée par l'art. 1306. Ce texte n'écarte la rescision que si la lésion résulte d'un cas fortuit et imprévu. Ainsi le mineur avait acheté une maison qui périt par incendie ; ici il n'y aura pas de rescision, car l'état de minorité a été sans influence sur le fait qui a lésé le mineur. Mais, en dehors de cela, la rescision est admise pour toute lésion, même celle qui ne résulterait pas des conditions mêmes de l'acte.

Lorsque le mineur invoque la lésion, la charge de la preuve lui incombe. C'est le droit commun. Si un interdit après l'interdiction veut demander la nullité d'un acte fait depuis le jugement d'interdiction, il n'a qu'une preuve à faire, celle de la date du jugement par rapport à l'acte attaqué. Le mineur, lui, pour certains actes, n'a qu'à prouver que l'acte a été accompli par lui en état de minorité ; ce sont ceux qui eussent requis des formes ; pour les autres il doit prouver la lésion. Il y a pourtant un cas particulier dans lequel le législateur a dérogé, peut-être sans en avoir conscience, à cette règle que le mineur doit faire la preuve : c'est le cas de l'art. 1241. Le mineur a reçu un paiement ; que dit alors l'art 1241 ? Le paiement fait au créancier n'est point valable si le créancier était incapable de le recevoir, à moins que le débiteur ne prouve qu'il a tourné au profit du créancier. Je vais supposer d'abord qu'il s'agit d'un autre incapable que le mineur. Rien de plus simple en pareil cas ; paiement à l'interdit par exemple ou à la femme mariée non autorisée ; c'est un acte nul pour incapacité. L'incapable, à supposer que son incapacité ne soit pas contestée, n'a rien à prouver ; il invoque la nullité du paiement pour en demander un second, sauf au débiteur à démontrer le bénéfice que le créancier a retiré du paiement.

Mais arrivons au mineur. Nous devrions dire : Voici un acte qui a été fait par le mineur incapable, mais qui n'exigeait en soi aucune formalité spéciale. C'est donc un acte pour lequel le mineur est simplement restituable pour lésion ; à lui par conséquent de prouver la lésion. Or c'est le contraire qui résulte du texte ; c'est le tiers de qui l'acte émane, c'est-à-dire le tiers qui a fait le paiement, qui doit prouver qu'il n'y a pas eu lésion, mais bénéfice pour celui qui a reçu le paiement. Le débiteur imprudent qui a fait ce paiement doit faire la preuve que ce dernier ait profité au mineur qui l'a reçu, s'il veut se soustraire à l'obligation d'un second paiement. On pourrait donc vouloir trouver dans l'art. 1241 un argument contre notre doctrine générale, d'après laquelle, pour les actes faits par le mineur sans intervention du tuteur, il n'y a que rescision et non pas nullité de forme. Il semblerait en effet que, d'après l'art. 1241, le paiement dût être considéré comme nul par cela seul qu'il a été reçu par l'incapable, de telle sorte que celui-ci fût en droit d'en demander un second. Seulement, à cette poursuite nouvelle, laquelle implique nullité du premier paiement, le débiteur peut opposer une exception tirée de l'enrichissement sans cause ; mais alors c'est à lui, sur ce dernier point, à faire la preuve que le paiement a profité à celui qui l'a reçu. Et ainsi s'expliquerait l'art. 1241 ; il impliquerait comme point de départ une doctrine absolument opposée à celle que je vous ai enseignée. Cependant rien de tout cela ne peut se produire, et toute cette argumentation se trouve réduite à néant, si l'on fait attention à l'origine de l'art. 1241, qui est la reproduction textuelle du n° 504, du *Traité des Obligations* de Pothier. En y recourant, on se convaincra facilement que, dans la pensée de l'art. 1241, la règle s'applique au mineur comme à tout autre incapable. Ainsi point de doute sur ce premier point.

Mais d'un autre côté, la règle que le mineur était restituable pour lésion, pour tous les actes quelconques touchant à son patrimoine, était universellement admise, même pour ceux du tuteur régulièrement faits par lui. Ce seul fait, en ancien droit, aurait dû faire écarter cette règle de preuve ; il n'en a pas été ainsi. Cela prouve tout au moins qu'en ancien droit cette règle de preuve était considérée comme parfaitement compatible avec l'exercice de la rescision pour lésion.

Ceci dit, cette règle de preuve, telle qu'elle était admise et généralisée en ancien droit, vient d'une erreur d'interprétation relative à un texte romain, la loi 47, § 1, au Digeste au titre *de Solutionibus* (46, 3). C'est en effet le texte que cite Pothier. Or, ce texte vise l'hypothèse d'un impubère qui a reçu un paiement *sine tutoris auctoritate.* Le paiement reçu par l'impubère était nul en droit romain, comme tous les actes par lesquels il faisait sa condition pire. Mais cette règle visait le cas de l'impubère et non celui du mineur de vingt-cinq ans ; et dans ce cas rien n'était plus logique que l'impubère n'eût rien à prouver. Pothier n'a pas pris garde aux modifications apportées dans le droit coutumier français au système de l'ancien droit romain. C'est ainsi qu'il a lui-même appliqué au mineur une règle qui, en droit romain, avait été faite pour l'impubère. En d'autres termes, si l'on s'en tient aux principes purs, il faut reconnaître que l'art. 1241 provient d'une erreur d'interprétation. On a reproduit en ancien droit une décision qui visait un système juridique actuellement aboli, ou tout au moins considérablement transformé.

De sorte que, de la solution admise par l'art. 1241, on ne peut, tout au moins, tirer aucun argument sérieux contre le système général que je vous ai enseigné. Sans doute, interprété rigoureusement, l'art. 1241 impliquerait la nullité de droit du paiement; mais interprété historiquement, il vise, à n'en pas douter, un paiement simplement rescindable pour lésion. Et alors, pour cette hypothèse, et en ce qui concerne la charge de la preuve, on aurait apporté une dérogation, plus ou moins consciente, aux exigences de la logique juridique.

Mais, si l'on abandonne le terrain des principes, je crois que pratiquement cette solution peut fort bien se justifier. Il y a en effet une autre idée qui a frappé le législateur ; et de cette idée on pourrait déjà trouver la trace dans les textes romains. Cette idée est que le fait de mettre une somme d'argent entre les mains du mineur constitue de la part de celui de qui ce fait émane une véritable imprudence ; et par suite le fait seul pour le mineur d'avoir des deniers entre ses mains est un acte qui, en soi, est préjudiciable et comporte une lésion présumée. Cette idée est déjà indiquée au code Justinien (L. 1 cod. *Si advers. credit*, 2, 38).

En réalité, l'art. 1241 apporte une exception, non pas à la règle qui exige la preuve de la lésion pour les actes faits par le mineur, mais à la règle qui met la preuve de la lésion à la charge du mineur. Comme vous le voyez, ce texte est loin de contredire la doctrine générale que je vous ai enseignée.

Maintenant, les principes une fois posés, il faudrait étudier spécialement les règles qui limitent ce droit de restitution au mineur ; je ne puis absolument pas insister sur ce point et je vous renvoie purement et simplement aux textes. Voyez les art. 1308, 1309 et suivants. Je me borne à appeler votre attention sur deux textes dont le rapprochement donne lieu à une observation utile, l'article 1307 combiné avec l'article 1310. La disposition de l'art. 1307, d'après lequel la simple déclaration de majorité, faite par le mineur, ne fait point obstacle à la restitution, a cela d'important qu'elle constitue la règle de principe, non seulement pour le mineur, mais pour le majeur. L'idée est qu'un incapable ne peut être maître de renoncer à son incapacité. Voilà pourquoi l'art. 1307 porte que « la simple déclaration de majorité faite par le mineur ne fait point obstacle à sa restitution ». Remarquez que le texte dit : « La simple déclaration de majorité » ; ce qui nous conduit à l'art. 1310, d'après lequel, au contraire, le mineur n'est plus restituable contre les obligations résultant de ses délits et quasi-délits. Ici encore c'est une règle applicable à tous les incapables. La règle est donc, pour employer les termes du texte, qu'on ne saurait être restituable contre les obligations résultant de délits ou de quasi-délits. L'idée de la loi est que la responsabilité des faits dommageables est indépendante de la capacité ou de l'incapacité de contracter. Ce qui ne veut pas dire que le mineur soit toujours responsable de son délit ; il faut, comme à Rome, distinguer s'il est ou non *doli capax ;* et nous allons comprendre ainsi ces mots de l'art. 1307, auquel je reviens : « simple déclaration de majorité. » Si donc le mineur avait employé des manœuvres frauduleuses pour dissimuler son incapacité, il se trouverait alors avoir commis un délit pour lequel il serait responsable ; et, en étant responsable, il serait irrecevable à demander la nullité de l'acte.

Effets de la nullité ou de la rescision une fois prononcée.

Je dois maintenant vous présenter quelques observations sur les effets de la nullité ou de la rescision quand elle est prononcée. Tout d'abord, si l'on se reporte à l'art. 1234, on y verra que la loi énumère les actions en nullité ou en rescision parmi les modes d'extinction des obligations. Cette idée n'est pas parfaitement exacte. Si nous pressions le texte dans sa lettre, nous en conclurions que l'obligation annulée ou rescindée devrait être considérée comme ayant existé, puis comme s'étant éteinte. Or ce serait faux ; l'obligation doit être considérée comme n'ayant pas existé. Sans doute, tant que la nullité n'est pas demandée, l'acte existe ; et nous en avons tiré d'importantes conséquences, surtout à propos de la prescription. Mais, la nullité une fois prononcée, l'acte est censé n'avoir jamais existé. Voilà le principe.

Il est probable que, dans l'art. 1234, il y a eu confusion provenant des souvenirs de la *restitutio in integrum*, laquelle intervenait pour faire tomber une obligation considérée comme valable. De cette idée résultent certaines conséquences assez importantes ; et tout d'abord celle-ci, que les parties, la nullité étant prononcée, se doivent réciproquement restitution des prestations qui ont été faites en exécution du contrat. Seulement l'art. 1312 apporte à cette règle une restriction que je vais avoir à vous indiquer. Mais, avant d'y arriver, remarquons que ce principe de restitution s'applique facilement si l'on suppose qu'il s'agisse de nullité pour vice du consentement, sans qu'il y ait incapacité de l'une des parties. Tout au contraire si le contrat intéressait un incapable, mineur, interdit ou femme mariée, et c'est ici que j'arrive à la restriction de l'art. 1312, le remboursement de ce qui aurait été payé à l'incapable en exécution du contrat ne peut être exigé, à moins que l'on ne prouve que ce paiement ait tourné au profit de l'incapable lui-même. C'est le principe que nous avons déjà trouvé appliqué dans l'art. 1241. On suppose, bien entendu, que le paiement a été fait à l'incapable lui-même pendant qu'il était incapable et sans les autorisations nécessaires. Si ce paiement eût été fait à la femme autorisée du mari ou devenue veuve, l'article ne s'appliquerait plus, parce que, dit-on, le payement ayant été fait à une personne capable, elle ne saurait plus se prévaloir de son incapacité ; c'est du moins la formule courante. Elle est inexacte. Ce qu'il faut dire, c'est que le paiement fait dans ces conditions mettrait obstacle à l'action en nullité elle-même ; car il constituerait comme une confirmation tacite, et la confirmation vaut lorsque l'incapacité a cessé ou qu'elle se trouve effacée par l'exécution des formalités requises.

LIe LEÇON

EFFETS DE LA NULLITÉ PRONONCÉE (SUITE). — RESTITUTIONS A OPÉRER ; RESTITUTIONS EN CE QUI CONCERNE LES FRUITS. — EFFETS DE LA NULLITÉ PRONONCÉE EN CE QUI CONCERNE LES TIERS : APPLICATION AUX DROITS CONSTITUÉS PAR CELUI QUI A FAIT PRONONCER LA NULLITÉ. — CONFIRMATION.

Nous examinions les conséquences qui résultent de l'annulation ; et je vous rappelle le principe essentiel qui domine toute cette théorie, et qui est que, entre les parties, les choses doivent se passer comme si l'obligation n'avait jamais existé. Il y aura donc restitution réciproque de ce qui a été reçu en exécution du contrat, sauf la restriction de l'art. 1312 que nous avons étudiée.

Des restitutions à opérer en ce qui touche les fruits.

Les restitutions dont je viens de parler se réfèrent au capital de ce qui a été donné ou livré pour exécuter le contrat postérieurement annulé ; il ne faut pas hésiter à étendre cette règle aux fruits et intérêts des capitaux qui auraient été prestés en exécution du contrat. On peut se demander toutefois si ce principe ne comporte pas des atténuations. Je vais prendre l'exemple le plus simple. Je suppose une donation ayant été faite par un incapable ; elle est annulée de ce chef. Le donataire devra restituer le capital et il devra en outre tenir compte de la jouissance, c'est-à-dire du profit qu'il en a retiré. Seulement, dans l'application, peut-être trouverons-nous certaines règles de droit qui viendront atténuer le principe. D'abord, il y en a une qui s'applique forcément ici ; c'est celle de l'art. 1312, dont la règle est applicable aux fruits comme aux capitaux. Il faudrait supposer alors, pour vous montrer comment la règle pût s'appliquer, au lieu d'une donation faite par l'incapable, un achat d'immeubles fait par lui; dans ce cas, la restitution pour l'incapable se limitera, au point de vue des fruits et récoltes, au profit subsistant encore actuellement dans son patrimoine, la preuve étant à la charge du demandeur en restitution.

Mais n'y a-t-il pas une seconde atténuation ? ce serait pour le cas où celui contre lequel on demande la rescision aurait été de bonne foi. Par exemple, il y a eu violence pratiquée par un tiers en vue d'une vente à réaliser et ignorée de celui qui en a profité ; ce dernier, c'est-à-dire l'acheteur, subit la nullité, il doit restituer la chose. Admettons que ce soit un immeuble ; devra-t-il donc également restituer les fruits ? La négative est souvent admise sans discussion par beaucoup d'auteurs. Ils la fondent sur l'art. 549 du Code civil. L'acheteur, dans notre hypothèse, garderait les fruits, parce qu'il est de bonne foi. Je ne crois pas que l'art. 549 soit suffisant dans l'espèce à faire admettre cette solution; et voici pourquoi : l'art. 549 est une exception à un principe général, à savoir que les fruits doivent appartenir au propriétaire de la chose. Et dans le cas visé le propriétaire se trouve être rétroactivement celui qui demande la restitution de l'immeuble. Il y a sans doute à la règle une exception écrite dans l'art. 549 ; mais cette exception est admise pour quel cas ? il importe de le bien préciser : c'est lorsqu'il s'agit d'un tiers actionné en revendication. L'art. 549 ne règle pas les relations qui s'établissent entre deux personnes qui ont contracté ensemble ; mais il suppose le propriétaire intentant l'action réelle. Tel est son domaine très précis. Or, les exceptions doivent se restreindre aux cas pour lesquels elles ont été établies. Les traditions montreraient également que telle est l'application stricte de l'art. 549. La conséquence serait donc qu'il n'y aura pas à faire d'exception au principe général de l'attribution des fruits au propriétaire pour celui contre lequel s'exerce la nullité ; car il ne s'agit pas de régler les conséquences de la possession, mais les rapports entre deux personnes qui ont contracté ensemble.

Toutefois, il y a un autre texte qui pourrait être invoqué avec plus d'autorité, c'est l'art. 1378 ; pour le cas de paiement de l'indu ce texte oblige celui qui a reçu de mauvaise foi l'*indebitum* à restituer les fruits et intérêts ; *a contrario* le possesseur de bonne foi les garde. Or, ne pourrait-on pas dire que celui qui est tenu de restituer en vertu de l'annulation du contrat est dans la même position que celui qui a reçu l'indû ? Il doit restituer parce qu'il a reçu indûment. Cet argument peut paraître décisif. Et, cependant, s'il en était ainsi, cela nous entraînerait à des conséquences inacceptables. Je crois, pour ma part, qu'il serait très dangereux de s'engager dans cet ordre d'idées ; car ce n'est pas seulement au point de vue des fruits que celui qui a reçu l'indû est favorisé, s'il est de bonne foi. C'est au point de vue même du capital qu'il existe à son profit, et en pareil cas, des atténuations à l'obligation de restituer ; témoin l'art. 1380, duquel il résulte que, s'il a aliéné la chose, il ne doit que le prix qu'il en a reçu, au lieu d'une complète et adéquate indemnité. Toute cette série de conséquences doit nous mettre tout d'abord en défiance contre l'assimilation que l'on serait tenté de faire entre les deux hypothèses.

Et en effet, quand on y réfléchit, on voit que la situation est loin d'être la même dans les deux cas. Pour celui qui a reçu l'indû, il y a une raison particulière qui explique que l'on modère les restitutions mises à sa charge ; c'est que celui qui a fait le paiement a une imprudence à se reprocher, et il y a là par conséquent le principe d'une atténuation. Il n'y a plus les mêmes raisons de fait quand il s'agit de celui qui demande la nullité. Et d'autre part aussi la relation juridique n'est pas la même dans les deux cas. Dans le premier il s'agit d'un quasi-contrat et de l'application pure et simple de la règle qu'on ne doit pas s'enrichir aux dépens d'autrui, règle qui est satisfaite dès que l'*accipiens* a restitué tout le bénéfice qu'il avait retiré de la prestation faite. Il n'y a donc là qu'une analogie trompeuse ; car dans le second cas, c'est-à-dire dans l'hypothèse qui est la nôtre, celle de la nullité, il ne s'agit plus de quasi contrat qu'il faille régler par l'équité, mais de contrat, c'est-à-dire d'un accord de volontés, dans lequel tout dépend de l'existence régulière et légale de la convention elle-même.

Je crois donc qu'en règle générale il n'y a pas à tenir compte de la bonne foi de celui contre qui le contrat est annulé. Les fruits suivent le sort de la chose ; c'est le principe qui reste intact. Le principe posé, il y a cependant certaines situations particulières à étudier d'un peu plus près. Prenons d'abord le cas d'un contrat synallagmatique ; je suppose qu'il ait été exécuté de part et d'autre. Tout en acceptant ici la règle que je viens d'établir relativement aux restitutions réciproques, ne faudra-t-il pas cependant l'atténuer quelque peu, tout au moins en admettant une compensation entre ces prestations réciproques de jouissance incombant aux deux parties ? Ce serait une compensation à forfait, l'obligation de rendre les fruits étant considérée comme l'équivalent de l'obligation de tenir compte des intérêts, pour celui qui, en échange d'un immeuble par exemple, aurait reçu une somme d'argent. Au point de vue pratique, ce serait fort désirable ; nous trouvons cette solution dans la loi pour l'hypothèse de la rescision pour lésion au cas de vente d'immeuble (art. 1682). Lorsque l'acheteur accepte de subir la rescision, il ne doit la restitution des fruits qu'à partir du jour de la demande. Cependant, si l'acheteur n'avait touché aucun fruit, le vendeur devrait les intérêts du jour du paiement ; si donc il y a des comptes réciproques, le législateur ici les règle d'un coup de crayon. Doit-on voir là une disposition spéciale à la vente ou l'application d'une règle générale ? Pour moi, cette solution me paraît avoir un caractère trop arbitraire pour que l'on soit autorisé à l'étendre en dehors de ce cas particulier.

Ce n'est pas cependant que notre principe ne doive subir une restriction imposée par les faits ; c'est ce qui arrivera lorsque le prix est la représentation successive de la prestation procurée, au cas de louage par exemple ; ici il s'agit plutôt en réalité d'une résiliation, puisque les choses ne peuvent être remises dans l'état primitif. On ne pourra faire restituer les loyers, puisqu'on ne peut pas effacer la jouissance.

Effets de la nullité à l'égard des tiers.

Voyons maintenant les effets de la nullité à l'égard des tiers. Les tiers peuvent-ils être atteints par les conséquences de la nullité du contrat? Et ces tiers qui sont-ils? Ce sont les personnes qui ont acquis du chef des parties des droits sur les biens dont la restitution doit s'opérer comme conséquence de la nullité du contrat. Ainsi, il s'agit d'un contrat translatif de propriété, lequel est annulé. Et la partie contre qui la nullité est obtenue avait disposé du bien qu'elle avait acquis; ou bien c'est un mineur émancipé qui a vendu un immeuble sans observer aucune formalité et l'acheteur l'a revendu. La question serait la même s'il s'agissait d'une constitution de droit réel émanant de celui qui a traité avec l'incapable. La nullité est ensuite demandée par le mineur; les effets en seront-ils limités entre les parties, ou bien se produiront-ils contre les tiers qui avaient traité avec l'acheteur? Je pose la question, mais en réalité il n'y a pas de question; le principe n'est pas douteux (art. 2125). C'est une règle absolue que nul ne peut transférer plus de droit qu'il n'en a; tout au moins les droits qui sont ainsi transmis sont exposés, entre les mains des sous-acquéreurs, aux mêmes chances d'annulation ou de rescision qui les menaçaient chez l'acquéreur initial. Ce qui n'est pas contesté non plus, c'est que dans l'application, ce principe se trouve tempéré par celui de l'art. 2279, quand il s'agit d'un meuble et que le tiers a été de bonne foi. Le seul point douteux est de savoir si ces règles s'appliquent quand la nullité est fondée sur le dol. Je vous ai fait connaître les difficultés qui s'élèvent en cette matière, et les différents points de départ d'où l'on procède. J'ai maintenu en principe la règle de l'annulation avec effets à l'égard des tiers même au cas de dol.

La règle telle que je viens de l'indiquer, je l'applique quand il y a eu de la part de la partie qui subit la nullité un acte de disposition ; mais en sera-t-il de même des actes d'administration ? Il y a des auteurs qui, appliquant ici encore les règles d'une logique rigoureuse, disent qu'il n'y a pas lieu de distinguer. Ainsi le bail passé par l'acheteur devrait-il être aussi annulé ? On a voulu appliquer là d'une façon rigoureuse la règle : *Res inter alios acta alteri neque nocet neque prodest.* La loi n'a pas fait d'exception générale, il est vrai, pour les actes de ce genre. Seulement, de l'ensemble de ses dispositions, ressort cette idée que le législateur a voulu, a désiré, le maintien des actes d'administration, quand il s'agit d'une personne dont le droit vient à prendre fin ; je crois qu'il faut appliquer une solution analogue à celui dont le droit est résolu, car l'analogie est évidente. La règle existe pour l'usufruitier (art. 595) ; ce n'est pas sans doute la même hypothèse ; mais il y a manifestation du désir de faire brèche aux principes du droit strict pour les actes d'administration. C'est tout ce que je voulais constater. De plus il y a application de la même idée au cas où la propriété se trouve rétroactivement résolue (art. 1673), dans le cas d'une vente avec faculté de rachat. Je suis donc disposé à voir dans cette disposition une manifestation faite pour un cas particulier de cette pensée de la loi qu'il faut maintenir les actes d'administration faits par une personne investie d'un droit qui vient à être effacé.

J'aborde une hypothèse particulière, celle où il s'agirait de déterminer les effets de la nullité à l'égard des tiers qui tiennent leurs droits de la partie qui demande la nullité. Il s'agit, par exemple, du partage, partage annulable, je suppose, pour cause de dol. Au moment où la nullité est demandée, il y avait eu des aliénations, par l'un ou l'autre des copartageants, de biens mis dans son lot. Mettons deux copartageants en présence : c'est Primus qui a été victime du dol ; et, au moment où il obtient la nullité, Secundus avait aliéné l'immeuble mis dans son lot ; c'est la question même que j'examinais précédemment. Mais il peut arriver aussi que ce soit Primus qui, avant de demander la nullité, ait fait un acte de disposition ; s'il l'a fait depuis qu'il a eu connaissance du dol, l'art. 892 coupe court à la question, puisqu'il décide que, dans ce cas, la nullité ne pourrait plus être demandée. Je vous expliquerai qu'il y a là un cas de confirmation tacite. Mais il est possible qu'il ait fait cette aliénation avant d'avoir découvert le dol. Va-t-il résulter de là que l'acte fait par celui qui demande la nullité sera non-avenu ? Je laisse de côté une opinion subsidiaire, opinion qui, au moins pour le cas de lésion, consisterait à supprimer l'action en nullité elle-même; je l'exposerai sur l'art. 892. Laissant cette opinion de côté, je crois que, dans ce cas, il n'est pas possible d'admettre que les droits conférés par celui qui demande la nullité puissent être remis en question. La raison se trouve dans la règle que celui qui doit garantie ne peut évincer, ou plus généralement qu'on ne peut pas porter atteinte à des droits qu'on a conférés ; je préfère cette formule à la première. Elle est en effet plus large et comprend même la donation. Ainsi donc Primus demande la nullité et Secundus lui dira, s'il l'obtient : Remettez dans l'indivision tous les biens compris dans votre lot, comme je vais y remettre ceux qui composent le mien. Or, pourra-t-il obtempérer à cette sommation ? Vous savez bien que non ; les principes s'y opposent, il ne peut rétablir le *statu quo ante*.

Et alors le choix reste entre deux solutions possibles. La première serait de dire que l'action en nullité est non recevable parce que l'on ne peut pas rétablir le *statu quo* ; c'est là le système auquel je faisais allusion comme se référant à l'art. 892. Il faut bien, dit-on, et d'après l'art. 892, admettre une exception à la règle que l'impossibilité de rétablir le *statu quo* éteint l'action en nullité ; c'est pour le cas où, s'agissant de dol, celui-ci n'était pas encore découvert avant l'aliénation. Mais, à part cette hypothèse, on prétend qu'il faut respecter le principe que la nullité n'est plus recevable quand on ne peut revenir à l'indivision. Cette solution devrait donc s'appliquer si, au lieu de dol, il s'agissait de lésion, car dans ce cas, on ne se trouverait plus dans l'exception prévue par l'art. 892. Je vous dirai, en vous parlant de la confirmation, qu'on ne peut pas admettre que, par un acte qui ne soit pas une ratification proprement dite, on puisse se trouver déchu de l'action en nullité. Donc je prétends que l'action en nullité subsiste, et cependant je ne crois pas que le copartageant qui demande la nullité puisse annuler les droits qu'il aurait conférés aux tiers. Alors quelle conciliation proposer? Il reste cependant une solution bien simple, et c'est le second système que l'on puisse avoir en vue ; cette solution consisterait à admettre la restitution par équivalent. Donc, au cas de partage, Primus fera la restitution en moins prenant. Il en sera ainsi toutes les fois qu'il y aura action en nullité maintenue en dépit d'une aliénation antérieure, qu'il s'agisse de dol, violence ou lésion, peu importe. J'étendrai en outre cette solution en dehors même du cas de partage ; et je dirai que, toutes les fois que celui qui demande la nullité, a aliéné les choses qu'il aurait dû restituer, la nullité subsiste du moment que cette aliénation n'équivaut pas à une confirmation ; mais le rapport en sera fait, non plus en nature, mais en moins prenant. Il y a donc là en présence deux idées à retenir ; d'un côté que celui qui a droit à la nullité ne peut y renoncer par un acte qui n'est pas une confirmation, et d'un autre côté qu'il ne peut évincer celui à qui il a conféré des droits sur le bien qui, en vertu de l'annulation, eût été soumis à restitution.

Confirmation. Reste à savoir comment les nullités peuvent être couvertes. C'est là une théorie considérable ; et c'est encore une théorie générale qui s'appliquera en dehors des contrats. Elles peuvent être couvertes ou par la confirmation ou par une prescription spéciale à laquelle j'ai déjà fait allusion, celle de l'art. 1304. Pour ce qui est de la confirmation, nous la trouvons mentionnée dans l'art. 1115, ou plutôt nous en avons vu une application dans l'art. 1115 à propos de l'acte entaché de violence. Nous trouvons une indication analogue dans l'art. 1311, à propos de la minorité. Seulement, l'art. 1311 emploie un terme un peu inexact, celui de ratification. Mais la théorie générale se trouve dans l'art. 1338. Ce texte emploie cumulativement les deux expressions. Dans la doctrine on emploie de préférence l'expression de confirmation ; c'est que l'autre, celle de ratification, vise surtout une hypothèse qui n'est pas du tout la même, celle de l'approbation par le véritable intéressé des actes faits par un gérant d'affaires.

Comment définirons-nous la confirmation ? C'est la renonciation au droit de demander la nullité, renonciation émanant de la partie même qui avait droit d'invoquer cette nullité. Cette définition est bien celle qui ressort des termes de l'art. 1338 *in fine*. Cet article dit que la confirmation emporte renonciation aux moyens et exceptions que l'on pouvait opposer à l'encontre d'un acte. Cette notion implique qu'il ne peut être question de confirmation que pour les actes entachés de nullité relative. On confirme ce qui est sujet à tomber, et non ce qui n'existe pas du tout ; d'ailleurs, l'admissibilité de la confirmation suppose une nullité ouverte à une seule des parties. Ce qu'il faut dire, pour ce qui est des nullités absolues, c'est qu'on pourra refaire l'acte à nouveau, si l'obstacle à sa validité n'est que temporaire ; ce procédé est en effet indiqué par l'art. 1339. J'ai donné la même décision pour le cas où il s'agirait de convention portant sur une succession future ; ce n'est pas une confirmation mais un acte nouveau, et ce n'est pas la même chose.

Il y a d'abord à cette distinction une différence importante consistant en ce que la confirmation, appliquée aux actes annulables, n'est pas un contrat, mais une manifestation de volonté unilatérale. Pour refaire un contrat nul, il faudra le concours des volontés. L'art. 1339 le montre bien pour ce qui est de la donation ; il faudrait une nouvelle acceptation. Voici une seconde différence : lorsqu'un acte annulable est confirmé, la confirmation donne virtuellement à l'acte une validité rétroactive, au moins entre les parties. Tout se passera comme si *ab initio* l'acte avait été régulier. Si, au contraire, il y a un acte nouveau, il n'a d'effet que du jour où il intervient. Appliquons cette conséquence à une donation nulle de nullité absolue ; ses effets dateront du jour où elle est refaite ; cela peut avoir grande importance au point de vue par exemple de la quotité disponible qui a pu être épuisée antérieurement. Il est vrai que cette dernière solution pourrait s'expliquer aussi par la réserve du droit des tiers. Mais, par exemple, pour ce qui est de la jouissance *ex intervallo*, il peut être convenu en refaisant le contrat qu'elle sera maintenue dans le passé ; mais ce n'est pas l'effet de la rétroactivité. C'est un nouveau contrat qui augmente d'autant le contenu et le montant de la donation ; ce qui est fort important.

En troisième lieu si l'acte ne produit ses effets à l'égard des tiers que par l'accomplissement de certaines formalités de publicité, cet acte ayant reçu à l'origine la publicité voulue par la loi, faudra-t-il que cette confirmation elle-même reçoive la publicité légale ?

On peut poser la question à deux points de vue. 1° Il s'agit d'hypothèque : c'est un mineur qui a constitué une hypothèque, et le créancier a pris inscription ; le mineur devenu majeur confirme. Faudra-t-il que le créancier prenne une nouvelle inscription ou qu'il fasse mention de la confirmation sur l'inscription précédente ? Ce point est important pour les tiers qui traiteront avec le mineur devenu majeur. Je pose en principe que cette nouvelle publicité n'est pas nécessaire. La confirmation n'est qu'une renonciation au droit de se prévaloir de la nullité de l'hypothèque, mais ce n'est pas elle qui donne naissance à l'hypothèque (Cass., 25 novembre 1856, D., 56, 1, 385).

2° Ce peut être une aliénation d'immeuble. L'acquéreur a fait transcrire. L'aliénateur confirme ; cet acte de confirmation devra-t-il être transcrit ? Je ne pourrai entrer ici dans les détails qu'à propos des effets de la confirmation à l'égard des tiers. Suivant l'opinion commune, il n'est pas nécessaire que la confirmation soit transcrite. Sans doute après la confirmation la situation est changée, l'aliénateur ne peut plus rien à l'encontre du droit de l'acquéreur ; mais la confirmation ne fonde aucun droit : *nihil dat novi*.

En tout cas, il en serait tout autrement si en présence d'un contrat qui n'avait aucune existence légale, les parties refaisaient ce contrat *ex post facto*. Ce qui fonde le droit dans cette seconde hypothèse, c'est l'acte nouveau qui vient d'être fait. Ainsi il y a eu donation nulle pour vice de forme. Le donateur, après deux ou trois ans, refait la donation ; c'est un acte nouveau qui doit être transcrit.

Dans cette hypothèse d'une donation nulle pour vice de forme, c'est seulement le donateur qui ne peut pas confirmer ; ses héritiers le peuvent après sa mort. Je vous ai dit qu'il n'y avait pas là une véritable confirmation, mais la reconnaissance d'une obligation naturelle, et cela a de l'importance au point de vue de la question de transcription, puisqu'il ne faudrait pas de transcription, s'il y avait confirmation.

LIIe LEÇON

CONFIRMATION (SUITE). — FORMES DE LA CONFIRMATION. CONDITIONS DE LA CONFIRMATION. — CONFIRMATION TACITE : APPLICATION AU CAS DE PARTAGE.

Nous avons à examiner maintenant comment s'opère la confirmation ; à quelles conditions elle produit ses effets, et quels seront précisément les effets qu'elle produit quand elle est régulièrement acquise.

Formes de la confirmation.

La loi admet deux formes de confirmation ; celle-ci peut être tacite ou expresse. C'est en effet ce qui ressort *a contrario* de l'art. 1338. Cette distinction du reste est indiquée dans d'autres textes de la loi (art. 1115). Qu'est-ce donc qui constitue la confirmation expresse et comment la définir ? C'est celle qui résulte d'une déclaration de volonté, tandis que la confirmation tacite résulte d'un acte qui implique cette volonté. Dans un cas, la volonté est expressément déclarée ; dans l'autre elle n'est que présumée.

Expresse ou tacite, pour que la confirmation soit régulière, il est une condition exigée dans tous les cas, c'est que le vice ait cessé à l'époque où intervient la confirmation ; l'art. 1115 contient l'application de cette idée au cas de violence. Ce qui est dit dans l'art. 1115 pour le cas de violence, se retrouve dans l'art. 1311 à propos de l'engagement souscrit par le mineur ; il faut qu'il soit majeur pour pouvoir confirmer.

Ce sont là des applications particulières d'un principe général et l'art. 1338 lui-même implique que tel est le principe, puisqu'il suppose que l'acte constitutif de la confirmation tacite intervient à partir du moment où la confirmation expresse serait devenue possible. Il y a donc une époque pendant laquelle aucune confirmation n'aurait pu être valablement faite. C'est que, s'il en était autrement, l'acte de confirmation serait entaché du même vice que celui dont était atteint le contrat initial. En généralisant l'idée qui résulte de ces applications particulières, nous arriverons à cette conséquence que, s'il s'agit d'erreur, il n'y aura pas de confirmation possible tant que l'erreur n'aura pas cessé ; s'il s'agit de dol, tant que le dol n'aura pas été découvert.

Mais en ce qui touche l'hypothèse d'un acte annulable pour incapacité, il y a une observation préalable. D'abord, remarquons que pour le mineur l'incapacité pourrait cesser avant la majorité, par exemple par suite du décès du mineur ; et alors la confirmation appartient à ses héritiers, si nous les supposons capables. Mais il y a quelque chose de plus ; pour les incapables le vice peut cesser même par l'accomplissement, pendant la durée de l'incapacité, des conditions qui étaient prescrites pour que l'acte fût valable *ab initio*. Ainsi le mineur a reçu un paiement, il a accepté une donation, auxquels cas, j'ai admis qu'il n'y avait que nullité relative. Eh bien, si le tuteur, qui aurait pu seul recevoir valablement un paiement, confirme le paiement qui a été fait, cet acte devient valable. On peut appliquer une solution analogue au cas où un acte aurait été fait par une femme mariée sans l'autorisation du mari. Même au cours du mariage la confirmation pourra se produire, pourvu que la femme confirme avec l'autorisation du mari. Il s'est même élevé une question délicate à ce sujet ; on s'est demandé si le consentement que le mari donnerait lui-même, et lui seul, à l'acte fait par la femme, sans qu'il y eût intervention nouvelle de celle-ci, pourrait valider l'acte ?

La difficulté vient, pour ce qui est de la femme mariée, de ce que l'action en nullité peut être intentée par le mari et aussi par la femme et les héritiers ; et je vous rappelle qu'il existe au sujet de ces derniers une controverse dans l'examen de laquelle je n'ai pas à entrer. Il y a donc là deux personnes qui peuvent demander la nullité. La femme, tant qu'elle est encore femme mariée, avec l'autorisation du mari, et le mari. Mais si le mari veut confirmer, la question est de savoir s'il peut à lui seul faire perdre à la femme l'action en nullité qui lui appartient. Vous voyez, en effet, l'objection qui se présente; c'est que le résultat auquel on arriverait serait de dépouiller la femme d'une action en nullité qui lui appartient. On conçoit que le mari se dépouille lui-même; on ne conçoit guère qu'il puisse disposer de l'action en nullité de la femme. Je considère d'ailleurs que la question, formulée dans ces termes, est mal posée. La véritable question est celle de savoir si le consentement donné par le mari *ex post facto* a la même valeur que celui qu'il eût donné au moment de l'acte. Il faut donc se demander, non pas si le mari peut confirmer *ex post facto*, mais si le consentement du mari peut valider l'acte, lorsqu'il intervient *ex post facto*; et alors c'est une question de validité originelle qui se pose, question de savoir, comme je viens de le dire, si le consentement intervenant après coup vaut, aux yeux de la loi, le consentement concomitant à l'acte. Ce n'est plus alors qu'une question d'interprétation de l'art. 217. Or, il semble bien, à première vue, que ce texte exige un consentement antérieur, ou concomitant, à l'acte de la femme, et qu'il exclue le consentement donné *ex post facto*.

Les travaux préparatoires pourraient d'ailleurs être invoqués dans le sens que j'indique, ou tout au moins que je vous expose sans que j'entende encore prendre parti moi-même sur la question. C'est ainsi que l'article correspondant du projet établissait très clairement, à propos de l'autorisation du mari, qu'il ne s'agissait pas d'une assistance considérée comme une question de forme, mais d'une approbation et d'un contrôle susceptibles d'intervenir après l'acte accompli; or, cette partie du projet ne se retrouve plus. La suppression de cet article pourrait être de nature à confirmer l'interprétation qui paraît ressortir de l'art. 217.

Et cependant faut-il en conclure que l'on a abandonné le principe formulé dans le projet? A mon sens rien ne justifierait cette solution (Cf. Locré, t. IV, p. 314). D'abord, il n'a été fait dans la discussion aucune objection contre le principe qui avait été admis par le projet ; et en mettant à part toute recherche sur l'intention du législateur, on peut dire aussi que rien ne justifierait ce changement de doctrine. On a voulu donner au mari, chef de l'union conjugale, un droit d'examen et de contrôle sur les actes de la femme. Telle est la raison d'être de la nullité ; or, si tel est le motif adopté, il doit nous conduire à ceci que ce contrôle peut intervenir tout aussi utilement *ex post facto*. Vous pourrez consulter Pothier à ce sujet (*Traité de la puissance du mari*, n° 74), mais avec quelques réserves toutefois ; et il y aurait à cet égard à vous présenter une série d'observations pour lesquelles le temps me fait absolument défaut. Cependant il faut supposer, puisque c'est une question de consentement, que la volonté de la femme subsiste ou tout au moins qu'elle soit présumée subsister ; et par suite si elle avait déjà intenté l'action en nullité, le mari ne pourrait plus confirmer. C'est alors qu'il serait vrai de dire que le mari ne pourrait plus dépouiller la femme de son action en nullité.

Pour la rescision pour lésion, comment entendre notre règle que la confirmation ne peut intervenir qu'après le vice disparu ? Il y a des auteurs qui prétendent que la confirmation ne peut intervenir tant que la lésion subsiste, puisque c'est là le vice qui s'oppose à la validité de l'acte. Elle ne serait possible que lorsque la lésion aurait été réparée, ou lorsqu'elle aurait été ramenée à des proportions telles que si l'acte, *ab initio*, eût été passé dans ces conditions, la rescision n'aurait pas été possible. Tant que l'un de ces deux faits ne se produit pas, dit-on, le vice persiste ; et le vice qui existait dans l'acte initial se retrouverait dans la confirmation. On a fait alors le raisonnement suivant : ou la lésion n'est pas réparée, et dans ce cas, le vice n'ayant pas cessé, la confirmation reste impossible ; ou la lésion est effacée, et la confirmation devient inutile, l'acte ne pouvant plus être attaqué ; de telle sorte que l'idée de confirmation ne pourrait même pas trouver place en matière de rescision pour lésion. Ainsi, pour le partage, la confirmation ne pourrait intervenir que sous cette condition que le copartageant lésé eût accepté une réparation qui réduise à moins du quart la différence de son lot. Et alors, la confirmation deviendrait véritablement inutile.

Cette doctrine me paraît tout d'abord condamnée par les textes. L'art. 1311 suppose une action en rescision pour lésion et il fait allusion à une confirmation possible de l'acte entaché de lésion ; mais de plus l'art. 1311 prouve d'une façon certaine que, pour que la confirmation puisse valablement intervenir, la loi n'exige pas la disparition préalable de la lésion. Cette condition est omise par le texte. Voilà un texte donnant une solution directe; il y en a un autre qui donne la même solution indirectement, c'est l'art. 1674. Il dispose que le droit à la rescision appartient au vendeur, alors même qu'il aurait expressément renoncé dans le contrat au droit d'agir en nullité pour cause de lésion. N'est-ce pas reconnaître qu'en déclarant inefficace la renonciation au droit de se prévaloir de la lésion, lorsque cette clause est insérée dans le contrat, la loi sous-entend que cette renonciation serait, au contraire, possible dans un acte postérieur ? Quant à l'objection de principe, elle méconnaît le fondement de la rescision. Le vice, a-t-on dit, est la lésion même. C'est inexact; la lésion n'est que le fait extérieur qui manifeste l'existence d'un autre vice, lequel porte sur le consentement. Ainsi, si nous raisonnons sur l'hypothèse du mineur, nous dirons bien : *minor restituitur tanquam læsus* ; mais cela ne revient-il pas à dire que la lésion est la preuve que le mineur n'a pas donné un consentement suffisamment éclairé? et alors le vice n'est autre que l'incapacité ; la lésion ne fait que révéler l'inexpérience, donc l'incapacité, du mineur. C'est cette incapacité qui est encore le seul et véritable fondement de la nullité; et par suite, le mineur, devenu majeur, pourra renoncer à la rescision; c'est ce qu'il fait en renonçant à son action en nullité.

Et quand il s'agit de la vente, le vice est moins dans cette énorme lésion des sept douzièmes que dans la présomption d'une gêne ou d'une contrainte morale qui a vicié le consentement. Pour le partage ce sera encore une contrainte de ce genre, ou l'erreur, que la loi présume. Si cela est vrai, il faut admettre que la confirmation sera possible quand cette contrainte aura cessé. Ainsi, le vendeur avait agi sous la pression d'un besoin d'argent ; le vice aura donc cessé si plus tard le vendeur, affranchi des circonstances sous l'empire desquelles il avait contracté, déclare qu'il renonce à se prévaloir de la lésion. Que la réserve faite dans l'acte même soit nulle (art. 1694), on le comprend ; car la renonciation ainsi faite serait entachée du même vice que la vente elle-même. Mais on conçoit très bien cette renonciation quand le vendeur a reconquis sa liberté.

Cependant, il est des cas, un tout au moins, où il n'est plus guère possible de rattacher la lésion à un vice du consentement ; c'est au cas de partage judiciaire. Il peut se faire, en effet, que le partage ne soit plus un acte de la volonté des parties ; c'est le cas, par exemple, lorsque des incapables s'y trouvent intéressés. Dans cette dernière hypothèse il doit être fait en justice ; et alors on ne peut plus faire le même raisonnement que celui que je vous présentais. Il semble bien que la lésion en pareil cas soit un vice qui tienne à l'essence et au caractère de l'acte. Remarquez cependant que le vice provient bien encore ici d'une erreur. Seulement l'erreur a été commise par d'autres que les parties intéressées à l'acte de partage. Et alors, quand cette erreur aura cessé, si la partie en toute connaissance de cause confirme, est-ce que ce n'est pas la même chose que lorsque c'est elle-même, dans un acte auquel elle a consenti, qui a subi l'erreur ?

Arrivons maintenant aux conditions de la confirmation. Il y a d'abord un point fondamental ; à savoir que la confirmation doit avoir lieu relativement à un vice précisé et nettement indiqué. Toute confirmation, en effet, implique la connaissance du vice déterminé auquel on veut renoncer. Mais le texte de l'art. 1338 semble exiger des conditions plus précises ; il déclare que l'acte de confirmation doit contenir la substance de l'obligation, la mention du motif de l'action en rescision et l'intention de réparer le vice sur lequel cette action est fondée. Il faut cependant se garder de prendre le Conditions de la confirmation.

change et de donner au texte une portée qu'il n'a pas. Ces conditions ne sont pas exigées pour la validité de la confirmation elle-même ; ce sont uniquement les conditions auxquelles la loi subordonne la force probante de l'acte contenant la confirmation. Il faut, en effet, remarquer que l'art. 1338 est placé dans la section relative aux preuves. Vous comparerez à cet égard ce que la loi dit de l'acte recognitif (art. 1337) ; et le rapprochement à établir avec les conditions exigées pour l'acte confirmatif vous semblera évident. Ce que veut dire la loi, c'est que, lorsqu'on invoque une confirmation expresse, et qu'on présente comme preuve un écrit qui relate cette confirmation, cet acte ne sera admis comme tel que si les trois conditions de l'art. 1338 sont remplies. Sinon, celui qui invoque cet acte n'aura pas fait sa preuve ; et, à défaut de cet acte devenu inefficace, il lui restera les moyens de droit commun, tel que l'aveu de l'adversaire. Il pourra essayer de l'obtenir par un interrogatoire sur faits et articles, il pourra déférer le serment et demander la preuve par témoins, s'il y a commencement de preuve par écrit. Quant à la confirmation, elle est valable par cela seul qu'il y a manifestation de volonté, le vice ayant cessé. Voilà la seule condition de fond à exiger.

Confirmation tacite.

J'arrive à la confirmation tacite. L'art. 1338 fait résulter la confirmation tacite de l'exécution volontaire du contrat par celui qui pouvait en demander la nullité. Ainsi un acheteur pouvant demander la nullité de la vente paie volontairement. Si c'était le vendeur qui pût demander la nullité, la réception par lui du paiement, à un moment où le vice a cessé, constituerait une confirmation tacite. J'ai cité ces deux exemples pour bien montrer que la confirmation tacite peut résulter, soit de l'exécution de l'obligation par la partie à qui appartient la nullité, soit de la participation à l'exécution par l'autre partie de l'obligation qui incombe à cette dernière. Mais il faut que cette exécution ait été volontaire. Cela veut dire tout d'abord que celui qui a confirmé doit l'avoir fait en dehors de toute pression morale. Ainsi un acheteur avait le droit de demander la nullité ; or, il peut avoir été contraint à faire le paiement sans pouvoir s'y refuser. Il y a à ce sujet un exemple qui serait bien topique si nous ne visions pas une nullité pour vice du consentement: ce serait le cas où, pour paiement du prix, l'acheteur aurait souscrit un billet à ordre. Les tiers porteurs de bonne foi, en principe, ne peuvent pas se voir opposer les exceptions qui auraient pu être invoquées contre celui à qui le billet a été souscrit. Si donc, en pareil cas, l'acheteur paie à un endosseur, il n'y aurait pas confirmation tacite, puisque le paiement était forcé en dépit de la nullité de la vente. Mais malheureusement, je dis malheureusement pour notre exemple, cette règle ne s'applique pas, en principe tout au moins, aux exceptions tirées de la nullité pour vice du consentement; celles-ci sont opposables même aux tiers porteurs, de sorte qu'en pareil cas le souscripteur n'était plus obligé de payer ; il aurait pu invoquer la nullité. Quoi qu'il en soit, cet exemple nous montre bien comment pratiquement il peut y avoir des cas où le paiement soit forcé en dépit du droit que l'on puisse avoir à invoquer la nullité. En voici un cas certain : la jurisprudence admet en général que ce que je viens de vous dire là des nullités pour vice du consentement ne s'appliquerait pas s'il s'agissait de l'exception fondée sur le dol. Cette dernière ne serait donc plus opposable aux tiers porteurs de bonne foi ; et alors le paiement serait obligatoire. Pour ce cas particulier, l'exemple que j'avais choisi reprend donc toute sa valeur. Tout ce que j'ai voulu d'ailleurs, c'était vous faire comprendre qu'il pouvait y avoir certaines hypothèses où il y eût nullité susceptible de confirmation, dans lesquelles cependant le paiement pouvait être forcé. Voilà pourquoi il était utile de bien marquer ici que le paiement dût être volontaire.

Volontairement veut dire de plus que l'exécution a eu lieu en connaissance de cause. Cela implique alors l'intention manifestée de renoncer à l'action en nullité ; et il peut arriver ainsi, surtout en matière de lésion, que l'exécution, même volontaire, n'implique pas l'intention de renoncer à la rescision ; nous y reviendrons.

Ce que la loi dit de l'exécution volontaire de l'obligation

doit s'appliquer également à l'exécution partielle, un paiement partiel par exemple ; il impliquerait confirmation. Et c'est ainsi que l'acte d'où dérive la confirmation me paraît se distinguer très nettement de l'exécution de l'obligation naturelle. On dit de cette dernière que, si elle a été volontairement acquittée, elle ne peut plus être répétée, ce sont les mêmes expressions que celles de l'art. 1338, ou à peu près ; il y a là une analogie qui ne peut pas nous échapper. Cependant il y a cette différence fondamentale dans le cas d'obligation naturelle, que l'on se borne à refuser la répétition de ce qui a été payé sans que cela implique le droit pour le créancier d'exiger le reste. Au cas de confirmation le paiement même partiel implique renonciation à l'action en nullité, donc obligation ferme d'exécuter le contrat dans son entier ; et c'est un des intérêts pratiques précisément de la question de savoir si le paiement, fait par les héritiers, d'une donation, qui était nulle aux termes des art. 1339 et 1340, n'est que la reconnaissance d'une obligation naturelle ou une confirmation tacite. J'ai rejeté ce dernier point de vue ; il arrivera donc que le paiement partiel qui aurait été fait ne vaudra que pour ce qui a été payé ; il empêchera de répéter ce qui a été payé, mais il n'oblige pas à exécuter la donation pour le surplus.

La disposition de l'art. 1338 que nous venons d'étudier est-elle limitative ; et cette confirmation tacite ne peut-elle résulter que de l'exécution volontaire de l'obligation ? Ma pensée est que le texte donne, par présomption légale, le caractère de confirmation à l'exécution volontaire, mais n'exclut pas la preuve de la confirmation en tant qu'elle résulterait de tout autre acte susceptible de l'impliquer. Ainsi, supposons que celui qui avait le droit de demander la nullité ait disposé du bien qu'il devrait restituer au cas d'annulation. Ce n'est pas là un acte d'exécution du contrat ; car l'exécution du contrat consiste dans l'accomplissement des obligations qui en dérivent ou dans la participation à l'exécution des obligations de l'autre partie. Dirons-nous cependant, que l'art. 1338, ne parlant que de l'exécution, exclut par là l'induction tirée d'un acte de disposition de ce genre ? Je n'hésite pas à dire qu'en pareil cas le juge aurait le droit de reconnaître qu'il y a preuve de la confirmation. Ce serait un cas de confirmation tacite. Seulement, elle ne s'induit plus d'une présomption légale ; il faudrait la prouver. Il en serait ainsi de tout acte inconciliable avec le droit de demander la nullité et impliquant par suite abandon du droit à la nullité. Ainsi, c'est l'acheteur d'une forêt qui, se trouvant dans les conditions où il pourrait valider, fait des coupes de hautes futaies ; ou l'acheteur d'un domaine qui en bouleverse la composition et le transforme. Il se met dans l'impossibilité de replacer les choses dans le *statu quo ante*; par là-même, il manifeste la volonté de renoncer au droit de poursuivre la nullité.

En ce qui touche les actes de disposition, en tant que l'aliénation pourrait être considérée comme une confirmation tacite d'un acte annulable, nous avons un texte pour un cas spécial, l'art. 892, qui vise le partage.

Application au cas de partage.

On suppose un copartageant qui a accepté le partage sous l'empire du dol ou de la violence ; et, le dol découvert ou la violence disparue, il dispose volontairement de son lot ou d'un bien compris dans son lot. La loi le déclare irrecevable à demander la nullité ; mais, elle le déclare déchu de son action, à la condition, dit l'art. 892, que l'aliénation ait eu lieu après la découverte du dol ou la cessation de la violence. Ce n'est pas l'application de l'art. 1338 ; car il ne s'agit pas là d'un acte d'exécution ; un acte d'exécution serait le paiement d'une soulte par exemple. Aussi y a-t-il lieu de se demander quelle est la raison législative de la solution de l'art. 892. Pourquoi tirer une présomption légale d'un acte qui, de droit commun, d'après l'art. 1338, ne devrait pas avoir ce caractère ?

On a présenté de ce texte une première explication consistant à dire qu'il y aurait là un acte qui, en soi et de toutes façons, devrait élever une fin de non-recevoir au droit de demander que l'on refît le partage ; en ce sens que, en thèse, on devrait refuser l'action en nullité, même au cas d'aliénation faite avant la découverte du dol. En d'autres termes l'art. 892 partirait de ce principe que l'aliénation de l'objet acquis en vertu d'un contrat annulable, en elle-même, constituerait une fin de non-recevoir à l'encontre de l'action en nullité, et cela sans distinguer si l'aliénation aurait eu lieu avant ou après la disparition du vice d'où dérive la nullité de l'acte d'acquisition. A cette thèse, l'art. 892 ferait sans doute une exception de faveur dans l'intérêt des copartageants, en ce qu'il n'admettrait cette fin de non-recevoir que si l'aliénation a eu lieu après le dol découvert; et par suite les copartageants, si l'aliénation avait eu lieu avant, conserveraient leur action en nullité. Mais la conclusion à tirer de cette interprétation du texte est qu'il faudrait restreindre cette exception dans ses termes les plus étroits. C'est une opinion qui ne peut pas se soutenir, je l'ai déjà dit. L'art. 892 déclare que le cohéritier qui a aliéné son lot n'est plus recevable à intenter l'action en rescision pour dol ou violence si « l'aliénation qu'il a faite est postérieure à la découverte du dol ou à la cessation de la violence ». Il ne dit pas « à moins que l'aliénation qu'il a faite ne soit antérieure à la découverte du dol ou à la cessation de la violence » ; auquel cas, en effet, la solution admise par le texte se présenterait nettement comme une exception apportée par la loi à l'énoncé d'un principe général. La vérité est que l'art. 892 ne consacre aucune exception ; il n'est que l'application de la règle que certains actes peuvent par présomption légale impliquer une confirmation tacite. Or, de droit commun, cette présomption légale ne s'applique qu'à l'exécution volontaire ; pour le cas particulier de partage, la loi attache la même valeur à un acte de disposition, du moins en est-il ainsi lorsqu'il s'agit de dol ; l'aliénation après découverte du dol est par présomption légale une véritable confirmation.

Pour les auteurs qui admettent l'interprétation que je viens de repousser, il va de soi que au cas de rescision pour lésion, il n'y aurait pas lieu d'étendre l'exception, puisqu'on voit là une exception au sens strict du mot, exception que l'art. 892 admettrait pour le cas de dol exclusivement. Mais pour ceux qui voient dans l'art. 892 une application, pour le cas de dol, de l'idée de confirmation tacite, il est permis de poser la question au sujet de la lésion. En d'autres termes, la solution de l'art. 892 s'applique-t-elle à la lésion ? La question ne s'élève pas dans l'opinion qui prétend qu'au cas de rescision pour lésion il ne peut être question de confirmation ; et dans cette opinion en effet on pourrait se prévaloir du texte de l'art. 892 qui se tait sur le cas de la lésion. Pour ce qui est de moi, dans l'opinion de principe que je vous ai exposée sur cette question, je dois prendre pour point de départ ce fait qu'il peut y avoir confirmation tacite même au cas de lésion ; et alors voici comment le problème se pose. Pour ce qui est de la lésion devra-t-on voir une confirmation tacite dans l'acte prévu par l'art. 892 ? Ou bien, par argument *a contrario*, faut-il réserver la solution de l'art. 892 pour les cas énumérés par lui, les cas de dol ou de violence ?

Ce qui me paraît certain, c'est que pour le cas de lésion la présomption légale et absolue tirée de l'acte de disposition ne pourrait plus s'appliquer en vertu du texte. L'omission de la lésion dans l'art. 892 ne peut être qu'intentionnelle ; car tous les textes qui précèdent ne s'occupent que de la lésion, et l'art. 892 passant alors le cas sous silence pour revenir uniquement au dol et à la violence est absolument caractéristique.

Mais faut-il en conclure qu'il faudra déclarer toujours recevable dans son action en rescision, et cela d'une façon absolue, celui qui aurait aliéné un bien mis dans son lot ?

Non, ce sera une question laissée à l'appréciation des juges. Il n'y a plus de présomption légale de confirmation ; mais la preuve de la confirmation tacite n'est pas interdite, et on peut précisément l'induire de l'aliénation qui aurait eu lieu ; seulement cela dépendra des circonstances. Ce sont là de pures questions de fait (V. Cass., 4 décembre 1850, D., 50, 1, 339).

LIIIe LEÇON

CONFIRMATION : SES EFFETS. — DE LA RÈGLE QUE LA RÉTROACTIVITÉ NE PEUT PAS NUIRE AUX TIERS. — PRESCRIPTION DE L'ART 1304 : CAS D'APPLICATION. POINT DE DÉPART DU DÉLAI.

Effets de la confirmation.

Il me reste à vous entretenir des effets de la confirmation. L'idée première, principale, à mettre en relief, est celle-ci, que l'effet de la confirmation est d'emporter renonciation aux moyens de nullité que l'on pouvait invoquer contre l'acte; d'où il résulte virtuellement que la confirmation a un effet rétroactif. Cela signifie donc que, les moyens de nullité ne pouvant plus être invoqués, tout se passera comme si l'acte avait été pleinement valable *ab initio*. Par conséquent, tout ce qui aura été fait ou presté en exécution du contrat demeurera acquis. Il ne sera pas question de restitution de fruits, et les obligations nées du contrat, et non exécutées, devront s'exécuter, même pour le passé ; de même pour tous les autres effets dérivant du contrat. Seulement l'art. 1338 ajoute que cette validation rétroactive ne se produit que sous réserve du droit des tiers ; aussi a-t-on l'habitude de dire que cette rétroactivité se réalise entre les parties et non à l'égard des tiers.

Reste à savoir quels sont ces tiers au préjudice de qui ne pourra pas se produire cet effet rétroactif qui fait réputer valable *ab initio* l'acte entaché de nullité. Voyons d'abord les hypothèses qui ne présentent aucune difficulté. Supposons un mineur émancipé qui a vendu un immeuble sans formalité; cette vente est entachée de nullité pour incapacité. Arrivé à sa majorité, il vend le même immeuble à un autre acheteur;

ou bien il constitue une servitude ou une hypothèque sur cet immeuble. Puis ensuite, il confirme par un acte exprès la vente qu'il avait consentie en minorité. Si nous appliquions cette idée que la confirmation, impliquant renonciation aux droits de se prévaloir de la nullité, valide l'acte rétroactivement, il s'en suivrait que, rétroactivement, le vendeur serait censé dépouillé de la propriété du jour de la première vente ; donc, la seconde émanerait d'un *non dominus*. C'est ce résultat que la loi écarte. L'aliénation consentie par le mineur devenu majeur ne pourra plus être invalidée *ex post facto* par la confirmation d'une première vente annulable. Vous voyez que les tiers à l'égard desquels la confirmation ne doit pas pouvoir nuire, ce sont ceux qui ont acquis sur ce bien, avant la confirmation, des droits du chef de la partie qui pouvait demander la nullité.

Ces tiers sont ici, comme dans bien d'autres cas, comme en matière de transcription par exemple et comme en matière de date certaine, des ayants-cause de l'une des parties. Mais ils sont des tiers, quoique ayants-cause, tiers en ce qui touche la confirmation, parce qu'ils ont acquis un droit propre avant que la confirmation intervienne ; et la confirmation étant *res inter alios acta* ne peut porter atteinte à ce droit indépendant qui leur appartient. Je fais seulement remarquer que, s'il s'agissait de tiers tenant leurs droits de l'autre partie, celle contre laquelle peut être demandée la nullité, notre règle ne s'appliquerait plus.

Ainsi, prenons l'exemple d'une vente faite à un mineur ; celui-ci, devenu majeur, confirme l'acte ; mais, dans l'intervalle, des tiers avaient acquis, du chef du vendeur, des droits sur l'immeuble. Le vendeur, je le suppose, ne tenant pas compte de cette vente faite à un incapable, avait hypothéqué l'immeuble vendu. Le mineur ayant confirmé la vente, le créancier hypothécaire qui tient son droit, non du mineur, mais du vendeur, ne pourra pas méconnaître l'effet rétroactif de la confirmation. Cela se conçoit ; il a traité avec le vendeur, lequel n'avait plus aucun droit, puisqu'il ne lui appartenait pas de se prévaloir de la nullité ; ce créancier n'a donc pas pu acquérir un droit propre à se prévaloir de la nullité, puisque celui avec qui il a traité n'avait aucun droit de ce genre.

Comme on le voit, il est inexact de dire, conformément à la formule courante, que la confirmation ne produit effet rétroactif que entre les parties seulement. La règle est la rétroactivité ; et en principe, la rétroactivité se produit *erga omnes*. A ce principe, toutefois, il faut apporter un correctif, consistant en ce que cette rétroactivité ne pourra pas nuire à certains tiers. Limitativement, il faut donc déterminer ces tiers : et c'est le point qui fait difficulté.

Ce sont d'abord, et avant tout, des ayants-cause de celui qui avait droit à la nullité ; et ils sont considérés comme des tiers quand ils ont acquis avant la confirmation un droit propre à se prévaloir de leur chef de cette nullité elle-même. On dit souvent que ce sont ceux qui peuvent être considérés, au moins implicitement, comme cessionnaires de l'action en nullité. Par exemple, le mineur qui aurait vendu un immeuble sans les formes requises, à supposer qu'à sa majorité il revende le même immeuble, serait donc censé avoir cédé au nouvel acquéreur, dans la mesure de l'intérêt de ce dernier, le droit de se prévaloir de la nullité.

Cette formule cependant conduirait à certaines conséquences contestables et à d'autres qui seraient inadmissibles. Ainsi, j'ai supposé le cas où le mineur, qui a vendu en état de minorité, revendrait une fois devenu majeur ou encore constituerait une hypothèque sur le même immeuble ; mais il pourrait arriver que de son chef des droits réels eussent été acquis sur l'immeuble, sans que la volonté du mineur devenu majeur y eût été pour rien. Ce serait par exemple une hypothèque légale ou judiciaire. Etant encore mineur, il a pu contracter mariage, et voilà ses immeubles grevés d'une hypothèque légale. Une fois majeur, il peut devenir tuteur : dans tous ces cas, le mineur n'ayant pas traité avec ceux qui ont acquis des droits sur l'immeuble, allons-nous dire que, s'il confirme ensuite, la confirmation effacera ces hypothèques ? Assurément oui, avec l'idée de cession implicite ; si l'on accepte que c'est en vertu du contrat passé avec les tiers que la confirmation survenue ultérieurement ne peut plus nuire à ces derniers, il faut en effet écarter le droit des tiers à méconnaître la confirmation toutes les fois qu'il n'y aura pas eu contrat passé avec eux. Et cependant comment accepter une distinction de ce genre étant donnée la formule de l'art. 1338? Il faut donc bien repousser cette explication, puisqu'elle ne pourrait s'appliquer à tous les cas visés par l'art. 1338. Elle serait dangereuse; elle est de plus parfaitement inutile, car il n'est pas nécessaire, pour expliquer l'art. 1338, de considérer, en parlant des tiers, qu'on leur ait cédé le droit d'invoquer la nullité; il suffit de dire qu'ils l'ont acquis; et ils l'ont acquis en vertu d'un droit propre, en vertu, en effet, de la règle *res inter alios acta*, etc. Ils ont un droit qui désormais est tout à fait indépendant des actes ultérieurs de leur auteur.

Cette explication va donc nous donner maintenant l'interprétation exacte de questions vivement débattues. Dans l'exemple que j'ai choisi, j'ai supposé des droits inconciliables entre eux. L'acte annulable était une vente; les droits acquis postérieurement, hypothèques, servitudes, par exemple, sont inconciliables avec le maintien de la propriété sur la tête de l'acheteur. Mais on peut supposer que le mineur, au lieu d'aliéner, avait hypothéqué l'immeuble, alors qu'il était en état de minorité. Arrivé à sa majorité, il aliène l'immeuble, ou bien il constitue une autre hypothèque; et postérieurement il confirme l'hypothèque qu'il avait consentie étant mineur. Dans ce cas là, il n'y a aucune impossibilité à maintenir concurremment, et l'hypothèque confirmée, et l'aliénation, ou l'hypothèque, postérieures. En effet, celui qui a hypothéqué un immeuble peut toujours l'aliéner ou l'hypothéquer une seconde fois, sauf les droits de suite ou de préférence qui appartiendront au premier créancier hypothécaire.

Devra-t-on, dans ces cas là, appliquer l'idée que la rétroactivité ne se produit que sous réserve du droit des tiers? A dire oui, il en résulterait que l'acquéreur n'aurait pas du tout à subir les effets de l'hypothèque consentie en minorité et confirmée après l'aliénation. De même le créancier qui aurait acquis hypothèque depuis la majorité n'aurait pas à subir la préférence du premier créancier hypothécaire, celui dont l'hypothèque, annulable *ab initio*, a été confirmée, depuis que lui-même a acquis et inscrit la sienne. A dire non, nous en conclurons que la seconde hypothèque et que l'aliénation seraient valables ; mais la confirmation devant être ici pleinement rétroactive, l'acheteur ou le second créancier hypothécaire subiraient la première hypothèque. Il y a, en effet, des auteurs qui sont de cet avis ; car il faut rechercher, disent-ils, si l'acte fait en majorité implique cession du droit de demander la nullité. Or, ici les actes dont il s'agit n'impliquent aucune cession de ce genre, puisque les deux droits ne sont pas inconciliables. La conciliation est au contraire très possible ; et par suite les actes faits par l'ex-mineur n'impliquent nullement qu'il ait cédé son action en nullité et renoncé au droit de s'en prévaloir.

Cependant, en ce qui touche le second créancier hypothécaire, un des auteurs auxquels je fais allusion enseigne qu'il faudrait établir ici des distinctions de fait, et voir si la première hypothèque absorbait ou non la valeur de l'immeuble. Si la première ne laissait pas de quoi garantir la seconde, on doit supposer que l'ex-mineur en consentant ainsi une seconde hypothèque a cédé son action en nullité ; c'est donc une question d'interprétation de volonté.

En raisonnant ainsi on se place à côté de l'idée de la loi ; cette idée est uniquement de savoir si les tiers ont acquis un droit propre à se prévaloir de la nullité. Le tiers a-t-il de son chef un intérêt à la nullité ? Le droit lui est acquis ; et il est désormais indépendant des actes de son auteur. Il ne peut pas plus être compromis par une confirmation que ce dernier ferait de l'acte annulable qu'il ne pourrait l'être par une vente ultérieure passée par son auteur. Autrement on arrive à faire des distinctions que les principes n'imposent point et qu'ils ne comportent pas. Ainsi, certainement, il est vrai que l'aliénation d'un immeuble n'est pas inconciliable avec l'existence d'une hypothèque ; mais celui qui l'achète entend le recevoir tel qu'il était alors dans le patrimoine du vendeur, et par conséquent sans doute avec l'hypothèque qui le grève, mais en prenant cette hypothèque telle qu'elle était dans son existence actuelle, c'est-à-dire susceptible d'être annulée. Il acquiert donc par là même le droit de discuter et de faire annuler les droits réels que l'on pourrait vouloir lui opposer, et qui n'existaient qu'à l'état de droits annulables lors de son contrat d'acquisition. C'est un droit propre et désormais indépendant des actes de son auteur.

Reprenons maintenant notre hypothèse ; le mineur avait aliéné et, devenu majeur, il aliène à nouveau. On voit que ce nouvel acheteur a un grand intérêt à savoir si à ce moment le mineur a déjà confirmé ou non la première aliénation. Car, suivant que la confirmation se place après ou avant l'acquisition faite au profit de ce nouvel acheteur, celle-ci est ou non valable. A ce point de vue la confirmation que le mineur pourrait consentir est à peu près l'équivalent d'une nouvelle aliénation qu'il ferait de l'immeuble ; c'est un rapprochement que j'ai déjà établi.

De là la question de savoir si cet acte de confirmation ne devrait pas être transcrit pour être opposable aux tiers qui traitent avec celui de qui émane la confirmation. L'intérêt serait de prévenir les tiers que l'ex-mineur ne peut plus leur conférer de droits sur l'immeuble qu'il aurait aliéné avant sa majorité. Quel que soit l'intérêt des tiers, la loi ne me paraît pas avoir exigé la transcription des actes de confirmation. Sans doute la connaissance de la confirmation est importante pour les tiers ; mais elle n'équivaut pas à un acte translatif, et il n'y a pas de transcription pour un acte qui n'implique pas translation de droit. Donc dans ce conflit entre un premier acheteur qui invoque la confirmation et un second acheteur qui conteste la priorité de cette dernière, il n'y aura à considérer que les dates respectives, en tenant compte toutefois des conditions exigées pour qu'il y ait date certaine.

Il nous reste maintenant à étudier la prescription dans son Prescription de l'article 1304.

application spéciale aux actions en nullité ou en rescision; ou plutôt nous avons à examiner comment les nullités relatives qui nous occupent peuvent être couvertes. Cette matière se trouve réglée par l'art. 1304, qui édicte pour les actions dont il s'agit, une sorte de prescription de faveur de dix ans.

Cette prescription spéciale a son origine primitive, éloignée, dans le court délai qui était accordé en droit romain pour obtenir la *restitutio in integrum*. Le Code civil ne s'est pas inspiré d'ailleurs directement du droit romain, mais de notre aincien droit (Ordonnance de juin 1510, art. 46 et Ordonnance de Villers-Cotteret de 1539, art. 134).

Voyons à quels cas cette prescription s'applique et quel en est le point de départ; puis nous étudierons la nature juridique de ce délai et enfin les effets de son accomplissement.

Cas d'application.

A quels cas tout d'abord, s'applique-t-elle? D'après l'art. 1304, ce que l'on vise ce sont les actions en nullité ou en rescision. Cela suffit à nous donner la réponse, puisque nous avons vu dans quels cas il y a lieu à une action de ce genre. J'observe seulement que l'art. 1304 s'exprime comme l'art. 1338 en ce qui concernait l'application de la confirmation. C'est en effet la même théorie qui se trouve visée dans les deux cas. Aussi la prescription de l'art. 1304 n'a-t-elle en vue que les nullités provenant de vices du consentement ou d'une incapacité générale; car, pour ce qui est des incapacités relatives à tel ou tel contrat, il y aurait à se demander si l'incapacité est ou non d'ordre public, et dans ce dernier cas elle ne pourrait être couverte, ni par la confirmation, ni par la prescription de dix ans. De plus le rapprochement à établir entre nos deux théories, celle de l'art. 1304 et celle de l'art. 1338, est encore plus complet et touche plus au fond des choses, en ce que la prescription dont il s'agit ici repose sur une présomption de confirmation. Il s'agit donc d'une prescription qui couvre le vice d'un contrat et lui donne existence pleine et valable au jour du contrat intervenu. Voilà l'intérêt pratique de cette assimilation. Nous allons en voir d'autres d'ailleurs.

En tous cas il suit de là que nous n'appliquerons pas cette prescription aux actes non susceptibles d'existence, comme seraient par exemple les conventions sur succession future. En pareille hypothèse, j'ai même dit qu'il n'y avait aucune prescription possible de l'action en nullité. Quand il s'agit d'un mineur, vous vous rappelez, pour le cas où le tuteur a fait un acte sans observer les formes, que l'on discute alors sur le point de savoir si l'on doit considérer cet acte comme émanant de qui n'avait pas de pouvoir à cet effet, ou au contraire comme ayant été irrégulièrement accompli par celui qui avait un pouvoir général et virtuel s'appliquant à tout acte quelconque relatif au patrimoine. Dans le premier cas il y aurait nullité absolue ; avec la seconde explication, celle que j'ai admise, il y a nullité relative et prescription de dix ans.

Prenons maintenant le cas d'une donation nulle pour vice de forme. Tant que le donateur vit, il ne peut être question de la prescription de l'art. 1304, puisqu'il ne peut être question de confirmation. Mais une fois le donateur mort, l'art. 1340 admet que les héritiers ou légataires peuvent exécuter la donation et renoncer au droit d'en demander la nullité. A partir de ce moment-là l'action en nullité ne va-t-elle pas tomber sous la prescription de l'art. 1304 ? Telle est, en effet, la doctrine la plus généralement admise. On dit alors que le décès du donateur a pour effet de transformer la nature de la nullité ; de nullité absolue, elle deviendrait une nullité relative. Je vous ai déjà laissé entendre que telle ne serait pas ma solution. Je n'admets pas que l'on puisse parler ici de confirmation ; mais j'ai vu là, vous le savez, une sorte d'obligation naturelle. S'il en est ainsi, il ne peut être question de prescription de dix ans. Il n'y aurait lieu qu'à la prescription de trente ans s'appliquant alors à l'action en répétition de ce qui a été donné.

Faut-il limiter aux conventions l'application de la règle ? Tout ce que je vous ai dit sur la distinction entre les nullités absolues et relatives me conduit à cette solution qu'il n'y a pas lieu d'interpréter l'art. 1304 d'une manière aussi restrictive ; cette distinction, en effet, peut trouver place à propos de tout acte qui repose sur une manifestation de volonté, fut-ce même une manifestation unilatérale. Donc là, où à propos d'un acte unilatéral, il y aurait lieu à nullité relative, il faudrait admettre, et la théorie de la confirmation, et celle de la prescription décennale de l'art. 1304. D'ailleurs l'art. 1304 parle d' « actes » d'une manière générale, et non de conventions. Ainsi j'appliquerai cette prescription spéciale à une acceptation de succession faite irrégulièrement par un incapable.

Seulement, quelle que soit la nature de l'acte, pour que l'art. 1304 soit applicable, il faut supposer d'abord que l'action soit une action en nullité ; ainsi cette solution serait inapplicable à l'action en résolution d'un contrat régulièrement formé ; c'est ici qu'il est vrai de dire que, l'art. 1304 étant une dérogation à la règle générale de l'art. 2262, il faut l'interpréter restrictivement. J'ajoute qu'il faut qu'il s'agisse d'une action en nullité intentée par l'une des parties ou ses représentants. S'il s'agit d'un tiers invoquant un droit propre pour écarter le contrat, nous sommes en dehors des termes du texte. Ainsi, je vous dirai que l'action paulienne ne tombe pas sous l'application de l'art. 1304. C'est pourquoi encore, lorsqu'il s'agit de dispositions testamentaires attaquées par les héritiers en vertu de leur droit propre d'heritiers, par exemple exerçant l'action en réduction, on n'applique plus la prescription de l'art. 1304.

Point de départ du délai.

Quel est le point de départ du délai de dix ans ? La loi ne donne à ce sujet que des solutions spéciales et pas de règle générale. Constatons d'abord ces solutions ; et peut être en tirerons-nous un principe de nature à s'appliquer à tous les cas, même à ceux qui n'ont pas été prévus par le texte. Voici tout d'abord les solutions prévues et données par l'art. 1304, il n'y a qu'à lire le texte : « Le délai court en cas de violence du jour où elle a cessé ; dans le cas d'erreur ou de dol, du jour où ils ont été découverts, et pour les actes passés par les femmes mariées non autorisées du jour de la dissolution du mariage ». Il faudra d'ailleurs compléter ces indications spéciales du texte par l'art. 39 de la loi de 1838 sur les aliénés. Dans cette dernière hypothèse, le délai court de la signification faite à l'aliéné une fois sorti de l'hospice, ou de la connaissance qu'il aura acquise de l'acte. Donc le délai court, non pas du jour où l'acte a été passé, mais du jour où a cessé le vice qui donnait naissance à la nullité, en ajoutant qu'au cas de l'art. 39 de la loi de 1838, il y a un point de départ spécial qui est la connaissance acquise de l'acte accompli.

Tout ceci cadre assez bien, je ne dis pas tout à fait très bien, avec l'idée qu'il y a là une présomption de ratification. La prescription, en effet, court du jour où la confirmation deviendrait possible. Cependant, quand il s'agit de l'interdit, le délai court du jour de la main-levée de l'interdiction. Sans doute, en droit, de ce jour, la confirmation est possible ; en fait cependant elle peut ne pas l'être ; si l'interdit par exemple n'a pas connaissance de l'acte, et c'est pour cela que l'art. 39 de la loi de 1838 a modifié le point de départ du délai. Il y a donc là en ce qui concerne la loi elle-même un défaut d'harmonie entre le principe et l'application.

En dehors de ces cas spéciaux visés par la loi, quelle est la règle générale ? Faut-il s'attacher à ce qui paraît être la conception dirigeante du législateur ? Ou bien doit-on dire que, en dehors des hypothèses ainsi réglées, il faudrait appliquer le principe général qui est que les actions se prescrivent à partir du jour où elles existent ? L'intérêt pratique de la solution ne serait cependant pas très considérable en ce qui concerne le domaine d'application de cette solution elle-même. D'abord, il n'y a pas de difficulté à appliquer par analogie les règles relatives au point de départ de la prescription à la personne pourvue d'un conseil judiciaire. On sait, en effet, que le législateur l'oublie facilement ; et il est entendu qu'on lui applique alors les règles de l'interdiction. Le point de départ devrait donc se placer au jour où il y aurait main-levée du conseil judiciaire.

Mais la question peut s'élever quand il s'agit de la rescision pour lésion au cas de partage. A quel moment fixer le point de départ ? Pour ce cas, quoiqu'il y ait des difficultés que je ne puis examiner, il ne peut guère y avoir d'hésitation à décider que le point de départ sera au jour du partage. La loi fixe une prescription d'une durée restreinte, durée de dix ans, à partir du moment où l'action existe ; puis elle en fixe le point de départ pour certaines hypothèses à un moment particulier. En dehors de ces cas spéciaux il ne reste plus que le droit commun. Le point de départ se place au moment même de l'acte accompli. Et pour la lésion il était bien difficile qu'il en fût autrement. Comment savoir, en effet, quand le vice aura cessé et la contrainte disparu ? Ceci est confirmé par l'art. 1676 qui pour le cas de vente fixe le point de départ de la prescription de la rescision pour lésion au jour de la vente.

En dehors de cette question d'application au partage, il y a un autre intérêt pratique pour le cas de l'art. 1560. Il s'agit de la nullité résultant de l'aliénation d'un immeuble dotal, étant admis que ce soit une nullité pour incapacité. Or, je crois devoir poser ce principe général que dans la pensée de la loi, le point de départ du délai est le moment où l'action existe, sauf les exceptions prévues dans le texte même de l'art. 1304. Il n'y aurait donc qu'à en faire l'application à l'hypothèse qui nous occupe. La prescription commencerait à courir du jour de l'aliénation.

LIVᵉ LEÇON

PRESCRIPTION DE L'ART. 1304. — POINT DE DÉPART DU DÉLAI (SUITE). — NATURE DU DÉLAI DE L'ART. 1304. — DE L'IDÉE DE CONFIRMATION TACITE ET DES CONSÉQUENCES QUI EN DÉCOULENT. — COMBINAISON DE LA PRESCRIPTION DE L'ART. 1304 ET DE LA PRESCRIPTION DE DROIT COMMUN. — DES EFFETS DES CONVENTIONS.

Les règles de la loi relatives au point de départ de la prescription de l'art. 1304 laissent en dehors de leurs prévisions un certain nombre d'hypothèses pour lesquelles la question reste douteuse ; nous l'avons vu pour la lésion ; et il reste des doutes analogues en ce qui concerne la question qui se pose sur l'art. 1560. Ceci rappelé, et en revenant aux hypothèses réglées par la loi, nous rencontrons certaines questions dont nous devons donner la solution. Ainsi, et pour ce qui est de savoir quel en sera le point de départ, en ce qui concerne l'action de la femme non autorisée, une difficulté se présente. Le texte porte que la prescription court pour les actes passés par les femmes mariées non autorisées du jour de la dissolution du mariage. C'est donc là le point de départ normal. Et cette disposition s'explique fort bien pour ce qui est de la femme et de ses héritiers. Mais l'action peut appartenir au mari dont l'autorité a été méconnue, et même, comme le laissè entendre l'art. 225, à ses héritiers. Faut-il admettre que cette action en nullité, en tant qu'elle serait exercée par le mari, ne commencera à se prescrire que du jour de la dissolution du mariage ? Ce sont les termes ordinaires sous lesquels on pose la question.

Je dois cependant faire une observation. C'est que, si on décide que l'action ne se prescrit pas pendant la durée du mariage, il ne faut pas dire qu'elle commence à se prescrire du jour de la dissolution, parce qu'une fois le mariage dissous, l'action, en tant qu'elle visait une atteinte portée à l'autorité maritale, ne peut plus être exercée sur ce fondement ; donc il n'est plus question de prescription pour une action qui n'existe plus. Il en serait autrement si l'action se fondait sur un intérêt pécuniaire personnel ; ce serait alors que l'action pourrait être considérée comme se transmettant aux héritiers. Seulement la difficulté serait de trouver des cas où cet intérêt puisse se présenter, des hypothèses par conséquent où le mari aurait un intérêt pécuniaire à faire annuler l'acte passé par la femme sans son autorisation. Pour les examiner il faudrait que vous eussiez étudié déjà les règles du contrat de mariage ; et c'est pourquoi je me contente de poser la question *in abstracto*. Or, dans ce cas, s'il s'agit d'une action que le mari exercerait dans son propre intérêt, j'entends par là un intérêt pécuniaire, je ne vois aucune raison théorique pour ne pas admettre que cette action commençât à se prescrire déjà pendant le mariage, c'est-à-dire du jour où l'acte de la femme est parvenu à sa connaissance.

Dans le cas le plus fréquent, celui où l'action est fondée sur l'autorité maritale méconnue, je comprends que l'on puisse se demander non pas si la prescription ne commence qu'à la dissolution, puisque cette action ne survit pas au mariage, mais si pendant le mariage on peut opposer une prescription accomplie pendant sa durée. Pour la négative, on oppose la généralité du texte de l'art. 1304, puisqu'il déclare, sans autre réserve ni distinction, que la prescription ne commence à courir, en pareil cas, que du jour de la dissolution du mariage ; et d'autre part on pourrait essayer de justifier cette solution en raison, en disant que la loi a voulu tenir compte des ménagements que voudrait garder le mari dans l'intérêt de la bonne harmonie du ménage. En dépit de ces raisons, j'incline cependant, et après beaucoup d'hésitations, à penser que les termes de l'art. 1304 ne se rapportent qu'à l'action exercée par la femme. Il faut interpréter le texte par ses motifs ; or les motifs de cette sorte de suspension sont avant tout l'incapacité de la femme qui dure jusqu'à la dissolution du mariage et l'empêche de confirmer l'acte qu'elle a passé. Ce motif ne se retrouve plus pour le mari ; celui-ci, je l'ai déjà dit, est absolument maître de l'action ; il a toute liberté pour l'exercer. Il pourrait même donner une confirmation rétrospective, c'est-à-dire, par un consentement *ex post facto*, valider l'acte passé sans son autorisation. Ce dernier point est discuté ; mais je vous ai donné antérieurement les raisons de la solution que je vous propose et que je considère comme acquise. Quant à ce qu'on déclare que le mari serait gêné pendant le mariage à raison des difficultés domestiques que son intervention pourrait faire naître, si cela était vrai, il faudrait reconnaître qu'il n'exercerait jamais l'action, puisqu'elle ne survit pas au mariage. Tout ce qu'on peut admettre comme résultant de l'ensemble des motifs de la loi, c'est que le point de départ sera le jour où le mari aura connu l'acte passé par la femme ; sinon en le tenant secret, on pourrait toujours l'empêcher d'exercer l'action. Sans doute, ce correctif ne trouve pas d'appui dans les textes, mais il est bien dans l'esprit de la loi ; car, autrement, comme je viens de le dire, il dépendrait de la femme d'assurer la validité de l'acte en le tenant secret.

Pour l'interdit, le point de départ est, d'après l'art. 1304, le jour de la main-levée de l'interdiction ; je vous ai déjà fait pressentir que la loi, sur ce point, semble avoir été un peu imprévoyante, puisque l'interdit peut ignorer l'acte qu'il a fait. Il aurait donc fallu, pour être logique, faire courir la prescription du jour seulement où, après la mainlevée de l'interdiction, l'ex-interdit aurait eu connaissance de l'acte. La même observation peut se présenter pour les héritiers, soit de l'interdit, soit du mineur. Il est vrai aussi que cette imprévoyance de la loi n'a que bien peu d'inconvénients réels, si l'on admet la règle : *quæ temporalia sunt ad agendum, perpetua sunt ad excipiendum.*

Quoiqu'il en soit, le législateur de 1838 a senti ce qu'il y avait là d'un peu imparfait ; et dans l'art. 39 de la loi il a décidé que, pour l'individu qui, sans être interdit, serait placé dans un établissement d'aliénés, le délai de dix ans courrait, non plus du jour de la sortie de l'hospice pour ce qui est de l'aliéné, mais du jour de la signification qui lui aurait été faite de l'acte, ou du jour où il en aurait eu connaissance. Il y a là une observation analogue à faire en ce qui touche les héritiers de l'aliéné. Le délai ne court plus du jour du décès, mais du jour où les héritiers ont eu signification ou connaissance de l'acte.

Cette règle de la loi de 1838 est très raisonnable en soi, si raisonnable qu'on s'est demandé si elle n'impliquait pas, au moins pour un certain cas, modification de l'art. 1304, en ce qui touche l'interdit lui-même ; car, pour ce dernier, a-t-on dit, il semble qu'il y ait presque un *a fortiori*. Et alors la solution donnée par la loi de 1838 pour un individu placé dans un établissement d'aliénés ne serait-elle pas comme une interprétation admise par le législateur lui-même du principe de l'art. 1304 et de la façon large dont il devrait être entendu? Certainement au point de vue législatif, il y a même raison de décider ; mais il ne me semble pas qu'on puisse en conclure qu'en règle générale, au moins, l'art. 1304 aurait été implicitement modifié par la loi de 1838.

Seulement nous pouvons supposer que nous sommes en présence d'un acte fait par une personne qui était à la fois interdite et placée dans un établissement d'aliénés ; dans ce cas ne devrons-nous pas dire que la loi de 1838 s'applique, et non l'art. 1304 ? Voici, après beaucoup d'hésitations, la solution que je vous présente, sous toutes réserves cependant. Je ne pense pas que, même dans ce cas-là, on puisse cesser d'appliquer la règle de l'art. 1304, en tant qu'il s'agit du point de départ de la prescription de l'action fondée sur l'état d'interdiction. Si donc l'interdit ou ses héritiers demandent la nullité en se fondant sur l'art. 502, on appliquera l'art. 1304. Seulement la personne interdite étant placée dans un hospice, elle-même ou ses ayants-cause doivent avoir le droit de faire abstraction de la qualité d'interdit pour n'invoquer que la loi de

1838, c'est leur droit. La nullité, on le sait, n'est plus de même nature. Si l'interdit ou ses représentats se contentent de cette action moins protectrice, ils pourront alors se prévaloir d'une prescription dont le point de départ devra être retardé. Telle est la seule concession qui me paraisse conciliable avec une sage méthode d'interprétation.

Reste une dernière question qui s'est posée au sujet du point de départ que la loi assigne au délai de dix ans dans l'art. 1304. Ce point de départ, en effet, engagera presque toujours une question de preuve très délicate. Il supposera le plus souvent la preuve d'un fait assez difficile à établir, tel que la découverte de l'erreur, celle du dol ou, au cas de l'art. 39 de la loi de 1838, la connaissance acquise de l'acte en dehors de la signification. Qui dans un pareil cas devra prouver le moment précis où le fait s'est placé ? On pourrait être tenté de dire que c'est celui qui invoque la prescription qui doit prouver qu'elle s'est accomplie ; donc que ce serait à lui d'établir qu'il s'est écoulé plus de dix ans depuis le jour où elle a pu courir.

Cette solution rigoureuse n'a pas prévalu ; le défendeur a une première preuve à faire, à savoir qu'il s'est écoulé dix ans depuis que l'acte a été fait ; son adversaire pourra répliquer à son tour en prouvant que ce délai n'est pas expiré, parce qu'il n'a pu courir du jour même de l'acte. Il y a un fait à établir à l'encontre du point de départ ordinaire de la prescription ; et par conséquent la preuve qui s'y rattache doit être faite par celui contre qui la prescription est invoquée.

Quelques mots maintenant sur la nature exacte de ce délai de l'art. 1304. J'ai employé constamment l'expression de prescription. Je dois vous dire cependant que, d'après une autre opinion, il s'agirait en réalité, non plus d'une prescription proprement dite, mais de ce qu'on appelle un délai préfixe. Et il y a un intérêt assez sérieux à prendre parti sur ce point. S'il s'agit d'une prescription, elle pourra, en dehors même de ce que nous avons dit du point de départ, être suspendue ou interrompue d'après les règles du droit commun ; tandis que, si c'est un délai préfixe, il ne comportera ni suspension ni interruption. On pourrait croire que la question fût tranchée par le texte. En effet, une des causes de suspension de la prescription est l'état de minorité ou d'interdiction de la personne contre laquelle la prescription courrait. Or, l'art. 1304 déclare que la prescription ne peut courir avant la cessation de la minorité ou de l'interdiction. Donc, il applique une cause de suspension. Ce serait une méprise ; car l'art. 1304 tranche par là une question relative au point de départ de la prescription, et non une question de suspension. Là où la question se présentera, c'est quand nous serons en présence d'un mineur qui serait lui-même l'héritier du mineur ou de l'interdit ou d'une façon générale de celui à qui appartenait la nullité ; la prescription, d'après l'art. 1304, commence à courir du jour du décès. Mais ne va-t-elle pas être suspendue par l'état de minorité de l'héritier ? Voilà dans quelles circonstances exactes la question s'élève. Et elle n'est pas tranchée par le texte.

Sans doute le mot prescription n'est pas dans le texte. Mais dire qu'une action dure dix ans ou dire que cette action se prescrit par dix ans, n'est-ce pas la même chose ? Et pour prétendre que ce délai ne serait pas une prescription, ne faudrait-il pas qu'il y eût en ce sens une induction très évidente dans la loi ? Comme argument de texte, on a invoqué l'art. 2264, qui déclare que les règles de la prescription, sur d'autres objets que ceux mentionnés au titre même de la prescription, sont expliquées aux titres qui leur sont propres. On en a conclu que le prescription particulière de l'art. 1304 serait soustraite d'une manière complète aux règles générales de la prescription.

Mais l'art. 2264, en renvoyant aux règles spéciales édictées pour les prescriptions particulières, n'a pas eu l'intention, cependant, de soustraire ces prescriptions aux règles générales de toute prescription. Il y est surtout question du délai et de son point de départ ; c'est sur ce point que l'art. 2264 nous annonce des règles propres à chacune de ces prescriptions particulières ; mais en dehors de cette question de délai, les principes généraux du droit commun doivent s'appliquer.

On a parlé également de la préoccupation du législateur, dans l'art. 1304, d'abréger le délai. Ce serait, dit-on, aller contre ce désir de la loi qu'admettre des causes de suspension ou d'interruption. Sans doute, ces considérations peuvent être exactes en tant qu'elles expriment la tendance générale du législateur : on a abrégé le délai pris en soi ; ce qui ne veut pas dire qu'on eût voulu rejeter les règles particulières qui prorogent le délai pour la protection de certaines personnes.

Il est cependant une hypothèse pour laquelle la loi (art. 1676) a tranché la question. Cette hypothèse est celle de la rescision pour lésion en matière de vente ; l'art. 1676 déclare qu'il n'y a qu'un simple délai préfixe. Faut-il voir là l'application d'une règle générale ou une exception ? On a voulu prétendre que ce qui était vrai de l'action en rescision pour lésion, au moins dans son application à la vente, devait l'être également de toutes les actions en nullité prévues par l'art. 1304. L'art. 1676 nous révèlerait la pensée de la loi en ce qui touche les actions fondées sur l'existence d'un vice du consentement. Mais il est facile de voir en quoi ce raisonnement est inadmissible, puisque précisément la loi fait une place à part à la rescision pour lésion, au moins en matière de vente ; et ceci s'explique par ce fait que la rescision n'avait été admise qu'avec beaucoup de peine et non sans contestation ; aussi le délai, dans l'hypothèse de l'art. 1676, a-t-il été abrégé considérablement et porté à deux ans et il a été entendu en outre qu'il ne pourrait pour aucun motif être prolongé. Le fait seul de cette insistance particulière suffit à prouver que ce caractère de fixité du délai se présentait comme une dérogation à la règle de l'art. 1304, laquelle reste celle de toute prescription, telle qu'elle est établie de droit commun. L'art. 1676 nous apparaît très visiblement comme une exception, et non comme la manifestation d'un principe général. Et s'il en est ainsi, il faut dire, une fois de plus, que le sens de l'exception nous révèle exactement la portée de la règle ; la règle sera donc l'application des causes de suspension et d'interruption pour toutes les actions visées par l'art. 1304, sauf le cas de l'art. 1676.

Effets de la prescription de l'art. 1304

Arrivons aux effets de la prescription accomplie. Il m'a paru qu'il y avait dans la règle de l'art. 1304 une sorte de confirmation présumée. Il faudra donc en tirer cette conséquence que la validité de l'acte sera assurée rétroactivement, et sans qu'il y ait à distinguer cette fois entre les parties et les tiers à qui pourrait préjudicier cette confirmation tacite ; c'est là une différence importante avec les effets de la confirmation ordinaire. Ainsi un mineur vend un immeuble en minorité ; devenu majeur, il constitue une servitude sur l'immeuble, puis il confirme. Aux termes de l'art. 1338, cette confirmation ne pourrait pas préjudicier au droit de servitude qu'il a consenti. A raisonner superficiellement, on pourrait dire que cela devrait être également vrai de la confirmation présumée, telle qu'elle résultera de l'art. 1304. Si donc le mineur laisse passer dix ans sans agir en nullité, cette confirmation présumée ne pourrait être opposée au tiers, acquéreur de la servitude. Ce serait faux. Sans doute, quand le mineur, devenu majeur, constitue une servitude, celui qui l'acquiert a un droit acquis et personnel à se prévaloir de la nullité, mais à une condition : il faut que l'action soit intentée dans les délais, sinon l'action en nullité ayant disparu, on ne peut plus dire que les tiers aient aucun droit à cet égard. En d'autres termes, si le tiers lui-même a acquis un droit propre à la nullité, ou tout au moins un droit à l'action en nullité, il ne l'a acquis que dans la mesure et sous les conditions dans lesquelles ce droit existait pour celui à qui l'action appartenait.

De ce qu'il y a là une confirmation présumée, j'en déduirai cependant que la nullité, une fois acquise, ne peut pas plus être opposée par voie d'exception que par voie d'action. Et à cet égard deux situations distinctes peuvent se présenter ; ou le contrat a été exécuté, ou il ne l'a pas été. Ainsi, au cas de vente, le mineur peut avoir ou non livré l'immeuble. Dans le premier cas, ayant vendu et livré, il n'a qu'un moyen de se prévaloir de la nullité ; ce sera d'intenter une action en nullité. Et alors il n'y a point de difficulté. Si dix ans se sont passés depuis la majorité, l'acheteur opposera la prescription de l'art. 1304. Mais si le mineur n'a pas exécuté, il pourra sans doute prendre les devants et faire prononcer la nullité ; mais on comprend aussi que, n'ayant pas exécuté, il se tienne dans l'inaction, attendant qu'on le poursuive. Quand on le poursuit, il oppose alors la nullité par voie d'exception. C'est dans ce cas exactement que se présente notre question.

Plus de dix ans se sont écoulés ; or le mineur pourra-t-il encore opposer la nullité par voie d'exception, alors qu'il ne pourrait plus intenter l'action ? Je vous ai fait connaître par avance mon sentiment, lequel est tiré du fondement que je donne à l'art. 1304. Dans l'opinion contraire, on invoque une règle que l'on considère comme traditionnelle : *Quæ temporalia sunt ad agendum perpetua sunt ad excipiendum*. Cette règle revient à dire que les exceptions ne se prescrivent pas ; ou, plutôt, traduisons cette formule d'une façon plus précise. Elle signifierait que les moyens de nullité qui n'auraient qu'une durée temporaire, en tant qu'ils sont invoqués comme fondement d'une action, sont, au contraire, perpétuels, en tant que moyens de défense, donc en tant qu'ils sont invoqués comme fondement d'une exception. Si l'on entend par là que, aussi longtemps que dure l'action, aussi longtemps celui contre qui une poursuite est exercée peut conserver les moyens de défense qui le mettent à l'abri de cette poursuite, ce sera parfaitement exact. Sous cette dernière forme cette idée est juste. Je vous ai dit que la loi n'établit pas d'une manière générale la règle que les droits s'éteignent par le laps de temps ; elle fait seulement des applications restreintes de la prescription extinctive à certains droits particuliers ; c'est ainsi qu'elle l'applique aux actions ; mais aucun texte ne fait de même pour ce qui est des exceptions et des moyens de défense. Voilà donc en quel sens l'adage que je vous ai rappelé se trouve exact.

Mais, d'autre part, je ne crois pas que cette règle doive s'appliquer à notre hypothèse ; car il s'agit, dans l'art. 1304, d'une confirmation tacite et il me paraît impossible, l'action étant couverte, c'est-à-dire le droit d'invoquer la nullité étant éteint, que l'on puisse, sous une forme quelconque, invoquer à nouveau ce droit auquel on a renoncé. Ceci d'ailleurs ressort bien implicitement des termes de l'art. 1115, puisque le délai de confirmation tacite une fois passé, on nous laisse entendre que l'on ne peut plus se prévaloir de la nullité ; et cela peu importe la forme sous laquelle on l'invoque. Enfin, si nous remontons dans le passé, nous trouvons, dans l'art. 134 de l'ordonnance de Villers-Cotterets de 1539, une disposition formelle d'après laquelle, pour les mineurs, après dix ans, il n'y avait plus aucune possibilité d'invoquer la rescision, pas plus en défendant qu'en demandant, donc pas plus sous forme d'exception que par voie d'action. C'est cette disposition traditionnelle que l'art. 1304 a voulu reproduire. Il est vrai que notre texte n'a pas insisté comme avait fait l'ordonnance, sur la généralité d'application de l'interdiction qu'il prononce en ce qui concerne le droit de se prévaloir de la nullité ; mais les motifs sont les mêmes. Il faut donc ne pas hésiter à maintenir ce précédent historique. Enfin, on a voulu remonter encore plus haut, jusqu'au droit romain ; et on s'est prévalu d'une loi du Digeste au titre *De doli mali exceptione* (44, 4), la loi 5 § 6. Ce texte admet que l'exception de dol pouvait être invoquée même après les délais fixés pour la recevabilité de l'action ; mais il faut remarquer que la victime du dol à Rome n'avait pas le droit d'intenter l'action, tant qu'elle avait l'exception. Le choix lui était interdit ; elle devait attendre et se servir de l'exception, pour répondre à la poursuite qui serait intentée contre elle. On comprend donc, puisqu'elle ne pouvait agir, qu'on n'eût pas permis que son exception fût éteinte.

Il est vrai que, dans l'opinion contraire à la mienne, on se prévaut du fondement même que j'ai assigné à la prescription de l'art. 1304, et on invoque précisément cette idée de confirmation, laquelle implique forcément qu'on avait connaissance du vice et de la nullité qui le sanctionnait. On fait remarquer, quand le contrat n'a pas été exécuté, qu'il pourra arriver que l'acte soit ignoré de celui précisément qui aurait droit de se prévaloir de la nullité et que, par suite, il est impossible que la prescription puisse commencer à courir contre quelqu'un qui ignore l'acte et la nullité qui le vicie. Il est des cas, en effet, nous l'avons vu, où cette anomalie va se produire, par exemple pour l'interdit. Il faut donc bien, dans ce cas, admettre le maintien de la nullité, au moins sous forme d'exception. Je reconnais sans doute que cette considération est de nature à faire impression. Et malgré tout, l'ordonnance de Villers-Cotterets n'en avait pas tenu compte pour le mineur ; or, très certainement c'est le système de l'ordonnance que l'art. 1304 a voulu reproduire. Puis il y a l'art. 1115, dont je vous ai déjà parlé, et qui ne fait aucune distinction de ce genre. Enfin la loi de 1838 elle-même, venant modifier le point de départ, en ce qui touche une catégorie d'incapables, n'a-t-elle pas, par là même, reconnu qu'il y avait dans la loi une imperfection qu'elle a voulu corriger, au moins dans la sphère limitée qui constituait son domaine propre? Il y a donc en effet quelque chose de défectueux dans le système du droit commun, en cette matière ; mais c'est la loi. Nous n'y pouvons rien.

Voici enfin un dernier point qui a été soulevé et qui est fort intéressant. Il s'agit de la combinaison de notre prescription de dix ans avec la prescription de droit commun. Il y a sur ce point plusieurs questions qui peuvent être soulevées ; je ne prends que celle qui s'est posée devant les tribunaux. D'ordinaire notre prescription est plus courte que l'autre ; mais il peut arriver cependant qu'en fait elle soit plus longue en raison du point de départ. Ainsi le dol n'a été découvert qu'après vingt-cinq ans ; la prescription de dix ans ne s'achèvera dans cette hypothèse que trente-cinq ans après la passation de l'acte. Supposons donc que l'action soit intentée trente ans après la conclusion du contrat, mais moins de dix ans depuis la découverte du dol. Le défendeur, qui ne peut pas invoquer en pareil cas la prescription de l'art. 1304, ne peut-il au moins se prévaloir de celle que lui offre le droit commun, la prescription de trente ans? L'affirmative a été admise par la Cour de Paris (22 juillet 1853, D. 55, 2, 155). Mais cette solution a été vivement combattue par M. Valette (*Mélanges*, t. II, p. 3 et suiv.); et je crois que l'opinion de M. Valette est la plus exacte. Il s'agit bien en effet cette fois de l'application de l'art. 2264. Là où la loi a organisé une prescription spéciale, au moins quant au délai, il n'y a plus à appliquer l'art. 2262 ; or, il y a dans notre matière, non pas à proprement parler une prescription particulière, mais une prescription soumise à un délai spécial. C'est bien le cas de faire prévaloir la règle de l'art. 2264 sur celle de l'art. 2262. D'ailleurs, voyez où l'on arriverait avec le système contraire ; si le dol n'a pas été découvert avant les trente ans, la victime du dol se trouverait dépouillée de toute protection, puisqu'elle n'a pas agi et que son action se trouverait éteinte avant même d'avoir pu être exercée.

Effets des conventions.

Nous arrivons ainsi au chapitre II de notre première partie sur les obligations ; c'est le chapitre relatif aux effets des conventions. Il correspondra à ce qui constitue dans le Code civil le chapitre III intitulé : *De l'effet des obligations.* Mais je dois vous présenter à ce sujet une observation préalable, c'est que le Code a confondu l'effet des obligations avec l'effet de la convention. L'effet du contrat est de faire naître des obligations ou d'opérer une transmission de droit réel. Quant à l'effet de l'obligation il consiste à armer le créancier des moyens qui sont nécessaires pour en obtenir l'exécution. Il s'agit donc des droits qui appartiennent au créancier ; ou inversement, ce qui est une autre face de la question, il s'agit de savoir à quoi exactement le débiteur est tenu, ce que l'on appelle aujourd'hui le contenu de l'obligation. Dans le chapitre que je vais aborder, nous traiterons donc uniquement de l'effet des conventions.

LVe LEÇON

DES EFFETS DES CONVENTIONS. — DU PRINCIPE QUE LA CONVENTION FAIT LOI ENTRE LES PARTIES. — DE L'INTERPRÉTATION DES CONVENTIONS. — DES PERSONNES A QUI LA CONVENTION PEUT ÊTRE OPPOSÉE. DES TIERS ET AYANTS-CAUSE.

Je fais, entre parenthèses, une observation relative aux actions en nullité, observation qui m'avait échappé à ma dernière leçon : la partie qui se trouve sous le coup d'une action en nullité est en réalité à la merci de son adversaire ; y aurait-il pour elle un moyen de sortir de cette situation ? Et tout d'abord, si on voulait la forcer à exécuter, on ne pourrait le faire qu'en lui garantissant que ce contrat ne sera pas attaqué ; voilà donc une première réserve qu'il était utile de présenter. En voici une seconde : dès que l'on se trouve à un moment où la confirmation devient possible, et à supposer que la partie qui a le droit de demander la nullité n'ait pas encore exécuté, l'autre partie peut poursuivre l'exécution et par là-même mettre l'ex-mineur, la femme devenue veuve et autres personnes investies de l'action en nullité, en demeure de choisir entre la confirmation ou la nullité. Enfin, le contrat, je le suppose, a été exécuté ; cependant nous sommes à un moment où la confirmation serait possible. Mais la partie qui aurait droit à la nullité se tient sur la réserve. L'autre partie pourra-t-elle mettre celle qui a droit de poursuivre la nullité en demeure d'y renoncer ou de la demander ? Sur ce point les opinions sont partagées ; il est douteux qu'on trouve dans les principes du droit ouverture à l'action provocatoire. Je ne puis, d'ailleurs, examiner ce point qui m'entraînerait trop loin ; j'ai simplement voulu vous faire entrevoir la question.

Cette omission réparée, je reprends le nouvel ordre d'idées dans lequel j'étais entré à la fin de ma dernière leçon. Nous ne devons point confondre, vous ai-je dit, les effets des conventions avec ceux des obligations. Les effets des contrats doivent être examinés plus particulièrement au point de vue des obligations auxquelles ils donnent naissance ; nous devons les considérer comme actes créateurs d'obligations. Nous dirons donc que l'effet de la convention est de créer entre les parties une certaine situation juridique, de faire naître par exemple des obligations, ou encore d'opérer une constitution ou une transmission de droit réel, tandis que l'effet de l'obligation consiste, vous ai-je dit, à donner au créancier le moyen d'obtenir l'exécution de ce qui lui est dû. Revenons par conséquent à ce qui est l'effet propre du contrat, c'est-à-dire aux résultats qu'il va produire au point de vue des obligations qu'il a pour but de créer.

Le principe sur ce point est écrit dans l'art. 1134 et ce principe est que les conventions légalement formées tiennent lieu de loi entre ceux qui les ont faites. C'est comme une sorte de loi privée. De ce principe il faut tirer cette conséquence que, s'il s'élève un procès à l'occasion d'une convention, les tribunaux, après avoir constaté que cette convention est légalement formée, ne peuvent que reconnaître et faire sanctionner les clauses qui la constituent, sans avoir le droit de les modifier, sous prétexte par exemple d'équité. Nous en avons un exemple dans l'art. 1152. Il s'agit d'une clause pénale pour le cas d'inexécution de l'obligation de l'une des parties ; et l'art. 1152 décide que cette convention fait la loi des parties comme toute convention légalement formée. Les tribunaux ne peuvent fixer une somme plus forte ou moindre. Seulement en vous reportant à l'art. 1231, vous verrez que, s'il y a eu une exécution partielle, le juge pourra modifier le montant des dommages-intérêts en prenant en considération l'exécution partielle. Ce n'est pas là une dérogation au principe de l'art. 1134, mais l'application du paragraphe final de ce même texte. Les conventions, en effet, doivent être exécutées de bonne foi ; c'est le correctif apporté par l'art. 1134 lui-même à la règle de rigueur qu'il venait de poser. Cependant l'art. 1134 trouve encore un tempérament dans l'art. 1244 en ce qui concerne le délai de grâce et le droit d'imposer une exécution partielle. Le juge, usant de ce pouvoir d'accorder des délais de grâce, contrairement à la convention, peut fractionner le paiement de la dette en plusieurs échéances successives.

Les tribunaux, avant de faire sanctionner la convention, ont à déterminer le sens exact de la convention ; en d'autres termes ils ont à l'interpréter. Le Code civil nous donne un certain nombre de règles destinées à diriger cette interprétation et qui se résument dans une idée générale bien simple qui peut se ramener à ceci que les juges ont un très large pouvoir d'appréciation.

Nous trouvons tout d'abord une première règle qui est que tous les contrats sont de bonne foi et qu'on doit sous-entendre les clauses d'usage et d'équité ; c'est l'application de ce qui se passait pour les contrats de bonne foi en droit romain.

Pour ce qui est de l'usage, il est certain qu'il est appelé à jouer un rôle considérable dans l'interprétation des contrats, sur les suites et conséquences desquels il est très rare que les parties s'expliquent d'une manière complète. Cela est surtout vrai en matière de contrats commerciaux ; on n'a pas l'habitude de dresser des écrits qui expriment par le menu toutes les suites du contrat ; même en droit civil, le Code dans les art. 1748 et 1758, a rappelé cette règle et en a fait l'application. Enfin on dit que les contrats obligent aux suites que la loi donne à l'obligation d'après sa nature. Cette disposition fait allusion à ce fait que le Code, après avoir posé les règles générales des obligations, a réglementé les divers contrats les plus usuels. Et dans la réglementation qu'il fait de ces contrats, le législateur se propose notamment, en suppléant à la convention expresse, de déterminer quelles seront les suites des obligations des parties. Ce sont des dispositions interprétatives de volonté. Il en est ainsi des questions de garantie au cas de vente.

Enfin, arrivant à l'interprétation spéciale des clauses du

contrat, la loi donne un certain nombre de règles empruntées à la théorie des jurisconsultes romains sur les contrats de bonne foi, et d'ailleurs reproduites par Pothier aux numéros 91 à 102 de son *Traité des Obligations*. Ces dispositions des art. 1156 à 1164, je crois inutile de les lire; elles ne prêtent à aucun commentaire. Plusieurs ne font que répéter quelques-unes de celles que nous venons de voir ; d'autres sont de pures règles de logique, par exemple celle de l'art. 1157. Une autre contenue dans l'art. 1162, est l'application des principes sur la preuve ; il est dit que l'interprétation se fait contre le créancier. Mais il faut ajouter qu'il y a cependant à cela une exception dans l'art. 1602, qui décide que tout pacte obscur ou ambigu s'interprète toujours contre le vendeur, même contre le vendeur débiteur.

Il faut, d'ailleurs, placer à ce propos une remarque importante ; c'est que l'interprétation des conventions est tout entière du domaine des juges du fait. La Cour de cassation ne pourrait pas casser une décision pour fausse interprétation d'un acte juridique. A l'origine cependant on avait essayé de soutenir qu'on pouvait trouver ouverture à cassation dans ce fait que la décision judiciaire aurait mal interprété la convention des parties. Mal interpréter une convention, disait-on, c'est violer un article de loi, conformément à l'art. 1134. Il y avait là un pur sophisme. D'abord, la Cour de cassation a été instituée pour maintenir l'unité dans l'interprétation de la loi et empêcher les jurisprudences locales de ressusciter les diversités de Coutumes. L'interprétation bonne ou mauvaise d'une convention n'intéresse en rien l'unité de législation. Enfin, il est inexact de prétendre qu'en pareil cas il y ait une violation de l'art. 1134 ; ce texte serait violé si, une fois l'interprétation fixée, le juge se refusait à appliquer les conséquences légales qui doivent dériver de cette interprétation telle qu'elle serait reconnue par lui.

On peut seulement se demander s'il n'y aurait pas ouverture à cassation contre une décision judiciaire pour le motif qu'elle aurait violé les règles d'interprétation des art. 1156 à 1164. Par exemple, la clause était susceptible de deux sens, et on ne lui a pas donné celui par lequel elle serait susceptible de produire quelque effet. Ou encore, supposons qu'il s'agisse du principe suivant lequel on doit suppléer dans les contrats ce qui est d'usage, ou de la règle d'après laquelle le contrat oblige aux suites que la loi y attache. Que décider si le tribunal, pour interpréter un acte juridique, ne s'est pas conformé aux directions légales ? Il faut sur ce point distinguer. Le tribunal demeure souverain pour décider que la convention a entendu écarter l'application de l'usage ou des suites qui résultent du contrat; car c'est toujours là une question d'interprétation de volonté. Mais si le tribunal, sans constater qu'on a voulu écarter l'usage, avait refusé d'en faire application, il y aurait ouverture à cassation. Je me borne à cette formule théorique.

De ce que les conventions sont la loi des parties, l'art. 1134 tire cette conséquence qu'elles ne peuvent être révoquées que du consentement mutuel ; à ce principe cependant il y a quelques exceptions, par exemple, en matière de mandat et de société. Une autre dérogation au principe, mais celle-ci beaucoup plus délicate, se trouve dans l'art. 1794, dans l'hypothèse d'un marché à forfait. En sens tout à fait inverse, il y a tel contrat qui ne peut être révoqué même du consentement mutuel des parties. Je fais allusion au contrat de mariage, art. 1395. De plus, je vous rappelle que, dans notre législation, la règle que les contrats peuvent être révoqués par le mutuel dissentiment reçoit un tempérament notable quand il s'agit de contrats qui opèrent transmission de propriété ou constitution de droits réels. C'est en matière d'obligation que la règle reste vraie ; mais le mutuel dissentiment ne peut pas faire que la propriété n'ait été transmise de l'un à l'autre, et alors ce qui s'opère n'est en réalité qu'une rétrocession. Toutefois, si cette rétrocession est faite dans les vingt-quatre heures, il n'est dû à son occasion qu'un droit fixe (L. du 22 frimaire an VII et loi du 24 août 1816, art. 44, n° 20). Faut-il appliquer cette solution ou plutôt une solution analogue en matière civile ? C'est un point qui fait difficulté.

L'art. 1134 ajoute que les conventions peuvent cependant

être révoquées pour les causes que la loi autorise; il fait allusion à l'art. 1184, d'après lequel le défaut d'exécution par l'une des parties permet à l'autre de se délier des liens du contrat. On trouverait encore, en dehors de l'art. 1184, d'autres applications importantes du renvoi ainsi fait par l'art. 1134. Par exemple, en matière de société, l'art. 1871 dit que la dissolution de la société peut être demandée avant terme dans des cas « dont la légitimité et la gravité sont laissées à l'arbitrage des juges. » De même, l'art. 1889 admet que, si le prêteur vient à avoir un besoin pressant de l'objet qu'il a prêté, l'emprunteur est obligé de le lui rendre. En matière de louage, l'art. 1724 porte que, « si les réparations à exécuter sont de telle nature qu'elles rendent inhabitable ce qui est nécessaire au logement du preneur et de sa famille, celui-ci pourra faire résilier le bail ». Voyez aussi l'art. 1722 qui peut, du reste, se rattacher à une théorie différente. Quelques auteurs signalent enfin les cas où la loi ouvre une action en nullité. Mais, visiblement, il y a là une idée inexacte. Car le principe, auquel la loi applique les exceptions que nous énumérons, n'est vrai que pour les conventions légalement formées, ce qui n'est plus le cas lorsqu'il s'agit de convention atteinte de nullité.

Nous arrivons ainsi à nous demander entre quelles personnes la convention doit avoir la force obligatoire. L'art. 1134 nous a déjà dit qu'elle tient lieu de loi entre ceux qui l'ont faite; et l'art. 1165 précise et accentue cette disposition, en déclarant que les conventions n'ont d'effet qu'entre les parties contractantes.

Je me placerai avant tout au point de vue de la règle de l'art. 1134, reprise à nouveau par l'art. 1165, d'après laquelle les conventions ne peuvent pas nuire aux tiers ni leur profiter, règle qui se trouve répétée par l'art. 1351, pour ce qui est des jugements. Quant aux contrats, nous aurons ainsi à distinguer les tiers des parties contractantes. Mais, je dois vous avertir dès maintenant qu'il y aura une situation intermédiaire à bien préciser, celle des ayants-cause.

Telles seront les distinctions que nous allons avoir à passer en revue. Et tout d'abord que les conventions ne puissent pas être opposées aux tiers, c'est-à-dire à ceux qui n'ont pas été parties au contrat, et ne sont pas les ayants-cause des parties, c'est là une règle de bon sens et d'évidence ; c'est comme si on disait qu'on ne peut disposer du bien d'autrui. Ainsi supposons un terrain appartenant à deux copropriétaires ; l'un d'eux traite avec un tiers à raison de dégradations faites sur le fonds commun; si l'autre n'est pas satisfait de ce règlement, ce dernier ne pourra lui être opposé. Le copropriétaire qui n'aura pas été partie à la convention pourra débattre à nouveau la question d'indemnité avec l'auteur du dommage. Ou bien l'un des deux copropriétaires aura autorisé un voisin à pratiquer un jour dans sa construction qui est en dehors de la distance légale ; il est bien évident que cette convention ne peut pas nuire à l'autre copropriétaire. Elle ne lui est pas opposable. Prenons encore quelques exemples ; Je suppose le possesseur d'un fonds, et ce possesseur vend une récolte sur pieds. Le propriétaire revendique et triomphe dans sa revendication ; devra-t-il respecter cette vente de la récolte pendante ? Evidemment non. De même un possesseur peut avoir fait des marchés relativement à des extractions de matériaux ; le propriétaire n'est pas obligé de les subir. Une personne laisse plusieurs héritiers ; un tiers prétend être créancier de la succession et l'un des héritiers reconnaît l'existence de la dette ; cette reconnaissance ne vaudra que contre lui ; elle ne peut pas être opposée à ses cohéritiers.

Cependant cette règle n'est pas sans comporter certaines exceptions. Un des exemples qu'on peut donner tout d'abord est celui de l'art. 1375, lequel porte que « le maître, dont l'affaire a été bien administrée, doit remplir les engagements que le gérant a contractés en son nom. » En l'absence d'une personne, un ami a pris la gestion de ses affaires, et il a contracté des engagements au nom du *dominus*. Si ces engagements ont été utiles, le maître sera tenu ; seulement l'exception n'est qu'apparente ; car le gérant est considéré comme mandataire. Mais voici d'autres cas plus probants et qui nous présentent une dérogation plus certaine aux principes. L'usufruitier fait un bail ; il donne à bail les biens dont il avait l'usufruit. Pourvu qu'il ait fait le bail dans les conditions de durée fixées par l'art. 595, ce bail sera opposable au nu-propriétaire reprenant la pleine propriété. Un autre exemple applicable aux baux est celui de l'art. 1673 pour le cas de vente à réméré. Le vendeur exerçant la faculté qu'il s'est ainsi réservée, et rentrant dans sa propriété, devra exécuter les baux faits sans fraude par l'acquéreur. C'est qu'il s'agit d'un acte d'administration, lequel doit être respecté par celui qui succède à la propriété qu'avait eue, au moins à titre intérimaire, l'acheteur soumis au réméré. Je vous ai déjà fait remarquer cette disposition ; et je vous ai dit qu'il y avait là comme la manifestation, de la part du législateur, d'une volonté qu'il faut généraliser, et d'après laquelle il y aura lieu de faire application de cette règle, relative aux actes d'administration, à tous les cas de résolution : c'est une exception commandée par l'intérêt du propriétaire lui-même. Autre cas à signaler, celui de l'art. 1240. Il y a eu paiement fait à la personne qui est en possession d'une créance ; par exemple à l'héritier apparent. Il s'agit ici de savoir si celui qui a reçu le paiement a pu, en agissant ainsi, disposer de la créance d'autrui. Or l'art. 1240 déclare qu'en pareil cas le paiement est valable et libératoire.

Ce texte a été invoqué souvent à titre d'argument décisif à l'appui d'une exception bien plus large que l'on voudrait apporter au principe de l'art. 1165 ; cette exception est celle que la jurisprudence admet, même pour les actes de disposition faits par l'héritier apparent. Ces actes, à les supposer accomplis de bonne foi, seraient opposables à l'héritier véritable, lorsqu'il se fait remettre en possession de l'hérédité. En acceptant cette décision, la jurisprudence s'écarte considérablement de ce que je vous indiquais comme une règle de bon sens et d'évidence, le principe d'après lequel on ne peut disposer du bien d'autrui. Si je voulais discuter cette question dans sa formule générale, il me serait facile de montrer que l'art. 1240 ne peut fournir aucun argument en faveur de la théorie de la jurisprudence. Il suppose un débiteur de la succession ; peut-on, pour ce qui est de ce dernier, lui tenir rigueur de ce qu'il n'a pas payé au véritable héritier ? Evidemment non, car, s'il n'avait pas payé de bon gré, on l'aurait forcé à payer. Cela va de soi, puisque la succession est possédée par quelqu'un que tout le monde regarde comme le véritable héritier. Il n'en est plus de même des tiers qui ont contracté avec l'héritier apparent. On ne pouvait pas les obliger à passer le contrat ; ils n'avaient qu'à prendre leurs informations et à vérifier le titre et la qualité de celui avec qui ils traitaient. Ou encore, s'ils avaient des doutes qu'il devenait difficile de tirer au clair, ils pouvaient toujours, à tout le moins, stipuler une garantie pour le cas où ils seraient évincés. Comme vous le voyez, je ne discute pas la question quant au fond. Je tenais simplement à vous montrer que l'analogie que l'on voudrait tirer de l'art. 1240 serait inexacte.

Je pourrais enfin vous signaler dans le même ordre d'idées le cas du concordat en matière de faillite. C'est un traité en vertu duquel le débiteur failli est libéré moyennant le paiement d'un dividende. Or, ce traité a ceci de particulier que, lorsqu'il a été consenti par la majorité, il fait loi pour la minorité, à la condition, il est vrai, qu'il ait été homologué par la justice (C. C[ce], art. 506 suivants).

Je viens d'étudier la règle d'après laquelle les conventions ne peuvent nuire aux tiers. Voyons en la contre-partie. Réciproquement, en effet, les conventions, en règle générale, ne peuvent pas profiter aux tiers. Ainsi, dans l'hypothèse de nos deux héritiers, l'un obtient d'un débiteur une reconnaissance de sa dette envers la succession ; cette reconnaissance ne liera pas celui qui l'a faite envers l'autre héritier. Si ce dernier, pour la part qui lui revient, poursuit ce débiteur, celui-ci pourra encore discuter la validité de sa dette. De même, le défunt avait fait un contrat dont la nullité pouvait être poursuivie contre lui ; l'un des héritiers obtient confirmation de la part du tiers qui avait droit d'intenter l'action en nullité : cette confirmation ne vaudra pas à l'égard des autres héritiers. Seulement nous trouverions en ce sens-ci certaines des exceptions que nous avons déjà rencontrées pour la règle inverse ; par exemple en ce qui concerne les baux. Ainsi le vendeur à réméré est lié par les baux faits par l'acheteur ; mais de même il peut les invoquer. Enfin il y a la disposition si remarquable de l'art. 1743, d'après laquelle le bail est opposable aux acquéreurs, même à titre particulier. Cependant en faisant cette allusion j'entre sur le terrain des ayants-cause ; il y a donc là un point sur lequel je reviendrai. Mais dans cet ordre d'idées, je dois surtout ramener votre attention sur un point qui vous est bien connu, et que j'ai longuement développé, je veux parler de la solution de l'art. 1121, que l'art. 1165 nous signale expressément. Je vous ai expliqué sur cet article que la stipulation pour autrui, tout au moins celle à laquelle s'applique l'art. 1121, est valable, même en ce qu'elle fait naître au profit du tiers bénéficiaire le droit d'exiger la prestation stipulée à son profit, sans qu'il soit intervenu. C'est donc une exception formelle, comme l'indique l'art. 1165 lui-même, au principe que les conventions n'ont d'effets qu'entre les parties et ne peuvent profiter aux tiers.

J'ajoute enfin qu'il faut poser la même règle pour les conventions libératoires ; ainsi la remise de dette consentie à l'un des deux codébiteurs conjoints ne profite pas à l'autre. Seulement de tout temps il a été admis que l'on pouvait libérer autrui en payant sa dette ; et, ce qu'il y a de plus remarquable, c'est que le droit romain admettait qu'il en serait de même au cas de novation. Or, la novation est une vraie convention, c'est une *expromissio*, qui va profiter au tiers. Il ne s'agit donc plus seulement d'un paiement fait pour le débiteur, mais d'une véritable convention faite avec son créancier, et qui va libérer le débiteur (LL. 8 et 5, Dig. de *Novat.*). Notre Code civil a admis les mêmes principes. L'art. 1274 reproduit cette disposition, qu'il a d'ailleurs tirée, non pas directement du Digeste, mais de Pothier, qui, cette fois encore, aura servi d'intermédiaire (*Obligations*, n° 598).

LVIe LEÇON

DES AYANTS-CAUSE. — AYANTS-CAUSE A TITRE UNIVERSEL. AYANTS-CAUSE A TITRE PARTICULIER

Nous avons étudié la règle de l'art. 1165, d'après laquelle les conventions ne sont pas opposables aux tiers ; mais l'art. 1165 laisse en dehors de ses prévisions ceux qui tiennent leurs droits des parties contractantes. C'est qu'en effet, entre les parties et les tiers, il y a une autre catégorie intermédiaire de personnes qui doit nous occuper, ce sont les ayants-cause.

Ils se divisent en plusieurs catégories, deux tout au moins, dont l'une comprend les ayants-cause à titre universel et l'autre les ayants-cause à titre particulier. Il importe entre ces deux catégories de faire une distinction qui nous est suggérée dès l'abord par le texte fondamental de la matière, l'art. 1122. L'art. 1122, en effet, indique que l'on est censé avoir stipulé pour soi et ses ayants-cause ; or cette expression ne peut pas se prendre dans un sens absolu ; car il est par trop évident qu'elle ne peut pas viser, dans l'art. 1122, même les ayants-cause à titre particulier. Il serait inadmissible en effet que ceux qui tiennent d'une personne un droit qui leur a été transmis par elle soient obligés, par le fait même, de supporter une part de toutes les dettes contractées par leur auteur. Donc, ce que dit l'art. 1122 ne peut se référer qu'aux ayants-cause à titre universel, et nous sommes ainsi amenés à nous demander quelles personnes il faut comprendre sous cette dénomination.

Les ayants-cause à titre universel sont, en dehors des héritiers, qu'il faut, bien entendu, ranger au premier rang dans cette catégorie, les légataires universels ou à titre universel, et les donataires à titre universel, dans le cas où il peut y avoir des donataires de ce genre ; au cas d'institution contractuelle, par exemple. Et, cette énumération faite, voici alors ce qui constitue la caractéristique de cette catégorie de personnes. C'est que ces ayants-cause, je parle en effet pour le moment des ayants-cause universels ou à titre universel, s'identifient en quelque sorte avec les parties elles-mêmes ; et l'on peut dire, comme principe, que ce qui est vrai des parties, au point de vue de l'effet obligatoire des conventions, est également vrai des ayants-cause universels. Je dis qu'il en est ainsi en principe ; car, d'une part, chaque ayant-cause à titre universel n'est censé avoir succédé aux droits ou obligations d'un contractant que dans la proportion de la part de patrimoine qu'il se trouve appelé à recueillir. Mais, d'un autre côté, il y a au principe que j'ai posé une autre réserve, plus importante encore, c'est en ce qui touche les obligations qui peuvent résulter des contrats passés par celui à qui on succède. Non seulement chaque successeur universel ne succède aux obligations que dans la mesure dans laquelle il recueille le patrimoine ; mais il y a lieu de se demander si, dans cette mesure même, il est tenu des obligations de son auteur *in infinitum* ou seulement dans la limite de l'actif qu'il recueille. Cette question ne se présente pas en ce qui touche les héritiers légitimes ; pour eux, il résulte de l'art. 724 qu'ils sont tenus des dettes de leur auteur, bien entendu uniquement dans la proportion de leur part héréditaire, mais que, dans cette mesure, ils en sont tenus *ultra vires bonorum*. C'est d'eux qu'il est vrai de dire que dans la mesure de leur vocation héréditaire, ils s'identifient avec la personne de leur auteur.

Mais en ce qui concerne les autres successeurs universels, successeurs irréguliers ou légataires, il y a des controverses très graves. Je traiterai tous ces points, lorsque, arrivant aux effets des obligations, je m'occuperai de leur transmissibilité.

Cette réserve faite, nous disons avec l'article 1122 que les conventions faites par une personne profitent à ses ayants causes universels ou, à titre universel, et qu'elles leur sont opposables. Il est vrai que l'article 1122 semble ne se placer qu'au point de vue actif. Il parle de stipuler. Mais ne craignez pas de généraliser et de dire : On est censé avoir contracté, tant au point de vue actif qu'au point de vue passif, pour soi et ses ayants-cause. Il est inutile d'ailleurs d'insister autrement sur le principe. Je vous rappelle seulement que nous en avons fait une application intéressante à propos de l'art. 941. Conformément à la règle de l'art. 1122, j'ai admis, dès que la donation est parfaite à l'égard du donateur, qu'elle l'est également à l'égard de ses héritiers ; à moins que nous trouvions un texte qui leur accorde un droit propre indépendant de celui de leur auteur. Et ce texte qui existait dans l'ancien droit, par suite de l'ordonnance de 1731, n'a pas été introduit dans le Code civil ; aussi en ai-je conclu que, par rapport aux héritiers, la donation est parfaite, indépendamment de toute transcription.

L'article 1122 indique que le principe comporte des exceptions qui peuvent résulter soit de la convention des parties, soit de la nature même du contrat. Ce sont les termes du texte. On peut comprendre en effet que la convention contienne cette déclaration expresse, que les droits ou obligations qui en résultent ne seront pas transmissibles activement ou passivement aux héritiers. Mais ce qui est plus fréquent, c'est qu'il puisse résulter de la nature même de la convention que les droits ou obligations qui en sont nés ne se transmettent pas aux héritiers. Ainsi, en est-il pour la rente viagère. Et ce qui est vrai pour la rente viagère est également vrai s'il s'agit d'un droit d'usufruit. Voilà pour le point de vue actif. Au point de vue passif, s'il s'agit d'une obligation de faire, il arrivera très fréquemment que l'obligation ne pourra être exécutée que par celui qui a contracté l'engagement. Le mandat s'éteint aussi par le décès des parties ; il y a là un contrat de confiance d'une part, et d'autre part un contrat de bienfaisance tout personnel dont les obligations sont intransmissibles. De même en matière de société (art. 1865) ; toutefois cette règle ne s'applique pas indistinctement à toute espèce de société. Elle s'applique à celles qui sont contractées en considération de la personne. Mais la plupart des sociétés ne sont que des associations de capitaux, dans lesquelles la considération de la personne ne joue aucun rôle. C'est le cas pour les sociétés anonymes; et le même caractère se retrouve lorsqu'il s'agit des commanditaires : dans les sociétés en commandite, comme dans les sociétés anonymes, la mort de l'un des associés n'est plus une cause de dissolution de la société. Vous consulterez encore l'art. 1879 et l'art. 1795.

D'ailleurs, dans tous ces cas, ou à peu près, la question que nous venons de résoudre est dominée par une question d'interprétation de volonté, nous l'avons vu pour les sociétés ; et c'est ainsi que là où la règle est applicable dans les sociétés, elle peut être écartée par une déclaration contraire (art. 1868). On peut stipuler qu'en cas de mort de l'un des associés, la société continuera avec son héritier. Seulement il peut se faire que la règle soit absolue et que toute convention contraire se heurte à une règle impérative de la loi. Ainsi l'usufruit s'éteint fatalement par le décès de l'usufruitier. Toute convention contraire serait nulle. Ce qui serait possible seulement, ce serait, *ab initio*, de constituer deux usufruits, le second sur la tête d'une autre personne, laquelle, en effet, peut être l'héritier du premier. Mais cette nouvelle conception aboutit à des résultats très différents, c'est de toute évidence. Il y aurait succession de fait de deux usufruits distincts, dont l'un commencera à l'extinction de l'autre. Il n'y aura pas transmission d'un seul et même usufruit. Quant à la rente viagère, on peut la rendre transmissible éventuellement en l'établissant sur la tête d'une autre personne que le crédit-rentier, pour le cas où ce tiers survivrait au crédit-rentier (art. 1971). De plus, on peut aussi faire ce que nous avons vu pour l'usufruit en déclarant la rente réversible sur une autre tête ; et alors ce ne serait plus la même rente, mais deux rentes viagères successives.

Sur le principe, j'ai à indiquer un autre tempérament dans les cas où les héritiers se présenteraient, pour écarter les actes de leur auteur, comme investis d'un droit propre. Je fais allusion à l'hypothèse d'héritiers réservataires qui demanderaient l'anéantissement total ou partiel de libéralités faites par leur auteur. Quant à eux, et en vertu d'un droit propre qu'ils tiennent de la loi, ils ne sont plus liés par les actes de leur auteur.

J'ai supposé jusqu'ici que les conventions auxquelles s'applique l'art. 1122 avaient été faites de manière à créer des droits ou obligations dans la personne même du contractant, droits ou obligation qui se transmettent ensuite à ses ayants-cause universels. Mais serait-il possible qu'une personne pût contracter de manière à transporter directement, sans s'y soumettre elle-même, sur la tête de ses héritiers, les effets de ses conventions ? Peut-elle contracter directement au profit ou à la charge de ses héritiers ? Dans le droit romain classique, on n'admettait ni les promesses ni les stipulations *post mortem stipulantis vel promittentis (Gaïus*, III, § 100). Mais Justinien nous annonce qu'il a réformé sur ce point la règle ancienne et qu'il a décidé que désormais on pourrait faire commencer l'obligation ou le droit de créance dans la personne des héritiers (Instit., III, XIX, § 13, et L. C., Cod., 4, II).

On ne doit pas douter que nous devions maintenir aujourd'hui la règle de Justinien. On peut comprendre que, dans une vente, il soit convenu que le prix sera payé seulement à la mort de l'acheteur par ses héritiers, ou à la mort du vendeur à ses héritiers. Seulement dans ce cas, c'est toujours à titre de représentant du contractant que les héritiers deviennent créanciers du débiteur. La créance fait toujours partie activement ou passivement du patrimoine du contractant ; c'est en réalité l'exécution du contrat qui se trouve reportée, pour ses effets, au moment du décès. Il n'y a pas là création d'un droit, ou d'une obligation mise au profit ou à la charge des héritiers. Cette observation présente des intérêts considérables. Ainsi, au point de vue actif, le prix de vente est payable aux héritiers ; ce prix est dû à la succession et il forme le gage des créanciers héréditaires. Si donc ces héritiers acceptaient sous bénéfice d'inventaire, ils ne pourraient prétendre soustraire ce prix aux créanciers. La jurisprudence fait tous les jours l'application de ces idées au cas d'assurance sur la vie stipulée au profit des héritiers comme tels ; le capital stipulé constitue alors une valeur faisant encore partie du patrimoine de l'assuré et rentrant dans le gage de ses créanciers. Il n'en serait plus ainsi, bien entendu, si les héritiers avaient été considérés comme des tiers ayant un droit propre, naissant dans leur personne au jour du décès.

Il faut ajouter que le principe étant posé, la règle s'applique sans difficulté lorsqu'on stipule ou que l'on promet pour ses héritiers en masse en quelque sorte.

Mais pourrait-on ainsi stipuler ou promettre au profit ou à la charge d'un seul de ses héritiers nommément désigné? Pour résoudre la question, il faut partir du principe que chaque héritier n'est le représentant du contractant à qui il succède que dans la mesure de sa part héréditaire. Au delà il n'est plus qu'un tiers ; et nous en tirerons cette conséquence qu'on ne saurait obliger un de ses héritiers au delà de sa part héréditaire. Celui qui achète un immeuble ne pourrait pas convenir que le prix serait la dette exclusive d'un seul de ses héritiers, de l'aîné de ses enfants par exemple, pour le cas où lui-même viendrait à mourir avant qu'il eût payé le prix.

Cette solution, cependant, pourrait paraître contredite par l'art. 1221, 4°. Il s'agit là d'exceptions à la règle que les dettes se divisent entre héritiers, et le texte déclare qu'il peut être convenu que l'un les héritiers serait chargé seul de l'exécution de l'obligation. N'est-ce pas contraire à ce que nous venons de dire? Nullement. On peut en contractant convenir que le créancier pourra poursuivre l'exécution totale de l'obligation contre tel ou tel des héritiers, ou contre l'un quelconque des héritiers. Cela revient à dire qu'on peut déroger au principe que les dettes se divisent entre les héritiers; mais cette exception n'existera qu'au point de vue du droit de poursuite, et ne s'appliquera plus dans les rapports des héritiers entre eux. C'est ce qu'indique l'art. 1221 lui-même, lorsqu'il fait allusion au recours contre les cohéritiers. Il y a là certainement, au point de vue du droit de poursuite, une exception notable au principe de la divisibilité des dettes, exception *utilitatis causa*, mais qui ne doit pas être étendue à la contribution. Si le contractant voulait mettre l'obligation à la charge exclusive d'un seul de ses héritiers, il le pourrait certainement, mais par une disposition testamentaire; ce serait une vraie libéralité faite aux autres héritiers, et il faudrait que cette libéralité ne dépassât pas la quotité disponible.

Voici maintenant une seconde idée assez voisine de la première : Le contractant qui ne peut pas mettre à la charge exclusive de l'un de ses héritiers l'obligation qu'il a contractée, pourrait-il, au contraire, convenir avec le créancier qu'après sa mort à lui, l'exécution de l'obligation ne pourrait être poursuivie que contre l'un de ses héritiers, mais dans la limite de sa part héréditaire?

Ainsi un immeuble a été vendu pour 20,000 fr.; il ne peut pas être convenu dans le contrat que ce prix soit à la charge exclusive de l'un des deux enfants de l'acheteur. Mais celui-ci ne pourrait-il pas dire : Cet immeuble, je l'achète pour 20,000 fr.; mais, si le prix n'est pas payé à ma mort, il sera entendu que le vendeur ne pourra demander que la part du prix qui serait dû par le plus jeune? En d'autres termes, le vendeur ne pourrait plus demander que 10,000 fr., mais au plus jeune seulement. Ou bien le prix consiste en rente viagère; et il est convenu que l'acheteur venant à prédécéder, la rente ne serait plus due que par l'un seulement des héritiers pour sa part héréditaire. La convention faite en ces termes serait-elle valable ?

Ainsi posée, la question change d'aspect. Nous disions tout à l'heure : L'héritier est un tiers pour ce qui excède sa part héréditaire. Mais ici ce moyen de solution nous manque. La question doit donc se formuler autrement, et voici dans quels termes : Le contractant a-t-il pu stipuler au profit d'un seul de ses héritiers l'extinction de sa dette ? Il s'agit de savoir si l'on peut dégrever un seul de ses héritiers de sa part dans la dette. Le droit romain, malgré sa rigueur, et bien qu'il s'en soit tenu très étroitement à la règle : *Res inter alios acta* — avait admis qu'on pouvait éteindre la dette pour la part d'un seul des héritiers (L. 33, Dig., 2, 14). Cette doctrine était aussi celle de Pothier (*Oblig.*, n° 64). Elle est aujourd'hui généralement repoussée. Et voici en quelques mots le raisonnement que l'on présente. Quel est en définitive le résultat juridique de cette convention ? C'est de réduire la dette à moitié, le jour où elle pèsera sur la succession ; et cette dette ainsi réduite à moitié serait mise pour le tout à la charge d'un seul des héritiers. De sorte que si, au point de départ, nous avons dit que la question se posait d'une façon différente de celle que nous examinions tout à l'heure, au point de vue du résultat c'est en réalité la même chose. En définitive, la question se ramène à cette formule : Peut-on mettre une dette réduite de moitié à la charge d'un seul de ses héritiers ? Il faudrait pour cela qu'on pût stipuler pour un seul de ses héritiers : Ce serait donc stipuler pour un tiers sous des conditions qui ne sont plus celles de l'art. 1121 ; et une stipulation de ce genre n'est permise que si l'on fait exactement ce que l'art. 1121 prévoit sous le nom de stipulation pour autrui. Telle est la principale raison ; je passe sur les détails et les omets même complètement.

Nous venons de voir ce qui concerne le côté passif du problème, abordons le point de vue actif. Peut-on stipuler que la créance passera exclusivement à tel ou tel de ses héritiers ? Ainsi le vendeur stipule que le prix sera payable à sa mort à l'aîné de ses enfants. Ou encore le prix a été fixé en rente viagère, laquelle serait stipulée réversible sur la tête d'un seul de ses enfants ; ou bien il a été dit que cette rente ne commencerait à être payée qu'à la mort du vendeur, mais au profit et sur la tête d'un seul de ses héritiers. Prenons pour point de départ de tous nos raisonnements à cet égard que, pour tout ce qui dépasse sa part héréditaire, le successeur auquel est attribué la totalité de la créance est un tiers. Aussi le droit romain décidait cette fois qu'une stipulation de ce genre était nulle. (L. 137, Dig., *de Verb. oblig.*). Et Pothier (*Obligat.*, n° 64) était également de cet avis, sauf un léger tempérament qu'il avait cru devoir apporter à la rigueur des solutions romaines. Il disait que cette stipulation sans doute n'était pas valable en tant qu'elle aboutirait à attribuer à l'héritier désigné la créance entière, sans qu'on ait eu l'intention de décharger le débiteur ; mais on devrait la valider, et c'était là le correctif admis par Pothier, en tant qu'elle aboutirait à attribuer à cet héritier uniquement sa part héréditaire, et en admettant que pour le reste il y eût remise de l'obligation. Il aura été convenu, dans ce cas, que si le créancier n'a pas exigé l'exécution de la dette de son vivant, son débiteur n'en serait tenu désormais que pour la part à laquelle succéderait tel ou tel des héritiers, tandis qu'il serait déchargé de plein droit pour les parts des autres.

Aujourd'hui, les auteurs, en général, déclarent que cette convention est nulle en principe ; et les plus autorisés vont même plus loin que Pothier. Ils n'admettent pas que la convention pût être valable en tant qu'il y aurait remise de la dette pour la part de chacun des autres héritiers, tandis que l'un des cohéritiers garderait droit à sa part dans la mesure de son droit héréditaire. Cette décision prévaut aujourd'hui, quoi qu'elle ait été quelquefois combattue par des arguments assez inexacts. Je crois cependant qu'on peut lui en opposer de véritablement décisifs. Et, quant à moi, non seulement j'accepterais sans hésiter le tempérament proposé par Pothier ; mais j'irais plus loin encore, et j'admettrais la validité de la clause dont parlait Pothier, même en tant qu'elle devrait aboutir à l'attribution exclusive de la créance à un seul des héritiers.

Ainsi donc en principe, mon avis est que par la convention on a pu stipuler l'attribution du tout à un seul. Pothier cette fois s'est laissé entraîner, sans une réflexion suffisante, par l'autorité du texte romain qu'il citait. Ce texte appliquait, d'après la rigueur du droit romain, le principe que, par une stipulation, on ne peut acquérir un droit à autrui. Mais c'était là un principe romain, qui ne correspondait déjà plus aux idées du droit coutumier de l'époque de Pothier. Il ne faudrait pas oublier que, dans notre droit, la stipulation pour autrui, d'après Pothier lui-même, est valable sous certaines conditions déterminées.

Il est possible sans doute que la stipulation qui nous occupe ne soit pas valable en vertu de l'art. 1122, et en cela les auteurs ont raison ; mais elle sera valable en vertu de l'art. 1121, tel que je l'ai expliqué.

L'héritier est bien un tiers ; la stipulation dont il s'agit, et qui est faite en sa faveur, rentre parmi les hypothèses dans lesquelles il est permis de stipuler pour autrui. Prenons le cas le plus pratique, celui de l'art. 1973. Je cède un immeuble ou un capital en convenant que celui qui le reçoit paiera une rente viagère à un tiers, or je puis désigner comme bénéficiaire de la rente tel ou tel de mes héritiers présomptifs, et cela en qualité de tiers bénéficiaire. Je puis faire cela *ab initio ;* mais je puis le faire aussi en stipulant d'abord pour moi, puis en ajoutant que la rente serait réversible sur la tête de tel de mes héritiers. Aucun principe ne s'y oppose. Il y a une convention valable faite par moi, ou si l'on veut une dation d'immeuble, avec adjonction d'une charge ; et la charge est stipulée par moi au profit d'un de mes héritiers, comme j'aurais pu la stipuler au profit d'un tiers quelconque. Nous sommes dans les termes de l'art. 1121. Mais il faut bien s'entendre ; car c'est sur ce point que s'est produit ce que j'oserais appeler un véritable malentendu. Les auteurs qui jusqu'alors ont invoqué l'art. 1121 dans notre espèce ont dit que la clause dont il s'agit était valable parce qu'elle constituait la condition d'une convention faite pour soi-même. C'était une erreur, je vous l'ai montré ; cette première exception admise par l'art. 1121 ne s'applique en réalité que s'il y a clause pénale. Aussi la réponse à faire à ce procédé d'argumentation était-elle par trop facile. Et on n'a pas manqué de la faire. Et en effet, il n'y a qu'une seule stipulation, a-t-on dit : où est la stipulation faite pour soi-même ? Et, s'il n'y en a pas, comment faire intervenir l'espèce visée par la première exception de l'art. 1121 ? Voilà pourquoi cette doctrine a sombré. Mais je vous ai dit, moi, que le terrain de l'art. 1121 était bien plus large ; il faut en effet appliquer à cette espèce le second alinéa du texte, et non le premier. Celui-ci sans doute ne parle que de donation avec charge ; mais je vous ai dit qu'il fallait entendre cela de toute donation que l'on grève d'une modalité ; voilà la vérité. Et c'est ce qui existe dans l'exemple sur lequel nous discutons. La convention qui nous occupe est une véritable stipulation pour autrui ; donc jusqu'à l'acceptation, le stipulant a le droit d'enlever le bénéfice au tiers pour lequel il a été stipulé. Il le peut, soit en libérant le promettant, soit en s'attribuant à lui-même le profit de la stipulation.

J'ai passé un peu vite sur toutes ces questions, je vous renvoie d'ailleurs aux auteurs. Je vous ai expliqué l'art. 1122 en ce qui touche les ayants-cause à titre universel. Mais il faut compléter cette théorie en vous disant quelques mots des ayants-cause à titre particulier.

L'ayant-cause à titre particulier est une personne qui se trouve tenir un droit de l'un des contractants, sans cependant être son ayant-cause à titre universel. Dans quelle mesure va-t-il donc succéder aux droits et obligations de son auteur ? Il faut, pour résoudre la question, se placer à des points de vue différents. Au point de vue actif tout d'abord, on peut toujours céder en principe les droits qu'on a contre un tiers. On peut céder à une tierce personne, laquelle devient l'ayant-cause du cédant, le droit de se prévaloir de la convention qu'on a faite. En second lieu, celui à qui l'on transfère à titre particulier un bien quelconque doit être considéré comme ayant reçu par une cession implicite les droits que son auteur avait acquis par contrat à l'occasion du bien transmis. Ainsi le donataire d'un immeuble est l'ayant-cause à titre particulier du donateur. Ce donataire est réputé avoir acquis implicitement tous les droits que le donateur pouvait tenir d'un contrat en tant que ces droits se réfèrent au bien objet de la donation. Par exemple il avait acheté l'immeuble aujourd'hui donné; auquel cas, s'il y a éviction, il a droit de recourir contre le vendeur par l'action en garantie. Si c'est le donataire qui est évincé, il pourra recourir en garantie contre le vendeur qui avait transmis l'immeuble au donateur. Il invoque un contrat qu'il n'a pas fait ; mais la créance en garantie lui avait été implicitement cédée.

Au point de vue passif, au contraire, l'acquéreur d'un bien

déterminé n'est tenu de l'effet des contrats antérieurement passés relativement au bien transmis qu'autant que ces contrats auront créé des droits réels sur cet immeuble. Ainsi le donateur a créé des servitudes ; le donataire en est tenu. Il ne serait pas tenu des obligations conclues relativement à l'immeuble donné. Il y a seulement une exception qu'il faut rappeler, celle de l'art. 1743, en ce qui touche le bail. On a cherché à expliquer cette dérogation par la théorie de la réalité du droit. C'est faux ; il s'agit d'une véritable exception à notre principe, exception qui se justifie par des raisons d'utilité pratique.

LVIIe LEÇON

THÉORIE DES AYANTS-CAUSE (SUITE). — DES CONTRE-LETTRES.

Je dois ajouter que parmi les ayants-cause à l'égard de qui les conventions passées par une personne peuvent produire effet, il faut classer les créanciers des contractants. Ils sont ayants-cause en raison du droit de gage général qui leur est accordé par la loi sur l'ensemble des biens de leur débiteur (art. 2092). En raison de ce droit de gage général les créanciers peuvent se prévaloir des conventions qui ont été faites par leur débiteur. Ce point de vue, nous le retrouverons très prochainement, quand nous étudierons l'art. 1166 ; c'est à ce propos que nous verrons la mise en œuvre de cette idée que, si on les considère du côté actif, les créanciers peuvent invoquer les droits de leur débiteur.

Au point de vue passif, les créanciers sont aussi les ayants-cause de leur débiteur et peuvent se voir opposer les effets des conventions qui ont été consenties par lui, et cela alors même qu'il s'agirait de contrats postérieurs à l'époque où ils sont devenus créanciers. Ceci tient à ce que le droit de gage général consacré par l'art. 2092 ne constitue pas un droit réel sur les biens ; il ne met pas obstacle, en principe, à ce que le débiteur conserve la libre disposition de ses biens. Dès lors tous les actes faits par le débiteur sont opposables à ses créanciers. Cependant nous n'entendons pas dire par là qu'on puisse, contre les créanciers du contractant, poursuivre l'exécution des obligations de ce débiteur. Ainsi je vous ai montré que passivement il y avait un cas où les créanciers se trouveraient obligés de procurer l'exécution d'un engagement pris par leur débiteur, c'est le cas de l'art. 684 Cod. Pr. Le droit du locataire est opposable aux autres créanciers, en ce sens que ceux-ci, non seulement ne peuvent dénier quant à eux l'existence du bail, mais en ce sens qu'ils doivent en subir l'exécution, et qu'on peut même, le cas échéant, la poursuivre contre eux. Mais ce n'est là qu'une règle exceptionnelle et ce n'est pas en ce sens qu'il faut entendre la règle générale qu'au point de vue passif les créanciers sont les ayants-cause de leur débiteur. Ici, et en tant que règle générale, c'est tout autre chose; ils sont ayants-cause uniquement en ce sens qu'ils doivent subir les actes faits par le débiteur, subir le concours des autres créanciers même postérieurs, ou se voir opposer une aliénation; mais nullement en ce sens qu'ils seraient tenus personnellement et directement des obligations contractées par leur débiteur.

Sous ce rapport, leur situation est donc bien inférieure à celle des créanciers ayant un droit réel. Ainsi, prenons le créancier hypothécaire. Ce créancier a un droit réel; et, à ce titre, il doit subir les contrats générateurs de droits réels faits par son auteur; c'est ce que nous avons vu précédemment. Mais les ayants-cause à titre particulier ne sont des ayants-cause, à l'égard même des droits réels provenant du chef de leur auteur, qu'autant qu'il s'agit d'actes antérieurs à l'acquisition de leur propre droit. Ainsi, supposez une servitude créée avant la constitution d'hypothèque; le créancier hypothécaire est un ayant-cause qui subira cette servitude; au contraire, à partir du jour où l'hypothèque a été constituée, il acquiert un droit indépendant des actes de son auteur, indépendant des actes nouveaux que celui-ci pourrait faire. Et c'est ainsi que celui qui a acquis un droit réel se trouve à la fois un ayant-cause quant aux actes antérieurs à l'acquisition de son droit, et un tiers quant aux actes qui sont postérieurs.

Par suite, dans le conflit entre deux personnes tenant leur droit du même auteur, il y a une question de preuve difficile, qui est de savoir lequel a un droit plus ancien. Et si l'un des deux établit la preuve de la constitution de son droit à une certaine date, il devra être considéré non plus comme un ayant-cause, mais comme un tiers à l'égard de tous actes postérieurs. C'est là l'explication de l'art. 1328 qui présente une difficulté grave quand on le rapproche de l'art. 1322.

Quels sont, en effet, ces tiers dont parle l'art. 1328 ? Je n'ai pas à exposer ici la question. Ces tiers ne peuvent être cherchés que très exceptionnellement parmi les tiers absolument étrangers aux parties. Car les contrats en général ne sont pas opposables aux tiers, et la question de date leur est indifférente. Ces tiers devront être cherchés parmi les ayants-cause des parties, en tant qu'ils peuvent être des tiers à l'encontre les uns des autres.

Ainsi notre créancier hypothécaire à qui on oppose une servitude est un tiers, car il ne peut être un ayant-cause que quant aux actes antérieurs à son droit ; or, c'est cette antériorité qu'il importe de prouver.

Remarquez aussi que l'espèce que j'ai prise se trouve résolue par l'application d'autres principes que vous connaissez. Quand il s'agit de droits qui ne peuvent produire leur effet que par la publicité, pour ces droits, le conflit entre ayants-cause du même auteur ne se résout pas par la question de date seulement. C'est ainsi que celui dont le droit aura été publié pourra se considérer comme un tiers, même à l'égard de droits réels acquis antérieurement au sien, mais non préalablement publiés.

Sortons donc des hypothèses de droits soumis à la publicité, et faisons l'application de notre règle à la disposition de l'art. 1743. Chez nous l'acquéreur à titre particulier d'un immeuble est obligé de respecter le bail consenti par son vendeur ; ce qui doit être regardé comme une exception au principe que les ayants-cause à titre particulier ne sont pas tenus des contrats de leur auteur, à moins que ceux-ci n'aient engendré un droit réel. Dans le cas qui nous occupe, il n'y a pas de droit réel, c'est mon opinion ; c'est donc une exception au principe. Or, l'acquéreur n'est tenu de cette obligation qu'à l'égard des baux qui sont antérieurs à son acquisition. Du jour de son acquisition, il devient un tiers, au sens absolu du mot, pour tous les actes postérieurs passés par le vendeur.

Entre deux parties en contestation sur ce point, le conflit se résoudra donc par une question de date. Ainsi à l'égard du bail qu'on lui oppose, l'acquéreur est un tiers, tant qu'on ne justifie pas que la date en est antérieure à son acquisition. Ce n'est pas une question de publicité, mais d'antériorité de droit.

Voilà le principe : on est ayant cause pour les actes antérieurs ; on est un tiers pour les actes postérieurs. Cela est vrai pour qui a acquis un droit réel. Mais ce n'est plus vrai pour ce qui est des créanciers chirographaires. Après comme avant, ils sont ayants-cause. A cela cependant il y a une limite. Les créanciers cessent d'être obligés de subir l'acte fait par leur débiteur, quand cet acte a été accompli en vue de faire fraude à leurs droits.

Des contre-lettres.

Il résulte de toutes les observations qui précèdent que, à l'égard des actes faits par une personne déterminée, on peut être considéré comme un tiers ou traité comme tel, à certains points de vue tout au moins, quoiqu'on soit un ayant-cause au sens propre du mot : C'est ce qui se présente par exemple au cas de l'art. 1321, lequel se réfère à la théorie des contre-lettres, théorie qui se rattache très directement à la matière que je viens d'exposer et que je me trouve ainsi amené à traiter à cette place.

Qu'est-ce donc qu'une contre-lettre ? Le texte ne nous en donne pas de définition. L'expression se retrouve encore dans les art. 1396 et 1397, sans qu'il y ait là, plus qu'ailleurs, de définition ou de tentative de définition. Dans ces derniers textes, du reste, l'expression n'a pas le même sens que dans l'art. 1321. Je vous donne d'abord l'indication de ce que vise l'expression employée dans ces derniers articles. Ces textes se placent dans l'hypothèse d'un contrat de mariage ; et ils supposent que, dans l'intervalle entre le contrat et la célébration, les parties veulent apporter des modifications au contrat de mariage. Ce ne sont là que des changements que la loi subordonne pour des motifs particuliers à certaines conditions spéciales. Les art. 1396 et 1397 désignent ces modifications sous le nom de contre-lettres. Il faut remarquer que ces modifications n'ont, intentionnellement du moins, aucun caractère de simulation ; elles n'ont pas pour but de faire croire à un régime apparent, qui serait différent du régime véritable adopté par les parties. Il aurait pu se faire que les changements dont nous parlons fussent ignorés des tiers ; de là certaines précautions prises par l'art. 1397. Mais ces changements n'avaient pas pour but de tromper les tiers. Dans l'art. 1321, la contre-lettre est tout autre chose. Elle consiste dans un écrit destiné à établir et à constater qu'il y a eu dans un acte une simulation ou une dissimulation. Il ne s'agit plus de modifications apportées après coup à un acte initial, mais de la signification exacte de cet acte lui-même, tel que les parties l'avaient voulu, signification dissimulée pour l'apparence, et que l'on rétablit par un acte destiné à faire preuve entre les parties. Ainsi une situation juridique est créée par un contrat ; mais l'écrit qui a été dressé n'est pas l'expression de la véritable situation ; il n'a été dressé que pour établir une situation simulée. Puis, à côté, on a fait un autre écrit qui a pour but de redresser et de rétablir la véritable situation.

Prenons une vente d'immeuble ; elle a été faite moyennant un prix que je suppose être de 100,000 francs ; dans l'acte dressé on indique 80,000 francs. Mais il y a un écrit séparé, et dissimulé, dans lequel l'acheteur se reconnaît débiteur de 20,000 francs pour supplément du prix.

Pourquoi cette dissimulation dans l'acte? Dans l'espèce cette dissimulation a pour but de soustraire les parties, au moins partiellement, aux exigences de l'administration fiscale. C'est là le but le plus fréquent. Dans tous les cas de contre-lettres, ou à peu près, il y aura une idée de fraude. Ainsi un débiteur, craignant de voir son bien saisi par les créanciers, fait une vente apparente d'un immeuble. Mais, à côté de cet acte, il y en a un autre destiné à rester secret, constatant qu'en réalité il n'y a pas vente et que l'immeuble est demeuré la propriété de l'aliénateur apparent. L'écrit ainsi rédigé en vue de rétablir la vérité de la situation sera une contre-lettre.

J'ai dit que la contre-lettre avait en général pour but une fraude à l'encontre du fisc ou des créanciers ; il me faut atténuer cependant ce que cette formule avait d'un peu absolu. Il peut arriver en effet qu'une contre-lettre ait été dressée sans qu'il y ait eu aucune intention de réaliser une fraude à l'encontre du fisc ou des créanciers. Ainsi, un individu veut être nommé administrateur d'une société anonyme ; or, les statuts exigent, comme condition préalable, que l'on soit propriétaire d'un certain nombre d'actions. Cet individu s'en fait faire le transport apparent par un tiers ; mais un acte est dressé secret dans lequel le prétendu vendeur sera reconnu être demeuré, en réalité, propriétaire des titres. De même supposons un bail dont le chiffre du loyer a été exagéré. On peut se demander dans quel but cette majoration simulée ? Or, il est possible que le propriétaire, désirant vendre son immeuble, ait voulu faire croire à l'acquéreur que l'immeuble produisait un revenu plus élevé. De sorte que, dans ce cas également, il y aura un écrit destiné à faire la preuve entre les parties du véritable prix du bail. Dans ces dernières hypothèses, on a encore voulu tromper quelqu'un, mais il ne s'agit plus de frauder les créanciers.

Vous voyez par ces exemples ce qu'on entend par une contre-lettre. C'est donc un titre qui constate une simulation, ou une dissimulation, faite dans un acte qui tend à créer une situation apparente entre cocontractants. Certains textes supposent que l'acte primitif, que l'on veut rectifier, est un acte authentique et la contre-lettre un acte sous-seing privé ; ce sera le cas le plus fréquent, je le reconnais, mais le contraire pourrait aussi se produire.

La théorie des contre-lettres dans le Code civil est placée au chapitre des preuves ; et cependant il n'y a pas là une question de preuve ; il s'agit de l'effet d'une convention, si bien qu'on pourrait trouver une contre-lettre même dans une convention rectificative non prouvée par écrit. Seulement, pour des raisons que nous verrons, il sera très rare que cette convention ne soit pas rédigée par écrit. Quoi qu'il en soit, ces observations expliquent la place que je donne à cette matière.

La notion de la contre-lettre étant ainsi précisée, étudions la disposition de l'art. 1321 qui s'y réfère. Ce texte porte que la contre-lettre n'a d'effet qu'entre les parties contractantes, et non à l'égard des tiers.

La loi, tenant compte de ce que les parties ont poursuivi un but frauduleux, aurait peut être pu déclarer que, même entre ces dernières, la contre-lettre serait non avenue; elle n'a pas été jusque là, et le législateur a voulu, dans la mesure où ce principe pouvait encore recevoir son application, respecter la règle que les conventions font la loi des parties. Seulement la contre-lettre ne vaudra qu'entre ces parties elle-mêmes. Notons toutefois que, pour que la convention soit ainsi valable entre les parties, il faut, bien entendu, que la contre-lettre ne dissimule pas une convention illicite. Nous en avons eu la preuve à propos de ces traités secrets dont je vous ai parlé et qui ont pour but de rétablir le prix véritable en matière de cession d'offices ministériels; dans l'acte affirmé on avait donc présenté un prix moins élevé afin de le faire agréer par l'administration. Il y a là une convention contraire à l'ordre public, ayant pour but d'éluder le contrôle de l'autorité en matière de cession d'office. La jurisprudence déclare cette convention illicite et l'annule.

Je vous disais tout-à-l'heure que les dissimulations en vue de frauder le fisc étaient assez fréquentes. Aussi, à une certaine époque, il fut décidé que toute contre-lettre faite dans ce but serait nulle (*loi de frimaire an VII*, art. 40). Ce texte portait que toute contre-lettre faite sous signature privée, qui aurait pour objet une augmentation du prix stipulé dans un acte public ou dans un acte sous signature privée précédemment enregistré, serait déclarée nulle et de nul effet. Aux termes de ce texte, la contre-lettre constatant la dissimulation du prix d'un immeuble était déclarée nulle même entre les parties; et cette sanction rigoureuse devait s'appliquer, non seulement au cas de vente d'immeuble, mais dans les soultes de partage ou d'échange. En tout cas, par cette disposition d'une loi positive, on voit clairement qu'il s'agit, en matière de contre-lettre, d'une question, non de preuve, mais de validité de convention.

Sous l'empire du Code civil on a longtemps discuté la question de savoir si cet article 40 était encore en vigueur, ou s'il avait été abrogé par l'art. 1321 (*Locré*, t. XII, p. 214 et suiv., p. 243). Les travaux préparatoires ne pouvaient guère laisser de doute sur son abrogation. Quant aux objections de doctrine, je me dispense de les examiner. Quoi qu'il en soit, la question semble bien avoir été législativement tranchée par une loi du 23 août 1871, qui avait pour but d'augmenter le rendement des impôts, principalement en matière d'enregistrement et de timbre.

Cette loi s'était proposé, dans ce but, de prévenir et de réprimer les fraudes si fréquentes qui consistent à dissimuler le prix en matière d'aliénation. Le Gouvernement aurait voulu refuser au vendeur toute action en justice pour le paiement de ce qui aurait été stipulé en sus du prix de vente ou de la soulte énoncée dans l'acte. Enfin, l'acheteur aurait eu le droit de répéter toute somme payée en exécution d'une stipulation de cette nature. En réalité, c'était la reproduction de l'art. 40 de la loi de Brumaire ; on frappait de nullité toutes les contre-lettres portant augmentation de prix. Mais la commission n'admit qu'en partie les propositions du Gouvernement. Elle voulait bien dispenser du paiement, mais sans autoriser la répétition. Toutefois, ces diverses dispositions, malgré les efforts du rapporteur et ceux du Gouvernement, furent définitivement repoussées. La proposition fut renouvelée en 1875, et également repoussée à une très forte majorité. En réalité, il ne subsiste de toutes ces tentatives que l'art. 12 actuel de la loi du 24 août 1871, lequel se borne à réprimer ces fraudes et dissimulations par voie d'amende.

Maintenant, le principe étant que, sauf exception pour le cas de convention illicite, entre les parties la convention est valable, il reste une question de preuve dont nous devons nous préoccuper. Les contre-lettres, en effet, ont pour but de démentir les énonciations d'un acte. Cet acte était destiné, au contraire, à établir une situation apparente. Il faut donc prouver que cette situation n'était pas la vraie, que ce n'était pas celle qui était voulue par les parties. Comment faire cette preuve ? En principe, lorsqu'il s'agit de contredire les énonciations d'un acte écrit, il faut que la preuve soit faite par écrit. L'art. 1341 repousse la preuve par témoins contre et outre le contenu aux actes, et cela même dans le cas où, en raison du peu de valeur de la convention, celle-ci aurait pu être prouvée par témoins, par exemple parce que l'intérêt en cause est inférieur à 150 fr. Telle est la règle. Donc une simple convention qui aurait pour but de contredire un acte écrit établissant une situation juridique, en principe, ne pourrait pas se prouver par témoins ; mais j'ajoute qu'il n'en sera plus de même si cette seconde convention a pour but de faire fraude à la loi. Ainsi étant donnée la jurisprudence sur les donations déguisées, on a pu faire la donation sous le couvert d'un contrat à titre onéreux, pour faire fraude à la réserve ou à la règle de l'art. 908. Or, d'après l'art. 1353, on pourra toujours prouver, même entre les parties, et par tous les moyens possibles, l'existence de la donation. Toutes ces règles s'appliqueront en matière de contre-lettre. D'ailleurs le mot même de contre-lettre indique presque forcément qu'il s'agit d'un acte écrit.

Nous avons étudié la question de preuve et l'effet des contre-lettres entre les parties. Il nous faut maintenant poser la question à l'égard des tiers. L'art. 1321 nous dit à ce sujet que les contre-lettres n'ont point d'effet contre les tiers. Mais, comment peut-il être question d'invoquer la contre-lettre contre un tiers ? Est-ce qu'il n'est pas de règle que les conventions n'ont pas d'effet à l'encontre des tiers ? C'est à ce point de vue qu'il faut reconnaître que, sous ce nom de tiers, on comprend fréquemment les ayants-cause des parties. Ce sont des ayants-cause qui ont le droit de prétendre qu'ils sont des tiers à l'encontre de certains actes faits par leur auteur. Prenons comme exemple le cas où l'on a surélevé le prix d'un bail afin de favoriser la vente de l'immeuble loué. L'immeuble est vendu et l'acquéreur est tenu de respecter le bail ; mais réciproquement cet acquéreur a le droit d'en demander l'exécution. Cet acquéreur est bien sans doute un ayant-cause du bailleur ; mais cet ayant-cause est cependant un tiers au sens de l'art. 1321.

Arrivons maintenant à une définition : Nous dirons que les tiers, au sens de l'art. 1321, seront les ayants-cause auxquels la convention serait opposable, si cette convention ne se produisait pas sous la forme d'une contre-lettre. Les parties passent une convention ; celle-ci vaudra à leur égard, non pas telle qu'elle est à l'apparence, mais telle que les parties ont voulu qu'elle fût en réalité. Et voilà pourquoi elles peuvent invoquer la contre-lettre pour remettre les chose au point. Mais il n'en est plus de même des tiers, c'est-à-dire de ceux qui avaient le droit de compter sur la convention et qui auraient pu l'invoquer. Ils doivent être protégés contre les fraudes qui seraient de nature à leur porter préjudice. Aussi, quant à eux, c'est l'apparence qui va l'emporter sur la réalité ; les parties, en faisant un acte apparent, destiné à la publicité, sont censées s'être engagées par le fait même à s'en tenir à la teneur de l'acte, dans la mesure où il s'agirait de le faire valoir à l'égard des tiers. Ainsi, pour reprendre l'exemple que j'ai déjà cité, je suppose un prix de bail majoré en vue de faciliter la vente de l'immeuble : on a porté dans l'acte 12,000 fr. au lieu de 10,000. L'acquéreur réclame le prix du loyer au preneur : celui-ci peut-il faire apparaître une contre-lettre constatant que le montant véritable du loyer est seulement de 10,000 fr. ? Absolument pas. Cet acquéreur est un tiers au point de vue de la contre-lettre à laquelle il n'a pas participé. Elle ne peut être invoquée contre lui, et il en est ainsi précisément parce que la convention à laquelle la contre-lettre se réfère lui était opposable, en ce sens qu'elle avait effet pour et contre lui. Cet exemple est bien de nature à illustrer la définition que je vous ai donnée : les tiers dont parle l'art. 1321 sont les ayants-cause auxquels l'acte apparent eût été opposable.

Je prends un autre exemple qui vous fera très bien pénétrer le sens de la règle. Je supposerai un bail consenti à l'origine pour un loyer de 10,000 fr. C'était un prix sincère; et plus tard, par un acte postérieur, le bailleur accorde au preneur une diminution de fermage. Cet acte serait parfaitement opposable à un acquéreur postérieur, à la condition, bien entendu, qu'il eût date certaine antérieure à l'aliénation. Il n'y aurait donc plus entre les parties qu'une question de date. Ce ne serait pas là une contre-lettre au sens de l'art. 1321. Ce qui caractérise la contre-lettre, au sens vrai du mot, c'est qu'elle constate une simulation; elle contredit, elle dément. Dans notre hypothèse, nous sommes en présence d'une convention modificatrice du contrat primitif; c'est un acte sincère dérogeant à un acte sincère. Ce serait, si l'on veut, une contre-lettre dans le sens où le mot est pris dans les art. 1396 et 1397. Au contraire, que cette diminution de bail se fasse par acte secret, elle ne sera pas opposable à l'acquéreur : ce serait, cette fois, une véritable contre-lettre dans le sens de l'art. 1321, c'est-à-dire un acte qui a pour but de tromper les tiers en leur présentant une situation apparente, qui n'est pas la vraie.

Il semble que j'aurais pu prendre aussi le conflit qui s'élèverait entre acquéreurs d'immeuble. Ainsi, supposons la vente apparente d'un immeuble. L'acquéreur apparent revend cet immeuble ou le grève d'hypothèques. Or, il se trouve que le premier vendeur avait une contre-lettre constatant que la vente était simulée; pourra-t-il invoquer la contre-lettre pour faire tomber les aliénations ou les constitutions d'hypothèques consenties par l'acquéreur apparent? Le conflit, comme vous le voyez, s'élève entre l'une des parties et un tiers qui tient ses droits de l'autre partie. Evidemment, sous l'empire du Code civil, cette contre-lettre eût été inopposable au tiers ainsi visé. Et c'eût été là un exemple excellent, avant la loi de 1855, pour bien montrer que la contre-lettre, valable entre les parties, ne peut avoir effet à l'encontre des ayants-cause de ces mêmes parties. Mais, aujourd'hui, ce qui fait que les actes de ce genre sont opposables aux tiers, c'est la publicité. Ainsi, dans l'exemple que j'ai supposé, l'acquéreur investi de cette propriété apparente n'aura pas manqué de faire transcrire, et cela précisément en vue d'atteindre le but pour lequel on a eu recours à la simulation : il a voulu inspirer confiance. Et alors, si ce même acquéreur constitue une hypothèque sur l'immeuble, la question se pose dans les termes suivants : peut-on opposer au créancier hypothécaire, qui a inscrit son hypothèque, la contre-lettre d'après laquelle le droit de celui qui la lui a constituée était déclaré purement apparent et fictif ? Or, on a beau prétendre que, à l'égard des parties et de leurs ayants-cause, la transcription ne purge pas les vices de l'acte qu'elle constate ; tout au moins vis-à-vis de leurs ayants-cause elle doit faire preuve de la convention passée par elles. De sorte que, dans l'hypothèse que j'ai décrite, la contre-lettre pourrait, tout au plus, être considérée, à l'égard des ayants-cause de l'acheteur, comme un acte de rétrocession. Or, un acte de rétrocession ne pourrait leur être opposé que s'il a été publié. Donc, même si le Code civil eût admis que la contre-lettre fût valable à l'égard des tiers, désormais à l'encontre de ceux qui tiennent leur droit d'un auteur dont le titre fût soumis à la transcription, cette contre-lettre ne pourrait avoir effet que si elle eût été transcrite avant que l'ayant-cause à qui on l'oppose eût lui-même publié son droit. La question ne se pose plus sur le terrain de l'article 1321, mais sur celui de la loi de 1855 ; et cela peut avoir quelque intérêt pratique, comme on vient de le voir, et sous réserve cependant d'une controverse possible, lorsque la contre-lettre, constatant qu'il y avait eu vente simulée, a été transcrite avant que les ayants-cause de l'acheteur apparent eussent eux-mêmes publié par voie d'inscription, ou de transcription, suivant les cas, les droits qu'ils tenaient de lui.

En réalité, lorsque le conflit s'élève à propos d'un acte soumis à transcription, il est devenu à peu près inutile de faire intervenir la règle de l'art. 1321. Les principes sur la transcription suffisent en pareil cas à protéger les tiers contre l'effet de la contre-lettre, même en la supposant valable entre les parties. Il faut donc, si l'on veut faire valoir uniquement la règle de l'art. 1321, supposer un acte non soumis à transcription ; et cela pourrait se rencontrer même en matière de vente, par exemple si l'on se place au cas d'une vente apparente de fonds de commerce. Une contre-lettre établit que la vente est simulée. Mais, ultérieurement, cet acquéreur apparent aliène à son tour le fonds qu'il était censé avoir acquis : contre le sous-acquéreur, pourra-t-on opposer la contre-lettre ? Evidemment non.

J'ai donc admis, avec la doctrine courante, et sans vous faire part des objections, que la loi de 1855, dans tous les cas qu'elle vise, a rendu inutile la règle de l'art. 1321. En tant qu'il s'agit d'actes destinés à être transcrits, les tiers seraient protégés par les principes relatifs à la transcription, alors même que l'art. 1321 n'existerait pas. Mais rappelez-vous que l'on ne peut pas faire intervenir dans tous les cas l'application de la loi de 1855 ; elle ne protège pas tout le monde ; elle ne protège que les tiers qui ont traité avec l'aliénateur, ou plutôt qui ont acquis de lui un droit propre et indépendant. Elle ne protège pas ses créanciers chirographaires. Ceux-ci, nous le savons, ne peuvent plus opposer le défaut de transcription ; il est au contraire parfaitement admis qu'ils peuvent se prévaloir de l'art. 1321 à l'encontre d'une contre-lettre qui leur serait opposée. Ainsi l'acquéreur apparent, dans l'exemple sur lequel j'ai raisonné, a des créanciers chirographaires qui pratiquent une saisie sur les revenus, sur les récoltes, ou même sur l'immeuble ; ce ne sont pas des tiers au sens de la loi de 1855. Ils ne pourraient pas opposer le défaut de transcription. Mais sont-ils en droit de repousser la contre-lettre qu'on invoquerait contre eux : sont-ils des tiers au sens de l'art. 1321 ? Absolument ; et ceci est admis par tout le monde. La loi n'a pas voulu sans doute aller jusqu'à annuler la contre-lettre ; mais elle a voulu qu'elle ne pût nuire à personne. La circonstance que celui qui invoque la nullité de la contre-lettre n'a pas de droit réel sur l'immeuble est tout à fait indifférente ; ce qui domine, c'est l'idée que la contre-lettre n'est opposable à aucun de ceux à qui elle pourrait nuire. A ce point de vue, les créanciers qui ont fait crédit à un propriétaire apparent sont aussi favorables que ceux qui auraient acquis un droit réel (C. Cass. 3 janvier

1883, Sir., 83, 1, 69). Les créanciers, sans doute, sont, en principe, les ayants-cause de leur débiteur, et les actes faits par celui-ci leur sont opposables. Mais cela n'est plus vrai de la convention constatée par une contre-lettre restée occulte, parce qu'elle constitue un piège au point de vue du crédit du débiteur.

Ceci compris, on voit combien il importe, malgré la loi sur la transcription, de maintenir, même en matière de vente d'immeuble, le principe, consacré par l'art. 1321, de la nullité de la contre-lettre à l'égard des tiers.

Toutefois, ne dites pas, comme c'est l'usage courant, que les contre-lettres n'ont pas d'effet « à l'égard » des tiers ; mais bien qu'elles n'ont pas d'effet « contre » les tiers. Cette rectification est importante, et notamment au point de vue des créanciers chirographaires ; car ceux-ci pourraient à leur profit invoquer la contre-lettre. Par exemple, au cas de contre-lettre constatant une augmentation du prix de vente, les créanciers chirographaires du vendeur pourront invoquer la contre-lettre pour se faire payer le supplément de prix. Ils peuvent l'invoquer, comme pourrait le faire leur auteur lui-même ; c'est alors qu'il est vrai de dire qu'ils se présentent comme les ayants-cause de leur auteur.

LVIIIe LEÇON

DES QUASI-CONTRATS : THÉORIE GÉNÉRALE

Nous avons étudié la première source des obligations ; il en reste trois autres sur lesquelles je vais passer très vite.

Des sources de l'obligation autres que le contrat.

Je vous rappelle qu'aux termes de l'art. 1370 les obligations qui ne dérivent pas de la convention ont leur source, ou cause efficiente, dans l'autorité directe de la loi, ou dans le fait volontaire de l'homme, lequel, s'il est licite, constitue un quasi-contrat, et, s'il est illicite, un délit ou un quasi-délit. Telles sont donc, d'après la terminologie du Code civil, les sources d'obligations, autres que le contrat. Dans ces divers cas, il se forme une obligation, sans qu'il intervienne aucune convention, dit l'art. 1370, ni de la part de celui qui s'oblige, ni de la part de celui envers qui l'obligation va se trouver exister. Cette formule de la loi, au moins dans les expressions qui la terminent, est très incorrecte ; elle pourrait laisser entendre que, là où il y a convention, celle-ci peut se former par l'intervention d'une seule des deux parties. Mais le texte de l'art. 1370 donne lieu encore à une autre critique, en ce que, pour opposer les obligations naissant de quasi-contrats ou de délits à celles qui naissent de la loi, il dit que l'obligation a sa source dans un fait personnel de la partie qui se trouve obligée. Rien de plus juste, en ce qui concerne les délits et quasi-délits ; mais cette formule devient tout à fait inexacte pour ce qui est du quasi-contrat. Il peut arriver, en effet, que, dans les quasi-contrats, il y ait des engagements réciproques, lesquels auront pour origine le fait unilatéral de l'une des deux parties : l'art. 1371, en matière de gestion d'affaires, le laisse parfaitement entendre. Dans l'hypothèse qu'il prévoit, le fait personnel du gérant n'a pas seulement pour effet de l'obliger lui-même envers celui dont il fait l'affaire, mais également de créer à la charge de celui-ci, si l'affaire a été utile, des obligations au profit du gérant lui-même. Dans ce cas, les obligations étant réciproques, comme s'il s'agissait d'un contrat synallagmatique, il n'est pas exact de dire que les obligations ont leur cause dans un fait personnel à celui qui se trouve obligé. Sur ce point, par conséquent, l'art. 1371 rectifie quelque peu la formule défectueuse de l'art. 1370.

Il peut même arriver qu'un quasi-contrat donne naissance, non plus à des obligations réciproques, mais à une obligation unilatérale, qui soit à la charge également, non pas de celui de qui émane le fait constitutif du quasi-contrat, mais de l'autre partie. C'est ce qui a lieu pour certaines obligations qui ont leur cause dans ce grand principe d'équité qu'on ne peut s'enrichir aux dépens d'autrui, ou, autrement dit, que nul ne doit conserver un enrichissement injuste et sans cause au détriment d'autrui. On peut donner comme exemple le cas où une construction a été élevée sur le fonds d'autrui ; le revendiquant, de qui n'émane pas le fait générateur de l'obligation, peut être obligé, à payer indemnité. Il y a là, semble-t-il, une obligation qu'on peut considérer comme naissant d'un quasi-contrat, puisqu'elle a sa source dans le fait volontaire de l'une des parties ; et cependant ce n'est pas cette dernière qui se trouve être l'obligé.

Rectifiant donc la formule de l'art. 1370, nous dirons que les obligations dérivant d'un quasi-contrat sont celles qui ont leur cause dans un fait personnel et volontaire de l'homme.

Des obligations naissant de la loi.

J'aurai peu de choses à vous dire des obligations qui dérivent de l'autorité directe et immédiate de la loi. On a critiqué le Code civil en tant qu'il admet des obligations ayant cette origine. Mais, il faut s'entendre ; quand on dit que des obligations peuvent avoir leur source dans la volonté de la loi, on n'entend pas par là des obligations qui n'auraient d'autre origine qùe la volonté arbitraire du législateur. On veut dire que ces obligations n'ont pas pour fondement un fait volontaire de l'homme qui en soit la source immédiate ; mais elles n'en ont pas moins pour base un fait d'équité, un principe de justice, ou une règle d'utilité générale qui, elle-même, ne blesse pas la justice.

Les exemples que la loi donne de cette catégorie vont confirmer cette observation qui est de nature, comme on le voit, à écarter les critiques dirigées à ce point de vue contre les auteurs du Code civil. Ainsi, parmi ces obligations, le texte mentionne celle des tuteurs, ou autres administrateurs, qui ne peuvent refuser l'administration qui leur est déférée. Dans les cas de ce genre, il y a bien une obligation légale, puisqu'elle se produit en dehors de tout fait volontaire de la part de celui qui va se trouver obligé, et que d'un autre côté il n'a pas dépendu de ce dernier de se soustraire à cette obligation. Mais la loi ne fait que sanctionner sous cette forme les obligations qui naissent naturellement des rapports de famille ; c'est un devoir de famille auquel la loi donne sa sanction, et non une obligation arbitrairement imposée par le législateur. On peut faire la même observation au sujet de l'obligation alimentaire que la loi établit entre certaines personnes, parentes ou alliées ; la loi intervient encore ici pour sanctionner une obligation qu'impose la loi naturelle.

La loi cite, en outre, les engagements entre propriétaires voisins. Elle donne sanction par là à des règles qui sont fondées sur l'utilité sociale ; et cela parce qu'elle pense que ces règles d'utilité sociale n'ont rien de contraire au principe de justice. Quelques-uns de ces engagements sont de ceux que la loi qualifie de servitudes légales ; et je vous ai indiqué, à propos de la théorie des servitudes, que cette qualification pouvait être critiquée. Or, parmi les rapports juridiques de cette catégorie, il y en a qui ne consistent pas seulement à limiter le droit qu'a le propriétaire d'user de sa propriété ; elles l'astreignent à faire quelque chose dans l'intérêt de la propriété voisine ; et c'est par là qu'on voit apparaître l'idée d'une obligation, obligation fondée sur les rapports de voisinage. Nous pouvons citer comme exemple l'obligation au bornage, lequel doit être fait à frais communs (art. 646) ;

l'obligation de la clôture forcée, en ce qui concerne les villes et faubourgs (art. 647); l'obligation de céder la mitoyenneté du mur (art. 661). D'ordinaire, on cite également l'obligation. pour chacun des copropriétaires du mur mitoyen, de contribuer aux constructions et réparations de la clôture formant la séparation de leurs maisons, cours et jardins. Mais il y a là beaucoup plutôt une obligation dérivant d'un quasi-contrat, puisqu'il s'agit des conséquences d'une indivision, laquelle a sa source dans un fait de l'homme.

Remarquons d'ailleurs que toutes ces obligations tenant aux rapports de voisinage sont beaucoup moins des obligations personnelles que des charges de la propriété, bien qu'elles impliquent certaines prestations à fournir; et c'est en cela que la notion de servitude trouve son application. La conséquence à en tirer est qu'elles se transmettent avec la propriété et que celui qui cesse d'être propriétaire cesse d'en être tenu. La loi n'est donc pas absolument dans l'erreur pour avoir vu là des servitudes légales.

Il est bien certain que les obligations citées dans l'art. 1370 ne sont pas les seules obligations légales; on peut en indiquer d'autres. C'est ainsi que, dans la législation sur les mines, nous trouvons des dispositions qui créent, entre les concessionnaires de mines et les propriétaires de la surface, des obligations qui n'ont pas leur fondement dans un fait de l'homme, mais dans la juxtaposition, et on pourrait dire, dans la fusion des propriétés; la plupart de ces obligations ne trouvent leur cause, ni dans une faute, ni même dans un enrichissement de celui qui en est tenu (V. la loi de 1810, art. 43 et 45 de la loi du 27 juillet 1880 qui a modifié l'art. 43).

Quasi-contrats

Laissons de côté maintenant les obligations naissant de l'autorité directe de la loi, et arrivons à celles qui ont leur source dans ce que le Code civil appelle le quasi-contrat. Je vous ai déjà dit combien il est difficile de donner une définition précise de ce que la loi entend par là et je vous ai montré comment le législateur avait employé cette expression elle-même dans un sens qui aboutit en réalité à travestir le lan gage des jurisconsultes romains. Je n'ai plus d'ailleurs à revenir sur cette idée. Je vous rappelle seulement que le droit romain employait cette expression en vue d'établir une assimilation entre les effets respectifs de ces deux sources d'obligations, le contrat et les faits licites générateurs d'obligations, tandis que le Code civil a entendu par là établir un rapprochement entre les faits eux-mêmes d'où va naître l'obligation. Mais, en réalité, il n'y aura pas à tenir grand compte de cette confusion ; et, somme toute, vous le verrez, nous aboutirons à une définition à peu près identique à celle qu'on aurait pu formuler en droit romain.

Le Code civil, voulant définir le quasi-contrat, dit, dans l'art. 1371, que les quasi-contrats sont les faits purement volontaires de l'homme, desquels il résulte un engagement quelconque envers un tiers, et quelquefois un engagement réciproque des deux parties. Mais cette définition est insuffisante ; d'une part, elle n'indique pas que les faits qui constituent le quasi-contrat doivent être des faits licites, des faits qui ne lèsent pas le droit d'autrui. Dans Pothier cette idée n'avait pas été omise (*Oblig.* nos 114) ; et il faut nécessairement la suppléer dans l'art. 1371, sinon nous serions fort embarrassés pour distinguer la notion du quasi-contrat de celle du délit ou du quasi-délit. Elle se dégage d'ailleurs *a contrario*, des art. 1382 et 1383, qui indiquent que le fait constitutif du délit ou du quasi-délit implique une faute, c'est-à-dire un fait illicite. Il ne reste donc plus pour les quasi-contrats que les faits licites. Seulement à quelles conditions un fait licite, en dehors de la convention, et indépendamment de toute création directe de la loi, produira-t-il une obligation ? C'est à ce second point de vue que la définition de l'art 1371 se trouve encore insuffisante. Elle ne nous indique pas à quels caractères nous reconnaîtrons ces faits licites qui formeront des quasi-contrats. La loi, sans doute, a prévu deux de ces faits, dont elle détermine les conséquences, la gestion d'affaires et le paiement de l'indû. Je ne veux pas les étudier en détail à cette place, car je m'en tiens pour le moment à la théorie générale des obligations. Seulement, nous devons nous demander si, en dehors de ces deux faits, il n'y en a pas d'autres qui puissent être considérés comme des quasi-contrats donnant naissance à des obligations.

Il y a sur cette question un dissentiment presque purement théorique qui ne me paraît pas conduire à des divergences profondes de résultats au point de vue des faits et de l'application. Tout au plus, parmi les commentateurs, les uns rangent-ils parmi les obligations dérivant de la loi celles que d'autres auteurs considèrent comme provenant d'un quasi contrat. Cependant, il faut essayer de prendre parti ; en d'autres termes, il faut arriver à déterminer théoriquement la notion du quasi-contrat.

Sur ce point, je crois devoir adopter l'idée suivante : la loi n'ayant pas donné de définition générale des faits licites constitutifs de quasi-contrats, nous ne pouvons reconnaître l'existence de faits de ce genre, en dehors de ceux qui se trouvent avoir été expressément prévus, qu'autant qu'il y aura un texte de loi ou un principe général de droit nous permettant d'induire l'existence d'une obligation qui ait sa cause dans un fait personnel et volontaire de l'homme.

Ce principe nous conduira d'ailleurs à de nombreuses applications. Ainsi, je vous citais, à propos des obligations légales, le cas de l'art. 555 ; ce texte impose au propriétaire revendiquant l'obligation d'indemniser le constructeur. Sans doute, si ce dernier a été de bonne foi, on peut, comme je l'ai fait, ranger cette hypothèse au nombre des obligations légales, puisque le propriétaire doit prendre les constructions pour lui. Mais, s'il s'agit du possesseur de mauvaise foi, le propriétaire peut ne pas conserver les constructions. Si donc il les accepte, comme il les garde volontairement, la loi suppose qu'il en reconnaît l'utilité, et elle l'oblige à payer indemnité. Il n'est pas douteux cette fois que l'obligation ait pour cause un fait volontaire de l'homme. On ne peut méconnaître en pareil cas qu'il y ait là un fait licite d'où dérive l'obligation ainsi consacrée par la loi. Nous avons vu dans l'un des faits prévus et réglés par l'art. 555, l'exemple d'un véritable quasi-contrat dont l'existence est reconnue par la loi plutôt qu'elle n'en dérive. En voici un autre exemple : l'action Paulienne, quand elle est dirigée contre un donataire, même de bonne foi, est fondée sur un véritable quasi-contrat, produisant à sa charge, l'obligation de restituer le bénéfice dont il profiterait injustement au détriment des créanciers. Nous pouvons mentionner aussi le cas d'acceptation d'une succession. Je ne fais pas allusion à l'effet principal qui lui est propre et qui est de soumettre l'héritier à l'obligation de payer les dettes héréditaires ; il n'y a pas lieu de dire à ce point de vue que l'héritier soit tenu en vertu d'un quasi-contrat. Il est tenu en vertu du contrat même qui a constitué l'obligation, ou en vertu du délit qui lui a donné naissance ; car l'acceptation de la succession fait entrer l'héritier personnellement dans l'obligation. Mais, en outre, l'acceptation de la succession crée, soit entre cohéritiers, soit entre les héritiers et les légataires, des obligations spéciales, qui, elles, ont leur fondement dans un quasi-contrat, l'obligation au rapport par exemple et l'obligation de payer les legs. Dans le même ordre d'idées, citons les obligations résultant de la tutelle, lorsque celui qui accepte la tutelle était maître de la refuser.

L'état d'indivision peut aussi donner lieu à des obligations réciproques entre les copropriétaires ; obligation par exemple de tenir compte des dépenses faites par l'un d'eux, ou des fruits recueillis par l'un d'entre eux. Les conséquences de l'état d'indivision constituent des obligations ayant leur base dans un quasi-contrat. On peut enfin donner ce fondement même au droit de demander le partage.

Nous trouverions encore l'hypothèse du tiers détenteur d'un immeuble hypothéqué, lequel a le droit d'exiger (art. 2175) que les créanciers lui tiennent compte de ses impenses et améliorations. Dans ce dernier cas, plus particulièrement, l'origine de l'obligation se trouve dans ce principe de justice et d'équité suivant lequel on ne peut s'enrichir injustement et sans cause aux dépens d'autrui, comme dans le cas de l'action paulienne.

Dans tous ces exemples c'est la loi elle-même qui, en dehors des deux cas cités part l'art. 1371, fait naître une obligation d'un fait volontaire de l'homme. Mais, en dehors de ces hypothèses et de quelques autres pour lesquelles nous avons des textes, il reste toujours ce grand principe de justice qu'on ne doit pas s'enrichir au détriment d'autrui, principe dont les jurisconsultes romains avaient déjà tiré d'importantes applications et que notre législateur a certainement entendu maintenir et consacrer ; la preuve en est dans les quelques applications expresses qu'il en a faites.

C'est ainsi que, lorsqu'un possesseur a fait des dépenses sur le fonds d'autrui, le propriétaire est tenu, s'il s'agit de dépenses utiles, de les lui rembourser jusqu'à concurrence de la plus-value, et, s'il s'agit de dépenses nécessaires, c'est-à-dire de dépenses qui ont conservé la chose et l'ont empêchée de se détériorer, de rembourser la dépense entière. Pour ce qui est des constructions, nous avons un texte qui consacre le principe ; mais, si, au lieu de constructions, le possesseur a fait de simples réparations ou améliorations, le texte fait défaut. Allons-nous, par un raisonnement *a contrario*, refuser le droit au remboursement ? Ce serait profondément injuste ; ce droit, nous le fonderons sur la règle d'équité que j'ai indiquée.

Le même principe intervient aussi à l'occasion de la gestion d'affaires dans une hypothèse que je vous signale en passant. On se demande si la naissance des obligations résultant d'une gestion d'affaires à la charge de celui dont l'affaire a été gérée est subordonnée à la condition que le gérant ait su qu'il s'agissait de l'affaire d'autrui. L'affirmative est généralement admise ; pour qu'il y ait gestion d'affaires, il faut que l'on ait eu la pensée de gérer, sinon l'affaire de de telle personne déterminée, du moins l'affaire d'autrui. Admettons que cette doctrine soit celle de la loi ; en conclurons-nous que celui qui a cru gérer sa propre affaire n'aura aucune action contre celui dont il a fait l'affaire sans le savoir ? Évidemment non. Il aura tout au moins une action en indemnité jusqu'à concurrence du bénéfice qu'il aura procuré au tiers dont les intérêts se trouveront avoir été sauvegardés. C'est cette action que les commentateurs, empruntant peut-être à tort une formule romaine, appellent, plus ou moins abusivement, l'action *de in rem verso*. C'est là, d'ailleurs, une expression qu'on applique un peu à tort et à travers, mais qui, pour le cas particulier que je viens de vous citer, rend bien compte du résultat et du principe même sur lequel on s'appuie. Voici encore, par exemple, le possesseur d'une hérédité qui, se croyant héritier, a payé une dette de l'hérédité : n'admettrons-nous pas qu'il aura le droit de se faire tenir compte du bénéfice de la libération qu'il aura ainsi procurée au *verus heres?* Cela ne fait pas de doute. Cette reconnaissance d'obligations dont les textes ne parlent pas, doit être admise sur le fondement du principe de l'enrichissement sans cause. C'est à cela que je faisais allusion en disant que, même en dehors des deux quasi-contrats consacrés par la loi, nous pourrions constater d'autres obligations naissant de quasi-contrats, lesquels seraient reconnus par des textes spéciaux ou qui rentreraient dans le domaine d'application d'un principe général implicitement consacré par la loi.

Si ces observations sont justes, nous pouvons maintenant compléter la disposition de l'art. 1371, en disant que les quasi-contrats sont les faits licites auxquels la loi ou les principes de justice, admis par la loi comme principes de droit, attachent cet effet de faire produire une ou plusieurs obligations.

Le Code civil, en adoptant l'expression de quasi-contrat, a travesti en quelque sorte la terminologie du droit romain, c'est un point sur lequel j'ai insisté. Lorsque les jurisconsultes romains disaient que le débiteur était obligé *quasi ex contractu*, leur pensée n'était pas que le débiteur était obligé par quelque chose d'analogue à un contrat ; ils voulaient dire que, dans ses effets, l'obligation se comportait comme si elle était née d'un contrat. Le rapprochement, et en quelque sorte l'analogie, étaient établis au point de vue des conséquences, et non au point de vue de la cause, du fait générateur, de l'obligation ; et, ce qu'on voulait marquer par cette expression, c'était l'opposition entre les effets des obligations naissant *ex contractu* ou *quasi ex contractu* et les effets des obligations naissant *ex delicto* ou *quasi ex delicto*, ce qui était de la plus haute importance au point de vue de la durée et de la transmissibilité active ou passive des actions.

Retrouverons-nous encore aujourd'hui cette opposition quant aux effets entre les obligations nées de contrats ou quasi-contrats et les obligations nées de délits ou de quasi-délits ? Il faut bien reconnaître que l'importance de la distinction a, en grande partie, disparu. L'obligation, quelle que soit sa source, se comporte, en principe, de la même manière.

Cependant, ce n'est pas à dire que l'assimilation soit absolument complète. Il y a encore quelques intérêts à distinguer les obligations nées de contrats ou quasi-contrats et les obligations nées de délits ou quasi-délits. De sorte qu'à se point de vue on peut dire que le rapprochement fait par le Code civil au point de vue de la cause génératrice de l'obligation se retrouve encore, comme à Rome, au point de vue des effets. Et, tout d'abord, relativement à la transmissibilité, nous verrons qu'il y a telles obligations résultant d'un délit qui tendent à la réparation d'un préjudice purement moral, et qui, à cause de cela, ne pourraient être exercées par les héritiers de la partie lésée ; au contraire, en ce qui concerne les obligations nées de contrats ou quasi-contrats, il n'y aura jamais place pour aucune distinction de ce genre.

Il y a un autre intérêt qui est, je crois, plus saisissable. Nous verrons, en effet, que celui qui est débiteur en vertu d'un contrat, est tenu de la faute qu'il commet dans l'exécution de l'obligation, ce qui veut dire qu'il est responsable de l'inexécution ou de l'exécution incomplète de l'obligation quand il y a eu, à cet égard, une faute de sa part. D'un autre côté, la théorie des délits et quasi-délits revient à dire que chacun est responsable des dommages qu'il a causés par sa faute. La faute est donc un élément commun que nous retrouverons dans les deux catégories d'obligations ; mais, il y a cependant, à ce point de vue, des distinctions à établir entre la faute contractuelle et la faute délictuelle. La différence se manifeste à plusieurs points de vue. D'une part, la faute dont on est responsable en vertu d'un délit ou quasi-délit ne s'apprécie pas de la même manière que la faute dont on répond quant à l'inexécution d'un contrat. En général, on caractérise cette différence en disant que, dans le contrat, le débiteur est tenu de la faute dont ne se rendrait pas coupable un bon père de famille, — c'est la *culpa levis in abstracto*, — tandis que lorsqu'il s'agit de délit ou quasi-délit, on est tenu de la faute même très légère; c'est ce que disaient déjà les jurisconsultes romains à propos de la *lex Aquilia*, à laquelle notre législation a emprunté presque toutes les règles qui gouvernent la théorie des délits et quasi-délits : *In lege Aquilia et levissima culpa venit !* D'autre part, quand il s'agit de la faute contractuelle, l'étendue de l'indemnité qui peut être due comme conséquence de cette faute subit des tempéraments et des restrictions que nous ne retrouvons pas en ce qui concerne la faute dans les délits et quasi-délits. Enfin, au point de vue de la preuve, la faute contractuelle se distingue encore de la faute délictuelle. Lorsque celui qui est débiteur en vertu d'un contrat n'exécute pas, ou exécute incomplètement la prestation qui lui incombe, s'il veut être relevé de toute obligation d'indemniser le créancier, il doit prouver qu'il n'y a pas de faute de sa part, il doit donc établir qu'il a été empêché d'exécuter par un cas fortuit ; mais, lorsqu'on invoque la faute contre une personne qui n'est pas obligée en vertu d'un contrat, on est tenu, au contraire, de prouver la faute, puisque c'est la faute elle-même qui est alors le fondement de l'obligation.

Or, quand il s'agira d'un quasi-contrat, c'est par les règles applicables aux contrats que nous déterminerons les conséquences de la faute de celui qui se trouve obligé. Nous en avons une preuve dans l'art. 1374 qui déclare que le gérant d'affaires est tenu d'apporter à la gestion de l'affaire entreprise tous les soins d'un bon père de famille ; c'est exactement le principe que nous retrouverons dans l'art. 1137, à propos des contrats.

On peut donc dire qu'au point de vue des effets, il en est de la distinction moderne comme de la distinction romaine ; il subsiste certains intérêts pratiques à distinguer entre les contrats et quasi-contrats d'une part et les délits et quasi-délits d'autre part. Mais, on sait que les auteurs du Code civil se sont éloignés, inconsciemment sans doute, de la conception romaine ; au lieu de définir le quasi-contrat, et de le caractériser par ses effets en assimilant ces derniers aux effets des contrats, le Code civil l'a envisagé comme source d'obligation, et c'est en tant que source d'obligation, en tant que cause génératrice, qu'il l'assimile au contrat. Et il faut en effet reconnaître que ce rapprochement est très apparent, et on peut le dire aussi, très rationnel, en tant qu'il s'agit des deux faits que la loi nous présente comme étant les deux quasi-contrats admis et réglementés par elle. La gestion d'affaires, par exemple, est une sorte de mandat, c'est comme un mandat au-devant duquel serait allé le mandataire, exécuté en quelque sorte par anticipation. Le gérant d'affaires est une personne qui, sans mandat, agit comme si elle était mandataire. On a pu dire qu'il y avait là un quasi-mandat. De même quand il s'agit du paiement de l'indû, l'analogie s'établit avec un autre contrat, le *mutuum*. On a, de tout temps, considéré celui qui a reçu l'indû comme s'il était obligé de restituer *ex mutuo* ; et nos anciens auteurs avaient même adopté, pour rendre cette situation, l'expression de *promutuum*. Voilà donc un rapprochement qui s'impose entre ces quasi-contrats et certains contrats analogues ; cette analogie est-elle purement apparente, ou devons-nous en tirer certaines conséquences pratiques ? En d'autres termes de ce que le quasi-contrat a été assimilé par le Code civil au contrat proprement dit, en devrons-nous induire certaines similitudes autres qu'une identité d'effets et de caractères quant aux obligations qui en ressortent ? Et notamment, voici la question qui se pose : y a-t-il lieu de transporter en matière de quasi-contrats certaines des règles qui sont inscrites dans la loi comme conditions de validité des contrats eux-mêmes ? On a pu se le demander spécialement en ce qui concerne la capacité de la personne qui se trouverait obligée par le quasi-contrat.

Il est visible, ou tout au moins il est rationnel, qu'il n'y ait pas à parler de ces règles de capacité, toutes les fois que l'obligation née d'un quasi-contrat est indépendante du fait de celui qui se trouve obligé ; car on ne demande point de consentement de la part de ce dernier, ou plutôt il ne s'agit pas d'un fait volontaire de sa part.

Ainsi, dans le cas de gestion d'affaires, celui dont l'affaire a été gérée est tenu, si la gestion a été utile, de certaines obligations envers le gérant (art. 1375). Supposons donc qu'il s'agisse du patrimoine d'un mineur, d'un interdit, d'une femme mariée ; un tiers a fait un acte de gestion à son endroit. Il n'est pas douteux que l'incapable dont l'affaire a été gérée soit tenu des obligations résultant de la gestion d'affaires, sans qu'il y ait à tenir compte de son incapacité. La chose va de soi, puisque celui qui a profité de la gestion est obligé en dehors de toute manifestation de volonté de sa part. Cette solution est cependant contredite par un texte du Digeste, la loi 37 pr. Dig. *de neg. gest.* (3, 5). Nous y voyons que, lorsque l'affaire d'un pupille a été gérée par un tiers, et forcément ici cette gestion se réalise *sine tutoris auctoritate*, le gérant n'a d'action contre le pupille que dans la mesure de l'enrichissement au jour de la *litis contestatio*. Certains auteurs ont voulu reproduire la même règle en droit moderne ; ils pensent que l'incapable dont l'affaire a été gérée ne devrait être tenu que *quatenus locupletior factus est*. Ainsi, tandis qu'en règle générale le *dominus* dont l'affaire a été utilement gérée doit rembourser toute la dépense, alors même que par suite d'un fait ultérieur il en aurait perdu le bénéfice, l'incapable dont l'affaire aurait été gérée aurait une situation bien autrement privilégiée ; il ne serait tenu de rembourser au gérant d'affaires que ce dont il se serait enrichi, c'est-à-dire non pas même le montant exact de la valeur mise dans son patrimoine, mais ce qui lui en reste actuellement. Remarquez que les auteurs qui veulent reproduire ce système emprunté au droit romain ne partent pas de l'idée qu'en matière de gestion d'affaires l'obligation naisse de l'enrichissement procuré ; car, s'il en était ainsi, le *dominus* ne serait jamais tenu que dans la mesure de cet enrichissement. On admet le principe que ce qui constitue le fondement de l'obligation c'est l'utilité de la gestion en elle-même; cette utilité reconnue, le remboursement est dû alors même que l'enrichissement ne subsisterait plus, et en tout cas le remboursement est de toute la dépense et non de la plus-value procurée. Tel est le principe sur lequel tout le monde est d'accord; mais à ce principe on propose un tempérament lorsqu'il s'agit de l'incapable.

Je dois vous avouer que j'ai beaucoup hésité sur la solution à donner à cet égard; mais, après réflexion, la doctrine que je viens de vous exposer, doctrine renouvelée du droit romain me semble devoir être repoussée. Il ne faut pas, sur ce point tout au moins, nous laisser impressionner par la tradition historique; sauf dérogation formelle dans la loi, il faut s'en tenir aux principes. Or, la raison exige que, là où le consentement ne doit pas intervenir, il n'y ait pas à s'occuper de capacité. Nous sommes dans une matière où l'obligation n'a pas pour cause le fait de celui qui va être tenu; il ne s'agit pas d'un fait de volonté de sa part, et, par suite, il n'y a pas à tenir compte de son état psychologique, en tant qu'il devrait être apprécié par rapport à sa capacité de vouloir.

Seulement, nous n'avons envisagé que l'une des faces du problème. La question de savoir si les règles de capacité à appliquer aux quasi-contrats seraient les mêmes que pour les contrats, au moins les contrats correspondants, ne se pose pas lorsque l'obligation naît d'un fait étranger à celui qui va se trouver devenir débiteur, puisque, dans ce cas, il n'y a à parler ni de capacité ni d'incapacité. Mais, supposez le cas inverse, et en réalité le plus fréquent, celui où l'obligation naît d'un fait volontaire de la part de celui qui s'oblige; dans ce cas la volonté de l'obligé est à prendre en considération, puisqu'en réalité la cause de l'obligation se trouve dans un acte de volonté de sa part. Or, partout où la volonté entre en jeu, la question de capacité se pose; et alors, pour revenir à notre formule du début, dirons-nous que l'analogie acceptée par le Code civil entre les quasi-contrats et les contrats devra nous conduire à exiger pour les premiers la même capacité que celle requise pour les contrats? Il n'est pas douteux que, pour certaines hypothèses au sujet desquelles la loi s'est expliquée, cette identité ne doive être admise. Ainsi, pour ce qui est de l'acceptation de succession ; et de même en matière de paiement de l'indû. Dans ce dernier cas, pour que le quasi-contrat se forme, il faut supposer que le paiement aurait été régulier s'il y avait eu dette réelle.

Mais, ces hypothèses à part, la question est contestée lorsqu'il s'agit de gestion d'affaires. Voici une femme mariée, ou encore un mineur qui, sans autorisation, s'ingèrent dans l'administration de la fortune d'autrui. Dirons-nous que cet incapable, en dépit de son incapacité, sera tenu des obligations, ou tout au moins de toutes les obligations qu'entraîne la gestion d'affaires ? Telle est la question qui se pose et que j'aurai à reprendre.

LIXe LEÇON

THÉORIE GÉNÉRALE DES QUASI-CONTRATS (SUITE). — THÉORIE GÉNÉRALE DES DÉLITS ET QUASI-DÉLITS.

J'ai à reprendre en quelques mots une question dont j'avais déjà commencé l'exposé. Il s'agit de savoir si, dans le cas de gestion d'affaires, — c'est l'hypothèse exacte à propos de laquelle s'est élevée la difficulté — il faut exiger chez le gérant la capacité pour s'obliger par contrat. Je vous cite à ce propos les dispositions des L. L. 3, § 1 et 4 au Digeste (*de negot. gest.*), d'où résulte qu'à Rome celui qui n'était pas capable de s'obliger par contrat ne l'était pas davantage en tant qu'il s'agirait pour lui d'être obligé par un fait volontaire de gestion, donc par un quasi-contrat résultant d'un fait volontaire de sa part. Le principe est que, pour s'obliger comme gérant d'affaires, il faut la même capacité que pour accepter un mandat qui aurait pour objet les actes de gestion entrepris spontanément. Il est bien évident, par exemple, que le mineur ne pourrait pas, sans autorisation, accepter un mandat. Il ne serait pas tenu de l'exécuter. Il ne pourrait pas davantage s'obliger par une gestion d'affaires qui le mît dans la même situation que celle qui fût résultée d'un mandat. On ne peut comprendre, dit-on, que, par un acte unilatéral, ou puisse se soumettre à un engagement que l'on ne pourrait accepter par une convention. Tel est le principe. Ajoutons enfin que, dans les deux hypothèses prévues par le Code civil, l'analogie avec le contrat apparaît très nettement. Cela est tout au moins évident au cas de paiement de l'indû. Les deux parties ici sont en présence comme lorsqu'il s'agit d'une convention à conclure ; d'autre part, celui qui paie l'indû entre les mains d'un incapable a, sans contredit, à se reprocher d'avoir traité avec qui n'avait pas pleine capacité. Je sais bien que, pour ce qui est de la gestion d'affaires, l'analogie est moins évidente, puisque les deux parties ne prennent plus contact l'une avec l'autre, comme dans un contrat. Mais, je vous ai dit que le Code civil voit dans la gestion d'affaires un mandat anticipé ; de sorte que si l'analogie est moins manifeste, au moins à l'extérieur, elle se retrouve en quelque sorte dans l'intention des parties en cause ; celui qui entreprend l'affaire, le fait parce qu'il suppose que l'intéressé, s'il eût été consulté, lui aurait donné mandat à cet égard. Et alors, s'il en est ainsi, ne peut-on pas dire que ce dernier n'a pas plus qualité pour abuser de l'inexpérience de l'incapable, lorsque celui-ci agit spontanément, qu'il ne pourrait le faire par un contrat passé avec lui ? Tous ces raisonnements me paraissent donc tout à fait concluants.

On a cependant, en matière de gestion d'affaires, opposé une objection contre laquelle pourrait bien venir échouer cet exposé de principe. Celui, dit-on, qui contracte avec un incapable accepte la situation qui pourra résulter pour lui de l'incapacité de celui avec qui il traite ; les résultats de l'incapacité ont dû entrer en ligne de compte parmi les éléments d'appréciation de la convention elle-même. A supposer qu'on ne les eût pas prévus, au moins y a-t-il imprudence grave, de la part de celui qui contracte avec un autre, à ne pas s'assurer qu'il soit majeur ; et plus grave encore, s'il s'en est assuré, à n'avoir pas fait intervenir son représentant légal. Aussi, serait-on disposé à reconnaître que pour le cas de paiement de l'indû, parce qu'il y a contact entre les intéressés, ces raisons, ou l'une d'elles tout au moins, se retrouveraient encore et qu'elles seraient suffisantes à faire admettre l'assimilation avec le contrat. Mais s'il s'agit de gestion d'affaires, et en dépit de la fiction de mandat, ces raisonnements n'ont plus de prise. On ne peut plus dire du *dominus* qu'il est entré en relation avec l'incapable et encore moins qu'il ait eu l'imprudence de traiter avec lui. Cela est si vrai que, même si on voulait admettre encore l'assimilation, il faudrait bien, pratiquement, rechercher s'il n'y a pas lieu de remédier, en ce qui concerne le *dominus*, à ce que pourrait avoir de fâcheux pour lui la situation qui va lui être faite. Il est inadmissible qu'à son insu un tiers s'ingère dans ses affaires et, parce qu'il est incapable, qu'il laisse la gestion inachevée, au risque d'en faire supporter les charges à celui auquel il a eu la prétention de rendre service. Celui-ci n'a aucune imprudence à se reprocher, et il ne peut pas plus avoir à souffrir d'un acte d'immixtion de l'incapable qu'il n'aurait à souffrir de ses délits ou quasi-délits. Je vous ai exposé l'objection en ayant soin de ne pas l'affaiblir.

Et cependant, malgré ce qu'il peut y avoir de juste dans ce raisonnement, je ne vois pas qu'il y ait là, tout au moins pour le mineur, une raison qui dût nous obliger à faire échec aux principes. Le mineur, en tant qu'il s'agit d'actes volontaires, ne peut être obligé que dans la mesure où il manifeste une volonté ayant une valeur juridique et reconnue par la loi, ce qui n'est pas le cas lorsqu'il a la prétention de s'engager par un acte de gestion d'affaires ; et quant au tiers, il peut bien, s'il y a eu dommage résultant pour lui de la gestion commencée ou qui puisse résulter d'une gestion inachevée, demander réparation de ce chef, en tant que cette gestion constituerait une imprudence constitutive d'un quasi-délit. Il ne peut pas aller au-delà et demander plus ; il ne peut imposer continuation de la gestion entreprise, en tant qu'il se fonderait sur un principe d'obligation à la charge de l'incapable. Sinon, il se prévaudrait d'un engagement volontaire que la loi se refuse à sanctionner ; et, comme on aurait dit à Rome, il y aurait comme une sorte de dol de sa part à invoquer, pour l'opposer au mineur, un acte de volonté qui émane d'une volonté insuffisamment développée.

Je reconnais toutefois que la question est autrement délicate lorsqu'il s'agit de la femme mariée, car son incapacité est déterminée par voie d'énumération, et l'art. 217 ne mentionne pas l'incapacité de s'obliger en général, mais uniquement celle de s'obliger par certains actes ; et parmi ces actes ne figure pas la gestion d'affaires. Cette incapacité générale était au contraire écrite dans l'art. 234 de la Coutume de Paris. Le Tribunat avait même fait remarquer qu'il y avait là une lacune à combler. On n'en a pas tenu compte. Il est vrai que, en dehors de l'art. 217, les textes qui suivent montrent bien que, dans la pensée du législateur, la femme est incapable de s'obliger par contrat ; cela résulte, au moins par *a contrario*, des art. 221 et 222. Pour ce qui est des contrats, le principe est certain. Mais, en matière de quasi-contrat, nous n'avons aucune induction de ce genre, au moins de façon expresse. La seule ressource qui nous reste, et c'est alors qu'il faudrait revenir à la formule par laquelle j'avais ouvert et posé le débat, serait donc de dire que le quasi-contrat, en tant que cause et source d'obligation, étant assimilé au contrat, là où la loi établit une incapacité de contracter, il faut l'étendre au quasi-contrat. Mais, à la question présentée sous cette forme, on répond que, pour la femme mariée, la capacité est la règle, et que, pour la restreindre il faut un texte, et un texte formel ; car, en pareille matière, il faut s'en tenir à l'interprétation stricte. Cela suffirait à repousser, au moins sur ce point spécial, l'assimilation que l'on voudrait établir ; et l'on corrobore enfin ces arguments juridiques en insistant, au point de vue de l'équité, sur les considérations tirées de l'intérêt du tiers dont la femme a géré l'affaire. Ces considérations, je vous les ai exposées à propos du mineur ; elles ont encore une bien autre valeur à l'égard de la femme mariée. Car ce n'est pas abuser de son inexpérience que d'invoquer les conséquences d'un acte volontaire entrepris par elle ; et le tiers qui prétend par là même la tenir pour obligée n'a à se reprocher ni imprudence dans le passé, ni dol dans le présent. Il n'abuse pas de ses avantages, et ne fait que se prévaloir de son droit.

Cependant, même dans cette hypothèse, et à l'égard de la femme mariée, je crois devoir maintenir le principe : là où il y a incapacité de s'obliger par contrat, il doit y avoir incapacité de s'obliger par quasi-contrat, au moins lorsque celui-ci consiste dans un fait volontaire de la part de celui qui s'oblige. Remarquez tout d'abord que telle était dans l'ancien droit la doctrine de Pothier (*Traité de la puissance du mari*, n° 50); et cette opinion de Pothier était d'autant plus digne d'être remarquée qu'il s'agissait du commentaire de l'art. 194 de la Coutume d'Orléans ; or ce texte ne mentionnait pas d'une façon spéciale, comme le faisait la Coutume de Paris dans son art. 234, l'incapacité de la femme mariée de s'obliger.

Il est vrai qu'en sens contraire on a cité Domat (*Traité des Lois civiles*, liv. 2, tit. 4, sect. 1, n° 10). Mais, si on lit le passage attentivement, on voit que Domat avait en vue, du moins à cet endroit, une incapacité qui pèserait sur la femme en tant que femme, et non pas celle qui dériverait du mariage. Il s'occupait de savoir quelles incapacités se trouveraient la frapper à raison de son sexe. C'est alors qu'il constate que la femme ne peut être chargée des fonctions dérivant de la tutelle ou de la curatelle ; et cependant il reconnaît qu'elle pourrait s'obliger par gestion d'affaires. Mais Domat ne nous dit pas ce qu'il en serait de la femme mariée.

Reste donc, pour faire échec à l'opinion de Pothier, le silence de l'art. 217, silence, il est vrai, qui a été voulu, puisque, malgré les observations du Tribunat, on a refusé d'insérer, pour la femme mariée, l'incapacité de s'obliger en général. Est-ce suffisant pour faire admettre la possibilité de s'obliger par quasi-contrat? Je ne le crois pas, si l'on a soin d'observer que la formule du Tribunat n'a été rejetée que parce qu'elle eût été beaucoup trop large et que surtout il fallait qu'il fût bien entendu que la femme pourrait être obligée par ses délits et quasi-délits. Il y a sans doute certaines obligations de la femme qui doivent rester en dehors de la formule, c'est-à-dire qui doivent être soustraites à l'incapacité établie par la loi; ce point est certain. Comment prouver, objecte-t-on, que celles résultant des quasi-contrats ne soient pas au nombre de ces dernières, c'est-à-dire de celles auxquelles précisément l'incapacité ne s'applique plus? Comment le prouver? Par le raisonnement de principe, sur lequel j'ai déjà appuyé bien souvent, et qui suffit à révéler la pensée du législateur; c'est que les règles sur la capacité s'appliquent d'une façon générale, non seulement aux actes juridiques au sens étroit du mot, c'est-à-dire aux manifestations ou déclarations de volonté ayant pour but et pour objet direct de réaliser un effet de droit, mais à tous les faits volontaires, quels qu'ils soient, auxquels la loi eût attaché certaines conséquences juridiques, alors que, par eux-mêmes, et dans l'intention de celui de qui ils émanent, ils n'auraient pas eu directement en vue de produire ces conséquences. Il est inadmissible que la femme, qui ne pourrait pas émettre une volonté obligatoire dans une convention, puisse émettre une volonté obligatoire dans un acte unilatéral.

Telle est l'application stricte des principes ; seulement, la règle étant ainsi posée, il faut aussi tenir compte de ce fait que celui dont l'affaire a été gérée n'a pas à se reprocher d'avoir traité avec un incapable. Comment remédier à cette situation, et comment concilier ces exigences imposées par l'équité avec la rigueur des déductions juridiques ?

Voici une première observation que je vous présente à cet égard ; c'est que l'incapable qui a géré les affaires d'autrui peut avoir retiré de sa gestion un certain bénéfice ; il serait tenu dans ce cas *quatenus locupletior factus est*, en vertu du principe que nul ne doit s'enrichir aux dépens d'autrui. Mais, voici la seconde, qui est autrement importante, c'est que les incapables peuvent s'obliger par leurs délits et quasi-délits. Si donc les tribunaux reconnaissent en fait que l'ingérence de l'incapable, mineur ou femme mariée, a constitué une faute grave, peut-être même un dol, ils exigeront réparation.

La solution que je viens de vous exposer au sujet des questions de capacité est une conséquence de l'assimilation, désormais admise par le Code civil, entre quasi-contrat et contrat. Mais cette conséquence n'est pas la seule. En voici une autre que, pour mon compte, j'admettrai également sans difficulté. Toute opération qui ne pourrait pas constituer un mandat licite constituerait également un objet illicite, en tant qu'il s'agirait d'une gestion d'affaires, ou d'une façon générale d'un quasi-contrat duquel on voudrait faire résulter une ou plusieurs obligations. Sur le résultat, tout le monde est d'accord. On diffère sur l'explication à admettre ; c'est ainsi qu'au lieu d'objet illicite, on a parlé quelquefois de cause illicite. Cela s'appliquerait, par exemple, pour sortir de ces généralités, à un acte de gestion d'affaires consistant dans une aide spontanée fournie à une entreprise, ou à un fait, de contrebande : cause illicite, a-t-on dit. Je ne puis souscrire à cette formule ; car elle serait en opposition complète avec la théorie que je vous ai enseignée.

Dans un contrat, ce qui est la source de l'obligation, c'est la volonté de s'obliger, volonté acceptée par l'autre partie ; donc c'est la volonté portant sur le lien obligatoire, ayant pour objectif d'assumer une dette. Aussi la loi veut-elle envisager cette volonté dans tous ses éléments essentiels, c'est-à-dire non seulement dans l'acte final par lequel elle se manifeste à l'extérieur et qui est le fait de s'engager, mais aussi dans le pourquoi de son engagement. Ce sont, dans la volonté des parties, deux éléments inséparables, et que la loi entend ne pas séparer. Dans le quasi-contrat, il y a bien encore un fait volontaire, donc un acte de volonté, de la part de celui qui va se trouver obligé ; mais cette volonté ne porte que sur le fait matériel d'où la loi fera naître une obligation, elle ne porte pas sur cette obligation elle-même. Celui qui va devenir débiteur en vertu d'un quasi-contrat n'est pas obligé, parce qu'il a voulu l'être ; il l'est, de par la loi, alors même qu'il n'aurait pas entendu s'obliger. Sa volonté n'a porté que sur le fait qui servira de fondement à son obligation, et non sur cette obligation elle-même. Il n'y a donc pas à lui demander pourquoi il a voulu s'obliger, puisqu'en réalité il n'est pas censé avoir voulu s'obliger. Parler de cause de l'obligation à propos de quasi-contrat, cela me semblerait une véritable contradiction.

Bien entendu, quand je dis qu'il n'y a pas à faire application de la théorie de la cause aux quasi-contrats, je fais allusion à la cause prise au sens de l'art. 1131, ce que nous avons appelé la cause finale. Mais, il ne faut pas confondre cette dernière avec ce que l'on appelle au contraire la cause efficiente de l'obligation. Celle-ci est le fait générateur de l'obligation ; et sous ce rapport c'est le quasi-contrat lui-même, c'est-à-dire le fait qui le constitue, qui est la cause, disons la source, de l'obligation. Aussi, quand on déclare qu'une gestion d'affaires ayant un objet illicite est nulle pour cause illicite, je crois bien que c'est à cette cause efficiente que l'on fait allusion, et non à la cause finale au sens de l'art. 1131. On veut dire que le fait auquel la loi attache l'efficacité de créer une obligation ne peut produire cette conséquence que s'il ne poursuit pas un but contraire à l'ordre public ; et alors cela revient à dire qu'il faut qu'il ait pour objet un but licite. De sorte que l'explication est très voisine de celle que je vous propose et qui s'attache à l'objet lui-même. Je crois cependant que, même sous cette forme, la formule serait inexacte et dangereuse. Je ne crois pas, en d'autres termes, lorsque la loi admet un fait d'immixtion dans le patrimoine d'autrui comme devant être la source d'une obligation qu'elle se réserve d'apprécier pour chacun de ces faits quel but il poursuit ; il suffit, au point de vue du principe d'équité et de la présomption qui sert de base à la théorie de la loi, qu'on se soit ingéré dans les affaires d'autrui pour qu'on soit obligé. C'est le point de vue de la loi ; seulement la loi traite cet acte de gestion comme une sorte de mandat présumé ; et alors le mandat qui, en principe, serait valable en tant que contrat par le seul fait qu'il y a eu convention, devient nul s'il a un objet illicite. De même en sera-t-il de la gestion d'affaires ; et peut-être ne serait-il pas inutile de donner la préférence à cette explication ; car il pourrait se faire que cette gestion, au lieu de poursuivre un but unique, eût une certaine généralité qui lui permît de comprendre des objets divers ; auxquels cas elle ne serait nulle que dans son application aux objets qui auraient ce caractère.

Quoi qu'il en soit, ce que j'ai voulu vous montrer, et le point sur lequel il importe de revenir, c'est qu'en matière de quasi-contrat il me paraît impossible de parler de cause, au sens de l'art. 1131.

En résumé, dans le quasi-contrat, la volonté n'est exigée

que comme *substratum* du fait d'où va naître l'obligation, ce n'est pas cette volonté qui est en somme le fondement de l'obligation : celle-ci n'a pas été forcément voulue ; elle est imposée plus que voulue. Ce qui est volontaire, ce n'est pas l'obligation, mais le fait qui lui sert de prétexte aux yeux de la loi. Il faut que ce fait soit volontaire, parce qu'il s'agit d'un cas de responsabilité légale ; au fond, c'est la véritable conception qu'il y ait à se faire du quasi-contrat. Mais il ne s'agit pas, pour la loi, de sanctionner la volonté de l'individu qu'elle déclare obligé ; elle le déclare obligé, en quelque sorte malgré sa volonté. Donc il n'y a pas à s'occuper de la cause générale qu'il avait en vue.

Des délits et quasi-délits.

Il me reste à vous parler d'une dernière source d'obligations, les délits et les quasi-délits.

Le principe de la matière se trouve dans les art. 1382 et 1383 ; il est peu de textes de nos lois qui soient plus fréquemment invoqués dans la pratique. Et voici l'idée générale qui ressort de ces dispositions fondamentales : quand on parle d'obligation résultant de délits ou quasi-délits, on vise par là l'obligation de réparer le dommage que l'on a causé par sa faute à autrui. D'où il résulte, comme première indication, que les délits et quasi-délits sont, avant tout, des faits dommageables ; et l'obligation dont ils sont la source consiste à réparer le préjudice causé.

Seulement, il ne suffit pas, pour qu'il y ait lieu à obligation, qu'il y ait dommage et préjudice causé. Le fait dommageable, pour constituer un délit, ou quasi-délit, doit impliquer, de la part de celui à qui il est imputable, une faute. Cette idée, qui est, en cette matière, l'idée essentielle, l'art. 1382 ne l'indique toutefois que tout à fait incidemment : tout fait quelconque de l'homme qui cause à autrui un dommage oblige celui par la faute duquel il est arrivé à le réparer. Ce n'est donc pas tout fait générateur d'un dommage qui impose obligation de réparer le préjudice, c'est tout fait imputable à faute ; et peu importe du reste que la faute consiste *in committendo* ou *in omittendo*.

Or, ce fait dommageable constitue une faute sous les deux conditions suivantes : 1° s'il est illicite, c'est le point de vue de la matérialité du fait ; et 2° s'il est imputable à l'agent, c'est celui de la responsabilité subjective de l'auteur du fait.

Reprenons ces deux conditions ; et d'abord, il faut que le fait soit illicite : ce qui implique violation du droit d'autrui. Les Romains exprimaient cette idée en disant qu'il devait y avoir *damnum injuria datum* (L. 44, Dig. *ad Leg. Aquil.*). N'allez pas en conclure que le fait dont il s'agit doive constituer une infraction à la loi pénale, c'est-à-dire un fait entraînant l'application d'une peine. Ce serait une erreur au premier chef. Toute atteinte au droit d'autrui n'est pas réprimée par la loi pénale ; et je vous ai déjà dit qu'il ne fallait pas confondre délit pénal et délit civil. Il y a d'abord cette première différence qu'un fait peut constituer un délit passible de peines sans qu'il y ait pour cela délit civil ; ainsi la tentative. Elle est punissable, bien qu'elle n'ait causé aucun dommage ; aussi ne saurait-il y avoir place en pareil cas pour un délit civil. En sens inverse, il se rencontrera souvent qu'un fait constitue un délit civil, sans qu'il tombe sous l'application de la loi pénale. On donne souvent pour exemple d'un pur délit civil le stellionat (art. 2059). C'est le fait de celui qui vend ou hypothèque un immeuble dont il sait n'être pas propriétaire. Il y a là un dol, ce n'est pas douteux ; et ce dol emporte obligation de réparer le préjudice. Cependant ce fait n'est pas un délit pénal. De même, le tiers, étranger à un contrat, qui, par son dol, a déterminé l'une des parties à contracter, se trouve avoir commis un délit civil dont il doit réparation, bien qu'il n'y ait là aucun délit pénal. Ce sera le cas également du possesseur de mauvaise foi s'appropriant les fruits qu'il est obligé de restituer ; il commet un délit qui tombe à mon avis sous la règle de l'art. 1382. Enfin, j'en dirais autant du tiers qui, en matière d'acte à titre onéreux, a participé à la fraude du débiteur ; c'est par l'idée d'une obligation *ex delicto* que s'explique l'action paulienne donnée contre lui.

Dans toutes ces hypothèses nous avons supposé un individu

qui, sans droit, agit en vue de causer un dommage à autrui; le caractère illicite du fait résulte donc de l'intention frauduleuse qu'il a eue de léser le droit d'autrui et de lui causer un dommage.

Mais, le fait peut encore être illicite, sans qu'il y ait eu dol proprement dit ; il suffira d'une faute d'imprudence ou de négligence. Ce ne sera plus l'intention malicieuse, mais le fait de n'avoir pas prévu, ou, si on a prévu, le fait de n'avoir pas pris les précautions suffisantes pour empêcher le dommage de se produire. C'est alors que, d'après la doctrine, au lieu de délit, on dit qu'il y a quasi-délit. C'est là surtout une distinction doctrinale ; car, pratiquement, elle présente assez peu d'intérêts pratiques. La distinction, comme vous le voyez, est faite au point de vue subjectif, d'après l'intention de l'agent, suivant qu'il a, ou non, voulu le fait dommageable. Toute cette théorie nous vient de Pothier (*Oblig.*, n° 116).

Sur ce point encore, je vous signale une différence avec ce qui se passe en droit pénal. Il peut arriver en effet, et assez fréquemment, qu'une imprudence, voire même un fait d'omission, constitue un délit pénal ; ce délit d'imprudence n'en est pas moins un vrai délit, mis sur le même pied que les autres, sauf pour ce qui est de la peine qui diffère. Mais le délit pénal étant caractérisé par la peine, il y a délit, sans qu'il y ait à distinguer si, du point de vue subjectif, l'agent avait ou non voulu le fait ; qu'il y ait eu intention ou imprudence, cette distinction ne constitue pas une différence de nature au point de vue du délit pénal. Et cependant, ce même fait, qui est un délit, au point de vue pénal, n'est plus qu'un quasi-délit au point de vue civil. Car, sur le terrain civil, la différence n'est pas dans les conséquences du fait, l'obligation à réparation étant la même, mais dans ses éléments subjectifs.

Cette indépendance des deux domaines étant ainsi nettement établie, et la séparation pleinement admise entre le point de vue pénal et le point de vue civil, il n'en est pas moins vrai qu'un même fait pourra être à la fois une infraction tombant sous le coup de la loi pénale, et un délit civil, obligeant à réparation en vertu de l'art. 1382. Et il y aura intérêt à divers points de vue de savoir si un délit civil constitue en même temps un délit pénal.

Cette constatation importera tout d'abord au point de vue de la compétence des tribunaux auxquels on peut s'adresser pour demander réparation du dommage, tel qu'il résulte du délit ou quasi-délit civil. Si ce dernier est en effet purement civil, sans qu'il y ait en même temps délit pénal, la compétence n'appartient qu'aux tribunaux civils. S'il y a en même temps infraction pénale, l'action civile pourra être portée, soit devant la juridiction répressive saisie de la poursuite, soit devant les tribunaux civils, sauf, dans ce dernier cas, à réserver l'application de la règle que le criminel tient le civil en état.

L'intérêt se présentera encore au point de vue de la prescription de l'action tendant à obtenir réparation du préjudice causé. Lorsque le fait n'est qu'un délit ou quasi-délit civil, c'est la prescription ordinaire de l'art. 2262 qui s'applique, tandis que, si ce fait tombe en même temps sous le coup de la loi pénale, l'action en réparation du délit ou quasi-délit civil se prescrira par le même laps de temps que l'action ayant pour objet l'application de la peine ; et il importe peu, pour cela, que l'action civile soit portée devant les juridictions répressives ou devant les tribunaux ordinaires. Même, si elle est intentée devant ces derniers, en dépit d'une opinion dissidente qui s'est produite à ce sujet, la partie poursuivie en dommages-intérêts pourra, s'il n'est plus permis de la poursuivre en vue de l'application de la peine, opposer la prescription. Il est vrai qu'il arrivera souvent, s'il s'agit de contravention par exemple, que la durée de l'action soit réduite à un délai très court, une année et quelquefois moins ; par exemple, en matière de délits ruraux, la loi des 28 septembre 6 octobre 1791 édicte certaines prescriptions spéciales singulièrement abrégées. Aussi, a-t-on essayé parfois d'intenter l'action du chef de l'art. 1382 en dissimulant, pour ce qui est du fait, les caractères qui seraient de nature à en faire une contravention. Il s'agit, disait-on, d'atteinte à la propriété ; et toute atteinte de ce genre appartient au domaine du droit civil, sans qu'il y ait à s'occuper du point de savoir si le fait implique en même temps l'existence d'une infraction. Forcément on devait être tenté d'en dire autant des accidents de personne, même lorsqu'ils avaient le caractère de délits, délits d'imprudence par exemple. Mais la jurisprudence a résisté à cette confusion ; et je vous signale un arrêt assez récent de la Cour de cassation, du 1er février 1882 (Sir., 1883, 1, 155) qui fait nettement la distinction entre le fait délictuel visé seulement par l'art. 1382 et celui qui, en outre, tomberait sous le coup d'une loi pénale. Dans ce dernier cas, on ne peut pas scinder l'appréciation du fait, suivant que l'on prétendrait l'envisager par son côté pénal ou par son côté civil. Il y a une disposition impérative de la loi qui veut qu'en cette matière, et en ce qui concerne la prescription, le point de vue pénal absorbe en quelque sorte le point de vue civil. C'est une question d'ordre public.

Enfin, l'intérêt se présentera en dernier lieu au point de vue de la contrainte par corps. Celle-ci a été abolie par une loi du 22 juillet 1867. Mais l'art. 5 de cette loi porte que la contrainte par corps subsiste au cas où les condamnations ont été prononcées par les tribunaux civils au profit d'une partie lésée, pour réparation d'un crime, d'un délit ou d'une contravention, reconnus par la juridiction criminelle. Sur ce point encore, certaines questions de détail ont pu être discutées ; par exemple on peut supposer qu'un tribunal de répression ait prononcé une peine pour un fait de la catégorie de ceux visés par la loi de 1867, et qu'une amnistie survienne ; l'amnistie doit-elle avoir pour effet d'empêcher l'application de l'art. 5 de la loi de 1867 ? La Cour d'Alger a été de cet avis (arrêt du 27 février 1882, Sir., 83, 2, 17) ; mais la Cour de Paris presque en même temps décidait le contraire (30 mars 1882, D., 83, 2, 39). Je vous renvoie à ces deux arrêts ; vous les lirez et vous apprécierez.

Je termine ainsi la comparaison que j'ai été amené à faire entre le délit civil et le délit pénal, ou plutôt cet exposé des rapports qui peuvent exister entre eux ; et je reviens au principe fondamental qui est celui-ci : le caractère illicite du délit civil est indépendant de la nature pénale du fait.

Il résulte de cette notion du fait illicite, puisqu'il implique un dommage causé sans droit, que le fait dommageable ne constitue pas de délit toutes les fois qu'il est, de la part de celui qui l'accomplit, l'exercice d'un droit. Voici par exemple un créancier qui pratique à l'encontre de son débiteur une saisie à un moment intempestif, de telle sorte qu'elle lui cause un préjudice considérable ; ce fait dommageable ne sera jamais constitutif d'un délit, alors même que le dommage particulier résultant de l'époque choisie eût été intentionnel et qu'il eût été possible, pour le créancier, d'opérer dans d'autres conditions sans compromettre ses propres intérêts. Le créancier exerce son droit. Autre exemple : un propriétaire fait des fouilles dans son terrain et il capte une source qui, auparavant, allait jaillir dans le fonds voisin ; ou bien un propriétaire élève des constructions sur son fonds qui vont nuire dans des proportions considérables à la vue du voisin ; tel autre coupe les racines d'un arbre qui croît sur le fonds voisin, mais dont les racines ont pénétré sur son fonds à lui, et, ce faisant, il fait périr l'arbre (art. 673). Je suppose même que tous ces actes ont été accomplis sans que l'utilité, pour celui qui les fait en soit bien démontrée. Peu importe, ce dernier use d'un droit qui lui est reconnu par la loi ; on ne peut pas dire que ces faits soient illicites.

Toutefois cette dernière règle ne doit pas être acceptée sans quelque tempérament. On admet, et je crois en effet qu'il faut l'admettre, que l'exercice d'un droit peut, lorsqu'il y a abus et abus intentionnel et calculé, constituer un fait illicite. C'est une idée dont les tribunaux font une application fréquente ; par exemple lorsqu'ils condamnent à plus amples dommages-intérêts le défendeur qui, par une résistance de mauvaise foi, a prolongé l'instance. Mais, si le principe est certain, il est bien difficile de savoir jusqu'où on peut en pousser les conséquences. Pourrait-on, par exemple, l'appliquer à l'usage abusif du droit de propriété. Ainsi, pour le cas de fouilles dont je parlais tout à l'heure, il n'y a aucune objection sans doute à faire valoir contre le propriétaire qui, en captant la source, a poursuivi un but avouable, et j'entends par là non seulement un but d'utilité pécuniaire; car ce pourrait être un but de pur agrément. Il peut arriver cependant qu'il ne fasse lui-même aucun usage des eaux et qu'il n'ait capté la source que par pure malveillance. Notre ancien droit n'admettait pas que le respect dû à la propriété pût aller jusqu'à tolérer semblables procédés et il appliquait l'adage « *Malitiis non est indulgendum.* » Aujourd'hui encore, notre jurisprudence, sans aller aussi loin que nos anciens auteurs, se montre assez favorable à l'application de cette même idée. Lorsqu'il s'agit d'une pure vexation de la part du propriétaire, elle incline volontiers à en faire le fondement d'un délit au sens de l'art. 1382.

J'avoue que cette jurisprudence, si respectable que soit son but, me semble d'une application bien délicate ; car je ne vois pas bien comment il sera possible, juridiquement, de fixer la limite de ce qui sera ainsi permis au propriétaire et de ce qui sera défendu ; où commencera l'abus ? Posera-t-on en principe que toute faculté quelconque comprise dans le droit de propriété, lorsqu'elle sera exercée uniquement dans le but de nuire et sans profit pour le propriétaire, pourra faire l'objet d'un délit civil ? S'il en est ainsi, les droits compris dans la propriété n'ont plus de légitimité en soi, en tant que faisant partie d'un ensemble qui, par sa matérialité, constitue le contenu du droit ; ils ne se justifient que par leur but, ils n'existent ou ne peuvent être valablement exercés que s'ils ont une cause légitime, en dehors du droit de propriété ; et cette cause est l'intention ou le mobile de celui qui les exerce. La propriété ne suffit plus à elle seule à justifier l'exercice des facultés qui s'y trouvent comprises ; elle n'est qu'une cause juridique qui permette d'en faire un emploi utile et justifié par le but que l'on poursuit. Dira-t-on que ce sont seulement certaines facultés qui pourraient être l'objet d'un exercice abusif, et alors comment les distinguer des autres ? Il y aurait donc, dans un droit, des facultés principales et essentielles qui le constituent et que le titulaire du droit peut exercer sans avoir à rendre compte de son but, et des facultés accessoires pour lesquelles il faudrait justifier d'un but légitime. Ce serait introduire dans l'exercice des facultés constitutives d'un droit réel une idée analogue à la conception de la cause telle qu'elle existe lorsqu'il s'agit de créer une obligation. L'autonomie de la volonté ne suffit pas pour que la volonté se lie elle-même, la loi veut savoir pourquoi elle se lie et apprécier son but ; de même l'autonomie de la propriété ne suffirait pas à justifier l'usage absolu de la chose sur laquelle porte ce droit de propriété ; il faudrait que tous les actes qui en constituent l'usage, ou certains d'entre eux tout au moins, eussent une cause légitime, acceptée par la loi. Je ne vois pas que notre théorie de la propriété puisse justifier aucune conception de ce genre. La loi a déterminé, par l'admission des servitudes légales et de certaines servitudes administratives, dans quelle mesure un propriétaire, suivant la chose qui fait l'objet de son droit, peut user de sa propriété ; et c'est peut-être le cas de dire que tout ce qui n'est pas défendu doit être permis.

Donc, en principe, le fait illicite consiste dans un acte qui dépasse le contenu d'un droit, ou, d'une façon générale, dans un acte fait sans droit ; seulement, il ne faudrait pas croire que cet acte fait sans droit ne puisse porter atteinte qu'à la personne ou à la propriété ; on peut très bien concevoir que le fait dommageable illicite consiste dans la violation d'une obligation résultant d'un contrat. A côté de l'atteinte au droit de propriété, il y a l'atteinte au droit de créance. Mais il y a ici quelque chose de particulier, c'est que l'atteinte proviendra surtout de celui sur qui pèse le droit, c'est-à-dire le débiteur. Je ne dis pas qu'il soit impossible de concevoir que le fait dommageable provienne d'un tiers ; mais il faut bien remarquer que le plus souvent cette intervention d'un tiers produira son effet par rapport au débiteur pour l'empêcher d'exécuter ou pour rendre impossible, d'une façon absolue, l'exécution de son obligation ; et alors, presque toujours, le débiteur n'en restera pas moins responsable vis-à-vis du créancier de l'inexécution. Pour supposer que le créancier ait à s'en prendre directement au tiers de qui émane le fait qui a rendu impossible l'exécution, il faudrait donc que cette intervention du tiers par rapport au débiteur constituât un cas fortuit qui fût de nature à produire libération à son profit ; alors le créancier pourrait en effet s'en prendre au tiers qui eût porté atteinte à son droit, et cela sur le terrain de l'art. 1382. Mais ce sont là des hypothèses assez rares ; aussi avais-je raison de dire que, par rapport au droit de créance, la violation proviendra surtout du débiteur. Or, ce débiteur est tenu d'exécuter en vertu du contrat, et c'est en vertu du contrat qu'il est responsable de l'inexécution provenant de sa faute. Prenons par exemple le débiteur d'un corps certain. S'il laisse périr la chose objet de son obligation, et à plus forte raison s'il la fait périr, il commet une faute, constituant au premier chef un fait illicite. Et cependant, nous ne dirons pas, en pareil cas, que cette faute, relative à l'inexécution d'une obligation contractuelle ou quasi-contractuelle, tombe sous l'application des art. 1382 et 1383. La théorie du délit et quasi-délit est étrangère, en principe, au dol ou à la faute commise dans l'exécution d'une obligation résultant du contrat ou du quasi-contrat. La raison en est que la responsabilité résulte en pareille matière de la convention elle-même, et qu'il n'y a pas à chercher dans un principe d'origine purement légale, ni son fondement, ni sa mesure.

Et remarquez bien qu'il n'y a pas là une pure question de mots et de formules ; cette distinction des deux fautes, l'une ayant son fondement dans le délit seulement, l'autre ayant sa base dans le contrat, présente des intérêts multiples.

Et, tout d'abord, c'est un point sur lequel j'ai déjà insisté, la faute, quand il s'agit de l'exécution d'une obligation contractuelle, ne s'apprécie pas de la même façon que la faute fondée sur le délit ; en général, on est moins sévère pour le débiteur. Il faut, pour que de sa part il y ait responsabilité, que l'imprudence ou la négligence soient de celles que n'aurait pas commises un administrateur diligent. Une faute suffisamment légère pour qu'elle ait pu être commise, même par un homme soigneux de ses propres affaires, échappe à la responsabilité du débiteur. Voilà qui étonne à première vue. On se montre moins sévère pour celui qui se lie spécialement par contrat envers un autre que pour le tiers qui lui est complètement étranger. C'est que l'obligation contractuelle vise un fait positif qui, de droit commun, n'incombe à personne ; pour qu'il puisse être mis à la charge d'un individu, il faut que celui-ci l'ait accepté par un acte de sa volonté ; et alors il n'est tenu que dans la mesure où il a voulu l'être, la convention est la limite de sa responsabilité. La faute qui lui sera imputable sera celle dont le contrat lui aura imposé la charge. Il n'en est plus de même de l'obligation délictuelle, elle consiste dans la violation d'un devoir général qui pèse sur tout le monde, le devoir de ne rien faire qui nuise à autrui, à moins qu'il ne s'agisse de l'exercice d'un droit formellement reconnu par la loi. Toute violation de ce devoir de justice, si légère qu'elle soit, est une faute dont on doit réparation. Voilà donc une première différence quant à l'appréciation de la faute.

Il y en a une autre au point de vue de la fixation des dommages-intérêts, c'est-à-dire au point de vue de l'étendue de la réparation. Lorsque dans un contrat l'exécution vient à faire défaut par la faute du débiteur, il y a, ou il peut y avoir, en ce qui concerne l'étendue de la réparation, des tempéraments que nous ne transporterons pas sans distinction à la faute constitutive de délit (art. 1149 et suiv.).

Enfin, nous savons par avance qu'il y a une dernière différence quant à la preuve. Le débiteur qui est obligé en vertu d'un contrat ou d'un quasi-contrat est obligé de prouver qu'il n'a pas commis de faute relativement à l'inexécution de l'obligation ; c'est à lui d'établir par exemple que le corps certain qu'il devait fournir a péri par cas fortuit. Il en est tout autrement lorsqu'on invoque la faute à l'encontre d'une personne qui n'est tenue d'aucun contrat ou quasi-contrat envers la victime du dommage ; ou plutôt lorsque le dommage dont il est demandé réparation ne constitue pas, cette formule est plus exacte, la violation d'une obligation dont l'auteur du fait était tenu personnellement par contrat ou quasi-contrat : je n'ose pas dire d'une obligation contractuelle, afin de réserver les cas exceptionnels où cette violation proviendrait d'un tiers et non d'un débiteur — Dans ce cas le fondement de l'obligation étant la faute elle-même, et non plus le contrat, c'est à celui qui se prétend créancier en vertu d'une obligation de ce genre à prouver la faute qui lui a donné naissance.

Voyez par exemple l'art. 1733 du Code civil ; il dispose que le locataire d'un bâtiment quelconque est responsable de l'incendie, à moins qu'il ne prouve que c'est un cas fortuit ou de force majeure qui a causé l'incendie, donc que celui-ci ne lui est pas imputable. C'est l'application de notre principe en ce qui touche la preuve. Le locataire est tenu, en vertu de son contrat, de restituer la chose louée ; il doit donc prouver, s'il ne peut plus restituer, parce que la chose a péri, que cette perte est arrivée sans qu'il y ait faute de sa part ; et il s'agit ici d'une faute appréciée conformément à l'étendue de la responsabilité contractuelle. Nous venons de voir comment la question doit être réglée dans les rapports entre propriétaire et locataire, c'est-à-dire entre les parties liées par contrat. Mais voyons l'hypothèse parallèle ; plaçons-nous, pour une perte analogue, en présence de personnes entre lesquelles n'existe aucun contrat relatif à la conservation de la chose.

C'est ce qui arrivera, si le feu se communique à une maison voisine ; entre le propriétaire de cette maison et le locataire voisin dans l'appartement duquel l'incendie s'est déclaré il n'existe aucun rapport d'obligation relatif à la conservation de la maison à laquelle le feu vient de se communiquer. Le propriétaire de cette dernière ne pourra donc fonder son droit à indemnité que sur le délit ou le quasi-délit. c'est-à-dire sur la faute ; et alors il faudra en effet qu'il fasse la preuve de cette faute. Ce sera à lui d'établir que le locataire dans l'appartement duquel l'incendie a éclaté a commis une imprudence et une négligence si légère qu'elle fût.

La situation du locataire est donc bien différente suivant qu'il a à répondre au bailleur lui-même, qui demande indemnité pour l'incendie de sa maison, ou à un voisin dont l'immeuble a été atteint et qui réclame de ce chef. Vis-à-vis du bailleur, c'est au locataire à se disculper, il est vrai que le cas fortuit pourra être plus facilement admissible, du moins à s'en tenir aux principes généraux sur la responsabilité et la faute contractuelles ; vis-à-vis du voisin, le locataire n'a plus rien à prouver, il garde la défensive et c'est à son adversaire à établir qu'il a commis une faute, seulement il suffira cette fois de la faute la plus légère. Je sais bien qu'à première vue tout cela peut paraître étrange. Comment, dira-t-on, sa responsabilité est moindre à l'égard du propriétaire avec lequel le locataire a contracté qu'à l'égard d'un tiers vis à vis de qui il n'est tenu à rien, si ce n'est au devoir général de respecter la propriété d'autrui ? Et alors on lui pardonnera plus facilement d'avoir laissé brûler l'immeuble qu'il s'était engagé à conserver et à rendre intact qu'on ne lui pardonnerait d'avoir été cause de la perte de la maison voisine, à l'égard de laquelle il n'a rien promis ?

Il importe cependant de remarquer que, à l'égard du bailleur, si le contrat passé par lui lui impose des obligations, il lui donne des droits, et avant tout le droit de jouir ; or le droit de jouir ne va pas sans une certaine liberté d'allure à l'égard de l'exercice de cette jouissance. Il peut arriver qu'une circonspection exagérée soit en contradiction avec le fait même de jouir ; donc, qu'elle puisse se concilier avec l'obligation de garder la chose, mais non avec le droit d'en jouir. Or, pour le locataire l'obligation de conserver existe dans la mesure où elle se concilie avec le droit de jouissance. S'il s'agissait d'un gardien on pourrait peut-être lui reprocher, c'est un simple exemple que je prends, d'avoir pénétré dans l'immeuble à un moment qui l'obligeait à avoir avec lui de la lumière, et si un cas fortuit survient qui fasse que cette lumière communique l'incendie, on dira peut-être en remontant d'une cause à l'autre qu'il est en faute, n'ayant pas à habiter l'immeuble, d'avoir couru les risques inhérents à l'usage de tel ou tel moyen d'éclairage. On ne le dira plus d'un locataire qui a droit de jouir de l'immeuble et de l'habiter. On comprend donc qu'à l'égard du propriétaire la responsabilité du locataire soit atténuée dans la mesure où la faute qu'on eût à lui reprocher se trouverait, en quelque sorte, excusée par les nécessités de la jouissance elle-même. Mais à l'égard du voisin, et pour ce qui est des risques relatifs à la maison voisine, il n'y a aucune atténuation de ce genre qui puisse restreindre le devoir général de ne rien faire qui soit de nature à nuire à la propriété d'autrui. Sans doute votre jouissance excuse telle ou telle faute que l'on vous impute et qui, d'après la responsabilité afférente au louage, doit rentrer au nombre des cas fortuits. C'est possible, mais le voisin n'a pas à prendre en considération telles ou telles extensions du droit de jouissance ; il n'a pas à s'occuper de savoir si telle faute devrait être tolérée par le bailleur, à raison des rapports contractuels qui le lient vis-à-vis du locataire. Il a établi qu'à la rigueur, l'incendie, si tel fait avait été prévu, n'aurait pas éclaté. Vis-à-vis de lui vous êtes en faute de n'avoir pas prévu à la fois le risque que vous alliez courir, et le risque également, si le feu venait à prendre, de le voir se communiquer aux maisons voisines. Question de risques peut-être ! Dans les rapports entre voisins les risques se paient.

Je crois donc que l'on pourrait, sans s'exposer à formuler un paradoxe, admettre en principe que le contrat, s'agissant d'un même fait pris en soi, aura presque toujours pour effet d'atténuer la responsabilité et presque jamais de l'aggraver. Il ne l'aggraverait que s'il avait pour but de supprimer la condition de faute pour s'en tenir à une pure question de risque matériel et donner à la responsabilité un caractère purement aléatoire. Mais, ce cas à part, si l'on suppose un même fait dommageable qui se produirait entre parties engagées dans les liens d'un contrat, et visant l'exécution du contrat, et le même fait venant à se produire en dehors de tout contrat, c'est dans ce dernier cas, en principe, que la responsabilité sera la plus étroite. Que l'on suppose, pour prendre un exemple assez analogue à celui du locataire, le cas d'un accident de montagne. Deux caravanes se rencontrent et la maladresse de l'un des ascensionnistes, appartenant à l'une des caravanes, cause la chute de l'autre caravane : ne devrait-on pas appliquer ici l'art. 1382 dans toute sa rigueur ? Mais c'est au contraire un touriste maladroit qui cause la chute de son guide ; n'est-ce pas tout différent ? Le guide n'avait-il pas pour but de parer aux risques de l'inexpérience de celui qu'il accompagne ? Ces risques ont été prévus et acceptés par lui. Le contrat ici encore a atténué la responsabilité. Nous ne sommes plus sur le terrain de l'art. 1382. Je ne dis pas que le contrat ait supprimé complètement la responsabilité du fait. Je dis qu'il l'atténue considérablement.

J'ai donc établi que le fait de contrevenir à une obligation était bien encore une faute, mais une faute dont l'appréciation est réglée par le contrat et pour laquelle on n'a plus à s'occuper des règles admises sur le terrain de l'art. 1382. Seulement, il pourrait arriver que cette violation d'un rapport d'obligation constituât un délit pénal, par exemple au cas d'abus de confiance. Il s'agit, je le suppose, de la violation d'un dépôt (art. 408 C. pén.). Cette fois, il faudrait bien appliquer les règles que nous avons établies pour le cas où il y a combinaison d'un délit civil et d'une infraction à la loi pénale : il en serait ainsi des règles de compétence ; l'action civile provenant du délit civil pourrait être portée devant le tribunal de répression saisi de la poursuite criminelle ; de même, pour ce qui est des délais de prescription, appliquerait-on ceux relatifs à la prescription de l'action publique.

Nous avons étudié le premier élément, ou la première condition, de l'obligation *ex delicto* : il faut que le fait dommageable soit un fait illicite. Il faut ajouter une seconde condition : ce fait illicite doit pouvoir être imputable à celui qui en est l'auteur. Cela veut dire deux choses : la première que, s'il y a eu cas fortuit, et par suite absence totale de faute, l'auteur du fait dommageable n'est tenu à rien ; car le fondement de son obligation, ce n'est pas le dommage, mais la faute. Mais cela veut dire en outre que cette faute, à supposer qu'il y eût les éléments matériels d'une faute, disparaîtra si l'individu, d'après son état général, au point de vue psychologique ou pathologique, est un irresponsable. Je reprends très brièvement ces deux points.

Sur le premier, je n'ai plus à revenir sur les principes ; il me suffira de vous en montrer l'application, au moins par un exemple. Ainsi un échafaudage a été dressé dans toutes les conditions de solidité désirables. Survient un ouragan qui le renverse ; et, en tombant, il cause un dommage, un ouvrier a été tué ou blessé. C'est un cas fortuit. Si j'ai pris cet exemple, c'est qu'il pourrait y avoir en pareil cas ce que l'on est convenu d'appeler aujourd'hui un accident de travail ; je n'ai pas à rechercher ici à qui incomberait la preuve du cas fortuit. Mais ce qui est certain, c'est que, le cas fortuit étant ainsi établi, et établi dans les conditions que je viens de dire, le patron ne serait tenu à rien.

Mais j'ai ajouté qu'il n'y aurait pas de délit si le fait émanait d'une personne non responsable de ses actes. Un incendie, par exemple, est allumé par un enfant, par un aliéné. La loi romaine comparait la victime d'un fait de ce genre à celle qui aurait reçu une tuile tombant d'un toît (L. 5 §§ 1 et 2 dig. *Ad Leg. Aquil.*, 9, 2). Ce n'est pas que, même dans ce cas, et sur le terrain de droit romain on n'ait essayé de soulever quelques difficultés. Reportez-vous sur ce point à un article de M. Labbé (au tome 37, 2e volume de 1870 de la *Revue Critique*, p. 109 et suiv). En ce qui touche le droit français, il n'y aurait en pareil cas aucun doute. Même solution au cas d'ivresse, avec une réserve toutefois : il y aurait à rechercher si l'auteur du fait n'est pas responsable de son ivresse. C'est qu'il est en effet absolument juste d'imputer à quelqu'un même le cas fortuit, lorsqu'il est responsable de la cause première d'où provient ce cas fortuit.

J'ai parlé de l'enfant ; mais je n'ai pas entendu par là faire allusion aux règles sur l'incapacité des mineurs, pas plus qu'il n'y aurait à parler de l'incapacité de la femme mariée. Nous avons vu, en effet, que le mineur n'est pas restituable contre les obligations résultant de son délit ou quasi-délit. C'est qu'en cette matière ce n'est pas une question de capacité qui s'agite, mais une question de responsabilité morale. Il y a à savoir si l'acte est vraiment imputable à celui qui l'a accompli, ou s'il doit être considéré comme un cas fortuit. Enfin, il y aurait sur ce point à établir une comparaison intéressante avec la situation du mineur devant la loi pénale (art. 66 et suiv. Code pénal). En matière pénale, il y a certaines règles particulières dont, à n'en pas douter, l'application ne pourrait être étendue au domaine qui nous occupe, celui de la responsabilité civile. Mais, en ce qui concerne les principes généraux, c'est-à-dire pour tout ce qui touche à la responsabilité de fait et au point de savoir à quelles conditions on peut être considéré comme capable d'une volonté raisonnée et consciente, peut-être serait-il intéressant de constater que la question ne peut guère être différente, suivant qu'il s'agira de responsabilité pénale ou de responsabilité civile ; et alors c'est à ce point de vue qu'une comparaison pourrait être utilement établie entre les deux matières. Je n'ai pu que vous indiquer le problème sans avoir le temps ni la prétention de le résoudre ici même.

Enfin, à transporter la question sur le terrain de la pratique, il y aurait lieu de se préoccuper de certaines hypothèses intéressantes ; que décider, par exemple, lorsqu'il y a faute du côté de la personne victime du fait? En général, lorsqu'il y a faute commune, les tribunaux, presque toujours, partagent la responsabilité ; ou tout au moins, on arrive à atténuer la responsabilité de l'auteur du fait.

Je vous ai ainsi exposé très sommairement les principes généraux. Il y aurait à étudier maintenant les dispositions particulières des art. 1384 à 1386. Je vais être obligé, faute de temps, de les négliger complètement. Je me contenterai d'une très brève indication relative à la conception dominante qui a été celle du législateur en cette matière. Il faut, à cet égard, prendre pour point de départ le principe de l'art. 1383, d'après lequel on est responsable, non seulement d'un fait positif, mais aussi de son inaction, lorsqu'elle constitue une négligence ou une imprudence. Les dispositions qui terminent notre chapitre contiennent des applications, dont quelques-unes fort importantes de cette idée. C'est ainsi qu'une personne peut être responsable, en certains cas, du fait des personnes qu'elle a sous sa garde ou qu'elle a sous son autorité (art. 1384), de même qu'elle peut être responsable du dommage causé par les choses animées ou inanimées dont elle a la propriété ou l'usage (art. 1385 et suiv.).

L'art. 1384 s'occupe du premier point de vue, responsabilité du fait d'autrui. Il parait bien constituer au premier abord une extension de la règle des art. 1382 et 1383. Il semble en effet que celui qu'on déclare responsable n'ait rien à se reprocher ; c'est en cela qu'on irait au delà du principe posé dans l'art. 1382. Mais, à prendre les choses de près, ce n'est pas cela du tout. L'art. 1384 n'est qu'une application très stricte de la disposition de l'art. 1383. Celui qui est déclaré responsable pour autrui est considéré comme ayant une faute à sa charge. La loi présume qu'il est en faute, soit pour défaut de surveillance, soit pour mauvais choix, s'il s'agit de quelqu'un qu'il ait sous son autorité et qu'il aurait eu le droit de ne pas accepter ou de renvoyer, par exemple un domestique ou un préposé. Seulement, il y a quelque chose de nouveau, et c'est par là, mais par là uniquement, que l'art. 1384 déroge à l'art. 1383, c'est que la loi établit une présomption de faute. Je viens moi-même de vous le laisser entendre, en disant qu'on présumait la négligence dans le choix ou dans la surveillance. En d'autres termes l'art. 1384 établit une présomption de faute, présomption d'ailleurs dont la force varie suivant les hypothèses. Pour deux d'entre elles cette présomption admet la preuve contraire ; les père et mère, les instituteurs et les artisans sont admis à prouver qu'ils n'ont pu empêcher le fait qui donne lieu à responsabilité. Le motif est que la loi ne songe ici qu'au devoir de surveillance ; et alors ces personnes ainsi déclarées responsables pour autrui pourront démontrer qu'elles n'ont rien à se reprocher à cet égard. Mais il n'en est pas de même des maîtres et commettants ; c'est que pour eux la loi présume en outre la faute dans le choix lui-même, la *culpa in eligendo*. Et il était bien difficile, du moment qu'on avait cru devoir établir une présomption sous ce rapport, de permettre de discuter la présomption de la loi ; sinon, elle risquait, dans la réalité, de perdre, ou à peu près, toute sa valeur. Mais, c'est uniquement, en ce qui concerne cette présomption légale, qu'elle admette ou non la preuve contraire, que l'art. 1384 apporte une dérogation aux principes de l'art. 1383. Aussi sur ce point, l'énumération de la loi est-elle limitative. On ne peut étendre la présomption de faute. Ceci n'empêche pas, en dehors des hypothèses prévues par le texte, de prétendre qu'il y a responsabilité pour autrui : seulement, il faudrait prouver la faute, négligence ou imprudence de la part de celui à qui incombait un devoir de surveillance par rapport à l'auteur en fait. Il n'y aurait plus de présomption légale à invoquer. Ainsi l'art. 1384 ne parle pas du tuteur ; et cependant il peut se faire, dans telles ou telles hypothèses déterminées, que le tuteur ait à se reprocher un défaut de surveillance par rapport au pupille. Il faudrait donc en faire la preuve directe, puisqu'il n'y a plus, sous ce rapport, de présomption de faute établie par l'art. 1384. Nous revenons sous l'empire de l'art. 1383.

Telles sont les idées générales ; pour ce qui est des détails, je vous renvoie aux textes d'abord, et surtout aux auteurs. Chacune de ces dispositions, en effet, exigerait un assez long commentaire. Vous trouverez un peu partout les développements que je ne puis vous donner faute de temps.

Les art. 1385 et 1386 traitent de la responsabilité du dommage causé par les choses animées ou inanimées, dont on a la propriété ou la jouissance. Il y aurait sur ce point également beaucoup de choses intéressantes à vous exposer ; ne serait-ce que pour combiner les solutions prévues par ces textes avec le principe général annoncé et prévu par l'art. 1384, lequel parle déjà de la responsabilité pour les choses que l'on a sous sa garde. Est-ce une simple indication de renvoi en vue d'annoncer les dispositions qui trouveront place sous les art. 1385 et 1386 ? De sorte qu'il n'y aurait pas à tenir compte de cette partie spéciale de l'art. 1384 et nous n'aurions à nous occuper sous ce rapport que des cas prévus aux art. 1385 et 1386, lesquels, en effet, ne visent que la responsabilité du chef de la propriété. Faut-il croire, au contraire, que l'art. 1384 a voulu poser un principe général, tout à fait indépendant des applications qui en seraient faites par les art. 1385 et 1386, et en tout cas bien autrement large et extensif, puisqu'au lieu de parler des choses dont on est propriétaire, il parle de celles que l'on a sous sa garde ? C'est là une question très grave et très complexe, qui me semble avoir été beaucoup trop négligée par les auteurs. Est-ce en tant que propriétaire qu'on est responsable des dommages provenant des choses vous appartenant, est-ce en tant qu'on aurait à leur égard un devoir de surveillance analogue à celui des personnes qu'on a sous sa garde ? Quel serait donc sous ce rapport le principe de responsabilité ? Et au lieu d'un seul principe, ne devrait-on pas en admettre deux très distincts, l'un fondé sur l'idée de propriété, l'autre sur l'idée de garde et de surveillance ? Ce sont uniquement des points d'interrogation que je pose, sans avoir la prétention de résoudre aucune des questions auxquelles ils correspondent. Tout cela demanderait à être analysé avec soin. Voyez cependant, sur un point assez spécial il est vrai, deux arrêts fort intéressants, de la cour de Paris, l'un du 23 février et l'autre du 17 mars 1884, qui viennent de paraître dans le journal *Le Droit* du samedi 5 avril 1884. Il s'agit de l'application de l'art. 1385. Bien que s'inspirant de doctrines juridiques assez différentes, ils aboutissent à des résultats sensiblement analogues.

J'ai ainsi terminé ce qui a trait aux sources de l'obligation, c'est-à-dire aux modes d'acquisition des droits personnels. Il resterait à voir quels sont les effets propres de l'obligation une fois constituée. C'est une théorie toute nouvelle, qui se réfère à l'exécution de l'obligation et à la responsabilité du débiteur. Il importait d'établir une ligne de démarcation très nette entre ce nouveau point de vue et celui de la création des droits de créance, c'est-à-dire des modes de constitution des droits.

TEXTES LÉGISLATIFS

Code civil.

Code de procédure.

Code de commerce.

Code pénal.

Code d'instruction criminelle.

Lois diverses.

TABLE ANALYTIQUE

TABLE DES MATIÈRES

ERRATA

p. 28,	l. 5,	au lieu de	*s'appliquent,*	lire	*s'appliquant.*
p. 35,	l. 22,	—	*comme elle,*	—	*comme cela.*
p. 123,	l. 20,	—	*l'efficacité,*	—	*l'inefficacité.*
p. 142,	l. 4,	—	*l'article 30,*	—	*l'article 3.*
p. 293,	l. 30,	—	*intérieur,*	—	*antérieur.*
p. 325,	l. 17,	—	*à elle,*	—	*à elle seule.*
p. 347,	l. 12,	—	*décennale,*	—	*triennale.*
p. 416,	l 22,	—	*au point du,*	—	*au point de vue de.*
p. 437,	l. 32,	—	*on ajoute,*	—	*on déclare.*
p. 467,	l. 4,	—	*adresser,*	—	*offrir.*
p. 491,	l. 23,	—	*disposition,*	—	*conséquence.*
p. 513,	l. 27,	—	*je crois dans,*	—	*je crois seulement [dans.*
p. 597,	l. 26,	—	*une condition,*	—	*à une condition.*
p. 638,	l. 5,	—	*de soi,*	—	*en soi.*
»	l. 11,	—	*de ce dément,*	—	*de dément.*
p. 655,	l. 30,	—	*payé,*	—	*exécuté.*
»	l. 36,	—	*art. 1245,*	—	*art. 1235.*
p. 675,	l. 30,	—	*révision,*	—	*rescision.*
p. 772,	l. 22,	—	*Brumaire,*	—	*Frimaire.*

Sain-Brieuc. — Imprimerie F. Guyon, rue Saint-Gilles.

COURS

DE

DROIT CIVIL FRANÇAIS

PAR

Ch. BEUDANT

PROFESSEUR A LA FACULTÉ DE DROIT DE PARIS

DOYEN HONORAIRE

Publié par son Fils

Robert BEUDANT

PROFESSEUR A LA FACULTÉ DE DROIT DE L'UNIVERSITÉ DE GRENOBLE

L'ensemble de cet ouvrage formera 11 volumes au moins, format in-8, et sera publié par traités séparés, comme suit :

I. — Introduction. Explication du titre préliminaire du Code civil. 1 vol. in-8 (*en vente*). L'Etat et la capacité des personnes. 2 vol. (*en vente*).

II. — La classification des droits, la propriété et ses démembrements. 1 vol. de 450 pages environ (*en préparation*).

III. — Les successions *ab intestat*, les donations entre vifs et les testaments. 2 vol. de chacun 550 pages environ.

IV. — Les obligations, les contrats en général, la vente, le louage et les petits contrats, 2 vol. de chacun 500 pages environ.

V. — Le contrat de mariage et les régimes matrimoniaux. 1 vol. de 550 pages.

VI. — Les sûretés personnelles et réelles. 2 vol. de 500 pages (*sous presse pour paraître en novembre 1899 et janvier 1900*).

Chaque traité se vend séparément au prix de 8 fr. le volume. L'introduction et l'explication du titre préliminaire font l'objet d'un petit volume à part, annexé à *l'Etat et la capacité des personnes*. Ces 3 vol. in-8 brochés ensemble, prix 16 francs.

Les souscriptions à l'ouvrage complet sont reçues au prix de 80 fr.

Au cas où la publication dépasserait 10 volumes, les souscripteurs recevraient les volumes complémentaires sans augmentation de prix.

www.ingramcontent.com/pod-product-compliance
Lightning Source LLC
Chambersburg PA
CBHW071403230926
51846CB00001B/6